I0890828

J. von Staudingers
Kommentar zum Bürgerlichen Gesetzbuch
mit Einführungsgesetz und Nebengesetzen
EGBGB/IPR
Internationales Verfahrensrecht in Ehesachen
(Brüssel IIb-VO)

Kommentatorinnen und Kommentatoren

Dr. Christoph Althammer
Professor an der Universität Regensburg

Dr. Georg Annuß, LL.M.
Rechtsanwalt in München, Außerplanmäßiger Professor an der Universität Regensburg

Dr. Christian Armbrüster
Professor an der Freien Universität Berlin, Richter am Kammergericht a. D.

Dr. Arnd Arnold
Professor an der Universität Trier, Dipl.-Volksw.

Dr. Markus Artz
Professor an der Universität Bielefeld

Dr. Martin Avenarius
Professor an der Universität zu Köln

Dr. Ivo Bach
Professor an der Universität Göttingen

Dr. Christian Baldus
Professor an der Universität Heidelberg

Dr. Wolfgang Baumann
Rechtsanwalt und Notar a. D. in Wuppertal, Professor an der Bergischen Universität Wuppertal

Dr. Winfried Bausback
Professor a. D. an der Bergischen Universität Wuppertal, bayerischer Staatsminister der Justiz a. D., Mitglied des Bayerischen Landtags

Dr. Roland Michael Beckmann
Professor an der Universität des Saarlandes, Saarbrücken

Dr. Dr. h. c. Detlev W. Belling, M.C.L.
Professor an der Universität Potsdam

Dr. Andreas Bergmann
Professor an der Fernuniversität in Hagen

Dr. Falk Bernau
Richter am Bundesgerichtshof, Karlsruhe

Dr. Martin Bialluch
Wiss. Assistent am Max-Planck-Institut in Hamburg

Dr. Marcus Bieder
Professor an der Universität Osnabrück

Dr. Werner Bienwald †
Professor an der Evangelischen Fachhochschule Hannover, Rechtsanwalt in Oldenburg

Dr. Tom Billing
Rechtsanwalt in Berlin

Dr. Eike Bleckwenn
Rechtsanwalt in Hannover

Dr. Reinhard Bork
Professor an der Universität Hamburg

Dr. Wolfgang Breyer
Rechtsanwalt in Stuttgart

Dr. Jan Busche
Professor an der Universität Düsseldorf

Dr. Georg Caspers
Professor an der Universität Erlangen-Nürnberg

Dr. Dr. h. c. Tiziana Chiusi
Professorin an der Universität des Saarlandes, Saarbrücken

Dr. Michael Coester, LL.M.
Professor an der Universität München

Dr. Dr. h. c. Dagmar Coester-Waltjen, LL.M.
Professorin an der Universität Göttingen

Dr. Johanna Croon-Gestefeld, LL.M.
Privatdozentin an der Bucerius Law School Hamburg

Dr. Thomas Diehn, LL.M.
Notar in Hamburg, Lehrbeauftragter an der Universität Hamburg

Dr. Katrin Dobler
Richterin am Oberlandesgericht Stuttgart

Dr. Heinrich Dörner
Professor an der Universität Münster

Dr. Werner Dürbeck
Richter am Oberlandesgericht Frankfurt a. M.

Dr. Anatol Dutta, M. Jur.
Professor an der Universität München

Dr. Christina Eberl-Borges
Professorin an der Universität Mainz

Dr. Dres. h. c. Werner F. Ebke, LL.M.
Professor an der Universität Heidelberg

Dr. Jan Eickelberg, LL.M. †
Professor an der Hochschule für Wirtschaft und Recht, Berlin

Jost Emmerich
Richter am Oberlandesgericht München

Dr. Volker Emmerich
Professor an der Universität Bayreuth, Richter am Oberlandesgericht Nürnberg a. D.

Dr. Cornelia Feldmann
Rechtsanwältin in Freiburg i. Br.

Dr. Matthias Fervers
Akad. Rat a. Z. an der Universität München

Dr. Timo Fest, LL.M.
Professor an der Universität zu Kiel

Dr. Karl-Heinz Fezer
Professor an der Universität Konstanz, Honorarprofessor an der Universität Leipzig, Richter am Oberlandesgericht Stuttgart a. D.

Dr. Philipp S. Fischinger, LL.M.
Professor an der Universität Mannheim

Dr. Holger Fleischer
Direktor am Max-Planck-Institut für ausländisches und internationales Privatrecht in Hamburg, Professor an der Bucerius Law School, Hamburg

Dr. Robert Freitag, Maître en droit
Professor an der Universität Erlangen-Nürnberg

Dr. Jörg Fritzsche
Professor an der Universität Regensburg

Dr. Tobias Fröschle
Professor an der Universität Siegen

Dr. Susanne Lilian Gössl, LL.M.
Professorin an der Universität zu Kiel

Dr. Beate Gsell, Maître en droit
Professorin an der Universität München, Richterin am Oberlandesgericht München

Dr. Thomas Gutmann, M. A.
Professor an der Universität Münster

Dr. Martin Gutzeit
Professor an der Universität Gießen

Dr. Martin Häublein
Professor an der Universität Innsbruck

Dr. Johannes Hager
Professor an der Universität München

Dr. Felix Hartmann, LL.M.
Professor an der Freien Universität Berlin

Dr. Wolfgang Hau
Professor an der Universität München, Richter am Oberlandesgericht München

Dr. Rainer Hausmann
Professor an der Universität Konstanz

Dr. Stefan Heilmann
Vorsitzender Richter am Oberlandesgericht Frankfurt, Honorarprofessor an der Frankfurt University of Applied Sciences

Dr. Jan von Hein
Professor an der Universität Freiburg i. Br.

Dr. Jörn Heinemann
Notar in Neumarkt i.d. Opf.

Dr. Christian Heinze
Professor an der Universität Heidelberg

Dr. Stefan Heinze
Notar in Köln

Dr. Tobias Helms
Professor an der Universität Marburg

Silas Hengstberger, LL.B.
Wiss. Mitarbeiter an der Universität Mannheim

Dr. Dr. h. c. mult. Dieter Henrich
Professor an der Universität Regensburg

Dr. Carsten Herresthal, LL.M.
Professor an der Universität Regensburg

Christian Hertel, LL.M.
Notar in Weilheim i. OB.

Dr. Stephanie Herzog
Fachanwältin für Erbrecht in Würselen

Joseph Hönle
Notar in München

Dr. Ulrich Hönle
Notar in Waldmünchen

Dr. Clemens Höpfner
Professor an der Universität Münster

Dr. Bernd von Hoffmann †
Professor an der Universität Trier

Dr. Dr. h. c. Heinrich Honsell
Professor an der Universität Zürich, Honorarprofessor an der Universität Salzburg

Dr. Rainer Hüttemann
Professor an der Universität Bonn

Dr. Martin Illmer, M. Jur.
Richter am Landgericht Hamburg, Privatdozent an der Bucerius Law School

Dr. Florian Jacoby
Professor an der Universität Bielefeld

Dr. Ulrich von Jeinsen
Rechtsanwalt und Notar in Hannover, Honorarprofessor an der Universität Hannover

Dr. Dagmar Kaiser †
Professorin an der Universität Mainz

Dr. Bernd Kannowski
Professor an der Universität Bayreuth

Dr. Christoph A. Kern, LL.M.
Professor an der Universität Heidelberg

Dr. Christian Kesseler
Notar in Düren, Honorarprofessor an der Universität Trier

Dr. Walter Klein
Rechtsanwalt in Köln

Dr. Fabian Klinck
Professor an der Universität Bochum

Dr. Frank Klinkhammer
Richter am Bundesgerichtshof, Karlsruhe, Honorarprofessor an der Universität Marburg

Dr. Steffen Klumpp
Professor an der Universität Erlangen-Nürnberg

Dr. Jürgen Kohler
Professor an der Universität Greifswald

Dr. Sebastian Kolbe
Professor an der Universität Bremen

Dr. Stefan Koos
Professor an der Universität der Bundeswehr München

Dr. Rüdiger Krause
Professor an der Universität Göttingen

Dr. Heinrich Kreuzer
Notar in München

Dr. Lena Kunz, LL.M.
Akad. Mitarbeiterin an der Universität Heidelberg

Dr. Steffen Kurth, LL.M.
Rechtsanwalt in Bielefeld

Dr. Clemens Latzel
Privatdozent an der Universität München

Dr. Arnold Lehmann-Richter
Professor an der Hochschule für Wirtschaft und Recht Berlin

Dr. Saskia Lettmaier, B.A., LL.M.
Professorin an der Universität zu Kiel, Richterin am Schleswig-Holsteinischen Oberlandesgericht in Schleswig

Stefan Leupertz
Richter a. D. am Bundesgerichtshof, Honorarprofessor an der TU Dortmund

Dr. Johannes Liebrecht
Professor an der Universität Zürich

Dr. Jan Lieder, LL.M.
Professor an der Universität Freiburg i. Br., Richter am Schleswig-Holsteinischen Oberlandesgericht

Dr. Dimitrios Linardatos
Privatdozent an der Universität Mannheim

Dr. Martin Löhnig
Professor an der Universität Regensburg

Dr. Dirk Looschelders
Professor an der Universität Düsseldorf

Dr. Stephan Lorenz
Professor an der Universität München

Dr. Sigrid Lorz
Professorin an der Universität Greifswald

Dr. Katharina Lugani
Professorin an der Universität Düsseldorf

Dr. Tobias Lutzi, LL.M., M. Jur.
Professor an der Universität Augsburg

Dr. Gerald Mäsch
Professor an der Universität Münster, Richter am Oberlandesgericht Hamm a.D.

Dr. Robert Magnus
Professor an der Universität Bayreuth

Dr. Ulrich Magnus
Professor an der Universität Hamburg, Affiliate des MPI für ausländisches und internationales Privatrecht, Hamburg, Richter am Hanseatischen Oberlandesgericht zu Hamburg a. D.

Dr. Mark Makowsky
Professor an der Universität Mannheim

Dr. Peter Mankowski †
Professor an der Universität Hamburg

Dr. Dr. h. c. Heinz-Peter Mansel
Professor an der Universität zu Köln

Dr. Peter Marburger †
Professor an der Universität Trier

Dr. Wolfgang Marotzke
Professor an der Universität Tübingen

Dr. Sebastian A. E. Martens
Professor an der Universität Passau

Dr. Dr. Dr. h. c. mult. Michael Martinek, M.C.J.
Professor an der Universität des Saarlandes, Saarbrücken, Honorarprofessor an der Universität Johannesburg, Südafrika

Dr. Annemarie Matusche-Beckmann
Professorin an der Universität des Saarlandes, Saarbrücken

Dr. Felix Maultzsch, LL.M.
Professor an der Universität Frankfurt a. M.

Dr. Patrick Meier
Notar in Bischofsheim i.d. Rhön

Dr. Dr. Detlef Merten
Professor an der Deutschen Universität für Verwaltungswissenschaften Speyer

Dr. Tanja Mešina
Staatsanwältin, Stuttgart

Dr. Rudolf Meyer-Pritzl
Professor an der Universität zu Kiel, Richter am Schleswig-Holsteinischen Oberlandesgericht in Schleswig

Dr. Morten Mittelstädt
Notar in Hamburg

Dr. Oliver Moufang
Rechtsanwalt in Frankfurt a.M., Honorarprofessor an der Hochschule Wiesbaden

Dr. Peter O. Mülbert
Professor an der Universität Mainz

Dr. Hans-Heinrich Nöll
Rechtsanwalt in Hamburg

Dr. Jürgen Oechsler
Professor an der Universität Mainz

Dr. Hartmut Oetker
Professor an der Universität zu Kiel, Richter am Thüringer Oberlandesgericht in Jena a. D.

Wolfgang Olshausen
Notar a. D. in Rain am Lech

Dr. Dirk Olzen
Professor an der Universität Düsseldorf

Dr. Sebastian Omlor, LL.M., LL.M.
Professor an der Universität Marburg

Dr. Gerhard Otte
Professor an der Universität Bielefeld

Dr. Frank Peters †
Professor an der Universität Hamburg, Richter am Hanseatischen Oberlandesgericht zu Hamburg a. D.

Dr. Christian Picker
Professor an der Universität Konstanz

Dr. Andreas Piekenbrock
Professor an der Universität Heidelberg

Dr. Jörg Pirrung †
Richter am Gericht erster Instanz der Europäischen Gemeinschaften i. R., Honorarprofessor an der Universität Trier

Dr. Maximilian Freiherr von Proff zu Irnich
Notar in Köln

Dr. Lukas Rademacher
Wiss. Assistent an der Universität zu Köln

Dr. Thomas Raff
Notar in Ludwigshafen

Dr. Manfred Rapp †
Notar a. D., Landsberg am Lech

Dr. Dr. h.c. Thomas Rauscher
Professor an der Universität Leipzig, Professor h.c. an der Eötvös Loránd Universität Budapest, Dipl.Math.

Dr. Peter Rawert, LL.M.
Notar in Hamburg, Honorarprofessor an der Universität Kiel

Dr. Wolfgang Reetz
Notar in Köln

Eckhard Rehme
Vorsitzender Richter am Oberlandesgericht Oldenburg i. R.

Dr. Moritz Renner
Professor an der Universität Mannheim

Dr. Tilman Repgen
Professor an der Universität Hamburg

Dr. Philipp Reuß, M. Jur.
Professor an der Universität Göttingen

Dr. Christoph Reymann, LL.M. Eur.
Notar in Landsberg am Lech, Professor an der Privaten Universität Liechtenstein

Dr. Reinhard Richardi
Professor an der Universität Regensburg, Präsident a. D. des Kirchlichen Arbeitsgerichtshofs der Deutschen Bischofskonferenz, Bonn

Dr. Volker Rieble
Professor an der Universität München, Direktor des Zentrums für Arbeitsbeziehungen und Arbeitsrecht

Dr. Daniel Rodi
Akad. Rat a. Z. an der Universität Heidelberg

Dr. Anne Röthel
Professorin an der Bucerius Law School, Hamburg

Dr. Christian Rolfs
Professor an der Universität zu Köln

Dr. Dr. h. c. Herbert Roth
Professor an der Universität Regensburg

Dr. Ludwig Salgo
Apl. Professor an der Universität Frankfurt a. M.

Dr. Adam Sagan, M. Jur.
Professor an der Universität Bayreuth

Dr. Anne Sanders
Professorin an der Universität Bielefeld

Dr. Daniel Schäuble
Notar in Waldshut-Tiengen

Dr. Renate Schaub, LL.M.
Professorin an der Universität Bochum

Dr. Martin Josef Schermaier
Professor an der Universität Bonn

Dr. Gottfried Schiemann
Professor an der Universität Tübingen

Dr. Eberhard Schilken
Professor an der Universität Bonn

Dr. Martin Schmidt-Kessel
Professor an der Universität Bayreuth

Dr. Daniel Johannes Schneider
Notarassessor in Neustadt a. d. Weinstraße

Ulf Schönenberg-Wessel
Notar und Rechtsanwalt in Kiel

Dr. Günther Schotten
Notar a. D. in Köln, Honorarprofessor an der Universität Bielefeld

Dr. Andrea Schulz
Deutsche Verbindungsbeamtin in Frankreich, Bundesministerium der Justiz und für Verbraucherschutz

Dr. Robert Schumacher, LL.M.
Notar in Köln

Dr. Roland Schwarze
Professor an der Universität Hannover

Dr. Andreas Schwennicke
Rechtsanwalt und Notar in Berlin

Dr. Stephan Serr
Notar in Ochsenfurt

Dr. Reinhard Singer
Professor an der Humboldt-Universität Berlin, Richter am Oberlandesgericht Rostock a. D.

Dr. Stephanie Sittmann-Haury, M.M.
Wiss. Mitarbeiterin an der Universität Mainz

Dr. Dr. h. c. Ulrich Spellenberg
Professor an der Universität Bayreuth

Dr. Sebastian Spiegelberger
Notar a. D. in Rosenheim

Dr. Ansgar Staudinger
Professor an der Universität Bielefeld

Julian Stein, LL.M.
Wiss. Mitarbeiter an der Universität Mainz

Dr. Björn Steinrötter
Professor an der Universität Potsdam

Dr. Malte Stieper
Professor an der Universität Halle-Wittenberg

Dr. Markus Stoffels
Professor an der Universität Heidelberg

Dr. Michael Stürner, M. Jur.
Professor an der Universität Konstanz, Richter am Oberlandesgericht Karlsruhe

Dr. Felipe Temming, LL.M.
Professor an der Universität Hannover

Burkhard Thiele
Präsident des Oberlandesgerichts Rostock a. D., Präsident des Landesverfassungsgerichts Mecklenburg-Vorpommern a. D.

Dr. Christoph Thole
Professor an der Universität zu Köln

Dr. Karsten Thorn
Professor an der Bucerius Law School, Hamburg

Dr. Gregor Thüsing, LL.M.
Professor an der Universität Bonn

Dr. Madeleine Tolani, LL.M.
Professorin an der Hochschule Wismar

Christian Trautmann, LL.M.
Dipl.-Rechtspfleger am Amtsgericht Dresden

Dr. Barbara Veit
Professorin an der Universität Göttingen

Dr. Bea Verschraegen, LL.M., M.E.M.
Professorin an der Universität Wien, adjunct professor an der Universität Macao

Dr. Klaus Vieweg
Professor an der Universität Erlangen-Nürnberg

Dr. A. Olrik Vogel
Rechtsanwalt in München

Dr. Markus Voltz
Notar in Offenburg

Dr. Reinhard Voppel
Rechtsanwalt in Köln

Dr. Rolf Wagner
Professor an der Universität Potsdam, Ministerialrat im Bundesjustizministerium

Dr. Christoph Andreas Weber
Privatdozent an der Universität München

Dr. Johannes Weber, LL.M.
Notarassessor, Geschäftsführer des Deutschen Notarinstituts, Würzburg

Gerd Weinreich
Vorsitzender Richter am Oberlandesgericht Oldenburg a. D., Rechtsanwalt in Oldenburg

Dr. Matthias Wendland, LL.M.
Professor an der Universität Graz

Dr. Domenik H. Wendt, LL.M.
Professor an der Frankfurt University of Applied Sciences

Dr. Olaf Werner
Professor an der Universität Jena, Richter am Thüringer Oberlandesgericht Jena a. D.

Dr. Denise Wiedemann
Wiss. Mitarbeiterin am Max-Planck-Institut für ausländisches und internationales Privatrecht, Hamburg

Dr. Daniel Wiegand, LL.M.
Rechtsanwalt in München

Dr. Wolfgang Wiegand
Professor an der Universität Bern

Dr. Volker Wiese, LL.M.
Professor an der Universität Hannover

Dr. Peter Winkler von Mohrenfels
Professor an der Universität Rostock, Richter am Oberlandesgericht Rostock a. D.

Dr. Felix Wobst
Notar in Gerolzhofen

Heinz Wöstmann
Richter am Bundesgerichtshof, Karlsruhe

Dr. Luitpold Graf Wolffskeel von Reichenberg
Notar in Bamberg

Dr. Hans Wolfsteiner †
Notar a. D., Rechtsanwalt in München

Dagmar Zorn
Dipl.-Rechtspflegerin, Großbeeren

Redaktorinnen und Redaktoren

Dr. Christian Baldus

Dr. Dr. h. c. mult. Christian von Bar, FBA

Dr. Michael Coester, LL.M.

Dr. Tobias Fröschle

Dr. Hans Christoph Grigoleit

Dr. Johannes Hager

Dr. Dr. h. c. mult. Dieter Henrich

Dr. Carsten Herresthal, LL.M.

Sebastian Herrler

Dr. Dr. h. c. Manfred Löwisch

Dr. Robert Magnus

Dr. Ulrich Magnus

Dr. Heinz-Peter Mansel

Dr. Peter O. Mülbert

Dr. Gerhard Otte

Dr. Lore Maria Peschel-Gutzeit

Dr. Thomas Raff

Dr. Peter Rawert, LL.M.

Dr. Volker Rieble

Dr. Christian Rolfs

Dr. Dr. h. c. Herbert Roth

Dr. Markus Stoffels

Dr. Barbara Veit

Dr. Wolfgang Wiegand

J. von Staudingers
Kommentar zum Bürgerlichen Gesetzbuch mit Einführungsgesetz und Nebengesetzen

Einführungsgesetz zum
Bürgerlichen Gesetzbuch/IPR
Internationales Verfahrensrecht
in Ehesachen
(Brüssel IIb-VO)

Neubearbeitung 2023
von
Wolfgang Hau

Redaktor
Dieter Henrich

ottoschmidt – De Gruyter · Berlin

Die Kommentatorinnen und Kommentatoren

Neubearbeitung 2023
Brüssel IIb-VO: Wolfgang Hau

Neubearbeitung 2015
Brüssel IIa-VO: Ulrich Spellenberg

Neubearbeitung 2005
EheGVO: Ulrich Spellenberg

Sachregister

Rechtsanwalt Patrick Zobel, Leipzig

Zitierweise

Staudinger/Hau (2023) Einl 1 zur Brüssel IIb-VO
Staudinger/Hau (2023) Vorbem 1 zu Art 7 ff Brüssel IIb-VO
Staudinger/Hau (2023) Art 1 Brüssel IIb-VO Rn 1
Staudinger/Hau (2023) Textanh 2 Rn 1

Zitiert wird nach Paragraph bzw Artikel und Randnummer.

Hinweise

Der **Staudinger ist online auf juris** abrufbar. Nähere Angaben dazu sowie das Abkürzungsverzeichnis finden Sie auf www.staudinger-bgb.de.

Der **Stand der Bearbeitung** ist November 2022.

Am Ende eines jeden Bandes befindet sich eine Übersicht über den aktuellen Stand des Gesamtwerks Staudinger.

Die Deutsche Nationalbibliothek verzeichnet diese Publikation in der Deutschen Nationalbibliografie; detaillierte bibliografische Daten sind im Internet über http://dnb.dnb.de abrufbar.

ISBN 978-3-8059-1348-5

© Copyright 2023 by Otto Schmidt Verlagskontor / Walter de Gruyter Verlag OHG, Berlin. – Printed in Germany.

Dieses Werk einschließlich aller seiner Teile ist urheberrechtlich geschützt. Jede Verwertung außerhalb der engen Grenzen des Urheberrechtsgesetzes ist ohne Zustimmung des Verlages unzulässig und strafbar. Das gilt insbesondere für Vervielfältigungen, Übersetzungen, Mikroverfilmungen und die Einspeicherung und Verarbeitung in elektronischen Systemen.

Satz: jürgen ullrich typosatz, Nördlingen.

Druck und Bindearbeiten: CPI books GmbH, Leck.

Umschlaggestaltung: Bib Wies, München.

∞ Gedruckt auf säurefreiem Papier, das die DIN ISO 9706 über Haltbarkeit erfüllt.

Inhaltsübersicht

* Zitiert wird nicht nach Seiten, sondern nach Paragraph bzw Artikel und Randnummer; siehe dazu auch „Zitierweise".

** Mit dem autonomen deutschen Recht (namentlich §§ 98, 107 ff FamFG) befasst sich der Band „Internationales Verfahrensrecht in Ehesachen 2" (STAUDINGER/SPELLENBERG [2016]).

Vorwort

Mit diesem Band lege ich eine Kommentierung des Internationalen Verfahrensrechts in Ehesachen vor, soweit dieses in der seit August 2022 maßgeblichen Brüssel IIb-VO enthalten ist. Eine ergänzende Darstellung des autonomen deutschen Rechts (§§ 98, 107–109 FamFG) soll in absehbarer Zeit folgen.

Großen Dank schulde ich Herrn Professor Ulrich Spellenberg, der im Staudinger die Vorläufer der Brüssel IIb-VO sowie die deutschen Vorschriften erläutert hat: Wer sich mit dem neuen Recht befasst, profitiert ungemein von seinen tiefgründigen, stets auch rechtsvergleichend umfassend abgesicherten Überlegungen.

Am Lehrstuhl haben sich Frau Katharina Roderus, Frau Sophie Schröter und Herr Daniel Nitschmann dankenswerterweise um die Korrekturen verdient gemacht.

Kritik und Anregungen aus der Leserschaft sind selbstverständlich stets willkommen.

München, im November 2022 Wolfgang Hau

Abkürzungsverzeichnis zum Europa- und Konventionsrecht

AEUV	Vertrag über die Arbeitsweise der Europäischen Union (in der Fassung der Bekanntmachung v 9. 5. 2008), ABl EU 2008 C 115/47
Brüssel I-Übk	s EuGVÜ
Brüssel I-VO	Verordnung Nr 44/2001 v 22. 12. 2000 über die gerichtliche Zuständigkeit und die Anerkennung und Vollstreckung von Entscheidungen in Zivil- und Handelssachen, ABl EG 2001 L 12/1
Brüssel Ia-VO	Verordnung Nr 1215/2012 v 12. 12. 2012 über die gerichtliche Zuständigkeit und die Anerkennung und Vollstreckung von Entscheidungen in Zivil- und Handelssachen, ABl EU 2012 L 351/1
Brüssel II-Übk	Übereinkommen v 28. 5. 1998 über die Zuständigkeit und die Anerkennung und Vollstreckung von Entscheidungen in Ehesachen, ABl EG 1998 C 221/1
Brüssel II-VO	Verordnung Nr 1347/2000 v 29. 5. 2000 über die Zuständigkeit und die Anerkennung und Vollstreckung von Entscheidungen in Ehesachen und in Verfahren betreffend die elterliche Verantwortung für die gemeinsamen Kinder der Ehegatten, ABl EG 2000 L 160/19
Brüssel IIa-VO	Verordnung Nr 2201/2003 v 27. 11. 2003 über die Zuständigkeit und die Anerkennung und Vollstreckung von Entscheidungen in Ehesachen und in Verfahren betreffend die elterliche Verantwortung und zur Aufhebung der Verordnung Nr 1347/2000, ABl EU 2003 L 338/1
Brüssel IIb-VO	Verordnung 2019/1111 v 25. 6. 2019 über die Zuständigkeit, die Anerkennung und Vollstreckung von Entscheidungen in Ehesachen und in Verfahren betreffend die elterliche Verantwortung und über internationale Kindesentführungen (Neufassung), ABl EU 2019 L 178/1, berichtigt ABl EU 2022 L 103/18
EMRK	Konvention v 4. 11. 1950 zum Schutze der Menschenrechte und Grundfreiheiten (in der Fassung v 22. 10. 2010), BGBl 2010 II 1198
EuBewVO 2001	Verordnung Nr 1206/2001 v 28. 5. 2001 über die Zusammenarbeit zwischen den Gerichten der Mitgliedstaaten auf dem Gebiet der Beweisaufnahme in Zivil- oder Handelssachen, ABl EU 2001 L 174/1

EuBewVO 2020	Verordnung 2020/1783 v 25. 11. 2020 über die Zusammenarbeit zwischen den Gerichten der Mitgliedstaaten auf dem Gebiet der Beweisaufnahme in Zivil- oder Handelssachen (Neufassung), ABl EU 2020 L 405/1
EuEheGüVO	Verordnung 2016/1103 v 24. 6. 2016 zur Durchführung einer Verstärkten Zusammenarbeit im Bereich der Zuständigkeit, des anzuwendenden Rechts und der Anerkennung und Vollstreckung von Entscheidungen in Fragen des ehelichen Güterstands, ABl EU 2016 L 183/1
EuErbVO	Verordnung Nr 650/2012 v 4. 7. 2012 über die Zuständigkeit, das anzuwendende Recht, die Anerkennung und Vollstreckung von Entscheidungen und die Annahme und Vollstreckung öffentlicher Urkunden in Erbsachen sowie zur Einführung eines Europäischen Nachlasszeugnisses, ABl EU 2012 L 201/107
EuGVÜ	(Brüsseler) EWG-Übereinkommen v 27. 9. 1968 über die gerichtliche Zuständigkeit und die Vollstreckung gerichtlicher Entscheidungen in Zivil- und Handelssachen, ABl EG 1972 L 299/32
EuInsVO	Verordnung 2015/848 v 20. 5. 2015 über Insolvenzverfahren (Neufassung), ABl EU 2015 L 141/19
EuPartGüVO	Verordnung Nr 2016/1104 v 24. 6. 2016 zur Durchführung der Verstärkten Zusammenarbeit im Bereich der Zuständigkeit, des anzuwendenden Rechts und der Anerkennung und Vollstreckung von Entscheidungen in Fragen güterrechtlicher Wirkungen eingetragener Partnerschaften, ABl EU 2016 L 183/30
EuSchutzMVO	Verordnung Nr 606/2013 v 12. 6. 2013 über die gegenseitige Anerkennung von Schutzmaßnahmen in Zivilsachen, ABl EU 2013 L 181/4
EuUntVO	Verordnung Nr 4/2009 v 18. 12. 2008 über die Zuständigkeit, das anwendbare Recht, die Anerkennung und Vollstreckung von Entscheidungen und die Zusammenarbeit in Unterhaltssachen, ABl EU 2009 L 7/1
EuUrkVO	Verordnung Nr 2016/1191 v 6. 7. 2016 zur Förderung der Freizügigkeit von Bürgern durch die Vereinfachung der Anforderungen an die Vorlage bestimmter Urkunden innerhalb der Europäischen Union und zur Änderung der Verordnung (EU) Nr 1024/2012, ABl EU 2016 L 200/1
EUV	Vertrag über die Europäische Union (in der Fassung v 13. 12. 2007), ABl EU 2007 C 306/1

EuZustVO 2000	Verordnung Nr 1348/2000 v 29. 5. 2000 über die Zustellung gerichtlicher und außergerichtlicher Schriftstücke in Zivil- oder Handelssachen in den Mitgliedstaaten, ABl EG 2000 L 160/37
EuZustVO 2007	Verordnung Nr 1393/2007 v 13. 11. 2007 über die Zustellung gerichtlicher und außergerichtlicher Schriftstücke in Zivil- oder Handelssachen in den Mitgliedstaaten („Zustellung von Schriftstücken") und zur Aufhebung der Verordnung Nr 1348/2000, ABl EU 2007 L 324/79
EuZustVO 2020	Verordnung 2020/1784 v 25. 11. 2020 über die Zustellung gerichtlicher und außergerichtlicher Schriftstücke in Zivil- oder Handelssachen in den Mitgliedstaaten (Neufassung), ABl EU 2020 L 405/40, berichtigt ABl EU 2022 L 173/133
GR-Charta	Charta der Grundrechte der Europäischen Union v 7. 12. 2000, ABl EU 2012 C 326/391
HApostilleÜ	Haager Übereinkommen v 5. 10. 1961 zur Befreiung ausländischer öffentlicher Urkunden von der Legalisation, BGBl 1965 II 876
HAVÜ 2019	Haager Übereinkommen v 2. 7. 2019 über die Anerkennung und Vollstreckung ausländischer Urteile in Zivil- und Handelssachen
HErwSÜ	Haager Übereinkommen v 13. 1. 2000 über den internationalen Schutz von Erwachsenen, BGBl 2007 II 323
HKEntfÜ	Haager Übereinkommen v 25. 10. 1980 über die zivilrechtlichen Aspekte internationaler Kindesentführung, BGBl 1990 II 207
HUntP 2007	Haager Protokoll v 23. 11. 2007 über das auf Unterhaltspflichten anzuwendende Recht, ABl EU 2009 L 331/19
HUntVÜ 2007	Haager Übereinkommen v 23. 11. 2007 über die Durchsetzung von Kindesunterhalt und anderer Formen des Familienunterhalts, ABl EU 2011 L 192/51
HZÜ	Haager Übereinkommens v 15. 11. 1965 über die Zustellung gerichtlicher und außergerichtlicher Schriftstücke im Ausland für Zivil- und Handelssachen, BGBl 1977 II 1453
KSÜ	Haager Übereinkommen v 19. 10. 1996 über die Zuständigkeit, das anzuwendende Recht, die Anerkennung, Vollstreckung und Zusammenarbeit auf dem Gebiet der elterlichen Verantwortung und der Maßnahmen zum Schutz von Kindern, BGBl 2009 II 602
LugÜ 2007	Luganer Übereinkommen v 30. 10. 2007 über die gerichtliche Zuständigkeit und die Vollstreckung gerichtlicher Entscheidungen in Zivil- und Handelssachen, ABl EU 2009 L 147/5

PKH-RL	Richtlinie 2003/8/EG v 27. 1. 2003 zur Verbesserung des Zugangs zum Recht bei Streitsachen mit grenzüberschreitendem Bezug durch Festlegung gemeinsamer Mindestvorschriften für die Prozesskostenhilfe, ABl EU 2003 L 26/41
Rom I-VO	Verordnung Nr 593/2008 v 17. 6. 2008 über das auf vertragliche Schuldverhältnisse anzuwendende Recht, ABl EU 2008 L 177/6
Rom II-VO	Verordnung Nr 864/2007 v 11. 7. 2007 über das auf außervertragliche Schuldverhältnisse anzuwendende Recht, ABl EU 2007 L 199/40
Rom III-VO	Verordnung Nr 1259/2010 v 20. 12. 2010 zur Durchführung einer Verstärkten Zusammenarbeit im Bereich des auf die Ehescheidung und Trennung ohne Auflösung des Ehebandes anzuwendenden Rechts, ABl EU 2010 L 343/10
SorgeRÜ	Luxemburger Europäisches Übereinkommen v 20. 5. 1980 über die Anerkennung und Vollstreckung von Entscheidungen über das Sorgerecht für Kinder und die Wiederherstellung des Sorgeverhältnisses, BGBl 1990 II 220
VerfO EuGH	Verfahrensordnung des Gerichtshofs v 25. 9. 2012, ABl EU 2012 L 265/1
WDÜ	Wiener UN-Übereinkommen v 18. 4. 1961 über diplomatische Beziehungen, BGBl 1964 II 958
WKÜ	Wiener UN-Übereinkommen v 24. 4. 1963 über konsularische Beziehungen, BGBl 1969 II 1587.

Internationales Verfahrensrecht in Ehesachen

Europäisches Recht: Brüssel IIb-VO

Einleitung zur Brüssel IIb-VO

Materialien

1. Zum Übereinkommen v 28. 5. 1998 über die Zuständigkeit und die Anerkennung und Vollstreckung von Entscheidungen in Ehesachen (Brüssel II-Übk)

Empfehlung des Rates v 28. 5. 1998 zur Ratifizierung eines Übereinkommens aufgrund von Art K 3 des Vertrages über die Europäische Union über die Zuständigkeit und die Anerkennung und Vollstreckung von Entscheidungen in Ehesachen, ABl EG 1998 C 221/1

Entwurf eines Übereinkommens aufgrund von Art K 3 des Vertrages über die Europäische Union über die Zuständigkeit und die Anerkennung und Vollstreckung von Entscheidungen in Ehesachen, ABl EG 1998 C 221/2

Protokoll aufgrund von Art K 3 des Vertrages über die Europäische Union betreffend die Auslegung des Übereinkommens über die Zuständigkeit und die Anerkennung und Vollstreckung von Entscheidungen in Ehesachen durch den EuGH, ABl EG 1998 C 221/20

Erläuternder Bericht zu dem Übereinkommen aufgrund von Art K 3 des Vertrages über die Europäische Union über die Zuständigkeit und die Anerkennung und Vollstreckung von Entscheidungen in Ehesachen von Allegría Borrás („Borrás-Bericht"), ABl EG 1998 C 221/27

Europäisches Parlament, Bericht über den Entwurf eines Übereinkommens v 16. 4. 1998 mit Stellungnahme des Ausschusses für Recht und Bürgerrechte v 23. 3. 1998, ABl EG 1998 C 152/69

2. Zur VO (EG) Nr 1347/2000 (Brüssel II-VO)

Vorschlag der Kommission für eine Verordnung (EG) des Rates über die Zuständigkeit und Anerkennung und Vollstreckung von Entscheidungen in Ehesachen und in Verfahren betreffend die elterliche Verantwortung für die gemeinsamen Kinder der Ehegatten, ABl EG 1999 C 247/1

Stellungnahme des Wirtschafts- und Sozialausschusses zum Vorschlag für eine Verordnung (EG) des Rates über die Zuständigkeit und Anerkennung und Vollstreckung von Entscheidungen in Ehesachen und in Verfahren betreffend die elterliche Verantwortung für die gemeinsamen Kinder der Ehegatten, ABl EG 1999 C 368/23

Vermerk des Generalsekretariats des Rates der EU für den Ausschuss der Ständigen Vertreter/Rat v 22. 5. 2000 zum Vorschlag für eine Verordnung des Rates über die Zuständigkeit und die Anerkennung und Vollstreckung von Entscheidungen in Ehesachen und in Verfahren betreffend die elterliche Verantwortung für die gemeinsamen Kinder der Ehegatten, Dok Rat der EU 8627/00 JUSTCIV 60 = IPRax 2001, 62

Bericht des Europäischen Parlaments und Stellungnahme zu dem Vorschlag für eine Verordnung des Rates v 17. 11. 1999, ABl EG 2000 C 189/97

Kommission der Europäischen Gemeinschaften, Geänderter Vorschlag für eine Verordnung des Rates v 17. 3. 2000, KOM(2000) 151

Agreed Arrangements between the United Kingdom and the Kingdom of Spain Relating to Gibraltar Authorities in the Context of an EU and EC Instrument and Related Matters, Dok Rat der EU 7998/00 = IPRax 2001, 63

3. Zur VO (EG) Nr 2201/2003 (Brüssel IIa-VO)

Initiative der Französischen Republik im Hinblick auf den Erlass einer Verordnung des Rates über die gegenseitige Vollstreckung von Entscheidungen über das Umgangsrecht, ABl EG 2000 C 234/7

Wirtschafts- und Sozialausschuss, Stellungnahme zur Initiative der Französischen Republik v 19. 10. 2000, ABl EG 2001 C 14/82

Bericht des Europäischen Parlaments, Ausschuss für die Freiheiten und Rechte der Bürger, Justiz und innere Angelegenheiten, über den Vorschlag für eine Verordnung des Rates v 24. 10. 2000, EP A5-0311/2000

Vorschlag für eine VO des Rates über die Zuständigkeit und die Anerkennung von Entscheidungen über die elterliche Verantwortung, KOM (2001) 505, ABl EG 2001 C 332/269
Arbeitsunterlage der Kommission, Gegenseitige Anerkennung von Entscheidungen über die elterliche Verantwortung v 27. 3. 2001, KOM (2001) 166
Vorschlag für eine Verordnung des Rates über die Zuständigkeit und Vollstreckung von Entscheidungen in Ehesachen und in Verfahren betreffend die elterliche Verantwortung und zur Aufhebung der Verordnung (EG) Nr 1347/2000 und zur Änderung der Verordnung (EG) Nr 44/2001 in Bezug auf Unterhaltssachen, KOM (2002) 222, ABl EG 2002 C 203E/155
Stellungnahme des Wirtschafts- und Sozialausschusses zu dem Vorschlag für eine Verordnung des Rates v 18. 9. 2002, ABl EG 2003 C 61/76
Stellungnahme des Europäischen Parlaments zu dem Vorschlag für eine Verordnung des Rates v 20. 11. 2002, EPT 5-0543/2002
Kommission der Europäischen Gemeinschaften, Stellungnahme zu Änderungsanträgen des Europäischen Parlaments v 20. 11. 2002 (Ablehnung, unveröffentlicht)
Europäisches Parlament, Bericht über den Vorschlag für eine Verordnung des Rates über die Zuständigkeit und die Anerkennung und Vollstreckung von Entscheidungen in Ehesachen und in Verfahren betreffend die elterliche Verantwortung und zur Aufhebung der Verordnung (EG) Nr 1347/2000 und zur Änderung der Verordnung (EG) Nr 44/2001 in Bezug auf Unterhaltssachen v 7. 11. 2002, P5 A (2002) 0385

4. Zur VO (EU) 2019/1111 (Brüssel IIb-VO)

Vorschlag der Kommission v 17. 7. 2006 für eine Verordnung des Rates zur Änderung der Verordnung (EG) Nr 2201/2003 im Hinblick auf die Zuständigkeit in Ehesachen und zur Einführung von Vorschriften betreffend das anwendbare Recht in diesem Bereich, KOM(2006) 399
Bericht der Kommission v 15. 4. 2014 über die Anwendung der Verordnung (EG) Nr 2201/2003 des Rates über die Zuständigkeit und die Anerkennung und Vollstreckung von Entscheidungen in Ehesachen und in Verfahren betreffend die elterliche Verantwortung und zur Aufhebung der Verordnung (EG) Nr 1347/2000, COM (2014) 225
Vorschlag der Kommission v 30. 6. 2016 für eine Verordnung des Rates über die Zuständigkeit, die Anerkennung und Vollstreckung von Entscheidungen in Ehesachen und in Verfahren betreffend die elterliche Verantwortung und über internationale Kindesentführungen (Neufassung), COM(2016) 411
Arbeitsunterlage der Kommissionsdienststellen, Zusammenfassung der Folgenabschätzung v 30. 6. 2016, SWD(2016) 208
Commission Staff Working Document, Impact Assessment from 30. 6. 2016, SWD(2016) 207
Stellungnahme des Europäischen Wirtschafts- und Sozialausschusses zum Kommissionsvorschlag v 30. 6. 2016, ABl EU 2017 C 125/46
Opinion of the Consultative Working Party of Legal Services v 25. 9. 2016, 14918/16
Legislative Entschließung des Parlaments zum Kommissionsvorschlag v 18. 1. 2018, ABl EU 2018 C 458/499
EDPS Opinion on the Proposal for a recast of Brussels IIa Regulation of 15. 2. 2018, 6284/18
Vorschlag für eine Verordnung des Rates über die Zuständigkeit, die Anerkennung und Vollstreckung von Entscheidungen in Ehesachen und in Verfahren betreffend die elterliche Verantwortung und über internationale Kindesentführungen – Allgemeine Ausrichtung v 30. 11. 2018, 14784/18
Vorschlag für eine Verordnung des Rates über die Zuständigkeit, die Anerkennung und Vollstreckung von Entscheidungen in Ehesachen und in Verfahren betreffend die elterliche Verantwortung und über internationale Kindesentführungen – Allgemeine Ausrichtung v 12. 12. 2018, 15401/18

Schrifttum

Adolphsen, Europäisches Zivilverfahrensrecht (2. Aufl 2015)
Althammer (Hrsg), Brüssel IIa Rom III: Kommentar zu den Verordnungen (EG) 2201/2003 und (EU) 1259/2010 (2014)
ders (Hrsg), Brussels IIa – Rome III: Article-by-Article Commentary (2019)
Ancel/Muir Watt, La désunion européenne: le règlement dit „Bruxelles II", Rev crit d i p 2001, 403 f
Andrae, Familiensachen mit Auslandsberührung, in: Garbe/Ullrich (Hrsg), Verfahren in Familiensachen (3. Aufl 2012)
dies, Internationales Familienrecht (4. Aufl 2019)
Antomo, Die Neufassung der Brüssel IIa-Verordnung – erfolgte Änderungen und verbleibender Reformbedarf, in: Pfeiffer/Lobach/Rapp (Hrsg), Europäisches Familienrecht: Stand und Perspektiven (2020) 13
Baarsma, The Europeanisation of International Family Law (2014)
Bailey-Harris, Issues in International Divorce Cases, in: Douglas/Murch/Stephens (Hrsg), International and National Perspectives on Child and Family Law (2018) 179
Balthasar-Wach, Die Neufassung der Brüssel IIa-VO – Übersicht wesentlicher Änderungen von der Brüssel IIa-VO zur Brüssel IIb-VO, ZfRV 2022, 20
vBar/Mankowski, Internationales Privatrecht, Band I: Allgemeine Lehren (2. Aufl 2003); Band II: Besonderer Teil (2. Aufl 2019)
Barnich/Nuyts/Pfeiff/Wautelet (Hrsg), Le droit des relations familiales internationales à la croisée des chemins (2016)
Baratta, La reconnaissance international des situations juridiques personnelles et familiales, Recueil des Cours 348 (2011) 253
Basedow, Die Anerkennung von Auslandsscheidungen: Rechtsgeschichte, Rechtsvergleichung, Rechtspolitik (1980)
Beaumont/Moir, Brussels Convention II: A New Private International Law Instrument in Family Matters for the European Union or the European Community?, EuLR 20 (1995) 268
Becker-Eberhard, Die Sinnhaftigkeit der Zuständigkeitsordnung der EG-VO Nr 1347/2000 („Brüssel II"), in: FS für Beys (2003) 93
Bergerfurth, Die Internationale Scheidungszuständigkeit im EU-Bereich, FF 2001, 15
Bernard/Cresp/Ho-Dac (Hrsg), La famille dans l'ordre juridique de l'Union européenne – Family within the Legal Order of the European Union (2020)
Biagioni/Carpaneto, Children under Brussels II ter Regulation, Yb of Private International Law XXII (2020/2021) 139
Blackburn/Michaelides, The advent of Brussels II bis Recast, IFL 2019, 252
Boele-Woelki, Brüssel II: Die Verordnung über die Zuständigkeit und die Anerkennung von Entscheidungen in Ehesachen, ZfRV 2001, 121
dies, Waarom Brussel II?, FJR 1998, 95
dies, For Better or for Worse: The Europeanization of International Divorce Law, Yb of Private International Law XII (2010) 1
Boele-Woelki/Gonzáles Beilfuss (Hrsg), Brussels IIbis: Its Impact and Application in the Member States (2007)
de Boer, What we should not expect from a recast of the Brussels IIbis Regulation, NiPR 2015, 10
Bonomi, Il regolamento comunitario sulla competenza e sul riconoscimento in materia matrimoniale e di potestà dei genitori, Rev dir int 2001, 298
ders, Le nouveau règlement européen en matière de divorce et de responsabilité parentale et ses implications pour la Suisse: prélude à une Convention de „Lugano II"?, AJP/PJA 2002, 251
ders, The Opportunity and the Modalities of the Introduction of Erga Omnes EC Rules on Jurisdiction, in: Malatesta/Pocar/Bariatti (Hrsg), The External Dimension of EC Private International Law in Family and Succession Matters (2008) 149
ders, La compétence internationale en matière de divorce. Quelques suggestions pour une (improbable) révision du règlement Bruxelles II bis, Rev crit d i p 2017, 511
ders, Coherence and Coordination among the

EU Private International Law Regulations in Family and Succession Matter, in: Forner Delaygua/Santos (Hrsg), Coherence of the Scope of Application: EU Private International Legal Instruments (2020) 27

Borg-Barthet, Jurisdiction in Matrimonial Matters – Reflections for the Review of the Brussels IIa Regulation, Study for the JURI Committee of the European Parliament (2016)

Borrás, Vom Rat am 28. 5. 1998 genehmigter Erläuternder Bericht zu dem Übereinkommen aufgrund von Art K 3 des Vertrages über die Europäische Union über die Zuständigkeit und die Anerkennung und Vollstreckung von Entscheidungen in Ehesachen, ABl EG 1998 C 221/27 (zitiert: Borrás-Bericht)

dies, Lights and Shadows of Communitarisation of Private International Law: Jurisdiction and Enforcement in Family Matters with regard to Relations with Third States, in: Malatesta/Pocar/Bariatti (Hrsg), The External Dimension of EC Private International Law in Family and Succession Matters (2008) 99

dies, What about Matrimonial Matters?, in: Raffaelli (Hrsg), Recasting the Brussels IIa Regulation (2016) 73

Boularbah/Watté, Les nouvelles règles de conflits de juridiction en matière de désunion des époux. Le règlement communautaire „Bruxelles II“, J T 2001, 369

Brand (Hrsg), Formularbuch Zivilverfahren mit Auslandsberührung (2. Aufl 2018)

Breuer, Ehe- und Familiensachen in Europa: Das internationale Mandat mit Länderberichten (2008)

Brosch, Rechtswahl und Gerichtsstandsvereinbarung im internationalen Familien- und Erbrecht der EU (2019)

dies, Die Neufassung der Brüssel IIa-Verordnung, GPR 2020, 179

dies, Miteinander, Gegeneinander? Mutual trust im europäischen internationalen Familienrecht, in: Duden/von Bary/Boosfeld/Heindler/Kleinjohann/Lutzi (Hrsg), IPR für eine bessere Welt: Vision – Realität – Irrweg? (2022) 143

Bruneau, La reconnaissance et l'exécution des décisions rendues dans l'union Européenne, J C P 2001, I, 314

Budzikiewicz/Heiderhoff/Klinkhammer/Niethammer-Jürgens (Hrsg), Migration und IPR (2018)

dies (Hrsg), Standards und Abgrenzungen im internationalen Familienrecht (2019)

dies (Hrsg), Neue Impulse im europäischen Familienkollisionsrecht (2021)

dies (Hrsg), Europa als Taktgeber für das Internationale Familienrecht (2022)

Burgstaller/Neumayr/Geroldinger/Schmaranzer (Hrsg), Internationales Zivilverfahrensrecht (Loseblatt)

Campiglio, Conflitti positivi e negativi di giurisdizione in materia matrimoniale, Riv dir int priv e proc 2021, 497

Carlier/Francq/van Boxstael, Le règlement de Bruxelles II – Compétence, reconnaissance et exécution en matière matrimoniale et en matière de responsabilité parentale, J T dr européen 2001, 73

Cieslar, Internationale Abkommen und Europäische Rechtsakte zum Familien- und Staatsangehörigkeitsrecht (2. Aufl 2009)

Coester-Waltjen, Multa non multum im internationalen Familienverfahrensrecht, in: FS für Geimer (2002) 139

dies, Abschnitte „Divorce and personal separation“ und „Marriage“, in: Basedow/Ferrari/de Miguel Asensio/Rühl (Hrsg), Encyclopedia of Private International Law (2017)

Corneloup (Hrsg), Droit européen du divorce – European divorce law (2013)

dies (Hrsg), The Rome III Regulation – A Commentary on the Law Applicable to Divorce and Legal Separation (2020)

Corneloup/Kruger, Le règlement 2019/1111, Bruxelles II: la protection des enfants gagne du ter(rain), Rev crit d i p 2020, 215

Croon-Gestefeld, Der Einfluss der Unionsbürgerschaft auf das Internationale Familienrecht, RabelsZ 86 (2022) 32

Cuniberti, Le fondement de l'effet des jugements étrangers (2019)

Curry-Sumner, The Revision of Brussels IIbis, NiPR 2015, 1

Dilger, Die Regelung zur internationalen Zuständigkeit in Ehesachen in der Verordnung (EG) Nr 1347/2000 (2004)

Dornblüth, Die europäische Regelung der An-

erkennung und Vollstreckbarerklärung von Ehe- und Kindschaftsentscheidungen (2003)
DÖRNER, Internationale Scheidungszuständigkeit und Anerkennung von Scheidungsurteilen nach der EG-Verordnung Nr 2201/2003, in: GROSSFELD/YAMAUCHI/EHLERS/ISHIKAWA (Hrsg), Probleme des deutschen, europäischen und japanischen Rechts (2006) 17
DUINTJER TEBBENS, European Group on Private International Law: Proposal for a Convention concerning jurisdiction and the enforcement of judgments in family and succession matters, NILR 1995, 169
DUTTA, Entwicklungen im internationalen Familien- und Erbrecht der Europäischen Union bis Gogova, ZEuP 2016, 427
ders, Gleichlauf von forum und ius – ein legitimes Ziel des internationalen Privatrechts?, in: FS für Kronke (2020) 51
ders, Das internationale Familien- und Erbrecht in der Rechtsprechung des Gerichtshofs der Europäischen Union – die vergangenen fünf Jahre, ZEuP 2020, 897
DUTTA/JACOBY/SCHWAB (Hrsg), FamFG (4. Aufl 2022)
DUTTA/SCHWAB/HENRICH/GOTTWALD/LÖHNIG (Hrsg), Scheidung ohne Gericht? – Neue Entwicklungen im europäischen Scheidungsrecht (2017)
ERB-KLÜNEMANN, Die Auswirkungen des Brexits auf das internationale Familienrecht, FamRB 2021, 168
ERB-KLÜNEMANN/NIETHAMMER-JÜRGENS, Die neue Brüssel IIa-VO – Neue Regelungen für die Zuständigkeit, die Anerkennung und Vollstreckung von Entscheidungen in Ehesachen und in Verfahren betreffend die elterliche Verantwortung für internationale Kindesentführungen, FamRB 2019, 454
ERDEM, Ehescheidung im deutsch-türkischen Rechtsverkehr: Eine Untersuchung der internationalen Zuständigkeit, des Kollisionsrechts und der Anerkennung von Entscheidungen (2007)
ESPINOSA CALABUIG/CARBALLO PIÑEIRO, Child Protection in European Family Law, in: PFEIFFER/LOBACH/RAPP (Hrsg), Facilitating Cross-Border Family life: Towards a Common European Understanding, An Empirical Study on European Family and Succession Law (2019) 49
ESTIN, Marriage and Divorce Conflicts in the International Perspective, Duke Journal of Comparative & International Law 27 (2017) 485
EVERALL/NICHOLLS, Brussels I and II – The Impact on Family Law, Fam Law 2002, 674
FALLON, Droit familial et droit des communautés européennes, Rev trim dr fam 1998, 361
FINGER, Die Verordnung (EG) Nr 1347/2000 des Rates vom 29. 5. 2000 (Brüssel IIa-VO), JR 2001, 177
ders, VO Nr 2201/2003 des Rates der EU (Brüssel II a) – ein erster Überblick, FamRB 2004, 234
ders, Internationale Zuständigkeiten nach der Brüssel IIa-VO – Eine Übersicht anhand von Fallbeispielen, FamRBint 2008, 90
ders, Die Zuständigkeit und Vollstreckung von Entscheidungen in Ehesachen und in Verfahren betreffend die elterliche Verantwortung und über internationale Kindesentführungen, FuR 2019, 640
ders, Internationales Recht der Ehescheidung, FuR 2021, 250
FLINDT, Die neue Brüssel IIb-VO, NZFam 2022, 669
FONTAINE, Bruxelles II – La nouvelle Convention entre les Etats de l'Union européenne sur le règlement des conflits transnationaux en matière familiale, Droit et Patrimoine 1999, 22
FREITAG/LEIBLE/SIPPEL/WANITZEK (Hrsg), Familienrecht für das 21. Jahrhundert. Symposium zum 65. Geburtstag von Ulrich Spellenberg (2006)
GANZ, Internationales Scheidungsrecht – Eine praktische Einführung, FuR 2011, 69 und 369
ders, Internationales Privatrecht, in: GERHARDT/vHEINTSCHEL-HEINEGG/KLEIN (Hrsg), Handbuch Familienrecht (12. Aufl 2021) Kap 15
GARBER, Neuerungen im Ehe- und Familienrecht: Zur Revision der Brüssel IIa-VO und zu den Güterrechtsverordnungen, in: KÖNIG/MAYR (Hrsg), Europäisches Zivilverfahrensrecht in Österreich V (2018) 109
GARBER/LUGANI, Die Brüssel IIb-Verordnung: Zuständigkeit, Anerkennung und Vollstreckung in Ehesachen und Kindschaftssachen einschließlich der internationalen Kindesentführung (2022)

dies, Die neue Brüssel IIb-Verordnung, NJW 2022, 2225
GAUDEMET-TALLON, Le règlement No 1347/2000 du Conseil du 29 mai 2000 „Compétence, reconnaissance et exécution des décisions en matière matrimoniale et en matière de responsabilité parentale des enfants communs", J D I 2001, 381
dies, La loi française sur le divorce sans juge confrontée au droit européen et international, in: Liber amicorum für Christian Kohler (2018) 91
GEBAUER/WIEDMANN (Hrsg), Europäisches Zivilrecht (3. Aufl 2021)
GEIMER, Internationales Zivilprozessrecht (8. Aufl 2020)
GEIMER/SCHÜTZE, Europäisches Zivilverfahrensrecht (4. Aufl 2020)
GEIMER/SCHÜTZE/HAU (Hrsg), Internationaler Rechtsverkehr in Zivilsachen (Loseblatt)
GEWALTIG, Von der nationalen zur europäischen Zuständigkeitsregelung im Familienrecht – Die internationale Zuständigkeit nach den europäischen Verordnungen (EG) Nr 1347/2000 und Nr 2201/2003 (EuEheVO) in Deutschland und in den Niederlanden (2008)
GITSCHTHALER (Hrsg), Internationales Familienrecht – EU-Verordnungen und Haager Übereinkommen zum Ehe-, Partner- und Kindschaftsrecht (2019)
GONZÁLEZ BEILFUSS, Abschnitt „Brussels IIa Regulation", in: BASEDOW/FERRARI/DE MIGUEL ASENSIO/RÜHL (Hrsg), Encyclopedia of Private International Law (2017)
dies, Party Autonomy in International Family Law, Recueil des Cours 408 (2020) 107
dies, What's New in Regulation (EU) No 2019/1111?, Yb of Private International Law XXII (2020/2021) 95
dies, Regulation (EU) No. 2019/1111 (Brussels II ter) and Third States: relations with other instruments, in: FS für Jänterä-Jareborg (2022) 129
GOTTWALD, Probleme der Vereinheitlichung des Internationalen Familienverfahrensrechts ohne gleichzeitige Kollisionsrechtsvereinheitlichung, in: Symposium für Ulrich Spellenberg (2006) 55
ders, Scheidungen im neuen „Raum der Freiheit, der Sicherheit und des Rechts", in: FS für Simotta (2012) 163
ders, Die Anerkennung ausländischer Ehescheidungen, in: FS für Rüßmann (2013) 771
ders, Internationales Familienverfahrensrecht post Brexit, FamRZ 2020, 965
GRAY, Party Autonomy in EU Private International Law: Choice of Court and Choice of Law in Family Matters and Succession (2021)
GRÖSCHL, Internationale Zuständigkeit im europäischen Eheverfahrensrecht (2007)
GRUBER, Die neue EheVO und die deutschen Ausführungsgesetze, IPRax 2005, 293
GRUBER/MÖLLER, Die Neufassung der EuEheVO, IPRax 2020, 393
HAECKER, Die Anerkennung ausländischer Entscheidungen in Ehesachen (3. Aufl 2009)
HAJNCZYK, Die Zuständigkeit für Entscheidungen in Ehesachen und in anderen Familiensachen aus Anlass von Ehesachen sowie deren Anerkennung und Vollstreckung in der EG und in der Schweiz (2003)
Handkommentar ZPO (9. Aufl 2021)
Handkommentar Zwangsvollstreckung (4. Aufl 2021)
HARDUNG, Die europäische Titelfreizügigkeit: ein Beitrag zur Konsolidierung und Kohärenzförderung (2020)
HAU, Internationales Eheverfahrensrecht in der europäischen Union, FamRZ 1999, 484
ders, Das System der internationalen Entscheidungszuständigkeit im europäischen Eheverfahrensrecht, FamRZ 2000, 1333
ders, Europäische und autonome Zuständigkeitsgründe in Ehesachen mit Auslandsbezug, FPR 2002, 616
ders, Zur Maßgeblichkeit der lex fori in internationalen Ehesachen, in: FS für Stürner (2013) 1237
ders, Zuständigkeit sowie Anerkennung und Vollstreckung von Entscheidungen in Ehe- und Kindschaftssachen, in: LEIBLE/TERHECHTE (Hrsg), Europäisches Rechtsschutz- und Verfahrensrecht (= Enzyklopädie Europarecht Band 3) (2. Aufl 2021) § 16
HAUSMANN, Neues Internationales Eheverfahrensrecht der Europäischen Union, ELF 2000/01, 271, 345
ders, Internationales und Europäisches Familienrecht (2. Aufl 2018)
HAUSMANN/ODERSKY (Hrsg), Internationales

Privatrecht in der Notar- und Gestaltungspraxis (4. Aufl 2021)
HAUSSLEITER (Hrsg), FamFG (2. Aufl 2017)
HEIDERHOFF, Die Anerkennung ausländischer Entscheidungen in Ehesachen, StAZ 2009, 328
HEITMANN, Flucht und Migration im Internationalen Familienrecht (2020)
HELMS, Die Anerkennung ausländischer Entscheidungen im Europäischen Eheverfahrensrecht, FamRZ 2001, 257
ders, Internationales Verfahrensrecht für Familiensachen in der Europäischen Union, FamRZ 2002, 1593
ders, Neue Entwicklungen im Scheidungsrecht als Herausforderung für das Internationale Privatrecht, in: DUTTA/SCHWAB/HENRICH/GOTTWALD/LÖHNIG (Hrsg), Scheidung ohne Gericht? – Neue Entwicklungen im europäischen Scheidungsrecht (2017) 337
HENDERSON, From Brussels to Rome: The Necessity of Resolving Divorce Law Conflicts across the European Union, Wisconsin International LJ 28 (2010-2011) 768
HENRICH, Internationales Scheidungsrecht – einschließlich Scheidungsfolgen (5. Aufl 2023)
HENRICH/ALTHAMMER (Hrsg), Familienrecht: Scheidung, Unterhalt, Verfahren (7. Aufl 2020)
HENRICH/DUTTA/EBERT (Hrsg), Internationales Ehe- und Kindschaftsrecht mit Staatsangehörigkeitsrecht (Loseblatt)
HEPTING/DUTTA, Familie und Personenstand – Ein Handbuch zum deutschen und internationalen Privatrecht (3. Aufl 2019)
HESS, Der Verordnungsvorschlag der französischen Ratspräsidentschaft vom 26. 6. 2000 über einen „Europäischen Besuchstitel", IPRax 2000, 361
ders, Europäisches Zivilprozessrecht (2. Aufl 2021)
HILBIG-LUGANI, EuEheVO und posthume Eheungültigerklärungsverfahren Dritter, IPRax 2017, 556
HÖBBEL/MÖLLER, Formularbuch Scheidungen internationaler Ehen (2008)
HODSON, The International Family Law Practice 2021-2022 (6. Aufl 2021)
HOHLOCH, Internationales Verfahrensrecht in Ehe- und Familiensachen, FF 2001, 45
HONORATI, The Commission's proposal for a recast of Brussels IIa Regulation, IFL 2017, 97
dies, La proposta di revisione del regolamento Bruxelles II bis: più tutela per i minori e più efficacia nell'esecuzione delle decisioni, Riv dir int priv proc 2017, 247
dies (Hrsg), Jurisdiction in Matrimonial Matters, Parental Responsibility and International Abduction: A Handbook on the Application of Brussels IIa Regulation in National Courts (2017)
HONORATI/BARUFFI, EU Private International Law in Family Matters (2022)
JÄNTERÄ-JAREBORG, Marriage Dissolution in an Integrated Europe, Yb of Private International Law I (1999) 1
dies, Jurisdiction and Applicable Law in Cross-Border Divorce Cases in Europe, in: BASEDOW/BAUM/NISHITANI (Hrsg), Japanese and European Private International Law in Comparative Perspective (2008) 317
HÜSSTEGE, Die neue Brüssel IIa-Verordnung – was bleibt, was ändert sich, FamRZ 2022, 1591
JANZEN/WAGNER, Die IntFamRVG-Novelle nach der Neufassung der EuEheVO, IPRax 2022, 545
JAYME, Zum Jahrhundertwechsel: Das Kollisionsrecht zwischen Postmoderne und Futurismus, IPRax 2000, 165
JAYME/HAUSMANN, Internationales Privat- und Verfahrensrecht (21. Aufl 2022)
JUNKER, Internationales Zivilprozessrecht (5. Aufl 2020)
KAUFHOLD, Gegenseitiges Vertrauen – Wirksamkeitsbedingung und Rechtsprinzip der justiziellen Zusammenarbeit im Raum der Freiheit, der Sicherheit und des Rechts, EuR 2012, 408
KEGEL/SCHURIG, Internationales Privatrecht (9. Aufl 2004)
KEIDEL, FamFG (20. Aufl 2020)
KENNETT, Current Developments: Private International Law, The Brussels II Convention, IntCompLQ 48 (1999) 467
KLINKHAMMER, Das Durchführungsgesetz zur Brüssel IIb-VO, FamRZ 2022, 325
KOHLER, L'article 220 du traité CEE et les conflits de juridictions en matière de relations familiales, Riv dir int priv proc 1992, 221

ders, Europäisches Kollisionsrecht zwischen Amsterdam und Nizza (2001)

ders, Status als Ware: Bemerkungen zur Europäischen Verordnung über das internationale Verfahrensrecht in Ehesachen, in: Mansel (Hrsg), Vergemeinschaftung des europäischen Kollisionsrechts (2001) 41

ders, Internationales Verfahrensrecht für Ehesachen in der Europäischen Union: Die Verordnung „Brüssel II“, NJW 2001, 10

ders, Auf dem Weg zu einem europäischen Justizraum für das Familien- und Erbrecht, FamRZ 2002, 710

ders, Anerkennung außergerichtlicher Scheidungen in Europa – Internationales Sachenrecht, IPRax 2019, 462

ders, Ein umfassender Rechtsakt für die internationale Scheidung in Europa: Tagung der Europäischen Gruppe für Internationales Privatrecht in Katowice, IPRax 2020, 288

ders, Unification of Private International Law in Family Matters in the European Union: Cultural Issues, in: Viarengo/Villata (Hrsg), Planning the Future of Cross Border Families – A Path Through Coordination (2020) Kap 1

Kohler/Pintens, Entwicklungen im europäischen Personen- und Familienrecht 2015–2016, FamRZ 2016, 1509

dies, Entwicklungen im europäischen Personen-, Familien- und Erbrecht 2016–2017, FamRZ 2017, 1441

dies, Entwicklungen im europäischen Personen-, Familien- und Erbrecht 2017–2018, FamRZ 2018, 1369

dies, Entwicklungen im europäischen Personen-, Familien- und Erbrecht 2018–2019, FamRZ 2019, 1477

dies, Entwicklungen im europäischen Familien- und Erbrecht 2019–2020, FamRZ 2020, 1417

dies, Entwicklungen im europäischen Familien- und Erbrecht 2020–2021, FamRZ 2021, 1421

dies, Entwicklungen im europäischen Personen-, Familien- und Erbrecht 2021–2022, FamRZ 2022, 1405

Köllensperger, Die Entstehung der Brüssel IIb-VO, in: Garber/Lugani (Hrsg), Die Brüssel IIb-Verordnung (2022) 9

Kropholler, Internationales Privatrecht (6. Aufl 2006)

Kropholler/vHein, Europäisches Zivilprozessrecht (9. Aufl 2011)

Kruger/Samyn, Brussels II bis: successes and suggested improvements, JPIL 12 (2016) 132

dies, Brussels IIa Recast moving forward, NiPR 2017, 462

Lazić, Recognition and enforcement of decisions in the revised Brussels II*bis* Regulation, NiPR 2021, 729

Lazić/Pretelli, Revised Recognition and Enforcement Procedures in Regulation Brussels II ter, Yb of Private International Law XXII (2020/2021) 155

Legendre, A propos de l'application du Règlement Bruxelles II bis dans les relations avec les États tiers, Rev crit d i p 2021, 146

Leible/Terhechte (Hrsg), Europäisches Rechtsschutz- und Verfahrensrecht (= Enzyklopädie Europarecht Band 3) (2. Aufl 2021)

Linke, Europäisierung des Internationalen Privat- und Verfahrensrechts. Traum oder Trauma, in: FS für Geimer (2002) 589

Linke/Hau, Internationales Zivilverfahrensrecht (8. Aufl 2021)

Lippke, Der Status im Europäischen Zivilverfahrensrecht – Scheidung und Scheidungsfolgen im Anerkennungsrecht (2008)

Looschelders, Scheidungsfreiheit und Schutz des Antragsgegners im internationalen Privat- und Prozessrecht, in: FS für Kropholler (2008) 329

Lurger/Melcher, Handbuch Internationales Privatrecht mit Hinweisen auf das Internationale Zivilverfahrensrecht (2. Aufl 2021)

Magnus/Mankowski (Hrsg), Brussels I bis Regulation (2. Aufl 2022)

Magnus/Mankowski (Hrsg), Brussels IIbis Regulation (2017)

de Maizière, Das Europäische Scheidungskollisionsrecht nach der Rom III-Verordnung (2017)

Malatesta/Pocar/Bariatti (Hrsg), The External Dimension of EC Private International Law in Family and Succession Matters (2008)

Mankowski, Der Ehebegriff im europäischen Kollisions- und Zivilverfahrensrecht, FamRZ 2020, 1532

ders, Charakteristika: Synoptische Betrachtung der Brüssel IIb-VO im Gefüge des sonstigen

EuZPR, in: GARBER/LUGANI (Hrsg), Die Brüssel IIb-Verordnung (2022) 491

MANSEL (Hrsg), Vergemeinschaftung des Europäischen Kollisionsrechts (2001)

MANSEL/THORN/WAGNER, Europäisches Kollisionsrecht 2014: Jahr des Umbruchs, IPRax 2015, 1

dies, Europäisches Kollisionsrecht 2015: Neubesinnung, IPRax 2016, 1

dies, Europäisches Kollisionsrecht 2016: Brexit ante portas!, IPRax 2017, 1

dies, Europäisches Kollisionsrecht 2017: Morgenstunde der Staatsverträge?, IPRax 2018, 121

dies, Europäisches Kollisionsrecht 2018: Endspurt!, IPRax 2019, 85

dies, Europäisches Kollisionsrecht 2019: Konsolidierung und Multilateralisierung, IPRax 2020, 97

dies, Europäisches Kollisionsrecht 2020: EU im Krisenmodus!, IPRax 2021, 105

dies, Europäisches Kollisionsrecht 2021: Digitalisierung als Aufgabe, IPRax 2022, 97

MAUNSBACH, Party Autonomy in European Family and Succession Law, in: PFEIFFER/LOBACH/RAPP (Hrsg), Facilitating Cross-Border Family life: Towards a Common European Understanding, An Empirical Study on European Family and Succession Law (2019) 21

Max-Planck-Institut für ausländisches und internationales Privatrecht (Hrsg), Handbuch des Internationalen Zivilverfahrensrechts, Band I (1982), Bände III/1 und III/2 (1984)

MAYR (Hrsg), Handbuch des europäischen Zivilverfahrensrechts (2017)

MCELEAVY, The Brussels II Regulations: How the European Community has moved into Family Law, IntCompLQ 51 (2002) 883

ders, Brussels II bis: Matrimonial Matters, Parental Responsibility, Child Abduction and Mutual Recognition, IntCompLQ 53 (2004) 503

MEEUSEN/PERTEGAS (Hrsg), International family law for the European Union (2007)

MELLONE, Provisional measures and the Brussels IIbis Regulation: an assessment of the status quo in view of future legislative amendments, NiPR 2015, 20

MEYER-GÖTZ, Verordnung (EG) Nr 1347/2000 des Rates vom 29. 5. 2000 über die Zuständigkeit und die Anerkennung und Vollstreckung von Entscheidungen in Ehesachen und in Verfahren betreffend die elterliche Verantwortung für die gemeinsamen Kinder der Ehegatten, FF 2001, 17

MEYER-GÖTZ/NOLTEMEIER, Internationale Scheidungszuständigkeit im europäischen Eheverfahrensrecht, FPR 2004, 282

MOTZER, Gerichtliche Zuständigkeit und anzuwendendes Recht bei grenzüberschreitenden Familienkonflikten, FamRB 2002, 149

MÜLLER-GRAFF, Die ziviljustizielle Zusammenarbeit im „Raum der Freiheit, der Sicherheit und des Rechts" im System des Europäischen Verfassungsvertrages, in: FS für Jayme (2004) 1323

Münchener Kommentar zum BGB (8. Aufl seit 2018, 9. Aufl seit 2021)

Münchener Kommentar zum FamFG (3. Aufl 2018/2019)

Münchener Kommentar zur ZPO (6. Aufl 2020/2021)

MUSIELAK/BORTH/FRANK, FamFG (7. Aufl 2022)

MUSSEVA, The recast of the Brussels IIa Regulation: the sweet and sour fruits of unanimity, ERA Forum 21 (2020) 129

dies, Practice Guide for the application of the Brussels IIb Regulation (2022)

NADEMLEINSKY, Internationales Ehe-, Scheidungs-, und Güterrecht (2. Aufl 2019)

NADEMLEINSKY/NEUMAYR, Internationales Familienrecht (2. Aufl 2017)

NAGEL/GOTTWALD, Internationales Zivilprozessrecht (8. Aufl 2020)

NEUMAYR, Scheidung im internationalen Kontext: Zuständigkeit, Rechtshängigkeit und Anerkennung, iFamZ 2008, 362

ders, Die Brüssel IIb-VO – Grundlagen und Ziele, in: GARBER/LUGANI (Hrsg), Die Brüssel IIb-Verordnung (2022) 27

NÍ SHÚILLEABHÁIN, Cross-Border Divorce Law: Brussels II Bis (2010)

dies, Ten Years of European Family Law: Retrospective Reflections from a Common Law Perspective, IntCompLQ 59 (2010) 1021

dies, An Overview of the Principal Reforms in Regulation (EU) 2019/1111, Yb of Private International Law XXII (2020/2021) 117

NÍ SHÚILLEABHÁIN/HOLLIDAY, Divorce, in: BEAUMONT/HOLLIDAY (Hrsg), A Guide to Global Private International Law (2022) 451

NIETHAMMER-JÜRGENS/ERB-KLÜNEMANN, Internationales Familienrecht in der Praxis (3. Aufl 2022)
NIKLAS, Die europäische Zuständigkeitsordnung in Ehe- und Kindschaftsverfahren (2003)
Nomos Kommentar BGB, Allgemeiner Teil/EGBGB, Band 1 (4. Aufl 2021)
PABST, Entscheidungszuständigkeit und Beachtung ausländischer Rechtshängigkeit in Ehesachen mit Europabezug: Grundrechtsprobleme und Grundrechtsschutz (2009)
PACHMAYR, Die wesentlichen Neuregelungen der Brüssel IIb-VO im Hinblick auf Kindschaftssachen, ZJS 2022, 311
PASCHE, Familiensachen mit Auslandsbezug (6. Aufl 2020)
PAULUS/PEIFFER/PEIFFER, Europäische Gerichtsstands- und Vollstreckungsverordnung (2017)
PERTERGÁS, Recognition and Enforcement of Judgments in Family and Succession Matters, in: MALATESTA/POCAR/BARIATTI (Hrsg), The External Dimension of EC Private International Law in Family and Succession Matters (2008) 161
PFEIFF, Existe-t-il un droit fondamental à la permanence transfrontière des éléments du statut personnel et familial?, in: Liber amicorum Nadine Watté (2017) 461
PFEIFFER/LOBACH/RAPP (Hrsg), Europäisches Familien- und Erbrecht: Stand und Perspektiven (2020)
PFEIFFER/LOBACH/RAPP (Hrsg), Facilitating Cross-Border Family life: Towards a Common European Understanding, An Empirical Study on European Family and Succession Law (2019)
PIETSCH, Die Anerkennung von ausländischen Ehescheidungen in Deutschland, FF 2011, 237
PINTENS, Materielles Familienrecht in Europa, Rechtseinheit oder -vielfalt?, in: Symposium zum 65. Geburtstag von Ulrich Spellenberg (2006) 137
ders, Marriage and Partnership in the Brussels IIa-Regulation, in: Liber memorialis Petar Sarčevič – Universalism, Tradition and the Individual (2006) 335
PIRRUNG, Internationales Privat- und Verfahrensrecht der Scheidung in den Europäischen Gemeinschaften, in: FS für van Rijn van Alkemade (1993) 189
ders, Unification du droit en matière familiale: La convention de l'union européenne sur la reconnaissance des divorces et la question des travaux UNIDROIT, ULR/RDU 1998, 629
ders, Europäische justitielle Zusammenarbeit in Zivilsachen – insbesondere das Scheidungsübereinkommen, ZEuP 1999, 834
ders, Brüche zwischen internationaler und europäischer Rechtsvereinheitlichung, in: Symposium für Ulrich Spellenberg (2006) 890
ders, Bemerkungen zum Stand des europäischen Kollisionsrechts – insbesondere zur Brüssel IIa-Verordnung und zu ihrer Reform, in: Liber amicorum für Christian Kohler (2018) 403
POCAR, Relazione esplicativa relativa alla convenzione stabilità sulla base dell'art. K 3 del trattato sul'unione europea concernente la competenzia, il riconoscimento et l'esecuzione delle decisioni delle cause matrimoniali, Riv dir int priv e proc 1998, 943
PRÜTTING/GEHRLEIN (Hrsg), ZPO (14. Aufl 2022)
PRÜTTING/HELMS (Hrsg), FamFG (6. Aufl 2023)
PUSZKAJLER, Das internationale Scheidungs- und Sorgerecht nach Inkrafttreten der Brüssel II-Verordnung, IPRax 2001, 81
RADEMACHER, Die Abwehr anstößigen Familien- und Erbrechts: Zwischen Toleranz und Geschlechtergleichstellung, in: RUPP (Hrsg), IPR zwischen Tradition und Innovation (2019) 121
RAFFAELLI (Hrsg), Recasting the Brussels IIa Regulation (2016)
RAHM/KÜNKEL (Hrsg), Handbuch Familien- und Familienverfahrensrecht (Loseblatt)
RAUPACH, Ehescheidung mit Auslandsbezug in der Europäischen Union (2014)
RAUSCH, Neue internationale Zuständigkeiten in Familiensachen, FuR 2001, 151
ders, Ehesachen mit Auslandsbezug vor und nach Brüssel IIa, FuR 2004, 154
RAUSCHER, Leidet der Schutz der Ehescheidungsfreiheit unter der VO Brüssel II?, in: FS für Geimer (2002) 883
ders, Heimatlos in Europa? Gedanken gegen eine Aufgabe des Staatsangehörigkeitsprinzips im IPR, in: FS für Jayme (2004) 719
ders (Hrsg), Europäisches Zivilprozess- und

Kollisionsrecht (4. Aufl seit 2015, 5. Aufl seit 2021)
Reddin, An Unhappy Marriage: The EU and the Divorce Jurisdiction System under Brussels II Bis, Univ Dublin LR 2020, 39
Rieck, Ehescheidung bei ausländischen Ehepartnern, FPR 2007, 251
ders, Anwendungsprobleme der Brüssel IIa-Verordnung, in: Pfeiffer/Wittmann/Escher (Hrsg), Europäisches Familienrecht im Spiegel deutscher Wissenschaft und Praxis (2018) 45
Rogerson, Forum shopping and Brussels IIbis, IPRax 2010, 553
Rosenberg, Revision der Verordnung Brüssel IIa, iFamZ 2017, 289
Rosenberg/Schwab/Gottwald, Zivilprozessrecht (18. Aufl 2018)
Sana-Chaillé de Néré, Procédure internationale de divorce: la délicate articulation des règles de compétence communautaire et nationale, in: FS für Spellenberg (2010) 489
Sauer, Internationale Zuständigkeit für die Auflösung und Lockerung des Ehebandes nach deutschem, französischem und europäischem Recht (2003)
Schack, Das neue internationale Eheverfahrensrecht in Europa, RabelsZ 65 (2001) 615
ders, Internationales Zivilverfahrensrecht (8. Aufl 2021)
Scherpe (Hrsg), European Family Law (2016)
Schlosser, EU-Zivilprozeßrecht (2. Aufl 2003)
ders, Neue Dimensionen der grenzüberschreitenden Zusammenarbeit in der Ziviljustiz, in: FS für Sonnenberger (2004) 409
Schlosser/Hess, EU-Zivilprozessrecht (5. Aufl 2021)
Schulz, Die Neufassung der Brüssel IIa-Verordnung, FamRZ 2020, 1141
Schurig, Eine hinkende Vereinheitlichung des internationalen Ehescheidungsrechts in Europa, in: FS von Hoffmann (2012) 405
Schwab/Ernst (Hrsg), Handbuch Scheidungsrecht (8. Aufl 2019)
Scott, A question of trust? Recognition and enforcement of judgments, NiPR 2015, 27
Simotta, Die internationale Zuständigkeit Österreichs in eherechtlichen Angelegenheiten – Ein Vergleich zwischen der Brüssel IIa-VO und dem autonomen österreichischen Recht, in: FS für Geimer (2002) 1115
dies, Wann kommt in Ehesachen die EuEheKindVO, wann autonomes Recht zur Anwendung?, in: FS für Kaissis (2012) 897
Sonnenberger, Deutsch-französische Ehescheidungsprobleme, IPRax 1992, 154
ders, Anerkennung statt Verweisung? Eine neue internationalprivatrechtliche Methode?, in: FS für Spellenberg (2010) 371
Sonnentag, Zielsetzung und Beurteilung der Effektivität der Brüssel IIa-Verordnung aus Sicht der Wissenschaft, in: Pfeiffer/Wittmann/Escher (Hrsg), Europäisches Familienrecht im Spiegel deutscher Wissenschaft und Praxis (2018) 9
ders, Aktuelle Probleme der Rom III-Verordnung, in: Pfeiffer/Lobach/Rapp (Hrsg), Europäisches Familienrecht: Stand und Perspektiven (2020) 61
Spellenberg, Der Anwendungsbereich der Brüssel IIa-VO („Brüssel II") in Statussachen, in: FS für Schumann (2001) 423
ders, Anerkennung eherechtlicher Entscheidungen nach der Brüssel IIa-VO, ZZPInt 6 (2001) 109
ders, Die Zuständigkeiten für Eheklagen nach der Brüssel IIa-VO, in: FS für Geimer (2002) 1257
ders, Die Europäische Verordnung über die gerichtliche Zuständigkeit und Anerkennung von Entscheidungen in Ehesachen (VO[EG] Nr 1347/2000), in: Sanchez Lorenzo/Moya Escudero (Hrsg), La cooperacíon judicial en materia civil y la unificacíon del derecho privado en Europa (2003) 85
ders, Schutz der Verteidigungsrechte und Zuständigkeit nach EuGVO und EheGVO, in: FS für Gottwald (2014) 607
Stalford, Regulating family life in post-Amsterdam Europe, EuLRev 28 (2003) 39
Stark/Heaton (Hrsg), Routledge Handbook of International Family Law (2021)
Stein/Jonas, ZPO (23. Aufl seit 2014)
Streicher, Familiensachen mit Auslandsberührung (3. Aufl 2019)
Sturlèse, Premiers commentaires sur un évènement juridique: la signature de la convention de Bruxelles II ou quand l'Europe se préoccupe des

conflits matrimoniaux, JCP (G) 1998 I no 145, S 1145
ders, Les nouvelles règles du droit international privé européen du divorce, Règlement (CE) n° 1347/2000 du Conseil, JCP (G) 2001, 241
SÜSS/RING (Hrsg), Eherecht in Europa (4. Aufl 2020)
THOMAS/PUTZO, Zivilprozessordnung (43. Aufl 2022)
THURM, Der Ehebegriff im europäischen Kollisions- und Zivilverfahrensrecht (2020)
TOSCANO, Ehescheidungen mit grenzüberschreitendem Bezug: Von divergierenden nationalen Scheidungsvoraussetzungen zu einem einheitlichen europäischen Scheidungsrecht? (2011)
UBERMAN, The Brussels II Convention: A Tool Necessary to Enforce Individual Rights Relating to Matrimonial Matters within the European Union, Suffolk Transnational Law Review 23 (1999) 157
DE VAREILLES-SOMMIÈRES, La libre circulation des jugements rendus en matière matrimoniale en Europe, Gaz Pal 1999, Doc 2019
VERSCHRAEGEN, Die Brüssel IIa-Verordnung: ein Danaergeschenk?, in: KÖNIG/MAYR (Hrsg), Europäisches Zivilverfahrensrecht in Österreich – Bilanz nach 10 Jahren (2007) 91
VIARENGO/VILLATA (Hrsg), Planning the Future of Cross Border Families – A Path Through Coordination (2020)
VOGEL, Internationales Familienrecht – Änderungen und Auswirkungen durch die neue EU-Verordnung, MDR 2000, 1045
WAGNER, Die Anerkennung und Vollstreckung von Entscheidungen nach der Brüssel II-Verordnung, IPRax 2001, 73
ders, EG-Kompetenz für das internationale Privatrecht in Ehesachen, RabelsZ 68 (2004) 129
ders, Zwanzig Jahre justizielle Zusammenarbeit in Zivilsachen, IPRax 2019, 185
ders, Justizielle Zusammenarbeit in Zivilsachen nach dem Brexit, IPRax 2021, 2
WATTÉ/BOULARBAH, Le règlement communautaire en matière matrimoniale et de responsabilité parentale (Règlement dit „Bruxelles II"), Rev trim dr fam 2000, 539
M WELLER, "Mutual Trust": A Suitable Foundation for Private International Law in Regional Integration Communities and Beyond?, Recueil des Cours 423 (2022)
M-P WELLER, Die Reform der EuEheVO, IPRax 2017, 222
WIDMER, Brüssel II: Die neue EG-Verordnung zum internationalen Eheverfahrensrecht, FamPra.ch 2001, 689
WIECZOREK/SCHÜTZE (Hrsg), ZPO Großkommentar (4. Aufl seit 2013, 5. Aufl seit 2022)
ZÖLLER, ZPO (34. Aufl 2020).

Systematische Übersicht

I. Gegenstand der Kommentierung

1 Im Folgenden wird die Brüssel IIb-VO 2019/1111 erläutert, soweit sie **Ehesachen** im Sinne von Art 1 Abs 1 lit a Brüssel IIb-VO betrifft, also Verfahren und Entscheidungen zur Ehescheidung, Trennung ohne Auflösung des Ehebandes oder Ungültigerklärung einer Ehe. Eine grundlegende Kommentierung der entsprechenden Vorschriften im Vorgängerrechtsakt, der Brüssel IIa-VO Nr 2201/2003, die von der Brüssel IIb-VO nach Maßgabe von Art 100 Brüssel IIb-VO zum 1. 8. 2022 abgelöst worden ist, bietet Staudinger/Spellenberg (2005/2015). Mit dem autonomen deutschen Recht (namentlich §§ 98, 107 ff FamFG) befasst sich der Band „Internationales Verfahrensrecht in Ehesachen 2" (Staudinger/Spellenberg [2016]).

2 Die Brüssel IIb-VO regelt neben Ehesachen auch Verfahren betreffend die **elterliche Verantwortung** (Art 1 Abs 1 lit b, Abs 2 Brüssel IIb-VO; einführend speziell hierzu etwa Biagioni/Carpaneto Yb of Private International Law XXII [2020/2021] 139; Pachmayr ZJS 2022, 311; vgl im Übrigen etwa Flindt NZFam 2022, 669, 670 ff; Garber/Lugani NJW 2022, 2225, 2226 ff; vgl auch unten Rn 23 f). Die diesbezüglichen Bestimmungen sind im vorliegenden Band zwar samt knappen Einführungen und weiterführenden Literaturnachweisen abgedruckt, sie werden aber (wie schon bei Staudinger/Spellenberg [2015]) nur insoweit näher betrachtet, als dies für das Verständnis der eherechtlichen Regelungen bedeutsam erscheint. Hingewiesen sei auf die gesonderte Erläuterung der kindschaftsrechtlichen Regelungen der Brüssel IIa-VO bei Staudinger/Pirrung (2018) Vorbem C 1 ff zu Art 19 EGBGB.

II. Vorgänger und Erlass der Brüssel IIb-VO

1. Brüssel II-Übk

3 Als wegweisend für die Regelung des internationalen Eheverfahrensrechts auf europäischer Ebene erweist sich ein Staatsvertrag, der nie in Kraft getreten ist: das von den damaligen EU-Staaten am 28. 5. 1998 gezeichnete Übereinkommen über die Zuständigkeit und die Anerkennung und Vollstreckung von Entscheidungen in Ehesachen (Text: ABl EG 1998 C 221/2; vgl zum Folgenden Hau FamRZ 1999, 484). Damals war das Bemühen um eine dauerhafte Integration der europäischen Staaten, das nach dem Zweiten Weltkrieg mit Gespür für das Realisierbare zunächst auf wirtschaftlichem Gebiet vorangetrieben worden war, in eine Europäische Union gemündet, die neben der wirtschaftlichen zunehmend auch die private Sphäre der Bürger erfasste. Die schon in Art 220 EWGV v 25. 3. 1957 zum Ausdruck kommende Einsicht, dass ein gemeinsamer Markt nicht ohne die gegenseitige Anerkennung juristischer Personen sowie die Freizügigkeit nationaler Gerichtsentscheidungen in Zivil- und

Handelssachen funktionieren kann, wurde auch auf den Status natürlicher Personen bezogen. Dies legte es nahe, eine Parallelregelung zu schaffen zu dem seinerzeit höchst erfolgreichen Brüsseler EWG-Übereinkommen über die gerichtliche Zuständigkeit und die Vollstreckung gerichtlicher Entscheidungen in Zivil- und Handelssachen vom 27. 9. 1968 (das sog EuGVÜ; ursprüngliche Fassung: ABl EG 1972 L 299/32). Diesem Projekt eines „Brüssel II-Übereinkommens“ (bzw eines „EheEuGVÜ“) gingen umfängliche Vorarbeiten der privaten Gruppe für Internationales Privatrecht (vgl https://gedip-egpil.eu) bis hin zu einem Heidelberger Entwurf vom 2. 10. 1993 voraus (franz Text m Einf Jayme IPRax 1994, 67; engl Text m Einf Duintjer Tebbens NILR 1995, 169). Formuliert wurde das Brüssel II-Übk sodann von der 1993 offiziell eingesetzten Arbeitsgruppe „Erweiterung des Brüsseler Übereinkommens“ (näher Pirrung ZEuP 1999, 834; Wagner IPRax 2001, 73 f; McEleavy IntCompLQ 51 [2002] 883, 888 ff; Beaumont/Moir ELR 1995, 268).

4 Aus dem Titel des Brüssel II-Übk wird dessen **wesentlicher Inhalt** ersichtlich: Es geht um die zentralen Fragen des Internationalen Zivilverfahrensrechts in Ehesachen, also die Vereinheitlichung der Vorschriften über die Entscheidungszuständigkeit sowie die Anerkennung und Vollstreckung ergangener Entscheidungen, ferner um die Bewältigung paralleler Eheauflösungsverfahren in mehreren Mitgliedstaaten. Enger als der Heidelberger Entwurf, der generalklauselartig sämtliche Familien- und Erbsachen regeln und nur einzelne besonders kontroverse bzw anderweitig bereits vereinheitlichte Materien (Name, Adoption, Schutzmaßnahmen für Minderjährige) ausschließen wollte, beschränkte sich der **sachliche Anwendungsbereich** des Brüssel II-Übk auf Ehe- und bestimmte Kindschaftssachen: Erfasst wurden nur zivilgerichtliche Verfahren betreffend die Ehescheidung, Trennung ohne Auflösung des Ehebandes oder Ungültigerklärung der Ehe, zudem Verfahren betreffend die elterliche Verantwortung für gemeinsame Kinder der Ehegatten, sofern diese anlässlich eines Eheverfahrens durchgeführt werden.

5 Seiner **Rechtsnatur** nach handelt es sich bei dem Brüssel II-Übk nicht um einen Rechtsakt der EU, sondern um ein eigenständiges völkerrechtliches Übereinkommen, das der Rat der EU auf der Grundlage von Art K 3 Abs 2 lit c, K 1 Nr 6 EUV den Mitgliedstaaten zur Annahme empfohlen hat. In der Tat wurde es am 28. 5. 1998 gezeichnet. Zu den für das Inkrafttreten erforderlichen **Ratifikationen** durch sämtliche Mitgliedstaaten (Art 47 Brüssel II-Übk) ist es dann aber nicht mehr gekommen. Dies erklärt sich indes nicht etwa durch Unzufriedenheit mit dem erzielten Ergebnis, sondern schlicht dadurch, dass der EG am 1. 5. 1999 mit Inkrafttreten des Amsterdamer Vertrages (ABl EG 1997 C 340/1) die Kompetenz zur Schaffung von Sekundärrecht – namentlich also von Verordnungen – im Bereich der justiziellen Zusammenarbeit in Zivilsachen eröffnet wurde. Im Hinblick darauf wurde von einer Ratifizierung des Brüssel II-Übk abgesehen (Arbeitsunterlage der Kommission v 27. 3. 2001, KOM[2001] 166 sub 2). Geblieben ist vom Brüssel II-Übk aber nicht zuletzt der **erläuternde Bericht von** Alegría Borrás (ABl EG 1998 C 221/27), der sich auch für die nachfolgenden Rechtsakte als aufschlussreich erwiesen hat.

2. Brüssel II-VO

6 Mit dem Inkrafttreten des Amsterdamer Vertrages am 1. 5. 1999 erwuchsen der EG auch Gesetzgebungskompetenzen im Bereich der Justiziellen Zusammenarbeit in Zi-

vilsachen (Art 65, Art 61 EGV; heute: Art 81 AEUV). Diese sog. **Vergemeinschaftung („Säulenwechsel")** erlaubte dem Rat erstmals den Erlass von Maßnahmen im Hinblick auf „Zivilsachen mit grenzüberschreitenden Bezügen, soweit sie für das reibungslose Funktionieren des Binnenmarktes erforderlich sind". Von dieser Kompetenzgrundlage wurde alsbald Gebrauch gemacht, wobei man vor allem die Chance nutzte, mittels Verordnungen in allen Mitgliedstaaten unmittelbar geltendes Recht zu setzen. Zu den ersten drei Rechtsakten, die allesamt am 29. 5. 2000 erlassen wurden, zählte neben der Verordnung Nr 1346/2000 über Insolvenzverfahren (ABl EG 2000 L 160/1) und der Verordnung Nr 1348/2000 über die Zustellung gerichtlicher und außergerichtlicher Schriftstücke (ABl EG 2000 L 160/37) auch die Verordnung Nr 1347/2000 über die Zuständigkeit und die Anerkennung und Vollstreckung von Entscheidungen in Ehesachen und in Verfahren betreffend die elterliche Verantwortung für die gemeinsamen Kinder der Ehegatten (ABl EG 2000 L 160/19). In der Sache bildete diese sog Brüssel II-VO das ehe- und kindschaftsrechtliche Seitenstück zum EuGVÜ, das seinerseits alsbald durch eine Verordnung ersetzt werden sollte (die Brüssel I-VO v 22. 12. 2000, ABl EG 2001 L 12/1).

Was den Anwendungsbereich und die Regelungen angeht, lehnt sich die Brüssel II-VO weitestgehend an das Brüssel II-Übk an (Rn 3). Abweichungen finden sich im Wesentlichen nur, soweit die Form der unmittelbar wirksamen Verordnung dies veranlasste. Dementsprechend verweist Erwägungsgrund 6 ausdrücklich auf den erläuternden Borrás-Bericht zum Brüssel II-Übk. Aus heutiger Sicht erweist sich die Brüssel II-VO indes als bloße Zwischenepisode: Sie ist zwar am 1. 3. 2001 in Kraft getreten (Art 46 Brüssel II-VO), aber schon wenig später wurden Reformpläne diskutiert, und der Nachfolgerechtsakt, die Brüssel IIa-VO, wurde bereits am 27. 11. 2003 verabschiedet. 7

3. Brüssel IIa-VO

Der **Reformvorschlag** für eine „Verordnung des Rates über die Zuständigkeit und die Anerkennung und Vollstreckung von Entscheidungen in Ehesachen und in Verfahren betreffend die elterliche Verantwortung zur Aufhebung der Verordnung (EG) Nr 1347/2000 und zur Änderung der VO (EG) Nr 44/2001 in Bezug auf Unterhaltssachen" ging vom Rat aus (KOM[2002] 222 v 17. 5. 2002; ABl EG 2002 C 203E/155). Beweggrund war zum einen das zuvor von Frankreich angestoßene Projekt eines europäischen Umgangsrechtstitels: Danach sollte eine Entscheidung über das Umgangsrecht von geschiedenen oder getrenntlebenden Eltern, wenn sie im Rahmen eines Eheverfahrens ergeht, ohne Exequaturverfahren in allen anderen Mitgliedstaaten vollstreckbar sein (Vorschlag v 3. 7. 2000; ABl EG 2000 C 234/7). Zum anderen hatte sich die Kommission am 6. 9. 2001 dafür ausgesprochen, eine Verordnung für die Zuständigkeit und die Anerkennung und Vollstreckung von Entscheidungen über die elterliche Verantwortung zu erlassen, die Kindschaftssachen, anders als nach der Brüssel II-VO, auch unabhängig von einer Ehesache regeln sollte (KOM[2001] 505, ABl EG 2002 C 332/269). Beide Initiativen wurden im erwähnten Ratsvorschlag v 17. 5. 2002 zusammengeführt, nachdem sich im Kreis der Justiz- und Innenminister eine Lösung für das Problem der Kindesentführung abzeichnete, das seinerzeit nach einem schlagzeilenträchtigen deutsch-französischen Fall (vgl Hess Rn 7.8 ff) einen Schwerpunkt der Beratungen gebildet hatte. 8

9 Verabschiedet wurde die Brüssel IIa-VO schließlich am 27. 11. 2003 als **Verordnung Nr 2201/2003** über die Zuständigkeit und die Anerkennung und Vollstreckung von Entscheidungen in Ehesachen und in Verfahren betreffend die elterliche Verantwortung (ABl EU 2003 L 338/1). Sie ist am 1. 8. 2004 in Kraft getreten und war im Wesentlichen seit diesem Tag auch anwendbar (Art 72, Art 64 Abs 2 Brüssel IIa-VO). Die Überleitungsregel zu der gem Art 71 Brüssel IIa-VO aufgehobenen Brüssel II-VO findet sich in Art 64 Abs 2–4 Brüssel IIa-VO.

10 Entsprechend den verfolgten Reformzielen brachte die Brüssel IIa-VO nur wenige **inhaltliche Änderungen** zu Ehesachen, aber zahlreiche und weitreichende zu Fragen der elterlichen Verantwortung (krit zur damaligen Neuregelung etwa Staudinger/Spellenberg [2015] Vorbem 1 ff zu Art 8 ff Brüssel IIa-VO). Dabei ging es im Wesentlichen um drei Aspekte: Erstens wurden diesbezügliche Verfahren und Entscheidungen losgelöst davon geregelt, ob ein Zusammenhang zu einer Ehesache besteht. Zweitens schuf die Brüssel IIa-VO eingehende Vorschriften zum Problem der Kindesentführung und -rückführung. Drittens waren bestimmte Entscheidungen über das Umgangsrecht und die Rückführung eines entführten Kindes erstmals in allen Mitgliedstaaten ohne die ansonsten erforderliche Vollstreckbarerklärung zu vollstrecken.

4. Brüssel IIb-VO

11 Auch auf das Inkrafttreten der Brüssel IIa-VO folgte schon bald der nächste Reformvorschlag, der diesmal speziell auf Ehesachen abzielte: Am 17. 7. 2006 präsentierte die Kommission ihren „Vorschlag für eine Verordnung des Rates zur Änderung der VO Nr 2201/2003 im Hinblick auf die Zuständigkeit in Ehesachen und zur Einführung von Vorschriften betreffend das anwendbare Recht in diesem Bereich" (KOM[2006] 399). Die Verabschiedung, die nach Art 81 Abs 3 AEUV Einstimmigkeit erfordert hätte, scheiterte indes im Rat (dazu vBar/Mankowski Band II § 4 Rn 490 f; de Maizière, Europäisches Scheidungskollisionsrecht 66 ff; Schurig, in: FS von Hoffmann 405). Auf durchgreifende Vorbehalte trafen zum einen der Vorschlag, die nach Maßgabe von Art 6 und 7 Brüssel IIa-VO eröffneten nationalen **Restzuständigkeiten** aufzugeben (dazu Spellenberg ZZPInt 12 [2007] 233 ff), und zum anderen der Plan, auch das **Scheidungskollisionsrecht** zu vereinheitlichen.

12 Letzteres konnte sodann auf anderem Wege zumindest eingeschränkt erzielt werden (beachte zur sog Rom III-VO noch unten Rn 41). Demgegenüber besteht das Nebeneinander von europäischen und mitgliedstaatlichen Zuständigkeitsvorschriften in Ehesachen bis heute fort (s Art 6 Brüssel IIb-VO Rn 2): Wie in allgemeinen Zivil- und Handelssachen (vgl Art 6 Brüssel Ia-VO) beharren die Mitgliedstaaten auch in Ehe- und Sorgerechtssachen auf dem unübersichtlichen Restanwendungsbereich ihrer uneinheitlichen autonomen Zuständigkeitsgründe (vgl Art 6 und 14 Brüssel IIb-VO), und zwar ungeachtet der durchweg positiven Erfahrungen, die man insbesondere in Unterhaltssachen mit einem abschließenden europäischen Zuständigkeitssystem gemacht hat (vgl Art 3 ff EuUntVO; dazu etwa Hau ZVglRWiss 115 [2016] 672, 676 u 690). Trotz des Scheiterns des Kommissionsvorschlags von 2006 hält die Europäische Gruppe für Internationales Privatrecht daran fest, dass ein Rechtsakt für die internationale Scheidung in Europa sinnvoll sei, der auch das Kollisionsrecht umfasst und die Zuständigkeitsgründe abschließend regelt (vgl den 2019 vorgelegten Entwurf der Grup-

pe für eine Verordnung über Ehescheidung und Ehetrennung, zugänglich unter https://gedip-egpil.eu; dazu KOHLER IPRax 2020, 288; KOHLER/PINTENS FamRZ 2020, 1417, 1418).

Die Kommission zeigte sich nach 2006 in ihrem Reformeifer sichtlich gebremst. So legte sie ihren **Bericht** über die Anwendung der Brüssel IIa-VO, der gem Art 65 Brüssel IIa-VO spätestens am 1. 1. 2012 fällig war, erst am 15. 4. 2014 vor (COM[2014] 225). Insgesamt kam die Kommission dabei zu dem Befund, dass sich die Verordnung bewährt habe, wenngleich noch Verbesserungspotential bestehe. Im Hinblick auf Ehesachen wurden die Einführung einer Gerichtsstandsvereinbarung erwogen, zudem abermals das Bestehen von Restzuständigkeiten nach mitgliedstaatlichem Recht sowie das Fehlen von Vorschriften zur Koordinierung von EU- und drittstaatlichen Verfahren moniert. 13

Vor diesem Hintergrund folgte am 30. 6. 2016 ein **Kommissionsvorschlag** (COM[2016] 411), der sich für eine Neufassung der Verordnung, also nicht nur eine bloße Änderungsverordnung, aussprach. Merkwürdigerweise beschränkte sich der Vorschlag zu Ehesachen allerdings auf wenige redaktionelle Aspekte, sah also keine Änderungen zu den im Bericht angesprochenen Problemfeldern vor. Letzteres wurde ebenso kritisiert wie das Schweigen zu den beiden rechtspolitisch hoch umstrittenen Fragen, ob sich der Anwendungsbereich der künftigen Verordnung auf gleichgeschlechtliche Ehen und auf Privatscheidungen erstrecken soll (WELLER IPRax 2017, 222, 229 f; s Art 1 Brüssel IIb-VO Rn 5 ff). Dem Vernehmen nach beruhte die Zurückhaltung der Kommission nicht auf einer Geringschätzung dieser Fragen, sondern schlicht auf der Einsicht, dass ein ambitionierterer Vorschlag von vornherein keine Aussichten auf die im Rat erforderliche Einstimmigkeit gehabt hätte. Freilich war es der Kommission auch nicht vergönnt, wenigstens ihren schlanken und vermeintlich konsensfähigen Vorschlag im Rat durchzubringen. 14

Ein Durchbruch gelang erst unter österreichischer Ratspräsidentschaft mit der Ende 2018 erzielten Allgemeinen Ausrichtung (Ratsdokument 14784/18 v 30. 11. 2018; Ratsdokument 15401/18 v 12. 12. 2018; vgl zum Gang des weiteren Gesetzgebungsverfahrens MANSEL/THORN/WAGNER IPRax 2020, 97, 101). Auf dieser Grundlage konnte die Brüssel IIb-VO schließlich am 25. 6. 2019 als **Verordnung 2019/1111 des Rates über die Zuständigkeit, die Anerkennung und Vollstreckung von Entscheidungen in Ehesachen und in Verfahren betreffend die elterliche Verantwortung und über internationale Kindesentführungen (Neufassung)** verabschiedet werden (ABl EU 2019 L 178/1). Die meisten der erstaunlich vielen sprachlichen Fehler, die in der Veröffentlichung im Amtsblatt enthalten waren, wurden inzwischen berichtigt (ABl EU 2022 L 103/18). Die Brüssel IIb-VO ist am 22. 7. 2019 in Kraft getreten (Art 105 Abs 1 Brüssel IIb-VO) und im Wesentlichen seit dem 1. 8. 2022 anwendbar (Art 105 Abs 2, Art 100 Abs 1 Brüssel IIb-VO). Die Überleitungsregel zu der gem Art 104 Abs 1 Brüssel IIb-VO aufgehobenen Brüssel IIa-VO findet sich in Art 100 Abs 2 Brüssel IIb-VO. 15

III. Rahmenbedingungen der Brüssel IIb-VO

1. Kurzbezeichnung

Die Verordnung 2019/1111 v 25. 6. 2019 wird hier als Brüssel IIb-VO bezeichnet. Freilich waren im deutschen Sprachraum schon für die beiden ersten Brüssel II-Ver- 16 ordnungen **verschiedene Abkürzungen** verbreitet, namentlich „EheGVVO" bzw „EheVO". Dagegen spricht freilich schon, dass dabei die ausführlichen Regelungen zu Verfahren hinsichtlich der elterlichen Sorge übergangen werden (der dies berücksichtigende Vorschlag „EuEheKindVO" [so etwa GARBER, in: FS Simotta, 145] hat sich nicht durchgesetzt). Der hier bevorzugte Zusatz „Brüssel" steht in der Tradition des EuGVÜ (oben Rn 3), das europaweit als Brüsseler Übereinkommen (Convention de Bruxelles, Brussels Convention) bezeichnet wurde, verweist auf die Abgrenzung der verfahrensrechtlichen Rechtsakte (Brüssel I, Brüssel II) von den kollisionsrechtlichen (Rom I-VO, Rom II-VO, Rom III-VO) und findet sich längst in offiziellen deutschsprachigen Dokumenten (beachte etwa EuGH 15. 11. 2022 – C-646/20 Senatsverwaltung/TB, FamRZ 2023, 21 Rn 13 ff = FamRB 2023, 4 [DIMMLER], sowie den Regierungsentwurf zur Änderung des IntFamRVG, BT-Drucks 19/28681). Auch in anderen Mitgliedstaaten wird entsprechend formuliert, was die Verständigung erleichtern sollte. Allerdings ist zu berücksichtigen, dass beispielsweise „Brussels II *bis* Regulation" bzw „Règlement Bruxelles II *bis*" nicht etwa auf die Brüssel IIb-VO, sondern noch auf die Brüssel IIa-VO verweist; die Entsprechung zur Brüssel IIb-VO lautet hingegen „Brussels II *ter* Regulation" bzw „Règlement Bruxelles II *ter*".

2. Gesetzgebungskompetenz

17 Der Verordnungsgeber hat den Erlass der Brüssel IIb-VO „insbesondere" auf Art 81 Abs 3 AEUV gestützt, was nicht zu beanstanden ist (näher etwa BAARSMA, The Europeanisation of International Family Law 110 ff; zur komplexeren Diskussion über die Kompetenzgrundlage für die Vorgängerregelungen vgl etwa HELMS FamRZ 2002, 1593, 1595; SCHACK RabelsZ 65 [2001] 615, 617 ff; STAUDINGER/SPELLENBERG [2015] Einl 15 ff zur Brüssel IIa-VO). Es kann dahingestellt bleiben, inwieweit sich eine zusätzliche Absicherung durch Art 21 Abs 2 AEUV angeboten hätte (vgl CROON-GESTEFELD RabelsZ 86 [2022] 32, 55 ff). Angesichts von Regelungszweck und -inhalt erscheint es auch völlig einsichtig, dass nach wie vor die Rechtsform einer in allen ihren Teilen verbindlichen und in jedem Mitgliedstaat unmittelbar geltenden Verordnung iSv Art 288 Abs 2 AEUV genutzt wird (vgl Erwägungsgrund 6 zur Brüssel IIb-VO).

3. Zweck

18 Wie schon ihre Vorgängerregelungen bezweckt und verwirklicht die Brüssel IIb-VO in Ehesachen die **Freizügigkeit von Entscheidungen**: Wird in einem Mitgliedstaat eine Ehe aufgelöst, soll diese Statusänderung ipso iure auch in allen anderen Mitgliedstaaten beachtlich sein (deutlich hierzu etwa EuGH 13. 10. 2016 – C-294/15 Mikołajczyk/Czarnecki und Czarnecka, FamRZ 2016, 1997 Rn 32 ff). Es wird zwar kaum vorkommen, dass ein Ehegatte tatsächlich ein reales Interesse an einer Anerkennung in der gesamten EU hat, aber die Brüssel IIb-VO ordnet sie an, auch und gerade mit Rücksicht auf einen etwaigen künftigen Aufenthaltswechsel. Mittelbar geht es also auch um die **Freizügigkeit der betroffenen Personen** (sehr deutlich aus neuerer Zeit EuGH 25. 11. 2021 – C-289/20 IB/F, FamRZ 2022, 215 Rn 35 u 45 mAnm BERNER = NJW 2021, 3771 mAnm MANKOWSKI = Rpfleger 2022, 184 mAnm LAMBERZ = FamRB 2022, 48 [DIMMLER]).

19 Merkwürdig erscheint in diesem Zusammenhang allerdings, dass die Verordnung ausweislich Art 2 Abs 1 Unterabs 1 Brüssel IIb-VO nur dann die Anerkennung gebietet, wenn die Ehescheidung, die Trennung ohne Auflösung des Ehebandes oder

die Ungültigerklärung einer Ehe ausgesprochen wurde (vgl auch Erwägungsgrund 9 S 1). Ausgeklammert sollen also Entscheidungen bleiben, die den Status einer Person dahingehend klären, dass sie das **Bestehen einer Ehe** feststellen: In solchen Fällen wird die Freizügigkeit von Entscheidungen und Personen sowie die EU-weit verbindliche Statusklärung mithin vernachlässigt (näher dazu Art 1 Brüssel IIb-VO Rn 29 ff).

Wiederum in Einklang mit ihren Vorgängerregelungen vereinheitlicht die Brüssel IIb-VO zumindest weitgehend die internationale Entscheidungszuständigkeit in den erfassten Angelegenheiten (zu Restzuständigkeiten nach mitgliedstaatlichem Recht beachte Art 6 Brüssel IIb-VO). Dabei geht es um zweierlei: zum einen erhöht die Existenz einheitlicher Zuständigkeitsgründe die Bereitschaft von Staaten, sich über die Entscheidungsanerkennung zu verständigen, und vermindert den Überprüfungsbedarf auf der Anerkennungsebene (vgl Art 69 Brüssel IIb-VO). Zum anderen erscheint die **Vereinheitlichung von Zuständigkeitsregeln** um ihrer selbst willen sinnvoll. Ausgangspunkt eines einzelnen Gesetzgebers ist stets die Frage, inwieweit er die Entscheidungskompetenz der eigenen Gerichte eröffnen soll. Demgegenüber kann eine europarechtliche Lösung das Problem in einem weiteren Rahmen ausloten: Es geht dann von vornherein um eine angemessene Zuweisung von Entscheidungskompetenzen zwischen allen beteiligten Mitgliedstaaten. Der Paradigmenwechsel von der Inanspruchnahme hin zur Allokation ist bedeutsam für den Zuschnitt der Kompetenzgründe: Während manche Exorbitanz nationaler Regeln auf der Vorstellung gründet, es bedürfe gerade in Statusangelegenheiten typisierter (Not-)Zuständigkeiten zugunsten bestimmter Antragsteller (namentlich: eigener Staatsangehöriger), kann eine europäische, alle Mitgliedstaaten zugleich ins Auge fassende Lösung zumindest tendenziell auf solche Überlappungen verzichten. Idealiter wird der Justizgewährungsanspruch des Antragstellers dann nicht durch großzügige Kompetenz, sondern durch angemessene – also am tatsächlichen Lebensmittelpunkt orientierte – Kompetenz, kombiniert mit großzügiger Entscheidungsfreizügigkeit innerhalb sämtlicher Mitgliedstaaten befriedigt. Anstelle der herkömmlichen Fokussierung auf den Antragsteller kann damit zugleich größere Aufmerksamkeit der Frage geschenkt werden, wie weit die Gerichtspflichtigkeit des Antragsgegners billigerweise reichen sollte. **20**

Allerdings eröffnet auch die Brüssel IIb-VO in Ehesachen noch immer recht großzügig **konkurrierende internationale Zuständigkeiten**, wenn die Parteien ihren gewöhnlichen Aufenthalt in verschiedenen Staaten haben (Art 3 lit a Brüssel IIb-VO) oder wenn beide einem Staat angehören, in dem sich keiner von beiden gewöhnlich aufhält (Art 3 lit b Brüssel IIb-VO). Unter prozessualen Gesichtspunkten, nämlich der Sach- und Rechtsnähe, können konkurrierende Zuständigkeiten in gewissem Umfang durchaus sinnvoll sein (näher dazu Art 3 Brüssel IIb-VO Rn 13 ff). **21**

Solange das Ehekollisionsrecht nicht in allen Mitgliedstaaten vereinheitlicht ist (dazu Rn 40 f), bleibt es dabei, dass sich die Wahl des Gerichts auf das in der Sache anwendbare Recht auswirken kann, was **Forum shopping** und einen Wettlauf zu dem der jeweiligen Partei günstigeren Gericht provozieren kann. Zu der an sich naheliegenden Lösung, den Parteien eine einvernehmliche Wahl eines einzigen Gerichtsstaats freizustellen, konnte sich der Verordnungsgeber auch in der Brüssel IIb-VO leider nicht durchringen (s Art 3 Brüssel IIb-VO Rn 91 ff). Abhilfe schafft die Brüssel IIb-VO, wie ihre Vorgänger, aber immerhin durch ausführliche Regelungen zur **Koordinierung paralleler Verfahren**, um miteinander unvereinbare Entscheidungen und damit eine Stö- **22** rung des internationalen Entscheidungseinklangs zu verhindern (Art 17 und 20 Brüssel IIb-VO).

4. Thematischer Zuschnitt der Brüssel IIb-VO

a) Ehe- und Kindschaftssachen

23 Stark verändert hat sich im Laufe der Rechtsentwicklung die Vorstellung, welchen Stellenwert eine europäische Regelung für Verfahren betreffend die elterliche Verantwortung im Verhältnis zu Ehesachen haben soll. Die **Brüssel II-VO** wollte, ebenso wie das Brüssel II-Übk, die Anerkennung und Vollstreckung von solchen Sorgerechtsregelungen sicherstellen, die in einem engen Zusammenhang mit der Eheauflösung stehen: Angestrebt wurde die Freizügigkeit der Eheauflösung und einer damit einhergehenden Sorgerechtsregelung, aber nur hinsichtlich der gemeinsamen Kinder der Ehegatten (vgl Erwägungsgrund 11 zur Brüssel II-VO). Diesen Zusammenhang hat bereits die **Brüssel IIa-VO** überwunden, indem sie Regelungen für Verfahren betreffend die elterliche Verantwortung unabhängig von der Anhängigkeit einer Ehesache oder der Elternschaft der Ehegatten geschaffen hat. Daran hält die **Brüssel IIb-VO** fest (vgl Erwägungsgrund 7), die in diesem Abkopplungsprozess aber noch einen Schritt weiter geht: Die bislang in Art 12 Abs 1 Brüssel IIa-VO vorgesehene Möglichkeit einer Annexzuständigkeit zu einer Ehesache ist in der Brüssel IIb-VO nicht mehr enthalten (dazu Art 1 Brüssel IIb-VO Rn 45).

24 Vor diesem Hintergrund versteht es sich längst nicht mehr von selbst, dass der Verordnungsgeber Ehe- und Kindschaftssachen zusammen in einem **einheitlichen Rechtsinstrument** regelt (vgl die knappe Begründung für diesen Schritt in Erwägungsgrund 8 zur Brüssel IIb-VO): Zum einen gibt es immer weniger Vorschriften, die gleichermaßen auf beide Verfahrensgegenstände passen und zugeschnitten sind, und zum anderen hätte es gewiss Vorteile, wenn die verfahrens- und die kollisionsrechtlichen Regelungen zum Eheauflösungsrecht, wie bereits zum Güterrecht, in einem Instrument zusammengeführt würden (vgl Borrás, in: Raffaelli [2016] 73, 74 f). Letzteres würde freilich voraussetzen, dass sich noch mehr bzw idealerweise alle Mitgliedstaaten an der Rom III-VO beteiligen und dass zudem einheitliche Kollisionsregeln nicht nur zur Scheidung und Trennung, sondern auch zur Ungültigerklärung einer Ehe geschaffen werden (s Rn 41); leider erscheint auf absehbare Zeit weder das eine noch das andere realistisch.

b) Sonstige Folgen der Eheauflösung

25 Die Brüssel IIb-VO enthält keine Bestimmungen zu sonstigen Konsequenzen der Eheauflösung, namentlich also im Hinblick auf Folgesachen, die im deutschem Recht gem § 137 Abs 2 FamFG in den Scheidungsverbund fallen (s Art 1 Brüssel IIb-VO Rn 38 ff). Insoweit erweisen sich allerdings die **EuUntVO** und die **EuEheGüVO** als wichtige flankierende Instrumente. Die Regelung in gesonderten Verordnungen mag für unerfahrene Rechtsanwender zunächst wenig übersichtlich erscheinen, liegt aber schon deshalb nahe, weil sich unterhalts- und güterrechtliche Fragen eben keineswegs nur im Zusammenhang mit Eheauflösungen stellen. Wichtiger als der allzu ambitionierte rechtpolitische Wunsch, sämtliche internationalverfahrensrechtlichen Vorschriften im Bereich des Familienrechts in einem einzigen Rechtsakt zusammenzuführen (dafür plädiert Sonnentag, in: Pfeiffer/Wittmann/Escher [2018] 9, 37 ff, der es zu diesem Zweck hinnehmen möchte, den bislang im Güterrecht bestehenden Regelungszusammenhang

mit dem Kollisionsrecht aufzugeben), wäre es, wenn der Verordnungsgeber mehr auf Kohärenz achten und dadurch unnötige Unstimmigkeiten zwischen den einzelnen Instrumenten vermeiden würde (s Rn 30).

5. Auslegung

a) Auslegungsregeln

Für die Brüssel IIb-VO gelten nicht etwa die Auslegungsregeln der jeweiligen lex fori, sondern die zur Auslegung von Sekundärrechtsakten entwickelten Regeln, die sich im Wesentlichen am Wortlaut der maßgeblichen Sprachfassungen, am Regelungssystem und -zweck sowie an der Entstehungsgeschichte orientieren (vgl allgemein und mit ausführl Nachw etwa Gebauer/Wiedmann Kap 3; Hess § 4 II; Langenbucher/Donath, in: Langenbucher [Hrsg], Europäisches Privat- und Wirtschaftsrecht, 5. Aufl [2022] § 1 B). **26**

Oberstes Auslegungsziel ist die einheitliche Anwendung der Brüssel IIb-VO in allen Mitgliedstaaten: Die Rechtsanwendung muss sich am Grundsatz der **Einheitlichkeit der Rechte und Pflichten der betroffenen Personen** orientieren (deutlich zu Ehesachen etwa EuGH 13. 10. 2016 – C-294/15 Mikołajczyk/Czarnecki und Czarnecka, FamRZ 2016, 1997 Rn 44; EuGH 15. 11. 2022 – C-646/20 Senatsverwaltung/TB, FamRZ 2023, 21 Rn 40 = FamRB 2023, 4 [Dimmler]). Daher plädiert der EuGH hinsichtlich der Rechtsakte zum Europäischen Zivilverfahrensrecht in ständiger Rechtsprechung nach Möglichkeit für eine **verordnungsautonome Auslegung** (vgl aus neuerer Zeit etwa EuGH 25. 11. 2021 – C-289/20 IB/F, FamRZ 2022, 215 Rn 39 mAnm Berner = NJW 2021, 3771 mAnm Mankowski = Rpfleger 2022, 184 mAnm Lamberz = FamRB 2022, 48 [Dimmler]; EuGH 1. 8. 2022 – C-501/20 MPA/LCDNMT, FamRZ 2022, 1466 Rn 43 = FamRB 2022, 423 [Dimmler]; EuGH 15. 11. 2022 – C-646/20 Senatsverwaltung/TB, FamRZ 2023, 21 Rn 40 f = FamRB 2023, 4 [Dimmler]). Nur ausnahmsweise ist demnach auf das im Forum geltende Recht (die lex fori) oder das in der Sache anwendbare Recht (die lex causae) zurückzugreifen. **27**

Zum **Zuständigkeitsrecht** verweist der EuGH darauf, dass einerseits auf die Freizügigkeit der Ehegatten Rücksicht zu nehmen, andererseits aber auch Rechtssicherheit zu gewährleisten sei (EuGH 25. 11. 2021 – C-289/20 IB/F, FamRZ 2022, 215 Rn 35 u 44 mAnm Berner = NJW 2021, 3771 mAnm Mankowski = Rpfleger 2022, 184 mAnm Lamberz = FamRB 2022, 48 [Dimmler]). Ein für die Auslegung insbesondere der anerkennungsrechtlichen Vorschriften wesentliches Leitprinzip ist der **Grundsatz gegenseitigen Vertrauens** zwischen den Mitgliedstaaten (beachte hierzu Erwägungsgründe 3 und 54 f; vgl aus der neueren Judikatur etwa EuGH 19. 11. 2015 – C-455/15 PPU P/Q, FamRZ 2016, 111 Rn 35; EuGH 3. 10. 2019 – C-759/18 OF/PG, FamRZ 2019, 1989 Rn 32; EuGH 15. 11. 2022 – C-646/20 Senatsverwaltung/TB, FamRZ 2023, 21 Rn 43 f = FamRB 2023, 4 [Dimmler]; näher zur Entwicklung dieses Grundsatzes im innereuropäischen Rechtsverkehr etwa Brosch, in: Duden/von Bary/Boosfeld/Heindler/Kleinjohann/Lutzi [Hrsg] 143, 144 ff; Cuniberti, Jugements étrangers Rn 251 ff; Weller, Mutual Trust 260 ff). **28**

Sodann unterstreicht Erwägungsgrund 90 zur Brüssel IIb-VO die gebotene **Auslegungskontinuität**: Die bereits zu den Vorgängerregelungen, also der Brüssel II-VO und der Brüssel IIa-VO, ergangene Rechtsprechung kann grundsätzlich auf die Brüssel IIb-VO übertragen werden (vgl EuGH 15. 11. 2022 – C-646/20 Senatsverwaltung/TB, FamRZ 2023, 21 Rn 59, 61 = FamRB 2023, 4 [Dimmler]). Auch der erläuternde **Borrás-Bericht** zum Brüssel II-Übk, der in den Erwägungsgründen zur Brüssel IIa-VO noch eigens erwähnt wurde, kann nach wie vor in verschiedener Hinsicht aufschlussreich **29** sein (beachte aus neuerer Zeit etwa EuGH 25. 11. 2021 – C-289/20 IB/F, FamRZ 2022, 215 Rn 42 mAnm BERNER = NJW 2021, 3771 mAnm MANKOWSKI = Rpfleger 2022, 184 mAnm LAMBERZ = FamRB 2022, 48 [DIMMLER]; vgl zudem etwa HILBIG-LUGANI IPRax 2017, 556, 557).

30 Soweit möglich, sollte im Übrigen auch **Kohärenz zwischen den Instrumenten der justiziellen Zusammenarbeit in Zivilsachen** sichergestellt werden (näher zur gebotenen Konsolidierung und Kohärenzförderung etwa HARDUNG [2020], dort speziell zu Fragen der Anerkennung und Vollstreckung). Besondere Aufmerksamkeit verdienen dabei aus Sicht der Brüssel IIb-VO namentlich die Brüssel Ia-VO, EuUntVO, EuEheGüVO, EuPartGüVO und EuErbVO sowie im Bereich des Kollisionsrechts die Rom III-VO. Im Zweifel bietet es sich an, übereinstimmende Begriffe und funktionsäquivalente Bestimmungen in den verschiedenen Verordnungen einheitlich zu interpretieren und Rückschlüsse zwischen Parallelregelungen zu ziehen (vgl, jeweils zu Ehesachen, zB EuGH 16. 1. 2019 – C-386/17 Liberato/Grigorescu, FamRZ 2019, 1164 Rn 39 mAnm vHEIN/GROHMANN = FamRB 2019, 174 [DIMMLER]; EuGH 25. 11. 2021 – C-289/20 IB/F, FamRZ 2022, 215 Rn 48 mAnm BERNER = NJW 2021, 3771 mAnm MANKOWSKI = Rpfleger 2022, 184 mAnm LAMBERZ = FamRB 2022, 48 [DIMMLER]; EuGH 1. 8. 2022 – C-501/20 MPA/LCDNMT, FamRZ 2022, 1466 Rn 40 ff = FamRB 2022, 423 [DIMMLER]). Solche Ansätze des EuGH sollte man würdigen, auch wenn seine rechtsaktübergreifende Argumentation häufig kaum über Gemeinplätze hinausreicht (allzu kritisch DUTTA ZEuP 2020, 897, 943).

b) Vorabentscheidungsverfahren

31 Im Bereich des europäischen Primär- und Sekundärrechts steht dem EuGH die Interpretationsprärogative zu. Dem dient das Vorabentscheidungsverfahren gem **Art 267 AEUV**. Dadurch erhält der EuGH insbesondere Gelegenheit, der Rechtsanwendung bedeutsame Leitlinien für die Handhabung von Schlüsselbegriffen der Brüssel IIb-VO zu bieten, die zwar autonom auszulegen, aber im Verordnungstext nicht definiert worden sind (wie etwa der für das Zuständigkeitsregime der Verordnung zentrale Begriff des gewöhnlichen Aufenthalts der Ehegatten; s Art 3 Brüssel IIb-VO Rn 21 ff). Von der Möglichkeit, den EuGH um eine Antwort zu ersuchen, sollten daher nicht nur die dazu gem Art 267 Abs 3 AEUV verpflichteten letztinstanzlichen Gerichte Gebrauch machen, sondern auch die gem Art 267 Abs 2 AEUV ebenfalls vorlageberechtigten Instanzgerichte (mit Inkrafttreten des AEUV ist der frühere Art 68 EGV entfallen, der im Bereich der justiziellen Zusammenarbeit sachwidrig die Vorlagekompetenz nicht-letztinstanzlich entscheidender nationaler Gerichte ausgeschlossen hatte). Der EuGH hat praxisrelevante **Empfehlungen an die nationalen Gerichte** bezüglich der Vorlage von Vorabentscheidungsersuchen veröffentlicht (Empfehlung 2019/C 380/01, ABl EU 2019 C 380/1).

32 Leider dauern Vorlageverfahren immer wieder erschreckend lange und geben damit den Beteiligten Steine statt Brot (vgl den Fall EuGH 16. 1. 2019 – C-386/17 Liberato/Grigorescu, FamRZ 2019, 1164, wo alleine das Ersuchen acht Monate brauchte, um von Rom nach Luxemburg zu gelangen; berechtigte Kritik übt DUTTA ZEuP 2020, 897, 939). Im **Eilvorabentscheidungsverfahren** gem Art 107 ff VerfO EuGH (ABl EU 2012 L 265/1) kann eine besonders zügige Beantwortung von Vorlagefragen erzielt werden. Die Durchführung des Eilmodus kann der EuGH auf Antrag des vorlegenden Gerichts anordnen (vgl etwa EuGH 2. 8. 2021 – C-262/21 PPU A/B, FamRZ 2021, 1475, 1477), aber auch amtswegig (so im Fall EuGH 22. 12. 2010 – C-491/10 PPU Aguirre Zarraga/Pelz, FamRZ 2011, 355); bisweilen lehnt der EuGH einen Antrag des vorlegenden Gerichts allerdings ab, wenn es die

konkrete Eilbedürftigkeit nicht hinreichend dargelegt hat (vgl EuGH 14. 7. 2022 – C-572/21 CC/VO, FamRZ 2022, 1476 Rn 20 ff; EuGH 1. 8. 2022 – C-501/20 MPA/LCDNMT, Rn 38 f [in FamRZ 2022, 1466 nicht abgedruckt]). Außerhalb des Eilvorabentscheidungsverfahrens kommt eine Beschleunigung in klaren Fällen auch dadurch in Betracht, dass der EuGH gem Art 99 VerfO EuGH eine **Antwort durch mit Gründen versehenen Beschluss** abgibt (so etwa in den Fällen EuGH 22. 6. 2016 – C-173/16 MH/MH, FamRB 2017, 55 [Dimmler]; EuGH 3. 10. 2019 – C-759/18 OF/PG, FamRZ 2019, 1989 = FamRB 2020, 49 [Dimmler]). Im Übrigen kann der Präsident des EuGH gem Art 53 Abs 3 VerfO EuGH beschließen, dass eine Rechtssache mit **Vorrang** zu behandeln ist (so im Fall EuGH 14. 7. 2022 – C-572/21 CC/VO, FamRZ 2022, 1476 Rn 23).

6. Konkordanztabelle

Äußerlich unterscheidet sich die Brüssel IIb-VO schon durch ihren erheblich **größeren Umfang** von der Brüssel IIa-VO: Sie umfasst fast 50 % mehr und häufig auch längere Vorschriften (105 statt bislang 72 Artikel); zudem hat sich die Zahl der Erwägungsgründe fast verdreifacht (von 33 auf 98), und auch diese sind tendenziell länger geworden. Selbst in Bereichen, in denen sich, wie zu den hier interessierenden Ehesachen, eher wenige inhaltliche Änderungen ergeben haben, wirkt sich die neue Artikelzählung aus. 33

Um die Übersichtlichkeit einigermaßen zu wahren, enthält **Anhang X zur Brüssel IIb-VO** eine von der alten Zählung ausgehende Entsprechungstabelle, die im Folgenden – mit geringfügigen Korrekturen – wiedergegeben und um eine umgekehrte Tabelle (neu/alt) ergänzt wird. 34

a) Entsprechungstabelle gem Brüssel IIb-VO Anh X (alt/neu)

35

Brüssel IIa-VO	Brüssel IIb-VO
Art 1	Art 1 Abs 1, 2 und 4
–	Art 1 Abs 3
Art 2	Art 2
Art 3	Art 3
Art 4	Art 4
Art 5	Art 5
Art 6	Art 6 Abs 2
Art 7	Art 6 Abs 1 und 3
Art 8 Abs 1	Art 7 Abs 1

Brüssel IIa-VO	Brüssel IIb-VO
Art 8 Abs 2	Art 7 Abs 2
Art 9 Abs 1	Art 8 Abs 1
Art 9 Abs 2	Art 8 Abs 2
Art 10	Art 9
–	Art 10
Art 11 Abs 1	Art 22
–	Art 23
Art 11 Abs 2	Art 26
Art 11 Abs 3	Art 24 Abs 1
–	Art 24 Abs 2
–	Art 24 Abs 3
–	Art 25
Art 11 Abs 4	Art 27 Abs 3
Art 11 Abs 5	Art 27 Abs 1
–	Art 27 Abs 2
–	Art 27 Abs 4
–	Art 27 Abs 5
–	Art 27 Abs 6
–	Art 28
–	Art 29 Abs 1 und 2
Art 11 Abs 6	Art 29 Abs 3
–	Art 29 Abs 4
Art 11 Abs 7	Art 29 Abs 5

Brüssel IIa-VO	Brüssel IIb-VO
Art 11 Abs 8	Art 29 Abs 6
Art 12	–
Art 13	Art 11
Art 14	Art 14
Art 15 Abs 1, 2 lit a und b, Abs 4	Art 12 Abs 1
Art 15 Abs 3	Art 12 Abs 4
–	Art 12 Abs 2 und 3
–	Art 12 Abs 5
Art 15 Abs 2 lit c	Art 13 Abs 1
–	Art 13 Abs 2
Art 16	Art 17 lit a und b
–	Art 17 lit c
–	Art 16
Art 17	Art 18
Art 18	Art 19
Art 19	Art 20 Abs 1, 2 und 3
–	Art 20 Abs 4 und 5
–	Art 21
Art 20 Abs 1	Art 15 Abs 1
Art 20 Abs 2	Art 15 Abs 3
–	Art 15 Abs 2
Art 21 Abs 1 und 2	Art 30 Abs 1 und 2
Art 21 Abs 3	Art 30 Abs 3 und 4

Brüssel IIa-VO	Brüssel IIb-VO
Art 21 Abs 4	Art 30 Abs 5
Art 22	Art 38
Art 23 lit a, c, d, e und f	Art 39 lit a, b, c, d und e
Art 23 lit b	Art 39 Abs 2
Art 24	Art 69
Art 25	Art 70
Art 26	Art 71
–	Art 72
Art 27 Abs 1	Art 33 lit a und Art 44 lit a
–	Art 33 lit b
–	Art 44 lit b
Art 27 Abs 2	Art 72
Art 28	–
Art 29	–
–	Art 34
–	Art 35
–	Art 40
–	Art 41
Art 30	–
Art 31	–
Art 32	–
Art 33	–
Art 34	–

Brüssel IIa-VO	Brüssel IIb-VO
Art 35	–
Art 36	Art 53
–	Art 53 Abs 3
Art 37 Abs 1	Art 31 Abs 1
–	Art 31 Abs 2 und 3
Art 37 Abs 2	–
Art 38	Art 32
Art 39	Art 36
Art 40	Art 42 und 47 Abs 1
–	Art 45
–	Art 46
–	Art 47 Abs 2
Art 41 Abs 1	Art 43 Abs 1
Art 41 Abs 2	Art 47 Abs 3
–	Art 47 Abs 4, 5 und 6
Art 42 Abs 1	Art 43 Abs 1
Art 42 Abs 2	Art 47 Abs 3
Art 43 Abs 1	Art 37 und Art 48
Art 43 Abs 2	Art 36 Abs 3
–	Art 49
–	Art 50
Art 44	–
Art 45 Abs 1	Art 31 Abs 1

Brüssel IIa-VO	Brüssel IIb-VO
Art 45 Abs 2	Art 31 Abs 2
–	Art 31 Abs 3
Art 46	Art 65
Art 47 Abs 1	Art 51 Abs 1
–	Art 51 Abs 2
–	Art 52
Art 48	Art 54
–	Art 55
–	Art 56
–	Art 57
–	Art 58
–	Art 59
–	Art 60
–	Art 61
–	Art 62
–	Art 63
–	Art 64
–	Art 66
–	Art 67
–	Art 68
Art 49	Art 73
Art 50	Art 74 Abs 1
–	Art 74 Abs 2

Brüssel IIa-VO	Brüssel IIb-VO
Art 51	Art 75
Art 52	Art 90
Art 53	Art 76
Art 54	Art 77 Abs 1
–	Art 77 Abs 2 und 3
–	Art 78
–	Art 79 lit a
Art 55 Abs 1 lit a	Art 79 lit b
Art 55 Abs 1 lit b	Art 79 lit c
–	Art 79 lit d
Art 55 Abs 1 lit c	Art 79 lit e
Art 55 Abs 1 lit d	Art 79 lit f
Art 55 Abs 1 lit e	Art 79 lit g
–	Art 80
–	Art 81
Art 56 Abs 1	Art 82 Abs 1
–	Art 82 Abs 2, 3 und 4
Art 56 Abs 2	Art 82 Abs 5
–	Art 82 Abs 6
Art 56 Abs 3	Art 82 Abs 7
–	Art 82 Abs 8
Art 57 Abs 1 und 2	–
Art 57 Abs 3	Art 83 Abs 1

Brüssel IIa-VO	Brüssel IIb-VO
Art 57 Abs 4	Art 83 Abs 2
Art 58	Art 84
–	Art 85
–	Art 86
–	Art 87
–	Art 88
–	Art 89
–	Art 91
Art 59	Art 94
Art 60 lit a, b, c und d	Art 95
Art 60 lit e	Art 96
Art 61	Art 97 Abs 1
–	Art 97 Abs 2
Art 62	Art 98
Art 63	Art 99
Art 64 Abs 1	Art 100 Abs 1
Art 64 Abs 2, 3 und 4	–
–	Art 100 Abs 2
Art 65	Art 101 Abs 1
–	Art 101 Abs 2
Art 66	Art 102
Art 67	Art 103
Art 68	Art 103

Brüssel IIa-VO	Brüssel IIb-VO
Art 69	Art 92
Art 70	–
–	Art 93
Art 71	Art 104
Art 72	Art 105
Anhang I	Anhang II
–	Anhang I
Anhang II	Anhang III
–	Anhang IV
Anhang III	Anhang V
Anhang IV	Anhang VI
–	Anhang VII
–	Anhang VIII
–	Anhang IX

b) Ergänzende Entsprechungstabelle (neu/alt) 36

Brüssel IIb-VO	Brüssel IIa-VO
Art 1 Abs 1, 2 und 4	Art 1
Art 1 Abs 3	–
Art 2	Art 2
Art 3	Art 3
Art 4	Art 4
Art 5	Art 5

Brüssel IIb-VO	Brüssel IIa-VO
Art 6 Abs 1 und 3	Art 7
Art 6 Abs 2	Art 6
Art 7 Abs 1	Art 8 Abs 1
Art 7 Abs 2	Art 8 Abs 2
Art 8 Abs 1	Art 9 Abs 1
Art 8 Abs 2	Art 9 Abs 2
Art 9	Art 10
Art 10	–
–	Art 12
Art 11	Art 13
Art 12 Abs 1	Art 15 Abs 1, 2 lit a und b, Abs 4
Art 12 Abs 2 und 3	–
Art 12 Abs 4	Art 15 Abs 3
Art 12 Abs 5	–
Art 13 Abs 1	Art 15 Abs 2 lit c
Art 13 Abs 2	–
Art 14	Art 14
Art 15 Abs 1	Art 20 Abs 1
Art 15 Abs 2	–
Art 15 Abs 3	Art 20 Abs 2
Art 16	–
Art 17 lit a und b	Art 16
Art 17 lit c	–

Brüssel IIb-VO	Brüssel IIa-VO
Art 18	Art 17
Art 19	Art 18
Art 20 Abs 1, 2 und 3	Art 19
Art 20 Abs 4 und 5	–
Art 21	–
Art 22	Art 11 Abs 1
Art 23	–
Art 24 Abs 1	Art 11 Abs 3
Art 24 Abs 2	–
Art 24 Abs 3	–
Art 25	–
Art 26	Art 11 Abs 2
Art 27 Abs 1	Art 11 Abs 5
Art 27 Abs 2	–
Art 27 Abs 3	Art 11 Abs 4
Art 27 Abs 4	–
Art 27 Abs 5	–
Art 27 Abs 6	–
Art 28	–
Art 29 Abs 1 und 2	–
Art 29 Abs 3	Art 11 Abs 6
Art 29 Abs 4	–
Art 29 Abs 5	Art 11 Abs 7

Brüssel IIb-VO	Brüssel IIa-VO
Art 29 Abs 6	Art 11 Abs 8
Art 30 Abs 1 und 2	Art 21 Abs 1 und 2
Art 30 Abs 3 und 4	Art 21 Abs 3
Art 30 Abs 5	Art 21 Abs 4
Art 31 Abs 1	Art 37 Abs 1
Art 31 Abs 2	Art 45 Abs 2
Art 31 Abs 2 und 3	–
Art 32	Art 38
Art 33 lit a	Art 27 Abs 1
Art 33 lit b	–
Art 34	–
Art 35	–
Art 36 Abs 1 und 2	Art 39
Art 36 Abs 3	Art 43 Abs 2
Art 37	Art 43 Abs 1
–	Art 44
Art 38	Art 22
Art 39 lit a, b, c, d und e	Art 23 lit a, c, d, e und f
Art 39 Abs 2	Art 23 lit b
Art 40	–
Art 41	–
Art 42	Art 40
Art 43 Abs 1	Art 41 Abs 1 und Art 42 Abs 1

Brüssel IIb-VO	Brüssel IIa-VO
Art 43 Abs 2 und 3	–
Art 44 lit a	Art 27 Abs 1
Art 44 lit b	–
Art 45	–
Art 46	–
Art 47 Abs 1	Art 40
Art 47 Abs 2	–
Art 47 Abs 3	Art 41 Abs 2 und Art 42 Abs 2
Art 47 Abs 4, 5 und 6	–
Art 48	Art 43 Abs 1
Art 49	–
Art 50	–
Art 51 Abs 1	Art 47 Abs 1
Art 51 Abs 2	–
Art 52	–
Art 53	Art 36
Art 53 Abs 3	–
Art 54	Art 48
Art 55	–
Art 56	–
Art 57	–
Art 58	–
Art 59	–

Brüssel IIb-VO	Brüssel IIa-VO
Art 60	–
Art 61	–
Art 62	–
Art 63	–
Art 64	–
Art 65	Art 46
Art 66	–
Art 67	–
Art 68	–
Art 69	Art 24
Art 70	Art 25
Art 71	Art 26
–	Art 28
–	Art 29
–	Art 30
–	Art 31
–	Art 32
–	Art 33
–	Art 34
–	Art 35
–	Art 37 Abs 2
Art 72	Art 27 Abs 2
Art 73	Art 49

Brüssel IIb-VO	Brüssel IIa-VO
Art 74 Abs 1	Art 50
Art 74 Abs 2	–
Art 75	Art 51
Art 76	Art 53
Art 77 Abs 1	Art 54
Art 77 Abs 2 und 3	–
Art 78	–
Art 79 lit a	–
Art 79 lit b	Art 55 Abs 1 lit a
Art 79 lit c	Art 55 Abs 1 lit b
Art 79 lit d	–
Art 79 lit e	Art 55 Abs 1 lit c
Art 79 lit f	Art 55 Abs 1 lit d
Art 79 lit g	Art 55 Abs 1 lit e
Art 80	–
Art 81	–
Art 82 Abs 1	Art 56 Abs 1
Art 82 Abs 2, 3 und 4	–
Art 82 Abs 5	Art 56 Abs 2
Art 82 Abs 6	–
Art 82 Abs 7	Art 56 Abs 3
Art 82 Abs 8	–
Art 83 Abs 1	Art 57 Abs 3

Brüssel IIb-VO	Brüssel IIa-VO
Art 83 Abs 2	Art 57 Abs 4
–	Art 57 Abs 1 und 2
Art 84	Art 58
Art 85	–
Art 86	–
Art 87	–
Art 88	–
Art 89	–
Art 90	Art 52
Art 91	–
Art 92	Art 69
–	Art 70
Art 93	–
Art 94	Art 59
Art 95	Art 60 lit a, b, c und d
Art 96	Art 60 lit e
Art 97 Abs 1	Art 61
Art 97 Abs 2	–
Art 98	Art 62
Art 99	Art 63
Art 100 Abs 1	Art 64 Abs 1
–	Art 64 Abs 2, 3 und 4
Art 100 Abs 2	–

Brüssel IIb-VO	Brüssel IIa-VO
Art 101 Abs 1	Art 65
Art 101 Abs 2	–
Art 102	Art 66
Art 103	Art 67 und Art 68
Art 104	Art 71
Art 105	Art 72
Anhang I	–
Anhang II	Anhang I
Anhang III	Anhang II
Anhang IV	–
Anhang V	Anhang III
Anhang VI	Anhang IV
Anhang VII	–
Anhang VIII	–
Anhang IX	–

IV. Sonstige Rechtsinstrumente zum Internationalen Eheverfahrensrecht

Regelungen zum Internationalen Eheverfahrensrecht, die womöglich mit der Brüssel IIb-VO konkurrieren und deshalb mit ihr abgestimmt werden müssen, finden sich zwar in den mitgliedstaatlichen Rechtsordnungen (vgl zum deutschen Recht insbesondere §§ 98, 107 ff FamFG; dazu unten Rn 47), aber kaum im **sonstigen EU- oder Konventionsrecht**. So regeln die Brüssel Ia-VO (ABl EU 2012 L 351/1) und das Luganer Übereinkommen v 30. 10. 2007 (ABl EU 2009 L 147/5) zwar jeweils dieselben Sachfragen wie die Brüssel IIb-VO, im Wesentlichen also die internationale Entscheidungszuständigkeit, konkurrierende Verfahren sowie die Anerkennung ausländischer Entscheidungen, klammern Fragen des Personenstands allerdings ausdrücklich aus (Art 1 Abs 2 lit a Brüssel Ia-VO/LugÜ 2007). Das HErwSÜ ist gem Art 4 Abs 1 lit b HErwSÜ nicht anzuwenden auf „die Ungültigerklärung und die Auflösung einer Ehe oder einer ähnlichen Beziehung sowie die Trennung"; das HAVÜ 2019 (vgl zum Beitritt der EU den Ratsbeschluss 2022/1206 v 12. 7. 2022, ABl EU 2022 L 187/1) gilt nicht für Verfahren betreffend den Status natürlicher Personen (Art 2 Abs 1 lit a 37

HAVÜ 2019). Die Rom III-VO (unten Rn 41) legt in Fällen der Ehescheidung und der Trennung ohne Auflösung des Ehebandes nur das anwendbare Recht fest, behandelt hingegen nicht die in der Brüssel IIb-VO geregelten verfahrensrechtlichen Aspekte. Ferner ist zu erwähnen, dass sich Deutschland nicht an den beiden in Art 95 lit b und c Brüssel IIb-VO genannten multilateralen Übereinkommen zu anerkennungsrechtlichen Aspekten der Eheauflösung beteiligt (s Art 95 Brüssel IIb-VO Rn 1 ff).

38 Die Brüssel IIb-VO ersetzt die zwischen den Mitgliedstaaten bestehenden **bilateralen Verträge**, soweit sie Ehesachen betreffen (Art 94 Abs 1 Brüssel IIb-VO; s Art 94 Brüssel IIb-VO Rn 1). Keine Abgrenzungsprobleme ergeben sich im Hinblick auf Anerkennungsabkommen mit Drittstaaten (wie dem deutsch-schweizerischen Abkommen v 2. 11. 1929 [RGBl 1930 II 1066] und dem deutsch-tunesischen Vertrag v 19. 7. 1966 [BGBl 1969 I 333; BGBl 1970 I 307]). Hingewiesen sei im Übrigen auf die Verordnung Nr 664/2009 v 7. 7. 2009 zur Einführung eines Verfahrens für die Aushandlung und den Abschluss von Abkommen zwischen Mitgliedstaaten und Drittstaaten, die die Zuständigkeit und die Anerkennung und Vollstreckung von Urteilen und Entscheidungen in Ehesachen, in Fragen der elterlichen Verantwortung und in Unterhaltssachen sowie das anwendbare Recht in Unterhaltssachen betreffen (ABl EU 2009 L 200/46).

39 Ergänzend zur Brüssel IIb-VO gelten die allgemeinen internationalen Rechtsinstrumente, die sich mit dort nicht geregelten verfahrensrechtlichen Aspekten befassen, also etwa mit Zustellungs- und Beweisfragen. Zu nennen sind insbesondere die **EuZustVO 2020** (deutsche Durchführungsbestimmungen: §§ 183, 1067–1071 ZPO idF G v 24. 6. 2022, BGBl 2022 I 959) und die **EuBewVO 2020** (deutsche Durchführungsbestimmungen: §§ 363, 1072 ff ZPO idF G v 24. 6. 2022, BGBl 2022 I 959). Erwähnt seien auch die für Deutschland in §§ 1076–1078 ZPO, § 76 Abs 1 FamFG umgesetzten Vorgaben der **PKH-RL**.

V. Verhältnis der Brüssel IIb-VO zum Kollisionsrecht

1. Fehlen verordnungseigener Kollisionsnormen

40 Anders als namentlich die EuEheGüVO, die in einem Rechtsakt sowohl verfahrens- als auch kollisionsrechtliche Regelungen zusammenfasst, beschränkt sich die Brüssel IIb-VO, wie ihre Vorgänger, auf verfahrensrechtliche Fragen. In dieser Hinsicht erscheint es unnötig verwirrend, wenn in der EuGH-Judikatur bisweilen von „Kollisionsnormen" die Rede ist, wo internationalverfahrensrechtliche Regelungen gemeint sind (vgl etwa, jeweils zu den Zuständigkeitsvorschriften der Brüssel IIa-VO, EuGH 13. 10. 2016 – C-294/15 Mikołajczyk/Czarnecki und Czarnecka, FamRZ 2016, 1997 Rn 36, 40 u 50; EuGH 25. 11. 2021 – C-289/20 IB/F, FamRZ 2022, 215 Rn 32 u 35; EuGH 1. 8. 2022 – C-501/20 MPA/LCDNMT, FamRZ 2022, 1466 Rn 41; vgl die berechtigte Kritik an diesem ungenauen Sprachgebrauch bei Hilbig-Lugani IPRax 2017, 556, 560 f).

2. Rom III-VO

41 Die Kommission konnte sich mit ihrem Plan, bereits die Brüssel IIa-VO um EU-weit einheitliche „echte" Kollisionsregeln zu ergänzen, nicht durchsetzen (oben Rn 12 f). Fortschritt brachte in dieser Hinsicht erst das Inkrafttreten des Vertrags von Lissabon (ABl EU 2007 C 306/1), der die Möglichkeit einer verstärkten Zusammenarbeit kooperationsbereiter Mitgliedstaaten bzw eines „Europas der unterschiedlichen Geschwindigkeiten" eröffnete (Art 326 ff AEUV; beachte zum Folgenden etwa HAU, in: FS Stürner 1237 f). Gestützt darauf formierte sich eine „Koalition der Willigen", zunächst bestehend aus Belgien, Bulgarien, Deutschland, Frankreich, Italien, Lettland, Luxemburg, Malta, Österreich, Portugal, Rumänien, Slowenien, Spanien und Ungarn. Hervorgegangen ist daraus, ermächtigt durch den Ratsbeschluss 2010/405/EU v 12. 7. 2010 (ABl EU 2010 L 189/12), die sog **Rom III-VO Nr 1259/2010** v 20. 12. 2010 zur Durchführung einer Verstärkten Zusammenarbeit im Bereich des auf die Ehescheidung und Trennung ohne Auflösung des Ehebandes anzuwendenden Rechts (ABl EU 2010 L 343/10; beachte hierzu etwa die Übersichten zu aktuellen Fragen bei FINGER FuR 2021, 250; SONNENTAG, in: PFEIFFER/LOBACH/RAPP [2020] 61). Die Rom III-VO ist seit dem 21. 6. 2012 in den genannten 14 Mitgliedstaaten anzuwenden (Art 21 S 2 Rom III-VO); inzwischen gilt sie auch für Litauen, Griechenland und Estland (ABl EU 2012 L 323/18, 2014 L 23/41, 2016 L 216/23). Zu beachten ist, dass ihr sachlicher Anwendungsbereich in Ehesachen etwas enger gefasst ist als derjenige der Brüssel IIb-VO: Anders als diese klammert Art 2 Abs 2 lit c Rom III-VO die Ungültigerklärung von Ehen aus.

Zu erwähnen ist, dass Kollisionsrechtsvereinheitlichung inzwischen auch für Folgesachen verwirklicht werden konnte, nämlich für **Güterrechtssachen** (wiederum im Wege einer verstärkten Zusammenarbeit) durch Art 20 ff EuEheGüVO sowie für **Unterhaltssachen** durch das HUntP 2007 (vgl Art 15 EuUntVO). **42**

3. Internationale Zuständigkeit und Kollisionsrecht

Solange das Scheidungskollisionsrecht nicht in der gesamten EU vereinheitlicht ist (oben Rn 41), kann ein gut beratener Scheidungswilliger, wenn ihm die Brüssel IIb-VO Gerichtsstände in mehreren Staaten eröffnet, seine Wahl ua von dem im jeweiligen Forum maßgeblichen Kollisionsrecht abhängig machen (**„law shopping through forum shopping"**). Für solche Überlegungen bleibt allerdings dann kein Raum mehr, wenn ein Verfahren bereits eingeleitet ist: Gilt es zu klären, ob ein angerufenes Gericht aufgrund von Art 3 ff Brüssel IIb-VO international zur Entscheidung berufen ist, bleibt die kollisionsrechtliche Frage außer Betracht, welches Recht nach Maßgabe der Rom III-VO (bzw im Falle eines Antrags auf Ungültigerklärung nach mitgliedstaatlichem Kollisionsrecht) in der Sache anzuwenden ist. **43**

In Ehesachen gibt es auch keinen automatischen **Gleichlauf**: Aus dem Umstand, dass gem Art 3 ff Brüssel IIb-VO die internationale Zuständigkeit deutscher Gerichte eröffnet ist, kann nicht auf die Anwendbarkeit deutschen Scheidungsrechts geschlossen werden (wenngleich nicht zu verkennen ist, dass die Rom III-VO in vielen Konstellationen zur Anwendbarkeit der lex fori führt; dazu HAU, in: FS Stürner 1237, 1241 ff). Ebenso wenig zieht die Berufung deutschen Sachrechts die internationale Zuständigkeit deutscher Gerichte nach sich bzw umgekehrt die Maßgeblichkeit ausländischen Sachrechts die internationale Unzuständigkeit deutscher Gerichte. Von alledem zu unterscheiden ist die Frage, inwieweit es rechtspolitisch durchaus sinnvoll erscheinen kann, einen Gleichlauf zu ermöglichen (vgl dazu aus neuerer Zeit etwa DUTTA, in: FS Kronke 51 ff; RADEMACHER, in: RUPP [2019] 121, 127 ff). **44**

4. Anerkennungspflicht und Kollisionsrecht

45 Die Anerkennung einer Eheauflösung ist nach Maßgabe von Art 30 Brüssel IIb-VO verfahrensrechtlich zu deuten; daraus folgt, dass sie unabhängig von der Einschätzung des Eheauflösungsstatuts ist auf das das Kollisionsrecht im Anerkennungsmitgliedstaat verweist (s Art 30 Brüssel IIb-VO Rn 23 ff). Zudem ist der Anerkennungsbefehl der Brüssel IIb-VO unabhängig davon zu befolgen, ob das ausländische Gericht kollisionsrechtlich das „richtige" Familienrecht zugrunde gelegt hat. Dies ergibt sich bereits aus Art 70 Brüssel IIb-VO (s Art 70 Brüssel IIb-VO Rn 3).

VI. Verhältnis der Brüssel IIb-VO zum deutschen Recht

1. IntFamRVG

46 Die **deutschen Durchführungsregelungen** zur Brüssel IIb-VO finden sich, wie bereits zur Brüssel IIa-VO, im Gesetz v 26. 1. 2005 zur Aus- und Durchführung bestimmter Rechtsinstrumente auf dem Gebiet des internationalen Familienrechts, kurz: Internationales Familienrechtsverfahrensgesetz bzw IntFamRVG (BGBl 2005 I 162). Das IntFamRVG wurde anlässlich des Inkrafttretens der Brüssel IIb-VO umfassend geändert (Art 1 G v 10. 8. 2021, BGBl 2021 I 3424; beachte dazu den Regierungsentwurf, BT-Drucks 19/28681; Janzen/Wagner IPRax 2022, 545; Klinkhammer FamRZ 2022, 325; Kohler/Pintens FamRZ 2021, 1421, 1424; Mansel/Thorn/Wagner IPRax 2022, 97, 111). Die Überleitungsvorschrift zu Altverfahren, die noch der Brüssel IIa-VO unterfallen, ergibt sich aus § 55 IntFamRVG.

2. FamFG

47 Als Verordnung iSv Art 288 Abs 2 AEUV kommt der Brüssel IIb-VO der **Anwendungsvorrang des EU-Rechts** zugute. Dieser Vorrang besagt nach ständiger Rechtsprechung des EuGH, „dass jeder im Rahmen seiner Zuständigkeit angerufene staatliche Richter verpflichtet ist, das Gemeinschaftsrecht uneingeschränkt anzuwenden und die Rechte, die es den Einzelnen verleiht, zu schützen, indem er jede möglicherweise entgegenstehende Bestimmung des nationalen Rechts, gleichgültig, ob sie früher oder später als die Gemeinschaftsnorm ergangen ist, unangewendet lässt" (grundlegend EuGH 9. 3. 1978 – C-106/77 Simmenthal II, NJW 1978, 1741; beachte auch die 17. Erklärung v 13. 12. 2007 zum Vertrag von Lissabon, ABl EU 2007 C 306/256; näher zum Grundsatz und den Grenzen der unmittelbaren Geltung und des Anwendungsvorrangs des Europarechts etwa Gebauer/Wiedmann Kap 2). Nur klarstellend (nicht etwa konstitutiv) heißt es in § 97 Abs 1 S 2 FamFG, dass Regelungen in Rechtsakten der Europäischen Union „unberührt bleiben".

48 Aus dem Anwendungsvorrang folgt für das **Zuständigkeitsrecht**, dass dann, wenn die Brüssel IIb-VO eine internationale Zuständigkeit deutscher Gerichte eröffnet, dies unabhängig davon gilt, ob das Verfahren auch nach Maßgabe von § 98 FamFG in Deutschland geführt werden könnte. Verneint die Verordnung hingegen die internationale Zuständigkeit deutscher Gerichte und erlaubt auch Art 6 Brüssel IIb-VO nicht den Rückgriff auf die nationalen Zuständigkeitsgründe (wie § 98 FamFG), so hat es damit sein Bewenden. Schreibt die Brüssel IIb-VO die **Anerkennung einer Entscheidung** aus einem Mitgliedstaat vor, so ist dies auch dann zu respektieren, wenn das mitgliedstaatliche Recht (wie §§ 107–109 FamFG) weniger anerkennungsfreundlich wäre. Zur Frage, inwieweit umgekehrt im Falle einer Entscheidung, die zwar nicht nach Maßgabe der Brüssel IIb-VO, ausnahmsweise aber nach mitgliedstaatlichem Recht anerkennungsfähig wäre, das **Günstigkeitsprinzip** gelten kann, beachte Art 94 Brüssel IIb-VO (s Art 94 Brüssel IIb-VO Rn 7).

Es versteht sich von selbst, dass der Anwendungsvorrang der Brüssel IIb-VO nur so weit reicht, wie ihr **Anwendungsbereich in sachlicher, räumlich-persönlicher und zeitlicher Hinsicht** eröffnet ist und sie zudem überhaupt eine Regelung der in Rede stehenden Rechtsfrage vorsieht. So regelt sie zwar die Anerkennung ausländischer Entscheidungen (Art 30 ff Brüssel IIb-VO) und die Beachtlichkeit ausländischer Rechtshängigkeit (Art 20 Brüssel IIb-VO), dies allerdings nur dann, wenn es um eine Entscheidung aus bzw die Rechtshängigkeit in einem anderen Mitgliedstaat – also nicht aus bzw in einem Drittstaat – geht (vgl Art 20 Brüssel IIb-VO Rn 12 ff und Art 30 Brüssel IIb-VO Rn 15). **49**

Bisweilen ordnet die Verordnung ausdrücklich die Maßgeblichkeit nationalen Rechts an, so etwa in Art 6 und Art 51 Abs 1 Brüssel IIb-VO. Im Übrigen ist für jede konkrete Regelung der Brüssel IIa-VO zu prüfen, ob sie abschließend sein soll oder den **Rückgriff auf nationales Recht** zulässt (bzw implizit darauf verweist). So wäre es zB mit dem in Art 30 Abs 1 Brüssel IIb-VO verankerten Gebot einer Anerkennung ipso iure zwar allemal unvereinbar, eine in einem anderen Mitgliedstaat ergangene Ehescheidung in Deutschland zwingend zunächst dem Verfahren gem § 107 FamFG zu unterwerfen; demgegenüber spricht richtigerweise nichts dagegen, den Parteien die freiwillige Durchführung dieses Verfahrens zu ermöglichen (dazu Art 30 Brüssel IIb-VO Rn 27). **50**

Erwägungsgründe der Brüssel IIb-VO

VERORDNUNG (EU) 2019/1111 DES RATES

vom 25. Juni 2019

über die Zuständigkeit, die Anerkennung und Vollstreckung von Entscheidungen in Ehesachen und in Verfahren betreffend die elterliche Verantwortung und über internationale Kindesentführungen

(Neufassung)

DER RAT DER EUROPÄISCHEN UNION –

gestützt auf den Vertrag über die Arbeitsweise der Europäischen Union, insbesondere auf Artikel 81 Absatz 3,

auf Vorschlag der Europäischen Kommission,

nach Zuleitung des Entwurfs des Gesetzgebungsakts an die nationalen Parlamente,

nach den Stellungnahmen des Europäischen Parlaments[1],

nach Stellungnahme des Europäischen Wirtschafts- und Sozialausschusses[2],

gemäß einem besonderen Gesetzgebungsverfahren,

in Erwägung nachstehender Gründe:

(1) Die Kommission hat am 15. April 2014 einen Bericht über die Anwendung der Verordnung (EG) Nr 2201/2003 des Rates[3] angenommen. Darin wurde festgestellt, dass die Verordnung (EG) Nr 2201/2003 zwar ein gut funktionierendes Instrument und mit einem deutlichen Nutzen für die Bürger verbunden ist, die geltenden Vorschriften aber verbessert werden könnten. Eine Reihe von Änderungen müssen an der Verordnung vorgenommen werden. Aus Gründen der Klarheit sollte eine Neufassung jener Verordnung erstellt werden.

---

[1] Stellungnahme vom 18. Januar 2018 (ABl. C 458 vom 19. 12. 2018, S 499) und Stellungnahme vom 14. März 2019 (noch nicht im Amtsblatt veröffentlicht).

[2] Stellungnahme vom 26. Januar 2017 (ABl. C 125 vom 21. 4. 2017, S 46).

[3] Verordnung (EG) Nr 2201/2003 des Rates vom 27. November 2003 über die Zuständigkeit und die Anerkennung und Vollstreckung von Entscheidungen in Ehesachen und in Verfahren betreffend die elterliche Verantwortung und zur Aufhebung der Verordnung (EG) Nr 1347/2000 (ABl. L 338 vom 23. 12. 2003, S 1).

(2) Mit dieser Verordnung werden einheitliche Zuständigkeitsregeln für die Ehescheidung, die Trennung ohne Auflösung des Ehebandes und die Ungültigerklärung einer Ehe sowie für grenzüberschreitende Streitigkeiten über die elterliche Verantwortung festgelegt. Sie erleichtert den Verkehr von Entscheidungen sowie von öffentlichen Urkunden und bestimmten Vereinbarungen in der Union, indem sie Bestimmungen über deren Anerkennung und Vollstreckung in anderen Mitgliedstaaten festlegt. Ferner präzisiert diese Verordnung das Recht des Kindes, in Verfahren, von denen es betroffen ist, die Gelegenheit zur Meinungsäußerung zu erhalten, und sie enthält einige Bestimmungen zur Ergänzung des Haager Übereinkommens vom 25. Oktober 1980 über die zivilrechtlichen Aspekte internationaler Kindesentführung (im Folgenden „Haager Übereinkommen von 1980") in den Beziehungen zwischen den Mitgliedstaaten. Daher sollte diese Verordnung dazu beitragen, die Rechtssicherheit zu stärken und die Flexibilität zu erhöhen, den Zugang zu Gerichtsverfahren zu verbessern und effizientere Verfahren zu gewährleisten.

(3) Das reibungslose und ordnungsgemäße Funktionieren der Union als Raum des Rechts, in dem die unterschiedlichen Rechtssysteme und -traditionen geachtet werden, ist für die Union von entscheidender Bedeutung. In dieser Hinsicht sollte das gegenseitige Vertrauen in die jeweiligen Rechtssysteme weiter ausgebaut werden. Die Union hat sich die Schaffung, Aufrechterhaltung und Weiterentwicklung eines Raums der Freiheit, der Sicherheit und des Rechts zum Ziel gesetzt, in dem der freie Personenverkehr und der Zugang zur Justiz gewährleistet sind. Zur Verwirklichung dieses Ziels sollten die Rechte von Personen, insbesondere Kindern, in rechtlichen Verfahren gestärkt werden, um die Zusammenarbeit zwischen Justiz- und Verwaltungsbehörden sowie die Vollstreckung von Entscheidungen in Familiensachen mit grenzüberschreitendem Bezug zu erleichtern. Die gegenseitige Anerkennung von Entscheidungen in Zivilsachen sollte verstärkt, der Zugang zur Justiz vereinfacht und der Informationsaustausch zwischen den Behörden der Mitgliedstaaten verbessert werden.

(4) Hierzu erlässt die Union unter anderem Maßnahmen im Bereich der justiziellen Zusammenarbeit in Zivilsachen mit grenzüberschreitendem Bezug, insbesondere wenn diese für das reibungslose Funktionieren des Binnenmarkts erforderlich sind. Der Begriff „Zivilsachen" sollte im Einklang mit der ständigen Rechtsprechung des Gerichtshofs der Europäischen Union (im Folgenden „Gerichtshof") autonom ausgelegt werden. Er sollte als autonomer Begriff angesehen werden, bei dessen Auslegung erstens die Ziele und die Systematik dieser Verordnung und zweitens die allgemeinen Rechtsgrundsätze, die sich aus der Gesamtheit der nationalen Rechtsordnungen ergeben, berücksichtigt werden müssen. Der Begriff „Zivilsachen" sollte daher dahingehend ausgelegt werden, dass er auch Maßnahmen umfassen kann, die in der Rechtsordnung eines Mitgliedstaats möglicherweise dem öffentlichen Recht unterliegen. Er sollte insbesondere alle Anträge, Maßnahmen oder Entscheidungen in Verfahren betreffend die „elterliche Verantwortung" im Sinne dieser Verordnung gemäß ihrer Ziele abdecken.

(5) Diese Verordnung umfasst „Zivilsachen", wobei dieser Begriff zivilgerichtliche Verfahren und die sich daraus ergebenden Entscheidungen sowie öffentliche Urkunden und bestimmte außergerichtliche Vereinbarungen in Ehesachen und

in Sachen der elterlichen Verantwortung einschließt. Darüber hinaus sollte der Begriff „Zivilsachen" Anträge, Maßnahmen oder Entscheidungen sowie öffentliche Urkunden und bestimmte außergerichtliche Vereinbarungen über die Rückgabe eines Kindes nach dem Haager Übereinkommen von 1980 umfassen, die entsprechend der Rechtsprechung des Gerichtshofs und im Einklang mit Artikel 19 des Haager Übereinkommens von 1980 keine Hauptsacheverfahren betreffend die elterliche Verantwortung darstellen, mit diesen aber eng verbunden sind und von bestimmten Vorschriften dieser Verordnung erfasst werden.

(6) Zur Erleichterung des Verkehrs von Entscheidungen in Ehesachen und in Verfahren betreffend die elterliche Verantwortung sowie von öffentlichen Urkunden und bestimmten Vereinbarungen in Ehesachen und in Sachen der elterlichen Verantwortung ist es notwendig und angemessen, dass die Vorschriften über die Zuständigkeit und die Anerkennung und Vollstreckung von Entscheidungen durch ein Rechtsinstrument auf Unionsebene geregelt werden, das verbindlich ist und unmittelbar gilt.

(7) Um die Gleichbehandlung aller Kinder sicherzustellen, sollte diese Verordnung für alle Entscheidungen über die elterliche Verantwortung gelten, einschließlich der Maßnahmen zum Schutz des Kindes, ohne Rücksicht darauf, ob eine Verbindung zu Verfahren in Ehesachen oder anderen Verfahren besteht.

(8) Da die Anwendung der Vorschriften über die elterliche Verantwortung in Ehesachen häufig zum Tragen kommt, empfiehlt es sich jedoch, Ehesachen und die elterliche Verantwortung in einem einzigen Rechtsakt zu regeln.

(9) Bezüglich Entscheidungen über die Ehescheidung, die Trennung ohne Auflösung des Ehebandes oder die Ungültigerklärung einer Ehe sollte diese Verordnung nur für die Auflösung einer Ehe gelten. Sie sollte nicht für Fragen wie die Scheidungsgründe, das Ehegüterrecht oder sonstige mögliche Nebenaspekte gelten. Entscheidungen über die Verweigerung der Auflösung des Ehebandes sollten nicht unter die die Anerkennung betreffenden Bestimmungen dieser Verordnung fallen.

(10) Bezüglich des Vermögens des Kindes sollte diese Verordnung nur für Maßnahmen zum Schutz des Kindes gelten, und zwar für die Bestimmung und den Aufgabenbereich einer Person oder Stelle, die damit betraut ist, das Vermögen des Kindes zu verwalten, das Kind zu vertreten und ihm beizustehen, und für Maßnahmen bezüglich der Verwaltung und Erhaltung des Vermögens des Kindes oder der Verfügung darüber. In diesem Zusammenhang sollte diese Verordnung beispielsweise für die Fälle gelten, in denen Gegenstand des Verfahrens die Bestimmung einer Person oder Stelle ist, die das Vermögen des Kindes verwaltet. Das Vermögen des Kindes betreffende Maßnahmen, die nicht den Schutz des Kindes betreffen, sollten weiterhin unter die Verordnung (EU) Nr 1215/2012 des Europäischen Parlaments und des Rates[4] fallen. Die Anwen-

[4] Verordnung (EU) Nr 1215/2012 des Europäischen Parlaments und des Rates vom 12. Dezember 2012 über die gerichtliche Zuständigkeit und die Anerkennung und Vollstreckung von Entscheidungen in Zivil- und Handelssachen (ABl. L 351 vom 20. 12. 2012, S 1).

dung der Bestimmungen der vorliegenden Verordnung über die Zuständigkeit in Vorfragen sollte in diesen Fällen jedoch möglich sein.

(11) Jede Art von Unterbringung eines Kindes in Pflege, also bei einer oder mehreren Privatpersonen gemäß den nationalen Rechtsvorschriften und Verfahren, oder in einem Heim, beispielsweise in einem Waisenhaus oder in einem Kinderheim, in einem anderen Mitgliedstaat sollte in den Geltungsbereich dieser Verordnung fallen, wenn sie nicht ausdrücklich ausgeschlossen ist, wie dies zum Beispiel bei der Unterbringung im Hinblick auf eine Adoption, der Unterbringung bei einem Elternteil oder gegebenenfalls bei einem anderen nahen Verwandten gemäß der Erklärung des Aufnahmemitgliedstaats der Fall ist. Infolgedessen sollten „Unterbringungen aus erzieherischen Gründen", die von einem Gericht angeordnet oder von einer zuständigen Behörde mit Zustimmung oder auf Antrag der Eltern oder des Kindes infolge eines Problemverhaltens des Kindes veranlasst werden, einbezogen sein. Ausgeschlossen sein sollte nur eine Unterbringung aus erzieherischen Gründen oder als Strafmaßnahme, die aufgrund einer Handlung des Kindes angeordnet oder veranlasst wurde, die, wenn sie von einem Erwachsenen begangen worden wäre, nach nationalem Strafrecht als strafbare Handlung eingestuft werden könnte, unabhängig davon, ob dies im speziellen Fall zu einer Verurteilung führen könnte.

(12) Diese Verordnung sollte weder für die Feststellung des Eltern-Kind-Verhältnisses, da es sich dabei um eine von der Übertragung der elterlichen Verantwortung gesonderte Frage handelt, noch für sonstige Fragen im Zusammenhang mit dem Personenstand gelten.

(13) Unterhaltspflichten sind vom Anwendungsbereich der vorliegenden Verordnung ausgenommen, da diese Pflichten bereits durch die Verordnung (EG) Nr 4/2009 des Rates[5] geregelt werden. Neben den Gerichten für den Ort, an dem der Antragsgegner oder die berechtigte Person seinen/ihren gewöhnlichen Aufenthalt hat, sollten die nach der vorliegenden Verordnung für Ehesachen zuständigen Gerichte in Anwendung des Artikels 3 Buchstabe c der genannten Verordnung in der Regel in Nebensachen für Entscheidungen in ehelichen oder nachehelichen Unterhaltssachen zuständig sein. Die nach der vorliegenden Verordnung für Verfahren betreffend die elterliche Verantwortung zuständigen Gerichte sind in Anwendung des Artikels 3 Buchstabe d der genannten Verordnung in der Regel in Nebensachen für Entscheidungen in Kindesunterhaltssachen zuständig.

(14) Nach der Rechtsprechung des Gerichtshofs sollte der Begriff „Gericht" so weit aufgefasst werden, dass er auch Verwaltungsbehörden oder andere Behörden wie Notare einschließt, die in bestimmten Ehesachen oder Verfahren betreffend die elterliche Verantwortung die Zuständigkeit wahrnehmen. Jede vom Gericht nach einer Prüfung in der Sache nach dem nationalen Recht und nach dem nationalen Verfahren gebilligte Vereinbarung sollte als „Entscheidung"

[5] Verordnung (EG) Nr 4/2009 des Rates vom 18. Dezember 2008 über die Zuständigkeit, das anwendbare Recht, die Anerkennung und Vollstreckung von Entscheidungen und die Zusammenarbeit in Unterhaltssachen (ABl. L 7 vom 10. 1. 2009, S 1).

anerkannt oder vollstreckt werden. Anderen Vereinbarungen, die im Ursprungsmitgliedstaat nach dem förmlichen Tätigwerden einer Behörde oder einer anderen von einem Mitgliedstaat für diesen Zweck der Kommission mitgeteilten Stelle verbindliche Rechtswirkung erlangen, sollte in anderen Mitgliedstaaten im Einklang mit den besonderen Bestimmungen dieser Verordnung über öffentliche Urkunden und Vereinbarungen Wirkung verliehen werden. Diese Verordnung sollte nicht den freien Verkehr rein privater Vereinbarungen erlauben. Vereinbarungen, bei denen es sich nicht um eine Entscheidung oder eine öffentliche Urkunde handelt, die aber von einer hierzu befugten Behörde registriert wurden, sollten verkehren dürfen. Zu diesen Behörden könnten auch Notare gehören, die Vereinbarungen registrieren, auch wenn sie freiberuflich tätig sind.

(15) In Bezug auf eine „öffentliche Urkunde" ist der Begriff „Ermächtigung" in dieser Verordnung autonom in Einklang mit der Definition des in anderen Rechtsinstrumenten der Union durchgängig verwendeten Begriffs „öffentliche Urkunde" und in Anbetracht der Zwecke dieser Verordnung auszulegen.

(16) Auch wenn Rückgabeverfahren nach dem Haager Übereinkommen von 1980 keine Hauptsacheverfahren betreffend die elterliche Verantwortung sind, sollten Entscheidungen, in denen nach dem Haager Übereinkommen von 1980 die Rückgabe eines Kindes in einen anderen Mitgliedstaat angeordnet wird und die aufgrund einer späteren, nach der Anordnung der Rückgabe erfolgten Entführung in einem anderen Mitgliedstaat vollstreckt werden müssen, nach Kapitel IV dieser Verordnung anerkannt und vollstreckt werden. Die Möglichkeit, wegen der späteren Entführung ein neues Verfahren im Hinblick auf die Rückgabe des Kindes nach dem Haager Übereinkommen von 1980 einzuleiten, bleibt davon unberührt. Ferner sollte diese Verordnung weiterhin für andere Aspekte in Fällen des widerrechtlichen Verbringens oder Zurückhaltens eines Kindes gelten, so zum Beispiel die Bestimmungen über die gerichtliche Zuständigkeit des Gerichts des Mitgliedstaats des gewöhnlichen Aufenthalts und die Bestimmungen über die Anerkennung und Vollstreckung aller von diesem Gericht erlassenen Anordnungen.

(17) Diese Verordnung sollte wie das Haager Übereinkommen vom 19. Oktober 1996 über die Zuständigkeit, das anzuwendende Recht, die Anerkennung, Vollstreckung und Zusammenarbeit auf dem Gebiet der elterlichen Verantwortung und der Maßnahmen zum Schutz von Kindern (im Folgenden „Haager Übereinkommen von 1996") für alle Kinder bis zum Alter von 18 Jahren gelten, auch in den Fällen, in denen sie aufgrund des für sie maßgeblichen Personenstandsrechts vorher geschäfts- und handlungsfähig geworden sein sollten, weil sie beispielsweise infolge einer Eheschließung mündig geworden sind. Hierdurch sollten eine Überschneidung mit dem Anwendungsbereich des Haager Übereinkommens vom 13. Januar 2000 über den internationalen Schutz von Erwachsenen, das für Personen ab einem Alter von 18 Jahren gilt, und zugleich Lücken zwischen diesen beiden Rechtsinstrumenten vermieden werden. Das Haager Übereinkommen von 1980 und folglich auch Kapitel III dieser Verordnung, die die Anwendung des Haager Übereinkommens von 1980 im Verhält-

nis zwischen den Mitgliedstaaten ergänzt, sollten weiterhin für Kinder bis zum Alter von 16 Jahren gelten.

(18) Für die Zwecke dieser Verordnung sollte davon ausgegangen werden, dass eine Person ein „Sorgerecht" hat, wenn aufgrund einer Entscheidung oder kraft Gesetzes oder durch eine rechtlich verbindliche Vereinbarung nach dem Recht des Mitgliedstaats, in dem das Kind seinen gewöhnlichen Aufenthalt hat, ein Träger der elterlichen Verantwortung nicht ohne Zustimmung dieser Person über den Aufenthaltsort des Kindes – ungeachtet der im nationalen Recht verwendeten Begriffe – entscheiden kann. In einigen Rechtsordnungen, die die Begriffe „Sorgerecht" und „Umgang" verwenden, kann dem nicht sorgeberechtigten Elternteil möglicherweise ein bedeutendes Maß an Verantwortung für das Kind betreffende Entscheidungen zukommen, die über ein bloßes Umgangsrecht hinausgehen.

(19) Die Zuständigkeitsvorschriften in Verfahren betreffend die elterliche Verantwortung wurden dem Wohle des Kindes entsprechend ausgestaltet und sollten im Einklang damit angewandt werden. Jede Bezugnahme auf das Kindeswohl sollte vor dem Hintergrund des Artikels 24 der Charta der Grundrechte der Europäischen Union (im Folgenden „Charta") und des Übereinkommens der Vereinten Nationen vom 20. November 1989 über die Rechte des Kindes (im Folgenden „VN-Kinderrechtsübereinkommen") – wie sie im nationalen Recht und in nationalen Verfahren angewendet werden – ausgelegt werden.

(20) Zum Schutz des Kindeswohls sollte sich die Zuständigkeit in erster Linie nach dem Kriterium der räumlichen Nähe bestimmen. Die Zuständigkeit sollte folglich dem Mitgliedstaat des gewöhnlichen Aufenthalts des Kindes vorbehalten sein, außer in bestimmten, in dieser Verordnung dargelegten Fällen, in denen sich beispielsweise der Aufenthaltsort des Kindes geändert hat oder die Träger der elterlichen Verantwortung etwas anderes vereinbart haben.

(21) Ist noch kein Verfahren betreffend die elterliche Verantwortung anhängig und ändert sich der gewöhnliche Aufenthalt des Kindes nach einem rechtmäßigen Umzug, so sollte die Zuständigkeit das Kind begleiten, damit die räumliche Nähe aufrechterhalten bleibt. Für bereits anhängige Verfahren rechtfertigen es die Rechtssicherheit und die Effizienz der Justiz, diese Zuständigkeit so lange aufrechtzuerhalten, bis in den betreffenden Verfahren eine rechtskräftige Entscheidung ergangen ist oder die Verfahren anderweitig abgeschlossen worden sind. Das Gericht, bei dem ein Verfahren anhängig ist, sollte jedoch unter bestimmten Umständen berechtigt sein, die Zuständigkeit auf den Mitgliedstaat zu übertragen, in dem das Kind nach einem rechtmäßigen Umzug lebt.

(22) Bei einem widerrechtlichen Verbringen oder Zurückhalten eines Kindes sollten vorbehaltlich einer möglichen Gerichtsstandsvereinbarung gemäß dieser Verordnung die Gerichte des Mitgliedstaats des gewöhnlichen Aufenthalts des Kindes ihre Zuständigkeit behalten, bis in einem anderen Mitgliedstaat ein neuer gewöhnlicher Aufenthalt begründet wird und einige besondere Bedingungen erfüllt sind. Die Mitgliedstaaten, die die Zuständigkeit konzentriert haben, sollten in Erwägung ziehen, dem mit dem Rückgabeantrag nach dem

Haager Übereinkommen von 1980 befassten Gericht zu ermöglichen, auch die Zuständigkeit in Verfahren betreffend die elterliche Verantwortung wahrzunehmen, auf die sich die Parteien gemäß dieser Verordnung geeinigt oder die sie anerkannt haben, sofern im Laufe des Rückgabeverfahrens eine Vereinbarung zwischen den Parteien zustande gekommen ist. Derartige Vereinbarungen sollten Vereinbarungen sowohl über die Rückgabe als auch über die Nichtrückgabe des Kindes abdecken. Ist die Nichtrückgabe vereinbart, so sollte das Kind in dem Mitgliedstaat des neuen gewöhnlichen Aufenthalts bleiben, und die Zuständigkeit für künftige Sorgerechtsverfahren dort sollte aufgrund des neuen gewöhnlichen Aufenthalts des Kindes bestimmt werden.

(23) Unter bestimmten Bedingungen gemäß dieser Verordnung sollte es möglich sein, die Zuständigkeit in einem Verfahren betreffend die elterliche Verantwortung auch in einem Mitgliedstaat zu begründen, in dem ein Verfahren betreffend die Ehescheidung, die Trennung ohne Auflösung des Ehebandes oder die Ungültigerklärung einer Ehe zwischen den Eltern anhängig ist, oder in einem anderen Mitgliedstaat, zu dem das Kind eine wesentliche Bindung hat und auf den sich die Eltern zuvor, und zwar spätestens zum Zeitpunkt der Anrufung des Gerichts, geeinigt haben oder den sie im Laufe des Verfahrens ausdrücklich anerkannt haben, selbst wenn das Kind seinen gewöhnlichen Aufenthalt nicht in diesem Mitgliedstaat hat, sofern die Wahrnehmung dieser Zuständigkeit im Einklang mit dem Kindeswohl steht. Nach der Rechtsprechung des Gerichtshofs sollte jede andere Person als die Eltern, die nach innerstaatlichem Recht Partei des von den Eltern eingeleiteten Verfahrens ist, als Verfahrenspartei im Sinne dieser Verordnung gelten, und daher sollte der Einspruch dieser Partei gegen die Wahl des Gerichtsstands durch die Eltern des betroffenen Kindes nach dem Zeitpunkt der Anrufung des Gerichts verhindern, dass die Zuständigkeit durch alle Parteien des Verfahrens zu diesem Zeitpunkt anerkannt werden kann. Vor der Ausübung seiner Zuständigkeit aufgrund einer Gerichtsstandsvereinbarung oder der Anerkennung sollte das Gericht prüfen, ob diese Vereinbarung oder Anerkennung auf einer freien und in Kenntnis der Sachlage getroffenen Entscheidung der betreffenden Parteien beruht und nicht dadurch zustande gekommen ist, dass eine Partei die Zwangslage oder schwache Position der anderen Partei ausgenutzt hat. Die Anerkennung der gerichtlichen Zuständigkeit im Laufe des Verfahrens sollte vom Gericht im Einklang mit den nationalen Rechtsvorschriften und Verfahren verzeichnet werden.

(24) Jede vereinbarte oder anerkannte Zuständigkeit sollte – sofern nichts anderes zwischen den Parteien vereinbart wurde – erlöschen, sobald gegen eine Entscheidung in jenem genannten Verfahren betreffend die elterliche Verantwortung kein ordentlicher Rechtsbehelf mehr eingelegt werden kann oder das Verfahren aus einem anderen Grund eingestellt wurde, damit im Hinblick auf etwaige neue künftige Verfahren das Erfordernis der räumlichen Nähe beachtet wird.

(25) Wenn der gewöhnliche Aufenthalt eines Kindes nicht festgestellt werden und die Zuständigkeit aufgrund einer Gerichtsstandsvereinbarung nicht bestimmt werden kann, sollten die Gerichte des Mitgliedstaats zuständig sein, in dem sich das Kind befindet. Diese Regel aufgrund der Anwesenheit sollte auch für

Kinder gelten, die Flüchtlinge oder aufgrund von Unruhen in dem Mitgliedstaat ihres gewöhnlichen Aufenthalts ihres Landes Vertriebene sind. Im Lichte dieser Verordnung in Verbindung mit Artikel 52 Absatz 2 des Haager Übereinkommens von 1996 sollte diese Zuständigkeitsregel jedoch nur für Kinder gelten, die vor der Vertreibung ihren gewöhnlichen Aufenthalt in einem Mitgliedstaat hatten. War der gewöhnliche Aufenthalt des Kindes vor der Vertreibung in einem Drittstaat, sollte die Zuständigkeitsregel des Haager Übereinkommens von 1996 für geflüchtete Kinder und ihres Landes vertriebene Kinder gelten.

(26) Unter außergewöhnlichen Umständen könnte es sein, dass ein Gericht des Mitgliedstaats des gewöhnlichen Aufenthalts des Kindes nicht das am besten geeignete Gericht zur Behandlung des Falls ist. Ohne dazu verpflichtet zu sein, sollte das zuständige Gericht seine Zuständigkeit in einem bestimmten Fall ausnahmsweise und unter bestimmten Bedingungen einem Gericht eines anderen Mitgliedstaats übertragen können, wenn dieses in diesem besonderen Fall das Kindeswohl besser beurteilen kann. Nach der Rechtsprechung des Gerichtshofs sollte die Zuständigkeit für Verfahren betreffend die elterliche Verantwortung von einem Gericht eines Mitgliedstaats nur einem Gericht eines anderen Mitgliedstaats übertragen werden, zu dem das betroffene Kind eine „besondere Bindung" hat. Diese Verordnung sollte eine erschöpfende Auflistung der maßgeblichen Elemente einer solchen „besonderen Bindung" darlegen. Das zuständige Gericht sollte das Ersuchen nur dann an das Gericht eines anderen Mitgliedstaats richten, wenn seine vorherige Entscheidung, das Verfahren auszusetzen und um Übertragung der Zuständigkeit zu ersuchen, rechtskräftig geworden ist, sofern diese Entscheidung nach nationalem Recht angefochten werden kann.

(27) Unter außergewöhnlichen Umständen und unter Berücksichtigung des Kindeswohls im jeweiligen Einzelfall sollte ein Gericht eines Mitgliedstaats, der nach dieser Verordnung nicht zuständig ist, aber eine besondere Bindung zu dem Kind im Sinne dieser Verordnung aufweist, um Übertragung der Zuständigkeit vom zuständigen Gericht des Mitgliedstaats des gewöhnlichen Aufenthalts des Kindes ersuchen können. Dies sollte jedoch in Fällen eines widerrechtlichen Verbringens oder Zurückhaltens des Kindes nicht zulässig sein. Das jeweils zuständige Gericht sollte nach dem nationalen Recht des ersuchten Mitgliedstaats ermittelt werden.

(28) Unabhängig davon, ob eine Übertragung der Zuständigkeit von einem Gericht, das seine Zuständigkeit übertragen möchte, oder von einem Gericht, das die Zuständigkeit erhalten möchte, angestrebt wird, sollte diese Übertragung nur für den betreffenden Einzelfall gelten, in dem sie erfolgt. Ist das Verfahren abgeschlossen, für das um Übertragung der Zuständigkeit ersucht und diese gewährt wurde, so sollte die Übertragung keine Wirkung für künftige Verfahren entfalten.

(29) Soweit sich aus dieser Verordnung keine Zuständigkeit eines Gerichts eines Mitgliedstaats ergibt, bestimmt sich die Zuständigkeit in jedem Mitgliedstaat nach dem Recht dieses Mitgliedstaats. Der Ausdruck „Recht dieses Mitglied-

staats“ sollte in diesem Mitgliedstaat geltende internationale Übereinkommen einschließen.

(30) Die vorliegende Verordnung sollte die Gerichte eines Mitgliedstaats, die nicht für die Entscheidung in der Hauptsache zuständig sind, nicht daran hindern, in dringenden Fällen einstweilige Maßnahmen einschließlich Schutzmaßnahmen in Bezug auf die Person oder das Vermögen eines Kindes, das sich in diesem Mitgliedstaat aufhält, anzuordnen. Diese Maßnahmen sollten in keinem anderen Mitgliedstaat gemäß dieser Verordnung anerkannt und vollstreckt werden, mit Ausnahme von Maßnahmen zum Schutz des Kindes vor einer in Artikel 13 Absatz 1 Buchstabe b des Haager Übereinkommens von 1980 genannten schwerwiegenden Gefahr. Die Maßnahmen zum Schutz des Kindes vor einer solchen Gefahr sollten in Kraft bleiben, bis ein Gericht des Mitgliedstaats des gewöhnlichen Aufenthalts des Kindes die Maßnahmen angeordnet hat, die es für angebracht hält. Sofern der Schutz des Kindeswohls dies gebietet, sollte das Gericht – direkt oder über die Zentralen Behörden – das Gericht des Mitgliedstaats, der nach dieser Verordnung für die Entscheidung in der Hauptsache zuständig ist, über die getroffenen Maßnahmen unterrichten. Ein Unterbleiben dieser Information sollte jedoch nicht an sich ein Grund für die Nichtanerkennung der Maßnahme sein.

(31) Ein Gericht, das lediglich für einstweilige Maßnahmen einschließlich Schutzmaßnahmen zuständig ist, sollte sich, wenn es mit einem Antrag betreffend die Hauptsache befasst wird, von Amts wegen für unzuständig erklären, falls ein Gericht eines anderen Mitgliedstaats aufgrund dieser Verordnung in der Hauptsache zuständig ist.

(32) Hängt der Ausgang eines Verfahrens vor einem Gericht eines Mitgliedstaats, der nach dieser Verordnung nicht zuständig ist, von der Beurteilung einer in den Anwendungsbereich dieser Verordnung fallenden Vorfrage ab, so sollten die Gerichte dieses Mitgliedstaats durch die vorliegende Verordnung nicht an der Beurteilung dieser Frage gehindert werden. Geht es in dem Verfahren beispielsweise um eine Erbsache, von der das Kind betroffen ist und in der ein Prozesspfleger zu bestellen ist, der das Kind im Verfahren vertritt, so sollte es daher dem für die Erbsache zuständigen Mitgliedstaat erlaubt sein, den Prozesspfleger für das anhängige Verfahren zu bestellen, ungeachtet dessen, ob er für Verfahren betreffend die elterliche Verantwortung nach dieser Verordnung zuständig ist. Eine derartige Beurteilung sollte ausschließlich in dem Verfahren Rechtswirkung entfalten, für das sie vorgenommen wurde.

(33) Ist für die Gültigkeit einer Rechtshandlung, die im Namen eines Kindes in Erbsachen bei einem Gericht eines Mitgliedstaats vorgenommen wurde oder vorzunehmen ist, die Einwilligung oder Genehmigung seitens eines Gerichts erforderlich, so sollte ein Gericht in diesem Mitgliedstaat entscheiden dürfen, ob es in diese Rechtshandlung einwilligt oder sie genehmigt, selbst wenn es nach dieser Verordnung nicht zuständig ist. Der Begriff „Rechtshandlung“ sollte beispielsweise die Annahme oder Ablehnung eines Erbes oder eine Vereinbarung zwischen den Parteien über die Verteilung oder Aufteilung des Vermögens einschließen.

(34) Die Anwendung des Völkerrechts im Bereich der diplomatischen Immunität sollte durch diese Verordnung nicht berührt werden. Kann das nach dieser Verordnung zuständige Gericht seine Zuständigkeit aufgrund einer diplomatischen Immunität nach dem Völkerrecht nicht wahrnehmen, so sollte die Zuständigkeit in dem Mitgliedstaat, in dem die betreffende Person keine Immunität genießt, nach den Rechtsvorschriften dieses Staats wahrgenommen werden.

(35) In dieser Verordnung wird festgelegt, wann ein Gericht als im Sinne dieser Verordnung angerufen gilt. Da es in den Mitgliedstaaten die beiden unterschiedlichen Systeme gibt, denen zufolge entweder das verfahrenseinleitende Schriftstück zunächst dem Antragsgegner zugestellt oder zunächst beim Gericht eingereicht werden muss, sollte es ausreichen, dass der im nationalen Recht vorgesehene erste Schritt unternommen wurde, sofern der Antragsteller es in der Folge nicht versäumt hat, die ihm nach nationalem Recht obliegenden Maßnahmen zu treffen, damit der zweite Schritt durchgeführt werden kann. In Anbetracht der zunehmenden Bedeutung der Mediation und anderer Arten der alternativen Streitbeilegung auch im Laufe des Verfahrens sollte ein Gericht gemäß der Rechtsprechung des Gerichtshofs auch zu dem Zeitpunkt als angerufen gelten, zu dem beim Gericht das verfahrenseinleitende Schriftstück oder ein gleichwertiges Schriftstück in Fällen eingereicht wird, in denen das Verfahren auf Antrag der Partei, die es eingeleitet hat, inzwischen ausgesetzt wurde, um eine einvernehmliche Lösung zu finden, ohne dass das verfahrenseinleitende Schriftstück dem Antragsgegner bereits zugestellt wurde und ohne dass der Antragsgegner von dem Verfahren Kenntnis hat oder an ihm in irgend einer Weise teilgenommen hat, sofern die Partei, die das Verfahren eingeleitet hat, es in der Folge nicht versäumt hat, die ihm obliegenden Maßnahmen zu treffen, um die Zustellung des Schriftstücks an den Antragsgegner zu bewirken. Nach der Rechtsprechung des Gerichtshofs sollte bei Rechtshängigkeit der Tag, an dem ein obligatorisches Schlichtungsverfahren bei einer nationalen Schlichtungsbehörde eingeleitet wurde, als der Tag gelten, an dem ein „Gericht“ als angerufen gilt.

(36) Für die Zustellung von Schriftstücken in Verfahren, die auf der Grundlage der vorliegenden Verordnung eingeleitet wurden, sollte die Verordnung (EG) Nr 1393/2007 des Europäischen Parlaments und des Rates[6] gelten.

(37) Ein Gericht eines Mitgliedstaats sollte sich von Amts wegen für unzuständig erklären, wenn es in einer Sache angerufen wird, für die es nach dieser Verordnung keine Zuständigkeit in der Hauptsache hat und für die ein Gericht eines anderen Mitgliedstaats aufgrund dieser Verordnung in der Hauptsache zuständig ist. Einem Gericht eines Mitgliedstaats, der eine besondere Bindung zu dem Kind im Sinne dieser Verordnung aufweist, sollte es jedoch freistehen, um Übertragung der Zuständigkeit gemäß dieser Verordnung zu ersuchen, ohne dass es dazu verpflichtet wäre.

[6] Verordnung (EG) Nr 1393/2007 des Europäischen Parlaments und des Rates vom 13. November 2007 über die Zustellung gerichtlicher und außergerichtlicher Schriftstücke in Zivil- oder Handelssachen in den Mitgliedstaaten (Zustellung von Schriftstücken) und zur Aufhebung der Verordnung (EG) Nr 1348/2000 des Rates (ABl. L 324 vom 10. 12. 2007, S 79).

(38) Im Interesse einer abgestimmten Rechtspflege müssen Parallelverfahren so weit wie möglich vermieden werden, damit nicht in verschiedenen Mitgliedstaaten miteinander unvereinbare Entscheidungen ergehen. Es sollte eine klare und wirksame Regelung zur Klärung von Fragen der Rechtshängigkeit und der im Zusammenhang stehenden Verfahren sowie zur Verhinderung von Problemen vorgesehen werden, die sich aus der einzelstaatlich unterschiedlichen Festlegung des Zeitpunkts ergeben, von dem an ein Verfahren als rechtshängig gilt. Für die Zwecke dieser Verordnung sollte dieser Zeitpunkt autonom festgelegt werden. Um jedoch die Wirksamkeit von ausschließlichen Gerichtsstandsvereinbarungen zu verbessern, sollten die Bestimmungen dieser Verordnung über die Rechtshängigkeit dem nicht entgegenstehen, dass Eltern den Gerichten eines Mitgliedstaats die ausschließliche Zuständigkeit zuerkennen.

(39) In Verfahren betreffend die elterliche Verantwortung nach dieser Verordnung sowie in Rückgabeverfahren nach dem Haager Übereinkommen von 1980 sollte dem Kind, das von diesen Verfahren betroffen und fähig ist, sich seine eigene Meinung zu bilden, im Einklang mit der Rechtsprechung des Gerichtshofs grundsätzlich eine echte und wirksame Gelegenheit zur Meinungsäußerung gegeben werden und sollte diese Meinung bei der Bewertung des Kindeswohls gebührend berücksichtigt werden. Die Gelegenheit für das Kind, im Einklang mit Artikel 24 Absatz 1 der Charta und Artikel 12 des VN-Kinderrechtsübereinkommens seine Meinung frei zu äußern, spielt bei der Anwendung dieser Verordnung eine wichtige Rolle. Nach der Verordnung sollte es allerdings weiterhin Sache der Mitgliedstaaten sein, in den nationalen Rechtsvorschriften und Verfahren festzulegen, wer das Kind anhört und wie das Kind angehört wird. Somit sollte es nicht das Ziel dieser Verordnung sein, festzulegen ob das Kind von dem Richter persönlich oder von einem speziell geschulten Sachverständigen angehört werden sollte, der dem Gericht anschließend Bericht erstattet, oder ob die Anhörung des Kindes im Gerichtssaal oder an einem anderen Ort oder auf anderem Wege erfolgen sollte. Außerdem hat das Kind zwar nach wie vor das Recht, angehört zu werden, doch stellt seine Anhörung keine absolute Verpflichtung dar, sondern muss unter Berücksichtigung des Kindeswohls beurteilt werden, beispielsweise in Fällen, die mit Vereinbarungen zwischen den Parteien verbunden sind.

Wenn es auch nach der Rechtsprechung des Gerichtshofs gemäß Artikel 24 der Charta und der Verordnung (EG) Nr 2201/2003 nicht erforderlich ist, dass das Gericht des Ursprungsmitgliedstaats die Meinung des Kindes in jeder Rechtssache durch eine Anhörung einholt, und diesem Gericht somit ein Ermessensspielraum bleibt, so geht aus der Rechtsprechung jedoch auch hervor, dass das Gericht bei der Entscheidung, dem Kind eine Gelegenheit zur Anhörung zu geben, verpflichtet ist, alle für die Durchführung einer derartigen Anhörung angemessenen Vorkehrungen zu treffen, wobei dem Kindeswohl und den Umständen jedes Einzelfalls Rechnung zu tragen ist, damit die Wirksamkeit dieser Bestimmungen sichergestellt ist und dem Kind eine echte und wirksame Gelegenheit zur Meinungsäußerung gegeben wird. Das Gericht des Ursprungsmitgliedstaats sollte soweit möglich und stets unter Berücksichtigung des Kindeswohls alle Mittel, die ihm im nationalen Recht zur Verfügung stehen, sowie die speziellen Instrumente der internationalen justiziellen Zusammenarbeit einsetzen, gegebenenfalls einschließlich derjenigen der Verordnung (EG) Nr 1206/2001 des Rates[7].

(40) Bei widerrechtlichem Verbringen oder Zurückhalten eines Kindes sollte dessen Rückgabe unverzüglich erwirkt werden, und zu diesem Zweck sollte das Haager Übereinkommen von 1980, das durch diese Verordnung und insbesondere des Kapitels III ergänzt wird, weiterhin Anwendung finden.

(41) Um die Rückgabeverfahren nach dem Haager Übereinkommen von 1980 so rasch wie möglich abzuschließen, sollen die Mitgliedstaaten entsprechend ihren innerstaatlichen Gerichtssystemen in Erwägung ziehen, die Zuständigkeit für diese Verfahren bei einer möglichst begrenzten Anzahl von Gerichten zu konzentrieren. Die Zuständigkeit für Kindesentführungsfälle könnte bei einem einzigen Gericht für das ganze Land oder bei einer begrenzten Zahl von Gerichten konzentriert werden; dabei ließe sich beispielsweise die Zuständigkeit für internationale Kindesentführungsfälle ausgehend von der Zahl der Rechtsbehelfsgerichte bei einem Gericht erster Instanz in jedem Rechtsbehelfsgerichtsbezirk konzentrieren.

(42) In Rückgabeverfahren nach dem Haager Übereinkommen von 1980 sollten die Gerichte jeder Instanz ihre Entscheidung binnen sechs Wochen treffen, es sei denn, dass dies aufgrund außergewöhnlicher Umstände nicht möglich ist. Der Rückgriff auf alternative Streitbeilegungsverfahren sollte nicht als außergewöhnlicher Umstand betrachtet werden, der eine Überschreitung der Frist rechtfertigt. Im Laufe dieser Verfahren oder als deren Folge können jedoch außergewöhnliche Umstände eintreten. Für ein Gericht erster Instanz sollte die Frist mit dem Zeitpunkt beginnen, zu dem das Gericht angerufen wurde. Für ein Gericht höherer Instanz sollte sie mit dem Zeitpunkt beginnen, zu dem alle erforderlichen Verfahrensschritte unternommen worden sind. Je nach dem betreffenden Rechtssystem könnten diese Schritte die Zustellung des Rechtsbehelfs an den Antragsgegner entweder in dem Mitgliedstaat, in dem das Gericht seinen Sitz hat, oder in einem anderen Mitgliedstaat, die Übermittlung der Akte und die Einlegung von Rechtsbehelfen beim Rechtsbehelfsgericht in Mitgliedstaaten, in denen Rechtsbehelfe bei dem Gericht eingelegt werden müssen, dessen Entscheidung angefochten wird, oder einen Antrag einer Partei auf Abhaltung einer Anhörung umfassen, wenn ein derartiger Antrag nach nationalem Recht erforderlich ist. Die Mitgliedstaaten sollten auch in Erwägung ziehen, die Zahl der möglichen Rechtsbehelfe gegen eine Entscheidung, mit der die Rückgabe eines Kindes nach dem Haager Übereinkommen von 1980 angeordnet oder abgelehnt wird, auf einen Rechtsbehelf zu begrenzen.

(43) In allen Fällen, die Kinder betreffen, insbesondere in Fällen internationaler Kindesentführung, sollten die Gerichte die Möglichkeit der Herbeiführung einer Lösung durch Mediation oder andere geeignete Mittel prüfen und dabei gegebenenfalls auf die Unterstützung durch bestehende Netzwerke und Unter-

[7] Verordnung (EG) Nr 1206/2001 des Rates vom 28. Mai 2001 über die Zusammenarbeit zwischen den Gerichten der Mitgliedstaaten auf dem Gebiet der Beweisaufnahme in Zivil- oder Handelssachen (ABl. L 174 vom 27. 6. 2001, S 1).

stützungsstrukturen für Mediation in grenzüberschreitenden Streitigkeiten über die elterliche Verantwortung zurückgreifen. Solche Bemühungen dürfen jedoch die Rückgabeverfahren nach dem Haager Übereinkommen von 1980 nicht über Gebühr in die Länge ziehen. Außerdem dürfte Mediation nicht immer angezeigt sein, insbesondere in Fällen häuslicher Gewalt. Einigen sich die Eltern im Laufe eines Rückgabeverfahrens nach dem Haager Übereinkommen von 1980 über die Rückgabe oder Nichtrückgabe des Kindes, und auch über Verfahren betreffend die elterliche Verantwortung, so sollte diese Verordnung ihnen unter bestimmten Umständen ermöglichen, zu vereinbaren, dass das nach dem Haager Übereinkommen von 1980 befasste Gericht dafür zuständig sein sollte, ihrer Vereinbarung Rechtswirkung zu verleihen, indem es sie in eine Entscheidung aufnimmt, billigt oder auf eine andere in den nationalen Rechtsvorschriften und Verfahren vorgesehene Form zurückgreift. Die Mitgliedstaaten, die die Zuständigkeit konzentriert haben, sollten daher in Erwägung ziehen, das mit dem Rückgabeverfahren nach dem Haager Übereinkommen von 1980 befasste Gericht in die Lage zu versetzen, auch die Zuständigkeit in Verfahren betreffend die elterliche Verantwortung wahrzunehmen, auf die sich die Parteien gemäß dieser Verordnung geeinigt oder die sie anerkannt haben, sofern im Laufe dieses Rückgabeverfahrens eine Vereinbarung zwischen den Parteien zustande gekommen ist.

(44) Das Gericht des Mitgliedstaats, in den das Kind widerrechtlich verbracht wurde oder in dem es widerrechtlich zurückgehalten wird, sollte die Rückgabe in besonderen, ordnungsgemäß begründeten Fällen ablehnen können, wie dies im Haager Übereinkommen von 1980 vorgesehen ist. Zuvor sollte es prüfen, ob angemessene Schutzmaßnahmen getroffen wurden oder getroffen werden könnten, um das Kind vor der schwerwiegenden Gefahr im Sinne des Artikels 13 Absatz 1 Buchstabe b des Haager Übereinkommens von 1980 zu schützen.

(45) Zieht ein Gericht in Erwägung, die Rückgabe eines Kindes nur aufgrund von Artikel 13 Absatz 1 Buchstabe b des Haager Übereinkommens von 1980 abzulehnen, so sollte es die Rückgabe des Kindes nicht ablehnen, wenn entweder die Partei, die sich um die Rückgabe des Kindes bemüht, das Gericht davon überzeugt oder das Gericht auf andere Weise zu der Überzeugung gelangt, dass angemessene Vorkehrungen zum Schutz des Kindes nach seiner Rückgabe getroffen wurden. Bei diesen Vorkehrungen könnte es sich beispielsweise handeln um eine gerichtliche Anordnung aus diesem Mitgliedstaat, die dem Antragsteller verbietet, sich dem Kind zu nähern, eine einstweilige Maßnahme einschließlich einer Schutzmaßnahme seitens dieses Mitgliedstaats, der zufolge das Kind bei dem Elternteil, der es entzogen hat und der die tatsächliche Sorge wahrnimmt, bleiben kann, bis in diesem Mitgliedstaat nach der Rückgabe eine Sorgerechtsentscheidung gefällt wird, oder den Nachweis, dass für ein behandlungsbedürftiges Kind medizinische Einrichtungen zur Verfügung stehen. Welche Art von Vorkehrungen im Einzelfall angemessen ist, sollte von der konkreten schwerwiegenden Gefahr abhängen, der das Kind bei einer Rückgabe ohne derartige Vorkehrungen ausgesetzt sein könnte. Das Gericht, das feststellen will, ob angemessene Vorkehrungen getroffen wurden, sollte sich in erster Linie an die Parteien halten und erforderlichen- und gegebenenfalls die Zentralen Behörden oder die dem Netz angeschlossenen Richter, insbesondere inner-

halb des gemäß Beschluss 2001/470/EG des Rates[8] errichteten Europäischen Justiziellen Netzes für Zivil- und Handelssachen und innerhalb des Internationalen Haager Richternetzwerks, um Unterstützung ersuchen.

(46) Bei der Anordnung der Rückgabe des Kindes sollte es für das Gericht möglich sein, gegebenenfalls alle einstweiligen Maßnahmen, einschließlich Schutzmaßnahmen gemäß dieser Verordnung anzuordnen, die es für erforderlich hält, um das Kind vor der mit der Rückgabe verbundenen schwerwiegenden Gefahr eines körperlichen oder seelischen Schadens zu schützen, die ansonsten zur Ablehnung der Rückgabe führen würde. Derartige einstweilige Maßnahmen und ihr Verkehr sollten weder die Rückgabeverfahren nach dem Haager Übereinkommen von 1980 verzögern noch die Abgrenzung der Zuständigkeit zwischen dem in Rückgabeverfahren nach dem Haager Übereinkommen von 1980 angerufenen Gericht und dem nach dieser Verordnung in der Hauptsache der elterlichen Verantwortung zuständigen Gericht unterlaufen. Erforderlichenfalls sollte das in Rückgabeverfahren nach dem Haager Übereinkommen von 1980 angerufene Gericht mit Hilfe der Zentralen Behörden oder der dem Netz angeschlossenen Richter, insbesondere innerhalb des Europäischen Justiziellen Netzes für Zivil- und Handelssachen und des Internationalen Haager Richternetzwerks, das Gericht oder die zuständigen Behörden des Mitgliedstaats des gewöhnlichen Aufenthalts des Kindes konsultieren. Diese Maßnahmen sollten in allen anderen Mitgliedstaaten, einschließlich des nach dieser Verordnung zuständigen Mitgliedstaats, so lange anerkannt und vollstreckt werden, bis ein Gericht des betreffenden Mitgliedstaats die Maßnahmen getroffen hat, die es als angemessen erachtet. Zu derartigen vorläufigen Maßnahmen – einschließlich Schutzmaßnahmen – könnte beispielsweise gehören, dass das Kind sich weiter bei der Person aufhält, die die tatsächliche Sorge wahrnimmt, oder dass geregelt wird, wie nach der Rückgabe Kontakte zu dem Kind stattfinden sollten, bis das Gericht des gewöhnlichen Aufenthalts des Kindes die seines Erachtens angezeigten Maßnahmen getroffen hat. Dadurch sollte einer Maßnahme oder Entscheidung des Gerichts des gewöhnlichen Aufenthalts des Kindes nach dessen Rückgabe nicht vorgegriffen werden.

(47) Es sollte möglich sein, eine Entscheidung, mit der die Rückgabe des Kindes angeordnet wird, ungeachtet der Einlegung eines Rechtsbehelfs für vorläufig vollstreckbar zu erklären, wenn die Rückgabe des Kindes vor der Entscheidung über den Rechtsbehelf aus Gründen des Kindeswohls erforderlich ist. Im nationalen Recht kann festgelegt werden, von welchem Gericht die Entscheidung für vorläufig vollstreckbar erklärt werden kann.

(48) Entscheidet das Gericht des Mitgliedstaats, in den das Kind widerrechtlich verbracht wurde oder in dem es widerrechtlich zurückgehalten wird, die Anordnung der Rückgabe des Kindes nach dem Haager Übereinkommen von 1980 abzulehnen, so sollte es in seiner Entscheidung ausdrücklich auf die einschlägigen Artikel dieses Übereinkommens verweisen, auf deren Grundlage die Ablehnung erfolgte. Ungeachtet dessen, ob diese ablehnende Entscheidung end-

---

[8] Entscheidung 2001/470/EG des Rates vom 28. Mai 2001 über die Einrichtung eines Europäischen Justiziellen Netzes für Zivil- und Handelssachen (ABl. L 174 vom 27. 6. 2001, S 25).

gültig oder noch anfechtbar ist, könnte sie dennoch durch eine spätere Entscheidung ersetzt werden, die in einem Sorgerechtsverfahren von dem Gericht des Mitgliedstaats gefällt wird, in dem das Kind vor seinem widerrechtlichen Verbringen oder Zurückhalten seinen gewöhnlichen Aufenthalt hatte. Im Laufe dieser Verfahren sollten unter Berücksichtigung des Kindeswohls alle Umstände, einschließlich des Verhaltens der Eltern, eingehend geprüft werden, aber die Prüfung sollte sich nicht auf dieses Verhalten beschränken. Sollte in der daraus resultierenden Sorgerechtsentscheidung die Rückgabe des Kindes angeordnet werden, so sollte die Rückgabe erfolgen, ohne dass es in einem anderen Mitgliedstaat eines besonderen Verfahrens zur Anerkennung und Vollstreckung dieser Entscheidung bedarf.

(49) Das Gericht, das die Rückgabe des Kindes nur aufgrund des Artikels 13 Absatz 1 Buchstabe b oder des Artikels 13 Absatz 2 – oder der beiden Bestimmungen – des Haager Übereinkommens von 1980 ablehnt, sollte von Amts wegen eine Bescheinigung ausstellen, für die das in dieser Verordnung wiedergegebene Formblatt verwendet wird. Mit dieser Bescheinigung sollen die Parteien davon in Kenntnis gesetzt werden, dass sie innerhalb von drei Monaten nach der Mitteilung der Entscheidung, mit der die Rückgabe des Kindes abgelehnt wird, in der Hauptsache Anträge betreffend das Sorgerecht bei einem Gericht in dem Mitgliedstaat einreichen können, in dem das Kind unmittelbar vor dem widerrechtlichen Verbringen oder Zurückhalten seinen gewöhnlichen Aufenthalt hatte, oder dass sie, wenn das Gericht bereits befasst wurde, dem Gericht die einschlägigen Unterlagen hinsichtlich des Rückgabeverfahrens übermitteln können.

(50) Ist in dem Mitgliedstaat, in dem das Kind unmittelbar vor dem widerrechtlichen Verbringen oder Zurückhalten seinen gewöhnlichen Aufenthalt hatte, ein Verfahren in der Hauptsache betreffend das Sorgerecht bereits zu dem Zeitpunkt anhängig, zu dem ein mit dem Rückgabeantrag nach dem Haager Übereinkommen von 1980 befasstes Gericht die Rückgabe des Kindes nur aufgrund des Artikels 13 Absatz 1 Buchstabe b oder des Artikels 13 Absatz 2 – oder der beiden Bestimmungen – des Haager Übereinkommens von 1980 ablehnt, so sollte das Gericht, das die Rückgabe des Kindes abgelehnt hat, falls es von dem betreffenden Verfahren Kenntnis hat, innerhalb eines Monats ab dem Zeitpunkt seiner Entscheidung eine Abschrift seiner Entscheidung, die entsprechende Bescheinigung und gegebenenfalls ein Protokoll, eine Zusammenfassung oder eine Niederschrift der Anhörung sowie alle anderen Unterlagen übermitteln, die es als sachdienlich für das mit dem Verfahren in der Hauptsache betreffend das Sorgerechtbefasste Gericht erachtet. Der Ausdruck „alle anderen Unterlagen, die es als sachdienlich erachtet", sollte sich auf alle Unterlagen beziehen, die sich auf das Ergebnis dieses Sorgerechtsverfahrens auswirken könnten, wenn die entsprechenden Informationen nicht bereits in der Entscheidung enthalten sind, mit der die Rückgabe abgelehnt wird.

(51) Ist in dem Mitgliedstaat, in dem das Kind unmittelbar vor dem widerrechtlichen Verbringen oder Zurückhalten seinen gewöhnlichen Aufenthalt hatte, noch kein Verfahren in der Hauptsache betreffend das Sorgerecht anhängig und ruft eine Partei innerhalb von drei Monaten nach dem Zeitpunkt der Mit-

teilung der Entscheidung, die Rückgabe des Kindes abzulehnen, ein Gericht in diesem Mitgliedstaat an, so sollte diese Partei dem mit dem Sorgerechtsantrag befassten Gericht eine Abschrift der Entscheidung über die Ablehnung der Rückgabe des Kindes gemäß dem Haager Übereinkommen von 1980, die entsprechende Bescheinigung und gegebenenfalls ein Protokoll, eine Zusammenfassung oder eine Niederschrift der Anhörung vorlegen. Dies hindert das angerufene Gericht nicht daran, alle weiteren Unterlagen zu verlangen, die es als sachdienlich erachtet und die Informationen enthalten, die sich auf das Ergebnis des Verfahren in der Hauptsache betreffend das Sorgerecht auswirken könnten, wenn diese Informationen nicht bereits in der Entscheidung selbst enthalten sind, mit der die Rückgabe abgelehnt wird.

(52) Wurde innerhalb von drei Monaten nach dem Zeitpunkt der Mitteilung der Entscheidung, die Rückgabe des Kindes nach dem Haager Übereinkommen von 1980 abzulehnen, das für die Sorgerechtsentscheidung zuständige Gericht von einer Partei befasst oder war vor diesem Gericht zum Zeitpunkt des Eingangs dieser Entscheidung des die Rückgabe des Kindes ablehnenden Gerichts bereits ein Sorgerechtsverfahren anhängig, so sollte jede sich aus diesem Verfahren ergebende Sorgerechtsentscheidung, die die Rückgabe des Kindes in diesen Mitgliedstaat zur Folge hat, gemäß Kapitel IV Abschnitt 2 der vorliegenden Verordnung in jedem anderen Mitgliedstaat vollstreckbar sein, ohne dass es eines besonderen Verfahrens bedarf und ohne dass die Anerkennung der Entscheidung angefochten werden kann. Dies sollte gelten, außer wenn – und nur soweit – eine Unvereinbarkeit mit einer späteren Entscheidung über die elterliche Verantwortung betreffend das gleiche Kind festgestellt wird, sofern für die Sorgerechtsentscheidung, die die Rückgabe des Kindes zur Folge hat, eine Bescheinigung für „privilegierte Entscheidungen" ausgestellt wurde. Wird das Gericht, das für die Entscheidung in der Hauptsache zuständig ist, nach Ablauf der drei Monate befasst oder sind die Bedingungen für die Ausstellung einer Bescheinigung für solche privilegierten Entscheidungen nicht erfüllt, so sollte die ergangene Sorgerechtsentscheidung im Einklang mit Kapitel IV Abschnitt 1 der vorliegenden Verordnung in anderen Mitgliedstaaten anerkannt und vollstreckt werden.

(53) Wenn es nicht möglich ist, eine Partei oder ein Kind persönlich anzuhören, und die entsprechenden technischen Mittel verfügbar sind, könnte das Gericht unbeschadet anderer Rechtsakte der Union in Erwägung ziehen, eine Anhörung mittels Videokonferenz oder einer anderen Kommunikationstechnologie durchzuführen, außer wenn in Anbetracht der besonderen Umstände des Falles die Verwendung solcher Technologien dem fairen Ablauf des Verfahrens nicht dienlich wäre.

(54) Das gegenseitige Vertrauen in die Rechtspflege in der Union rechtfertigt den Grundsatz, dass in einem Mitgliedstaat in Ehesachen und in Verfahren betreffend die elterliche Verantwortung ergangene Entscheidungen in allen Mitgliedstaaten anerkannt werden sollten, ohne dass es eines Anerkennungsverfahrens bedarf. Insbesondere wenn ihnen eine in einem anderen Mitgliedstaat ergangene Entscheidung vorgelegt wird, mit der die Ehescheidung, die Trennung ohne Auflösung des Ehebandes oder die Ungültigerklärung der Ehe ausgesprochen

wird und die im Ursprungsmitgliedstaat nicht mehr angefochten werden kann, sollten die zuständigen Behörden des ersuchten Mitgliedstaats die Entscheidung von Rechts wegen anerkennen, ohne dass es eines Verfahrens bedarf, und ihre Personenstandsregister entsprechend aktualisieren. Es bleibt dem nationalen Recht überlassen, darüber zu befinden, ob die Versagungsgründe von einer Partei geltend gemacht werden müssen oder nach dem nationalen Recht von Amts wegen geltend gemacht werden. Dies hindert eine interessierte Partei nicht daran, im Einklang mit dieser Verordnung eine Entscheidung zu beantragen, dass keine Gründe für die Versagung der Anerkennung im Sinne dieser Verordnung bestehen. Es sollte im nationalen Rechts des Mitgliedstaats, in dem ein derartiger Antrag gestellt wird, festgelegt werden, wer als zu einem derartigen Antrag berechtigte interessierte Partei gilt.

(55) Die Anerkennung und Vollstreckung von in einem Mitgliedstaat ergangenen Entscheidungen, dort errichteten öffentlichen Urkunden und dort geschlossenen Vereinbarungen sollten auf dem Grundsatz des gegenseitigen Vertrauens beruhen. Daher sollten die Gründe für eine Nichtanerkennung in Anbetracht des dieser Verordnung zugrundeliegenden Ziels, also der Erleichterung der Anerkennung und Vollstreckung und des wirksamen Schutzes des Kindeswohls, auf ein Mindestmaß beschränkt werden.

(56) Die Anerkennung einer Entscheidung sollte nur versagt werden, wenn einer oder mehrere der in dieser Verordnung vorgesehenen Gründe für die Nichtanerkennung vorliegen. Die Auflistung der Gründe für die Versagung der Anerkennung in dieser Verordnung sind erschöpfend. Es sollte nicht möglich sein, in dieser Verordnung nicht aufgeführte Gründe, wie zB ein Verstoß gegen die Regel zur Rechtshängigkeit, als Gründe für die Versagung geltend zu machen. In Verfahren betreffend die elterliche Verantwortung hat eine spätere Entscheidung stets Vorrang vor einer früheren Entscheidung mit Wirkung für die Zukunft, soweit sie unvereinbar sind.

(57) Was die einem Kind gebotene Gelegenheit zur Meinungsäußerung anbelangt, so sollte es Sache des Ursprungsgerichts sein, über die angemessene Art und Weise der Anhörung des Kindes zu entscheiden. Daher sollte es nicht möglich sein, die Anerkennung einer Entscheidung einzig und allein aus dem Grund zu versagen, dass das Ursprungsgericht die Anhörung des Kindes auf andere Weise vorgenommen hat als dies ein Gericht im Mitgliedstaat der Anerkennung tun würde. Der Mitgliedstaat, in dem die Anerkennung geltend gemacht wird, sollte diese nicht versagen, wenn eine der in dieser Verordnung zugelassenen Ausnahmen von diesem besonderen Ablehnungsgrund Anwendung findet. Diese Ausnahmen wirken sich dahingehend aus, dass es nicht möglich sein sollte, dass ein Gericht in dem Vollstreckungsmitgliedstaat die Vollstreckung einer Entscheidung einzig und allein aus dem Grund versagt, dass dem Kind keine Gelegenheit zur Meinungsäußerung gegeben worden ist, wobei das Kindeswohl berücksichtigt wurde, sofern das Verfahren nur das Vermögen des Kindes betroffen hat und sofern es in Anbetracht des Verfahrensgegenstandes nicht erforderlich war, ihm diese Gelegenheit zu geben, oder sofern es schwerwiegende Gründe gab, wobei insbesondere die Dringlichkeit des Falls zu berücksichtigen ist. Derartige schwerwiegende Gründe könnten beispielsweise vorliegen, wenn

eine unmittelbare Gefahr für die körperliche und seelische Unversehrtheit oder das Leben des Kindes besteht und jede weitere Verzögerung das Risiko bergen könnte, dass diese Gefahr wirklich eintritt.

(58) Darüber hinaus rechtfertigt das Ziel, den Zeit- und Kostenaufwand in grenzüberschreitenden Streitigkeiten mit Kindesbezug zu verringern, dass für alle Entscheidungen in Verfahren betreffend die elterliche Verantwortung die Vollstreckbarerklärung vor der Vollstreckung im Vollstreckungsmitgliedstaat oder, soweit anwendbar, die Registrierung zur Vollstreckung abgeschafft wird. Während mit der Verordnung (EG) Nr 2201/2003 diese Anforderung nur für bestimmte Entscheidungen über das Umgangsrecht und bestimmte Entscheidungen, die die Rückgabe eines Kindes zur Folge haben, abgeschafft wurde, sollte sie mit der vorliegenden Verordnung für die grenzüberschreitende Vollstreckung sämtlicher Entscheidungen in Verfahren betreffend die elterliche Verantwortung abgeschafft werden, während für bestimmte Entscheidungen über das Umgangsrecht und bestimmte Entscheidungen, die die Rückgabe eines Kindes zur Folge haben, eine sogar noch günstigere Behandlung beibehalten wird. Vorbehaltlich dieser Verordnung ist eine von einem Gericht eines anderen Mitgliedstaats getroffene Entscheidung daher so zu behandeln, als ob sie im Vollstreckungsmitgliedstaat ergangen wäre.

(59) Werden von einem Gericht, das in der Hauptsache zuständig ist, einstweilige Maßnahmen einschließlich Schutzmaßnahmen angeordnet, so sollte der Verkehr dieser Maßnahmen nach Maßgabe dieser Verordnung gewährleistet sein. Allerdings sollten einstweilige Maßnahmen, einschließlich Schutzmaßnahmen, die von einem solchen Gericht angeordnet wurden, ohne dass der Antragsgegner vorgeladen wurde, nicht gemäß dieser Verordnung anerkannt und vollstreckt werden, es sei denn, die die Maßnahme enthaltende Entscheidung ist dem Antragsgegner vor der Vollstreckung zugestellt worden. Dies sollte die Anerkennung und Vollstreckung solcher Maßnahmen gemäß nationalem Recht nicht ausschließen. Werden einstweilige Maßnahmen – einschließlich Schutzmaßnahmen – von einem Gericht eines Mitgliedstaats angeordnet, das in der Hauptsache nicht zuständig ist, so sollte deren Verkehr im Rahmen dieser Verordnung auf Maßnahmen begrenzt werden, die in Fällen internationaler Kindesentführung getroffen werden und die darauf abzielen, das Kind vor einer schwerwiegenden Gefahr im Sinne des Artikels 13 Absatz 1 Buchstabe b des Haager Übereinkommens von 1980 zu schützen. Diese Maßnahmen sollten so lange gelten, bis ein Gericht eines für die Entscheidung in der Hauptsache nach dieser Verordnung zuständigen Mitgliedstaats die Maßnahmen getroffen hat, die es als angemessen erachtet.

(60) Da Vollstreckungsverfahren je nach den innerstaatlichen Rechtsvorschriften gerichtlich oder außergerichtlich erfolgen können, kann der Ausdruck „für die Vollstreckung zuständige Behörden“ Gerichte, Gerichtsvollzieher und jede andere im nationalen Recht vorgesehene Behörde einschließen. Werden in dieser Verordnung zusätzlich zu den für die Vollstreckung zuständigen Behörden auch Gerichte erwähnt, so sollten damit Fälle abgedeckt werden, in denen im nationalen Recht eine andere Stelle als ein Gericht die für die Vollstreckung zuständige Behörde ist, bestimmte Entscheidungen jedoch Gerichten vorbehal-

ten sind, und zwar entweder von Anfang an oder in Form einer Überprüfung der Handlungen der für die Vollstreckung zuständigen Behörde. Es sollte Sache der für die Vollstreckung zuständigen Behörde oder des Gerichts des Vollstreckungsmitgliedstaats sein, besondere, in der Vollstreckungsphase zu treffende Maßnahmen ebenso wie im nationalen Recht vorgesehene Maßnahmen ohne Zwangscharakter oder im nationalen Recht jenes Mitgliedstaats vorgesehene Zwangsmaßnahmen – einschließlich Geldstrafen, Haft oder Abholen des Kindes durch einen Gerichtsvollzieher – anzuordnen, zu ergreifen oder zu veranlassen.

(61) Um die Vollstreckung von in einem anderen Mitgliedstaat ergangenen Entscheidungen über die Ausübung des Umgangsrechts zu erleichtern, sollten die für die Vollstreckung zuständigen Behörden oder die Gerichte im Vollstreckungsmitgliedstaat berechtigt sein, Einzelheiten in Bezug auf die praktischen Umstände oder nach dem Recht des Vollstreckungsmitgliedstaats erforderliche rechtliche Voraussetzungen genau anzugeben. Durch die in dieser Verordnung vorgesehenen Regelungen sollte die Vollstreckung einer Entscheidung im Vollstreckungsmitgliedstaat erleichtert werden, die dort anderenfalls aufgrund ihrer mangelnden Klarheit nicht vollstreckt werden könnte, sodass die für die Vollstreckung zuständige Behörde oder das Vollstreckungsgericht die Entscheidung konkreter und genauer ausgestalten kann. Auch jegliche anderen Regelungen zur Erfüllung der rechtlichen Auflagen nach den nationalen Vollstreckungsvorschriften des Vollstreckungsmitgliedstaats wie beispielsweise die Beteiligung einer Jugendschutzbehörde oder eines Psychologen in der Vollstreckungsphase sollten auf dieselbe Weise festgelegt werden. Derartige Regelungen sollten jedoch nicht in den Wesensgehalt der Entscheidung über das Umgangsrecht eingreifen oder darüber hinausgehen. Außerdem sollte die Befugnis zur Anpassung von Maßnahmen nach dieser Verordnung es nicht ermöglichen, dass das Vollstreckungsgericht im Recht des Vollstreckungsmitgliedstaats unbekannte Maßnahmen durch andere Maßnahmen ersetzt.

(62) Durch die Vollstreckung einer in einem anderen Mitgliedstaat ergangenen Entscheidung ohne eine Vollstreckbarerklärung sollten die Rechte der Verteidigung nicht gefährdet werden. Deshalb sollte die Person, gegen die die Vollstreckung erwirkt werden soll, in der Lage sein, die Versagung der Anerkennung oder Vollstreckung einer Entscheidung zu beantragen, wenn ihrer Ansicht nach einer der in dieser Verordnung enthaltenen Gründe für die Versagung der Anerkennung oder Vollstreckung vorliegt. Es ist im innerstaatlichen Recht festzulegen, ob die in dieser Verordnung vorgesehenen Gründe für eine Versagung der Anerkennung von Amts wegen oder auf Antrag geprüft werden müssen. Dieselbe Prüfung sollte daher auch im Zusammenhang mit der Versagung der Vollstreckung möglich sein. Die Anwendung eines innerstaatlichen Versagungsgrunds sollte nicht dazu führen, dass die Bedingungen und Modalitäten der in dieser Verordnung vorgesehenen Gründe ausgeweitet werden.

(63) Eine Partei, die die Vollstreckung einer in einem anderen Mitgliedstaat ergangenen Entscheidung anficht, sollte dies soweit möglich und im Einklang mit der Rechtsordnung des Vollstreckungsmitgliedstaats in dem Vollstreckungsverfahren tun können und in ein und demselben Verfahren neben den in dieser Ver-

ordnung vorgesehenen Versagungsgründen die Gründe geltend machen können, die im Recht des Mitgliedstaats, in dem die Vollstreckung betrieben wird, für deren Versagung vorgesehen sind und die weiterhin gelten, weil sie mit den in dieser Verordnung vorgesehenen Gründen nicht unvereinbar sind. Diese Gründe könnten zB Rechtsbehelfe wegen formeller Fehlerhaftigkeit von Vollstreckungsakten nach nationalem Recht oder Rechtsbehelfe einschließen, die sich auf das Vorbringen stützen, dass die von der Entscheidung angeordnete Handlung bereits vollzogen wurde oder unmöglich geworden ist, zB bei höherer Gewalt, schwerer Erkrankung der Person, der das Kind übergeben werden soll, Inhaftierung oder Tod dieser Person, in dem Fall, dass der Mitgliedstaat, in den das Kind zurückgebracht werden soll, nach Ergehen der Entscheidung Kriegsgebiet geworden ist, oder bei Versagung der Vollstreckung einer Entscheidung, die nach dem Recht des Mitgliedstaats, in dem die Vollstreckung erwirkt werden soll, keinerlei vollstreckbaren Inhalt besitzt und auch nicht entsprechend angepasst werden kann.

(64) Um die Person, gegen die die Vollstreckung bewirkt werden soll, über die Vollstreckung einer in einem anderen Mitgliedstaat ergangenen Entscheidung zu unterrichten, sollte die gemäß dieser Verordnung ausgestellte Bescheinigung – erforderlichenfalls zusammen mit der Entscheidung – dieser Person innerhalb einer angemessenen Frist vor der ersten Vollstreckungsmaßnahme zugestellt werden. In diesem Zusammenhang sollte als erste Vollstreckungsmaßnahme die erste Vollstreckungsmaßnahme nach einer solchen Zustellung gelten. Nach der Rechtsprechung des Gerichtshofs hat die Partei, gegen die um Vollstreckung ersucht wird, ein Recht auf einen wirksamen Rechtsbehelf, der die Möglichkeit der Einleitung eines Verfahrens einschließt, mit dem die Vollstreckbarkeit der Entscheidung vor dem tatsächlichen Beginn der Vollstreckung angefochten wird.

(65) In Verfahren betreffend die elterliche Verantwortung betrifft die Vollstreckung stets ein Kind und in vielen Fällen die Übergabe eines Kindes an eine andere Person als die, bei der sich das Kind zu diesem Zeitpunkt aufhält, und/oder die Verbringung des Kindes in einen anderen Mitgliedstaat. Das Hauptziel sollte somit darin bestehen, das Recht des Antragstellers darauf, dass grundsätzlich eine Entscheidung auch in grenzüberschreitenden Fällen innerhalb der Union – erforderlichenfalls auch durch Zwangsmaßnahmen – möglichst rasch ausgeführt wird, und die Notwendigkeit, ein Kind nur in unvermeidlichen Fällen derartigen möglicherweise traumatisierenden Zwangsvollstreckungsmaßnahmen auszusetzen, miteinander in Einklang zu bringen. Diese Abwägung sollte von den für die Vollstreckung zuständigen Behörden und den Gerichten in jedem Mitgliedstaat in Anbetracht jedes Einzelfalls vorgenommen werden.

(66) Mit dieser Verordnung sollen in allen Mitgliedstaaten gleiche Bedingungen für die grenzüberschreitende Vollstreckung von Entscheidungen in Verfahren betreffend die elterliche Verantwortung geschaffen werden. In einer Reihe von Mitgliedstaaten sind diese Entscheidungen bereits vollstreckbar, selbst wenn sie noch angefochten werden können oder bereits angefochten wurden. In anderen Mitgliedstaaten ist nur eine rechtskräftige Entscheidung, gegen die kein ordentlicher Rechtsbehelf mehr eingelegt werden kann, vollstreckbar. Um

dringenden Fällen Rechnung zu tragen, ist daher in dieser Verordnung vorgesehen, dass bestimmte Entscheidungen in Verfahren betreffend die elterliche Verantwortung vom Gericht des Ursprungsmitgliedstaats für vorläufig vollstreckbar erklärt werden könnten, selbst wenn sie noch angefochten werden können, nämlich Entscheidungen, in denen die Rückgabe des Kindes nach dem Haager Übereinkommen von 1980 angeordnet wird, und Entscheidungen, die das Umgangsrecht gewähren.

(67) In Vollstreckungsverfahren, die Kinder betreffen, müssen die für die Vollstreckung zuständigen Behörden oder die Gerichte jedoch schnell auf wesentliche Veränderungen der Umstände reagieren können, mit denen sie in der Vollstreckungsphase konfrontiert werden und die unter anderem in der Anfechtung der Entscheidung im Ursprungsmitgliedstaat, im Verlust der Vollstreckbarkeit der Entscheidung und in Hindernissen oder Notfällen bestehen können. Daher sollten die Vollstreckungsverfahren auf Antrag oder von Amts wegen seitens der Behörde oder des Gerichts ausgesetzt werden, wenn die Vollstreckbarkeit der Entscheidung im Ursprungsmitgliedstaat ausgesetzt wird. Die Behörde oder das Gericht, die/das für die Vollstreckung zuständig ist, sollte jedoch nicht verpflichtet sein, aktiv zu ermitteln, ob die Vollstreckbarkeit inzwischen infolge eines Rechtsbehelfs oder auf andere Weise im Ursprungsmitgliedstaat ausgesetzt wurde, wenn nichts auf diese Möglichkeit hindeutet. Außerdem sollte die Aussetzung oder Versagung der Vollstreckung im Vollstreckungsmitgliedstaat auf Antrag möglich sein und, auch wenn einer oder mehrere der in dieser Verordnung vorgesehenen und zugelassenen Gründe vorliegen, im Ermessen der für die Vollstreckung zuständigen Behörde oder des Gerichts liegen.

(68) Kann die Entscheidung im Ursprungsmitgliedstaat immer noch angefochten werden und ist die Frist für die Einlegung eines ordentlichen Rechtsbehelfs noch nicht abgelaufen, so sollte es im Ermessen der für die Vollstreckung zuständigen Behörde oder des Gerichts im Vollstreckungsmitgliedstaat liegen, das Vollstreckungsverfahren auf Antrag auszusetzen. In diesen Fällen kann die Frist genau angegeben werden, innerhalb deren im Ursprungsmitgliedstaat ein Rechtsbehelf einzulegen ist, um die Aussetzung des Vollstreckungsverfahrens zu erreichen oder aufrechtzuerhalten. Die genaue Angabe einer Frist sollte nur Wirkung für die Aussetzung des Vollstreckungsverfahrens entfalten und die Frist für die Einlegung eines Rechtsbehelfs gemäß den Verfahrensvorschriften des Ursprungsmitgliedstaats nicht berühren.

(69) In Ausnahmefällen sollte es für die für die Vollstreckung zuständige Behörde oder das Gericht möglich sein, das Vollstreckungsverfahren aussetzen, wenn die Vollstreckung aufgrund – nach Ergehen der Entscheidung aufgetretener – vorübergehender Hindernisse oder aufgrund anderer wesentlicher Änderungen der Umstände für das Kind die schwerwiegende Gefahr eines körperlichen oder seelischen Schadens mit sich bringen würde. Die Vollstreckung sollte wieder aufgenommen werden, sobald die schwerwiegende Gefahr eines körperlichen oder seelischen Schadens nicht mehr besteht. Bleibt diese jedoch bestehen, so sollten vor einer Versagung der Vollstreckung alle geeigneten Schritte im Einklang mit den nationalen Rechtsvorschriften und Verfahren, gegebenenfalls auch mit Unterstützung anderer einschlägiger Fachkräfte wie Sozialarbei-

ter oder Kinderpsychologen, unternommen werden, um zu versuchen, die Durchführung der Entscheidung sicherzustellen. Insbesondere sollte die für die Vollstreckung zuständigen Behörde oder das Gericht im Einklang mit den nationalen Rechtsvorschriften und Verfahren versuchen, jegliche Hindernisse infolge veränderter Umstände zu überwinden, wie beispielsweise das offensichtliche Widersetzen des Kindes, der erst nach der Entscheidung geäußert wurde, jedoch so stark ist, dass es der schwerwiegenden Gefahr eines körperlichen oder seelischen Schadens für das Kind gleichkäme, ihn außer Acht zu lassen.

(70) In einem Mitgliedstaat vollstreckbare öffentliche Urkunden und Vereinbarungen zwischen den Parteien über die Trennung ohne Auflösung des Ehebandes und Ehescheidung, die in einem Mitgliedstaat rechtsverbindliche Wirkung haben, sollten für die Zwecke der Anwendung der Vorschriften über die Anerkennung „Entscheidungen" gleichgestellt werden. In einem Mitgliedstaat vollstreckbare öffentliche Urkunden und Vereinbarungen zwischen den Parteien in Sachen der elterlichen Verantwortung sollten für die Zwecke der Anwendung der Vorschriften über die Anerkennung und Vollstreckung „Entscheidungen" gleichgestellt werden.

(71) Obwohl die in dieser Verordnung vorgesehene Verpflichtung, dem Kind Gelegenheit zur Meinungsäußerung zu geben, nicht für öffentliche Urkunden und Vereinbarungen gelten sollte, sollte das Recht des Kindes auf Meinungsäußerung nach Artikel 24 der Charta und nach Artikel 12 des in nationale Rechtsvorschriften und Verfahren umgesetzten VN-Kinderrechtsübereinkommens weiter Anwendung finden. Der Umstand, dass dem Kind keine Gelegenheit zur Meinungsäußerung gegeben wurde, sollte nicht automatisch einen Grund für die Versagung der Anerkennung und der Vollstreckung von öffentlichen Urkunden und Vereinbarungen in Verfahren betreffend die elterliche Verantwortung darstellen.

(72) Für Verfahren betreffend die elterliche Verantwortung sollten in allen Mitgliedstaaten Zentrale Behörden benannt werden. Die Mitgliedstaaten sollten in Erwägung ziehen, für diese Verordnung dieselbe Zentrale Behörde zu benennen, die für die Haager Übereinkommen von 1980 und 1996 benannt wurde. Die Mitgliedstaaten sollten dafür sorgen, dass die Zentralen Behörden über ausreichende finanzielle und personelle Ressourcen verfügen, um die ihnen mit dieser Verordnung übertragenen Aufgaben erfüllen zu können.

(73) Die Bestimmungen dieser Verordnung über die Zusammenarbeit bei Verfahren betreffend die elterliche Verantwortung sollten nicht für die Bearbeitung von Rückgabeanträgen gemäß dem Haager Übereinkommen von 1980 gelten, die gemäß Artikel 19 des Übereinkommens und der ständigen Rechtsprechung des Gerichtshofs keine Hauptsacheverfahren betreffend die elterliche Verantwortung darstellen. Die Anwendung des Haager Übereinkommens von 1980 sollte jedoch durch die Bestimmungen dieser Verordnung über internationale Kindesentführung und durch das Kapitel dieser Verordnung über die Anerkennung und Vollstreckung und das Kapitel über die allgemeinen Bestimmungen ergänzt werden.

(74) Die zentralen Behörden sollten die Gerichte und die zuständigen Behörden und in bestimmten Fällen auch die Träger der elterlichen Verantwortung in grenzüberschreitenden Verfahren unterstützen und sowohl in allgemeinen Angelegenheiten als auch in besonderen Fällen, auch zur Förderung der gütlichen Beilegung von Familienstreitigkeiten, zusammenarbeiten.

(75) Außer in dringenden Fällen und unbeschadet der im Rahmen dieser Verordnung zulässigen direkten Zusammenarbeit und Kommunikation zwischen Gerichten können Ersuchen – gemäß dieser Verordnung – bezüglich Zusammenarbeit in Verfahren betreffend die elterliche Verantwortung von Gerichten und zuständigen Behörden ausgehen und sollten der Zentralen Behörde des Mitgliedstaats des ersuchenden Gerichts oder der zuständigen Behörde vorgelegt werden. Bestimmte Ersuchen könnten auch vom Träger der elterlichen Verantwortung ausgehen und der Zentralen Behörde des gewöhnlichen Aufenthalts des Antragstellers vorgelegt werden. In diesen Ersuchen sollte um Informationen und Unterstützung für die Träger der elterlichen Verantwortung gebeten werden, die die Anerkennung und Vollstreckung einer Entscheidung, insbesondere über das Umgangsrecht und die Rückgabe des Kindes, im Gebiet der ersuchten Zentralen Behörde erwirken wollen, erforderlichenfalls auch um Informationen darüber, wie Prozesskostenhilfe erlangt werden kann; darin sollte darum ersucht werden, durch Mediation oder andere Mittel der alternativen Streitbeilegung eine Vereinbarung zwischen den Trägern der elterlichen Verantwortung zu erleichtern, und das Gericht oder die zuständige Behörde sollten ersucht werden, zu prüfen, ob Maßnahmen zum Schutz der Person oder des Vermögens des Kindes getroffen werden müssen.

(76) Ein Beispiel für einen dringenden Fall, der eine direkte erste Kontaktaufnahme zum Gericht oder zur zuständigen Behörde des ersuchten Mitgliedstaats erlaubt, ist ein direktes Ersuchen an die zuständige Behörde eines anderen Mitgliedstaats, wonach geprüft werden soll, ob Maßnahmen zum Schutz des Kindes getroffen werden müssen, wenn vermutet wird, dass für das Kind eine unmittelbare Gefahr besteht. Die Verpflichtung, Ersuchen über die Zentrale Behörde zu übermitteln, sollte nur für erste Ersuchen gelten; jede anschließende Kommunikation mit dem Gericht, der zuständigen Behörde oder dem Antragsteller könnte auch direkt erfolgen.

(77) Die Zentralen Behörden oder zuständigen Behörden sollten nicht daran gehindert werden, Vereinbarungen oder Abmachungen mit den Zentralen Behörden oder zuständigen Behörden eines oder mehrerer anderer Mitgliedstaaten zu treffen oder beizubehalten, wonach eine direkte Kommunikation in ihren gegenseitigen Beziehungen zulässig ist. Die zuständigen Behörden sollten ihre Zentralen Behörden über derartige Vereinbarungen oder Abmachungen unterrichten.

(78) In bestimmten Verfahren betreffend die elterliche Verantwortung, die in den Anwendungsbereich dieser Verordnung fallen, sollten die Zentralen Behörden bei der Unterstützung der Gerichte und zuständigen Behörden sowie der Träger der elterlichen Verantwortung zusammenarbeiten. Zu der Unterstützung durch die ersuchte Zentrale Behörde sollte insbesondere gehören, das Kind di-

rekt oder über Gerichte, zuständige Behörden oder andere Stellen ausfindig zu machen, wenn dies erforderlich ist, um einem Ersuchen nach dieser Verordnung nachzukommen, und alle anderen Informationen bereitzustellen, die für das Verfahren betreffend die elterliche Verantwortung sachdienlich sind.

(79) Die ersuchten Zentralen Behörden sollten außerdem alle geeigneten Schritte unternehmen, um erforderlichenfalls die Kommunikation zwischen den Gerichten zu erleichtern, und zwar insbesondere in Bezug auf die Anwendung der Vorschriften über die Übertragung der Zuständigkeit, über einstweilige Maßnahmen einschließlich Schutzmaßnahmen in dringenden Fällen, insbesondere wenn sie im Zusammenhang mit internationaler Kindesentführung darauf abzielen, das Kind vor einer schwerwiegenden Gefahr im Sinne des Artikels 13 Absatz 1 Buchstabe b des Haager Übereinkommens von 1980 zu schützen, sowie über die Rechtshängigkeit und abhängige Verfahren. Zu diesem Zweck ist es möglich, dass in bestimmten Fällen die Bereitstellung von Informationen für eine weitere direkte Kommunikation, beispielsweise die Bereitstellung von Kontaktangaben von Kinderschutzbehörden, der dem Netz angeschlossenen Richter oder des zuständigen Gerichts, ausreicht.

(80) Um die Ziele dieser Verordnung zu erreichen, sollte ein ersuchendes Gericht oder eine zuständige Behörde unbeschadet der für sie geltenden nationalen verfahrensrechtlichen Erfordernisse frei zwischen den verschiedenen Kanälen wählen können, die ihnen zur Verfügung stehen, um die erforderlichen Informationen zu erhalten.

(81) Werden in einem begründeten Ersuchen ein Bericht oder eine andere in Verfahren betreffend die elterliche Verantwortung relevante Informationen im ersuchenden Mitgliedstaat angefordert, so sollten die Zentralen Behörden – direkt oder über die Gerichte –, zuständigen Behörden oder anderen Stellen des ersuchten Mitgliedstaats diesem Ersuchen nachkommen. Das Ersuchen sollte insbesondere eine Beschreibung der Verfahren, für das die Informationen benötigt werden, sowie den Sachverhalt enthalten, der diesen Verfahren zugrunde liegt.

(82) Hat ein Gericht eines Mitgliedstaats bereits eine Entscheidung in einem Verfahren betreffend die elterliche Verantwortung getroffen oder steht kurz davor, eine solche Entscheidung zu treffen, und soll diese Entscheidung in einem anderen Mitgliedstaat umgesetzt werden, so sollte das Gericht die Gerichte oder zuständigen Behörden des anderen Mitgliedstaats auffordern können, bei der Umsetzung der Entscheidung Unterstützung zu leisten. Dies sollte beispielsweise für Entscheidungen gelten, mit denen das Recht auf begleiteten Umgang gewährt wird, das in einem anderen Mitgliedstaat als dem Mitgliedstaat des Gerichts ausgeübt werden soll, das das Umgangsrecht gewährt hat, oder für Entscheidungen, die sonstige Begleitmaßnahmen des Gerichts oder der zuständigen Behörden des Mitgliedstaats, in dem die Entscheidung umzusetzen ist, nach sich ziehen.

(83) Zieht ein Gericht oder eine zuständige Behörde eines Mitgliedstaats die Unterbringung eines Kindes in einem anderen Mitgliedstaat in Erwägung, so sollte

vor der Unterbringung ein Konsultationsverfahren zur Einholung der Zustimmung durchgeführt werden. Vor der Anordnung oder Veranlassung der Unterbringung sollte das Gericht oder die anordnende Behörde die Zustimmung der zuständigen Behörde des Mitgliedstaats erhalten, in dem das Kind untergebracht werden würde. Außerdem haben die Mitgliedstaaten im Einklang mit der Rechtsprechung des Gerichtshofs für die gemäß der Verordnung einzuholende Zustimmung klare Regeln und Verfahren vorzusehen, um Rechtssicherheit und Schnelligkeit zu gewährleisten. Die Verfahren sollten unter anderem der zuständigen Behörde ermöglichen, ihre Zustimmung rasch zu erteilen oder zu verweigern. Geht innerhalb von drei Monaten keine Antwort ein, so sollte dies nicht als Zustimmung aufgefasst werden, und ohne Zustimmung sollte die Unterbringung nicht erfolgen. Das Ersuchen um Zustimmung sollte zumindest einen Bericht über das Kind zusammen mit den Gründen für die geplante Unterbringung oder Betreuung, die voraussichtliche Dauer der Unterbringung, Informationen über jede in Betracht gezogene Finanzierung enthalten, dazu noch alle anderen Informationen, die der ersuchte Mitgliedstaat als relevant erachten könnte, wie die geplante Überwachung der Maßnahme, Regelungen für den Kontakt zu den Eltern, anderen Verwandten oder anderen Personen, zu denen das Kind eine enge Beziehung hat, oder die Gründe, aus denen ein derartiger Kontakt in Anbetracht des Artikels 8 der Europäischen Konvention zum Schutz der Menschenrechte und Grundfreiheiten nicht in Erwägung gezogen wird. Wurde die Zustimmung zur Unterbringung für eine bestimmte Dauer erteilt, so sollte diese Zustimmung in Anbetracht der Rechtsprechung des Gerichtshofs nicht für Entscheidungen oder Regelungen gelten, mit denen die Dauer der Unterbringung verlängert wird. Unter diesen Umständen sollte ein neues Ersuchen um Zustimmung ergehen.

(84) Wird im Mitgliedstaat des gewöhnlichen Aufenthalts eines Kindes eine Entscheidung in Erwägung gezogen, das Kind in einem Heim oder in Pflege unterzubringen, so sollte das Gericht in der frühesten Verfahrensphase geeignete Maßnahmen in Betracht ziehen, mit denen die Rechte des Kindes gewahrt werden, insbesondere das Recht, seine Identität und das Recht auf Kontakt zu den Eltern oder gegebenenfalls zu anderen Verwandten im Einklang mit den Artikeln 8, 9 und 20 des VN-Kinderrechtsübereinkommens zu behalten. Ist dem Gericht bekannt, dass das Kind eine enge Bindung zu einem anderen Mitgliedstaat hat, könnten die geeigneten Maßnahmen insbesondere eine Benachrichtigung der konsularischen Vertretung dieses Mitgliedstaats umfassen, wenn Artikel 37 Buchstabe b des Wiener Übereinkommens über konsularische Beziehungen gilt. Dieses Wissen könnte auch aufgrund von Informationen der Zentralen Behörde dieses anderen Mitgliedstaats vorhanden sein. Im Rahmen dieser geeigneten Maßnahmen könnte auch ein Ersuchen gemäß dieser Verordnung an diesen Mitgliedstaat gerichtet werden, in dem um Informationen über einen Elternteil, einen Verwandten oder andere Personen gebeten wird, die geeignet sein könnten, für das Kind zu sorgen. Je nach den Umständen kann das Gericht außerdem um Informationen über Verfahren und Entscheidungen betreffend einen Elternteil oder Geschwister des Kindes ersuchen. Wichtigster Gesichtspunkt sollte nach wie vor das Kindeswohl sein. Insbesondere sollte keine dieser Bestimmungen die nationalen Rechtsvorschriften oder Verfahren für eine etwaige Unterbringungsentscheidung berühren, die ein Ge-

richt oder eine zuständige Behörde in dem Mitgliedstaat erlassen hat, der diese Unterbringung in Betracht zieht. Insbesondere wären die Behörden des Mitgliedstaats, der die gerichtliche Zuständigkeit besitzt, durch diese Bestimmungen nicht verpflichtet, das Kind in einem anderen Mitgliedstaat unterzubringen oder diesen Mitgliedstaat weiter an Unterbringungsentscheidungen oder -verfahren zu beteiligen.

(85) Da in einem Verfahren betreffend die elterliche Verantwortung Zeit ein entscheidender Faktor ist, sollten die Informationen, die nach den Bestimmungen dieser Verordnung über Zusammenarbeit – einschließlich über die Erhebung und den Austausch von Informationen in Verfahren betreffend die elterliche Verantwortung – erforderlich sind, und die Entscheidung, in der die Zustimmung zur Unterbringung eines Kindes in einem anderen Mitgliedstaat gewährt oder verweigert wird, dem ersuchenden Mitgliedstaat von der Zentralen Behörde des ersuchten Mitgliedstaats spätestens drei Monate nach Eingang des Ersuchens übermittelt werden, es sei denn, dass dies aufgrund außergewöhnlicher Umstände nicht möglich ist. In diesem Zusammenhang ist die zuständige nationale Behörde auch verpflichtet, die Informationen zur Verfügung zu stellen oder der ersuchten Zentralen Behörde zu erklären, warum sie dazu nicht in der Lage ist, und zwar so rechtzeitig, dass diese imstande ist, diesen Zeitrahmen einzuhalten. Dennoch sollten alle beteiligten zuständigen Behörden sich darum bemühen, noch vor Ablauf dieser Höchstfrist zu antworten.

(86) Der Umstand, dass die Einberufung der Zusammenkünfte der Zentralen Behörden insbesondere durch die Kommission im Rahmen des Europäischen Justiziellen Netzes für Zivil- und Handelssachen im Einklang mit der Entscheidung 2001/470/EG erfolgt, steht dem nicht entgegen, dass andere Zusammenkünfte der Zentralen Behörden abgehalten werden.

(87) Wenn in dieser Verordnung nichts anderes vorgesehen ist, sollte die Verordnung (EU) 2016/679 des Europäischen Parlaments und des Rates[9] für die in Anwendung der vorliegenden Verordnung erfolgende Verarbeitung personenbezogener Daten durch die Mitgliedstaaten gelten. Um die Erledigung eines Ersuchens nach dieser Verordnung nicht aufs Spiel zu setzen, das beispielsweise die Rückgabe des Kindes gemäß dem Haager Übereinkommen von 1980 oder die gerichtliche Prüfung der Frage zum Gegenstand hat, ob Maßnahmen zum Schutz der Person und des Vermögens des Kindes zu treffen sind, darf insbesondere die Inkenntnissetzung der betroffenen Person gemäß Artikel 14 Absätze 1 bis 4 der Verordnung (EU) 2016/679 – etwa von für das Auffinden des Kindes erforderlichen Angaben – aufgeschoben werden, bis das Ersuchen, für das diese Informationen erforderlich sind, erledigt ist. Diese Ausnahme steht im Einklang mit Artikel 14 Absatz 5 sowie Artikel 23 Absatz 1 Buchstaben f, g, i und j der Verordnung (EU) 2016/679. Dies sollte einen Vermittler, ein Gericht oder eine zuständige Behörde, dem/der die Informationen übermittelt wurden,

[9] Verordnung (EU) 2016/679 des Europäischen Parlaments und des Rates vom 27. April 2016 zum Schutz natürlicher Personen bei der Verarbeitung personenbezogener Daten, zum freien Datenverkehr und zur Aufhebung der Richtlinie 95/46/EG (Datenschutz-Grundverordnung) (ABl. L 119 vom 4. 5. 2016, S 1).

nicht daran hindern, Maßnahmen zum Schutz des Kindes zu ergreifen oder derartige Maßnahmen zu veranlassen, wenn die Gefahr besteht, dass das Kind Schaden nehmen könnte, oder es Anhaltspunkte für eine derartige Gefahr gibt.

(88) In Fällen, in denen die Offenlegung oder Bestätigung der einschlägigen Informationen die Gesundheit, Sicherheit oder Freiheit des Kindes oder einer anderen Person in Gefahr gebracht werden könnte, wie beispielsweise in Fällen häuslicher Gewalt, in denen ein Gericht angeordnet hat, dass die neue Anschrift des Kindes dem Antragsteller nicht bekanntgemacht werden darf, wird in dieser Verordnung ein sorgsam austariertes Gleichgewicht angestrebt. Diese Verordnung sollte zwar vorsehen, dass eine Zentrale Behörde, ein Gericht oder eine zuständige Behörde dem Antragsteller oder einer dritten Partei Informationen, die für die Zwecke dieser Verordnung zusammengestellt oder weitergegeben wurden, nicht offenlegen oder bestätigen sollte, wenn ihres/seines Erachtens durch eine solche Offenlegung oder Bestätigung die Gesundheit, Sicherheit oder Freiheit des Kindes oder einer anderen Person in Gefahr gebracht würde, jedoch sollte die Verordnung betonen, dass dies nicht der Erhebung und Weitergabe von Informationen durch die Zentralen Behörden, Gerichte und zuständigen Behörden und zwischen ihnen entgegenstehen sollte, insofern diese zur Erfüllung ihrer Verpflichtungen aufgrund dieser Verordnung erforderlich sind. Das bedeutet, dass es möglich sein sollte, einen Antrag nach dieser Verordnung zu bearbeiten, ohne dass dem Antragsteller alle zu seiner Bearbeitung erforderlichen Informationen zur Verfügung gestellt werden, wenn dies möglich und angezeigt ist. Wenn es im nationalen Recht vorgesehen ist, könnte beispielsweise eine Zentrale Behörde Verfahren im Namen eines Antragstellers einleiten, ohne dem Antragsteller die Informationen über den Aufenthaltsort des Kindes zur Verfügung zu stellen. In Fällen, in denen schon das Ersuchen selbst die Gesundheit, Sicherheit oder Freiheit des Kindes oder einer anderen Person in Gefahr bringen könnte, sollte nach dieser Verordnung keine Verpflichtung zu einem derartigen Ersuchen bestehen.

(89) Um sicherzustellen, dass die im Zusammenhang mit der Anwendung der Kapitel III und IV dieser Verordnung zu verwendenden Bescheinigungen stets auf dem neuesten Stand sind, sollte der Kommission die Befugnis übertragen werden, gemäß Artikel 290 des Vertrags über die Arbeitsweise der Europäischen Union (AEUV) Rechtsakte hinsichtlich Änderungen der Anhänge I bis IX dieser Verordnung zu erlassen. Es ist von besonderer Bedeutung, dass die Kommission im Zuge ihrer Vorbereitungsarbeit angemessene Konsultationen, auch auf der Ebene von Sachverständigen, durchführt, die mit den Grundsätzen im Einklang stehen, die in der Interinstitutionellen Vereinbarung vom 13. April 2016 über bessere Rechtsetzung[10] niedergelegt wurden. Um insbesondere für eine gleichberechtigte Beteiligung an der Ausarbeitung der delegierten Rechtsakte zu sorgen, erhält der Rat alle Dokumente zur gleichen Zeit wie die Sachverständigen der Mitgliedstaaten, und ihre Sachverständigen haben systematisch Zugang zu den Sitzungen der Sachverständigengruppen der Kommission, die mit der Ausarbeitung der delegierten Rechtsakte befasst sind.

[10] ABl. L 123 vom 12. 5. 2016, S 1.

(90) Die Kontinuität zwischen dem auf der Grundlage von Artikel K.3 des Vertrags über die Europäische Union ausgearbeitete Übereinkommen von 1998 über die gerichtliche Zuständigkeit und die Anerkennung und Vollstreckung von Entscheidungen in Ehesachen (im Folgenden „Brüssel-II-Übereinkommen")[11], der Verordnung (EG) Nr 1347/2000, der Verordnung (EG) Nr 2201/2003 und der vorliegenden Verordnung sollte gewährleistet werden, soweit die Bestimmungen unverändert geblieben sind, und zu diesem Zweck sollten Übergangsbestimmungen festgelegt werden. Die gleiche Kontinuitätsanforderung gilt auch für die Auslegung – auch durch den Gerichtshof – des Brüssel-II- Übereinkommens und der Verordnungen (EG) Nr 1347/2000 und (EG) Nr 2201/2003.

(91) Es sei darauf hingewiesen, dass für Abkommen mit einem oder mehreren Drittstaaten, die von einem Mitgliedstaat vor dem Zeitpunkt seines Beitritts zur Union geschlossen wurden, Artikel 351 AEUV Anwendung findet.

(92) Das für Verfahren betreffend die elterliche Verantwortung geltende Recht sollte im Einklang mit den Bestimmungen des Kapitels III des Haager Übereinkommens von 1996 festgelegt werden. Bei der Anwendung dieses Übereinkommens in Verfahren vor einem Gericht eines Mitgliedstaats, in dem diese Verordnung gilt, sollte die Bezugnahme in Artikel 15 Absatz 1 dieses Übereinkommens auf die „Bestimmungen des Kapitels II" dieses Übereinkommens als Bezugnahme auf die „Bestimmungen dieser Verordnung" verstanden werden.

(93) Um eine ordnungsgemäße Anwendung dieser Verordnung sicherzustellen, sollte die Kommission deren Durchführung prüfen und gegebenenfalls die notwendigen Änderungen vorschlagen.

(94) Die Kommission sollte die von den Mitgliedstaaten übermittelten Angaben veröffentlichen und aktualisieren.

(95) Nach Artikel 3 und Artikel 4a Absatz 1 des dem Vertrag über die Europäische Union (EUV) und dem AEUV beigefügten Protokolls Nr 21 über die Position des Vereinigten Königreichs und Irlands hinsichtlich des Raums der Freiheit, der Sicherheit und des Rechts haben jene Mitgliedstaaten mitgeteilt, dass sie sich an der Annahme und Anwendung dieser Verordnung beteiligen möchten.

(96) Nach den Artikeln 1 und 2 des dem EUV und dem AEUV beigefügten Protokolls Nr 22 über die Position Dänemarks beteiligt sich Dänemark nicht an der Annahme dieser Verordnung, die für Dänemark weder bindend noch ihm gegenüber anwendbar ist.

(97) Der Europäische Datenschutzbeauftragte wurde gemäß Artikel 41 Absatz 2 Unterabsatz 2 und Artikel 46 Buchstabe d der Verordnung (EG) Nr 45/2001

[11] ABl. C 221 vom 16. 7. 1998, S 1.

des Europäischen Parlaments und des Rates[12] angehört und hat am 15. Februar 2018 eine Stellungnahme abgegeben[13].

(98) Da die Ziele dieser Verordnung aufgrund der Unterschiede zwischen den nationalen Vorschriften über die Zuständigkeit und die Anerkennung und Vollstreckung von Entscheidungen auf Ebene der Mitgliedstaaten nicht ausreichend erreicht werden können, sondern wegen der unmittelbaren Geltung und Verbindlichkeit dieser Verordnung besser auf Unionsebene zu erreichen sind, kann die Union im Einklang mit dem in Artikel 5 EUV niedergelegten Subsidiaritätsprinzip tätig werden. Entsprechend dem in demselben Artikel genannten Grundsatz der Verhältnismäßigkeit geht diese Verordnung nicht über das für die Verwirklichung dieser Ziele erforderliche Maß hinaus –

HAT FOLGENDE VERORDNUNG ERLASSEN:

[12] Verordnung (EG) Nr 45/2001 des Europäischen Parlaments und des Rates vom 18. Dezember 2000 zum Schutz natürlicher Personen bei der Verarbeitung personenbezogener Daten durch die Organe und Einrichtungen der Gemeinschaft und zum freien Datenverkehr (ABl. L 8 vom 12. 1. 2001, S 1).

[13] ABl. C 120 vom 6. 4. 2018, S 18.

Brüssel IIb-VO

Kapitel I
Anwendungsbereich und Begriffsbestimmungen

Artikel 1
Anwendungsbereich

(1) Diese Verordnung gilt für Zivilsachen mit folgendem Gegenstand:

a) die Ehescheidung, die Trennung ohne Auflösung des Ehebandes und die Ungültigerklärung einer Ehe,

b) die Zuweisung, die Ausübung, die Übertragung sowie die vollständige oder teilweise Entziehung der elterlichen Verantwortung.

(2) Die in Absatz 1 Buchstabe b genannten Zivilsachen umfassen insbesondere:

a) das Sorgerecht und das Umgangsrecht,

b) die Vormundschaft, die Pflegschaft und entsprechende Rechtsinstitute,

c) die Bestimmung und den Aufgabenbereich jeder Person oder Stelle, die für die Person oder das Vermögen eines Kindes verantwortlich ist, oder ein Kind vertritt oder ihm beisteht,

d) die Heim- oder Pflegeunterbringung eines Kindes,

e) die Maßnahmen zum Schutz eines Kindes im Zusammenhang mit der Verwaltung und Erhaltung seines Vermögens oder der Verfügung darüber.

(3) Die Kapitel III und VI dieser Verordnung gelten bei widerrechtlichem Verbringen oder Zurückhalten eines Kindes, von dem mehr als ein Mitgliedstaat betroffen ist, in Ergänzung des Haager Übereinkommens von 1980. Kapitel IV dieser Verordnung gilt für Entscheidungen, in denen nach dem Haager Übereinkommen von 1980 die Rückgabe eines Kindes in einen anderen Mitgliedstaat angeordnet wird und die in einem anderen Mitgliedstaat vollstreckt werden müssen als in dem Mitgliedstaat, in dem sie ergangen sind.

(4) Diese Verordnung gilt nicht für

a) die Feststellung und die Anfechtung des Eltern-Kind-Verhältnisses,

b) Adoptionsentscheidungen und Maßnahmen zur Vorbereitung einer Adoption sowie die Ungültigerklärung und den Widerruf der Adoption,

c) Namen und Vornamen eines Kindes,

d) die Volljährigkeitserklärung,

e) Unterhaltspflichten,

f) Trusts oder Erbschaften,

g) Maßnahmen infolge von Straftaten, die von Kindern begangen wurden.

Bis 31. 7. 2022 geltende Regelung: Art 1 Brüssel IIa-VO (s Textanh 2 Rn 3).

Schrifttum (soweit Ehesachen betreffend)

ANTOMO, Die Neufassung der Brüssel IIa-Verordnung – erfolgte Änderungen und verbleibender Reformbedarf, in: PFEIFFER/LOBACH/RAPP (Hrsg), Europäisches Familienrecht: Stand und Perspektiven (2020) 13
BEAUMONT, Interaction of the Brussels IIa and Maintenance Regulations with (Possible) Litigation in Non-EU States: Including Brexit Implications, in: VIARENGO/VILLATA (Hrsg), Planning the Future of Cross Border Families – A Path Through Coordination (2020) Kap 24
BERNARD/CRESP/HO-DAC (Hrsg), La famille dans l'ordre juridique de l'Union européenne – Family within the Legal Order of the European Union (2020)
BINCHY, National Report Ireland, in: BASEDOW/FERRARI/DE MIGUEL ASENSIO/RÜHL (Hrsg), Encyclopedia of Private International Law (2017)
BOELE-WOELKI/FUCHS (Hrsg), Same-Sex Relationships and Beyond (3. Aufl 2017)
BORG-BARTHET, Jurisdiction in Matrimonial Matters – Reflections for the Review of the Brussels IIa Regulation, Study for the JURI Committee of the European Parliament (2016)
BROSCH, Die Neufassung der Brüssel IIa-Verordnung, GPR 2020, 179
COESTER-WALTJEN, Die Einführung der gleichgeschlechtlichen Ehe in ausgewählten Rechtsordnungen, ZEuP 2018, 320
dies, Abschnitt „Marriage“, in: BASEDOW/FERRARI/DE MIGUEL ASENSIO/RÜHL (Hrsg), Encyclopedia of Private International Law (2017)
CZEMPIEL, Die Zivilsache im Europäischen Zivilverfahrensrecht (2021)
DILGER, Die Regelung zur internationalen Zuständigkeit in Ehesachen in der Verordnung (EG) Nr 1347/2000 (2004)
DIMMLER, Einstweiliger Rechtsschutz in der neuen Brüssel IIb-VO: Zuständigkeit, Anerkennung und Vollstreckung, in: BUDZIKIEWICZ/HEIDERHOFF/KLINKHAMMER/NIETHAMMER-JÜRGENS (Hrsg), Europa als Taktgeber für das Internationale Familienrecht (2022) 9
DOMEJ, Das Verhältnis nach „außen“: Europäische v Drittstaatensachverhalte, in: vHEIN/RÜHL (Hrsg), Kohärenz im Internationalen Privat- und Verfahrensrecht der Europäischen Union (2016) 90
DUTTA, Internationale Verbundgerichtsstände für Scheidungsfolgesachen im europäischen Familienverfahrensrecht, in: BUDZIKIEWICZ/HEIDERHOFF/KLINKHAMMER/NIETHAMMER-JÜRGENS (Hrsg), Standards und Abgrenzungen im internationalen Familienrecht (2019) 73
ESPINOSA CALABUIG, Matrimonial Matters, in: VIARENGO/VILLATA (Hrsg), Planning the Future of Cross Border Families – A Path Through Coordination (2020) Kap 5
GARBER, Zum Begriff der Ehe im Sinne des Art 1 Abs 1 lit a EuEheKindVO, in: FS für Simotta (2012) 145
ders, Sind eingetragene Partnerschaften vom Anwendungsbereich der VO Brüssel IIa erfasst?, iFamZ 2012, 204
GARBER/LUGANI, Die neue Brüssel IIb-Verordnung, NJW 2022, 2225
GARBER/NEUMAYR, Ein neues System des einstweiligen Rechtsschutzes in Europa, in: FS für Thümmel (2020) 171

González Beilfuss, What's New in Regulation (EU) No 2019/1111?, Yb of Private International Law XXII (2020/2021) 95
dies, Regulation (EU) No. 2019/1111 (Brussels II ter) and Third States: relations with other instruments, in: FS für Jänterä-Jareborg (2022) 129
Gössl/Verhellen, Marriages and Other Unions in Private International Law – Separate but Equal?, International Journal of Law, Policy and the Family 31 (2017) 174
Gruber/Möller, Die Neufassung der EuEheVO, IPRax 2020, 393
Hau, Zivilsachen mit grenzüberschreitendem Bezug, in: GS für Unberath (2015) 139
ders, Zum Anwendungsbereich des obligatorischen Anerkennungsverfahrens für ausländische Ehestatutsentscheidungen, in: FS für Spellenberg (2010) 435
ders, Zur Maßgeblichkeit der lex fori in internationalen Ehesachen, in: FS für Stürner (2013) 1237
Helms, Die Anerkennung ausländischer Entscheidungen im Europäischen Eheverfahrensrecht, FamRZ 2001, 257
Henrich, Die Umwandlung einer gerichtlichen Trennung in eine Scheidung: Internationale Zuständigkeit und anwendbares Recht, in: FS für Gottwald (2014) 267
Hess, Binnenverhältnisse im Europäischen Zivilprozessrecht: Grenzüberschreitende v nationale Sachverhalte, in: vHein/Rühl (Hrsg), Kohärenz im Internationalen Privat- und Verfahrensrecht der Europäischen Union (2016) 67
Hilbig-Lugani, EuEheVO und posthume Eheungültigerklärungsverfahren Dritter, IPRax 2017, 556
Hohenberg, Die internationale Zuständigkeit für die Erlassung einstweiliger Maßnahmen nach der Brüssel IIb-VO, in: Garber/Lugani (Hrsg), Die Brüssel IIb-Verordnung (2022) 231
Holtkamp, Die gleichgeschlechtliche Ehe im Internationalen Privat- und Verfahrensrecht (2022)
Hüsstege, Die neue Brüssel IIa-Verordnung – was bleibt, was ändert sich, FamRZ 2022, 1591
Legendre, A propos de l'application du Règlement Bruxelles II bis dans les relations avec les États tiers, Rev crit d i p 2021, 146
Magnus, Der grenzüberschreitende Bezug als Anwendungsvoraussetzung im europäischen Zuständigkeits- und Kollisionsrecht, ZEuP 2018, 507
de Maizière, Das Europäische Scheidungskollisionsrecht nach der Rom III-Verordnung (2017)
Makowsky, Der Anwendungsbereich der Brüssel IIb-VO, in: Garber/Lugani (Hrsg), Die Brüssel IIb-Verordnung (2022) 43
Malatesta/Pocar/Bariatti (Hrsg), The External Dimension of EC Private International Law in Family and Succession Matters (2008)
Mankowski, Das Gesetz über die „Ehe für alle", seine Folgen und sein europäisches Umfeld im Internationalen Privat- und Prozessrecht, IPRax 2017, 541
ders, Der Ehebegriff im europäischen Kollisions- und Zivilverfahrensrecht, FamRZ 2020, 1532
Ní Shúilleabháin, An Overview of the Principal Reforms in Regulation (EU) 2019/1111, Yb of Private International Law XXII (2020/2021) 117
Niklas, Die europäische Zuständigkeitsordnung in Ehe- und Kindschaftsverfahren (2003)
Pabst, Entscheidungszuständigkeit und Beachtung ausländischer Rechtshängigkeit in Ehesachen mit Europabezug: Grundrechtsprobleme und Grundrechtsschutz (2009)
Pataut, The External Dimension of Private International Family Law, in: Cremona/Micklitz (Hrsg), Private Law in the External Relations of the EU (2016) 107
Pintens, Marriage and Partnership in the Brussels IIa-Regulation, in: Liber memorialis Petar Sarčevič – Universalism, Tradition and the Individual (2006) 335
Pintens/Scherpe, Abschnitt „Same-sex Marriage", in: Basedow/Ferrari/de Miguel Asensio/Rühl (Hrsg), Encyclopedia of Private International Law (2017)
Pretelli, Provisional Measures in Family Law and the Brussels IIter Regulation, Yb of Private International Law XX (2018/2019) 113
Reddin, An Unhappy Marriage: The EU and the Divorce Jurisdiction System under Brussels II Bis, Univ Dublin LR 2020, 39

Schulz, Die Neufassung der Brüssel IIa-Verordnung, FamRZ 2020, 1141
Spellenberg, Der Anwendungsbereich der Brüssel IIa-VO („Brüssel II“) in Statussachen, in: FS für Schumann (2001) 423
Süss/Ring (Hrsg), Eherecht in Europa (4. Aufl 2020)
Thurm, Der Ehebegriff im europäischen Kollisions- und Zivilverfahrensrecht (2020)
Viarengo/Villata/Nisi/Valkova/Danieli/Peraro, Defining Marriage and Other Unions of Persons in European Family Law, in: Pfeiffer/Lobach/Rapp (Hrsg), Facilitating Cross-Border Family life: Towards a Common European Understanding, An Empirical Study on European Family and Succession Law (2019) 151
Wagner, Grenzüberschreitender Bezug in der justiziellen Zusammenarbeit in Zivilsachen – Eine Bestandsaufnahme, ZZP 131 (2018) 183
ders, Ehescheidung nach italienischem Recht: Was tun mit der Trennung ohne Auflösung des Ehebandes?, NZFam 2020, 937
Winkler von Mohrenfels, Die gleichgeschlechtliche Ehe im deutschen IPR und im europäischen Verfahrensrecht, in: FS für Tugrul Ansay (2006) 527.

Systematische Übersicht

I. Überblick

Art 1 Brüssel IIb-VO legt, weitgehend wortgleich mit seinen Vorgängerregelungen, den **sachlichen Anwendungsbereich** der Verordnung fest. Dieser ist nach ständiger Rechtsprechung autonom und tendenziell weit zu interpretieren (vgl etwa EuGH 2. 8. 2021 – C-262/21 PPU A/B, FamRZ 2021, 1475, 1478, dort zum Begriff der Zivilsache und der elterlichen Verantwortung; HESS Rn 7.21 ff). Die folgenden Erläuterungen konzentrieren sich auf die in Art 1 Abs 1 lit a Brüssel IIb-VO genannten Ehesachen. Näher einzugehen ist hier zudem auf den **räumlichen**, ferner auf den **zeitlichen Anwendungsbereich** (Rn 51 ff, Rn 63). Zum Verhältnis der Verordnung zu anderen Rechtsinstrumenten und zum nationalen Recht vgl Einl 37 ff zur Brüssel IIb-VO sowie Art 94 ff Brüssel IIb-VO. 1

II. Sachlicher Anwendungsbereich: Grundlagen

1. Zivilsache

Der Einleitungssatz von Art 1 Abs 1 Brüssel IIb-VO betont, dass die Verordnung nur Zivilsachen betrifft. Dieser Begriff ist **verordnungsautonom auszulegen** (klarstellend Erwägungsgründe 4 und 5, jeweils unter Berufung auf die EuGH-Judikatur; vgl aus neuerer Zeit etwa EuGH 3. 10. 2019 – C-759/18 OF/PG, FamRZ 2019, 1989, 1992; EuGH 2. 8. 2021 – C-262/21 PPU A/B, FamRZ 2021, 1475, 1478; ausführl zu Familiensachen CZEMPIEL, Zivilsache 233 ff). Die bislang in Art 1 Abs 1 Brüssel IIa-VO enthaltene weitere Klarstellung, dass die Verordnung „ungeachtet der Art der Gerichtsbarkeit" gelte, ist entfallen, ohne dass dies für Ehesachen nennenswerte Konsequenzen haben dürfte. Insbesondere ergibt sich die Erkenntnis, dass auch Eheauflösungen durch Behörden – namentlich Standesbeamte – erfasst werden, schon aus dem weiten Gerichtsbegriff gem Art 2 Abs 2 Nr 1 Brüssel IIb-VO. Im Übrigen bleibt festzuhalten, dass es für die Eröffnung des sachlichen Anwendungsbereichs nicht darauf ankommt, ob die Eheauflösung, je nach mitgliedstaatlichem Recht, im Rahmen eines Verfahrens der streitigen oder der freiwilligen Gerichtsbarkeit erfolgt (klarstellend etwa MAYR/WEBER Rn 4.36). 2

2. Staatliche Verfahren

Obwohl dies aus Art 1 Abs 1 lit a Brüssel IIb-VO nicht deutlich hervorgeht, gilt die Verordnung nur für staatliche Eheauflösungsverfahren. Ausgeklammert bleiben damit Eheauflösungen durch **kirchliche Gerichte** ohne jegliche staatliche Mitwirkung in Form einer Delibation oder Beleihung (näher Art 2 Brüssel IIb-VO Rn 11). 3

Ebenso wenig erfasst die Verordnung **reine Privatscheidungen**. Anders verhält es sich wiederum, wenn eine zunächst außergerichtliche Scheidung in einem Mitgliedstaat aufgrund eines staatlichen Mitwirkungsakts (Errichtung einer öffentlichen Urkunde bzw Eintragung einer solchen Urkunde oder Scheidungsvereinbarung) für die Zwecke der Verordnung einer staatlichen Eheauflösung gleichgestellt wird. Näher dazu die Kommentierung zu Art 64 und Art 65 Brüssel IIb-VO. 4

3. Ehe

a) Traditioneller und gewandelter Ehebegriff

5 Die in Abs 1 lit a genannten Auflösungsverfahren beziehen sich auf eine „Ehe". Diesen Begriff setzt der Verordnungsgeber voraus, ohne ihn in Art 1 oder Art 2 Brüssel IIb-VO näher zu erläutern. Von den nachfolgenden Überlegungen zum Ehebegriff der Verordnung ist die kollisionsrechtliche Frage zu unterscheiden, nach welchem Recht sich in einem Eheauflösungsverfahren die Vorfrage einer wirksamen Ehe bestimmt (dazu Rn 21).

6 Darüber, was man sich unter einer Ehe vorzustellen hat, wurde noch bei Abschluss des Brüssel II-Übk nicht weiter diskutiert; so geht auch der Borrás-Bericht auf die Frage nicht ein. Man kann aber annehmen, dass die Vertragsstaaten des Übereinkommens ebenso wie sodann der Brüssel II-Verordnungsgeber schlicht eine **klassische Ehe zwischen einem Mann und einer Frau** vor Augen hatten (vgl Thurm 121 ff). Angesichts dieser Einmütigkeit bot sich eine **autonome Interpretation** des Ehebegriffs an, der ohne nennenswerte Brüche auf den „nationalen Überlieferungen" der Mitgliedstaaten aufbauen konnte (vgl etwa Pabst 223 f; Staudinger/Spellenberg [2015] Art 1 Brüssel IIa-VO Rn 3).

7 Indes hat sich das Familienrecht in den letzten Jahren in etlichen, wenn auch längst nicht in allen Mitgliedstaaten erheblich gewandelt (vgl etwa die ausführl Beiträge bei Boele-Woelki/Fuchs [2017] sowie Scherpe European Family Law [2016] Band II; zudem den Überblick bei Coester-Waltjen ZEuP 2018, 320). So wurden in Deutschland zunächst **rechtlich verfestigte Lebensformen außerhalb der Ehe** geregelt (Gesetz über die Eingetragene Lebenspartnerschaft v 16. 2. 2001, BGBl 2001 I 266), und später wurde die **Ehe für gleichgeschlechtliche Paare** geöffnet (Gesetz zur Einführung des Rechts auf Eheschließung für Personen gleichen Geschlechts v 20. 7. 2017, BGBl 2017 I 2787).

b) Konsequenzen für den Anwendungsbereich der Brüssel IIb-VO

8 Vor dem Hintergrund des familienrechtlichen Wandels in den Mitgliedstaaten ist auch der Ehebegriff der Brüssel II-VO und spätestens der Brüssel IIa-VO zusehends fraglich geworden und intensiv diskutiert worden. Will man den familienrechtlichen Neuerungen im Rahmen der Brüssel IIb-VO im Sinne einer **Öffnung des klassischen Ehebegriffs** Rechnung tragen, so kommen methodisch zwei Ansätze in Betracht: zum einen eine Absage an eine verordnungsautonome Auslegung, sodass sich das jeweilige mitgliedstaatliche Recht als maßgeblich erweist, und zum anderen das Festhalten an einem zwar weiterhin verordnungsautonomen, dafür aber inhaltlich erweiterten Begriffsverständnis.

9 Die Grundfrage, ob und gegebenenfalls wie vom klassischen Ehebegriff abzurücken ist, stellt sich auf europäischer Ebene in mehreren für das Familienrecht relevanten Rechtsakten, und leider hat der Verordnungsgeber bislang keine einheitliche Linie gefunden. So hat er sich 2010 im Anwendungsbereich der **Rom III-VO** vor einer klaren Aussage gescheut, sondern das Feld mit einem Kunstgriff der jeweiligen lex fori des angerufenen Gerichts überlassen: Gem Art 13 Var 2 Rom III-VO muss das Gericht eines Mitgliedstaats, dessen Recht die in Rede stehende Ehe für die Zwecke des Scheidungsverfahrens nicht als gültig ansieht, keine Ehescheidung aussprechen. Dies lässt sich so interpretieren, dass Gerichte eines Mitgliedstaats, der keine gleich-

geschlechtliche Ehe vorsieht, nicht gehalten sein sollen, eine solche zu scheiden (vgl dazu etwa HAU, in: FS Stürner 1237, 1247; HELMS FamRZ 2011, 1765, 1766; DE MAIZIÈRE, Europäisches Scheidungskollisionsrecht 106 ff; MANKOWSKI IPRax 2017, 541, 547), sodass es letztlich jedem Mitgliedstaat freisteht, ob er die Rom III-VO auf gleichgeschlechtliche Ehen anwenden möchte oder nicht.

Etwas deutlicher wurde der Verordnungsgeber sodann 2016: Erwägungsgrund 17 zur **EuEheGüVO** stellt klar, dass diese keine autonome Bestimmung der Ehe biete; vielmehr soll das nationale Recht der Mitgliedstaaten maßgeblich sein, was offenbar nicht auf die lex causae, sondern auf die lex fori verweist. Sodann sieht auch die EuEheGüVO, ähnlich der Rom III-VO, eine Art „Ausstiegsklausel" vor: Kommt es auf eine nach mitgliedstaatlichem Recht geschlossene gleichgeschlechtliche Ehe in einem güterrechtlichen Verfahren in einem anderen Mitgliedstaat an, der eine solche Ehe nicht kennt, so können die dortigen Gerichte gem Art 9 EuEheGüVO die Ausübung der ihnen an sich nach Art 4 ff EuEheGüVO zustehenden Entscheidungszuständigkeit ablehnen (krit zu dieser Konstruktion etwa MANKOWSKI IPRax 2017, 541, 547 f). **10**

Es kann kein Zweifel bestehen, dass der Verordnungsgeber bei **Erlass der Brüssel IIb-VO** die seit Jahren anhaltende Diskussion über den sachlichen Anwendungsbereich der Brüssel IIa-VO in Ehesachen zur Kenntnis genommen hatte und sich der Verlegenheitslösungen im Rahmen der Rom III-VO und der EuEheGüVO bewusst war (vgl etwa die schon 2016 im Gesetzgebungsverfahren vorgelegte Studie für das Europäische Parlament von BORG-BARTHET 36 f). Gleichwohl findet sich im Verordnungstext weder ein Bekenntnis zu einer verordnungsautonomen Erweiterung des Ehebegriffs noch umgekehrt eine Verweisung auf das mitgliedstaatliche Recht (eventuell kombiniert mit einer „Ausstiegsklausel" wie in der Rom III-VO und der EuEheGüVO). Daraus lässt sich vor dem Hintergrund des in Art 81 Abs 3 AEUV verankerten Einstimmigkeitsprinzips nur der Schluss ziehen, dass man sich im Rat schlicht nicht auf eine Linie einigen konnte (deutliche Kritik an der Blockadehaltung „konservativer Mitgliedstaaten" übt HESS Rn 7.21; vgl auch BALTHASAR-WACH ZfRV 2022, 20, 22; DUTTA ZEuP 2020, 897, 900 [in der EU tobe „ein kleiner Kulturkampf zwischen Ost und West"]; REDDIN Univ Dublin LR 2020, 39, 57 ff; beachte auch das Commission Staff Working Document SWD[2016] 207, 23). In solchen Fällen ist, wie Erwägungsgrund 90 betont, im Zweifel davon auszugehen, dass die Brüssel IIb-VO übereinstimmend mit ihren Vorgängern interpretiert werden soll. Dann aber erscheint für die hier interessierende Frage die Folgerung unausweichlich, dass es für die Brüssel IIb-VO de lege lata beim **status quo ante** bleibt, also bei einem **verordnungsautonomen Ehebegriff** (ausdrücklich für ein autonomes Verständnis zB auch DUTTA ZEuP 2020, 897, 900 f; FINGER FuR 2019, 640, 641; HESS Rn 7.21; HÜSSTEGE FamRZ 2022, 1591, 1592; KOHLER/PINTENS FamRZ 2019, 1477, 1480; **aA** indes VIARENGO/VILLATA/NISI/VALKOVA/DANIELI/PERARO, in: PFEIFFER/LOBACH/RAPP [2021] 151, 168 ff). **11**

Dies wiederum führt zu der Anschlussfrage, ob es mit dem klassischen Ehebegriff sein Bewenden oder ob sich insoweit womöglich bereits unter der Geltung der Brüssel IIa-VO eine verbindliche Weiterung ergeben hat. In der Tat wird vertreten, dass es zu einer solchen **Dynamisierung des autonomen Begriffsverständnisses** gekommen sei (dafür zur Brüssel IIa-VO etwa GRUBER IPRax 2012, 381, 382; HAUSMANN Rn A 32 f), was nunmehr in die Brüssel IIb-VO zu übernehmen sei (so GARBER/LUGANI NJW 2022, 2225, 2226; GRUBER/MÖLLER IPRax 2020, 393, 399; HESS Rn 7.21; HÜSSTEGE FamRZ 2022, 1591, 1592). Auch wer mit dem damit verfolgten rechtspolitischen Anliegen sympathisiert, sollte **12** nicht verkennen, dass sich weder in der Brüssel IIa-VO noch in der Brüssel IIb-VO irgendein verlässlicher Anhaltspunkt für eine solche „dynamische Auslegung" findet. Alles andere als tragfähig erscheint insbesondere der Umstand, dass in Anhang II zur Brüssel IIb-VO, anders als noch in Anhang I zur Brüssel IIa-VO, nicht mehr von „Ehefrau" und „Ehemann", sondern schlicht von „Ehegatten" die Rede ist (darauf verweist Ní Shúilleabháin Yb of Private International Law XXII [2020/2021] 117, 123, ohne dem Argument entscheidende Bedeutung beizumessen). Umso bedeutsamer erscheint dann aber Art 81 Abs 3 AEUV, woraus sich ergibt, dass sich die Mitgliedstaaten im Hinblick auf das familienrechtsrelevante Sekundärrecht das Heft nicht aus der Hand nehmen lassen wollten (ähnlich etwa Thurm 131 f; vgl auch Sonnentag, in: Pfeiffer/Wittmann/Escher [2018] 9, 39 f).

13 Eine Erweiterung des klassischen Ehebegriffs lässt sich bereits de lege lata für die Brüssel IIb-VO auch nicht daraus ableiten, dass der EuGH von einer Verpflichtung zur **„Anerkennung" gleichgeschlechtlicher Eheschließungen kraft Primärrechts** ausgeht (EuGH 5. 6. 2018 – C-673/16 Coman, FamRZ 2018, 1063 mAnm Dutta; dazu auch Michl FamRZ 2018, 1147; Croon-Gestefeld StAZ 2018, 297). Denn zum einen liegt im Beharren des Verordnungsgebers darauf, die Brüssel IIb-VO als ein mit Eheauflösungen befasstes verfahrensrechtliches Instrument nur auf klassische Ehen anzuwenden, nicht ohne Weiteres ein Akt der „Nichtanerkennung" gleichgeschlechtlicher Eheschließungen; vielmehr bleibt es für Verfahren zur Auflösung solcher Ehen, insbesondere die diesbezüglichen Gerichtsstände, schlicht bei der Maßgeblichkeit des mitgliedstaatlichen Rechts (**aA** Garber/Lugani NJW 2022, 2225, 2226: im mitgliedstaatlichen Recht vorgesehene Ehen nicht in den Anwendungsbereich der Brüssel IIb-VO einzubeziehen sei mit Blick auf Art 8 EMRK und Art 21 GR-Charta problematisch; Kohler/Pintens FamRZ 2019, 1477, 1480). Und zum anderen betont auch der EuGH, dass eine dynamische, neue mitgliedstaatliche Entwicklungen im Bereich des Familienrechts aufgreifende Fortentwicklung des Sekundärrechts nicht in seine Kompetenz, sondern in die des Verordnungsgebers falle (vgl im Hinblick auf die Erstreckung des Anwendungsbereichs auf Privatscheidungen EuGH 20. 12. 2017 – C-372/16 Sahyouni/Mamisch, FamRZ 2018, 169, 171 mAnm Mayer = NZFam 2018, 126 mAnm Rieck = FamRB 2018, 91 [Dimmler] = ZEuP 2018, 646 mAnm Arnold/Schnetter; auf diese Entscheidung verweist im Zusammenhang mit dem hier interessierenden Ehebegriff auch Antomo, in: Pfeiffer/Lobach/Rapp [2020] 13, 19).

14 Nicht in Abrede zu stellen ist allerdings, dass der Verordnungsgeber, gerade mit Rücksicht auf die Judikatur des EuGH zur „Anerkennung" gleichgeschlechtlicher Eheschließungen, auf Dauer nicht die Hände in den Schoß legen, sondern **de lege ferenda** den sachlichen Anwendungsbereich der Brüssel IIb-VO erweitern sollte. Und allemal wäre es sinnvoll, den EuGH in einem geeigneten Ausgangsfall um eine Vorabentscheidung zum geltenden Ehebegriff der Brüssel IIb-VO zu ersuchen.

c) Einzelfragen

15 Schon die bislang dargestellte Diskussion drehte sich vor allem um die Frage nach der Anwendbarkeit der Brüssel IIb-VO bzw ihrer Vorgänger auf **gleichgeschlechtliche Ehen**. Diese Frage ist nach hier vertretener Ansicht für das geltende Recht – rechtspolitisch: bedauerlicherweise – zu verneinen (**aA**, für Anwendbarkeit bereits de lege lata, etwa Gruber/Möller IPRax 2020, 393, 399; Hess Rn 7.21; Thomas/Putzo/Hüsstege Vorb Brüssel IIb-VO Rn 9; Hüsstege FamRZ 2022, 1591, 1592; **offenlassend** Antomo, in: Pfeiffer/Lobach/Rapp [2020] 13, 19; Balthasar-Wach ZfRV 2022, 20, 22 f; Brosch GPR 2020, 179, 180; unklar Fin-

GER FuR 2019, 640, 641 f), was der vorherrschenden Ansicht zur Brüssel IIa-VO entspricht (vgl etwa AG Münster 20. 1. 2010 – 56 F 79/09, FamRZ 2010, 1580; ALTHAMMER/ARNOLD Art 1 Brüssel IIa-VO Rn 6; ANDRAE § 10 Rn 5; DILGER Rn 98 ff; HandKommZPO/DÖRNER Art 1 EuEheVO Rn 7; GITSCHTHALER/GARBER Art 1 Brüssel IIa-VO Rn 39 ff; MünchKommFamFG/GOTTWALD Art 1 Brüssel IIa-VO Rn 5; DUTTA/JACOBY/SCHWAB/HEIDERHOFF § 103 FamFG Rn 3; HOLTKAMP 200 ff; MAYR/WEBER Rn 4.32; RAUSCHER/RAUSCHER Art 1 Brüssel IIa-VO Rn 6 ff; SONNENTAG, in: PFEIFFER/WITTMANN/ESCHER [2018] 9, 40; STAUDINGER/SPELLENBERG [2015] Art 1 Brüssel IIa-VO Rn 4 f; SCHWAB/ERNST/STREICHER § 4 Rn 13; ausführlich THURM 120 ff; **aA** etwa MANKOWSKI IPRax 2017, 541, 546; PINTENS/SCHERPE, Same-sex Marriage sub 3.a). Somit beurteilt sich die internationale Zuständigkeit nach § 98 FamFG (nicht nach § 103 FamFG), die Anerkennung ausländischer Entscheidungen nach §§ 107 ff FamFG (vgl hierzu etwa PRÜTTING/HELMS/HAU § 98 FamFG Rn 33).

Entsprechend dem Vorstehenden sollte man davon ausgehen, dass **Lebenspartnerschaften**, die familienrechtlich als Minus zur Ehe ausgestaltet sind, nicht vom Anwendungsbereich der Brüssel IIb-VO umfasst sind, und zwar unabhängig davon, ob es sich um eine Verbindung von gleich- oder verschiedengeschlechtlichen Partnern handelt (wie hier etwa BALTHASAR-WACH ZfRV 2022, 20, 23; THOMAS/PUTZO/HÜSSTEGE Vorb Brüssel IIb-VO Rn 9; **aA** HESS Rn 7.21). Dieser Befund entspricht wiederum der schon zur Brüssel IIa-VO vorherrschenden Meinung (beachte etwa ALTHAMMER/ARNOLD Art 1 Brüssel IIa-VO Rn 7; DILGER Rn 102 ff; PABST Rn 234 ff; RAUSCHER/RAUSCHER Art 1 Brüssel IIa-VO Rn 8; THURM 130 ff; **aA** GARBER, in: FS Simotta 145, 153 ff; GITSCHTHALER/GARBER Art 1 Brüssel IIa-VO Rn 36 ff). Nunmehr kann er zusätzlich darauf gestützt werden, dass der Verordnungsgeber, wie das Nebeneinander der EuEheGüVO und der EuPartGüVO zeigt, durchaus zwischen Ehen und Partnerschaften zu differenzieren weiß. 16

Erst recht gilt die Brüssel IIb-VO nicht für **Verlöbnisse** oder für rein **faktische Lebensgemeinschaften**, für die aber regelmäßig ohnehin kein Bedarf für ein förmliches Auflösungsverfahren besteht. Davon zu trennen ist der Umstand, dass auch eine formlos eingegangene verschiedengeschlechtliche Verbindung, wenn sie nach der lex causae als Ehe zu qualifizieren ist, in den Anwendungsbereich der Brüssel IIb-VO fallen kann (PABST Rn 227 f; RAUSCHER/RAUSCHER Art 1 Brüssel IIa-VO Rn 9). 17

Bemerkenswerterweise plädieren auch diejenigen, die im Grundsatz von der Maßgeblichkeit des klassischen Ehebegriffs ausgehen, für die Einbeziehung **polygamer Ehen** in den Anwendungsbereich (vgl etwa MünchKommFamFG/GOTTWALD Art 1 Brüssel IIa-VO Rn 5; GEIMER/SCHÜTZE/HAU/DILGER Art 1 EheVO Rn 6 ff; PABST Rn 229 f). Dies erscheint zunächst inkonsequent (ablehnend daher RAUSCHER/RAUSCHER Art 1 Brüssel IIa-VO Rn 6). Gleichwohl kommt die Anwendung der Brüssel IIb-VO in Betracht, wenn man auf die Auflösung der konkreten Paarbeziehung zwischen einem Mann und einer Frau abstellt, ohne Rücksicht darauf, dass eine(r) von ihnen noch weitere Ehen eingegangen ist. 18

4. Ausgeschlossene Angelegenheiten (Abs 4)

Die meisten der im Negativkatalog von Art 1 Abs 4 Brüssel IIb-VO genannten Angelegenheiten sind für Ehesachen nicht von Belang, sondern dienen der näheren Eingrenzung der gem Art 1 Abs 1 lit b und Abs 2 Brüssel IIb-VO erfassten Kindschaftssachen. Zum Ausschluss von Unterhaltspflichten (Abs 4 lit e) beachte unten Rn 39. 19

5. Kollisionsrecht

20 Die Brüssel IIb-VO beschränkt sich auf verfahrensrechtliche Fragen, sieht also, anders als die EuEheGüVO, **keine kollisionsrechtlichen Regelungen** vor (s Einl 40 zur Brüssel IIb-VO). Diese finden sich für die Ehescheidung und die Trennung ohne Auflösung des Ehebandes vielmehr in der sog **Rom III-VO**. Zu beachten ist, dass Art 1 Abs 2 lit c Rom III-VO, anders als die Brüssel IIb-VO, die Ungültigerklärung von Ehen ausklammert.

21 Im Übrigen treffen weder die Brüssel IIb-VO noch die Rom III-VO eine Aussage dazu, nach welchem Recht sich die im Eheauflösungsverfahren stellende **Vorfrage nach der Gültigkeit der Ehe** richtet (vgl Erwägungsgrund 10 Abs 3 zur Rom III-VO). Diese Vorfrage ist nicht an das Ehescheidungsstatut, sondern selbständig anzuknüpfen. In Deutschland kommt es daher auf das Eheschließungsstatut gem Art 13 EGBGB in Verbindung mit dem Formstatut nach Art 11 EGBGB an (BGH 22. 7. 2020 – XII ZB 131/20, FamRZ 2020, 1533 mAnm Antomo = NJW 2020, 3777 mAnm Löhnig; OLG Düsseldorf 31. 7. 2020 – II-3 WF 44/20, FamRZ 2021, 1461 mAnm Ebert; vBar/Mankowski Band II § 4 Rn 541 ff).

III. Sachlicher Anwendungsbereich: einzelne Ehesachen

1. Ehescheidung

22 Als erfasste Ehestatussache nennt Art 1 Abs 1 lit a Brüssel IIb-VO zunächst die Ehescheidung, was der erheblichen praktischen Bedeutung solcher Fälle entspricht. Im Anwendungsbereich des deutschen Rechts geht es dabei um die Scheidung iSv § 1564 BGB.

23 Keine Aussage trifft die Brüssel IIb-VO, wie Erwägungsgrund 9 S 2 klarstellt, zu den **Scheidungsgründen**. Damit ist aber nicht etwa gemeint, dass ein Gericht durch die Brüssel IIb-VO daran gehindert wäre, den Scheidungsgrund nach Maßgabe des anwendbaren Scheidungsrechts im Tenor festzustellen (ebenso etwa Gitschthaler/Garber Art 1 Brüssel IIa-VO Rn 24 f; Gruber IPRax 2005, 293, 294).

2. Trennung ohne Auflösung des Ehebandes

24 Als weitere Ehesache nennt Art 1 Abs 1 lit a Brüssel IIb-VO die Trennung ohne Auflösung des Ehebandes, auch bekannt als **Trennung von Tisch und Bett** oder als Lockerung des Ehebandes. In den sachlichen Anwendungsbereich der Verordnung fällt zudem, obwohl in Abs 1 lit a nicht eigens aufgeführt, ausweislich Art 5 Brüssel IIb-VO ein Antrag auf **Umwandlung** einer bereits ergangenen Trennungsentscheidung in eine Ehescheidung (s Art 5 Brüssel IIb-VO Rn 1 ff).

25 Das Rechtsinstitut der Trennung findet sich in vielen europäischen und außereuropäischen Familienrechtsordnungen, und zwar teils als dauerhafter Ersatz für eine Scheidung, teils als eine vor der Scheidung regelmäßig zu durchlaufende Vorstufe (rechtsvergleichend etwa Henrich, FS Gottwald 267 ff; Staudinger/Mankowski [2010] Art 17 EGBGB Rn 456 ff; knapper vBar/Mankowski Band II § 4 Rn 549). Im **deutschen Eherecht** ist weder das eine noch das andere vorgesehen. Nicht vergleichbar ist insbesondere das

faktische Getrenntleben als Indiz für das Scheitern der Ehe (§§ 1565–1567 BGB). Auch ein Antrag auf Feststellung eines Rechts zum Getrenntleben gem § 1353 Abs 2 BGB ist kein Anwendungsfall von Art 1 Abs 1 lit a Var 2 Brüssel IIb-VO, denn ein solcher Antrag zielt nicht auf eine Statusänderung ab (vgl etwa Dilger Rn 136; Rausch FuR 2001, 151; vgl zur Unanwendbarkeit der Verordnung auf Feststellungsanträge auch noch unten Rn 29 ff). Gleichwohl werden deutsche Gerichte gelegentlich mit Anträgen auf Ausspruch einer Trennung iSv Art 1 Abs 1 lit a Var 2 Brüssel IIb-VO nach ausländischem Sachrecht befasst (vgl etwa Wagner NZFam 2020, 937, 943, dort zum italienischen Recht). Solche Fälle werden seit Inkrafttreten der Rom III-VO allerdings seltener, weil dann, wenn ausländische Ehegatten ihren gewöhnlichen Aufenthalt im Inland haben, meist nicht mehr das gemeinsame Heimatrecht, sondern deutsches Eherecht anwendbar ist (Art 8 lit a Rom III-VO; vgl Henrich, in: FS Gottwald 267). In den verbleibenden Fällen bestimmt sich die internationale Zuständigkeit nach den allgemeinen Regeln, also Art 3 bzw Art 6 Brüssel IIb-VO.

3. Ungültigerklärung einer Ehe

Soweit das betreffende Eherecht entsprechend unterscheidet, umfasst die Ungültigerklärung einer Ehe iSv Art 1 Abs 1 lit a Var 3 Brüssel IIb-VO sowohl die **Eheaufhebung** als auch die **Nichtigerklärung** wegen anfänglicher Mängel. Dabei es kommt nicht darauf an, ob die Ehe ex nunc oder ex tunc aufgelöst wird. Im Anwendungsbereich des deutschen Rechts geht es um die Fälle der §§ 1313 ff BGB (ebenso etwa NK-BGB/Gruber Art 1 EheVO 2003 Rn 5; Hausmann Rn A 28; im Ergebnis übereinstimmend Henrich/Althammer/Henrich § 98 FamFG Rn 3: der Scheidung gleichzusetzen oder als Ungültigerklärung im weiteren Sinne einzuordnen). Keine Ungültigerklärung ist eine **Eheauflösung kraft Gesetzes** (etwa wegen Todes, Todeserklärung, Verschollenheit, Freiheitsstrafe). 26

Der Einordnung als Zivilsache steht es nicht entgegen, wenn eine **Verwaltungsbehörde** die Aufhebung einer Ehe betreibt (ebenso etwa Dutta ZEuP 2020, 897, 902), so wie im Anwendungsbereich des deutschen Rechts gem § 1316 Abs 1 Nr 1, Abs 3 BGB. In Deutschland kann dies in grenzüberschreitenden Fällen insbesondere im Zusammenhang mit der Aufhebung von im Ausland eingegangenen Minderjährigenehen relevant werden (beachte BGH 22. 7. 2020 – XII ZB 131/20, FamRZ 2020, 1533 mAnm Antomo = NJW 2020, 3777 mAnm Löhnig; zudem etwa Makowsky RabelsZ 83 [2019] 577, 601). Art 1 Abs 1 lit a Var 3 Brüssel IIb-VO gilt auch für ein Verfahren auf Initiative eines **privaten Dritten** (zutreffend Hilbig-Lugani IPRax 2017, 556, 559), so nach deutschem Recht in den Fällen von §§ 1306, 1316 Abs 1 Nr 1 BGB, § 129 Abs 1 FamFG (Aufhebungsverfahren wegen Bigamie). 27

Da es für die Eröffnung des Anwendungsbereichs der Brüssel IIb-VO nicht erforderlich ist, dass beide Ehegatten noch am Leben sind, wird auch ein Ungültigerklärungsverfahren erfasst, das ein Ehegatte erst nach dem Tod des anderen anstrengt (zutreffend Hilbig-Lugani IPRax 2017, 556, 559); dies ist allerdings nicht in allen Rechtsordnungen vorgesehen (vgl zum deutschem Recht § 1317 Abs 3 BGB). Der Anwendungsbereich soll nach Ansicht des EuGH sogar dann eröffnet sein, wenn ein Dritter ein solches **posthumes Verfahren** einleitet (dazu EuGH 13. 10. 2016 – C-294/15 Mikołajczyk/Czarnecki und Czarnecka, FamRZ 2016, 1997, 1999 = FamRB 2017, 83 [Dimmler] = NZFam 2017, 128 [Kemper]; dazu Dutta ZEuP 2020, 897, 901 f; Hilbig-Lugani IPRax 2017, 556; Mansel/Thorn/Wagner IPRax 2017, 1, 24 f; **aA** mit guten Argumenten noch Staudinger/Spel- 28

LENBERG [2015] Art 1 Brüssel IIa-VO Rn 27 im Anschluss an den BORRÁS-Bericht Nr 27). Zu den Besonderheiten der internationalen Zuständigkeit bei posthumen Verfahren und solchen mit Drittbeteiligung s Art 3 Brüssel IIb-VO Rn 86 ff.

IV. Sachlicher Anwendungsbereich: Sonderfragen

1. Nicht auf Eheauflösung abzielende Anträge und Entscheidungen

a) Feststellungsanträge und -entscheidungen

29 Zur Brüssel IIa-VO war lebhaft umstritten, ob sie auch positive und/oder wenigstens negative **Feststellungsanträge** und auf der Anerkennungsebene **Feststellungsentscheidungen** erfasst (näher zum früheren Streitstand etwa STAUDINGER/SPELLENBERG [2015] Art 1 Brüssel IIa-VO Rn 23 ff; HAU, in: FS Spellenberg 435, 443 f; HELMS FamRZ 2001, 257, 259). Dafür, solche Anträge und Entscheidungen einzubeziehen, die etwa das deutsche Recht gem § 121 Nr 3 FamFG als Ehesachen einordnet, sprach der Normzweck, eine europaweite Klärung des Ehestatus zu ermöglichen (vgl Einl 18 f zur Brüssel IIb-VO). Dagegen wurde allerdings der Wortlaut angeführt, der auf Gestaltungsanträge zugeschnitten war, die auf Statusänderungen abzielen.

30 Mit Erlass der **Brüssel IIb-VO** hat der Verordnungsgeber die bisherige Diskussion aufgegriffen: Laut dem neu eingefügten Art 2 Abs 1 Unterabs 1 Brüssel IIb-VO setzt der Begriff der „Entscheidung" voraus, dass die Scheidung, die Trennung oder die Ungültigerklärung „ausgesprochen wird". Ausgeklammert aus dem sachlichen Anwendungsbereich der Brüssel IIb-VO sind damit jedenfalls **positive Feststellungsentscheidungen** (nach wie vor für Einbeziehung indes THOMAS/PUTZO/HÜSSTEGE vor Art 30 Brüssel IIb-VO Rn 3: es drohe eine nicht hinnehmbare Lücke) und folglich wohl auch schon dahingehende Erkenntnisverfahren (zu den Konsequenzen beachte Art 20 Brüssel IIb-VO Rn 25).

31 Allerdings deutet Erwägungsgrund 9 S 1 darauf hin, dass es dem Verordnungsgeber letztlich nicht etwa auf die dogmatische Unterscheidung zwischen gestaltenden und lediglich feststellenden Entscheidungen ankommt, sondern allein darauf, dass die „Auflösung einer Ehe" in allen Mitgliedstaaten gleichermaßen verbindlich ist. Demnach liegt es nahe, dass **negative Feststellungsentscheidungen**, und folglich auch dahingehende Erkenntnisverfahren, durchaus noch in den sachlichen Anwendungsbereich der Brüssel IIb-VO gehören (insoweit wie hier THOMAS/PUTZO/HÜSSTEGE vor Art 30 Brüssel IIb-VO Rn 3): „ausgesprochen" iSv Art 2 Abs 1 Unterabs 1 Brüssel IIb-VO wird in solchen Fällen zwar nicht die „Ungültigerklärung", wohl aber die „Ungültigkeit" (bzw das Nichtbestehen) der fraglichen Ehe.

b) Abweisende Entscheidungen

32 Positioniert hat sich der Verordnungsgeber in der Brüssel IIb-VO auch zu der bislang nicht minder intensiv diskutierten Frage nach der Behandlung von Entscheidungen, die auf **Abweisung eines auf Statusänderung abzielenden Antrags** lauten (vgl zum früheren Streitstand wiederum etwa STAUDINGER/SPELLENBERG [2015] Art 1 Brüssel IIa-VO Rn 18 ff; HAU, in: FS Spellenberg 435, 443 f; HELMS FamRZ 2001, 257, 258 f): Erwägungsgrund 9 S 3 stellt klar, dass „Entscheidungen über die Verweigerung der Auflösung des Ehebandes" nicht unter die Bestimmungen der Brüssel IIb-VO zur Entscheidungsanerkennung fallen sollen. Diese Position ist nicht vom Zweck der Brüssel IIb-VO gedeckt (vgl Einl 18 f zur Brüssel IIb-VO) und erscheint bedenklich im Hinblick auf den Justizgewährungsanspruch des obsiegenden Antragsgegners. Eine Klärung durch den EuGH wäre wünschenswert.

Zu beachten ist im Übrigen, dass Art 73 Brüssel IIb-VO auch die Vollstreckung von solchen **Kostenentscheidungen** betreffen soll, die ergehen, wenn ein auf Statusänderung abzielender Antrag als unzulässig oder unbegründet abgewiesen wird (s Art 73 Brüssel IIb-VO Rn 4). 33

c) Leistungsanträge und -entscheidungen

Einvernehmen besteht inzwischen darüber, dass Verfahren bzw Entscheidungen betreffend die **Herstellung des ehelichen Lebens** nicht in den Anwendungsbereich der Brüssel IIb-VO fallen (ebenso zum früheren Recht etwa schon DILGER Rn 188; PABST Rn 248). In Deutschland sind dahingehende Verfahren – nach deutschem oder ausländischem Eherecht – keine Ehesachen iSv § 121 FamFG, sondern sonstige Familiensachen (§ 266 Abs 1 Nr 2 FamFG; vgl BT-Drucks 16/6308, 226). Die internationale Entscheidungszuständigkeit deutscher Familiengerichte bestimmt sich daher nicht nach § 98 Abs 1 FamFG, sondern nach §§ 267, 105 FamFG (vgl etwa STAUDINGER/SPELLENBERG [2016] § 98 FamFG Rn 28 ff; PRÜTTING/HELMS/HAU § 98 FamFG Rn 32). 34

Auch **sonstige Leistungsanträge** und entsprechende Entscheidungen gehören nicht in den sachlichen Anwendungsbereich iSv Art 1 Abs 1 lit a Brüssel IIb-VO. Man denke etwa an den Antrag, das Gericht möge den anderen Ehegatten verpflichten, aus einer vertraglichen Ehescheidungsfolgenvereinbarung eine religiöse Ehescheidung nach islamischem Recht zu betreiben (vgl die Fallgestaltung bei OLG Hamburg 25. 10. 2019 – 12 UF 220/17, FamRZ 2020, 668 = NZFam 2020, 48 [MANKOWSKI] = FamRB 2020, 137 [FINGER]; dazu LOOSCHELDERS IPRax 2021, 527, 529 ff). 35

d) Anwendbarkeit des Konventionsrechts bzw mitgliedstaatlichen Rechts

Werden ehebestätigende Entscheidungen, Leistungsentscheidungen sowie womöglich auch negative Feststellungsentscheidungen von der Brüssel IIb-VO nicht erfasst, so sperrt diese allerdings nicht den Rückgriff auf sonstige **Anerkennungsregeln** (ebenso etwa NK-BGB/ANDRAE Art 21 EheVO 2003 Rn 7; PRÜTTING/GEHRLEIN/DIMMLER Art 2 Brüssel IIa-VO Rn 1 und Art 21–27 Brüssel IIa-VO Rn 1b; GITSCHTHALER/GARBER Art 1 Brüssel IIa-VO Rn 30; GEIMER/SCHÜTZE/GEIMER Art 21 EuEheVO Rn 10; ALTHAMMER/WELLER Art 21 Brüssel IIa-VO Rn 7; offenlassend GRUBER/MÖLLER IPRax 2020, 393, 400 Fn 79). Es gibt keinen Hinweis darauf, dass der Verordnungsgeber darauf abzielt (bzw dazu berechtigt wäre), den Mitgliedstaaten die Anerkennung nach bilateralen Anerkennungsverträgen (vgl Art 94 Brüssel IIb-VO Rn 3) oder nach mitgliedstaatlichem Recht (in Deutschland: §§ 107 ff FamFG) zu untersagen (deutlich GEIMER/SCHÜTZE/GEIMER Art 21 EuEheVO Rn 10: das Unionsrecht etabliere kein Nichtanerkennungsgebot). 36

Es liegt nahe, die genannten Einschränkungen des sachlichen Anwendungsbereichs der Brüssel IIb-VO, obwohl sie ausweislich Art 2 Abs 1 Unterabs 1 Brüssel IIb-VO an sich erst beim Begriff der Entscheidung ansetzen, bereits auf die Regeln über die **internationale Zuständigkeit** zu übertragen. Aber auch damit ist dann nur gesagt, dass sich die Zuständigkeit eben nicht nach der Brüssel IIb-VO, sondern nach nationalem Recht richtet (in Deutschland: § 98 Abs 1 FamFG). Zu den im Falle von **positiven Kompetenzkonflikten** anwendbaren Regeln beachte Art 20 Brüssel IIb-VO Rn 25. 37

2. Folgen der Eheauflösung

a) Unanwendbarkeit der Brüssel IIb-VO

38 Die Brüssel IIb-VO regelt Fragen der internationalen Zuständigkeit, Verfahrenskoordination und Anerkennung im Hinblick auf die Ehesachen iSv Art 1 Abs 1 lit a Brüssel IIb-VO, also auf ehestatusrechtliche Angelegenheiten. Zudem betrifft sie **kindschaftsrechtliche Verfahren** iSv Art 1 Abs 1 lit b und Abs 2 Brüssel IIb-VO, und zwar auch dann, wenn diese im Zusammenhang mit einer Ehesache ausgetragen und entschieden werden (vgl in Deutschland § 137 Abs 3 FamFG).

39 Von Kindschaftssachen einmal abgesehen, enthält sich die Brüssel IIb-VO der Regelung **sonstiger Konsequenzen der Eheauflösung**, namentlich also im Hinblick auf Folgesachen, die im deutschem Recht gem § 137 Abs 2 FamFG in den Scheidungsverbund fallen (vgl etwa Dutta, in: Budzikiewicz/Heiderhoff/Klinkhammer/Niethammer-Jürgens [2019] 73, 74 f). In diesem Sinne weist Erwägungsgrund 9 S 2 darauf hin, dass die Brüssel IIb-VO nicht für „das **Ehegüterrecht** oder sonstige mögliche Nebenaspekte" gelte. Art 1 Abs 4 lit e Brüssel IIb-VO stellt eigens die Unanwendbarkeit auf **Unterhaltspflichten** klar (vgl dazu Erwägungsgrund 13 sowie noch zur Brüssel IIa-VO EuGH 3. 10. 2019 – C-759/18 OF/PG, FamRZ 2019, 1989 Rn 53 = FamRB 2020, 49 [Dimmler]).

40 Der Negativkatalog in Art 1 Abs 4 lit c Brüssel IIb-VO erwähnt, dass die Bestimmung des Kindesnamens nicht in den Anwendungsbereich der Brüssel IIb-VO fällt. Dies darf freilich nicht zu dem Umkehrschluss verleiten, dass die **Namensführung** nach einer Eheauflösung erfasst wäre. Daher erscheint es zumindest missverständlich, wenn der EuGH bisweilen behauptet, dass die Aufzählung in Abs 4 abschließend sei (so zu Art 1 Abs 3 Brüssel IIa-VO EuGH 13. 10. 2016 – C-294/15 Mikołajczyk/Czarnecki und Czarnecka, FamRZ 2016, 1997 Rn 29: „die vom Anwendungsbereich dieser Verordnung ausgeschlossenen Materien abschließend aufzählt"; zutreffend krit Hilbig-Lugani IPRax 2017, 556, 557).

41 Im Hinblick auf Folgesachen können sonstige gegenüber dem nationalen Recht vorrangige **europa- und konventionsrechtliche Regelungen** eingreifen. Zu berücksichtigen sind insbesondere die EuUntVO und die EuEheGüVO (die auch Ehewohnungs- und Haushaltssachen betrifft, nicht hingegen den Versorgungsausgleich, vgl Art 1 Abs 2 lit f EuEheGüVO). Keine europarechtlichen Regelungen gelten für abstammungs- und namensrechtliche Konsequenzen einer Eheauflösung. Im Übrigen ist das **mitgliedstaatliche internationale Verfahrensrecht** maßgeblich.

b) Annexzuständigkeiten für Folgesachen

42 Trotz des engen Zuschnitts ihres eigenen sachlichen Anwendungsbereichs lässt die Brüssel IIb-VO Vorschriften unberührt, die eine **internationale Annexzuständigkeit** für Folgefragen an den Gerichtsstand knüpfen, den die Brüssel IIb-VO für die Ehestatussache eröffnet (vgl etwa Hau FamRZ 2000, 1333, 1337; Rauscher/Rauscher Einl Brüssel IIa-VO Rn 15).

43 Im **Sekundärrecht** sind Annexzuständigkeiten zu Ehestatussachen geregelt, allerdings wenig kohärent (näher zum Folgenden Dutta, in: Budzikiewicz/Heiderhoff/Klinkhammer/Niethammer-Jürgens [2019] 73, 78 ff). Zu erwähnen ist zunächst Art 3 lit c EuUntVO für **Unterhaltssachen** (beachte dazu EuGH 16. 7. 2015 – C-184/14 A/B, FamRZ 2015, 1582 = NJW

2015, 3021 mAnm Reuss = FamRB 2015, 329 [Bissmeier] = NZFam 2015, 839 [Rasch], dazu Mankowski FamRZ 2015, 1785, Rauscher IPRax 2016, 215; EuGH 5. 9. 2019 – C-468/18 R/P, FamRZ 2019, 2001 = FamRB 2019 [Dimmler]). Hierzu hat Deutschland in § 25 AUG (geändert durch Art 4 Nr 1 G v 10. 8. 2021, BGBl 2021 I 3424) eine problematische Durchführungsregelung erlassen (zur fraglichen Europarechtskonformität vgl Hau, in: Budzikiewicz/Heiderhoff/Klinkhammer/Niethammer-Jürgens [2021] 145, 157 ff).

Inzwischen besteht eine an Art 3 Brüssel IIb-VO anknüpfende Regelung auch für **Güterrechtssachen** in Art 5 Abs 1 EuEheGüVO (zum Wegfall der Annexzuständigkeit mit Rücknahme des Scheidungsantrags vgl OGH 21. 10. 2020 – 9 Ob 32/20a, FamRZ 2021, 1308). Allerdings macht Art 5 Abs 2 EuEheGüVO dann, wenn die Zuständigkeit für die Ehestatussache nur gem Art 3 lit a (v) oder (vi) bzw Art 5 Brüssel IIb-VO eröffnet ist, die Annexzuständigkeit abhängig von einer bestätigenden Vereinbarung der Ehegatten (dazu Erwägungsgrund 34 zur EuEheGüVO; Dutta FamRZ 2019, 1390, 1391; Erbarth NZFam 2018, 387, 389 f; Wendland IPRax 2019, 1, 5; MünchKommFamFG/Mayer Art 5 EuEheGüVO Rn 13 f); vgl dazu noch Art 3 Brüssel IIb-VO Rn 59. Die deutsche Durchführungsbestimmung zu Art 5 EuEheGüVO ist § 3 Abs 1 Nr 2 IntGüRVG. 44

Die früher in Art 12 Abs 1 Brüssel IIa-VO geregelte Annexzuständigkeit für **Kindschaftssachen** (dazu EuGH 16. 1. 2018 – C-604/17 PM/AH, FamRZ 2019, 62 mAnm Musseva; EuGH 3. 10. 2019 – C-759/18 OF/PG, FamRZ 2019, 1989, 1991 = FamRB 2020, 49 [Dimmler]; dazu Kohler/Pintens FamRZ 2020, 1417, 1422 f; beachte auch Staudinger/Spellenberg [2015] Art 1 Brüssel IIa-VO Rn 48) ist ohne nähere Begründung nicht in die Brüssel IIb-VO übernommen worden (dazu Dutta, in: Budzikiewicz/Heiderhoff/Klinkhammer/Niethammer-Jürgens [2019] 73, 78; Gruber/Möller IPRax 2020, 393, 395; Schulz FamRZ 2020, 1141, 1142; missverständlich Erwägungsgrund 23 S 1 zur Brüssel IIb-VO). Allerdings können die Träger der elterlichen Verantwortung gem Art 10 Brüssel IIb-VO eine Gerichtsstandsvereinbarung treffen, die sich am Forum der Ehestatussache orientiert (vgl González Beilfuss, Liber Amicorum Pauknerová 169; Lupoi Polski Proces Cywilny 2021, 543) 45

An Art 3 Brüssel IIb-VO anknüpfende Annexzuständigkeiten für Folgesachen finden sich auch im **mitgliedstaatlichen Recht**. So gilt in Deutschland, soweit keine europa- oder konventionsrechtliche Vorschrift vorgeht, **§ 98 Abs 3 FamFG**. Dessen zu eng geratene Formulierung, wonach die „Zuständigkeit der deutschen Gerichte nach Absatz 1" erstreckt wird, soll nicht etwa besagen, dass eine Verbundzuständigkeit nur dann besteht, wenn sich die internationale Zuständigkeit deutscher Gerichte für die Scheidungssache (ausnahmsweise noch) aus § 98 Abs 1 FamFG ergibt; vielmehr kommt sie auch in den weitaus häufigeren Fällen des Art 3 Brüssel IIb-VO in Betracht (näher Staudinger/Spellenberg [2016] § 98 FamFG Rn 280; Prütting/Helms/Hau § 98 FamFG Rn 40). 46

3. Einstweilige Maßnahmen

Zur **Brüssel IIa-VO** wurde eingehend diskutiert, ob und unter welchen Voraussetzungen ihre Zuständigkeits-, Rechtshängigkeits- und Anerkennungsregeln auch für einstweilige Maßnahmen in Ehesachen gelten sollen. Diese Debatte rührte vor allem daher, dass die Zuständigkeitsvorschrift des Art 20 Brüssel IIa-VO in Kap 2 Abschnitt 3 eingestellt war („Gemeinsame Bestimmungen"), also nicht etwa in Abschnitt 2 („Elterliche Verantwortung"). Fraglich war allerdings, was überhaupt als 47 einstweilige Maßnahme im Zusammenhang mit einer Ehesache iSv Art 1 Abs 1 lit a Brüssel IIa-VO erfasst sein sollte (ausführl zur Diskussion über den Anwendungsbereich und die Rechtsfolgen von Art 20 Brüssel IIa-VO die Kommentierung bei STAUDINGER/SPELLENBERG [2015], zudem aus neuerer Zeit etwa DUTTA, in: BUDZIKIEWICZ/HEIDERHOFF/KLINKHAMMER/NIETHAMMER-JÜRGENS [2019] 73, 74 ff; GARBER/NEUMAYR, in: FS Thümmel 171, 174 f).

48 Nunmehr ist **Art 15 Brüssel IIb-VO** ausweislich seiner systematischen Stellung in Kap II Abschnitt 2 und der Bezugnahme im Wortlaut auf Kindschaftssachen eindeutig nur auf Fälle des Art 1 Abs 1 lit b Brüssel IIb-VO zu beziehen (ebenso GARBER/NEUMAYR, in: FS Thümmel 171, 176 f; NK-BGB/GRUBER EheVO 2019 Rn 7). Wenn indes in Kap II Abschnitt 1 eine verordnungseigene Zuständigkeitsvorschrift nicht vorgesehen ist (bzw, je nach Verständnis des früheren Rechts, nicht mehr vorgesehen ist), so kann daraus gefolgert werden, dass einstweilige Maßnahmen im Zusammenhang mit einer Ehesache überhaupt **nicht in den Anwendungsbereich der Brüssel IIb-VO** fallen sollen. Sie unterliegen damit zumindest in direkter Anwendung auch nicht den Vorschriften über Verfahrenskonkurrenzen (Art 20 Brüssel IIb-VO) und zur Entscheidungsanerkennung (Art 2 Abs 1 Unterabs 2 und 3, Art 30 ff Brüssel IIb-VO).

49 Für eine Einbeziehung in die Brüssel IIb-VO besteht auch kein praktischer Bedarf mehr: einstweilige Maßnahmen in **Unterhaltssachen** regelt Art 14 EuUntVO, in **Güterrechtssachen**, einschließlich der vorläufigen Zuweisung von Ehewohnung und Hausrat, gilt Art 19 EuEheGüVO zumindest in den Mitgliedstaaten, die dieses Instrument anwenden (so auch Deutschland). Die Anerkennung von **Schutzmaßnahmen**, nicht hingegen die internationale Zuständigkeit, stellt die EuSchutzMVO sicher (deutsches Durchführungsrecht: Gesetz zum Europäischen Gewaltschutzverfahren [EuGewSchVG] v 5. 12. 2014, BGBl 2014 I 1964).

4. Kostenrechtliche Entscheidungen

50 Die auch in Ehesachen relevante Anwendbarkeit der Anerkennungs- und Vollstreckungsregelungen der Brüssel IIb-VO auf Kostenentscheidungen ergibt sich zwar nicht aus Art 2 Abs 1 Brüssel IIb-VO (s Art 2 Brüssel IIb-VO Rn 5), aber aus Art 73 Brüssel IIb-VO (s Art 73 Brüssel IIb-VO Rn 1 ff).

V. Räumlicher Anwendungsbereich

1. Mitgliedstaaten

51 Als Verordnung gilt die Brüssel IIb-VO gem Art 288 Abs 2 AEUV grundsätzlich „in jedem Mitgliedstaat" der **Europäischen Union**. Umfasst sind dabei auch Guadeloupe, Französisch-Guayana, Martinique, Réunion, Saint Barthélemy, Saint Martin, die Azoren, Madeira und die Kanarischen Inseln (Art 355 Abs 1 AEUV), zudem die Ålandinseln (Art 355 Abs 4 AEUV), nicht jedoch die in Anhang II zum AEUV aufgeführten, nur assoziierten überseeischen Länder und Hoheitsgebiete (Art 355 Abs 2 AEUV).

52 Aus Erwägungsgrund 96 zur Brüssel IIb-VO ergibt sich, dass sich **Dänemark**, obwohl EU-Mitgliedstaat, nicht an der Verordnung beteiligt (vgl auch die nunmehr entfallene weitere Klarstellung in Art 2 Nr 3 Brüssel IIa-VO). Ein Erstreckungsabkommen, wie es die EU mit Dänemark zu anderen Instrumenten der justiziellen Zusammenarbeit abgeschlossen hat (ABl EU 2005 L 299/62 sowie ABl EU 2005 L 300/55; beachte dazu und zur Sonderrolle Dänemarks etwa HESS Rn 2.29 ff), ist für die Brüssel IIb-VO und ihre Vorgängerrechtsakte bedauerlicherweise nicht zustande gekommen.

Irland hat erklärt, sich an der Brüssel IIb-VO zu beteiligen (vgl Erwägungsgrund 95). **53**
Dasselbe galt auch für das **Vereinigte Königreich** (mit London als der „Scheidungshauptstadt der Welt"; vgl etwa MANKOWSKI FamRZ 2015, 1865), das aber inzwischen – noch vor dem Geltungsbeginn der Brüssel IIb-VO – aus der EU ausgetreten ist (**Brexit**; näher dazu Art 100 Brüssel IIb-VO Rn 8 f).

Die bei Schaffung der Brüssel II-VO geäußerte Erwartung, dass es (ähnlich wie mit **54**
dem Luganer Parallel-Übereinkommen zum EuGVÜ) irgendwann zu einer Erweiterung der justiziellen Zusammenarbeit in Ehe- und Kindschaftssachen auf die **EFTA-Staaten Island, Norwegen und die Schweiz** kommen könnte (vgl zu solchen Überlegungen BONOMI AJP/PJA 2002, 251), hat sich leider nie erfüllt.

2. Zuständigkeitsregeln

Der **räumlich-persönliche Anwendungsbereich** der Brüssel IIb-Zuständigkeitsregeln – **55**
und damit der Restanwendungsbereich des mitgliedstaatlichen Rechts – ist in der Verordnung nicht ausdrücklich festgelegt, sondern lässt sich nur durch eine Analyse des Zusammenspiels insbesondere von Art 3 und Art 6 Brüssel IIb-VO ermitteln (beachte die Erläuterung zu Art 6 Brüssel IIb-VO). Unzutreffend ist aber jedenfalls die These, dass eine internationale Zuständigkeit nach der Verordnung voraussetze, dass der Antragsgegner seinen gewöhnlichen Aufenthalt in einem Mitgliedstaat hat oder einem solchen angehört bzw dort sein domicile hat (so indes SCHWAB/ERNST/STREICHER § 4 Rn 12). Dass dies nicht zutrifft, die Brüssel IIb-VO also durchaus auch den Fall erfassen kann, dass sich der Antrag gegen einen drittstaatenansässigen Drittstaatenangehörigen richtet, belegen schon die in Art 3 lit a (v) und lit b Brüssel IIb-VO geregelten Gerichtsstände.

Ausweislich Art 81 Abs 1 AEUV bezieht sich die Kompetenz der EU dafür, Rechts- **56**
akte im Bereich der justiziellen Zusammenarbeit zu schaffen, nur auf Zivilsachen mit **grenzüberschreitendem Bezug** (vgl zu diesem schillernden Begriff etwa HAU, in: GS Unberath 139; MAGNUS ZEuP 2018, 507; WAGNER ZZP 131 [2018] 183). Fraglich ist, was daraus für den Anwendungsbereich der Brüssel IIb-VO folgt, und zwar vordringlich hinsichtlich der Zuständigkeitsregeln (denn bei sonstigen Regelungen, insbesondere zur Beachtlichkeit ausländischer Rechtshängigkeit oder zur Anerkennung ausländischer Entscheidungen, sind von vornherein immer mindestens zwei verschiedene Staaten involviert).

Der EuGH hatte schon zum **EuGVÜ** betont, dass dessen Zuständigkeitsregeln nicht **57**
anwendbar sein sollen, wenn der Sachverhalt keinerlei Auslandsbezug aufweist (grundlegend EuGH 1. 3. 2005 – C-281/02 Owusu/Jackson, EuZW 2005, 345). Zutreffend wurden und werden aber keine großen Anforderungen an diesen Bezug gestellt, sodass offenbar Einvernehmen herrscht, dass ein solcher auch dann gegeben sein kann, wenn alle Beteiligten im Gerichtsstaat ansässig sind (vgl wiederum EuGH 1. 3. 2005 – C-281/02

Owusu/Jackson, EuZW 2005, 345; ebenso zur Brüssel Ia-VO EuGH 14. 11. 2013 – C-478/12 Maletic/ lastminute.com, NJW 2014, 530).

58 Überträgt man dies auf die **Brüssel IIb-VO**, so lässt sich formulieren, dass ihre Zuständigkeitsregeln **rein innerstaatliche Sachverhalte** nicht betreffen (vgl etwa Balthasar-Wach ZfRV 2022, 20, 22; Gitschthaler/Garber Vorbem Brüssel IIa-VO Rn 23). Freilich wird man in einem solchen Fall ohnehin kaum auf die Idee kommen, die internationale Entscheidungszuständigkeit überhaupt zu problematisieren. Demgegenüber liegt schon dann ein internationaler Bezug vor, wenn beispielsweise einer der Ehegatten über eine ausländische Staatsangehörigkeit verfügt, der gesamte übrige Sachverhalt aber nur Bezüge zu Deutschland aufweist. Letztlich spielt es in aller Regel schlicht keine Rolle, ob die Anwendbarkeit der Brüssel IIb-VO auf einen konkreten Sachverhalt zwingend eine wie auch immer geartete Auslandsbeziehung voraussetzt (verneinend etwa Geimer/Schütze/Hau/Dilger Einl EheVO Rn 46; Geimer/Schütze/Geimer EuEheVO Art 1 Rn 51; Rauscher/Rauscher Einl Brüssel IIa-VO Rn 29; **aA** Magnus/Mankowski/Mankowski Brussels IIbis Regulation Introduction Rn 113; offen gelassen von BGH 28. 5. 2008 – XII ZR 61/06, FamRZ 2008, 1409 mAnm Henrich = IPRax 2009, 347, dazu Siehr IPRax 2009, 332).

59 Weitaus wichtiger erscheint eine andere Klarstellung: Weder Art 81 Abs 1 AEUV noch der Brüssel IIb-VO lässt sich entnehmen, dass ihr Zuständigkeitssystem nur solche Sachverhalte betreffen soll, die einen **Bezug zu mindestens einem anderen Mitgliedstaat** aufweisen (insoweit besteht heute offenbar Einvernehmen; vgl etwa Balthasar-Wach ZfRV 2022, 20, 22; Geimer/Schütze/Geimer EuEheVO Art 1 Rn 52; Magnus/Mankowski/Mankowski Brussels IIbis Regulation Introduction Rn 115; Rauscher/Rauscher Einl Brüssel IIa-VO Rn 28; übereinstimmend die ganz hM zum EuGVÜ und zur Brüssel Ia-VO, wiederum im Anschluss an EuGH 1. 3. 2005 – C-281/02 Owusu/Jackson, EuZW 2005, 345). Daher kann Art 3 Brüssel IIb-VO auch dann einschlägig sein, wenn keiner der Ehegatten einem anderen Mitgliedstaat angehört oder sich in einem solchen gewöhnlich aufhält (zutreffend zB OLG Hamm 14. 6. 2012 – 4 UF 136/10, FamRZ 2012, 1498, 1499: Scheidung von Eheleuten mit iranischer Staatsangehörigkeit und gewöhnlichem Aufenthalt in Deutschland; ebenso OLG Frankfurt 5. 4. 2019 – 4 UF 35/19, FamRZ 2020, 665).

3. Regeln über konkurrierende Verfahren

60 Die in Art 20 Abs 1 Brüssel IIb-VO vorgesehene Aussetzungspflicht kommt nur dann in Betracht, wenn die konkurrierenden Ehesachen in **verschiedenen Mitgliedstaaten** ausgetragen werden. Demgegenüber kann ein **drittstaatliches Verfahren** die Sperrwirkung des Art 20 Abs 1 Brüssel IIb-VO nicht entfalten, und zwar unabhängig davon, ob sich die internationale Zuständigkeit der deutschen Gerichte aus Art 3 Brüssel IIb-VO oder aus dem autonomen deutschen Recht ergibt (dazu Art 20 Brüssel IIb-VO Rn 13 ff). So lange sich der Verordnungsgeber nicht dazu entschließen kann, einheitliche Regeln zu drittstaatlichen Verfahren nach Vorbild von Art 33 f Brüssel Ia-VO auch in die Brüssel IIb-VO einzufügen, sind solche Verfahrenskonkurrenzen nach mitgliedstaatlichem Recht zu beurteilen (vgl für Deutschland etwa Staudinger/Spellenberg [2016] Anhang zu § 106 FamFG Rn 15 ff; Prütting/Helms/Hau vor §§ 98–106 FamFG Rn 51 ff).

4. Anerkennungsregeln

Die Anwendbarkeit der Anerkennungsregeln der Brüssel IIb-VO setzt in räumlicher Hinsicht voraus, dass der anzuerkennende **Rechtsakt aus einem Mitgliedstaat** stammt: Maßgeblich ist also, dass in einem solchen die Entscheidung erlassen, die öffentliche Urkunde errichtet oder die Vereinbarung eingetragen wurde. Ohne Belang ist demgegenüber, ob der zugrundeliegende Sachverhalt irgendeinen Bezug zu einem anderen Mitgliedstaat hatte, welche Staatsangehörigkeit bzw welchen gewöhnlichen Aufenthaltsstaat die Parteien haben und ob das ausländische Gericht bzw die sonst zuständige Stelle seine/ihre internationale Zuständigkeit nach den Brüssel IIb-Regeln beurteilt hat (oder richtigerweise hätte beurteilen müssen). Zu Einzelheiten vgl Art 30 Brüssel IIb-VO Rn 13 f. 61

Die Anerkennung **drittstaatlicher Entscheidungen** bzw sonstiger Rechtsakte in den Mitgliedstaaten richtet sich nicht nach der Brüssel IIb-VO, sondern nach völkerrechtlichen Verträgen oder mitgliedstaatlichem Recht (klarstellend zur Brüssel IIa-VO etwa BGH 26. 8. 2020 – XII ZB 158/18, FamRZ 2020, 1811 Rn 12). 62

VI. Zeitlicher Anwendungsbereich

Die Verordnung wurde im ABl EU L 178/1 vom 2. 7. 2019 veröffentlicht und ist daraufhin gem Art 105 Abs 1 Brüssel IIb-VO am 22. 7. 2019 in Kraft getreten. Sie gilt gem Art 105 Abs 2 Brüssel IIb-VO im Wesentlichen seit dem 1. 8. 2022. Dies ist ausschlaggebend für ihren zeitlichen Anwendungsbereich nach Maßgabe von Art 100 Brüssel IIb-VO und für den Zeitpunkt der Aufhebung der Brüssel IIa-VO (Art 104 Abs 1 Brüssel IIb-VO). 63

Artikel 2
Begriffsbestimmungen

(1) Für die Zwecke dieser Verordnung bezeichnet der Ausdruck „Entscheidung" eine Entscheidung eines Gerichts eines Mitgliedstaats einschließlich einer Verfügung, eines Beschlusses oder eines Urteils, mit der die Ehescheidung, die Trennung ohne Auflösung des Ehebandes oder die Ungültigerklärung einer Ehe ausgesprochen wird, oder in Verfahren betreffend die elterliche Verantwortung;

Für die Zwecke des Kapitels IV schließt der Ausdruck „Entscheidung" Folgendes ein:

a) eine in einem Mitgliedstaat ergangene Entscheidung, in der nach dem Haager Übereinkommen von 1980 die Rückgabe eines Kindes in einen anderen Mitgliedstaat angeordnet wird und die in einem anderen Mitgliedstaat vollstreckt werden muss als in dem Mitgliedstaat, in dem sie ergangen ist;

b) einstweilige Maßnahmen einschließlich Schutzmaßnahmen, die von einem Gericht, das nach dieser Verordnung in der Hauptsache zuständig ist, angeordnet werden, oder Maßnahmen, die gemäß Artikel 27 Absatz 5 in Verbindung mit Artikel 15 angeordnet werden;

Für die Zwecke des Kapitels IV schließt der Ausdruck „Entscheidung" keine einstweiligen Maßnahmen einschließlich Schutzmaßnahmen ein, die ohne Ladung des Antragsgegners angeordnet wurden, es sei denn, die die Maßnahme enthaltende Entscheidung wird dem Antragsgegner vor der Vollstreckung zugestellt;

(2) Für die Zwecke dieser Verordnung bezeichnet ferner der Ausdruck

1. **„Gericht" jede Behörde der Mitgliedstaaten, die für Rechtssachen zuständig ist, die in den Anwendungsbereich dieser Verordnung fallen;**

2. **„öffentliche Urkunde" ein Schriftstück, das in den in den Anwendungsbereich dieser Verordnung fallenden Angelegenheiten als öffentliche Urkunde in einem Mitgliedstaat förmlich errichtet oder eingetragen worden ist und dessen Beweiskraft**

   a) **sich auf die Unterschrift und den Inhalt der Urkunde bezieht und**

   b) **durch eine Behörde oder eine andere hierzu ermächtigte Stelle festgestellt worden ist. Die Mitgliedstaaten teilen der Kommission gemäß Artikel 103 die betreffenden Behörden und Stellen mit;**

3. **„Vereinbarung" für die Zwecke des Kapitels IV ein Schriftstück, das keine öffentliche Urkunde ist, in den in den Anwendungsbereich dieser Verordnung fallenden Angelegenheiten von den Parteien erstellt wurde und von einer von einem Mitgliedstaat der Kommission hierzu gemäß Artikel 103 mitgeteilten Behörde eingetragen wurde;**

4. **„Ursprungsmitgliedstaat" den Mitgliedstaat, in dem die Entscheidung ergangen ist, die öffentliche Urkunde förmlich errichtet oder eingetragen worden ist oder die Vereinbarung eingetragen worden ist;**

5. **„Vollstreckungsmitgliedstaat" den Mitgliedstaat, in dem die Entscheidung, öffentliche Urkunde oder Vereinbarung vollstreckt werden soll;**

6. **„Kind" jede Person unter 18 Jahren;**

7. **„elterliche Verantwortung" die gesamten Rechte und Pflichten, die einer natürlichen oder juristischen Person durch Entscheidung oder kraft Gesetzes oder durch eine rechtlich verbindliche Vereinbarung betreffend die Person oder das Vermögen eines Kindes übertragen wurden, einschließlich des Sorge- und des Umgangsrechts;**

8. **„Träger der elterlichen Verantwortung" jede Person, Einrichtung oder sonstige Stelle, die die elterliche Verantwortung für ein Kind ausübt;**

9. **„Sorgerecht" die Rechte und Pflichten, die mit der Sorge für die Person eines Kindes verbunden sind, und insbesondere das Recht auf die Bestimmung des Aufenthaltsortes eines Kindes;**

10. „Umgangsrecht" das Recht auf Umgang mit dem Kind, einschließlich des Rechts, das Kind für eine begrenzte Zeit an einen anderen Ort als seinen gewöhnlichen Aufenthaltsort zu bringen;

11. „widerrechtliches Verbringen oder Zurückhalten eines Kindes" das Verbringen oder Zurückhalten eines Kindes, wenn

a) durch eine solches Verbringen oder Zurückhalten das Sorgerecht verletzt wird, das aufgrund einer Entscheidung, kraft Gesetzes oder durch eine rechtlich verbindliche Vereinbarung nach dem Recht des Mitgliedstaats besteht, in dem das Kind unmittelbar vor dem Verbringen oder Zurückhalten seinen gewöhnlichen Aufenthalt hatte, und

b) das Sorgerecht zum Zeitpunkt des Verbringens oder Zurückhaltens allein oder gemeinsam tatsächlich ausgeübt wurde oder ausgeübt worden wäre, wenn das Verbringen oder Zurückhalten nicht stattgefunden hätte.

(3) Für die Zwecke der Artikel 3, 6, 10, 12, 13, 51, 59, 75, 94 und 102 ersetzt für Irland und das Vereinigte Königreich das Konzept des „domicile" jenes der „Staatsangehörigkeit", und dieser Begriff hat dieselbe Bedeutung wie nach jeder der Rechtsordnungen jener Mitgliedstaaten.

Bis 31. 7. 2022 geltende Regelung: Art 2 Brüssel IIa-VO (s Textanh 2 Rn 3).

Schrifttum

Vgl die Angaben zu Art 1 Brüssel IIb-VO.

Systematische Übersicht

I. Überblick

1 Die Vorschrift stellt, wie es in neueren Sekundärrechtsakten üblich geworden und auch schon in der Brüssel IIa-VO praktiziert worden ist, einige mehr oder weniger wichtige Legaldefinitionen zusammen. Im Vergleich zu Art 2 Brüssel IIa-VO ist die Liste einerseits erweitert („öffentliche Urkunde", „Vereinbarung"), anderseits gekürzt worden („Richter", „Mitgliedstaat"). Art 2 Brüssel IIb-VO erhebt, wie seine Vorgänger- und Parallelregelungen, erkennbar keinerlei Anspruch auf Vollständigkeit. So fehlen etwa Erläuterungen der in Art 1 Abs 1 lit a Brüssel IIb-VO verwendeten Termini („Ehe", „Ehescheidung" etc), und auch der zuständigkeitsrechtliche

Schlüsselbegriff des gewöhnlichen Aufenthalts (dazu Art 3 Brüssel IIb-VO Rn 21 ff) wird hier ebenso wenig wie im übrigen sekundärrechtlichen Zivilverfahrensrecht definiert.

II. Begriff der Entscheidung (Abs 1)

2 Ausweislich Art 2 Abs 1 Unterabs 1 Brüssel IIb-VO kommt es für den Begriff der Entscheidung nicht auf die **Bezeichnung** an (etwa als „Urteil", „Beschluss" oder auch „Verfügung"). **Entscheidungsträger** muss ein Gericht sein, was auf die (weite) Legaldefinition in Art 2 Abs 2 Nr 1 Brüssel IIb-VO verweist (s Rn 7 ff). Der EuGH hat zur Brüssel IIa-VO klargestellt, dass diese als „Entscheidungen" nur solche Ehescheidungen erfasse, „die entweder von einem staatlichen Gericht oder von einer öffentlichen Behörde bzw unter deren Kontrolle ausgesprochen werden" (EuGH 20. 12. 2017 – C-372/16 Sahyouni/Mamisch, FamRZ 2018, 169 Rn 48 mAnm MAYER = NZFam 2018, 126 mAnm RIECK = FamRB 2018, 91 [DIMMLER] = ZEuP 2018, 646 mAnm ARNOLD/SCHNETTER; bestätigend EuGH 15. 11. 2022 – C-646/20 Senatsverwaltung/TB, FamRZ 2023, 21 Rn 46 ff mAufs DUTTA FamRZ 2023, 16 = FamRB 2023, 4 [DIMMLER]). Auch im Anwendungsbereich der Brüssel IIb-VO ist eine Entscheidung ein konstitutiver Akt, der eine Prüfung der Eheauflösungsvoraussetzungen in der Sache voraussetzt (s unten Rn 8 f sowie Art 64 Brüssel IIb-VO Rn 9 und Rn 21).

3 Anders als Art 2 Nr 4 Brüssel IIa-VO stellt der Verordnungsgeber mit Art 2 Abs 1 Unterabs 1 Brüssel IIb-VO unmissverständlich klar, dass die Verordnung in einer Ehesache eine Entscheidung nur dann erfasst, wenn sie die begehrte Ehescheidung, Trennung ohne Auflösung des Ehebandes oder Ungültigerklärung der Ehe ausspricht (vgl auch Erwägungsgrund 9 S 1 und 3). Ausgeklammert bleiben demnach **ehebestätigende Entscheidungen**, also solche, die den Status einer Person dahingehend klären, dass sie das Bestehen einer Ehe feststellen (s Art 1 Brüssel IIb-VO Rn 29 ff).

4 Die ausführlichen Erläuterungen in Art 2 Abs 1 Unterabs 2 und 3 Brüssel IIb-VO sowie in den Erwägungsgründen 30 und 59 zu der Frage, unter welchen Voraussetzungen auch **einstweilige Maßnahmen** als Entscheidungen einzuordnen sind, sind für Ehesachen nicht relevant: Aus Art 15 Brüssel IIb-VO folgt, dass Anträge auf einstweiligen Rechtsschutz nur dann in den Anwendungsbereich der Verordnung fallen, wenn es um den Kindesschutz geht (s Art 1 Brüssel IIb-VO Rn 47 ff).

5 Die Anwendbarkeit der Anerkennungs- und Vollstreckungsregelungen der Brüssel IIb-VO auf **Kostenentscheidungen** ergibt sich zwar nicht bereits aus Art 2 Abs 1 Brüssel IIb-VO, wohl aber aus Art 73 Brüssel IIb-VO (s Art 73 Brüssel IIb-VO Rn 2).

III. Weitere Legaldefinitionen (Abs 2)

6 Manches im Katalog des Abs 2 bezieht sich ausschließlich auf Kindschaftssachen (Nr 6–11, wobei die neue verordnungsautonome Definition des Kindesbegriffs in Nr 6 hervorzuheben ist; vgl dazu Erwägungsgrund 17 und zudem etwa ANTOMO, in: PFEIFFER/LOBACH/RAPP [2020] 13, 32 f), anderes erscheint nicht weiter erläuterungsbedürftig (Nr 4: „Ursprungsmitgliedstaat", Nr 5: „Vollstreckungsmitgliedstaat"). Im Übrigen mögen im Hinblick auf Ehesachen die folgenden Hinweise genügen.

1. Gericht

7 Der weite Begriff des Gerichts in Nr 1 erklärt sich aus dem Umstand, dass das Brüssel II-Übk darauf abzielte, auch **Scheidungen durch Verwaltungsakt** einzubeziehen (BORRÁS-Bericht Nr 20 sub A). Dabei dachte man ersichtlich an die Regelung in Dänemark, das dann aber nicht Mitgliedstaat geworden ist (vgl Erwägungsgrund 96 zur Brüssel IIb-VO).

8 Leider bietet der Verordnungsgeber in der Brüssel IIb-VO keine nähere Erläuterung der Voraussetzungen, unter denen eine Behörde als Gericht und damit als Träger einer Entscheidung iSv Art 2 Abs 1, Art 30 ff Brüssel IIb-VO anzusehen ist. Nach einer Formulierung des EuGH zur Brüssel IIa-VO, die er ersichtlich auch schon auf die Brüssel IIb-VO münzt, muss die Behörde „die **Kontrolle über den Ausspruch der Ehescheidung** behalten […], was im Rahmen einvernehmlicher Ehescheidungen impliziert, dass sie eine Prüfung der Scheidungsvoraussetzungen anhand des nationalen Rechts vornimmt und prüft, ob das Einvernehmen der Ehegatten über die Scheidung tatsächlich gegeben und gültig ist (EuGH 15. 11. 2022 – C-646/20 Senatsverwaltung/TB, FamRZ 2023, 21 Rn 52 ff mAufs DUTTA FamRZ 2023, 16 = FamRB 2023, 4 [DIMMLER]; s im Einzelnen Art 64 Brüssel IIb-VO Rn 9 und Rn 21); bejaht wurde dies in casu für einen italienischen Standesbeamten. Dabei geht der EuGH nicht darauf ein, ob für den Behördenbegriff der Brüssel IIb-VO, zusätzlich zur sachbezogenen „Kontrolle“, auch **institutionelle Aspekte** relevant sind. Hier bietet es sich an, die in **Art 3 Abs 2 EuErbVO** genannten Kriterien (vgl dazu Erwägungsgründe 20 ff zur EuErbVO sowie EuGH 16. 7. 2020 – C-80/19 EE, FamRZ 2020, 1496 Rn 46 ff) entsprechend anzuwenden. Einbezogen wären dann „alle sonstigen Behörden und Angehörigen von Rechtsberufen mit Zuständigkeiten in [Ehesachen], die gerichtliche Funktionen ausüben oder in Ausübung einer Befugnisübertragung durch ein Gericht oder unter der Aufsicht eines Gerichts handeln, sofern diese anderen Behörden und Angehörigen von Rechtsberufen ihre Unparteilichkeit und das Recht der Parteien auf rechtliches Gehör gewährleisten und ihre Entscheidungen nach dem Recht des Mitgliedstaats, in dem sie tätig sind, a) vor einem Gericht angefochten oder von einem Gericht nachgeprüft werden können und b) vergleichbare Rechtskraft und Rechtswirkung haben wie eine Entscheidung eines Gerichts in der gleichen Sache.“

9 Erwägungsgrund 14 S 1 zur Brüssel IIb-VO weist darauf hin, dass auch **Notare** als Gerichte gelten können, wenn sie nach dem mitgliedstaatlichen Recht für Ehesachen zuständig sind, und Entsprechendes soll laut dem EuGH, wie erwähnt, für Standesbeamte gelten (EuGH 15. 11. 2022 – C-646/20 Senatsverwaltung/TB, FamRZ 2023, 21 Rn 52 ff mAufs DUTTA FamRZ 2023, 16 = FamRB 2023, 4 [DIMMLER]). Die bloße Mitwirkung von Notaren, Standesbeamten oder sonstigen Behörden bei der Errichtung einer öffentlichen Urkunde über eine **Privatscheidung** oder bei der Eintragung einer dahingehenden Vereinbarung fällt hingegen nicht unter Art 2 Abs 2 Nr 1 Brüssel IIb-VO, sondern unter Nr 2 bzw Nr 3. All dies spielt für die internationale Zuständigkeit in Deutschland wegen des in Art 17 Abs 3 EGBGB (früher Art 17 Abs 2 EGBGB, geändert durch G v 17. 12. 2018, BGBl 2018 I 2573) verankerten **Scheidungsmonopols der Gerichte** keine Rolle (klarstellend BT-Drucks 19/28681, 62).

10 Zu beachten ist, dass Art 2 Abs 2 Nr 1 Brüssel IIb-VO (ebenso wie Nr 2 und 3) stets die Tätigkeit der **Behörde eines Mitgliedstaats** voraussetzt. Daran fehlt es, wenn bei-

spielsweise eine diplomatische Vertretung eines Drittstaats auf dem Gebiet eines Mitgliedstaats an einer Privatscheidung mitwirkt; ein solcher Vorgang fällt nicht in den Anwendungsbereich der Brüssel IIb-VO.

11 Weil Art 2 Abs 2 Nr 1 Brüssel IIb-VO nur Behörden „der Mitgliedstaaten" erfasst, sind **kirchliche Gerichte** ausgeschlossen. Davon zu unterscheiden ist erstens der Fall, dass eine staatliche Behörde nach mitgliedstaatlichem Recht damit befasst wird, eine Eheauflösung durch eine religiöse Instanz zu bestätigen, um ihr erst damit Wirkung zu verleihen. Entscheidung iSv Nr 1 ist dann die staatliche Bestätigung bzw Delibation (beachte auch Art 1 Brüssel IIb-VO Rn 3 sowie die Hinweise zu Art 99 Brüssel IIb-VO, dort zur Aufhebung kanonischer Ehen aufgrund der Konkordate in Italien, Malta, Portugal und Spanien). Denkbar ist zweitens eine **Beleihung**, also eine Regelung, wonach der Forumstaat eine religiöse Instanz mit Rechtsprechungskompetenz versieht (für Einbeziehung in den Anwendungsbereich in solchen Fällen etwa Breuer Rn 202; Gitschthaler/Garber Art 1 Brüssel IIa-VO Rn 13; Helms FamRZ 2001, 257, 259; ablehnend Rauscher/Rauscher Art 1 Brüssel IIa-VO Rn 11, Art 2 Brüssel IIa-VO Rn 7 f). Die Abgrenzung zwischen beiden Konstellationen ist bisweilen schwierig. Dies zeigt etwa die griechische Regelung, die dem Mufti in Angelegenheiten zwischen griechischen Muslimen die Zuständigkeit für ein Scheidungsverfahren zubilligt (dazu Kyritsis, in: Rieck/Lettmaier, Ausländisches Familienrecht, Länderbericht Griechenland [2022] Rn 13). Ordnet man dies nicht als Fall der Beleihung ein, kann in den Anwendungsbereich der Brüssel IIb-VO allenfalls die Entscheidung des griechischen Gerichts fallen, das die Entscheidung des Mufti für vollstreckbar erklärt. Selbst diesbezüglich wird bisweilen allerdings die Anwendbarkeit der Verordnung verneint, weil die Entscheidung des staatlichen Gerichts ohne inhaltliche Überprüfung ergeht (so OLG Frankfurt 16. 1. 2006 – 1 UF 40/04, IPRspr 2006 Nr 146); gerade dieser Umstand könnte freilich auch dafür sprechen, dass eine Beleihung erfolgt ist.

2. Öffentliche Urkunde

12 Gem Art 64, Art 65 Abs 1 Brüssel IIb-VO können öffentliche Urkunden in Sachen der **Ehescheidung oder Trennung** ohne Auflösung des Ehebandes unter bestimmten Voraussetzungen im verfahrensrechtlichen Sinne anerkennungsfähig sein.

13 Bemerkenswert ist, dass die Definition der öffentlichen Urkunde in Art 2 Abs 2 Nr 2 Brüssel IIb-VO nicht mit derjenigen in **Art 3 Nr 1 EuUrkVO** übereinstimmt. Tautologisch und wenig hilfreich erscheint es, wenn Nr 2 es als Voraussetzung einer öffentlichen Urkunde benennt, dass ein **Schriftstück** „als öffentliche Urkunde" errichtet oder eingetragen worden ist. Gefordert sind die Unterzeichnung des Schriftstücks durch die Beteiligten (vgl lit a: „Unterschrift") sowie die **Mitwirkung einer Behörde** oder einer anderen dazu ermächtigten Stelle (lit b; zum Begriff der Ermächtigung vgl den eher dunklen Hinweis in Erwägungsgrund 15). Nr 2 bezieht das Mitwirkungserfordernis ausdrücklich nicht nur auf die förmliche Errichtung oder Eintragung der Urkunde, sondern auch auf die Feststellung ihrer Beweiskraft. Erforderlich ist, wie Nr 2 betont, die Mitwirkung einer Behörde eines Mitgliedstaats, nicht etwa eines Drittstaats (vgl oben Rn 10).

3. Vereinbarung

Gem Art 64, Art 65 Abs 1 Brüssel IIb-VO können Vereinbarungen in Sachen der **Ehescheidung oder Trennung** ohne Auflösung des Ehebandes unter bestimmten Voraussetzungen anerkennungsfähig sein. Aus Art 2 Abs 2 Nr 3 Brüssel IIb-VO geht hervor, dass nur das als „Vereinbarung" gelten soll, was nicht bereits „öffentliche Urkunde" iSv Nr 2 ist. Zudem stellt Erwägungsgrund 14 S 2 klar, dass eine Vereinbarung, die ein Gericht – im weiten Sinne von Art 2 Abs 2 Nr 1 Brüssel IIb-VO – aufgrund einer Prüfung in der Sache nach dem nationalen Recht und nach dem nationalen Verfahren gebilligt hat, nicht unter Nr 3 fällt, sondern als Entscheidung einzuordnen ist (vgl zur Abgrenzung oben Rn 8 f sowie Art 64 Brüssel IIb-VO Rn 7 ff). 14

Erforderlich für eine Vereinbarung iSv Art 2 Abs 2 Nr 3 Brüssel IIb-VO ist ein von den Parteien erstelltes **Schriftstück**, wobei merkwürdigerweise (anders als in Nr 2 lit a) nicht von einer Unterschrift die Rede ist. Zu einer anerkennungsfähigen Vereinbarung wird ein solches Schriftstück für die Zwecke der Brüssel IIb-VO erst mit der **Eintragung** (in ein Register; vgl Erwägungsgrund 14 S 5: „registriert"), und zwar durch eine mitgliedstaatliche Behörde. Mit dieser Aufgabe können gem Erwägungsgrund 14 S 6 auch freiberuflich tätige Notare betraut werden. Nicht in den Anwendungsbereich der Brüssel IIb-VO fallen hingegen „rein private Vereinbarungen" (klarstellend Erwägungsgrund 14 S 4). Zudem setzt Art 2 Abs 2 Nr 3 Brüssel IIb-VO die Mitwirkung einer Behörde eines Mitgliedstaats, nicht etwa eines Drittstaats, voraus (vgl oben Rn 10). 15

IV. Domicile (Abs 3)

Nachdem das **Vereinigte Königreich** schon vor Anwendungsbeginn der Brüssel IIb-VO aus der EU ausgetreten ist (Brexit; dazu Art 100 Brüssel IIb-VO Rn 8 f), erlangt Art 2 Abs 3 Brüssel IIb-VO, entgegen dem Normtext, nur im Hinblick auf **Irland** Bedeutung. 16

Ob ein „domicile" in Irland besteht, bestimmt sich nach dem dortigen Recht (vgl dazu Staudinger/Hausmann [2019] Anhang zu Art 4 EGBGB Rn 40; Binchy, National Report Ireland sub II; zum englischen Konzept, dem das irische stark ähnelt, vgl KG 4. 4. 2007 – 3 UF 129/06, IPRspr 2007, 458). Obwohl der Begriff häufig mit „Wohnsitz" ins Deutsche übersetzt wird (so in der deutschen Fassung von Art 2 Brüssel II-Übk und leider nach wie vor von Art 2 Abs 3 EuUntVO), verbietet es sich, § 7 BGB und die dazu entwickelten Grundsätze heranzuziehen. 17

Haben zwei irische Ehegatten ihr **domicile in Deutschland**, so sind die hiesigen Gerichte gem Art 3 lit b, Art 2 Abs 3 Brüssel IIb-VO international zuständig (s Art 3 Brüssel IIb-VO Rn 76). Im Übrigen kann die Sonderregel für ein in Deutschland angerufenes Gericht relevant werden, wenn es anhand von Art 6 Brüssel IIb-VO klären muss, ob ein **Rückgriff auf § 98 FamFG** in Betracht kommt (s Art 6 Brüssel IIb-VO Rn 15 f). 18

Kapitel II

Zuständigkeit in Ehesachen und in Verfahren betreffend die elterliche Verantwortung

Abschnitt 1

Ehescheidung, Trennung ohne Auflösung des Ehebandes und Ungültigerklärung einer Ehe

Artikel 3
Allgemeine Zuständigkeit

Für Entscheidungen über die Ehescheidung, die Trennung ohne Auflösung des Ehebandes oder die Ungültigerklärung einer Ehe sind die Gerichte des Mitgliedstaats zuständig,

a) in dessen Hoheitsgebiet

i) beide Ehegatten ihren gewöhnlichen Aufenthalt haben,

ii) die Ehegatten zuletzt beide ihren gewöhnlichen Aufenthalt hatten, sofern einer von ihnen dort noch seinen gewöhnlichen Aufenthalt hat,

iii) der Antragsgegner seinen gewöhnlichen Aufenthalt hat,

iv) im Fall eines gemeinsamen Antrags einer der Ehegatten seinen gewöhnlichen Aufenthalt hat,

v) der Antragsteller seinen gewöhnlichen Aufenthalt hat, wenn er sich dort seit mindestens einem Jahr unmittelbar vor der Antragstellung aufgehalten hat, oder

vi) der Antragsteller seinen gewöhnlichen Aufenthalt hat, wenn er sich dort seit mindestens sechs Monaten unmittelbar vor der Antragstellung aufgehalten hat und Staatsangehöriger des betreffenden Mitgliedstaats ist, oder

b) dessen Staatsangehörigkeit beide Ehegatten besitzen.

Bis 31. 7. 2022 geltende Regelung: Art 3 Brüssel IIa-VO (s Textanh 2 Rn 3).

Schrifttum

Abendroth, Parteiautonome Zuständigkeitsbegründung im Europäischen Zivilverfahrensrecht (2016)
Andrae/Schreiber, Zum Ausschluss der Restzuständigkeit nach Art 7 EuEheVO über Art 6 EuEheVO, IPRax 2010, 79
Antomo, Die Neufassung der Brüssel IIa-Verordnung – erfolgte Änderungen und verbleibender Reformbedarf, in: Pfeiffer/Lobach/Rapp (Hrsg), Europäisches Familienrecht: Stand und Perspektiven (2020) 13
Baetge, Auf dem Weg zu einem gemeinsamen europäischen Verständnis des gewöhnlichen Aufenthalts, in: FS für Kropholler (2008) 77
ders, Gewöhnlicher Aufenthalt und Personalstatut von Flüchtlingen, StAZ 2016, 289
Bailey-Harris, Issues in International Divorce Cases, in: Douglas/Murch/Stephens (Hrsg), International and National Perspectives on Child and Family Law (2018) 179
Balthasar-Wach, Die Neufassung der Brüssel IIa-VO – Übersicht wesentlicher Änderungen von der Brüssel IIa-VO zur Brüssel IIb-VO, ZfRV 2022, 20
Bariatti, Multiple Nationalities and EU Family Regulations, in: Viarengo/Villata (Hrsg), Planning the Future of Cross Border Families – A Path Through Coordination (2020) Kap 13
Basedow, Das Staatsangehörigkeitsprinzip in der Europäischen Union, IPRax 2011, 109
Becker-Eberhard, Die Sinnhaftigkeit der Zuständigkeitsordnung der EG-VO Nr 1347/2000 („Brüssel II"), in: FS für Beys (2003) 93
Bergerfurth, Die Internationale Scheidungszuständigkeit im EU-Bereich, FF 2001, 15
Bonomi, The Opportunity and the Modalities of the Introduction of Erga Omnes EC Rules on Jurisdiction, in: Malatesta/Pocar/Bariatti (Hrsg), The External Dimension of EC Private International Law in Family and Succession Matters (2008) 149
ders, La compétence internationale en matière de divorce – Quelques suggestions pour une (improbable) révision du règlement Bruxelles II bis, Rev crit d i p 2017, 511
Borg-Barthet, Jurisdiction in Matrimonial Matters – Reflections for the Review of the Brussels IIa Regulation, Study for the JURI Committee of the European Parliament (2016)
Borrás, "Exclusive" and "Residual" Grounds of Jurisdiction on Divorce in the Brussels IIbis Regulation, IPRax 2008, 233
dies, Lights and Shadows of Communitarisation of Private International Law: Jurisdiction and Enforcement in Family Matters with regard to Relations with Third States, in: Malatesta/Pocar/Bariatti (Hrsg), The External Dimension of EC Private International Law in Family and Succession Matters (2008) 99
dies, Grounds of jurisdiction in matrimonial matters: recasting the Brussels IIa Regulation, NiPR 2015, 3
dies, What about Matrimonial Matters?, in: Raffaelli (Hrsg), Recasting the Brussels IIa Regulation (2016) 73
Brosch, Rechtswahl und Gerichtsstandsvereinbarung im internationalen Familien- und Erbrecht der EU (2019)
dies, Die Neufassung der Brüssel IIa-Verordnung, GPR 2020, 179
Brosch/Mariottini, Third Country Nationals and the Procedural Role of EU Family and Succession Law, in: Pfeiffer/Lobach/Rapp (Hrsg), Facilitating Cross-Border Family life: Towards a Common European Understanding, An Empirical Study on European Family and Succession Law (2019) 217
Budzikiewicz, Der gewöhnliche Aufenthalt von Flüchtlingen als Anknüpfungspunkt im Internationalen Privat- und Privatverfahrensrecht, in: Budzikiewicz/Heiderhoff/Klinkhammer/Niethammer-Jürgens (Hrsg), Migration und IPR (2018) 95
Campiglio, Conflitti positivi e negativi di giurisdizione in materia matrimoniale, Riv dir int priv e proc 2021, 497
Coester-Waltjen, Klägergerichtsstände im europäischen Zivilverfahrensrecht, in: FS für Klamaris (2016) 173
Croon-Gestefeld, Der Einfluss der Unionsbürgerschaft auf das Internationale Familienrecht, RabelsZ 86 (2022) 32
Dilger, Die Regelung zur internationalen Zu-

ständigkeit in Ehesachen in der Verordnung (EG) Nr 1347/2000 (2004)
ders, Identische Doppelstaater und forum patriae, IPRax 2010, 54
Dutta, Der gewöhnliche Aufenthalt – Bewährung und Perspektiven eines Anknüpfungsmoments im Lichte der Europäisierung des Kollisionsrechts, IPRax 2017, 139
ders, Abschnitt „Domicile, habitual residence and establishment", in: Basedow/Ferrari/de Miguel Asensio/Rühl (Hrsg), Encyclopedia of Private International Law (2017)
ders, Das internationale Familien- und Erbrecht in der Rechtsprechung des Gerichtshofs der Europäischen Union – die vergangenen fünf Jahre, ZEuP 2020, 897
ders, Die perpetuatio fori im europäischen Zuständigkeitsrecht: Grundsatz oder Ausnahme?, in: FS für Schack (2022) 574
Finger, Die Zuständigkeit und Vollstreckung von Entscheidungen in Ehesachen und in Verfahren betreffend die elterliche Verantwortung und über internationale Kindesentführungen, FuR 2019, 640
Fossati, La residenza abituale nei regolamenti europei di diritto internazionale privato della famiglia alla luce della giurisprudenza della Corte di giustizia, Riv dir int priv e proc 2022, 283
Fuchs, Mehrstaater im Internationalen Privatrecht, in: FS für Martiny (2014) 303
Gampp, Perpetuatio fori internationalis im Zivilprozeß und im Verfahren der freiwilligen Gerichtsbarkeit (2010)
Garber, Flüchtlinge und die Brüssel IIa-VO, in: Fischer-Czermak/Tschugguel (Hrsg), Beiträge zum Familien- und Erbrecht: Liber Amicorum für Edwin Gitschthaler (2020) 77
Garber/Lugani, Die neue Brüssel IIb-Verordnung, NJW 2022, 2225
Gewaltig, Von der nationalen zur europäischen Zuständigkeitsregelung im Familienrecht – Die internationale Zuständigkeit nach den europäischen Verordnungen (EG) Nr 1347/2000 und Nr 2201/2003 (EuEheVO) in Deutschland und in den Niederlanden (2008)
González Beilfuss, Party Autonomy in International Family Law, Recueil des Cours 408 (2020) 107
dies, What's New in Regulation (EU) No 2019/1111?, Yb of Private International Law XXII (2020/2021) 95
dies, Choice of court and residual jurisdiction in divorce: a plea for reform that is not expected any time soon?, NiPR 2021, 701
Gössl, Rechtsaktbezogene Einzigartigkeit und subjektive Komponenten – Einige Notizen zum gewöhnlichen Aufenthalt im europäischen Kollisions- und Verfahrensrecht, IPRax 2022, 489
Gottwald, Scheidungen im neuen „Raum der Freiheit, der Sicherheit und des Rechts", in: FS für Simotta (2012) 163
Gray, Party Autonomy in EU Private International Law: Choice of Court and Choice of Law in Family Matters and Succession (2021)
Gröschl, Internationale Zuständigkeit im europäischen Eheverfahrensrecht (2007)
Gruber/Möller, Die Neufassung der EuEheVO, IPRax 2020, 393
Hajnczyk, Die Zuständigkeit für Entscheidungen in Ehesachen und in anderen Familiensachen aus Anlass von Ehesachen sowie deren Anerkennung und Vollstreckung in der EG und in der Schweiz (2003)
Hau, Das System der internationalen Entscheidungszuständigkeit im europäischen Eheverfahrensrecht, FamRZ 2000, 1333
ders, Europäische und autonome Zuständigkeitsgründe in Ehesachen mit Auslandsbezug, FPR 2002, 616 (aktualisierte Fassung in ERA-Forum 1/2003, 9)
ders, Doppelte Staatsangehörigkeit im europäischen Eheverfahrensrecht, IPRax 2010, 50
ders, Die Verortung natürlicher Personen – Ein Beitrag zum Allgemeinen Teil des Europäischen Zivilverfahrensrechts, in: GS für Wolf (2011) 409
ders, Grundlagen der internationalen Notzuständigkeit im Europäischen Zivilverfahrensrecht, in: FS für Kaissis (2012) 355
ders, Zur Maßgeblichkeit der lex fori in internationalen Ehesachen, in: FS für Stürner (2013) 1237
ders, Der Drittstaatsansässige als „Fremder" im Rahmen der europäischen justiziellen Zusammenarbeit in Zivilsachen, in: FS für Kronke (2020) 139
ders, Zuständigkeit sowie Anerkennung und Vollstreckung von Entscheidungen in Ehe- und Kindschaftssachen, in: Leible/Terhechte

(Hrsg), Europäisches Rechtsschutz- und Verfahrensrecht (= Enzyklopädie Europarecht Band 3) (2. Aufl 2021) § 16
ders, Internationale Zuständigkeit kraft Staatsangehörigkeit im Europäischen Familienverfahrensrecht, IPRax 2022, 342
Hausmann, Internationale Zuständigkeit und Verbot der Diskriminierung aus Gründen der Staatsangehörigkeit, in: FS für Hailbronner (2013) 429
Heiderhoff, Das vertrackte subjektive Element des gewöhnlichen Aufenthalts, IPRax 2019, 506
Heitmann, Flucht und Migration im Internationalen Familienrecht (2020)
Hess, Towards a uniform concept of habitual residence in European procedural and private international law?, Polski Proces Cywilny 2021, 523
Hilbig-Lugani, Divergenz und Transparenz – Der Begriff des gewöhnlichen Aufenthalts der privat handelnden natürlichen Person im jüngeren EuIPR und EuZVR, GPR 2014, 8
dies, Neue Herausforderungen des Begriffs des gewöhnlichen Aufenthalts im europäischen Familienrecht, in: FS für Brudermüller (2014) 323
dies, EuEheVO und posthume Eheungültigerklärungsverfahren Dritter, IPRax 2017, 556
Honorati (Hrsg), Jurisdiction in Matrimonial Matters, Parental Responsibility and International Abduction: A Handbook on the Application of Brussels IIa Regulation in National Courts (2017)
Hüsstege, Die neue Brüssel IIa-Verordnung – was bleibt, was ändert sich, FamRZ 2022, 1591
Jänterä-Jareborg, Jurisdiction and Applicable Law in Cross-Border Divorce Cases in Europe, in: Basedow/Baum/Nishitani (Hrsg), Japanese and European Private International Law in Comparative Perspective (2008) 317
John, Der Begriff des gewöhnlichen Aufenthaltes und seine Bedeutung im europäischen Privat- und Zivilverfahrensrecht, GPR 2018, 70 und 136
Junker, Die Dogmatik der Aufenthaltszuständigkeit nach der Europäischen Erbrechtsverordnung, in: FS für Roth (2021) 747
Kruger, Finding a Habitual Residence, in: Viarengo/Villata (Hrsg), Planning the Future of Cross Border Families – A Path Through Coordination (2020) Kap 11
Kübler-Wachendorff, Das forum necessitatis im europäischen Zuständigkeitsrecht (2021)
Lagarde, Le for de nécessité dans les règlements européens, in: FS für Kohler (2018) 254
Lenka, Choice-of-Court Agreements under the EU Regulations in Family and Succession Matters (2022)
Limante, Establishing habitual residence of adults under the Brussels IIa regulation: best practices from national case-law, JPIL 14 (2018) 160
Looschelders, Scheidungsfreiheit und Schutz des Antragsgegners im internationalen Privat- und Prozessrecht, in: FS für Kropholler (2008) 329
Löser, Zuständigkeitsbestimmender Zeitpunkt und perpetuatio fori im internationalen Zivilprozess (2009)
Lurger, Die Verortung natürlicher Personen im europäischen IPR und IZVR, in: vHein/Rühl (Hrsg), Kohärenz im Internationalen Privat- und Verfahrensrecht der Europäischen Union (2016) 202
Majer, Flüchtlinge im Internationalen Privatrecht, StAZ 2016, 337
Mankowski, Die Reaktion des Internationalen Privatrechts auf neue Erscheinungsformen der Migration, IPRax 2017, 40
ders, Das Staatsangehörigkeitsprinzip – gestern und heute, IPRax 2017, 130
Maunsbach, Party Autonomy in European Family and Succession Law, in: Pfeiffer/Lobach/Rapp (Hrsg), Facilitating Cross-Border Family life: Towards a Common European Understanding, An Empirical Study on European Family and Succession Law (2019) 21
Meyer-Götz/Noltemeier, Internationale Scheidungszuständigkeit im europäischen Eheverfahrensrecht, FPR 2004, 282
Neumayr, Scheidung im internationalen Kontext: Zuständigkeit, Rechtshängigkeit und Anerkennung, iFamZ 2008, 362
Ní Shúilleabháin, An Overview of the Principal Reforms in Regulation (EU) 2019/1111, Yb of Private International Law XXII (2020/2021) 117
Niklas, Die europäische Zuständigkeitsordnung in Ehe- und Kindschaftsverfahren (2003)
Pabst, Entscheidungszuständigkeit und Beach-

tung ausländischer Rechtshängigkeit in Ehesachen mit Europabezug: Grundrechtsprobleme und Grundrechtsschutz (2009)
PATAUT, International Jurisdiction and Third States: A View from the EC in Family Matters, in: MALATESTA/POCAR/BARIATTI (Hrsg), The External Dimension of EC Private International Law in Family and Succession Matters (2008) 123
PFEIFFER, The Notion of Habitual Residence, in: PFEIFFER/LOBACH/RAPP (Hrsg), Facilitating Cross-Border Family life: Towards a Common European Understanding, An Empirical Study on European Family and Succession Law (2019) 9
RADEMACHER, Europäisches Zuständigkeitsrecht vor dem englischen Family Court am Vorabend des Brexits, ZEuP 2021, 162
RAITERI, Citizenship as a connecting factor in private international law for family matters, JPIL 10 (2014) 309
RAUSCH, Neue internationale Zuständigkeiten in Familiensachen, FuR 2001, 151
RAUSCHER, Leidet der Schutz der Ehescheidungsfreiheit unter der VO Brüssel II?, in: FS für Geimer (2002) 883
ders, Heimatlos in Europa? Gedanken gegen eine Aufgabe des Staatsangehörigkeitsprinzips im IPR, in: FS für Jayme (2004) 719
REDDIN, An Unhappy Marriage: The EU and the Divorce Jurisdiction System under Brussels II Bis, Univ Dublin LR 2020, 39
RENTSCH, Der gewöhnliche Aufenthalt im System des Europäischen Kollisionsrechts (2017)
RICCI, Habitual Residence as a Ground of Jurisdiction in Matrimonial Disputes: From Brussels II-bis to Rome III, in: MALATESTA/POCAR/BARIATTI (Hrsg), The External Dimension of EC Private International Law in Family and Succession Matters (2008) 207
ROGERSON, Forum shopping and Brussels IIbis, IPRax 2010, 553
SANA-CHAILLÉ DE NÉRÉ, Procédure internationale de divorce: la délicate articulation des règles de compétence communautaire et nationale, in: FS für Spellenberg (2010) 489
SAUER, Internationale Zuständigkeit für die Auflösung und Lockerung des Ehebandes nach deutschem, französischem und europäischem Recht (2003)
SCHACK, Das neue internationale Eheverfahrensrecht in Europa, RabelsZ 65 (2001) 615
SCHÜTZE, Die Notzuständigkeit im deutschen Recht, in: FS für Rechberger (2006) 567
SIMOTTA, Die internationale Zuständigkeit Österreichs in eherechtlichen Angelegenheiten – Ein Vergleich zwischen der EheVO und dem autonomen österreichischen Recht, in: FS für Geimer (2002) 1115
dies, Wann kommt in Ehesachen die EuEheKindVO, wann autonomes Recht zur Anwendung, in: FS für Kaissis (2012) 897
dies, Die internationale Zuständigkeit in Ehesachen nach der Brüssel IIb-VO, in: GARBER/LUGANI (Hrsg), Die Brüssel IIb-Verordnung (2022) 69
SONNENTAG, Zielsetzung und Beurteilung der Effektivität der Brüssel IIa-Verordnung aus Sicht der Wissenschaft, in: PFEIFFER/WITTMANN/ESCHER (Hrsg), Europäisches Familienrecht im Spiegel deutscher Wissenschaft und Praxis (2018) 9
SPELLENBERG, Die Zuständigkeiten für Eheklagen nach der Brüssel IIa-VO, in: FS für Geimer (2002) 1257
ders, Internationale Zuständigkeit kraft Wohnsitzes oder gewöhnlichen Aufenthalts, in: FS für Kerameus (2009) 1307
ders, Schutz der Verteidigungsrechte und Zuständigkeit nach EuGVO und EheGVO, in: FS für Gottwald (2014) 607
SZPUNAR/PACUŁA, Forum of necessity in family law matters within the framework of EU and international law, Polski Proces Cywilny 2021, 563
TAGARAS, La double nationalité dans le droit international privé de l'Union européenne, in: Liber amicorum Nadine Watté (2017) 487
TOSCANO, Ehescheidungen mit grenzüberschreitendem Bezug: Von divergierenden nationalen Scheidungsvoraussetzungen zu einem einheitlichen europäischen Scheidungsrecht? (2011)
VIENENKÖTTER, Der Begriff des gewöhnlichen Aufenthalts im Internationalen Familien- und Erbrecht der EU (2017)
WALL, Vermeidung negativer Kompetenzkonflikte im Zuständigkeitsrecht der Artt. 4 ff EU-ErbVO, ZErb 2014, 272

WELLER, Der „gewöhnliche Aufenthalt" – Plädoyer für einen willenszentrierten Aufenthaltsbegriff, in: LEIBLE/UNBERATH (Hrsg), Brauchen wir eine Rom 0-Verordnung? (2013) 293

ders, Die Reform der EuEheVO, IPRax 2017, 222.

Systematische Übersicht

I. Überblick und Reformdiskussion

1 Der Wortlaut von Art 3 Brüssel IIb-VO entspricht weitestgehend demjenigen von Art 3 Abs 1 Brüssel IIa-VO. Zu verzeichnen sind nur **geringfüge redaktionelle Modifikationen**: Unter lit a sind die bisherigen Spiegelstriche einer etwas praktikableren Untergliederung mit kleinen römischen Zahlen gewichen, und die Sonderregelung für Irland – bislang Art 3 Abs 2 Brüssel IIa-VO – findet sich nunmehr (systematisch zutreffend, aber leichter zu übersehen) schon in Art 2 Abs 3 Brüssel IIb-VO.

2 In der Sache stimmt Art 3 Brüssel IIb-VO mit Art 3 Brüssel IIa-VO, aber auch mit seinen älteren Vorgängern, also Art 2 Brüssel II-Übk/Brüssel II-VO, vollkommen überein. Eine derartige Kontinuität einer sekundärrechtlichen Vorschrift über Jahrzehnte hinweg ist eine Seltenheit und im Grundsatz zu begrüßen. Man wird auch festhalten können, dass sich die zentrale Zuständigkeitsvorschrift für Ehesachen zumindest im Kern bewährt hat. Das heißt freilich nicht, dass in dieser Hinsicht keinerlei **Reformbedarf** bestanden hätte (vgl Einl 11 ff zur Brüssel IIb-VO). So ist der in Art 3 lit a Brüssel IIb-VO enthaltene Zuständigkeitskatalog nach wie vor redaktionell wenig gelungen (Rn 12), eine Reduktion der Zahl konkurrierender Gerichtsstände erscheint zumindest erwägenswert (Rn 15), die beiden Anknüpfungen an die Staatsangehörigkeit sind, selbst wenn man ihre Primärrechtskonformität unterstellt, noch immer fragwürdig (Rn 66 ff und Rn 74 f), und die fehlende Möglichkeit einer Gerichtsstandsvereinbarung ist kaum nachvollziehbar (Rn 91 ff).

3 Es verwundert daher nicht, dass im Vorfeld der Reform etliche Verbesserungsvorschläge speziell hinsichtlich des Zuständigkeitssystems in Ehesachen unterbreitet und intensiv diskutiert wurden (beachte Bonomi Rev crit d i p 2017, 511; Borg-Barthet [2016]; Borrás NiPR 2015, 3; Borrás, in: Raffaelli [2016] 73; Sonnentag, in: Pfeiffer/Wittmann/Escher [2018] 9, 13 ff; beachte auch das Commission Staff Working Document SWD[2016] 207, 13 ff). Als sich dann jedoch abzeichnete, dass im Rat kein Einvernehmen über die Frage der Anwendbarkeit auf gleichgeschlechtliche Ehen zu erzielen sein würde (vgl Art 1 Brüssel IIb-VO Rn 11 ff), meinte der Verordnungsgeber, das Kind mit dem Bade ausschütten zu müssen, und ließ deshalb auch die Zuständigkeitsgründe unverändert (beachte auch das Commission Staff Working Document SWD[2016] 207, 23). Dies ist bedauerlich, zumal Art 101 Brüssel IIb-VO die nächste Evaluierung der Verordnung erst für das Jahr 2032 in Aussicht stellt (die vorerst verpasste Chance beklagen, wie hier, etwa Antomo, in: Pfeiffer/Lobach/Rapp [2020] 13, 20 ff; Brosch GPR 2020, 179, 181; Garber/Lugani NJW 2022, 2225, 2226; González Beilfuss NiPR 2021, 701; Hüsstege FamRZ 2022, 1591, 1601; Ní Shúilleabháin Yb of Private International Law XXII [2020/2021] 117, 124 f, 136; Reddin Univ Dublin LR 2020, 39, 53 ff).

II. Anwendungs- und Regelungsbereich

1. Anwendungsbereich

4 In sachlicher Hinsicht gelten Art 3–6 Brüssel IIb-VO allein für **Ehestatussachen** iSv Art 1 Abs 1 lit a Brüssel IIb-VO (s Art 1 Brüssel IIb-VO Rn 22 ff, auch zum Ausschluss von sonstigen Rechtsschutzformen sowie Folgesachen). Zugeschnitten sind die Vorschriften in solchen Angelegenheiten auf **Erkenntnisverfahren vor Gerichten** iSv Art 2 Abs 2 Nr 1 Brüssel IIb-VO. Sie sind aber auch dann heranzuziehen, wenn eine mitgliedstaatliche

Behörde in einer Scheidungs- oder Trennungssache eine **öffentliche Urkunde** förmlich errichtet oder eine **Vereinbarung** in ein Register einträgt (vgl den Verweis auf die „gerichtliche Zuständigkeit nach Kapitel II“ in Art 64 Brüssel IIb-VO; s Art 64 Brüssel IIb-VO Rn 10 ff).

Die Zuständigkeit für **Kindschaftssachen** bestimmt sich nicht nach Art 3–6 Brüssel IIb-VO, sondern selbständig nach Art 7 ff Brüssel IIb-VO. Das gilt auch dann, wenn ein Ehestatusverfahren anhängig ist. Die für solche Fälle früher in Art 12 Abs 1 Brüssel IIa-VO geregelte Annexzuständigkeit ist nicht in die Brüssel IIb-VO übernommen worden (s Art 1 Brüssel IIb-VO Rn 45). Und für die Zuständigkeit hinsichtlich der Ehesache gem Art 3 Brüssel IIb-VO spielt es ohnehin keine Rolle, ob die Ehegatten gemeinsame Kinder haben (klarstellend EuGH 3. 10. 2019 – C-759/18 OF/PG, FamRZ 2019, 1989 Rn 35 = FamRB 2020, 49 [Dimmler]; dazu Kohler/Pintens FamRZ 2020, 1417, 1422). 5

Zum **räumlich-persönlichen** Anwendungsbereich der Verordnung beachte Art 1 Brüssel IIb-VO Rn 51 ff sowie die Kommentierung zu Art 6 Brüssel IIb-VO (s Art 6 Brüssel IIb-VO Rn 1 ff), zu ihrem **zeitlichen** Anwendungsbereich und den Übergangsbestimmungen die Kommentierung zu Art 100 Brüssel IIb-VO (s Art 100 Brüssel IIb-VO Rn 1 ff). 6

2. Internationale Zuständigkeit

Ausweislich seines Wortlauts („die Gerichte des Mitgliedstaats“) und der abweichenden Fassung von Art 4 und Art 5 Brüssel IIb-VO („das Gericht“) regelt Art 3 Brüssel IIb-VO **nur die internationale Zuständigkeit, nicht hingegen die sachliche oder örtliche**. Letztere bestimmen sich daher nach mitgliedstaatlichem Recht, in Deutschland sind §§ 23a Abs 1 S 1 Nr 1, 23b Abs 1 GVG, §§ 111 Nr 1, 121 FamFG (sachlich) sowie § 122 FamFG (örtlich) einschlägig. 7

Die verordnungseigenen Anforderungen an die gerichtliche **Prüfung der Entscheidungszuständigkeit** durch das angerufene Gericht ergeben sich aus Art 18 Brüssel IIb-VO (s dort sowie unten Rn 99). 8

3. Gerichtsbarkeit

Das Völkerrecht zieht der Ausübung von Gerichtsgewalt nicht nur im Ausland, sondern auch im Inland Grenzen, und dies kann auch in familienrechtlichen Angelegenheiten relevant werden (vgl hierzu etwa BGH 30. 3. 2011 – XII ZB 300/10, FamRZ 2011, 788 mAnm Gottwald; angesprochen, aber verneint wird Immunität für EU-Bedienstete im Fall EuGH 1. 8. 2022 – C-501/20 MPA/LCDNMT, FamRZ 2022, 1466 Rn 64 f = FamRB 2022, 423 [Dimmler]). In Deutschland regeln §§ 18–20 GVG, teilweise in Umsetzung der **Wiener UN-Übereinkommen** v 18. 4. 1961 (WDÜ, BGBl 1964 II 958) bzw 24. 4. 1963 (WKÜ, BGBl 1969 II 1587), die Befreiung von der inländischen Gerichtsbarkeit (allerdings unter dem irreführenden Begriff der „Exterritorialität“). 9

Die **Brüssel IIb-VO** enthält sich einer eigenen Regelung zur Gerichtsbefreiung. Vielmehr stellt Erwägungsgrund 34 S 1 klar, dass die Verordnung nicht die Anwendung des Völkerrechts im Bereich der diplomatischen Immunität berühre (vgl dazu EuGH 1. 8. 2022 – C-501/20 MPA/LCDNMT, FamRZ 2022, 1466 Rn 65 = FamRB 2022, 423 [Dimmler]). In 10 der Tat hat der Verordnungsgeber es hinzunehmen, dass ein gem Art 3 ff Brüssel IIb-VO an sich zuständiges Gericht seine Zuständigkeit aufgrund völkerrechtlicher Vorgaben womöglich nicht ausüben darf. Erwägungsgrund 34 S 2 besagt, dass in einem solchen Fall die Zuständigkeit in dem Mitgliedstaat, in dem die betreffende Person keine Immunität genießt, nach den Rechtsvorschriften dieses Staats wahrgenommen werden sollte. Gemeint ist damit offenbar der Entsendestaat, soweit es sich dabei um einen Mitgliedstaat handelt. Unklar bleibt allerdings, ob der Verordnungsgeber eine (Not-)Zuständigkeit der dortigen Gerichte auch für den (vermutlich eher seltenen) Fall unterstellen bzw anordnen möchte, dass sich in diesem Staat weder aus Art 3 noch aus Art 6 Brüssel IIb-VO in Verbindung mit dem nationalen Recht ein Gerichtsstand ergibt (zur Möglichkeit eines Verfahrens im Heimatstaat des Diplomaten vgl EuGH 1. 8. 2022 – C-501/20 MPA/LCDNMT, FamRZ 2022, 1466 Rn 79 ff = FamRB 2022, 423 [Dimmler]).

III. Zuständigkeitssystem

1. Katalog gleichrangiger Zuständigkeitsgründe

11 Ob die Gerichte eines Mitgliedstaats zur Entscheidung in der Ehesache international zuständig sind, bestimmt sich für den Antrag (und einen etwaigen Gegenantrag, vgl Art 4 Brüssel IIb-VO) nach dem **abschließenden Katalog** des Art 3 Brüssel IIb-VO. Die dort vorgesehenen Zuständigkeitsgründe sind, wie der EuGH mehrfach klargestellt hat, unabhängig von ihrer Reihung **normativ gleichrangig** (EuGH 13. 10. 2016 – C-294/15 Mikołajczyk/Czarnecki und Czarnecka, FamRZ 2016, 1997, 1999; EuGH 3. 10. 2019 – C-759/18 OF/PG, FamRZ 2019, 1989, 1990; EuGH 1. 8. 2022 – C-501/20 MPA/LCDNMT, FamRZ 2022, 1466 Rn 42 = FamRB 2022, 423 [Dimmler]; vgl aus dem Schrifttum, statt vieler, etwa Hausmann Rn A 49).

12 In **systematischer Hinsicht** kann freilich keine Rede von Gleichrangigkeit sein: So ist die prima facie naheliegende Anknüpfung an den gewöhnlichen Aufenthalt beider Parteien in lit a (i) wegen der gem lit a (iii) ohne Weiteres eröffneten Zuständigkeit am gewöhnlichen Aufenthaltsort allein des Antragsgegners redundant (vgl schon Hau FamRZ 2000, 1333, 1334; pointiert Schack RabelsZ 65 [2001] 615, 622: die Aufzählung der Aufenthaltszuständigkeiten scheine „nach zunehmender Fragwürdigkeit geordnet"). Der auch in der Brüssel IIb-VO unkorrigiert gebliebene redaktionelle Missgriff geht zurück auf einen früheren Entwurf zum Brüssel IIb-Übk, der noch auf einem System abgestufter Zuständigkeitsgründe beruhte (de lege ferenda wird nach wie vor für ein solches System mit dem Aufenthaltsstaat beider Ehegatten an der Spitze plädiert; so etwa Brosch, Rechtswahl und Gerichtsstandsvereinbarung 223 ff; Sonnentag, in: Pfeiffer/Wittmann/Escher [2018] 9, 13 ff; dazu sogleich Rn 13 f).

2. Rechtspolitische Bewertung und Alternativen

13 Aus dem Umfang des Zuständigkeitskatalogs in Art 3 Brüssel IIb-VO und der Gleichrangigkeit der dort vorgesehenen Gerichtsstände folgt, dass ein Ehegatte, der die Auflösung der Ehe betreiben möchte, nicht selten die Wahl zwischen mehreren Foren innerhalb der EU hat (und womöglich sogar noch weiteren in Drittstaaten nach Maßgabe des dortigen Rechts). Ein solches **System konkurrierender Zuständigkeiten** provoziert Forum shopping (dazu Rn 16 f), erweist sich aber gleichwohl nicht

nur als notwendiges Übel, sondern kann im Interesse von Sach- und Rechtsnähe in gewissem Umfang durchaus sinnvoll sein (vgl in diesem Sinne zur Brüssel IIa-VO EuGH 13. 10. 2016 – C-294/15 Mikołajczyk/Czarnecki und Czarnecka, FamRZ 2016, 1997 Rn 46 ff; EuGH 3. 10. 2019 – C-759/18 OF/PG, FamRZ 2019, 1989 Rn 28; zudem etwa GOTTWALD, in: Symposium für Spellenberg [2006] 55 ff). Letztlich zeugt der Katalog alternativer Anknüpfungen schlicht von der Einsicht des Verordnungsgebers, dass es selbst im Rahmen eines europäischen Rechtsaktes nicht realistisch wäre, für jeden denkbaren Fall abstrakt ein einziges „sachnächstes" Forum zu definieren. In dieselbe Richtung weist es, wenn der EuGH formuliert, dass es bei der Eröffnung konkurrierender Umstände darum gehe, „die Möglichkeit der Auflösung der Ehe [...] zu erleichtern" (EuGH 25. 11. 2021 – C-289/20 IB/F, FamRZ 2022, 215 Rn 45 mAnm BERNER = NJW 2021, 3771 mAnm MANKOWSKI = Rpfleger 2022, 184 mAnm LAMBERZ = FamRB 2022, 48 [DIMMLER]).

Als rechtspolitische Alternative zum Modell des Art 3 Brüssel IIb-VO wird ein **hierarchisches System** mit einer Primärzuständigkeit diskutiert, die hilfsweise durch verschiedene Zuständigkeitsgründe ergänzt wird (beachte etwa BROSCH, Rechtswahl und Gerichtsstandsvereinbarung 223 ff; SONNENTAG, in: PFEIFFER/WITTMANN/ESCHER [2018] 9, 13 ff; zustimmend ANTOMO, in: PFEIFFER/LOBACH/RAPP [2020] 13, 20 ff). Ein solches System, wie es im Haager Erwachsenenschutzrecht (vgl Art 5 ff HErwSÜ) vorgesehen ist, dürfte indes der Lebenswirklichkeit vieler Ehepaare kaum gerecht werden (ähnlich etwa REDDIN Univ Dublin LR 2020, 39, 58 f). Vielmehr bietet es sich an, den Parteien die Möglichkeit einer **Gerichtsstandswahl** zu eröffnen (s Rn 91 ff). **14**

Das grundsätzliche Befürworten eines Katalogs gleichrangiger Zuständigkeitsgründe bedeutet keineswegs, dass es fern läge, einzelne Gerichtsstände kritisch zu hinterfragen. Genau darüber wurde zum Brüssel II-Übk ebenso intensiv diskutiert wie zuletzt bei der Vorbereitung der Brüssel IIb-VO (beachte die Nachw oben in Rn 3). Insbesondere die vom Verordnungsgeber nunmehr unbesehen in Art 3 lit a (v) und (vi) Brüssel IIb-VO übernommenen **Antragstellergerichtsstände** sehen sich seit jeher ganz erheblicher Kritik ausgesetzt (beachte schon PIRRUNG ZEuP 1999, 834, 844 f; JAYME IPRax 2000, 165 ff; aus neuerer Zeit etwa ANTOMO, in: PFEIFFER/LOBACH/RAPP [2020] 13, 23; SONNENTAG, in: PFEIFFER/WITTMANN/ESCHER [2018] 9, 19). Sie waren schon bei den Verhandlungen zum Brüssel II-Übk hoch umstritten (deutlich BORRÁS, in: RAFFAELLI [2016] 73, 77: „whilst four of them were accepted without any difficulty, the last two criteria were only accepted in order to bring about the possibility of an agreement on the text as a whole at the very last minute"). Allerdings gibt es gelegentlich auch abweichende Stimmen, die es sogar für verfehlt halten, die Antragstellergerichtsstände im Zweifel wenigstens restriktiv zu interpretieren (so namentlich HAUSMANN Rn A 77; RAUSCHER/RAUSCHER Art 3 Brüssel IIa-VO Rn 39 f, der sogar meint, das Dilemma sei nicht die Weite des forum actoris, sondern seine Enge). **15**

3. Forum shopping

Es liegt auf der Hand, dass das geltende System konkurrierender Zuständigkeiten und die damit einhergehende Wahlmöglichkeit einem gut beratenen Antragsteller zugutekommt. Er wird sich zunächst daran orientieren, im welchem Gerichtsstaat sich sein **eigenes Rechtsschutzziel**, das neben der eigentlichen Statussache regelmäßig auch eine günstige Entscheidung zu Folgesachen umfasst, am einfachsten und effektivsten erreichen lässt. Dabei gilt es, verfahrensrechtliche, materiell- bzw kollisionsrechtliche, anerkennungsrechtliche und faktische Aspekte zu berücksichtigen. Die **16** bei diesem Forum shopping verfolgten Interessen decken sich regelmäßig nicht mit den **Belangen des anderen Ehegatten**; vielmehr kann der Antragsteller in seine Überlegungen sogar einbeziehen, in welchem Forum es der Gegenseite besonders schwerfallen dürfte, ihre Position zu vertreten.

17 All dies ist inakzeptabel, wenn ein Gerichtsstand durch **Simulation** oder **arglistige Herbeiführung der Zuständigkeitsvoraussetzungen** erschlichen wird (vgl etwa GEIMER Rn 1015 f; SCHACK Rn 605 ff). Anderenfalls wird man einem scheidungswilligen Ehegatten hingegen kaum vorwerfen können, von ihm vorteilhaften gesetzlichen Zuständigkeitsregeln Gebrauch zu machen, indem er in einen ihm genehmen Mitgliedstaat verzieht, um sich dort nach Ablauf der vorgesehenen Wartefrist auf Art 3 lit a (v) oder (vi) Brüssel IIb-VO zu berufen. Das probate Mittel, um Forum shopping den Wind aus den Segeln zu nehmen, ist zum einen die **Kollisionsrechtsangleichung**, die mit der Rom III-VO, dem HUntP 2007 und Art 20 ff EuEheGüVO inzwischen zumindest in der Mehrzahl der Mitgliedstaaten verwirklicht worden ist (s Einl 41 zur Brüssel IIb-VO). Zum anderen bedarf es sachgerechter Vorschriften, um **positive Kompetenzkonflikte** möglichst frühzeitig zu entschärfen und einen etwaigen Wettlauf um die frühere Verfahrenseinleitung wenigstens fair auszugestalten (vgl dazu Art 17 Brüssel IIb-VO Rn 1 ff und Art 20 Brüssel IIb-VO Rn 1 ff).

4. Kein gerichtliches Zuständigkeitsermessen

18 Das in einem gem Art 3 Brüssel IIb-VO eröffneten Gerichtsstand angerufene Gericht darf sich nicht etwa deshalb für unzuständig erklären, weil es nach seinem Dafürhalten sinnvoller wäre, das Verfahren bei einem anderen, ebenfalls zuständigen Gericht eines anderen Mitgliedstaats (oder gar Drittstaats) auszutragen. Die angloamerikanische Lehre von der unangemessenen Zuständigkeit (**doctrine of forum non conveniens**) ist dem Verordnungsrecht im Grundsatz fremd (statt vieler: GEIMER/SCHÜTZE/GEIMER Art 3 EuEheVO Rn 11; ALTHAMMER/GROSSERICHTER vor Art 1–3 Brüssel IIa-VO Rn 7; REDDIN Univ Dublin LR 2020, 39, 50 f), zumal sie unvereinbar mit dem grundrechtlich verbürgten Justizgewährungsanspruch ist, der mit der Eröffnung eines gesetzlichen Gerichtsstands einhergeht.

19 Eine ermessensgestützte Zuständigkeitsversagung muss dem Anspruch auf den gesetzlichen Richter (Art 6 EMRK, Art 47 GR-Charta) genügen und bedarf daher allemal einer gesetzlichen Grundlage, die in der Verordnung für Ehesachen fehlt (vgl demgegenüber für Kindschaftssachen ansatzweise Art 12, 13 Brüssel IIb-VO; beachte dazu Erwägungsgrund 26 sowie Vorbem 1 zu Art 7 ff Brüssel IIb-VO). Hingewiesen sei in diesem Zusammenhang auf die Ausführungen, mit denen der EuGH die Möglichkeit einer ermessensgestützten Unzuständigerklärung in einer Unterhaltssache verneint hat (EuGH 5. 9. 2019 – C-468/18 R/P, FamRZ 2019, 2001 Rn 34 ff = FamRB 2019, 468 [DIMMLER]). Von alledem zu unterscheiden ist die rechtspolitische Frage, ob die Einführung einer **Verweisungsmöglichkeit an ein sachnäheres Gericht** eines anderen Mitgliedstaats de lege ferenda erwägenswert erscheint (dafür mit beachtlichen Erwägungen etwa ANTOMO, in: PFEIFFER/LOBACH/RAPP [2020] 13, 22 f; BONOMI Rev crit d i p 2017, 511, 531 f; BORG-BARTHELET 34 f).

IV. Anknüpfungsmomente

Art 3 Brüssel IIb-VO knüpft die internationale Zuständigkeit alternativ an den **gewöhnlichen Aufenthalt** des Antragsgegners (lit a [iii]), an den kraft Zeitablaufs verfestigten (lit a [v]) oder durch andere Faktoren verstärkten (lit a [ii] und [iv]) gewöhnlichen Aufenthalt des Antragstellers, an die gemeinsame **Staatsangehörigkeit** (lit b) bzw das gemeinsame **domicile** (lit b mit Art 2 Abs 3 Brüssel IIb-VO) oder an eine Kombination von gewöhnlichem Aufenthalt und Staatsangehörigkeit bzw domicile des Antragstellers (lit a [vi]). Die genannten Anknüpfungsmomente sind im Folgenden zu erläutern. **20**

1. Gewöhnlicher Aufenthalt

a) Überblick

Das in der **Brüssel IIb-VO** weitaus wichtigste Anknüpfungsmoment für die internationale Zuständigkeit ist der gewöhnliche Aufenthalt, und zwar sowohl in Ehe- als auch Kindschaftssachen (erhellend zum Zusammenhang zwischen der Wahl dieser Anknüpfung und dem Mobilitätskonzept der EU Croon-Gestefeld RabelsZ 86 [2022] 32, 57 ff). Dies steht in Einklang mit dem **übrigen Verordnungsrecht** im Bereich des Familien- und Erbrechts (EuUntVO, EuEheGüVO, EuPartGüVO und EuErbVO) sowie dem **Konventionsrecht**, namentlich dem der Haager Konferenz (KSÜ, HKEntfÜ, HErwSÜ). Auch im autonomen **deutschen Verfahrensrecht** dominiert inzwischen die Anknüpfung an den gewöhnlichen Aufenthalt (vgl § 98 Abs 1 Nr 2–4, § 99 Abs 1 S 1 Nr 2 FamFG), ohne jedoch die Staatsangehörigkeit völlig verdrängt zu haben (§ 98 Abs 1 Nr 1, § 99 Abs 1 S 1 Nr 1 FamFG). **21**

Einen **schlichten Aufenthalt**, der (noch) nicht zum gewöhnlichen verfestigt ist, lässt die Verordnung ausnahmsweise in Kindschaftssachen genügen: Art 11 Brüssel IIb-VO spricht in diesem Zusammenhang von einer Zuständigkeit aufgrund der **Anwesenheit** des Kindes (verwirrend demgegenüber Erwägungsgrund 32 zur EuUntVO, der zwischen gewöhnlichem Aufenthalt, Aufenthalt und Anwesenheit unterscheiden will). Zu Ehesachen gibt es keine Art 11 Abs 1 Brüssel IIb-VO entsprechende Regelung (anders im deutschen Recht, vgl § 98 Abs 2 FamFG). Im Übrigen verzichtet die Brüssel IIb-VO vollständig auf eine Anknüpfung an den **Wohnsitz**, der aber nach wie vor zentrales Anknüpfungsmoment in den allgemeinen Zivil- und Handelssachen der Brüssel Ia-VO ist und auch in der EuErbVO, obwohl sie meist auf den gewöhnlichen Aufenthalt abstellt, noch eine kleinere Rolle spielt (vgl Art 44, Art 45 Abs 2 EuErbVO). **22**

b) Verordnungsautonome Auslegung

Der Begriff des gewöhnlichen Aufenthalts ist nach einhelliger Auffassung **verordnungsautonom** auszulegen (beachte aus neuerer Zeit etwa EuGH 25. 11. 2021 – C-289/20 IB/FA, FamRZ 2022, 215 Rn 38 f mAnm Berner = NJW 2021, 3771 mAnm Mankowski = Rpfleger 2022, 184 mAnm Lamberz = FamRB 2022, 48 [Dimmler]; EuGH 1. 8. 2022 – C-501/20 MPA/LCDNMT, FamRZ 2022, 1466 Rn 43 = FamRB 2022, 423 [Dimmler]; ausführl Vienenkötter [2017] 34 ff; vgl zudem etwa Limante JPIL 14 [2018] 160, 164 ff mit sinnvollen Abgrenzungen zu verwandten nationalen Konzepten). Somit kommt es weder auf die Vorstellungen der lex fori noch auf das Eheauflösungs- oder das Personalstatut an. Eine Vorschrift wie Art 62 Brüssel **23**

Ia-VO, die zum Wohnsitz auf die Maßgeblichkeit des nationalen Rechts verweist, ist für den gewöhnlichen Aufenthalt (sinnvollerweise) nicht vorgesehen.

24 Allerdings verzichtet der Verordnungsgeber, ebenso wie das Konventionsrecht, darauf, eine **Legaldefinition** des gewöhnlichen Aufenthalts zu erstellen (für ohnehin kaum weiterführend halten ein solches Unterfangen etwa DUTTA IPRax 2017, 139, 145; HESS Polski Proces Cywilny 2021, 523, 540 f; optimistischer HAU, in: GS Wolf 409, 421 ff). Einen ersten Anhaltspunkt bietet der **BORRÁS-Bericht** (Rn 28, 32). Merkwürdigerweise bezugnehmend auf ältere EuGH-Judikatur, die in völlig anderem Zusammenhang zum Wohnsitzbegriff ergangen ist (EuGH 15. 9. 1994 – C-452/93 Fernandez/Kommission, EuGHE 1994 I-4295; EuGH 25. 2. 1999 – C-90/97 Swaddling/Adjudication Officer, EuGHE 1999 I-1075), verweist der Bericht zum gewöhnlichen Aufenthalt auf den Ort, „den der Betroffene als **ständigen und gewöhnlichen Mittelpunkt seiner Lebensinteressen** in der Absicht gewählt hat, ihm Dauerhaftigkeit zu verleihen, wobei für die Feststellung dieses Wohnsitzes alle hierfür wesentlichen tatsächlichen Gesichtspunkte zu berücksichtigen sind“.

25 Vor diesem Hintergrund obliegt es letztlich dem **EuGH**, der mitgliedstaatlichen Rechtspraxis mit Hilfe von **Vorabentscheidungen** konkrete Leitlinien an die Hand zu geben. Zur Brüssel IIa-VO bekam er zunächst mehrmals Gelegenheit, sich zum gewöhnlichen Aufenthalt von **Kindern** zu äußern (EuGH 2. 4. 2009 – C-523/07 A, FamRZ 2009, 843; EuGH 22. 12. 2010 – C-497/10 PPU Mercredi/Chaffe, FamRZ 2011, 617; EuGH 9. 10. 2014 – C-376/14 PPU C/M, FamRZ 2015, 107; EuGH 15. 2. 2017 – C-499/15 W und V/X, FamRZ 2017, 734; EuGH 8. 6. 2017 – C-111/17 PPU OL/PQ, FamRZ 2017, 1506; EuGH 10. 4. 2018 – C-85/18 PPU CV/DU, FamRZ 2018, 1430; EuGH 28. 6. 2018 – C-512/17 HR, FamRZ 2018, 1426; EuGH 17. 10. 2018 – C-393/17 PPU UD/XB, FamRZ 2019, 132; EuGH 14. 7. 2022 – C-572/21 CC/VO, FamRZ 2022, 1476; EuGH 1. 8. 2022 – C-501/20 MPA/LCDNMT, FamRZ 2022, 1466; beachte die Zusammenfassung der neueren Rechtsprechung bei DUTTA ZEuP 2020, 897, 918 ff).

26 In neuerer Zeit konnte der EuGH aber auch wesentlich Grundsätze im Hinblick auf Ehegatten, also **Erwachsene**, formulieren (EuGH 25. 11. 2021 – C-289/20 IB/FA, FamRZ 2022, 215 Rn 38 ff; EuGH 1. 8. 2022 – C-501/20 MPA/LCDNMT, FamRZ 2022, 1466 Rn 42 ff = FamRB 2022, 423 [DIMMLER]; aufschlussreich zudem BGH 25. 5. 2022 – XII ZB 404/20, FamRZ 2022, 1308 Rn 16 ff mAnm NADEMLEINSKY = NZFam 2022, 827 mAnm LÖHNIG = FamRB 2022, 381 [DIMMLER]). Den Ausgangspunkt bildet dabei die Überlegung, dass der gewöhnliche Aufenthalt grundsätzlich durch **zwei Elemente** gekennzeichnet ist: „zum einen durch den **Willen des Betroffenen**, den gewöhnlichen Mittelpunkt seiner Lebensinteressen an einen bestimmten Ort zu legen, und zum anderen durch eine **hinreichend dauerhafte Anwesenheit** im Hoheitsgebiet des betreffenden Mitgliedstaats“ (so EuGH 25. 11. 2021 – C-289/20 IB/FA, FamRZ 2022, 215 Rn 57; EuGH 1. 8. 2022 – C-501/20 MPA/LCDNMT, FamRZ 2022, 1466 Rn 44; beachte auch BGH 25. 5. 2022 – XII ZB 404/20, FamRZ 2022, 1308 Rn 17 mAnm NADEMLEINSKY). Herzstück dieser Formel bleibt allerdings, ähnlich wie im BORRÁS-Bericht (Rn 24), der **gewöhnliche Mittelpunkt der Lebensinteressen**.

27 Ebenso bemerkenswert wie sinnvoll erscheint, dass sich der EuGH um eine kohärente **rechtsaktübergreifende Interpretation** des gewöhnlichen Aufenthalts bemüht, also die zunächst zur Brüssel IIa-VO entwickelten Grundsätze auch auf andere Verordnungen überträgt (vgl EuGH 15. 2. 2017 – C-499/15 W und V/X, FamRZ 2017, 734 mAnm MANKOWSKI = NZFam 2017, 214 mAnm OBERMANN = FamRB 2017, 258 [DIMMLER]; EuGH 1. 8. 2022 – C-501/20 MPA/LCDNMT, FamRZ 2022, 1466 Rn 41 ff = FamRB 2022, 423 [DIMMLER]; vgl zu diesem

Anliegen schon Hau, in: GS Wolf 409, 421 ff). Speziell zur EuUntVO, deren verfahrensrechtliche Bestimmungen durch die Kollisionsregeln des HUntP 2007 ergänzt werden, betont er aber auch die gebotene Koordination mit dem Haager Konventionsrecht (dazu EuGH 1. 8. 2022 – C-501/20 MPA/LCDNMT, FamRZ 2022, 1466 Rn 49 ff = FamRB 2022, 423 [Dimmler]).

Im Sinne einer solchen verordnungsübergreifenden Auslegung bietet es sich im Übrigen an, die **EuErbVO** einzubeziehen, für deren Zuständigkeitssystem es eine Rolle spielen kann, wo sich der Erblasser vor seinem Tod gewöhnlich aufgehalten hat (vgl John GPR 2018, 70, 76 f, dort zur parallelen Auslegung des Aufenthaltsbegriffs in der EuErbVO und der EuEheGüVO). Hierfür benennt Erwägungsgrund 23, insbesondere aber **Erwägungsgrund 24** zur EuErbVO einige sinnvolle und übertragbare Anhaltspunkte (vgl hierzu EuGH 16. 7. 2020 – C-80/19 EE, FamRZ 2020, 1496 Rn 37 ff; beachte zudem etwa Junker, in: FS Roth 747): „In einigen Fällen kann es sich als komplex erweisen, den Ort zu bestimmen, an dem der Erblasser seinen gewöhnlichen Aufenthalt hatte. Dies kann insbesondere der Fall sein, wenn sich der Erblasser aus beruflichen oder wirtschaftlichen Gründen – unter Umständen auch für längere Zeit – in einen anderen Staat begeben hat, um dort zu arbeiten, aber eine enge und feste Bindung zu seinem Herkunftsstaat aufrechterhalten hat. In diesem Fall könnte – entsprechend den jeweiligen Umständen – davon ausgegangen werden, dass der Erblasser seinen gewöhnlichen Aufenthalt weiterhin in seinem Herkunftsstaat hat, in dem sich in familiärer und sozialer Hinsicht sein Lebensmittelpunkt befand. Weitere komplexe Fälle können sich ergeben, wenn der Erblasser abwechselnd in mehreren Staaten gelebt hat oder auch von Staat zu Staat gereist ist, ohne sich in einem Staat für längere Zeit niederzulassen. War der Erblasser ein Staatsangehöriger eines dieser Staaten oder hatte er alle seine wesentlichen Vermögensgegenstände in einem dieser Staaten, so könnte seine Staatsangehörigkeit oder der Ort, an dem diese Vermögensgegenstände sich befinden, ein besonderer Faktor bei der Gesamtbeurteilung aller tatsächlichen Umstände sein.“ 28

c) Prozessuale Behandlung

Nach ständiger Rechtsprechung des EuGH geht es bei der Bestimmung des gewöhnlichen Aufenthalts im Wesentlichen um eine **Tatfrage**, die eine **umfassende Prüfung der tatsächlichen Umstände jedes Einzelfalls** erfordere – was nicht Aufgabe des Gerichtshofs, sondern nur der nationalen Gerichte sein könne (beachte aus neuerer Zeit etwa EuGH 25. 11. 2021 – C-289/20 IB/FA, FamRZ 2022, 215 Rn 52; EuGH 14. 7. 2022 – C-572/21 CC/VO, FamRZ 2022, 1476 Rn 24; EuGH 1. 8. 2022 – C-501/20 MPA/LCDNMT, FamRZ 2022, 1466 Rn 56 = FamRB 2022, 423 [Dimmler]; BGH 25. 5. 2022 – XII ZB 404/20, FamRZ 2022, 1308 Rn 17 mAnm Nademleinsky). 29

Ob die Bezeichnung des gewöhnlichen Aufenthalts als Tatsachenfrage zutrifft, erscheint zweifelhaft; näher liegt die Einordnung als **unbestimmter Rechtsbegriff** (dazu Baetge, in: FS Kropholler 77, 87; Hau, in: GS Wolf 409, 421; Spellenberg, in: FS Geimer 1257, 1265; Spellenberg, in: FS Kerameus 1307, 1318 f), die auch der BGH annimmt (BGH 25. 5. 2022 – XII ZB 404/20, FamRZ 2022, 1308 Rn 21 mAnm Nademleinsky). Es ist kaum davon auszugehen, dass sich der EuGH dem mit seiner beiläufigen Formulierung entgegenstellen will. Dies wiederum ist bedeutsam, weil die Einordnung als unbestimmter Rechtsbegriff zur Folge hat, dass sich bei der Subsumtion des festgestellten Sachverhalts ein **tatrichterlicher Beurteilungsspielraum** ergibt: Daher erfolgt nach allgemeinen 30

Grundsätzen auch im Anwendungsbereich der Verordnung eine Überprüfung im Rahmen der Rechtsbeschwerde regelmäßig nur dahingehend, ob der Tatrichter den Rechtsbegriff richtig erfasst hat, ob er den Sachverhalt verfahrensfehlerfrei festgestellt hat, ob er wesentliche Tatumstände übersehen oder nicht vollständig gewürdigt hat und ob seine Wertung gegen Denkgesetze oder Erfahrungssätze verstößt (überzeugend BGH 25. 5. 2022 – XII ZB 404/20, FamRZ 2022, 1308 Rn 21 mAnm NADEMLEINSKY).

31 Die **Darlegungs- und Beweislast** für das Vorliegen des gewöhnlichen Aufenthalts trägt grundsätzlich derjenige, der sich auf die Eröffnung eines Gerichtsstands beruft (BGH 25. 5. 2022 – XII ZB 404/20, FamRZ 2022, 1308 Rn 20 mAnm NADEMLEINSKY). Dies ist der **Antragsteller**, wenn es bei Art 3 lit a (ii), (iv), (v) oder (vi) Brüssel IIb-VO um seinen eigenen gewöhnlichen Aufenthalt oder bei Art 3 lit a (iii) Brüssel IIb-VO um den des Antragsgegners geht. Demgegenüber obliegt es dem **Antragsgegner**, seinen eigenen gewöhnlichen Aufenthalt in einem anderen Mitgliedstaat darzulegen und erforderlichenfalls zu beweisen, wenn er daraus gem Art 6 Abs 1, Art 3 lit a (iii) Brüssel IIb-VO ableiten möchte, dass sich der Antragsteller in dem von diesem gewählten Forum nicht auf einen an sich eröffneten Gerichtsstand der lex fori (zB § 98 Abs 1 Nr 1 FamFG) berufen dürfe.

d) Einzelfragen

32 Im Rahmen der vorliegenden Kommentierung wird davon abgesehen, die reichhaltige Judikatur und Literatur zu den zahllosen Verästelungen des gewöhnlichen Aufenthalts zusammenzutragen (näher hierzu STAUDINGER/SPELLENBERG [2015] Art 3 Brüssel IIa-VO Rn 53 ff; monographisch VIENENKÖTTER [2017], insbes 52 ff). Vielmehr sollen die beiden vom EuGH (oben Rn 26) als wesentlich benannten Elemente, also Anwesenheit und Wille, sowie die praxisrelevante Frage nach der Möglichkeit eines mehrfachen gewöhnlichen Aufenthalts anhand der neueren höchstrichterlichen Rechtsprechung etwas näher betrachtet werden.

aa) Hinreichende dauerhafte Anwesenheit

33 Nach der Formel des EuGH (oben Rn 26) befindet sich der gewöhnliche Aufenthalt dort, wo der **„gewöhnliche Mittelpunkt der Lebensinteressen“** liegt. Die dafür als wesentlich geforderte **„hinreichende dauerhafte Anwesenheit“** erweist sich typischerweise als schwierig, wenn es darum geht, ob ein Ehegatte seinen gewöhnlichen Aufenthalt noch bzw schon in einem bestimmten Mitgliedstaat hat.

34 Ein sinnvoller erster Anhaltspunkt lässt sich gewinnen, indem quantitativ ausgewertet wird, wie viel Zeit die Person in dem fraglichen Land verbringt (vgl zB die diesbezügliche Auswertung bei BGH 25. 5. 2022 – XII ZB 404/20, FamRZ 2022, 1308 Rn 23 f). In qualitativer Hinsicht ist eine **Schwerpunktbestimmung** vorzunehmen, wobei es das bei Erwachsenen typischerweise breite Spektrum von Aktivitäten und Interessen, also insbesondere berufliche, soziokulturelle, vermögensbezogene, private und familiäre Aspekte zu berücksichtigen gilt (EuGH 25. 11. 2021 – C-289/20 IB/FA, FamRZ 2022, 215 Rn 56; BGH 25. 5. 2022 – XII ZB 404/20, FamRZ 2022, 1308 Rn 17).

35 **Wichtige Indizien** sind der Bezug einer Wohnung oder die Aufnahme einer längerfristigen Beschäftigung (EuGH 25. 11. 2021 – C-289/20 IB/FA, FamRZ 2022, 215 Rn 59; BGH 25. 5. 2022 – XII ZB 404/20, FamRZ 2022, 1308 Rn 28). Weniger ins Gewicht fällt hingegen, wo die Person gemeldet ist (BGH 25. 5. 2022 – XII ZB 404/20, FamRZ 2022, 1308 Rn 30; LIMANTE

JPIL 14 [2018] 160, 165 f). Über die Staatsangehörigkeit des fraglichen Staates zu verfügen ist weder notwendig noch hinreichend für den gewöhnlichen Aufenthalt, aber doch immerhin ein Indiz (vgl auch Erwägungsgrund 24 zur EuErbVO, zudem oben Rn 28 sowie unten Rn 68 zu Art 3 lit a [vi] Brüssel IIb-VO).

Wenn ein Ehegatte wegen einer Ehekrise beschließt, den bisherigen Aufenthaltsstaat des Ehepaars zu verlassen, um sich in einem anderen Mitgliedstaat niederzulassen, so steht es der Begründung eines dortigen neuen gewöhnlichen Aufenthalts nicht entgegen, wenn er im ersten Mitgliedstaat eine Reihe sozialer und familiärer **Verbindungen aufrechterhält** (EuGH 25. 11. 2021 – C-289/20 IB/FA, FamRZ 2022, 215 Rn 55), insbesondere zu seinen dort weiterhin lebenden Eltern oder Kindern (BGH 25. 5. 2022 – XII ZB 404/20, FamRZ 2022, 1308 Rn 27). Auch gelegentliche Urlaube im früheren Aufenthaltsstaat sind ohne Belang (EuGH 1. 8. 2022 – C-501/20 MPA/LCDNMT, FamRZ 2022, 1466 Rn 57). 36

bb) Wille des Betroffenen

Der **„animus manendi“** wird im deutschen Konzept des Wohnsitzes betont (vgl § 7 BGB), deutlich weniger jedoch im Zusammenhang mit deutschen Vorschriften, die auf den gewöhnlichen Aufenthalt abstellen (beachte etwa BGH 3. 2. 1993 – XII ZB 93/90, FamRZ 1993, 798, 799 f). Im Vergleich dazu fällt sowohl an der im Borrás-Bericht vorgeschlagenen Formel (oben Rn 24: „in der Absicht gewählt“) als auch an der Formel des EuGH (oben Rn 26: „Wille des Betroffenen, den gewöhnlichen Mittelpunkt seiner Lebensinteressen an einen bestimmten Ort zu legen“) die starke Betonung des voluntativen Elements auf. Wichtig ist dabei, dass der Ehegatte seinen Willen, den gewöhnlichen Mittelpunkt seiner Lebensinteressen in einem bestimmten Mitgliedstaat zu errichten, laut EuGH zum Ausdruck bringen muss (EuGH 25. 11. 2021 – C-289/20 IB/FA, FamRZ 2022, 215 Rn 58); der BGH spricht gleichsinnig von einem **„nach außen manifestierten Willen“** (BGH 25. 5. 2022 – XII ZB 404/20, FamRZ 2022, 1308 Rn 17). 37

Schwierigkeiten bereiten vor diesem Hintergrund Fälle, in denen ein **längerer Verbleib in einem Mitgliedstaat erzwungen** wird, so namentlich infolge des Verbüßens einer mehrjährigen Haftstrafe (vgl schon Hau FamRZ 2000, 1333, 1334), ständiger beruflicher bzw familiärer Unabkömmlichkeit oder auch Gebrechlichkeit. Dann gilt es zu berücksichtigen, dass das Zuständigkeitssystem der Verordnung, wie auch der EuGH betont, zwei Leitgedanken zu kombinieren versucht: Es geht um die Eröffnung eines Gerichtsstands, der sowohl sicher bestimmbar ist als auch Freizügigkeit ermöglicht (EuGH 13. 10. 2016 – C-294/15 Mikołajczyk/Czarnecki und Czarnecka, FamRZ 2016, 1997 Rn 33; EuGH 25. 11. 2021 – C-289/20 IB/FA, FamRZ 2022, 215 Rn 44). Wenn jedoch Letzteres de facto ausgeschlossen ist, muss Ersteres den Ausschlag geben. Das spricht für die Möglichkeit eines gewöhnlichen Aufenthalts auch ohne dahingehenden Willen (vgl auch die Warnungen vor einer Überbetonung des subjektiven Elements etwa bei Hess Polski Proces Cywilny 2021, 523, 540; John GPR 2018, 70, 79; Rauscher/Rauscher Art 3 Brüssel IIa-VO Rn 22b), zumal davon auszugehen ist, dass selbst eine Inhaftierung den betroffenen Ehegatten keineswegs daran hindert, in diesem Mitgliedstaat als Antragsteller oder Antragsgegner an einem Ehestatusverfahren teilzunehmen. Letztlich liegt es auf dieser Linie, wenn der EuGH in einer weiteren Entscheidung keine Bedenken dagegen sieht, den gewöhnlichen Aufenthalt in einem (Dritt-)Staat zu verorten, in den der Ehegatte langfristig von seinem Arbeitgeber entsandt worden ist (EuGH 1. 8. 2022 – C-501/20 MPA/LCDNMT, FamRZ 2022, 1466 Rn 54 ff). 38

cc) Mehrfacher gewöhnlicher Aufenthalt

39 Es erscheint nicht von vornherein oder gar begriffsnotwendig ausgeschlossen, dass sich eine Person gleichzeitig in mehreren Staaten gewöhnlich aufhält, also zwei in quantitativer und qualitativer Hinsicht nahezu gleichwertige Mittelpunkte ihrer Lebensinteressen unterhält. Gleichwohl hat der EuGH postuliert, dass ein Ehegatte zu einem bestimmten Zeitpunkt nur einen einzigen gewöhnlichen Aufenthalt iSv Art 3 Brüssel IIb-VO haben könne (EuGH 25. 11. 2021 – C-289/20 IB/FA, FamRZ 2022, 215 Rn 37 ff; bestätigend EuGH 1. 8. 2022 – C-501/20 MPA/LCDNMT, FamRZ 2022, 1466 Rn 44; beachte auch BGH 25. 5. 2022 – XII ZB 404/20, FamRZ 2022, 1308 Rn 17; Entsprechendes soll für den gewöhnlichen Aufenthalt des Erblassers iSv Art 4 EuErbVO gelten; dazu EuGH 16. 7. 2020 – C-80/19 EE, FamRZ 2020, 1496 Rn 37 ff). Dazu hätte es nicht des allzu dünnen Arguments bedurft, dass die Verordnung den Begriff nicht in der Pluralform gebrauche; vielmehr lässt sich das Ergebnis mit dem EuGH ohne Weiteres auf die Interessenlage und die gebotene Zuständigkeitsklarheit stützen. Im Übrigen belegt die Entscheidung, dass der gewöhnliche Aufenthalt eben keineswegs nur Tatsachenfragen aufwirft, sondern sich als wertungsbedürftiger unbestimmter Rechtsbegriff erweist (vgl Rn 30).

dd) Hinweise zu besonderen Fallgruppen

40 Hier nicht im Einzelnen darzustellende Besonderheiten gelten für die Bestimmung des gewöhnlichen Aufenthalts von **Flüchtlingen** (näher Baetge StAZ 2016, 289, 292 ff; Budzikiewicz, in: Budzikiewicz/Heiderhoff/Klinkhammer/Niethammer-Jürgens [2018] 95, insbes 110 ff; vgl zur internationalen Zuständigkeit für ein Scheidungsverfahren im Falle eines abgelehnten Asylbewerbers einerseits OLG Frankfurt 20. 3. 2019 – 7 WF 10/19, FamRZ 2019, 1532 [gewöhnlicher Aufenthalt bejaht, solange keine konkreten Maßnahmen zur Aufenthaltsbeendigung getroffen wurden], andererseits OLG Koblenz 6. 1. 2016 – 13 WF 1/16, FamRZ 2016, 995 [gewöhnlicher Aufenthalt verneint]), **Grenzpendlern** (KG 26. 4. 2016 – 1 AR 8/16, FamRZ 2016, 1203; OLG Köln 22. 5. 2017 – 10 UF 46/17, FamRZ 2018, 991), sog **Mallorca-Rentnern** (dazu Steinmetz ZEV 2018, 317; beachte auch Erwägungsgrund 25 zur EuErbVO) sowie **Betreuungsbedürftigen** (OLG Köln 20. 11. 2017 – 2 Wx 247/17, FamRZ 2018, 462; LG Augsburg 30. 1. 2018 – 54 T 161/18, FamRZ 2018, 1433, 1434 f).

2. Staatsangehörigkeit

a) Überblick

41 Im Rahmen des Zuständigkeitssystems der Brüssel IIb-VO für **Ehestatussachen** kommen der Staatsangehörigkeit verschiedene Funktionen zu. Als verstärkender Faktor soll sie einen Gerichtsstand des Antragstellers in seinem gewöhnlichen Aufenthaltsstaat rechtfertigen (Art 3 lit a [vi] Brüssel IIb-VO). Ohne Weiteres zuständigkeitsbegründend ist indes nur die gemeinsame Staatsangehörigkeit beider Ehegatten (Art 3 lit b Brüssel IIb-VO). Privilegiert werden Angehörige von Mitgliedstaaten, indem sie vor dem Rückgriff auf nationales Zuständigkeitsrecht geschützt werden (Art 6 Abs 2 Brüssel IIb-VO) oder indem zu ihren Gunsten die diskriminierungsfreie Anwendung eines nationalen Zuständigkeitsgrunds vorgeschrieben wird (Art 6 Abs 3 Brüssel IIb-VO). In der **übrigen Verordnung** ist die Bedeutung der Staatsangehörigkeit noch geringer. In Kindschaftssachen dient sie nur vereinzelt als Indiz für die Verbundenheit des Kindes mit einem bestimmten Mitgliedstaat (Art 10 Abs 1 lit a [iii], Art 12 Abs 4 lit c Brüssel IIb-VO). Im Übrigen finden sich noch einige besondere Ausprägungen des europarechtlichen Verbots von Diskriminierungen an-

hand der Staatsangehörigkeit (Art 51 Abs 2, Art 59 Abs 6 S 2, Art 75, Art 94 Abs 4 Brüssel IIb-VO).

b) Heimatrecht

Anders als zum gewöhnlichen Aufenthalt (Rn 23 ff) existiert für die Staatsangehörigkeit **kein verordnungsautonomes Konzept**; vielmehr bestimmt sie sich nach dem Recht des jeweils in Betracht kommenden **Heimatstaats**. Der Erwerb und Verlust der deutschen Staatsangehörigkeit richtet sich nach den allgemeinen Regeln, namentlich also dem Staatsangehörigkeitsgesetz (BGBl 1999 I 1618; einführend etwa Manhart NZFam 2015, 442; näher zu Erwerb und Verlust der deutschen Staatsangehörigkeit Staudinger/Bausback [2013] Anh II zu Art 5 EGBGB). Laut Art 9 II Nr 5 FamRÄndG (BGBl 1961 I 1221) stehen, soweit es im deutschen Verfahrensrecht auf die Staatsangehörigkeit ankommt, den deutschen Staatsangehörigen auch diejenigen gleich, die Deutsche iSv Art 116 Abs 1 GG sind, ohne die deutsche Staatsangehörigkeit zu besitzen. 42

c) Staatenlose und Flüchtlinge

Anders als § 98 Abs 1 Nr 3 FamFG äußern sich Art 3 und 6 Brüssel IIb-VO nicht zu **Staatenlosen**. Die Verordnung gibt zu Ehesachen auch keinen Hinweis darauf, wie sie sich zu Sonderbestimmungen verhält, wonach Staatenlose sowie bestimmte **Flüchtlinge, Verschleppte, Vertriebene und Asylbewerber** den Inländern gleichgestellt werden (Einzelheiten zu solchen Regelungen bei Baetge StAZ 2016, 289; Majer StAZ 2016, 337; Mankowski IPRax 2017, 40). Nur zu Kindschaftssachen wird der Schutz von Flüchtlingen in Art 11 Abs 2 Brüssel IIb-VO angesprochen (vgl dazu Erwägungsgrund 25). 43

In einer **Ehestatussache** erscheint es kaum als unbillige Härte, wenn sich ein Staatenloser oder Flüchtling, der sich im Inland erst kurz gewöhnlich aufhält, „nur" auf Art 3 lit a (v) Brüssel IIb-VO, nicht jedoch auch auf lit a (vi) berufen kann (wie hier etwa Geimer/Schütze/Geimer Art 3 EuEheVO Rn 39; NK-BGB/Gruber Art 3 EheVO 2003 Rn 45; **aA** Hausmann Rn A 87, der sich allerdings fragwürdigerweise allgemein gegen eine tendenziell enge Auslegung der Antragstellergerichtsstände ausspricht). Auch eine entsprechende Anwendung von Art 3 lit b Brüssel IIb-VO auf Staatenlose oder Flüchtlinge liegt eher fern (Geimer/Schütze/Geimer Art 3 EuEheVO Rn 39; insoweit übereinstimmend auch Hausmann Rn A 94; **aA** Gitschthaler/Garber Art 3 Brüssel IIa-VO Rn 93). 44

d) Mehrstaater

Probleme bereitet die Behandlung von Mehrstaatern. Hat eine Person die **deutsche und eine ausländische Staatsangehörigkeit**, so kann sich im Hinblick auf Art 3 und 6 Brüssel IIb-VO die Frage stellen, unter welchen Voraussetzungen eine de facto „nicht gelebte" deutsche Staatsangehörigkeit de jure als ineffektiv zu gelten hat und damit kompetenzrechtlich unbeachtlich bleiben soll. Art 5 Abs 1 S 2 EGBGB gilt nur für das Kollisionsrecht; eine entsprechende internationalverfahrensrechtliche Vorschrift gibt es nicht (wie hier etwa HandKommZPO/Dörner Art 3 EuEheVO Rn 17; Hausmann Rn A 86; Thomas/Putzo/Hüsstege Art 3 Brüssel IIb-VO Rn 8; tendenziell anders zum autonomen deutschen Verfahrensrecht allerdings BGH 26. 8. 2020 – XII ZB 158/18, FamRZ 2020, 1811 Rn 20 mAnm Wall = NJW 2020, 3592 mAnm Antomo = JZ 2021, 254 mAnm Heiderhoff = NZFam 2020, 1009 mAnm Löhnig = FamRB 2020, 471 [Dimmler]). Richtigerweise ist für die Zwecke von Art 3 und 6 Brüssel IIb-VO, wenn es um die Zuständigkeit der deutschen Gerichte geht, aber gleichwohl eine formale, schlicht auf den deutschen „Pass" abstellende Betrachtungsweise geboten (näher 45

Hau IPRax 2010, 50; ebenso etwa NK-BGB/Gruber Art 3 EheVO 2003 Rn 52): Denn dies lässt sich am ehesten mit dem Normtext vereinbaren und trägt zudem der Überlegung Rechnung, dass das europäische Zivilverfahrensrecht der Rechtssicherheit in Zuständigkeitsfragen ganz besondere Bedeutung beimisst und deshalb einzelfallorientierte Prüfungen nach Vorbild der doctrine of forum non conveniens vermeidet (dazu oben Rn 18).

46 Erst recht muss es einem deutschen Gericht im Zusammenhang mit Art 6 Abs 2 Brüssel IIb-VO verwehrt sein, die **von einem anderen Mitgliedstaat verliehene Staatsangehörigkeit** eines Ehegatten als angeblich ineffektiv außer Betracht zu lassen (vgl EuGH 16. 7. 2009 – C-168/08 Hadadi, FamRZ 2009, 1571 mAnm Kohler = IPRax 2010, 66, dazu Hau IPRax 2010, 50 und Dilger IPRax 2010, 54; Prütting/Gehrlein/Dimmler Art 7 Brüssel IIa-VO Rn 1); denn das Europarecht verbietet es, sich darüber hinwegzusetzen, wenn ein anderer Mitgliedstaat einer Person seine Staatsangehörigkeit verliehen hat (näher Hau IPRax 2010, 50, 52 f; vgl auch Basedow IPRax 2011, 109, 114). Im Übrigen sollte im Sinne der Zuständigkeitsklarheit für Art 6 Brüssel IIb-VO auch dann jeder „EU-Pass" beachtlich sein, wenn die fragliche Person die deutsche oder eine **drittstaatliche Staatsangehörigkeit** zusätzlich zu einer mitgliedstaatlichen hat.

3. Domicile

47 Im Hinblick auf **Irland** ist in den Fällen von Art 3 lit a (vi) und lit b Brüssel IIb-VO nicht auf die Staatsangehörigkeit, sondern auf das domicile der betroffenen Person bzw Personen abzustellen (Art 2 Abs 3 Brüssel IIb-VO; s Art 2 Brüssel IIb-VO Rn 16 ff sowie unten Rn 71 und Rn 76).

V. Gerichtsstände kraft gewöhnlichen Aufenthalts (lit a)

1. Überblick

48 Art 3 lit a Brüssel IIb-VO knüpft die internationale Zuständigkeit in sechs Varianten, redaktionell wenig gelungen (Rn 12), an den gewöhnlichen Aufenthalt mindestens eines Ehegatten. Zum Aufenthaltsbegriff s oben Rn 21 ff, zu den Sonderproblemen der Aufenthaltszuständigkeit in Fällen mit Drittbeteiligung sowie in posthumen Ehestatusverfahren s unten Rn 86 ff.

49 Abweichend von der merkwürdigen Regelung in § 98 Abs 1 Nr 4 FamFG (vgl dazu etwa Staudinger/Spellenberg [2016] § 98 FamFG Rn 167 ff; Prütting/Helms/Hau § 98 FamFG Rn 36) kommt es in keiner Variante von Art 3 lit a Brüssel IIb-VO darauf an, ob der Heimatstaat eines Ehegatten die in diesem Gerichtsstand zu erwartende Entscheidung anerkennen wird (vgl schon Hau FamRZ 2000, 1333, 1334; Schack RabelsZ 65 [2001] 615, 622; vgl zudem etwa Althammer/Grosserichter vor Art 1–3 Brüssel IIa-VO Rn 6). Nur lit a (vi) setzt ein Zusammentreffen von Aufenthalts- und Heimatstaat voraus. Im Übrigen spielt es zwar für lit a (iv), nicht aber für die anderen Varianten von lit a eine Rolle, ob sich der Antragsgegner an dem Verfahren beteiligt oder irgendwie mit der Wahl des Forums einverstanden zeigt (vgl EuGH 3. 10. 2019 – C-759/18 OF/PG, FamRZ 2019, 1989 Rn 25 ff = FamRB 2020, 49 [Dimmler], dort zum Gerichtsstand im gemeinsamen Heimatstaat, aber übertragbar auf lit a).

2. Aufenthaltsstaat des Antragsgegners (lit a [iii])

Systematisch fragwürdig führt der Verordnungsgeber in Art 3 Brüssel IIb-VO den Gerichtsstand, der die wenigstens Anforderungen hat und deshalb eigentlich an die Spitze des Katalogs gehört, erst in lit a (iii) auf: Eine internationale Zuständigkeit ist ohne Weiteres in dem Mitgliedstaat eröffnet, in dem sich der Antragsgegner gewöhnlich aufhält. Unerheblich ist dabei, wie ein Umkehrschluss aus lit a (v) und (vi) belegt, wie lange der gewöhnliche Aufenthalt dort bereits besteht (klarstellend etwa Gitschthaler/Garber Art 3 Brüssel IIa-VO Rn 56; Althammer/Grosserichter Art 3 Brüssel IIa-VO Rn 19; NK-BGB/Gruber Art 3 EheVO 2003 Rn 20). **50**

In der Sache beherzigt lit a (iii) die traditionelle zuständigkeitsrechtliche Maxime **actor sequitur forum rei** und entspricht damit den allgemeinen Gerichtständen des europäischen und nationalen Rechts (vgl Art 4 Brüssel Ia-VO; §§ 12, 13 ZPO). Ein solcher „Beklagtengerichtsstand" dient dem Schutz des Antragsgegners (**favor defensoris**), zugleich aber auch dem Interesse des Antragstellers an Zuständigkeitsklarheit (vgl etwa Coester-Waltjen, in: FS Klamaris 173 ff). Beide Belange erscheinen auch in Ehestatusverfahren beachtlich (wie hier etwa Gitschthaler/Garber Art 3 Brüssel IIa-VO Rn 55; abweichend Rauscher/Rauscher Art 3 Brüssel IIa-VO Rn 31 f, der in Ehesachen traditionelle parteirollenunabhängige Zuständigkeitsgründe bevorzugt). **51**

3. Aufenthaltsstaat des Antragstellers als letzter Aufenthaltsstaat beider Ehegatten (lit a [ii])

Art 3 lit a (ii) Brüssel IIb-VO eröffnet einen Gerichtstand in dem Mitgliedstaat, in dem die Ehegatten zuletzt beide ihren gewöhnlichen Aufenthalt hatten, sofern einer von ihnen dort noch einen solchen hat. Dabei meint „einer von ihnen" offensichtlich den **Antragsteller**, denn für den gewöhnlichen Aufenthaltsstaat allein des Antragsgegners gilt lit a (iii) auch ohne weitere Voraussetzungen (ebenso etwa Hausmann Rn A 68). **52**

Die Ratio von lit a (ii) besteht darin, den Antragsteller davor zu bewahren, das Eheauflösungsverfahren dem anderen Ehegatten gewissermaßen „hinterherzutragen", der nach Scheitern der nur für kurze Zeit im Forum gelebten Ehe (ansonsten würde lit a [v] bzw [vi] greifen) ins Ausland verzieht (zustimmend Althammer/Grosserichter Art 3 Brüssel IIa-VO Rn 17). Zu beachten ist, dass lit a (ii) darauf abstellt, wo die Ehegatten zuletzt „beide" ihren gewöhnlichen Aufenthalt hatten, nicht jedoch verlangt, dass sie in diesem Mitgliedstaat einen gemeinsamen Aufenthaltsort bzw eine gemeinsame Wohnung hatten (statt vieler: MünchKommFamFG/Gottwald Art 3 Brüssel IIa-VO Rn 8; NK-BGB/Gruber Art 3 EheVO 2003 Rn 17; Hausmann Rn A 68). Haben beide Ehegatten ihren gewöhnlichen Aufenthalt in dem Staat des letzten gemeinsamen gewöhnlichen Aufenthalts bereits aufgegeben, so wird der Gerichtsstand nicht etwa dadurch wieder begründet, dass der Antragsteller dorthin zurückkehrt (Prütting/Gehrlein/Dimmler Art 3 Brüssel IIa-VO Rn 8; Hausmann Rn A 69; Thomas/Putzo/Hüsstege Art 3 Brüssel IIb-VO Rn 10). **53**

4. Gemeinsamer Antrag im Aufenthaltsstaat des Antragstellers (lit a [iv])

Kommt es zu einem gemeinsamen Antrag in einem Mitgliedstaat, so eröffnet Art 3 lit a (iv) Brüssel IIb-VO einen Gerichtstand, wenn einer der Ehegatten dort seinen **54** gewöhnlichen Aufenthalt hat. Dabei meint „einer der Ehegatten" wiederum offensichtlich den **Antragsteller**, denn für den Aufenthaltsstaat allein des Antragsgegners gilt lit a (iii) auch ohne weitere Voraussetzungen.

55 Verschiedene mitgliedstaatliche Scheidungsrechte sehen einen echten **gemeinsamen Antrag** iSv lit a (iv) vor. So ermöglicht das französische Recht die gerichtliche Scheidung im gegenseitigen Einvernehmen auf gemeinsamen Antrag der Ehegatten (vgl Art 230 Code civil: „le divorce peut être demandé conjointement par les époux"). Demgegenüber kennt das deutsche Recht zwar die einverständliche Scheidung (vgl § 134 FamFG), jedoch keine gemeinsame Antragsschrift der Ehegatten. Dennoch läuft lit a (iv) auch in Deutschland nicht leer, sofern man – was der Wortlaut zulassen dürfte – auf sachliches Einvernehmen innerhalb desselben Verfahrens statt auf die gemeinsame Verfahrenseinleitung abstellt. Demnach wirkt es zuständigkeitsbegründend, wenn der Antragsgegner seinerseits die Scheidung beantragt, nicht hingegen, wenn er einen abweichenden Antrag stellt, gerichtet auf bloße Trennung oder auf Aufhebung der Ehe (zutreffend etwa NK-BGB/Gruber Art 3 EheVO 2003 Rn 25; Hausmann Rn A 76).

56 Man sollte es für lit a (iv) auch genügen lassen, wenn der Antragsgegner dem Scheidungsantrag lediglich iSv § 1566 Abs 1 Var 2 BGB **zustimmt** (ebenso etwa Ganz FuR 2011, 69, 71 f; NK-BGB/Gruber Art 3 EheVO 2003 Rn 24; Hausmann Rn A 74 f; Thomas/Putzo/Hüsstege Art 3 Brüssel IIb-VO Rn 12; Schwab/Ernst/Streicher § 4 Rn 26). Die letztgenannte Konstellation ähnelt zwar funktional einer zuständigkeitsbegründenden rügelosen Einlassung zur Hauptsache; der Unterschied besteht jedoch darin, dass die in der Verordnung nicht vorgesehene rügelose Einlassung (s Rn 94) eine vom Scheidungsstatut unabhängige reine Verfahrenshandlung wäre. Bisweilen wird indes eine Lesart von Art 3 lit a (iv) Brüssel IIb-VO vertreten, die den Begriff des gemeinsamen Antrags sogar noch weiter aufweicht und praeter legem eine rügelose Einlassung im engeren, der Verordnung fremden Sinne genügen lassen möchte (vgl Althammer/Großerichter Art 3 Brüssel IIa-VO Rn 22; NK-BGB/Gruber Art 3 EheVO 2003 Rn 26; Rauscher/Rauscher Art 3 Brüssel IIa-VO Rn 36 f).

5. Aufenthaltsstaat des Antragstellers (lit a [v])

a) Forum actoris

57 Art 3 lit a (v) Brüssel IIb-VO bietet dem Antragsteller ein forum actoris bzw ein zuständigkeitsrechtliches „Heimspiel": Ein Gerichtsstand ist in dem Mitgliedstaat eröffnet, im dem der Antragsteller seinen gewöhnlichen Aufenthalt hat, wenn er sich dort seit mindestens einem Jahr unmittelbar vor der Antragstellung aufgehalten hat (zur genauen Bestimmung dieser Wartefrist sogleich Rn 61 ff).

58 Der Umstand, dass die Vorschrift keinerlei weiteren Bezug des Antragstellers oder des Antragsgegners zu diesem Forum erfordert, hat seit jeher erhebliche **rechtspolitische Kritik** auf sich gezogen (s Rn 15; deutlich aber auch BGH 25. 5. 2022 – XII ZB 404/20, FamRZ 2022, 1308 Rn 47 mAnm Nademleinsky = NZFam 2022, 827 mAnm Löhnig = FamRB 2022, 381 [Dimmler]: das forum actoris stelle eine besondere Privilegierung des Antragstellers dar und erzeuge ein besonderes Schutzbedürfnis auf Seiten des Antragsgegners, der in den meisten Fällen keinen Bezug zum Staat des Klägergerichtsstands habe). Im Hinblick auf solche Bedenken erweist es sich als sinnvoll und geboten, die Antragstellergerichtsstände **im Zweifel**

eng zu interpretieren (vgl wiederum BGH 25. 5. 2022 – XII ZB 404/20, FamRZ 2022, 1308 Rn 47 = NZFam 2022, 827 mAnm Löhnig = FamRB 2022, 381 [Dimmler]; **aA** indes Hausmann Rn A 77; Rauscher/Rauscher Art 3 Brüssel IIa-VO Rn 39 f).

In diesem Zusammenhang ist darauf hinzuweisen, dass sogar der Verordnungsgeber Art 3 lit a (v) Brüssel IIb-VO offenbar beargwöhnt und deshalb dessen Tragweite mit Blick auf Folgesachen begrenzt: Wenn die Zuständigkeit für die Ehestatussache allein darauf gestützt werden kann, folgt daraus für **Güterrechtssachen** nicht ohne Weiteres die grundsätzlich vorgesehene Annexzuständigkeit, sondern nur unter der zusätzlichen Voraussetzung, dass die Ehegatten eine dies bestätigende Vereinbarung treffen (Art 5 Abs 1, Abs 2 lit a EuEheGüVO; dazu Art 1 Brüssel IIb-VO Rn 44). Im Übrigen erscheint bemerkenswert, dass der EuGH gerade unter Hinweis auf die Annexzuständigkeiten in der EuUntVO und der EuEheGüVO eine möglichst rechtssichere und tendenziell restriktive Auslegung der Antragstellergerichtsstände gem Art 3 lit a (v) und (vi) Brüssel IIb-VO befürwortet (EuGH 25. 11. 2021 – C-289/20 IB/F, FamRZ 2022, 215 Rn 48 mAnm Berner = NJW 2021, 3771 mAnm Mankowski = Rpfleger 2022, 184 mAnm Lamberz = FamRB 2022, 48 [Dimmler]). **59**

Andererseits ist nicht zu verkennen, dass die **Rom III-VO** die Konsequenzen von Art 3 lit a (v) Brüssel IIb-VO in bestimmten Fällen, namentlich beim Scheitern gemischt-nationaler Ehen, noch verschärft (vgl zum Folgenden Hau, in: FS Stürner 1237, 1244). Man denke zB an einen Italiener und eine Deutsche, die ihr Eheleben gemeinsam in Deutschland verbracht haben. Kommt es zur Krise und begründet der Mann einen gewöhnlichen Aufenthalt in Spanien, so eröffnet ihm Art 3 lit a (v) Brüssel IIb-VO dort schon nach einem Jahr eine internationale Zuständigkeit für ein Scheidungsverfahren; zudem ist in der Sache gem Art 8 lit d Rom III-VO die – ausgesprochen „scheidungsfreundliche" – spanische lex fori anzuwenden. In solchen Fällen dämmt die Rom III-VO (entgegen Erwägungsgrund 9) das Forum shopping nicht etwa ein, sondern eröffnet im Zusammenspiel mit der Brüssel IIb-VO sogar neue Möglichkeiten, deren Tragweite nicht unterschätzt werden sollte: Dem mobilen, gut beratenen Ehegatten bietet sich die Chance, handfeste Vorteile durch die Wahl eines bestimmten Forums samt der damit einhergehenden kollisions- und letztlich materiell-rechtlichen Implikationen zu erlangen, zumindest aber unter Hinweis auf diese Option die Kompromissbereitschaft des potentiellen Antragsgegners hinsichtlich der Scheidungsfolgen zu erhöhen. **60**

b) Wartefrist

Nach dem Wortlaut von lit a (v) muss die Wartefrist von zwölf Monaten „unmittelbar vor der Antragstellung" verstrichen sein. Die Verordnung definiert nicht, was dabei mit **Antragstellung** gemeint ist. Allerdings ergibt sich aus der Systematik, dass dieser Begriff, der sich auch in Art 7 Abs 1 Brüssel IIb-VO findet, übereinstimmend mit der Anrufung des Gerichts iSv Art 17 Brüssel IIb-VO zu verstehen ist (vgl schon EuGH 15. 2. 2017 – C-499/15 W und V/X, FamRZ 2017, 734 Rn 53 mAnm Mankowski = NZFam 2017, 214 mAnm Obermann = FamRB 2017, 258 [Dimmler]; dasselbe wird ohne Weiteres unterstellt bei BGH 25. 5. 2022 – XII ZB 404/20, FamRZ 2022, 1308 mAnm Nademleinsky = NZFam 2022, 827 mAnm Löhnig = FamRB 2022, 381 [Dimmler]). Maßgeblich ist also bereits die Verfahrenseinleitung, nicht etwa erst das Stellen des Antrags in der mündlichen Verhandlung. **61**

62 Weil die geforderte **Wartefrist** schon „unmittelbar vor der Antragstellung" verstrichen sein muss, wird die Zuständigkeit nicht dadurch begründet, dass die Frist erst im Laufe des Verfahrens abläuft (vgl Althammer/Grosserichter Art 3 Brüssel IIa-VO Rn 24 f; HandKommZPO/Dörner Art 3 EuEheVO Rn 8; Ganz FuR 2011, 69, 72; Thomas/Putzo/Hüßtege Art 3 Brüssel IIb-VO Rn 13; offenlassend OLG Köln 22. 5. 2017 – 10 UF 46/17, FamRZ 2018, 991, 992). Wer meint, darüber mit Hinweis auf die Verfahrensökonomie hinweggehen zu können (deutlich etwa Gitschthaler/Garber Art 3 Brüssel IIa-VO Rn 73; Andrae/Schreiber IPRax 2010, 79, 82; NK-BGB/Gruber Art 3 EheVO 2003 Rn 7, 35 ff; Hausmann Rn A 81), verkennt, dass es in lit a (v) auch und gerade um den Schutz des Antragsgegners vor zu weitreichender Gerichtspflichtigkeit geht (s oben Rn 58). Auch die neuere Rechtsprechung des EuGH (EuGH 25. 11. 2021 – C-289/20 IB/FA, FamRZ 2022, 215 Rn 59 mAnm Berner = NJW 2021, 3771 mAnm Mankowski = Rpfleger 2022, 184 mAnm Lamberz = FamRB 2022, 48 [Dimmler]) lässt sich dahingehend interpretieren, dass ein Ablaufen der Wartefrist erst nach Verfahrensbeginn unzureichend ist (ebenso BGH 25. 5. 2022 – XII ZB 404/20, FamRZ 2022, 1308 Rn 18 mAnm Nademleinsky = NZFam 2022, 827 mAnm Löhnig = FamRB 2022, 381 [Dimmler]; Prütting/Gehrlein/Dimmler Art 3 Brüssel IIa-VO Rn 11).

63 Davon zu unterscheiden ist die Frage, ob die Wartefrist von sechs Monaten erst mit der Begründung des gewöhnlichen Aufenthalts zu laufen beginnt oder ob es genügen kann, wenn bei Beginn der Wartefrist **zunächst nur ein schlichter Aufenthalt** besteht, der sich danach im Zeitraum bis zur Antragstellung (also Anrufung des Gerichts) zu einem gewöhnlichen Aufenthalt verfestigt. Zweifel rühren daher, dass in lit a (v) die Rede davon ist, dass sich der Antragsteller im Forum zwölf Monate „aufgehalten" (nicht: „gewöhnlich aufgehalten") haben muss. Gleichwohl sprechen die besseren Gründe, insbesondere der Schutz des Antragsgegners, der eine tendenziell enge Auslegung nahelegt, dafür, dass die Wartefrist nicht zu laufen beginnt, bevor ein gewöhnlicher Aufenthalt gegeben ist. Derselben Auffassung ist der BGH, der die Frage erfreulicherweise in einem sorgfältig begründeten Vorabentscheidungsersuchen samt ausführlicher Darstellung des bisherigen Diskussionsstands dem EuGH vorgelegt hat (BGH 25. 5. 2022 – XII ZB 404/20, FamRZ 2022, 1308 Rn 34 ff mAnm Nademleinsky = NZFam 2022, 827 mAnm Löhnig = FamRB 2022, 381 [Dimmler]).

6. Aufenthalts- und Heimatstaat des Antragstellers (lit a [vi])

a) Forum actoris

64 Anders als § 98 Abs 1 Nr 1 FamFG knüpft Art 3 Brüssel IIb-VO nicht ohne Weiteres einen Gerichtsstand an die Staatsangehörigkeit eines Ehegatten (klarstellend BGH 20. 2. 2013 – XII ZR 8/11, FamRZ 2013, 687 Rn 18 m insoweit zust Anm Hau = FamRBint 2013, 60 [Finger]; nicht überzeugend ist die Kritik an der Entscheidung des Verordnungsgebers bei Rauscher/Rauscher Art 3 Brüssel Ia-VO Rn 3 ff; für einen einseitigen Heimatgerichtsstand auch MünchKommFamFG/Gottwald Art 3 Brüssel IIa-VO Rn 33). Allerdings soll eine Staatsangehörigkeit, über die nur ein Ehegatte verfügt (ansonsten gilt lit b), gem Art 3 lit a (vi) Brüssel IIb-VO immerhin bewirken, dass sich die zuständigkeitsbegründende Dauer des gewöhnlichen Aufenthalts des Antragstellers im Forum von einem Jahr (lit a [v]) auf **sechs Monate** verkürzt bzw halbiert. Lit a (vi) verschafft dem Antragsteller also noch deutlich schneller ein forum actoris als lit a (v). Hingewiesen sei wiederum auf die Einschränkung der Annexzuständigkeit für **Güterrechtssachen** (Art 5 Abs 1, Abs 2 lit b EuEheGüVO; beachte Rn 59).

Zum Beginn und Lauf der Wartefrist muss für lit a (vi) dasselbe wie für lit a (v) gelten (Rn 61 ff). Zum Begriff der Staatsangehörigkeit und zur Behandlung von Staatenlosigkeit und Mehrstaatigkeit vgl Rn 41 ff. Zu beachten ist, dass nach dem Normtext die Staatsangehörigkeit, anders als der gewöhnliche Aufenthalt, nicht der Wartefrist unterliegt: Der Antragsteller kann sich daher auch auf die Staatsangehörigkeit des Forumstaats stützen, wenn er diese erst kurz vor Anrufung des Gerichts erworben hat (klarstellend etwa Gitschthaler/Garber Art 3 Brüssel IIa-VO Rn 78; NK-BGB/Gruber Art 3 EheVO 2003 Rn 41). Unzureichend sollte es aber sein, wenn sie erst im Laufe des Verfahrens erworben oder verloren wird (s Rn 85). 65

b) Vereinbarkeit mit dem Primärrecht

Zu den Vorgängern von Art 3 lit a (vi) Brüssel IIb-VO wurde äußerst kontrovers diskutiert, ob sie mit dem nunmehr in Art 18 Abs 1 AEUV verankerten **primärrechtlichen Diskriminierungsverbot** in Einklang stehen (verneinend etwa: Boele-Woelki ZfRV 2001, 121, 123; Dilger Rn 404 ff; Gitschthaler/Garber Art 3 Brüssel IIa-VO Rn 80 ff; Gröschl 134 ff; Hau FamRZ 2000, 1333, 1335 f; Hausmann, in: FS Hailbronner 429, 434 f; Niklas 74 f; Simotta, in: FS Geimer 1115, 1153 ff; Staudinger/Spellenberg [2015] Art 3 Brüssel IIa-VO Rn 43; **aA** etwa Basedow IPRax 2011, 109, 114; Althammer/Grosserichter Art 3 Brüssel IIa-VO Rn 30 f; Looschelders, in: FS Kropholler 329, 337 ff; Pabst Rn 422 ff; Rauscher/Rauscher Art 3 Brüssel IIa-VO Rn 47). Nachdem frühere Vorabentscheidungsverfahren vorzeitig beendet wurden (so im Fall OLG München 14. 10. 2002 – 26 UF 1858/01, FamRZ 2003, 546), Vorabentscheidungsersuchen vermieden wurden (die Frage offenlassend BGH 19. 5. 2021 – XII ZB 190/18, FamRZ 2021, 1609 Rn 12) und der EuGH Gelegenheiten zu Stellungnahmen ausgelassen hatte (zur Primärrechtskonformität jeweils schweigend EuGH 13. 10. 2016 – C-294/15 Mikołajczyk/Czarnecki und Czarnecka, FamRZ 2016, 1997 Rn 41 ff; EuGH 25. 11. 2021 – C-289/20 IB/FA, FamRZ 2022, 215 mAnm Berner = NJW 2021, 3771 mAnm Mankowski = Rpfleger 2022, 184 mAnm Lamberz = FamRB 2022, 48 [Dimmler]), ist es im Jahr 2022 aufgrund einer österreichischen Vorlage (OGH 29. 9. 2020 – 9 Ob 43/20v, FamRZ 2021, 51) endlich zu einer höchstrichterlichen Stellungnahme des EuGH gekommen (EuGH 10. 2. 2022 – C-522/20 OE/VY, FamRZ 2022, 509 m zust Anm Basedow = FamRB 2022, 129 [Dimmler]; dazu Engel GPR 2022, 164; krit Hau IPRax 2022, 342, dort ausführlicher zu den hier folgenden Überlegungen). 66

Nach Ansicht des EuGH ist es **mit Art 18 Abs 1 AEUV vereinbar**, wenn der Verordnungsgeber danach unterscheidet, ob der Ehegatte, der die Scheidung betreibt, Staatsangehöriger des Gerichtsstaats ist oder nicht: bejahendenfalls muss sein gewöhnlicher Aufenthalt erst seit mindestens sechs Monaten bestehen (nunmehr: lit a [vi]), anderenfalls hingegen seit mindestens zwölf Monaten (nunmehr: lit a [v]). Dabei setzt der EuGH voraus, dass auch die EU bei ihrer eigenen Gesetzgebung an Art 18 AEUV gebunden ist und dass es sich dabei um ein relatives Diskriminierungsverbot handelt, sodass selbst im Falle einer direkten Anknüpfung an die Staatsangehörigkeit noch eine Rechtfertigung in Betracht zu ziehen ist. Vor diesem Hintergrund leugnet der EuGH, dass Art 3 Abs 1 lit a Brüssel IIa-VO in den Spiegelstrichen 5 und 6 (nunmehr: Art 3 lit a [v] und [vi] Brüssel IIb-VO) überhaupt miteinander vergleichbare Sachverhalte regele: Sowohl aus der Sicht des die Scheidung betreibenden als auch aus der Sicht des anderen Ehegatten bedeute es einen Unterschied, ob Ersterer in einen Mitgliedstaat verzieht, über dessen Staatsangehörigkeit er verfügt, oder in einen anderen Mitgliedstaat. Diese These beruhe zwar, wie der EuGH selbst einräumt, auf der Prämisse, dass ein Staatsangehöriger grundsätzlich engere Bindungen zu seinem Heimatland habe als eine Person, die nicht Angehöriger des betreffenden 67

Staates ist. Diese Annahme lasse sich indes nicht bestreiten, ohne den Wertungsspielraum des Verordnungsgebers zu beschneiden. Im Übrigen seien vereinzelte Unzuträglichkeiten eben hinzunehmen, solange diese nicht ihrem Wesen nach im Hinblick auf das verfolgte Ziel diskriminierend sind. Im Ergebnis sei es daher nicht zu beanstanden, dass der Verordnungsgeber auch die Staatsangehörigkeit des Antragstellers heranzieht, um die Feststellung der tatsächlichen Beziehung zum Gerichtsstaat zu erleichtern.

68 Die Überlegungen des EuGH gehen am eigentlichen Problem und den im Schrifttum diskutierten **Bedenken** vorbei. Auf die zentrale These, dass die Staatsangehörigkeit eine besondere Verbundenheit des Antragstellers mit dem Heimatgerichtsstaat zum Ausdruck bringe, will sich der EuGH ersichtlich nicht selbst festlegen lassen; vielmehr verweist er hierzu auf den Einschätzungsspielraum des Verordnungsgebers. Aber auch dann, wenn man die Verbundenheitsthese als zutreffend bzw als rechtspolitisch nachvollziehbare Prämisse anerkennt, lässt sich daraus am ehesten ableiten, dass die Staatsangehörigkeit eben ein relevanter Umstand sein kann, wenn es um die Frage geht, wo ein Verfahrensbeteiligter ansässig ist: Kann die Staatsangehörigkeit, wie der EuGH bereits ausgesprochen hat, für die Bestimmung des Aufenthaltsorts eines Kindes bedeutsam sein (vgl EuGH 2. 4. 2009 – C-523/07 A, FamRZ 2009, 843 Rn 39), dann doch wohl erst recht im Hinblick darauf, unter welchen Voraussetzungen ein scheidungswilliger Ehegatte, der in einen Mitgliedstaat verzieht, dort seinen gewöhnlichen Aufenthalt begründet (so zumindest im erzielten Ergebnis auch EuGH 25. 11. 2021 – C-289/20 IB/FA, FamRZ 2022, 215 mAnm Berner = NJW 2021, 3771 mAnm Mankowski= Rpfleger 2022, 184 mAnm Lamberz = FamRB 2022, 48 [Dimmler]); für eine gewisse Indizwirkung spricht im Übrigen auch Erwägungsgrund 24 zur EuErbVO.

69 Von alledem zu trennen ist indes die hier interessierende Frage, ob es auch dann, wenn der gewöhnliche Aufenthalt bereits begründet ist, wie dies Art 3 Brüssel IIb-VO gleichermaßen in lit a (v) und lit a (vi) voraussetzt, noch statthaft ist, Staatsangehörige des Gerichtsstaats zuständigkeitsrechtlich besser zu behandeln als Angehörige anderer Mitgliedstaaten. Entgegen dem EuGH, lässt sich als Argument dafür kaum die Rechtssicherheit anführen: Diese ist im Rahmen der Zuständigkeitsprüfung bedeutsam, wird aber allein dadurch beeinträchtigt, dass die Verordnung überhaupt auf die Begründung des gewöhnlichen Aufenthalts abstellt. Keine Frage der Rechtssicherheit ist sodann, welche Wartefrist ab diesem Zeitpunkt bis zur Antragstellung als weitere Voraussetzung für das forum actoris angemessen ist. Die Länge dieser Frist hat der Verordnungsgeber vielmehr danach zu bemessen, ab wann es für den Antragsgegner zumutbar erscheint, dass die Ehestatussache in einem Mitgliedstaat ausgetragen wird, den der Antragsteller aus freien Stücken als seinen neuen Aufenthaltsstaat gewählt hat. Und erst damit ist man bei dem eigentlichen Problem im Hinblick auf Art 18 Abs 1 AEUV angelangt: Es leuchtet nicht ein, warum es bei der Wartefrist einen Rabatt für Angehörige des Gerichtsstaats geben soll, obwohl diese Staatsangehörigkeit für die Lebenswirklichkeit der Ehegatten womöglich keinerlei Rolle gespielt hat, der Scheidungswillige sie bei Eheschließung womöglich noch nicht innehatte und/oder es sich womöglich nur um eine von mehreren Staatsangehörigkeiten handelt, über die er verfügt (vgl Rn 45 f).

70 Unabhängig davon, ob man sich den hier nach wie vor geäußerten Zweifeln an der Primärrechtskonformität der Unterscheidung zwischen Art 3 lit a (v) und (vi) Brüssel IIb-VO anschließt, bleibt die Frage, ob der Verordnungsgeber **de lege ferenda** daran festhalten sollte. Dies ist aus den oben genannten Gründen nach hier vertretener Ansicht zu verneinen (ebenso aus dem neueren Schrifttum etwa Hüsstege FamRZ 2022, 1591, 1592; sogar für Streichung beider Antragstellergerichtsstände plädieren etwa Antomo, in: Pfeiffer/Lobach/Rapp [2020] 13, 23; Sonnentag, in: Pfeiffer/Wittmann/Escher [2018] 9, 19).

c) Domicile

Hält sich der Antragsteller, unabhängig von seiner Staatsangehörigkeit, in **Irland** auf und hat er dort sein domicile, kann er sich wegen Art 2 Abs 3 Brüssel IIb-VO nach Ablauf der Wartefrist auf Art 3 lit a (vi) Brüssel IIb-VO berufen. Das Zusammenspiel beider Vorschriften sollte auch einem irischen Staatsangehörigen zugutekommen, der sowohl sein domicile als auch hinreichend lange seinen gewöhnlichen Aufenthalt in einem **anderen Mitgliedstaat** hat (**aA** Althammer/Grosserichter Art 3 Brüssel IIa-VO Rn 27; NK-BGB/Gruber Art 3 EheVO 2003 Rn 46; Hausmann Rn A 88; Rauscher/Rauscher Art 3 Brüssel IIa-VO Rn 53); denn in Art 2 Abs 3 Brüssel IIb-VO ist nicht die Rede von „in Irland“, sondern „für Irland“ (franz Fassung: „dans le cas de l'Irland“). Freilich sollte de lege ferenda auch diese Erweiterung des Antragstellergerichtsstands entfallen. 71

7. Aufenthaltsstaat beider Ehegatten (lit a [i])

Wie bereits dargelegt, ist der Gerichtsstand im gewöhnlichen Aufenthaltsstaat beider Ehegatten, obwohl in Art 3 lit a (i) Brüssel IIb-VO augenfällig an der Spitze des Zuständigkeitskatalogs platziert, systematisch redundant, weil bereits der gewöhnliche Aufenthalt allein des Antragsgegners dieselbe Rechtsfolge herbeiführt (lit a [iii]). Ihr kommt allenfalls „symbolischer Wert“ zu (ebenso etwa Gitschthaler/Garber Art 3 Brüssel IIa-VO Rn 50). Im Übrigen sind Gerichte selbstverständlich nicht gehindert, ihre Zuständigkeit gegebenenfalls schlicht mit dem Hinweis auf lit a (i) zu erklären, was in der Praxis auch regelmäßig geschieht (vgl zB OLG Jena 28. 4. 2015 – 1 UF 668/14, NJW 2015, 2270 = NZFam 2015, 687 [Finger]; OLG Frankfurt 5. 4. 2019 – 4 UF 35/19, FamRZ 2020, 665; Hausmann Rn A 65 m Nachw). 72

VI. Gerichtsstand kraft gemeinsamer Staatsangehörigkeit bzw gemeinsamem domicile (lit b)

1. Staatsangehörigkeit

Zuständig für die Eheauflösung sind gem lit b auch die Gerichte des Mitgliedstaats, über dessen Staatsangehörigkeit beide Ehegatten verfügen (vgl zu diesem Anknüpfungsmoment und zur Behandlung mehrfacher Staatsangehörigkeit oben Rn 41 ff). Dabei spielt es keine Rolle, ob der Antragsgegner mit einem Verfahren in dem gemeinsamen Heimatstaat einverstanden ist (klarstellend EuGH 3. 10. 2019 – C-759/18 OF/PG, FamRZ 2019, 1989 Rn 25 ff = FamRB 2020, 49 [Dimmler]). Bemerkenswert ist, dass lit b nicht nur dann gilt, wenn keiner der Aufenthaltsgerichtsstände gem lit a eröffnet ist, sondern vollkommen gleichrangig mit diesen. Darin unterscheidet sich die Brüssel IIb-VO von anderen familienrechtlichen Verordnungen, die dem gemeinsamen Heimatstaat nur eine subsidiäre Auffangzuständigkeit zuweisen (vgl Art 6 EuUntVO, Art 6 lit d EuEheGüVO/EuPartGüVO). 73

74 Die Frage, ob Art 3 lit b Brüssel IIb-VO in Einklang mit dem **primärrechtlichen Diskriminierungsverbot** steht, wurde schon zu den Vorgängerbestimmungen kontrovers diskutiert (verneinend etwa Hau FamRZ 2000, 1333, 1335 f; Hausmann Rn A 96; Simotta, in: FS Geimer 1115, 1154 f; **aA** aber etwa Dilger IPRax 2006, 617, 619 f; NK-BGB/Gruber Art 3 EheVO 2003 Rn 53; Staudinger/Spellenberg [2015] Art 3 Brüssel IIa-VO Rn 48). Nationale Gerichte haben die Frage ohne nähere Begründung bejaht und von Vorabentscheidungsersuchen abgesehen (vgl BGH 20. 2. 2013 – XII ZR 8/11, FamRZ 2013, 687 Rn 12 ff m insoweit krit Anm Hau; franz Cour de cassation 22. 2. 2005 – 02-20.409, IPRax 2006, 611). Der EuGH hat in der Vergangenheit den Gerichtsstand im gemeinsamen Heimatstaat herangezogen, ohne dabei auf Zweifel an dessen Primärrechtskonformität einzugehen (vgl EuGH 16. 7. 2009 – C-168/08 Hadadi, FamRZ 2009, 1571 mAnm Kohler = IPRax 2010, 66, dazu Hau IPRax 2010, 50 und Dilger IPRax 2010, 54); auch die zum Vorgänger des jetzigen lit a (vi) ergangene Entscheidung des EuGH äußert sich dazu nicht (EuGH 10. 2. 2022 – C-522/20 OE/VY, FamRZ 2022, 509; s oben Rn 66 ff). Nach hier vertretener Ansicht versteht sich die mit Art 3 lit b Brüssel IIb-VO einhergehende zuständigkeitsrechtliche Schlechterbehandlung von gemischt-nationalen Ehen im Lichte von Art 18 Abs 1 AEUV auch unter Berücksichtigung der Ausführungen des EuGH keineswegs von selbst, sondern bedarf einer hinreichenden Rechtfertigung, die nicht ersichtlich ist (Hau IPRax 2022, 342, 345, dort auch zu weiteren vom EuGH offengelassenen Folgefragen).

75 Selbst wenn man die Primärrechtskonformität von Art 3 lit b Brüssel IIb-VO unterstellt, erscheint die Bestimmung **rechtspolitisch** fragwürdig (**aA** aber etwa Rauscher/Rauscher Art 3 Brüssel IIa-VO Rn 54). Es spricht de lege ferenda manches dafür, diesen gesetzlichen Gerichtsstand entweder zu streichen und stattdessen die Möglichkeit einer Gerichtsstandsvereinbarung zugunsten des gemeinsamen Heimatstaats zu eröffnen (ebenso Sonnentag, in: Pfeiffer/Wittmann/Escher [2018] 9, 20 f) oder ihn zumindest (wie in Art 6 EuUntVO, Art 6 lit d EuEheGüVO/EuPartGüVO) zu einer bloßen subsidiären Auffangzuständigkeit zurückzustufen (beachte in diesem Sinne auch den 2019 von der Gruppe für Internationales Privatrecht vorgelegten Entwurf für eine Verordnung über Ehescheidung und Ehetrennung, zugänglich unter https://gedip-egpil.eu; vgl dazu Kohler IPRax 2020, 288; Kohler/Pintens FamRZ 2020, 1417, 1418). Letzteres stünde im Übrigen in Einklang mit der gesunkenen kollisionsrechtlichen Bedeutung des gemeinsamen Heimatrechts (vgl Art 8 lit c Rom III-VO; dazu etwa Hau, in: FS Stürner 1237, 1243).

2. Domicile

76 Eine Sonderregel zu Irland, das auf das domicile statt auf die Staatsangehörigkeit abstellt, ist in Art 2 Abs 3 Brüssel IIb-VO vorgesehen (Art 2 Brüssel IIb-VO Rn 16 ff). Diese Bestimmung wirkt sich in verschiedener Hinsicht aus. Haben zwei Ehegatten ihr **domicile in Irland**, sind die irischen Gerichte gem Art 3 lit b, Art 2 Abs 3 Brüssel IIb-VO international zuständig, und zwar unabhängig von der übereinstimmenden oder unterschiedlichen Staatsangehörigkeit. Wenn beide deutsche Staatsangehörige sind, aber ihr domicile in Irland haben, sind Gerichtsstände in beiden Mitgliedstaaten wahlweise eröffnet: hier gem Art 3 lit b, dort gemäß Art 3 lit b, Art 2 Abs 3 Brüssel IIb-VO (Geimer/Schütze/Geimer Art 3 EuEheVO Rn 46; Hausmann Rn A 95; **aA** Staudinger/Spellenberg [2015] Art 3 Brüssel IIa-VO Rn 49). Nach verbreiteter, aber häufig bestrittener Ansicht kann sich aus der Sonderregel auch ein **Gerichtsstand in einem anderen Mitgliedstaat** ergeben; denn in Art 2 Abs 3 Brüssel IIb-VO ist nicht die Rede von „in Irland", sondern „für Irland" (franz Fassung: „dans le cas de l'Irland"). Daher sind,

wenn zwei irische Ehegatten ihr domicile zB in Deutschland haben, die hiesigen Gerichte gem Art 3 lit b, Art 2 Abs 3 Brüssel IIb-VO international zuständig (Geimer/Schütze/Geimer Art 45 EuEheVO Rn 45; Staudinger/Spellenberg [2015] Art 3 Brüssel IIa-VO Rn 51; **aA** etwa Gitschthaler/Garber Art 3 Brüssel IIa-VO Rn 98; NK-BGB/Gruber Art 3 Ehe-VO 2003 Rn 54; Rauscher/Rauscher Art 3 Brüssel IIa-VO Rn 61).

VII. Maßgeblicher Zeitpunkt

1. Grundsatz

Zu dem für die Zuständigkeitsprüfung maßgeblichen **Zeitpunkt** äußert sich die Brüssel IIb-VO zu Ehesachen leider weniger aussagekräftig als zB Art 6 EuEheGüVO/EuPartGüVO (vgl dort jeweils: „zum Zeitpunkt der Anrufung des Gerichts"). Vielmehr gelten die allgemeinen zuständigkeitsrechtlichen Grundsätze, die freilich nicht etwa der lex fori zu entnehmen, sondern **verordnungsautonom** zu entwickeln sind (Dilger Rn 211; Hau FamRZ 2000, 1333, 1340). **77**

Im Grundsatz sollte gelten, dass es nicht genügt, wenn zuständigkeitsrelevante Umstände (also der gewöhnliche Aufenthalt, die Staatsangehörigkeit oder das domicile) **nur in der Vergangenheit**, mithin irgendwann vor Verfahrensbeginn, vorgelegen haben (klarstellend etwa Pabst Rn 508). Demgemäß sieht Art 3 Brüssel IIb-VO (anders als das autonome deutsche Recht, vgl § 98 Abs 1 Nr 1 Var 2 FamFG) keine sog Antrittszuständigkeit vor, wonach selbst eine nur im Zeitpunkt der Eheschließung vorliegende Staatsangehörigkeit zuständigkeitsbegründend ist (Geimer/Schütze/Geimer Art 3 EuEheVO Rn 40). Eine ausdrückliche gesetzliche Ausnahme von dem **Aktualitätserfordernis** ergibt sich aber aus lit a (ii), wonach der letzte gewöhnliche Aufenthalt beider Parteien in einem Mitgliedstaat die Zuständigkeit begründet, sofern dort noch immer eine der Parteien ansässig ist. Zu den Besonderheiten **posthumer Verfahren** beachte Rn 88 f. **78**

2. Nachträglicher Wegfall zuständigkeitsbegründender Umstände

Für Kindschaftssachen stellt Art 7 Abs 1 Brüssel IIb-VO klar, dass es für die Zuständigkeitsbegründung grundsätzlich auf den Zeitpunkt der Antragstellung ankommt, wobei die Anrufung des Gerichts iSv Art 17 Brüssel IIb-VO maßgeblich ist (klarstellend etwa Gruber/Möller IPRax 2020, 393, 394). Daraus folgt die Möglichkeit einer sog **perpetuatio fori**: Waren die zuständigkeitsbegründenden Umstände zu dem vorgesehenen Zeitpunkt gegeben, so ist ihr späterer Wegfall unbeachtlich, das Verfahren kann also fortgesetzt werden und eine Entscheidung in der Sache ergehen (zum Grundsatz und zu einer Ausnahme im Hinblick auf das KSÜ vgl EuGH 14. 7. 2022 – C-572/21 CC/VO, FamRZ 2022, 1476; OLG Stuttgart 15. 10. 2020 – 15 UF 8/20, FamRZ 2021, 783, 785 mAnm Hüsstege = FamRB 2021, 243 [Streicher]). **79**

Obwohl in der Brüssel IIb-VO für **Ehesachen** eine entsprechende Klarstellung durch den Verordnungsgeber fehlt (vgl im deutschen Recht § 113 Abs 1 S 2 FamFG, § 261 Abs 3 Nr 2 ZPO), ist anerkannt, dass auch für die von Art 3 Brüssel IIb-VO erfassten Angelegenheiten zumindest grundsätzlich von der Möglichkeit einer perpetuatio fori auszugehen ist (BGH 11. 10. 2006 – XII ZR 79/04, FamRZ 2007, 109; OLG Koblenz 26. 11. 2008 – 9 UF 653/06, FamRZ 2009, 611, 612 f; Althammer/Grosserichter vor Art 1–3 Brüssel IIa- **80**

VO Rn 7; HAU FamRZ 2000, 1333, 1340; HAUSMANN Rn A 54; THOMAS/PUTZO/HÜSSTEGE Art 3 Brüssel IIb-VO Rn 4; RAUSCHER/RAUSCHER Art 3 Brüssel IIa-VO Rn 17). Für diese Position, die grundsätzlich auch zum übrigen Verordnungsrecht vertreten wird (vgl PRÜTTING/HELMS/HAU vor §§ 98–106 FamFG Rn 11), streitet nicht zuletzt der Justizgewährungsanspruch des Antragstellers, der vor einem Zugriff des Antragsgegners auf die zuständigkeitsrelevanten Umstände zu schützen ist (zu den Konsequenzen für Antragstellergerichtsstände s Rn 85).

81 **Maßgeblicher Zeitpunkt** für die Perpetuierung ist wiederum die Anrufung des Gerichts iSv Art 17 Brüssel IIb-VO (NK-BGB/GRUBER Art 3 EheVO 2003 Rn 7; PABST Rn 510). Bedeutsam wird die perpetuatio fori in Ehesachen zB dann, wenn der Antragsgegner im Laufe des Verfahrens seinen gem Art 3 lit a (iii) Brüssel IIb-VO allein zuständigkeitsbegründenden gewöhnlichen Aufenthalt im Gerichtsstaat aufgibt oder seine gem Art 3 lit b Brüssel IIb-VO zuständigkeitsrelevante Staatsangehörigkeit des Gerichtsstaats aufgibt bzw verliert (vgl etwa MünchKommFamFG/GOTTWALD Art 3 Brüssel IIa-VO Rn 12; NK-BGB/GRUBER Art 3 EheVO 2003 Rn 7).

3. Nachträglicher Eintritt zuständigkeitsbegründender Umstände

82 Zu erwägen ist umgekehrt, ob eine anfangs mangelnde Zuständigkeit noch dadurch begründet werden kann, dass die zuständigkeitsrelevanten Umstände erst im Laufe des Verfahrens eintreten und dann im Zeitpunkt der Entscheidung (regelmäßig also am Ende der letzten mündlichen Verhandlung) noch vorliegen. Dies erscheint, sieht man von den Besonderheiten der Antragstellergerichtsstände einmal ab (s Rn 85), im Grundsatz angemessen (ebenso etwa HandKommZPO/DÖRNER Art 3 EuEheVO Rn 14, 18; MünchKommFamFG/GOTTWALD Art 3 Brüssel IIa-VO Rn 12; NK-BGB/GRUBER Art 3 EheVO 2003 Rn 21, 51; HAU FamRZ 2000, 1333, 1340; HAUSMANN Rn A 72; THOMAS/PUTZO/HÜSSTEGE Art 3 Brüssel IIb-VO Rn 16).

83 Demgemäß wäre eine Entscheidung in der Sache möglich, wenn zwischen Verfahrenseinleitung und -abschluss der Antragsgegner in den Gerichtsstaat verzieht (Art 3 lit a [iii] Brüssel IIb-VO) oder beide Ehegatten dessen Staatsangehörigkeit erwerben (Art 3 lit b Brüssel IIb-VO; insoweit **aA** allerdings ALTHAMMER/GROSSERICHTER Art 3 Brüssel IIa-VO Rn 33). Dafür sprechen in solchen Fällen die **Verfahrensökonomie** sowie der Umstand, dass keine schutzwürdigen Beteiligteninteressen entgegenstehen. Zudem schreibt die Verordnung in den genannten Varianten, abweichend von Art 3 lit a (v) bzw (vi) und Art 7 Brüssel IIb-VO, eben nicht vor, dass es ausschließlich auf die Antragstellung bzw Anrufung des Gerichts ankommen soll.

84 Zu beachten ist allerdings, dass das angerufene Gericht, das seine Unzuständigkeit bereits erkannt hat, nicht etwa gehalten ist, zunächst abzuwarten und so zögerlich zu terminieren, dass es dem Antragsteller noch gelingt, die Zuständigkeit herbeizuführen (zutreffend etwa PABST Rn 503). Im Übrigen muss es dann, wenn es zu **parallelen Verfahren** in mehreren Mitgliedstaaten kommt, dabei bleiben, dass für die Ermittlung des vorrangigen Verfahrens bereits der Zeitpunkt der Verfahrenseinleitung maßgeblich ist (Art 20 Brüssel IIb-VO Rn 45 f; beachte auch DILGER Rn 216 ff).

4. Antragstellergerichtsstände

Besonderheiten sollten für die beiden in Art 3 lit a (v) und (vi) Brüssel IIb-VO geregelten Antragstellergerichtsstände gelten, die tendenziell eng auszulegen sind (Rn 58 f). Im Hinblick auf den Ablauf der Wartefrist ergibt sich schon aus dem Wortlaut, dass diese bei Antragstellung, also Anrufung des Gerichts iSv Art 17 Brüssel IIb-VO, abgelaufen sein muss (s Rn 62, 65). Bedenkt man, dass die **perpetuatio fori** den Antragsteller vor allem davor schützen soll, dass der Antragsgegner die zuständigkeitsrelevanten Umstände im Laufe des Verfahrens entfallen lässt (deutlich etwa Pabst Rn 50), sollte sie dem Antragsteller dann nicht zugutekommen, wenn er nach Anhängigkeit den gewöhnlichen Aufenthalt im Mitgliedstaat aufgibt oder dessen Staatsangehörigkeit aufgibt bzw verliert (**aA** Gitschthaler/Garber Art 3 Brüssel IIa-VO Rn 78; NK-BGB/Gruber Art 3 EheVO 2003 Rn 41). Ebenso wenig würde es einleuchten, dem Antragsteller die Anwendung von Art 3 lit a (vi) Brüssel IIb-VO zuzubilligen, wenn er das Gericht schon nach Ablauf von sechs, aber noch nicht zwölf Monaten anruft und erst später die Staatsangehörigkeit des Forumstaats erwirbt (wie hier Althammer/Grosserichter Art 3 Brüssel IIa-VO Rn 28; Rauscher/Rauscher Art 3 Brüssel IIa-VO Rn 48; **aA** wiederum Gitschthaler/Garber Art 3 Brüssel IIa-VO Rn 78; NK-BGB/Gruber Art 3 EheVO 2003 Rn 41); denn von einer besonderen Verbundenheit zum Forum, welche die Differenzierung zwischen lit a (v) und lit a (vi) rechtfertigt, kann dann keine Rede sein. **85**

VIII. Sonderfälle

1. Ehestatusverfahren mit Drittbeteiligung

Ehesachen unter Beteiligung Dritter kommen am ehesten in Form von Verfahren gerichtet auf Ungültigerklärung der Ehe iSv Art 1 Abs 1 lit a Var 3 Brüssel IIb-VO in Betracht (Art 1 Brüssel IIb-VO Rn 27). Der EuGH hat ausgeführt, dass solche Fälle zwar vom sachlichen Anwendungsbereich der Verordnung erfasst werden, dass sich der Dritte aber nicht auf die echten Antragstellergerichtsstände, nunmehr also Art 3 lit a (v) bzw (vi) Brüssel IIb-VO, stützen dürfe (EuGH 13. 10. 2016 – C-294/15 Mikołajczyk/Czarnecki und Czarnecka, FamRZ 2016, 1997 Rn 38 ff = FamRB 2017, 83 [Dimmler] = NZFam 2017, 128 [Kemper]; dazu Dutta ZEuP 2020, 897, 915 f; Hilbig-Lugani IPRax 2017, 556, 560). Diese Entscheidung bezog sich zwar auf ein posthumes Ehestatusverfahren (dazu sogleich Rn 88 f) und einen privaten Antragsteller, aber die Begründung passt auch auf ein lebzeitiges Verfahren sowie dann, wenn es sich bei dem Dritten um eine Behörde handelt (vgl Makowsky RabelsZ 83 [2019] 577, 601, dort zur behördlichen Einleitung von Verfahren zur Aufhebung von Minderjährigenehen). **86**

Die Ansicht des EuGH leuchtet im Grundsatz ein (so auch Dutta ZEuP 2020, 897, 915 f; Mansel/Thorn/Wagner IPRax 2017, 1, 25; **aA** Hilbig-Lugani IPRax 2017, 556, 560, die moniert, dass dadurch ein Bigamist als Antragsgegner geschützt werde, wobei diese Kritik aber verkennt, dass in dem Verfahren eben erst zu klären ist, ob überhaupt Bigamie vorliegt), zumal der EuGH darauf hinweist, dass der Dritte als Antragsteller nicht rechtlos gestellt werde, sondern sich auf die übrigen Gerichtsstände des Zuständigkeitskatalogs berufen könne. Zweifelhaft erscheint allerdings der Fall, dass das Verfahren gegen beide Ehegatten geführt wird (vgl in Deutschland § 129 Abs 1 FamFG), und zwar in einem Mitgliedstaat, in dem nur einer von ihnen seinen gewöhnlichen Aufenthalt hat: Dann überzeugt die dortige Gerichtspflichtigkeit auch des anderen Ehegatten unter den **87**

Voraussetzungen von Art 3 lit a (ii) oder lit b Brüssel IIb-VO, kaum aber, wenn sie lediglich auf Art 3 lit a (iii) Brüssel IIb-VO gestützt werden kann.

2. Posthume Ehestatusverfahren

88 Wie erwähnt, lehnt es der EuGH ab, dass sich ein **Dritter** in einem posthumen Ehestatusverfahren auf die echten Antragstellergerichtsstände, nunmehr also Art 3 lit a (v) bzw (vi) Brüssel IIb-VO, stützen kann (EuGH 13. 10. 2016 – C-294/15 Mikołajczyk/Czarnecki und Czarnecka, FamRZ 2016, 1997 Rn 38 ff = FamRB 2017, 83 [Dimmler] = NZFam 2017, 128 [Kemper]; dazu Dutta ZEuP 2020, 897, 915 f; Hilbig-Lugani IPRax 2017, 556, 560). Dabei dürfte es nicht darauf ankommen, ob es sich bei dem Dritten um einen Privaten (so im Fall des EuGH) oder eine Behörde handelt. Nicht ohne Weiteres übertragbar erscheint die Entscheidung hingegen auf einen **Ehegatten**, der ein Ungültigerklärungsverfahren erst nach dem Tod des anderen anstrengt (was nicht nach allen Rechtsordnungen möglich ist; im deutschen Recht steht § 1317 Abs 3 BGB entgegen).

89 Die Möglichkeit posthumer Verfahren erzwingt eine Einschränkung des Grundsatzes, dass die zuständigkeitsrelevanten Umstände im Zeitpunkt der Verfahrenseröffnung bzw Entscheidung gegeben sein müssen. Vielmehr wird man im Hinblick auf den verstorbenen Ehegatten darauf abstellen, wo er sich im **Zeitpunkt seines Todes** gewöhnlich aufgehalten bzw über welche Staatsangehörigkeit er damals verfügt hat. Demgemäß sollte man dem überlebenden Ehegatten auch zubilligen, das Verfahren entsprechend Art 3 lit a (iii) Brüssel IIb-VO im Mitgliedstaat des letzten gewöhnlichen Aufenthalts des Verstorbenen zu führen (ablehnend Hilbig-Lugani IPRax 2017, 556, 560, freilich nur darauf verweisend, dass der andere Ehegatte kein Antragsgegner sein könne, weil er nicht mehr lebt).

IX. Nicht in der Brüssel IIb-VO vorgesehene Zuständigkeitsgründe

1. Überblick

90 Die **mitgliedstaatlichen Zuständigkeitsordnungen** kennen verschiedene Gerichtsstände für Ehestatussachen, die der Brüssel IIb-VO fremd sind (vgl schon Hau FPR 2002, 616, 617 f). Erwähnt seien hier nur die Anknüpfung an die deutsche Staatsangehörigkeit allein eines Ehegatten (parteirollenunabhängige Heimatzuständigkeit, § 98 Abs 1 Nr 1 Var 1 FamFG), und zwar sogar dann, wenn sie nur im Zeitpunkt der Eheschließung vorlag (sog Antrittszuständigkeit, § 98 Abs 1 Nr 1 Var 2 FamFG), oder die Anknüpfung an den italienischen Ort der Eheschließung (sog Zelebrationszuständigkeit, Art 32 Alt 2 italien IPR-Gesetz 1995). Im Folgenden soll es nur um Zuständigkeitsgründe gehen, die in der Brüssel IIb-VO fehlen, obwohl sie sich in **sonstigen Verordnungen** finden.

2. Gerichtsstandsvereinbarung

91 Die Brüssel IIb-VO eröffnet den Ehegatten **de lege lata** nicht die Möglichkeit einer Gerichtsstandsvereinbarung für ihr Ehestatusverfahren. Dies steht zwar in Einklang mit dem autonomen deutschen Recht (vgl das Schweigen von § 98 FamFG sowie § 122 FamFG, § 40 Abs 2 S 1 ZPO), nicht hingegen mit dem sonstigen Verordnungs-

recht (vgl Art 25 Brüssel Ia-VO, Art 4 EuUntVO, Art 7 EuEheGüVO/EuPartGüVO, Art 5 EuErbVO).

Die Kommission hatte im Rahmen der **Reformdiskussion** zur Brüssel IIa-VO zunächst die Einführung einer Gerichtsstandsvereinbarung in Ehesachen befürwortet (vgl Art 3a im Kommissionsvorschlag vom 17. 7. 2006, KOM[2006] 399, sowie den Bericht vom 15. 4. 2014 über die Anwendung der Brüssel IIa-VO, COM[2014] 225; beachte auch den 2019 von der Gruppe für Internationales Privatrecht vorgelegten Entwurf für eine Verordnung über Ehescheidung und Ehetrennung, zugänglich unter https://gedip-egpil.eu; vgl dazu Kohler IPRax 2020, 288; Kohler/Pintens FamRZ 2020, 1417, 1418), diesen Plan dann aber wieder mutlos fallengelassen (vgl den Kommissionsvorschlag vom 30. 6. 2016, COM[2016] 411; krit etwa Weller IPRax 2017, 222, 229 f). Der Verordnungsgeber konnte sich zum Zuständigkeitssystem in Ehesachen bedauerlicherweise zu keinerlei Neuerungen entschließen (s Rn 3). Eingeführt wurde nur die Möglichkeit einer Gerichtsstandsvereinbarung in Kindschaftssachen (Art 10 Brüssel IIb-VO; vgl hierzu Vorbem 1 zu Art 7 ff Brüssel IIb-VO). Dies lässt es indes nur umso fragwürdiger erscheinen, dass Eheleute zwar über das Forum für eine ihr Kind betreffende Angelegenheit disponieren dürfen, nicht aber über das Forum für die eigene Eheauflösung. Besonders misslich erscheint dies aus Sicht derjenigen Mitgliedstaaten, die sich an der Rom III-VO beteiligen, die in Ehesachen das Scheidungs- und Trennungsstatut einer Wahlmöglichkeit zugänglich macht (vgl Art 5 ff Rom III-VO). Es verwundert nicht, dass solche Ungereimtheiten im Schrifttum seit Jahren kritisiert werden (monographisch Brosch, Rechtswahl und Gerichtsstandsvereinbarung 62 ff, 223 ff; näher auch Borg-Barthelet 32 ff; Sonnentag, in: Pfeiffer/Wittmann/Escher [2018] 9, 21 ff; vgl zudem etwa die Nachw bei Abendroth, Parteiautonome Zuständigkeitsbegründung [2016] 329 ff) und dass diese Kritik von etlichen Stimmen erneuert wurde, als der Verordnungsgeber mit Erlass der Brüssel IIb-VO die Chance für eine sachgerechte Regelung auf absehbare Zeit vergeben hat (vgl etwa Antomo, in: Pfeiffer/Lobach/Rapp [2020] 13, 21 f; Brosch GPR 2020, 179, 181; Flindt NZFam 2022, 669, 674; Garber/Lugani NJW 2022, 2225, 2226; González Beilfuss NiPR 2021, 701, 703 ff; Hüsstege FamRZ 2022, 1591, 1592 f; Reddin Univ Dublin LR 2020, 39, 57 ff). 92

Sollte sich der Rat irgendwann im Grundsatz darauf verständigen, Gerichtsstandsvereinbarungen in Ehesachen zuzulassen, wäre die entscheidende Frage, **wie weit die Dispositionsfreiheit reichen** soll (näher hierzu etwa Brosch, Rechtswahl und Gerichtsstandsvereinbarung 223 ff; González Beilfuss NiPR 2021, 701, 703 ff). So wäre schon zu klären, ob es nur um die Freiheit geht, zusätzliche Foren zu **prorogieren**, oder auch darum, sich gemeinsam auf ein einziges Forum zu einigen, also die übrigen gesetzlichen Gerichtsstände zu **derogieren**. Im breiten Spektrum denkbarer Lösungen erschiene einerseits ein Recht, die Zuständigkeit sämtlicher mitgliedstaatlicher Gerichte zu derogieren, grundsätzlich ebenso wenig akzeptabel wie andererseits die bloße Befugnis, nur für die Zuständigkeit im gemeinsamen Heimatmitgliedstaat zu optieren. 93

3. Rügelose Einlassung

Die Brüssel IIb-VO sieht **de lege lata** keine Möglichkeit einer zuständigkeitsbegründenden rügelosen Einlassung durch den Antragsgegner vor. Nichts anderes folgt aus dem nur funktional vergleichbaren Art 3 lit a (iv) Brüssel IIb-VO (s Rn 56) oder aus Art 19 Brüssel IIb-VO, der lediglich das Prüfungsprogramm des angerufenen Gerichts in dem Fall festlegt, dass keine Einlassung erfolgt. Das Fehlen einer Regelung 94 in der Brüssel IIb-VO steht wiederum in Einklang mit dem autonomen deutschen Recht (vgl das Schweigen von § 98 FamFG sowie § 122 FamFG, § 40 Abs 2 ZPO), aber im Widerspruch zu allen vergleichbaren Verordnungen (Art 26 Brüssel Ia-VO, Art 5 EuUntVO, Art 8 EuEheGüVO/EuPartGüVO, Art 9 EuErbVO).

95 Die Beachtlichkeit einer rügelosen Einlassung im Verfahren erscheint **de lege ferenda** fast noch dringlicher als die Zulassung einer vorherigen Gerichtsstandswahl. Es ist schlicht nicht einzusehen, dass sich pflichtbewusste Gerichte, womöglich erst in der Rechtsmittelinstanz, für unzuständig erklären müssen, obwohl sich der Antragsgegner sogar ausdrücklich mit der Austragung des Eheauflösungsverfahrens im Forum einverstanden erklärt und zur Sache verhandelt. Die Brüssel IIb-VO schafft in solchen Fällen bedenkliche Anreize dafür, dass das Gericht die Zuständigkeitsfrage „übersieht" oder dass die Parteien zuständigkeitsbegründende Umstände schlicht vortäuschen (vgl etwa Ní Shúilleabháin Yb of Private International Law XXII [2020/2021] 117, 122: „national courts often accept parties' assertion of habitual residence at face value"; Reddin Univ Dublin LR 2020, 39, 47 f: „collaborative forum shopping"; beachte noch unten Rn 99). Sollte es künftig dazu kommen, dass die Verordnung um eine Regelung zur zuständigkeitsbegründenden rügelose Einlassung ergänzt wird, so böte es sich an, eine ergänzende Bestimmung in Anlehnung an Art 8 Abs 2 EuEheGüVO/EuPartGüVO zu schaffen: Danach hat das Gericht, bevor es sich für zuständig erklärt, sicherzustellen, dass der Antragsgegner über sein Recht, die Unzuständigkeit geltend zu machen, und über die Folgen der Einlassung oder Nichteinlassung auf das Verfahren belehrt wird.

4. Notzuständigkeit

96 In der Brüssel IIb-VO finden sich keine Art 6 und 7 EuUntVO, Art 10 und 11 EuEheGüVO/EuPartGüVO oder Art 10 und 11 EuErbVO vergleichbaren Bestimmungen zu **Auffangzuständigkeiten** (bzw subsidiären Zuständigkeiten) oder Notzuständigkeiten (näher zu solchen Regelungen im europ Familienverfahrensrecht etwa Szpunar/Pacuła Polski Proces Cywilny 2021, 563; beachte auch Kübler-Wachendorff, Forum necessitatis 123 ff; zu Art 7 EuUntVO vgl EuGH 1. 8. 2022 – C-501/20 MPA/LCDNMT, FamRZ 2022, 1466 Rn 97 ff = FamRB 2022, 423 [Dimmler]). Vielmehr vertraut der Verordnungsgeber in Ehesachen, ebenso wie in der Brüssel Ia-VO, offenbar schlicht darauf, dass der unter bestimmten Voraussetzungen gem Art 6 Brüssel IIb-VO ermöglichte Rückgriff auf mitgliedstaatliches Zuständigkeitsrecht auch ohne ein besonderes **forum necessitatis** etwaige Rechtsschutzlücken vermeidet, wenn in keinem Mitgliedstaat ein verordnungseigener Gerichtsstand eröffnet ist (deutlich EuGH 1. 8. 2022 – C-501/20 MPA/LCDNMT, FamRZ 2022, 1466 Rn 79 ff u 114 f = FamRB 2022, 423 [Dimmler]).

97 In der Tat kommt es im innereuropäischen Rechtsverkehr in Ehesachen offenbar kaum zu **negativen Kompetenzkonflikten**. In einem Fall, in dem alle für die Verordnung zuständigkeitsrelevanten Umstände nach Malta wiesen, konnte der BGH die Frage, ob zugunsten einer deutschen Ehegattin im Lichte von Art 6 EMRK die Konstruktion einer Notzuständigkeit in Ergänzung zu Art 3 Brüssel IIa-VO geboten sei, letztlich verneinen, als nach Rechtshängigkeit des Scheidungsantrags in Deutschland auch Malta (zum 1. 10. 2011) die Möglichkeit einer Ehescheidung einführte (BGH 20. 2. 2013 – XII ZR 8/11, FamRZ 2013, 687 m insoweit zust Anm Hau = FamRBint 2013, 60 [Finger]). In einem neueren Fall hat der EuGH es abgelehnt, sich zur Möglichkeit einer Notzuständigkeit gestützt auf Art 47 GR-Charta zu äußern, weil dem Antragsteller in

casu zwar kein verordnungseigener Gerichtsstand offenstehe, er sich aber an die Gerichte des Mitgliedstaats wenden könne, dem der andere Ehegatte angehört (EuGH 1. 8. 2022 – C-501/20 MPA/LCDNMT, FamRZ 2022, 1466 Rn 114 f = FamRB 2022, 423 [Dimmler]). Durchaus denkbar ist ein Bedürfnis für eine Notzuständigkeit allerdings in den Fällen von Art 6 Abs 2 Brüssel IIb-VO, wenn das nationale Recht des Heimatmitgliedstaats gerade keine Zuständigkeit eröffnet (dazu Art 6 Brüssel IIb-VO Rn 14).

Zu einem negativen Kompetenzkonflikt kann es kommen, wenn mitgliedstaatliche Gerichte den **gewöhnlichen Aufenthalt unterschiedlich verorten** und sich deshalb für unzuständig erklären. Man denke an den Fall, dass ein Ehegatte, der in einem Drittstaat lebt, die Scheidung in einem Mitgliedstaat begehrt, aber keines der angerufenen Gerichte davon überzeugt ist, dass sich in seinem Sitzstaat der Antragsgegner iSv Art 3 lit a (iii) Brüssel IIb-VO gewöhnlich aufhält. Dies erscheint aus europäischer Perspektive nicht weiter problematisch, wenn alle mitgliedstaatlichen Gerichte eben übereinstimmend annehmen, dass sich der Antragsgegner gewöhnlich in einem Drittstaat aufhalte, und sich nur nicht darüber einig sind, in welchem. Weitaus heikler ist es, wenn zB das deutsche Gericht meint, dass sich die Antragsgegnerin, entgegen der Entscheidung des zuvor angerufenen französischen Gerichts, gewöhnlich nicht etwa in Deutschland, sondern doch in Frankreich aufhalte (vgl zur Parallelproblematik im Hinblick auf Art 4 EuErbVO etwa MünchKomm/Dutta Art 4 EuErbVO Rn 13; Wall ZErb 2014, 272). Eine Verweisung des Verfahrens von Deutschland nach Frankreich (oder umgekehrt) ist in einer solchen Konstellation ebenso wenig vorgesehen wie ein Ersuchen an den EuGH, dass dieser den Aufenthaltsstaat bestimmen und die Zuständigkeitsfrage verbindlich klären möge. Vielmehr ist der Antragsteller letztlich gehalten, die seines Erachtens unzutreffende Unzuständigerklärung mit **Rechtsmitteln** anzufechten. Nicht geboten erscheint hingegen die Eröffnung einer **ungeschriebenen Notzuständigkeit**, zumal dies keineswegs auf eine „Win-win-Situation" hinausliefe, was sich zeigt, wenn man auch die Interessen der Gegenseite berücksichtigt (dazu Hau, in: FS Kaissis 355, 356 und 362 ff). Ähnliche Fragen können sich auch im Hinblick auf Art 6 Abs 1 Brüssel IIb-VO ergeben (s Art 6 Brüssel IIb-VO Rn 9). **98**

X. Konsequenzen einer Verletzung von Art 3 ff Brüssel IIb-VO

Verstößt das angerufene Gericht gegen Art 3 ff Brüssel IIb-VO, indem es sich **zu Unrecht für zuständig erklärt**, so ist dieser Fehler gem Art 18 Brüssel IIb-VO auch noch in der Rechtsmittelinstanz beachtlich und zu korrigieren (s Art 18 Brüssel IIb-VO Rn 8 f). Freilich kann es vorkommen, dass das Gericht seine Unzuständigkeit übersieht oder (womöglich sogar aufgrund einer bewussten Täuschung) verkennt, der mit dem Forum durchaus einverstandene Antragsgegner zur Sache verhandelt und sodann auch kein Rechtsmittel gegen die Entscheidung einlegt – was im Ergebnis auf eine in der Brüssel IIb-VO nicht vorgesehene zuständigkeitsbegründende rügelose Einlassung hinausläuft (s Rn 95). **99**

Kommt es unter Verstoß gegen Art 3 ff Brüssel IIb-VO zu einer Entscheidung in der Sache, so ist diese in den anderen Mitgliedstaaten anzuerkennen: Der Zuständigkeitsmangel löst ausweislich Art 38 und Art 69 Brüssel IIb-VO **kein Anerkennungshindernis** aus (s Art 69 Brüssel IIb-VO Rn 5). Erst recht scheidet ein korrigierendes Eingreifen der Gerichte anderer Mitgliedstaaten aus. Insbesondere kommt es nicht in Betracht, einem Ehegatten die Führung eines Verfahrens in einem unzuständigen **100**

Forum zu untersagen (zur Unvereinbarkeit von sog antisuit injunctions mit der Brüssel IIb-VO beachte Art 20 Brüssel IIb-VO Rn 50).

101 Denkbar ist umgekehrt der Fall, dass sich das angerufene Gericht **zu Unrecht für unzuständig erklärt**, obwohl gem Art 3 ff Brüssel IIb-VO ein Gerichtsstand eröffnet ist. Die Voraussetzungen der Korrektur eines solchen Fehlers, der im Hinblick auf den Justizgewährungsanspruch keineswegs weniger schwer wiegt als eine unberechtigte Inanspruchnahme von internationaler Zuständigkeit, überlässt der Verordnungsgeber dem Rechtsmittelrecht der lex fori. Dies erscheint zwar vertretbar, aber gleichwohl merkwürdig angesichts des häufig betonten Zwecks der Verordnung, die Möglichkeit von Eheauflösungsverfahren zu gewährleisten.

Artikel 4
Gegenantrag

Das Gericht, bei dem ein Antrag gemäß Artikel 3 anhängig ist, ist auch für einen Gegenantrag zuständig, sofern dieser in den Anwendungsbereich dieser Verordnung fällt.

Bis 31. 7. 2022 geltende Regelung: Art 4 Brüssel IIa-VO (s Textanh 2 Rn 3).

Schrifttum

Vgl die Angaben zu Art 3 Brüssel IIb-VO.

Systematische Übersicht

I. Überblick

1 Die Vorschrift entspricht wörtlich ihrer Vorgängerin in der Brüssel IIa-VO. Sie ermöglicht die Konzentration gegenläufiger Anträge bei einem Gericht, dient also der **Verfahrensökonomie** und der **Vermeidung einander widersprechender Entscheidungen**. Zudem wahrt sie den **Justizgewährungsanspruch**: Wenn ein Ehegatte seinen Gegenantrag während der Anhängigkeit eines Erstantrags wegen Art 20 Abs 1 Brüssel IIb-VO nicht in einem anderen Mitgliedstaat geltend machen kann, soll ihm dies wenigstens im Forum des Erstantrags freistehen (vgl etwa Geimer/Schütze/Geimer Art 4 EuEheVO Rn 7; NK-BGB/Gruber Art 4 EheVO 2003 Rn 2; Hausmann Rn A 98; beachte unten Rn 14).

Relevant wird Art 4 Brüssel IIb-VO zwar nur in den (eher seltenen) Fällen, in denen ein Gerichtsstand für den Gegenantrag nicht bzw noch nicht von Art 3 Brüssel IIb-VO eröffnet wird. Allerdings regelt Art 4 Brüssel IIb-VO, anders als Art 3 Brüssel IIb-VO, neben der **internationalen** auch die **örtliche und sachliche Zuständigkeit** (s Rn 12). 2

II. Voraussetzungen

1. Anhängiger Erstantrag

Nach seinem Wortlaut setzt Art 4 Brüssel IIb-VO einen Antrag (im Folgenden: **Erstantrag**) voraus, der gem Art 3 Brüssel IIb-VO anhängig ist. Aus dem Verweis auf Art 3 Brüssel IIb-VO ergibt sich zunächst, dass der Erstantrag zwingend eine **Ehesache** iSv Art 1 Abs 1 lit a Brüssel IIb-VO beinhalten muss. 3

Nicht ohne Weiteres ersichtlich ist, was damit gemeint ist, dass der **Erstantrag anhängig** ist. Es liegt nahe, wie bei Art 20 Abs 1 Brüssel IIb-VO, auf die Anrufung des Gerichts iSv Art 17 Brüssel IIb-VO abzustellen (ebenso etwa Althammer/GrossErichter Art 4 Brüssel IIa-VO Rn 3). Nicht erforderlich ist für den Begriff der Anhängigkeit hingegen, dass die Zuständigkeit des angerufenen Gerichts bereits iSv Art 20 Abs 3 Unterabs 1 Brüssel IIb-VO feststeht. Ergibt sich allerdings im Laufe des Verfahrens, dass das mit dem Erstantrag befasste Gericht tatsächlich nicht gem Art 3 Brüssel IIb-VO zuständig ist (zB weil sich herausstellt, dass nicht beide Ehegatten dem Mitgliedstaat iSv Art 3 lit b Brüssel IIb-VO angehören), so entfällt auch die Zuständigkeit gem Art 4 Brüssel IIb-VO für den Gegenantrag. 4

Der Erstantrag ist **nicht mehr anhängig**, wenn zu dem Zeitpunkt, in dem das Gericht wegen des Gegenantrags iSv Art 17 Brüssel IIb-VO angerufen wird, das diesbezügliche Verfahren bereits durch Entscheidung oder Antragsrücknahme abgeschlossen ist. Wird der Gegenantrag während der Anhängigkeit des Erstantrags gestellt, so bleibt es nach dem Grundsatz der **perpetuatio fori** (vgl Art 3 Brüssel IIb-VO Rn 79 ff) auch dann bei Art 4 Brüssel IIb-VO, wenn der Erstantrag daraufhin zurückgenommen wird (vgl etwa Geimer/Schütze/Geimer Art 4 EuEheVO Rn 6; Hausmann Rn A 101) oder die diesbezüglich bei Verfahrenseinleitung noch gegebene Zuständigkeit entfällt (vgl etwa Gitschthaler/Garber Art 4 Brüssel IIa-VO Rn 3). 5

Obwohl Art 4 Brüssel IIb-VO eine **Zuständigkeit gem Art 3 Brüssel IIb-VO für den Erstantrag** fordert, genügt es, wenn dieser bereits vor Geltungsbeginn der Brüssel IIb-VO (Art 100 Abs 1 Brüssel IIb-VO: 1. 8. 2022) noch gem Art 3 Brüssel IIa-VO anhängig gemacht worden ist. Über den Wortlaut von Art 4 Brüssel IIb-VO hinaus dürfte es unschädlich sein, wenn die Zuständigkeit für den anhängigen Erstantrag aus **Art 5 Brüssel IIb-VO** folgt. Man denke an den Fall, dass ein Ehegatte gemäß dieser Vorschrift die Umwandlung der bereits ausgesprochenen Trennungsentscheidung in eine Scheidung beantragt und der andere Ehegatte dem einen Antrag auf Ungültigerklärung der Ehe entgegensetzt. Unzureichend ist es hingegen für Art 4 Brüssel IIb-VO, wenn sich die Zuständigkeit hinsichtlich des Erstantrags gem Art 6 Abs 1 Brüssel IIb-VO nur aus dem **mitgliedstaatlichen Recht** ergibt (klarstellend etwa Gitschthaler/Garber Art 4 Brüssel IIa-VO Rn 17; Althammer/Grossrichter Art 4 Brüssel IIa-VO Rn 3). In einem solchen Fall ist die Zuständigkeit für den Gegenantrag selbständig zu 6 ermitteln, also vorrangig gem Art 3 Brüssel IIb-VO, gegebenenfalls gem Art 6 Brüssel IIb-VO in Verbindung mit dem mitgliedstaatlichen Recht (insoweit abweichend MünchKommFamFG/Gottwald Art 4 Brüssel IIa-VO Rn 4: die Zuständigkeit für den Gegenantrag könne dann nur auf das jeweilige nationale Recht gestützt werden).

2. Gegenantrag

7 Wenn Art 4 Brüssel IIb-VO fordert, dass der **Gegenantrag** „in den Anwendungsbereich dieser Verordnung fällt", so ist dies ausweislich der systematischen Stellung der Vorschrift in Abschnitt 1 dahingehend zu präzisieren, dass er – wie der anhängige Erstantrag – eine der in Art 1 Abs 1 lit a Brüssel IIb-VO genannten **Ehesachen** betreffen muss (statt vieler: Gebauer/Wiedmann/Frank Art 4 EuEheVO Rn 2; Gitschthaler/Garber Art 4 Brüssel IIa-VO Rn 12 ff). Die gegenläufigen Anträge werden regelmäßig unterschiedliche Auflösungsformen beinhalten (zB Trennung versus Scheidung oder Scheidung versus Ungültigerklärung), können aber auch gleichartig sein (zB Scheidung versus Scheidung, aber aus verschiedenen Scheidungsgründen, oder Ungültigerklärung versus Ungültigerklärung, aber wegen verschiedener Mängel).

8 **Kein Gegenantrag** ist ein gemeinsamer Antrag iSv Art 3 lit a (iv) Brüssel IIb-VO (Hausmann Rn A 98, 100; fragwürdig Rauscher/Rauscher Art 4 Brüssel IIa-VO Rn 2: Art 4 bleibe wegen seiner Regelung zur örtlichen Zuständigkeit beachtlich) oder bloßes Verteidigungsvorbringen gegen den Erstantrag (vgl etwa Magnus/Mankowski/Borrás Art 4 Brussels IIbis Regulation Rn 4). Ein dem Eheauflösungsantrag entgegengesetzter Antrag auf Feststellung des Bestehens der Ehe genügt nicht für Art 4 Brüssel IIb-VO, weil er außerhalb des sachlichen Anwendungsbereichs der Brüssel IIb-VO liegt (vgl Art 1 Brüssel IIb-VO Rn 29 ff; Gitschthaler/Garber Art 4 Brüssel IIa-VO Rn 15). Nicht erfasst werden zudem Gegenanträge, die entweder nur eine Kindschaftssache iSv Art 1 Abs 1 lit b Brüssel IIb-VO betreffen (Hausmann Rn A 99; Rauscher/Rauscher Art 4 Brüssel IIa-VO Rn 6 ff; einschränkend noch Staudinger/Spellenberg [2015] Art 4 Brüssel IIa-VO Rn 7; **aA** Prütting/Gehrlein/Dimmler Art 4 Brüssel IIa-VO Rn 2) oder nur eine Folgesache (wie Unterhalt, Güterrecht, Namensführung), die nicht in den sachlichen Anwendungsbereich der Brüssel IIb-VO fällt (vgl dazu und zu den für Folgesachen einschlägigen Rechtsquellen Art 1 Brüssel IIb-VO Rn 38 ff).

9 Theoretisch denkbar sind **Gegen-Gegenanträge**, und zwar insbesondere folgendermaßen: Erstantrag auf bloße Trennung, Gegenantrag auf Scheidung wegen Verschuldens des Erstantragstellers, Gegen-Gegenantrag auf Scheidung wegen Verschuldens des Erstantragsgegners. Im Anwendungsbereich des deutschen Eherechts dürften solche Fälle schon wegen des Zerrüttungsprinzips kaum jemals relevant werden.

3. Sonstige Zulässigkeitsvoraussetzungen

10 Weil sich der Erst- und der Gegenantrag stets auf die Auflösung der Ehe zwischen den Beteiligten beziehen müssen, bedarf es im Wortlaut von Art 4 Brüssel IIb-VO keines besonderen **Konnexitätskriteriums**, wie es in Zuständigkeitsvorschriften für Widerklagen regelmäßig vorgesehen ist (vgl etwa Art 8 Nr 3 Brüssel Ia-VO oder § 33 ZPO). Nicht ausgeschlossen erscheint, dass sich der Erst- und der Gegenantrag ausnahmsweise auf **verschiedene Eheschließungen** beziehen, wenn die Ehegatten mehrmals in verschiedenen Staaten einander geheiratet haben (Rauscher/Rauscher

Art 4 Brüssel IIa-VO Rn 5; beachte aber auch KG 17. 1. 2022 – 16 WF 1/22, FamRZ 2022, 1017 = NZFam 2022, 520 [Majer] = FuR 2022, 335 [Finger]: eine wiederholt geschlossene Ehe ist nur einmal zu scheiden). Kein Fall von Art 4 Brüssel IIb-VO liegt hingegen vor, wenn es um **verschiedene Ehen** geht, also zB dann, wenn der Erstantrag die Scheidung der Ehe mit dem Antragsgegner begehrt und dieser sodann einen Gegenantrag stellt, der auf die Ungültigerklärung der Ehe des Erstantragstellers mit einem Dritten abzielt.

Soweit dies der verordnungseigenen Zuständigkeitsregelung nicht zuwiderläuft, kann die jeweilige **lex fori** sonstige Regelungen betreffend die Zulässigkeit und Rechtsfolgen von Gegenanträgen in Ehesachen vorsehen (vgl etwa Gitschthaler/Garber Art 4 Brüssel IIa-VO Rn 20 f; Hausmann Rn A 101). So ist in Deutschland § 126 Abs 3 FamFG zu beachten, wonach bei einem Zusammentreffen von Anträgen auf Scheidung und auf Eheaufhebung nur Letztere auszusprechen ist. Die lex fori regelt auch die Frage, ob die Verfahren über Erst- und Gegenantrag zur gemeinsamen Verhandlung und Entscheidung zu verbinden sind (Rauscher/Rauscher Art 4 Brüssel IIa-VO Rn 10). **11**

III. Rechtsfolgen

Anders als in Art 3 Brüssel IIb-VO heißt es in Art 4 Brüssel IIb-VO nicht „die Gerichte des Mitgliedstaats“, sondern „[d]as Gericht“. Geregelt werden demnach die **internationale, sachliche** (insoweit **aA** Geimer/Schütze/Geimer Art 4 EuEheVO Rn 5) **und örtliche Entscheidungszuständigkeit** des bereits mit dem Erstantrag befassten Gerichts. Entgegen einer vereinzelt vertretenen Ansicht (Gebauer/Wiedmann/Frank Art 4 EuEhe-VO Rn 4 Fn 4) fehlt der EU keineswegs die Gesetzgebungskompetenz zu einer solchen Mitregelung der örtlichen Zuständigkeit. **12**

Der Wortlaut von Art 4 Brüssel IIb-VO schreibt **keine ausschließliche internationale Zuständigkeit** im Mitgliedstaat des Verfahrens über den Erstantrag vor. Der Möglichkeit, während der Anhängigkeit des Erstantrags einen Gegenantrag mit Aussicht auf Erfolg in einem anderen gem Art 3 Brüssel IIb-VO zuständigen Mitgliedstaat zu verfolgen, steht allerdings gem Art 20 Abs 1 Brüssel IIb-VO das **Prioritätsprinzip** entgegen: Sobald die Zuständigkeit des mit dem Erstantrag befassten Gerichts feststeht, muss sich das später in einem anderen Mitgliedstaat mit dem Gegenantrag befasste Gericht für unzuständig erklären (Art 20 Abs 3 Unterabs 1 Brüssel IIb-VO). Dann bleibt dem dortigen Antragsteller, wenn er seinen Gegenantrag noch während der Anhängigkeit des Erstantrags weiterverfolgen möchte, gem Art 20 Abs 3 Unterabs 2 Brüssel IIb-VO nichts anderes übrig, als ihn eben gestützt auf Art 4 Brüssel IIb-VO im Forum des Erstantrags zu stellen. **13**

Weder Art 4 noch Art 20 Brüssel IIb-VO äußern sich dazu, ob der Gegenantrag zwar im Mitgliedstaat des Erstantragverfahrens, dort jedoch bei einem anderen Gericht anhängig gemacht werden kann, das nach Maßgabe der lex fori örtlich zuständig wäre. Nach Sinn und Zweck von Art 4 Brüssel IIb-VO liegt es allerdings nahe, von einer **abschließenden Regelung der örtlichen Zuständigkeit** auszugehen. **14**

Artikel 5
Umwandlung einer Trennung ohne Auflösung des Ehebandes in eine Ehescheidung

Unbeschadet des Artikels 3 ist das Gericht eines Mitgliedstaats, das eine Entscheidung erlassen hat, mit der die Trennung ohne Auflösung des Ehebandes ausgesprochen wird, auch für die Umwandlung dieser Trennung ohne Auflösung des Ehebandes in eine Ehescheidung zuständig, sofern dies im Recht dieses Mitgliedstaats vorgesehen ist.

Bis 31. 7. 2022 geltende Regelung: Art 5 Brüssel IIa-VO (s Textanh 2 Rn 3).

Schrifttum

Henrich, Die Umwandlung einer gerichtlichen Trennung in eine Scheidung: Internationale Zuständigkeit und anwendbares Recht, in: FS Gottwald (2014) 267

Pabst, Kollisionsrechtliche Absicherung der Umwandlung einer Ehetrennung in eine Ehescheidung?, FPR 2008, 230

Rieck, Die Umwandlungskompetenz nach Art 5 EheEuGVVO 2003 und ihre Bedeutung im Verhältnis zu den weiteren Zuständigkeiten für Ehesachen, FPR 2007, 427.

Vgl im Übrigen die Angaben zu Art 3 Brüssel IIb-VO.

Systematische Übersicht

I. Überblick

1 Die Vorschrift regelt die **Annex- bzw Folgezuständigkeit** in Fällen, in denen in einem Mitgliedstaat beantragt wird, eine dort bereits zuvor erfolgte gerichtliche Trennung ohne Auflösung des Ehebandes in eine Ehescheidung umzuwandeln. Der Normtext entspricht weitgehend Art 5 Brüssel IIa-VO. Korrespondierend mit der Formulierung in Art 2 Abs 1 Unterabs 1 Brüssel IIb-VO (vgl Art 1 Brüssel IIb-VO Rn 32) wird nunmehr aber stärker die Selbstverständlichkeit betont, dass es nur um die Umwandlung einer früheren Entscheidung geht, die tatsächlich die beantragte Trennung ausgesprochen hat (bislang: „Entscheidung über eine Trennung").

II. Voraussetzungen

1. Trennungsentscheidung

2 Art 5 Brüssel IIb-VO setzt eine Entscheidung iSv Art 2 Abs 1 Unterabs 1 Brüssel IIb-VO voraus, mit der im sachlichen Anwendungsbereich der Verordnung förm-

lich die Trennung einer Ehe ohne Auflösung des Ehebandes (Art 1 Abs 1 lit a Var 2 Brüssel IIb-VO) ausgesprochen wurde. Unzureichend ist ein bloß faktisches Getrenntleben der Ehegatten (im deutschen Recht: iSv §§ 1565–1567 BGB). Die **Trennungsentscheidung** muss von einem Gericht iSv Art 2 Abs 2 Nr 1 Brüssel IIb-VO in einem Mitgliedstaat (s Art 1 Brüssel IIb-VO Rn 51 ff) erlassen worden sein. Unerheblich ist, wann es dazu gekommen ist: Die Trennungsentscheidung kann aus der Zeit vor dem Geltungsbeginn der Brüssel IIb-VO stammen (vgl Art 100 Abs 1 Brüssel IIb-VO), womöglich aber sogar noch aus der Zeit vor Geltungsbeginn der Brüssel II-VO am 1. 3. 2001 (**aA** Staudinger/Spellenberg [2015] Art 5 Brüssel IIa-VO Rn 12).

2. Umwandlungsverfahren

3 Weitere Voraussetzung von Art 5 Brüssel IIb-VO ist, dass nunmehr bei dem Gericht, das zuvor bereits mit dem Trennungsverfahren befasst war, ein **Antrag auf Umwandlung** der Trennungsentscheidung in eine Ehescheidung iSv Art 1 Abs 1 lit a Var 1 Brüssel IIb-VO gestellt wird. Davon kann nur dann die Rede sein, wenn die bereits gerichtlich ausgesprochene Trennung einen (wenngleich nicht notwendig den einzigen) Scheidungsgrund bildet (ähnlich Hausmann Rn A 105; Rauscher/Rauscher Art 5 Brüssel IIa-VO Rn 4). Kein Anwendungsfall von Art 5 Brüssel IIb-VO ist ein Antrag, eine Ehe durch Umwandlung in eine registrierte Partnerschaft zu beenden (vgl die Fallgestaltung bei OLG Celle 6. 7. 2005 – 10 VA 2/04, OLG-Report 2006, 13).

4 Art 5 Brüssel IIb-VO erfordert nicht, dass die Umstände, aus denen sich die **internationale Zuständigkeit** des Mitgliedstaats für das vorangegangene Trennungsverfahren ergeben hatte, im Zeitpunkt des Umwandlungsverfahrens noch vorliegen. Vielmehr wird gerade dann, wenn dies nach Maßgabe von Art 3 Brüssel IIb-VO nicht der Fall ist (weil sich kein Ehegatte mehr gewöhnlich in diesem Mitgliedstaat aufhält und auch nicht beide Ehegatten über dessen Staatsangehörigkeit verfügen), die in Art 5 Brüssel IIb-VO geregelte **Folgezuständigkeit** überhaupt relevant.

5 Art 5 Brüssel IIb-VO setzt voraus, dass die begehrte Umwandlung im **Recht dieses Mitgliedstaats** „vorgesehen" ist. Das bedeutet freilich nicht zwingend, dass das Eherecht des Forums eine förmliche Trennung und die Möglichkeit einer späteren Umwandlung in eine Scheidung regelt. Vielmehr genügt es, wenn der Umwandlungsantrag dem Eherecht entspricht, das nach dem Kollisionsrecht der lex fori maßgeblich ist (s Rn 11), und zudem der Forumstaat seine Gerichte für ein solches Umwandlungsverfahren zur Verfügung stellt (ähnlich NK-BGB/Gruber Art 5 EheVO 2003 Rn 5; Hausmann Rn A 106; Rauscher/Rauscher Art 5 Brüssel IIa-VO Rn 5). Gegen Letzteres bestehen aus deutscher Sicht keine Bedenken (vgl etwa Staudinger/Mankowski [2010] Art 17 EGBGB Rn 471; Schwab/Ernst/Streicher § 4 Rn 67).

III. Rechtsfolgen

6 Art 5 Brüssel IIb-VO eröffnet eine **Folgezuständigkeit für das Umwandlungsverfahren**: Dieses kann im Forum der Trennungsentscheidung durchgeführt werden. Dabei kommt es nicht darauf an, ob sich die Zuständigkeit für das Trennungsverfahren aus Art 3 Brüssel IIb-VO (bzw einer Vorgängerregelung) oder aus mitgliedstaatlichem Recht ergeben hatte. Vielmehr gilt Art 5 Brüssel IIb-VO selbst dann, wenn das mit

dem Trennungsverfahren befasste Gericht richtigerweise nicht zuständig gewesen wäre (ebenso Gitschthaler/Garber Art 5 Brüssel IIa-VO Rn 11; NK-BGB/Gruber Art 5 Ehe-VO 2003 Rn 2; Rauscher/Rauscher Art 5 Brüssel IIa-VO Rn 6).

7 Anders als in Art 3 Brüssel IIb-VO heißt es in Art 5 Brüssel IIb-VO nicht „die Gerichte des Mitgliedstaats", sondern „das Gericht". Geregelt werden demnach die **internationale, örtliche und sachliche Entscheidungszuständigkeit** (Gitschthaler/Garber Art 5 Brüssel IIa-VO Rn 3; MünchKommFamFG/Gottwald Art 5 Brüssel IIa-VO Rn 1). Für Deutschland bedeutet dies, dass Art 5 Brüssel IIb-VO in Umwandlungsverfahren die Regelung zur örtlichen Zuständigkeit in § 122 FamFG verdrängt. Das sollte auch dann gelten, wenn sich die internationale Zuständigkeit der deutschen Gerichte nicht erst aus Art 5 Brüssel IIb-VO ergibt, sondern ohnehin auch aus Art 3 Brüssel IIb-VO ergeben hätte.

8 Art 5 Brüssel IIb-VO schafft, schon ausweislich seines Wortlauts („Unbeschadet des Artikels 3"), **keine ausschließliche Zuständigkeit** im Forum des vorangegangenen Trennungsverfahrens (klarstellend etwa Gitschthaler/Garber Art 5 Brüssel IIa-VO Rn 5 f). Daher hindert eine gerichtliche Trennungsentscheidung einen Ehegatten nicht, sein Scheidungsbegehren in einem anderen, nunmehr gem Art 3 Brüssel IIb-VO zuständigen Mitgliedstaat zu verfolgen (Bsp: Trennungsentscheidung in Italien, späteres Scheidungsverfahren in Rumänien, so im Fall EuGH 3. 10. 2019 – C-759/18 OF/PG, FamRZ 2019, 1989 = FamRB 2020, 49 [Dimmler]; dazu Kohler/Pintens FamRZ 2020, 1417, 1422 f).

9 Der Umstand, dass Art 5 Brüssel IIb-VO nicht ausschließlich gilt, wird auch im Falle eines **positiven Kompetenzkonflikts** relevant: Konkurriert ein Umwandlungsverfahren mit einem gewöhnlichen Scheidungsverfahren in einem anderen Mitgliedstaat, dessen Gerichte dafür gem Art 3 Brüssel IIb-VO zuständig sind, so genießt das Umwandlungsverfahren nicht ohne Weiteres Vorrang, sondern es kommt gem Art 20 Brüssel IIb-VO auf die zeitliche Priorität an (Prütting/Gehrlein/Dimmler Art 5 Brüssel IIa-VO Rn 3; MünchKommFamFG/Gottwald Art 5 Brüssel IIa-VO Rn 2; Hausmann Rn A 104; **aA** bzw missverständlich Thomas/Putzo/Hüßtege Art 5 Brüssel IIb-VO Rn 3: Vorrang habe das mit der Trennung befasste Gericht [was allerdings schon deshalb nicht gemeint sein kann, weil das Trennungsverfahren in den Fällen des Art 5 Brüssel IIb-VO bereits abgeschlossen ist]).

10 Zur Möglichkeit, im Forum des Umwandlungsverfahrens einen **Gegenantrag** iSv Art 4 Brüssel IIb-VO geltend zu machen, vgl Art 4 Brüssel IIb-VO Rn 6.

IV. Anwendbares Recht

11 Das in einem Umwandungsfall maßgebliche **Scheidungsstatut** bestimmt sich in Mitgliedstaaten wie Deutschland, die die Rom III-VO anwenden, nach **Art 9 Rom III-VO** (vgl zu den Einzelheiten etwa vBar/Mankowski Band II § 4 Rn 705 ff). Dessen Abs 1 will mit Hilfe einer akzessorischen Anknüpfung einen Statutenwechsel vermeiden: Grundsätzlich soll das auf die Trennung angewendete Recht auch die nachfolgende Scheidung regeln; dies kann auch das Recht eines Drittstaats sein (vgl Art 4 Rom III-VO). Sieht dieses Recht keine Umwandlung vor, ist gem Art 9 Abs 2 Rom III-VO auf Art 5 Rom III-VO, hilfsweise auf Art 8 Rom III-VO abzustellen.

Artikel 6
Restzuständigkeit

(1) Soweit sich aus den Artikeln 3, 4 und 5 keine Zuständigkeit eines Gerichts eines Mitgliedstaats ergibt, bestimmt sich vorbehaltlich des Absatzes 2 die Zuständigkeit in jedem Mitgliedstaat nach dem Recht dieses Staats.

(2) Gegen einen Ehegatten, der seinen gewöhnlichen Aufenthalt im Hoheitsgebiet eines Mitgliedstaats hat oder Staatsangehöriger eines Mitgliedstaats ist, darf ein Verfahren vor den Gerichten eines anderen Mitgliedstaats nur nach Maßgabe der Artikel 3, 4 und 5 geführt werden.

(3) Jeder Staatsangehörige eines Mitgliedstaats, der seinen gewöhnlichen Aufenthalt im Hoheitsgebiet eines anderen Mitgliedstaats hat, kann die in diesem Mitgliedstaat geltenden Zuständigkeitsvorschriften wie ein Staatsangehöriger dieses Mitgliedstaats gegenüber einem Antragsgegner geltend machen, der weder seinen gewöhnlichen Aufenthalt im Hoheitsgebiet eines Mitgliedstaats hat noch die Staatsangehörigkeit eines Mitgliedstaats besitzt.

Bis 31. 7. 2022 geltende Regelung: Art 6 und 7 Brüssel IIa-VO (s Textanh 2 Rn 3).

Schrifttum

Vgl die Angaben zu Art 3 Brüssel IIb-VO.

Systematische Übersicht

I. Überblick und Reformdiskussion

Art 6 Brüssel IIb-VO betrifft im Wesentlichen die Frage, unter welchen Voraussetzungen in Ehestatussachen ein Rückgriff auf mitgliedstaatliche Gerichtsstände in Betracht kommt, definiert also, im Zusammenspiel mit Art 3–5 Brüssel IIb-VO, den **räumlich-persönlichen Anwendungsbereich des verordnungseigenen Zuständigkeitsrechts**. Zu diesem Zweck wurden die beiden bislang in Art 6 und 7 Brüssel IIa-VO enthaltenen Regelungen in einer Vorschrift zusammengeführt. 1

2 In der Sache hat sich durch die Neufassung nichts Wesentliches geändert. Entgegen früherer Pläne der Kommission (vgl den Kommissionsvorschlag vom 17. 7. 2006, KOM[2006] 399, sowie den Bericht vom 15. 4. 2014, COM[2014] 225; beachte aus dem Schrifttum etwa Bonomi Rev crit d i p 2017, 511, 521 f; Borrás, in: Raffaelli [2016] 73, 79 f; Weller IPRax 2017, 222, 229) ist es in Ehesachen, ebenso wie in Kindschaftssachen (vgl Art 14 Brüssel IIb-VO), dabei geblieben, dass die Verordnung einen **Restanwendungsbereich für nationales Zuständigkeitsrecht** belässt. Der Verordnungsgeber konnte sich also nicht dazu durchringen, ein abschließendes verordnungseigenes Zuständigkeitssystem zu schaffen (s Einl 12 zur Brüssel IIb-VO; wie hier unzufrieden mit dem Ausbleiben einer Neuregelung etwa Antomo, in: Pfeiffer/Lobach/Rapp [2020] 13, 23 ff; Brosch GPR 2020, 179, 181; Garber/Lugani NJW 2022, 2225, 2226; González Beilfuss NIPR 2021, 701, 711 ff). Insoweit bleibt die Brüssel IIb-VO weit zurück hinter dem Entwicklungsstand der EuUntVO, der EuEheGüVO bzw EuPartGüVO sowie der EuErbVO, aber dies gilt freilich auch für die von der Brüssel Ia-VO erfassten allgemeinen Zivil- und Handelssachen (vgl Art 6 Brüssel Ia-VO als Parallelnorm zu Art 6 und Art 14 Brüssel IIb-VO). Immerhin hält die Europäische Gruppe für Internationales Privatrecht in ihrem 2019 vorgelegten Entwurf für eine Verordnung über Ehescheidung und Ehetrennung unverdrossen an ihrem Vorschlag fest, die Zuständigkeitsgründe abschließend in einer Verordnung zu regeln (zugänglich unter https://gedip-egpil.eu; vgl dazu Kohler IPRax 2020, 288; Kohler/Pintens FamRZ 2020, 1417, 1418).

3 Letztlich setzt der Verordnungsgeber die Gerichtsstände des nationalen Zuständigkeitsrechts, soweit er den Rückgriff darauf eröffnet, gewissermaßen als **Auffangtatbestände** ein, um sich auf diese Weise die Schaffung verordnungseigener Auffang- oder Notzuständigkeiten zu ersparen (vgl Art 3 Brüssel IIb-VO Rn 96 ff). Dieses Modell mag zwar in aller Regel durchaus geeignet sein, negative Kompetenzkonflikte zu vermeiden. Es hat allerdings den Nachteil, dass der gebotene Rechtsschutz nicht einheitlich gewährleistet wird, sondern dem jeweiligen mitgliedstaatlichen Recht überlassen bleibt (vgl auch die Bedenken bei Borrás, in: Raffaelli [2016] 73, 79 f; bemerkenswert unbekümmert erscheint demgegenüber etwa EuGH 1. 8. 2022 – C-501/20 MPA/LCDNMT, FamRZ 2022, 1466 Rn 79 ff u 114 f = FamRB 2022, 423 [Dimmler], wo der EuGH zwar darauf hinweist, dass das portugiesische Recht dem Antragsteller einen Gerichtsstand zur Verfügung stellen könne, ohne aber darzulegen, ob das portugiesische Recht dies nach Lage der Dinge auch tut). Dies steht unverkennbar in Widerspruch zu einem zentralen Anliegen der justiziellen Zusammenarbeit in Zivilsachen, nämlich dem Ziel, die **Einheitlichkeit der Rechte und Pflichten** der betroffenen Personen sicherzustellen (s Einl 27 zur Brüssel IIb-VO).

II. Rückgriff auf mitgliedstaatliches Zuständigkeitsrecht

1. Brüssel IIb-Gerichtsstand im Forumstaat

4 Wenn Art 6 Abs 1 Brüssel IIb-VO den Rückgriff auf das mitgliedstaatliche Recht davon abhängig macht, dass die Verordnung „keine Zuständigkeit eines Gerichts eines Mitgliedstaats" eröffnet, so folgt daraus zunächst, dass ein angerufenes Gericht sein nationales Zuständigkeitsrecht außer Betracht zu lassen hat, wenn sich seine internationale Zuständigkeit ohnehin schon aus Art 3 ff Brüssel IIb-VO ergibt. Ohne Belang ist dabei, ob der zu entscheidende Sachverhalt irgendeinen weiteren „Europabezug" aufweist (dazu Art 1 Brüssel IIb-VO Rn 59) und ob der Antragsgegner besonderen Schutz nach Maßgabe von Art 6 Abs 2 Brüssel IIb-VO genießt (dazu unten Rn 10 ff).

2. Brüssel IIb-Gerichtsstand nur in einem anderen Mitgliedstaat

Eine verordnungseigene Zuständigkeit, die gem Art 6 Abs 1 Brüssel IIb-VO den Rückgriff auf das mitgliedstaatliche Recht sperrt, liegt auch dann vor, wenn sich aus dem Katalog des Art 3 Brüssel IIb-VO zwar kein Gerichtsstand in dem vom Antragsteller gewählten Forum ergibt, wohl aber in (mindestens) einem **anderen Mitgliedstaat**. Dabei kommt es nicht darauf an, ob der Antrag auf Eheauflösung in dem anderen Mitgliedstaat (schon) begründet erscheint (vgl BGH 20. 2. 2013 – XII ZR 8/11, FamRZ 2013, 687 Rn 19 ff, 27 m insoweit zust Anm Hau = FamRBint 2013, 60 [Finger]). Eröffnet die Verordnung einen Gerichtsstand nicht in Deutschland, sondern nur in einem anderen Mitgliedstaat, so hat sich das gleichwohl angerufene deutsche Gericht gem Art 18 Brüssel IIb-VO von Amts wegen für unzuständig zu erklären. Eine Verweisung des Verfahrens an das ausländische Gericht kommt nach geltendem Recht nicht in Betracht (für die Einführung einer dahingehenden Regelung plädieren etwa Antomo, in: Pfeiffer/Lobach/Rapp [2020] 13, 22 f; Bonomi Rev crit d i p 2017, 511, 531 f; Borg-Barthelet [2016] 34 f). 5

In Fällen, in denen vorrangig die Gerichte anderer Mitgliedstaaten zuständig sind, folgt die Unanwendbarkeit des autonomen Kompetenzrechts regelmäßig zugleich aus einem der beiden in Art 6 Abs 2 Brüssel IIb-VO vorgesehenen **Zuständigkeitsprivilegien** (dazu unten Rn 10 ff). Dies gilt, wenn im Forum zwar kein Zuständigkeitsgrund iSv Art 3 Brüssel IIb-VO gegeben ist, der Antragsgegner aber seinen gewöhnlichen Aufenthalt in einem anderen Mitgliedstaat hat: Dann greift das Privileg gem Art 6 Abs 2 Var 1 Brüssel IIb-VO ein, und die Zuständigkeit des anderen Mitgliedstaats folgt aus Art 3 lit a (iii) Brüssel IIb-VO. Ähnlich verhält es sich, wenn beide Parteien über die Staatsangehörigkeit eines anderen Mitgliedstaats verfügen: Dann ergibt sich das Privileg aus Art 6 Abs 2 Var 2 Brüssel IIb-VO und die Zuständigkeit des gemeinsamen Heimatstaats aus Art 3 lit b Brüssel IIb-VO. 6

Allerdings kann Art 6 Abs 1 Brüssel IIb-VO einen Gerichtsstand des autonomen Rechts mit Rücksicht auf die Zuständigkeit eines anderen Mitgliedstaats auch dann sperren, wenn nach Maßgabe von Art 6 Abs 2 Brüssel IIb-VO **kein Zuständigkeitsprivileg eingreift**. Dies wurde so bereits zur Brüssel II-VO vertreten (Hau FamRZ 2000, 1333, 1341; Hau FPR 2002, 616, 619) und sodann vom EuGH zur Brüssel IIa-VO klargestellt (EuGH 29. 11. 2007 – C-68/07 Sundelind Lopez, FamRZ 2008, 128; dazu Borrás IPRax 2008, 233; Spellenberg ZZPInt 12 [2007] 233; Wittwer ELR 2008, 68; beachte auch KG 4. 4. 2007 – 3 UF 129/06, IPRspr 2007, 458), was sich nunmehr ohne Weiteres auf Art 6 Brüssel IIb-VO übertragen lässt. Die Begründung dafür, eine Sperre nicht allein, wie in den Fällen des Art 6 Abs 2 Brüssel IIb-VO, mit Rücksicht auf die Person des Antragsgegners vorzusehen, ergibt sich aus dem Anliegen der Verordnung, ein als angemessen empfundenes einheitliches Zuständigkeitsregime in den Mitgliedstaaten zu schaffen. Legitim erscheint dieses Regelungsziel deshalb, weil auf diese Weise die Basis für die Freizügigkeit von Entscheidungen gelegt ist, die gem Art 69 Brüssel IIb-VO nicht unter dem Vorbehalt einer Überprüfung der Anerkennungszuständigkeit steht. 7

Relevant wird das soeben Dargelegte zB dann, wenn eine deutsche Frau, die sich seit einem Jahr gewöhnlich in Frankreich aufhält, in Deutschland von ihrem in der Schweiz lebenden schweizerischen Mann geschieden werden möchte: Weil Art 3 lit a (v) Brüssel IIb-VO den französischen Gerichten die Zuständigkeit zuweist, kommt 8 ein auf § 98 Abs 1 Nr 1 FamFG (hier: Staatsangehörigkeit allein der Antragstellerin) gestütztes Verfahren in Deutschland nicht in Betracht. Wegen der Brüssel IIb-eigenen Zuständigkeit (irgend-)eines Mitgliedstaats sind die Voraussetzungen nicht erfüllt, unter denen Art 6 Abs 1 Brüssel IIb-VO den Rückgriff auf autonomes deutsches Recht gestattet.

9 Probleme im Hinblick auf Art 6 Abs 1 Brüssel IIb-VO können **Beurteilungsdivergenzen zwischen in- und ausländischen Gerichten** in der Zuständigkeitsfrage bereiten. Man denke zB an den Fall, dass ein deutscher Ehegatte, der in einem Drittstaat lebt, in Frankreich die Scheidung unter Berufung auf Art 3 lit a (iii) Brüssel IIb-VO begehrt, was das französische Gericht aber ablehnt, weil es der Ansicht ist, dass sich die Antragsgegnerin dort nicht gewöhnlich aufhalte. Das sodann angerufene deutsche Gericht meint hingegen, dass sich die Antragsgegnerin durchaus gewöhnlich in Frankreich aufhalte, sodass dort eine Zuständigkeit gem Art 3 lit a (iii) Brüssel IIb-VO eröffnet sei, was wiederum in Deutschland wegen Art 6 Abs 1 Brüssel IIb-VO den Rückgriff auf § 98 Abs 1 Nr 1 FamFG sperre. Um einen **negativen Kompetenzkonflikt** zu vermeiden, sollte in einem solchen Fall die Wendung in Art 6 Abs 1 Brüssel IIb-VO, dass „sich aus den Artikeln 3, 4 und 5 keine Zuständigkeit eines Gerichts eines Mitgliedstaats ergibt", so gelesen werden, dass es genügt, wenn sich die Gerichte des in Betracht kommenden anderen Mitgliedstaats bereits rechtskräftig für unzuständig erklärt haben. Beachte zu solchen Problemfällen auch schon Art 3 Brüssel IIb-VO Rn 98 sowie Art 20 Brüssel IIb-VO Rn 34.

3. Zuständigkeitsprivileg zugunsten des Antragsgegners (Abs 2)

10 Mit Hilfe der beiden Zuständigkeitsprivilegien des Art 6 Abs 2 Brüssel IIb-VO wird das **Zuständigkeitssystem** der Verordnung zugunsten der genannten Antragsgegner **ausschließlich ausgestaltet** (deutlich etwa EuGH 3. 10. 2019 – C-759/18 OF/PG, FamRZ 2019, 1989 Rn 34 = FamRB 2020, 49 [Dimmler]).

11 Die Vorschrift schützt **Antragsgegner**, die ihren gewöhnlichen Aufenthalt (s Art 3 Brüssel IIb-VO Rn 21 ff) in einem anderen Mitgliedstaat haben oder über die Staatsangehörigkeit eines solchen verfügen (vgl dazu, insbesondere auch zur Behandlung von Mehrstaatern, Art 3 Brüssel IIb-VO Rn 41 ff). Wenn zwischen Verfahrenseinleitung und -abschluss der den Antragsgegner **schützende Umstand entfällt** (weil er die relevante Staatsangehörigkeit oder den relevanten gewöhnlichen Aufenthalt aufgibt), so endet damit die in Art 6 Abs 2 Brüssel IIb-VO angeordnete Sperre des mitgliedstaatlichen Zuständigkeitsrechts und das Verfahren kann darauf gestützt fortgeführt werden (Gitschthaler/Garber Art 6 Brüssel IIa-VO Rn 20; Geimer/Schütze/Geimer Art 6 EuEheVO Rn 6; NK-BGB/Gruber Art 6 und 7 EheVO 2003 Rn 9; Rauscher/Rauscher Art 6 Brüssel IIa-VO Rn 20). Ein **Kind** der Ehegatten wird nicht von Art 6 Abs 2 Brüssel IIb-VO privilegiert; daher bleibt der Umstand, dass es seinen gewöhnlichen Aufenthalt in einem anderen Mitgliedstaat hat, für die internationale Zuständigkeit in der Ehestatussache außer Betracht (EuGH 3. 10. 2019 – C-759/18 OF/PG, FamRZ 2019, 1989 Rn 35 = FamRB 2020, 49 [Dimmler]; dazu Kohler/Pintens FamRZ 2020, 1417, 1422 f).

12 Wie bereits erwähnt, ist in den Fällen von Art 6 Abs 2 Brüssel IIb-VO häufig ohnehin die Zuständigkeit eines anderen Mitgliedstaats eröffnet (oben Rn 6). Allerdings kann ein Zuständigkeitsprivileg den Rückgriff auf autonomes Kompetenzrecht sogar

dann hindern, wenn Art 3 Brüssel IIb-VO **keine Zuständigkeit irgendeines Mitgliedstaats** bietet. Man denke an den Fall, dass der Antragsgegner zwar die Staatsangehörigkeit eines Mitgliedstaats, jedoch seinen gewöhnlichen Aufenthalt in einem Drittstaat hat (weshalb Art 3 lit a [iii] Brüssel IIb-VO nicht einschlägig ist), der Antragsteller aber nicht (bzw noch nicht) die Anforderungen für einen „Antragstellergerichtsstand" nach Art 3 lit a (v) bzw (vi) Brüssel IIb-VO erfüllt, und auch Art 3 lit b Brüssel IIb-VO nicht greift (vgl etwa den Sachverhalt im Fall EuGH 1. 8. 2022 – C-501/20 MPA/LCDNMT, FamRZ 2022, 1466 = FamRB 2022, 423 [Dimmler]: ein Ehegatte ist Spanier, der andere Portugiese, beide leben in einem Drittstaat).

13 Während die Gerichtspflichtigkeit des Antragsgegners in dieser Konstellation nicht auf vereinheitlichtes Kompetenzrecht (Art 3 Brüssel IIb-VO) gestützt werden kann, erlaubt Art 6 Abs 2 Brüssel IIb-VO immerhin den **Rückgriff auf autonomes Kompetenzrecht im Heimatstaat des Antragsgegners** (klarstellend EuGH 1. 8. 2022 – C-501/20 MPA/LCDNMT, FamRZ 2022, 1466 Rn 87 = FamRB 2022, 423 [Dimmler]; vgl aus dem Schrifttum etwa Gitschthaler/Garber Art 6 Brüssel IIa-VO Rn 23 [„nur relative Sperrwirkung"]; NK-BGB/Gruber Art 6 und 7 EheVO 2003 Rn 15 ff; Hau FPR 2002, 616, 619 f). Die Durchführung des Eheauflösungsverfahrens im Heimatstaat hängt also davon ab, ob dieser eine Zuständigkeit zu Lasten seines eigenen Staatsangehörigen eröffnet. Dies ist in einigen mitgliedstaatlichen Rechtsordnungen der Fall. Leben zB ein Franzose und seine deutsche Frau in der Schweiz, bewahrt Art 6 Abs 2 Var 2 Brüssel IIb-VO die Frau davor, dass der Mann die Scheidung in Frankreich gestützt auf seine französische Staatsangehörigkeit (Art 14 Code civil) betreibt, während es ihm offensteht, das Verfahren in Deutschland gestützt auf § 98 Abs 1 Nr 1 FamFG einzuleiten.

14 Begründet Art 3 Brüssel IIb-VO im Falle eines iSv Art 6 Abs 2 Var 2 Brüssel IIb-VO privilegierten Antragsgegners keinen Gerichtsstand in wenigstens einem Mitgliedstaat, bietet aber auch der Heimatmitgliedstaat des Antragsgegners nach dortigem autonomen Recht kein Forum, so hat es damit grundsätzlich sein Bewenden (wie hier etwa HandKommZPO/Dörner Art 6 EuEheVO Rn 5; Gottwald, in: FS Simotta 187, 192; NK-BGB/Gruber Art 6 und 7 EheVO 2003 Rn 6): Sämtliche mitgliedstaatlichen Gerichte sind international unzuständig; de lege lata kommt weder eine Prorogation noch eine rügelose Einlassung als zuständigkeitsbegründender Umstand in Betracht (s Art 3 Brüssel IIb-VO Rn 91 ff). Der scheidungswillige Ehegatte ist daher grundsätzlich auf ein **Verfahren in einem Drittstaat** angewiesen. Dies allein begründet noch kein hinreichendes Bedürfnis für die Eröffnung einer **Notzuständigkeit** nach Maßgabe der lex fori, etwa gestützt auf die Staatsangehörigkeit des Antragstellers (dazu Art 3 Brüssel IIb-VO Rn 97). Anders mag es sich allerdings verhalten, wenn auch in den Drittstaaten, in denen sich die Ehegatten gewöhnlich aufhalten, entweder unter zumutbaren Bedingungen kein Gerichtsstand zur Verfügung steht (für eine Notzuständigkeit dann etwa MünchKommFamFG/Gottwald Art 7 Brüssel IIa-VO Rn 6; Althammer/Grosserichter Art 6 Brüssel IIa-VO Rn 11) oder eine dort ergehende Entscheidung keine Aussicht auf Anerkennung in den Mitgliedstaaten hätte (vgl zu dieser Konstellation Hau, in: FS Kaissis 355, 360).

4. Besonderheiten des domicile

15 Die in Art 2 Abs 3 Brüssel IIb-VO vorgesehene Sonderregel (s Art 2 Brüssel IIb-VO Rn 16 ff, Art 3 Brüssel IIb-VO Rn 47 und 76) kann für ein in Deutschland angerufenes Gericht in verschiedener Hinsicht relevant werden, wenn es anhand von Art 6 Brüssel

IIb-VO klären muss, ob ein Rückgriff auf § 98 FamFG in Betracht kommt. Dies scheidet wegen der Gleichstellung des domicile mit der Staatsangehörigkeit aus, wenn **beide Ehegatten Iren sind** und ihr domicile in demselben Mitgliedstaat haben (dann: wegen Art 6 Abs 1 Brüssel IIb-VO vorrangige internationale Zuständigkeit der dortigen Gerichte gem Art 3 lit b Brüssel IIb-VO) oder wenn der **Antragsteller Ire ist**, sein domicile in einem Mitgliedstaat hat und sich dort seit mindestens sechs Monaten gewöhnlich aufhält (dann: wegen Art 6 Abs 1 Brüssel IIb-VO vorrangige internationale Zuständigkeit der dortigen Gerichte gem Art 3 lit a [vi] Brüssel IIb-VO) oder wenn der **Antragsgegner Ire ist** und, unabhängig von seinem gewöhnlichen Aufenthaltsstaat, sein domicile in einem Mitgliedstaat hat (dann: Art 6 Abs 2 Brüssel IIb-VO sperrt den Rückgriff auf deutsches Zuständigkeitsrecht).

16 Entsprechendes gilt wiederum jeweils wegen Art 2 Abs 3 Brüssel IIb-VO, wenn beide Ehegatten, unabhängig von ihrer Staatsangehörigkeit, ihr **domicile in Irland** haben (dann: wegen Art 6 Abs 1 Brüssel IIb-VO vorrangige internationale Zuständigkeit der irischen Gerichte gem Art 3 lit b Brüssel IIb-VO) oder wenn der Antragsteller, unabhängig von seiner Staatsangehörigkeit, sein domicile in Irland hat und sich dort seit mindestens sechs Monaten gewöhnlich aufhält (dann: wegen Art 6 Abs 1 Brüssel IIb-VO vorrangige internationale Zuständigkeit der irischen Gerichte gem Art 3 lit a [vi] Brüssel IIb-VO) oder wenn der Antragsgegner, unabhängig von seiner Staatsangehörigkeit oder seinem gewöhnlichen Aufenthaltsstaat, sein domicile in Irland hat (dann: Art 6 Abs 2 Brüssel IIb-VO sperrt den Rückgriff auf deutsches Zuständigkeitsrecht).

III. Restanwendungsbereich des mitgliedstaatlichen Zuständigkeitsrechts

17 Wenn sich aus Art 3, Art 4 oder Art 5 Brüssel IIb-VO kein Gerichtsstand in (irgend-)einem Mitgliedstaat ergibt und zudem keines der beiden Zuständigkeitsprivilegien des Art 6 Abs 2 Brüssel IIb-VO eingreift, darf sich das angerufene Gericht gem Art 6 Abs 1 Brüssel IIb-VO auf die Zuständigkeitsgründe nach der jeweiligen lex fori stützen. Dies wird üblicherweise als **Restzuständigkeit** bezeichnet (engl: residual jurisdiction; franz: compétence résiduelle). Der Verweis auf das Recht eines Mitgliedstaats schließt ausweislich Erwägungsgrund 29 die dort geltenden internationalen Übereinkommen mit ein. Da solche für Deutschland in Ehestatussachen nicht bestehen, ist hier **§ 98 FamFG** heranzuziehen. Hält sich zB die deutsche Antragstellerin ebenso wie ihr schweizerischer Ehemann gewöhnlich in der Schweiz auf, bietet ihr Art 6 Abs 1 Brüssel IIb-VO die Möglichkeit, das Scheidungsverfahren gestützt auf § 98 Abs 1 Nr 1 FamFG vor deutschen Gerichten zu betreiben. Freilich würde § 98 Abs 1 Nr 1 FamFG in diesem Fall auch dem Mann allein aufgrund der deutschen Staatsangehörigkeit der Frau eine internationale Zuständigkeit eröffnen.

18 Der Rückgriff auf Restzuständigkeiten kommt auch dann in Betracht, wenn sich der Antragsteller zwar gewöhnlich in einem anderen Mitgliedstaat aufhält, aber die in Art 3 lit a (v) bzw (vi) Brüssel IIb-VO vorgesehene **Wartefrist noch nicht abgelaufen** ist: Dann besteht kein – genauer: noch kein – verordnungseigener Gerichtsstand, und Art 6 Abs 1 Brüssel IIb-VO gestattet, vorbehaltlich Abs 2, die Anwendung des mitgliedstaatlichen Rechts (wie hier etwa Gitschthaler/Garber Art 6 Brüssel IIa-VO Rn 6; NK-BGB/Gruber Art 6 und 7 EheVO 2003 Rn 5; Rauscher/Rauscher Art 7 Brüssel IIa-VO Rn 11). Dafür spricht zum einen der Hinweis, dass Art 6 Abs 3 Brüssel IIb-VO ansonsten weitgehend leerliefe, zum anderen der Borrás-Bericht (dort Rn 47). Diese Lesart von Art 6 Abs 1 Brüssel IIb-VO stößt zwar auf Kritik (vgl schon Schack RabelsZ 65 [2001] 615, 632): Sie hebe die Wartefristen des Art 3 lit a Brüssel IIb-VO aus den Angeln, und Art 6 Abs 3 Brüssel IIb-VO sei ohnehin rechtspolitisch fragwürdig (s Rn 22). Diese durchaus gewichtigen Bedenken hat sich der Verordnungsgeber aber nicht zu eigen gemacht, als er Art 6 Brüssel IIa-VO unbesehen in Art 6 Abs 2 Brüssel IIb-VO übernommen hat.

Die **Möglichkeit zum Rückgriff auf mitgliedstaatliches Recht entfällt**, sobald im Forum **19**
oder in einem Mitgliedstaat eine verordnungseigene Zuständigkeit entsteht. Hält sich zB die deutsche Antragstellerin ebenso wie ihr schweizerischer Ehemann gewöhnlich in der Schweiz auf, eröffnet ihr Art 6 Abs 1 Brüssel IIb-VO die Möglichkeit, das Scheidungsverfahren gestützt auf § 98 Abs 1 Nr 1 FamFG vor deutschen Gerichten zu betreiben. Dies ändert sich aber, wenn der Mann seinen gewöhnlichen Aufenthalt in einem Mitgliedstaat begründet: Fortan sperrt die dortige Zuständigkeit (Art 3 lit a [iii] Brüssel IIb-VO) gem Art 6 Abs 1 Brüssel IIb-VO den Rückgriff auf das deutsche Zuständigkeitsrecht (ebenso etwa HandKommZPO/Dörner Art 7 EuEheVO Rn 8). Anders verhält es sich jedoch, wenn die Frau zu dem Zeitpunkt, in dem der Mann seinen gewöhnlichen Aufenthalt in einem Mitgliedstaat begründet, das deutsche Gericht bereits angerufen hat: Dann bleibt es bei der nach nationalem Recht begründeten Zuständigkeit (**perpetuatio fori**; vgl etwa Gitschthaler/Garber Art 6 Brüssel IIa-VO Rn 18; Rauscher/Rauscher Art 6 Brüssel IIa-VO Rn 19 und Art 7 Brüssel IIa-VO Rn 11; beachte schon Art 3 Brüssel IIb-VO Rn 79 ff).

IV. Erweiterung des Rückgriffs auf mitgliedstaatliches Zuständigkeitsrecht (Abs 3)

Ist dem angerufenen mitgliedstaatlichen Gericht nach Maßgabe von Art 6 Abs 1 und **20**
2 Brüssel IIb-VO der Rückgriff auf die über Art 3 Brüssel IIb-VO hinausgehenden Zuständigkeitsgründe der lex fori freigestellt, kann kraft Europarechts die Bedeutung des autonomen Rechts sogar noch erweitert sein: Gem Art 6 Abs 3 Brüssel IIb-VO darf sich jeder Mitgliedstaatsangehörige zu Lasten eines Antragsgegners, der den Schutz des Art 6 Abs 2 Brüssel IIb-VO nicht genießt, auf die im Mitgliedstaat seines gewöhnlichen Aufenthalts geltenden Inländerprivilegien stützen. In Deutschland kann dies im Hinblick auf **§ 98 Abs 1 Nr 1 FamFG** relevant werden: Darauf darf sich zB ein Franzose berufen, der sich zwar gewöhnlich in Deutschland aufhält, aber erst seit weniger als zwölf Monaten (ansonsten wäre ohnehin Art 3 lit a [v] Brüssel IIb-VO einschlägig).

Umstritten ist, ob Entsprechendes auch einem Dänen zugutekommen muss, weil es **21**
sich bei Art 6 Abs 3 Brüssel IIb-VO nur um eine besondere Ausprägung des in Art 18 AEUV verankerten Diskriminierungsverbots handelt, das, anders als die Brüssel IIb-VO, auch für **Dänemark** gilt (bejahend NK-BGB/Gruber Art 6 und 7 EheVO 2003 Rn 14; Rauscher/Rauscher Art 7 Brüssel IIa-VO Rn 16; **aA** etwa Gitschthaler/Garber Art 7 Brüssel IIa-VO Rn 15; Althammer/Grosserichter Art 3 Brüssel IIa-VO Rn 3).

Art 6 Abs 3 Brüssel IIb-VO belegt, dass der Verordnungsgeber noch immer nicht be- **22**
reit ist, zuständigkeitsrechtliche Inländerprivilegien insgesamt zu beseitigen, sondern dass er es (wie in Art 6 Abs 2 Brüssel Ia-VO) sogar für opportun hält, ihren Ausbau zugunsten bestimmter Antragsteller anzuordnen. Damit wird zwar der Unterschied

zwischen Art 3 lit a (v) und (vi) Brüssel IIb-VO teilweise eingeebnet, was an sich sinnvoll erscheint (vgl Art 3 Brüssel IIb-VO Rn 64 ff), doch dieser Fortschritt wird auf Kosten von Antragsgegnern aus Drittstaaten erzielt. Diese „Wagenburg-Mentalität" des Art 6 Abs 3 Brüssel IIb-VO erscheint in Statusangelegenheiten **rechtspolitisch** verfehlt (krit schon Hau FamRZ 2000, 1333, 1341; Schack RabelsZ 65 [2001] 615, 632; seither etwa Hau, in: FS Kronke 139, 141 f). In der Tat hatte Kritik aus Drittstaaten nicht lange auf sich warten lassen: So war schon zur Brüssel II-VO aus schweizerischer Sicht von einem „effet pervers" die Rede (Bonomi AJP/PJA 2002, 251, 256) und auf die regelmäßig fehlende Anerkennungsfähigkeit solchermaßen ergangener Entscheidungen hingewiesen worden (Widmer FamPra.ch 2001, 689, 717).

Abschnitt 2
Elterliche Verantwortung

Vorbemerkung zu Art 7 ff Brüssel IIb-VO

Schrifttum

ANTOMO, Die Neufassung der Brüssel IIa-Verordnung – erfolgte Änderungen und verbleibender Reformbedarf, in: PFEIFFER/LOBACH/RAPP (Hrsg), Europäisches Familienrecht: Stand und Perspektiven (2020) 13

BALTHASAR-WACH, Die Neufassung der Brüssel IIa-VO – Übersicht wesentlicher Änderungen von der Brüssel IIa-VO zur Brüssel IIb-VO, ZfRV 2022, 20

BERGAMINI/RAGNI, Fundamental Rights and Best Interests of the Child in Transnational Families (2020)

BIAGIONI/CARPANETO, Children under Brussels II ter Regulation, Yb of Private International Law XXII (2020/2021) 139

BOBRZYŃSKA, Brussels II ter Regulation and the 1996 Hague Convention on Child Protection – the interplay of the European and Hague regimes in the matters of parental responsibility, Polski Proces Cywilny 2021, 593

BRIEGER/HIRSCH, Deutsches Best Practice Tool für die Anerkennung und Vollstreckung von familienrechtlichen Vereinbarungen innerhalb der Europäischen Union (2020)

BROSCH, Die Neufassung der Brüssel IIa-Verordnung, GPR 2020, 179

CORNELOUP/KRUGER, Le règlement 2019/1111, Bruxelles II: la protection des enfants gagne du ter(rain), Rev crit d i p 2020, 215

DIMMLER, Einstweiliger Rechtsschutz in der neuen Brüssel IIb-VO: Zuständigkeit, Anerkennung und Vollstreckung, in: BUDZIKIEWICZ/HEIDERHOFF/KLINKHAMMER/NIETHAMMER-JÜRGENS (Hrsg), Europa als Taktgeber für das Internationale Familienrecht (2022) 9

ERB-KLÜNEMANN/NIETHAMMER-JÜRGENS, Die neue Brüssel IIa-VO – Neue Regelungen für die Zuständigkeit, die Anerkennung und Vollstreckung von Entscheidungen in Ehesachen und in Verfahren betreffend die elterliche Verantwortung für internationale Kindesentführungen, FamRB 2019, 454

ESPINOSA CALABUIG/CARBALLO PIÑEIRO, Child Protection in European Family Law, in: PFEIFFER/LOBACH/RAPP (Hrsg), Facilitating Cross-Border Family life: Towards a Common European Understanding, An Empirical Study on European Family and Succession Law (2019) 49

FINGER, Die Zuständigkeit und Vollstreckung von Entscheidungen in Ehesachen und in Verfahren betreffend die elterliche Verantwortung und über internationale Kindesentführungen, FuR 2019, 640

FLINDT, Die neue Brüssel IIb-VO, NZFam 2022, 669

GARBER, Internationale Zuständigkeit für Verfahren betreffend die elterliche Verantwortung, in: GARBER/LUGANI (Hrsg), Die Brüssel IIb-Verordnung (2022) 171

GARBER/LUGANI, Die neue Brüssel IIb-Verordnung, NJW 2022, 2225

GARBER/NEUMAYR, Ein neues System des einstweiligen Rechtsschutzes in Europa, in: FS Thümmel (2020) 171

GONZÁLEZ BEILFUSS, What's New in Regulation (EU) No 2019/1111?, Yb of Private International Law XXII (2020/2021) 95

dies, Prorogation of Jurisdiction in Parental Responsibility Matters under Regulation (EU) No. 2019/1111, in: Liber Amicorum Pauknerová (2021) 169

GRUBER/MÖLLER, Die Neufassung der EuEhe-VO, IPRax 2020, 393

HAU, Zuständigkeit sowie Anerkennung und Vollstreckung von Entscheidungen in Ehe- und

Kindschaftssachen, in: LEIBLE/TERHECHTE (Hrsg), Europäisches Rechtsschutz- und Verfahrensrecht (= Enzyklopädie Europarecht Band 3) (2. Aufl 2021) § 16
HOHENBERG, Die internationale Zuständigkeit für die Erlassung einstweiliger Maßnahmen nach der Brüssel IIb-VO, in: GARBER/LUGANI (Hrsg), Die Brüssel IIb-Verordnung (2022) 231
HÜSSTEGE, Die neue Brüssel IIa-Verordnung – was bleibt, was ändert sich, FamRZ 2022, 1591
LUPOI, Between parties' consent and judicial discretion: joinder of claims and transfer of cases in regulation (EU) 2019/1111, Polski Proces Cywilny 2021, 543
NÍ SHÚILLEABHÁIN, An Overview of the Principal Reforms in Regulation (EU) 2019/1111, Yb of Private International Law XXII (2020/2021) 117
PACHMAYR, Die wesentlichen Neuregelungen der Brüssel IIb-VO im Hinblick auf Kindschaftssachen, ZJS 2022, 311
PRETELLI, Provisional Measures in Family Law and the Brussels IIter Regulation, Yb of Private International Law XX (2018/2019) 113
REUSS, Gerichtsstandsvereinbarungen in Angelegenheiten der elterlichen Verantwortung, in: BUDZIKIEWICZ/HEIDERHOFF/KLINKHAMMER/NIETHAMMER-JÜRGENS (Hrsg), Europa als Taktgeber für das Internationale Familienrecht (2022) 33
SCHULZ, Die Neufassung der Brüssel IIa-Verordnung, FamRZ 2020, 1141.

1 Kap II Abschnitt 2 der Brüssel IIb-VO schreibt den entsprechenden Abschnitt der Brüssel IIa-VO fort (Art 8–15 Brüssel IIa-VO). Hierbei wurden etliche Aspekte der EuGH-Judikatur zum früheren Recht aufgegriffen, so insbesondere zu der bislang in Art 15 Brüssel IIa-VO und nunmehr in Art 12 Brüssel IIb-VO geregelten Möglichkeit, das Gericht eines anderen Mitgliedstaats um Übernahme der Zuständigkeit zu ersuchen (vgl hierzu EuGH 2. 4. 2009 – C-523/07 A, FamRZ 2009, 843; EuGH 19. 11. 2015 – C-455/15 PPU P/Q, FamRZ 2016, 111; EuGH 27. 10. 2016 – C-428/15 Child and Family Agency/JD, FamRZ 2016, 2071 mAnm GÖSSL = FamRB 2017, 14 [DIMMLER]; EuGH 4. 10. 2018 – C-478/17 IQ/JP, FamRZ 2019, 53 mAnm MANKOWSKI; EuGH 10. 7. 2019 – C-530/18 EP/FO, FamRZ 2019, 2004, 2006). Beachte zu den einzelnen Neuerungen die ausführlichen Erläuterungen in den Erwägungsgründen 19 ff zur Brüssel IIb-VO (vgl aus dem Schrifttum etwa ANTOMO, in: PFEIFFER/LOBACH/RAPP 13, 33 ff; BALTHASAR-WACH ZfRV 2022, 20, 23 ff; BIAGIONI/CARPANETO Yb of Private International Law XXII [2020/2021] 139, 143 ff; BROSCH GPR 2020, 179, 181 ff; ERB-KLÜNEMANN/NIETHAMMER-JÜRGENS FamRB 2019, 454, 455 ff; FINGER FuR 2019, 640, 642 ff; FLINDT NZFam 2022, 669, 670 ff; GARBER/LUGANI NJW 2022, 2225, 2226 ff; GRUBER/MÖLLER IPRax 2020, 393, 394 ff; NÍ SHÚILLEABHÁIN Yb of Private International Law XXII [2020/2021] 117, 127 ff; SCHULZ FamRZ 2020, 1141, 1142 ff). Geschaffen wurde zudem die Möglichkeit einer Gerichtsstandsvereinbarung in Kindschaftssachen (s Art 10 Brüssel IIb-VO und Erwägungsgrund 23; näher dazu GONZÁLEZ BEILFUSS Yb of Private International Law XXII [2020/2021] 95, 104 ff; GONZÁLEZ BEILFUSS, Liber Amicorum Pauknerová 169; LUPOI Polski Proces Cywilny 2021, 543; REUSS, in: BUDZIKIEWICZ/HEIDERHOFF/KLINKHAMMER/NIETHAMMER-JÜRGENS 33). Dies erscheint zwar an sich begrüßenswert, aber doch merkwürdig, wenn man bedenkt, dass sich der Verordnungsgeber nicht zu einer entsprechenden Regelung für Ehesachen durchringen konnte (s Art 3 Brüssel IIb-VO Rn 91 ff). Die Vorgaben zu internationalen Kindesentführungen (Art 11 Brüssel IIa-VO) wurden erheblich überarbeitet, erweitert und ausgegliedert (nunmehr: Kap III).

2 Weil Abschnitt 2 nur Kindschaftssachen betrifft, ist er nicht Gegenstand der vorliegenden Kommentierung. Erwähnt sei aber zum einen, dass die Brüssel IIb-VO die bislang in Art 12 Brüssel IIa-VO enthaltene **Annexzuständigkeit** für eine Kindschaftssache zu einer Ehestatussache nicht mehr vorsieht (dazu Art 1 Brüssel IIb-VO Rn 45), und zum anderen, dass sich die **Zuständigkeitsvorschrift zu einstweiligen Maßnahmen**, deren Vorgängerin bei den „Gemeinsamen Bestimmungen" eingestellt war (Art 20 Brüssel IIa-VO), nunmehr nur noch auf Kindschaftssachen bezieht (Art 15 Brüssel IIb-VO; dazu Art 1 Brüssel IIb-VO Rn 47 ff).

Artikel 7
Allgemeine Zuständigkeit

(1) Für Verfahren betreffend die elterliche Verantwortung sind die Gerichte des Mitgliedstaats zuständig, in dem das Kind zum Zeitpunkt der Antragstellung seinen gewöhnlichen Aufenthalt hat.

(2) Absatz 1 dieses Artikels findet vorbehaltlich der Artikel 8 bis 10 Anwendung.

Bis 31. 7. 2022 geltende Regelung: Art 8 Brüssel IIa-VO (s Textanh 2 Rn 3).

Artikel 8
Aufrechterhaltung der Zuständigkeit in Bezug auf das Umgangsrecht

(1) Beim rechtmäßigen Umzug eines Kindes von einem Mitgliedstaat in einen anderen, durch den es dort einen neuen gewöhnlichen Aufenthalt erlangt, verbleibt abweichend von Artikel 7 die Zuständigkeit für eine Änderung einer vor dem Umzug des Kindes in jenem Mitgliedstaat ergangenen Entscheidung über das Umgangsrecht nach dem Umzug drei Monate lang bei den Gerichten des früheren gewöhnlichen Aufenthalts des Kindes, wenn sich die laut der Entscheidung umgangsberechtigte Person weiterhin gewöhnlich in dem Mitgliedstaat des früheren gewöhnlichen Aufenthalts des Kindes aufhält.

(2) Absatz 1 findet keine Anwendung, wenn die umgangsberechtigte Person im Sinne des Absatzes 1 die Zuständigkeit der Gerichte des Mitgliedstaats des neuen gewöhnlichen Aufenthalts des Kindes dadurch anerkannt hat, dass sie sich an Verfahren vor diesen Gerichten beteiligt, ohne ihre Zuständigkeit anzufechten.

Bis 31. 7. 2022 geltende Regelung: Art 9 Brüssel IIa-VO (s Textanh 2 Rn 3).

Artikel 9
Zuständigkeit im Fall eines widerrechtlichen Verbringens oder Zurückhaltens eines Kindes

Vorbehaltlich des Artikels 10 bleiben bei widerrechtlichem Verbringen oder Zurückhalten eines Kindes die Gerichte des Mitgliedstaats, in dem das Kind unmittelbar vor dem widerrechtlichen Verbringen oder Zurückhalten seinen gewöhnlichen Aufenthalt hatte, so lange zuständig, bis das Kind einen gewöhnlichen Aufenthalt in einem anderen Mitgliedstaat erlangt hat und

a) jede sorgeberechtigte Person, Behörde oder sonstige Stelle dem Verbringen oder Zurückhalten zugestimmt hat oder

b) das Kind sich in diesem anderen Mitgliedstaat mindestens ein Jahr aufgehalten hat, nachdem die sorgeberechtigte Person, Behörde oder sonstige Stelle seinen Aufenthaltsort kannte oder hätte kennen müssen und sich das Kind in seiner neuen Umgebung eingelebt hat, sofern eine der folgenden Bedingungen erfüllt ist:

i) Innerhalb eines Jahres, nachdem der Sorgeberechtigte den Aufenthaltsort des Kindes kannte oder hätte kennen müssen, wurde kein Antrag auf Rückgabe des Kindes bei den zuständigen Behörden des Mitgliedstaats gestellt, in den das Kind verbracht wurde oder in dem das Kind zurückgehalten wird;

ii) ein von dem Sorgeberechtigten gestellter Rückgabeantrag wurde zurückgezogen, und innerhalb der in Ziffer i genannten Frist wurde kein neuer Antrag gestellt;

iii) ein vom Sorgeberechtigten gestellter Rückgabeantrag wurde von einem Gericht eines Mitgliedstaats aus anderen als den in Artikel 13 Absatz 1 Buchstabe b oder Artikel 13 Absatz 2 des Haager Übereinkommens von 1980 angegebenen Gründen abgelehnt und gegen diese Entscheidung kann kein ordentlicher Rechtsbehelf mehr eingelegt werden;

iv) in dem Mitgliedstaat, in dem das Kind unmittelbar vor dem widerrechtlichen Verbringen oder Zurückhalten seinen gewöhnlichen Aufenthalt hatte, wurde kein Gericht angerufen, wie in Artikel 29 Absätze 3 und 5 vorgesehen;

v) von den Gerichten des Mitgliedstaats, in dem das Kind unmittelbar vor dem widerrechtlichen Verbringen oder Zurückhalten seinen gewöhnlichen Aufenthalt hatte, wurde eine Sorgerechtsentscheidung erlassen, in der die Rückgabe des Kindes nicht angeordnet wurde.

Bis 31. 7. 2022 geltende Regelung: Art 10 Brüssel IIa-VO (s Textanh 2 Rn 3).

Artikel 10
Gerichtsstandsvereinbarungen

(1) Die Gerichte eines Mitgliedstaats sind zuständig für Verfahren betreffend die elterliche Verantwortung, wenn

a) eine wesentliche Bindung des Kindes zu diesem Mitgliedstaat besteht, insbesondere weil

i) mindestens einer der Träger der elterlichen Verantwortung in diesem Mitgliedstaat seinen gewöhnlichen Aufenthalt hat;

ii) das Kind in diesem Mitgliedstaat früher seinen gewöhnlichen Aufenthalt hatte; oder

iii) das Kind die Staatsangehörigkeit dieses Mitgliedstaats besitzt;

b) die Parteien sowie alle anderen Träger der elterlichen Verantwortung

i) spätestens zum Zeitpunkt der Anrufung des Gerichts die Zuständigkeit frei vereinbart haben; oder

ii) die Zuständigkeit im Laufe des Verfahrens ausdrücklich anerkannt haben und das Gericht dafür Sorge getragen hat, dass alle Parteien von ihrem Recht, die Zuständigkeit des Gerichts anzufechten, in Kenntnis gesetzt wurden; und

c) die Wahrnehmung der Zuständigkeit im Einklang mit dem Kindeswohl steht.

(2) Eine Gerichtsstandsvereinbarung gemäß Absatz 1 Buchstabe b wird von den betreffenden Parteien schriftlich niedergelegt, datiert und unterzeichnet oder gemäß den nationalen Rechtsvorschriften und Verfahren in das Gerichtsprotokoll aufgenommen. Elektronische Übermittlungen, die eine dauerhafte Aufzeichnung der Vereinbarung ermöglichen, sind der Schriftform gleichgestellt.

Personen, die nach der Anrufung des Gerichts Verfahrensparteien werden, können ihre Zustimmung nach Anrufung des Gerichts bekunden. Widersprechen sie nicht, wird ihr Einverständnis als stillschweigend gegeben angenommen.

(3) Sofern die Parteien nichts anderes vereinbaren, endet die Zuständigkeit gemäß Absatz 1, sobald

a) gegen die in diesem Verfahren ergangene Entscheidung kein ordentlicher Rechtsbehelf mehr eingelegt werden kann oder

b) das Verfahren aus einem anderen Grund beendet wurde.

(4) Die Zuständigkeit gemäß Absatz 1 Buchstabe b Ziffer ii ist ausschließlich.

Bis 31. 7. 2022 geltende Regelung: keine Entsprechung (beachte aber Art 12 Brüssel IIa-VO, s Textanh 2 Rn 3).

Artikel 11
Zuständigkeit aufgrund der Anwesenheit des Kindes

(1) Kann weder der gewöhnliche Aufenthalt eines Kindes festgestellt noch die Zuständigkeit gemäß Artikel 10 bestimmt werden, sind die Gerichte des Mitgliedstaats zuständig, in dem sich das Kind befindet.

(2) Die Zuständigkeit nach Absatz 1 gilt auch für Kinder, die Flüchtlinge oder aufgrund von Unruhen in dem Mitgliedstaat ihres gewöhnlichen Aufenthalts ihres Landes Vertriebene sind.

Bis 31. 7. 2022 geltende Regelung: Art 13 Brüssel IIa-VO (s Textanh 2 Rn 3).

Artikel 12
Übertragung der Zuständigkeit an ein Gericht eines anderen Mitgliedstaats

(1) Ist ein für die Entscheidung in der Hauptsache zuständiges Gericht eines Mitgliedstaats der Auffassung, dass ein Gericht eines anderen Mitgliedstaats, zu dem das Kind eine besondere Bindung hat, das Kindeswohl in dem konkreten Fall besser beurteilen kann, so kann es unter außergewöhnlichen Umständen auf Antrag einer der Parteien oder von Amts wegen das Verfahren oder einen bestimmten Teil des Verfahrens aussetzen und entweder

a) einer oder mehreren Parteien eine Frist setzen, um das Gericht dieses anderen Mitgliedstaats vom anhängigen Verfahren und der Möglichkeit einer Übertragung der Zuständigkeit zu unterrichten und einen Antrag bei diesem Gericht einzureichen, oder

b) ein Gericht eines anderen Mitgliedstaats ersuchen, sich gemäß Absatz 2 für zuständig zu erklären.

(2) Das Gericht dieses anderen Mitgliedstaats kann sich, wenn dies aufgrund der besonderen Umstände des Falls dem Kindeswohl entspricht, innerhalb von sechs Wochen für zuständig erklären, nachdem es

a) gemäß Absatz 1 Buchstabe a angerufen wurde, oder

b) das Ersuchen gemäß Absatz 1 Buchstabe b erhalten hat.

Das Gericht, das als zweites angerufen oder ersucht wurde, sich für zuständig zu er-

klären, unterrichtet unverzüglich das zuerst angerufene Gericht. Übernimmt es die Zuständigkeit, erklärt sich das zuerst angerufene Gericht für unzuständig.

(3) Das zuerst angerufene Gericht nimmt seine Zuständigkeit weiter wahr, wenn es die Erklärung des Gerichts des anderen Mitgliedstaats betreffend die Übernahme der Zuständigkeit nicht binnen sieben Wochen erhalten hat, nachdem

a) die den Parteien gesetzte Frist für die Einreichung eines Antrags bei dem Gericht eines anderen Mitgliedstaats gemäß Absatz 1 Buchstabe a verstrichen ist; oder

b) dieses Gericht das Ersuchen gemäß Absatz 1 Buchstabe b erhalten hat.

(4) Für die Zwecke des Absatzes 1 wird davon ausgegangen, dass das Kind eine besondere Bindung zu dem Mitgliedstaat hat, wenn

a) das Kind seinen gewöhnlichen Aufenthalt in diesem Mitgliedstaat erworben hat, nachdem das Gericht gemäß Absatz 1 angerufen wurde;

b) das Kind seinen gewöhnlichen Aufenthalt in diesem Mitgliedstaat hatte;

c) das Kind die Staatsangehörigkeit dieses Mitgliedstaats besitzt;

d) ein Träger der elterlichen Verantwortung seinen gewöhnlichen Aufenthalt in diesem Mitgliedstaat hat; oder

e) die Streitsache Maßnahmen zum Schutz des Kindes im Zusammenhang mit der Verwaltung oder der Erhaltung des Vermögens des Kindes oder der Verfügung über dieses Vermögen betrifft und sich dieses Vermögen im Hoheitsgebiet dieses Mitgliedstaats befindet.

(5) Wenn nach Artikel 10 die ausschließliche Zuständigkeit des Gerichts bestimmt wurde, kann dieses Gericht die Zuständigkeit nicht einem Gericht eines anderen Mitgliedstaats übertragen.

Bis 31. 7. 2022 geltende Regelung: Art 15 Brüssel IIa-VO (s Textanh 2 Rn 3).

Artikel 13
Ersuchen um Übertragung der Zuständigkeit durch ein Gericht eines nicht zuständigen Mitgliedstaats

(1) Vertritt ein Gericht eines Mitgliedstaats, der nach dieser Verordnung nicht zuständig ist, zu dem das Kind jedoch eine besondere Bindung gemäß Artikel 12 Absatz 4 besitzt, die Auffassung, dass es das Kindeswohl in dem Einzelfall besser beurteilen kann, so kann es unter außergewöhnlichen Umständen vorbehaltlich des Artikels 9 um Übertragung der Zuständigkeit vom Gericht des Mitgliedstaats des gewöhnlichen Aufenthalts des Kindes ersuchen.

(2) Binnen sechs Wochen nach Eingang des Ersuchens gemäß Absatz 1 kann das ersuchte Gericht zustimmen, seine Zuständigkeit zu übertragen, wenn eine solche Übertragung nach seiner Auffassung aufgrund der besonderen Umstände des Falls dem Kindeswohl entspricht. Wenn das ersuchte Gericht der Übertragung seiner Zuständigkeit zustimmt, setzt es das ersuchende Gericht unverzüglich davon in Kenntnis. Wurde dem Ersuchen innerhalb der Frist nicht stattgegeben, dann ist das ersuchende Gericht nicht zuständig.

Bis 31. 7. 2022 geltende Regelung: Art 15 Abs 2 lit c Brüssel IIa-VO (s Textanh 2 Rn 3), ohne Entsprechung zu Art 13 Abs 2 Brüssel IIb-VO.

Artikel 14
Restzuständigkeit

Soweit sich aus den Artikeln 7 bis 11 keine Zuständigkeit eines Gerichts eines Mitgliedstaats ergibt, bestimmt sich die Zuständigkeit in jedem Mitgliedstaat nach dem Recht dieses Mitgliedstaats.

Bis 31. 7. 2022 geltende Regelung: Art 14 Brüssel IIa-VO (s Textanh 2 Rn 3).

Artikel 15
Einstweilige Maßnahmen, einschließlich Schutzmaßnahmen, in dringenden Fällen

(1) Selbst wenn das Gericht eines anderen Mitgliedstaats für die Entscheidung in der Hauptsache zuständig ist, sind in dringenden Fällen die Gerichte eines Mitgliedstaats für die einstweiligen Maßnahmen einschließlich Schutzmaßnahmen zuständig, die nach dem Recht dieses Mitgliedstaats vorgesehen sind für

a) ein Kind, das sich in diesem Mitgliedstaat aufhält; oder

b) Vermögen, das einem Kind gehört und sich in diesem Mitgliedstaat befindet.

(2) Sofern der Schutz des Kindeswohls es erfordert, informiert das Gericht, das diese Maßnahmen nach Absatz 1 dieses Artikels ergriffen hat, unverzüglich das Gericht oder die zuständige Behörde des Mitgliedstaats, der nach Artikel 7 zuständig ist, oder gegebenenfalls ein Gericht eines Mitgliedstaats, das die Zuständigkeit nach dieser Verordnung für die Entscheidung in der Hauptsache ausübt, entweder direkt gemäß Artikel 86 oder über die nach Artikel 76 benannten Zentralen Behörden.

(3) Die Maßnahmen nach Absatz 1 treten außer Kraft, sobald das Gericht des Mitgliedstaats, der gemäß dieser Verordnung für die Entscheidung in der Hauptsache zuständig ist, die Maßnahmen getroffen hat, die es für angemessen hält.

Gegebenenfalls kann dieses Gericht das Gericht, das einstweilige Maßnahmen einschließlich Schutzmaßnahmen getroffen hat, entweder direkt gemäß Artikel 86 oder über die nach Artikel 76 benannten Zentralen Behörden von seiner Entscheidung in Kenntnis setzen.

Bis 31. 7. 2022 geltende Regelung: Art 20 Brüssel IIa-VO (s Textanh 2 Rn 3), ohne Entsprechung zu Art 15 Abs 2 Brüssel IIb-VO.

Artikel 16
Vorfragen

(1) Hängt der Ausgang eines Verfahrens in einer nicht in den Anwendungsbereich dieser Verordnung fallenden Sache vor einem Gericht eines Mitgliedstaats von der Beurteilung einer Vorfrage zur elterlichen Verantwortung ab, so kann ein Gericht in dem betreffenden Mitgliedstaat diese Vorfrage für die Zwecke dieses Verfahrens beurteilen, selbst wenn dieser Mitgliedstaat nach dieser Verordnung nicht zuständig ist.

(2) Die Beurteilung einer Vorfrage gemäß Absatz 1 entfaltet nur in dem Verfahren, für das diese Beurteilung vorgenommen wurde, rechtliche Wirkung.

(3) Ist für die Gültigkeit einer Rechtshandlung, die im Namen eines Kindes in Erbsachen bei einem Gericht eines Mitgliedstaats vorgenommen wurde oder vorzunehmen ist, die Einwilligung oder Genehmigung seitens eines Gerichts erforderlich, so kann ein Gericht in diesem Mitgliedstaat entscheiden, ob es in diese Rechtshandlung einwilligt oder sie genehmigt, selbst wenn es nach dieser Verordnung nicht zuständig ist.

(4) Artikel 15 Absatz 2 gilt entsprechend.

Bis 31. 7. 2022 geltende Regelung: keine Entsprechung.

Abschnitt 3
Gemeinsame Bestimmungen

Artikel 17
Anrufung eines Gerichts

Ein Gericht gilt als angerufen

a) zu dem Zeitpunkt, zu dem das verfahrenseinleitende Schriftstück oder ein gleichwertiges Schriftstück bei Gericht eingereicht wurde, vorausgesetzt, dass der Antragsteller es in der Folge nicht versäumt hat, die ihm obliegenden Maßnahmen zu treffen, um die Zustellung des Schriftstücks an den Antragsgegner zu bewirken;

b) falls die Zustellung an den Antragsgegner vor Einreichung des Schriftstücks bei Gericht zu bewirken ist, zu dem Zeitpunkt, zu dem die für die Zustellung verantwortliche Stelle das Schriftstück erhalten hat, vorausgesetzt, dass der Antragsteller es in der Folge nicht versäumt hat, die ihm obliegenden Maßnahmen zu treffen, um das Schriftstück bei Gericht einzureichen; oder

c) falls das Gericht das Verfahren von Amts wegen einleitet, zu dem Zeitpunkt, zu dem der Beschluss über die Einleitung des Verfahrens vom Gericht gefasst oder, wenn ein solcher Beschluss nicht erforderlich ist, zu dem Zeitpunkt, zu dem die Sache beim Gericht eingetragen wird.

Bis 31. 7. 2022 geltende Regelung: Art 16 Brüssel IIa-VO (s Textanh 2 Rn 3), ohne Entsprechung zu Art 17 lit c Brüssel IIb-VO.

Schrifttum

Eichel, Internationale Zustellung und Klagepriorität bei fehlenden oder fehlerhaften Übersetzungen der Klageschrift, IPRax 2017, 352

Fabig/Windau, Die Neufassungen der Europäischen Zustellungs- und Beweisaufnahmeverordnungen: Vereinfachung für grenzüberschreitende Verfahren?, NJW 2022, 1977

Frank, Das verfahrenseinleitende Schriftstück in Art 27 Nr 2 EuGVÜ, Lugano-Übereinkommen und in Art 6 Haager Unterhaltsübereinkommen (1998)

Gruber, Die neue „europäische Rechtshängigkeit“ bei Scheidungsverfahren, FamRZ 2000, 1129

Hau, Rechtshängigkeitssperre durch obligatorische ADR-Verfahren im europäischen Zivilprozessrecht, ZEuP 2019, 384

Knöfel, Die Neufassung der Europäischen Zustellungsverordnung (EuZustVO), RIW 2021, 473

Nieroba, Die europäische Rechtshängigkeit nach der EuGVVO (Verordnung [EG] Nr 44/

2001) an der Schnittstelle zum nationalen Zivilprozess (2006)
Nordmeier, Eintritt und Fortbestand der Rechtshängigkeit nach Art 16 EuEheVO und Art 32 EuGVVO – insbesondere bei Verfahrensaussetzung, IPRax 2016, 329
Pabst, Entscheidungszuständigkeit und Beachtung ausländischer Rechtshängigkeit in Ehesachen mit Europabezug: Grundrechtsprobleme und Grundrechtsschutz (2009)
Rey, La saisine, in: Fulchiron/Nourissat (Hrsg), Le nouveau droit communautaire du divorce et de la responsabilité parentale (2005) 181 = Droit et patrimoine 138 (2005) 70
Richter, Internationale Klagezustellung nach der neugefassten EuZustVO, IPRax 2022, 433
Sujecki, Neufassung der Europäischen Zustellungsverordnung, EuZW 2021, 286
Wagner, Ausländische Rechtshängigkeit in Ehesachen unter besonderer Berücksichtigung der EG-Verordnung Brüssel II und Brüssel IIa, FPR 2004, 286.

Systematische Übersicht

I. Überblick

Die Vorschrift entspricht wortgleich Art 16 Brüssel IIa-VO, allerdings ergänzt um eine neue dritte Variante (lit c). 1

Der **Normzweck** von Art 17 Brüssel IIb-VO, wie seiner Vorgänger- und Parallelregelungen (Art 32 Brüssel Ia-VO, Art 9 EuUntVO, Art 14 EuEheGüVO/EuPartGüVO, Art 14 EuErbVO), besteht vor allem darin, eine verordnungsautonome Bestimmung des Zeitpunkts zu ermöglichen, der im Falle einer Verfahrenskonkurrenz für den Prioritätstest gem Art 20 Brüssel IIb-VO maßgeblich ist (vgl Erwägungsgrund 38 S 2 f). Die ältere Lösung des Verordnungsgebers, insoweit auf die jeweilige lex fori zu verweisen, hatte sich wegen der Anfälligkeit für prozesstaktische Manöver als nicht sachgerecht erwiesen (näher Pabst Rn 518 ff; Staudinger/Spellenberg [2015] Art 16 Brüssel IIa-VO Rn 2). 2

Die etwas kompliziert anmutende Ausgestaltung von Art 17 Brüssel IIb-VO erklärt sich durch das Ziel, einerseits an die höchst unterschiedlichen nationalen Modelle der Verfahrenseinleitung anzuknüpfen (vgl hierzu etwa die knappe Übersicht bei Pabst Rn 511 ff), andererseits im Sinne der prozessualen Waffengleichheit den **Wettlauf der Parteien** um die frühere Verfahrenseinleitung von den Zufälligkeiten des innergerichtlichen Geschäftsgangs bzw des internationalen Rechtshilfeverkehrs in Zustellungssachen unabhängig zu machen (vgl Erwägungsgrund 35 S 2; beachte auch EuGH 22. 6. 2016 – C-173/16 MH/MH, FamRB 2017, 55 [Dimmler], sowie den Bericht der Kommission zur Brüssel II-VO, COM[2014] 225, 5 f). 3

4 Von Bedeutung ist der von Art 17 Brüssel IIb-VO festgelegte Zeitpunkt im Übrigen im Zusammenhang mit den in Art 3 lit a (v) und (vi) Brüssel IIb-VO vorgesehenen Gerichtsständen (s Art 3 Brüssel IIb-VO Rn 61), ferner mit Art 4 Brüssel IIb-VO (s Art 4 Brüssel IIb-VO Rn 4 f) sowie Art 100 Brüssel IIb-VO (s Art 100 Brüssel IIb-VO Rn 2 und Rn 5).

II. Anwendungsbereich

1. Räumlicher Anwendungsbereich

5 Ihrem Wortlaut nach gilt die Vorschrift nur für die Bestimmung des Zeitpunkts, in dem ein **Gericht** (iSv Art 2 Abs 2 Nr 1 Brüssel IIb-VO) **eines Mitgliedstaats** (s Art 1 Brüssel IIb-VO Rn 51 ff) angerufen wird. Ist dies der Fall, kommt der Maßstab des Art 17 Brüssel IIb-VO für die Zwecke der Verordnung, namentlich also im Hinblick auf Art 20 Brüssel IIb-VO, unabhängig davon zur Anwendung, ob sich die **internationale Zuständigkeit** des Gerichts aus der Verordnung selbst oder gem Art 6 Brüssel IIb-VO aus dem mitgliedstaatlichen Recht ergibt. Uneinigkeit besteht, ob Art 17 Brüssel IIb-VO analog angewendet werden sollte, wenn ein Parallelverfahren in einem **Drittstaat** ausgetragen wird (dazu Prütting/Helms/Hau Vor §§ 98–106 FamFG Rn 53a; Haidmayer IPRax 2018, 35, 38 f).

2. Erfasste Schriftstücke

a) Verfahrenseinleitendes Schriftstück

6 In Art 17 lit a Brüssel IIb-VO ist, ebenso wie in Art 19 und Art 38 lit b Brüssel IIb-VO, ohne nähere Erläuterung von dem **verfahrenseinleitenden oder einem gleichwertigen Schriftstück** die Rede. Was damit gemeint ist, besagt das mitgliedstaatliche Verfahrensrecht. Grundsätzlich geht es um den Antragsschriftsatz. Auch über **Art, Form und Inhalt** entscheidet die lex fori.

7 Denkbar erscheint, in verordnungsautonomer Auslegung gewisse **Mindestanforderungen inhaltlicher Art** an das Schriftstück zu stellen. So könnte man erwägen, die Anforderungen an das verfahrenseinleitende Schriftstück, die der EuGH im Zusammenhang mit dem Anerkennungsversagungsgrund der Gehörsverletzung entwickelt hat, auf Art 17 Brüssel IIb-VO zu übertragen (so in der Tat Pabst Rn 526; Gitschthaler/Prisching Art 16 Brüssel IIa-VO Rn 6 f; Staudinger/Spellenberg [2015] Art 16 Brüssel IIa-VO Rn 6). Allerdings dient Art 17 Brüssel IIb-VO völlig anderen Zwecken als Vorschriften wie Art 19 und Art 38 lit b Brüssel IIb-VO. Insbesondere ist es ersichtlich nicht gewollt, dass sich ein später mit einem konkurrierenden Ehestatusverfahren befasstes Gericht über Art 20 Brüssel IIb-VO mit dem Argument hinwegsetzt, dass das verfahrenseinleitende Schriftstück in dem früher eingeleiteten Verfahren einen zu geringen Informationsgehalt aufweise und das zuerst angerufene Gericht deshalb nicht als angerufen iSv Art 17 Brüssel IIb-VO gelten könne (vgl zum Verbot, die Anwendung von Art 20 Brüssel IIb-VO von einer Anerkennungsprognose abhängig zu machen, noch dort Rn 35 f).

8 Die lex fori gibt vor, in welcher **Sprache** das verfahrenseinleitende Schriftstück abzufassen ist (vgl für Deutschland § 184 GVG). Innerhalb der EU bestimmt sich nach Art 12 EuZustVO 2020, unter welchen Voraussetzungen der Antragsgegner im Falle einer Zustellung außerhalb des Gerichtsstaats auf einer **Übersetzung** bestehen darf

(beachte zu der Neuregelung Fabig/Windau NJW 2022, 1977, 1978 f; Knöfel RIW 2021, 473, 481 f; Sujecki EuZW 2021, 286, 290). Eine Übersetzung ist indes nicht notwendiger Teil des Schriftstücks, mit dessen Einreichung der Antragsteller das Gericht iSv Art 17 Brüssel IIb-VO anruft; womöglich gehört ihre Vorlage aber zu den Maßnahmen, die ihm obliegen, damit die Zustellung bewirkt werden kann (s unten Rn 18; beachte hierzu auch Eichel IPRax 2017, 352).

b) Gleichwertiges Schriftstück

Art 17 lit a Brüssel IIb-VO lässt offen, was mit einem **„gleichwertigen Schriftstück“** gemeint ist. Hierfür soll nach verbreiteter Ansicht ein **Verfahrenskostenhilfeantrag** genügen (so etwa MünchKommFamFG/Gottwald Art 16 Brüssel IIa-VO Rn 2; NK-BGB/Gruber Art 16 EheVO 2003 Rn 3; Hausmann Rn A 140; Hess Rn 7.46; für analoge Anwendung Gitschthaler/Prisching Art 16 Brüssel IIa-VO Rn 9). In der Tat lässt sich so vermeiden, dass der gewarnte Antragsgegner mit einem eigenen Antrag in die Zeitspanne zwischen der Entscheidung über den VKH-Antrag und der Verfahrenseinleitung stößt und gem Art 20 Abs 1 Brüssel IIb-VO das mit dem VKH-Antrag vorbereitete Verfahren sperrt. Die Gegenansicht, wonach ein „reiner VKH-Antrag“ für Art 17 lit a Brüssel IIb-VO unzureichend sei (so Dimmler FamRB 2017, 55, 56; Thomas/Putzo/Hüsstege Art 17 Brüssel IIb-VO Rn 6; beachte auch OLG Stuttgart 31. 7. 2012 – 17 WF 156/12, FamRZ 2013, 303 [zu Art 8 Rom III-VO]), will auf andere Weise Vorkehrungen in dieser Hinsicht treffen: Sie meint, dass der Antragsteller mit einem Antrag gem § 15 Nr 3 lit b FamGKG darauf hinwirken solle, dass der Antragsgegner vorerst keine Kenntnis von dem VKH-Gesuch erlangt (Dimmler FamRB 2017, 55, 56; Prütting/Gehrlein/Dimmler Art 16 Brüssel IIa-VO Rn 3). Der Nachteil dieser Lösung besteht indes darin, dass der Gegner nichts von der Vorbereitung des Verfahrens erfährt und deshalb womöglich seinerseits ein Verfahren in einem anderen Mitgliedstaat initiiert, also unbewusst einen vermeidbaren positiven Kompetenzkonflikt auslöst. 9

Folgt man der Ansicht, wonach für Art 17 Brüssel IIb-VO die Einreichung eines Antrags auf Verfahrenskostenhilfe genügen kann, stellt sich die Anschlussfrage, ob sich dadurch auch eine **Aussetzungspflicht gem Art 20 Abs 1 Brüssel IIb-VO** auslösen lässt (bejahend etwa Althammer/Althammer Art 19 Brüssel IIa-VO Rn 5). Dies wird man davon abhängig machen müssen, dass der Antragsteller schon vor oder spätestens unmittelbar nach VKH-Bewilligung alle erforderlichen Maßnahmen trifft, um die Zustellung des Sachantrags herbeizuführen. 10

c) Verfahrenseinleitung ohne Schriftstück

Wenn man bedenkt, welchen Stellenwert die EU inzwischen der **Digitalisierung der Justiz** beimisst (vgl etwa die Schlussfolgerungen des Rates „Zugang zur Justiz – die Chancen der Digitalisierung nutzen“, 2020/C 342 I/01, ABl EU 2020 C 342/1), erscheint es merkwürdig, dass in Art 17 Brüssel IIb-VO nach wie vor nur von einem „Schriftstück“ die Rede ist. Man wird daher unterstellen können, dass das Festhalten am Wortlaut der Vorgängervorschriften nicht die nach einem mitgliedstaatlichen Recht ermöglichte Einreichung in **elektronischer Form** unterbinden soll. 11

Soweit nach mitgliedstaatlichem Recht vorgesehen, ist auch eine **mündliche Verfahrenseinleitung**, namentlich zu Protokoll des Gerichts in der mündlichen Verhandlung über eine andere Angelegenheit, als Anrufung zu behandeln (Gitschthaler/Prisching Art 16 Brüssel IIa-VO Rn 10). Die These, dass eine telefonische Befassung des Gerichts 12 nicht genüge (so Prütting/Gehrlein/Dimmler Art 16 Brüssel IIa-VO Rn 2), trifft zwar für das deutsche Recht zu, darf aber nicht unbesehen auf die Verfahrensordnungen sämtlicher Mitgliedstaaten übertragen werden.

III. Zeitpunkt der Anrufung

1. Maßstab

13 Die Regelung setzt bei den verschiedenen Modi an, nach denen Verfahren im mitgliedstaatlichen Recht eingeleitet werden, entwickelt daraus aber eine eigenständige **verordnungsautonome Antwort** auf die Frage, in welchem Zeitpunkt ein Gericht für die spezifischen Zwecke der Verordnung als angerufen gelten soll. Maßgeblich kann daher auch eine Verfahrenshandlung sein, die nach dem jeweiligen mitgliedstaatlichen Recht gerade noch nicht genügt, um das Verfahren zu eröffnen oder an- bzw rechtshängig zu machen (klarstellend EuGH 22. 6. 2016 – C-173/16 MH/MH, FamRB 2017, 55 [Dimmler]).

14 Unter Umständen kann es bei Verfahrenskonkurrenzen im Hinblick auf Art 20 Brüssel IIb-VO nicht nur auf den **Tag der Anrufung** des Gerichts, sondern auch auf die genaue Uhrzeit ankommen. Dann soll eine etwaige **Zeitverschiebung** zwischen den beteiligten Mitgliedstaaten dem Abstellen auf die frühere Anrufung nicht entgegenstehen (vgl den Ausgangsfall bei EuGH 6. 10. 2015 – C- 489/14 A/B, FamRZ 2015, 2036 mAnm Althammer = NJW 2015, 3776 mAnm Rieck: Einreichung des Antrags um 8:20 Uhr Ortszeit in Frankreich, was im Vereinigten Königreich 7:20 Uhr entspricht, also einer Uhrzeit, zu der das dortige Gericht noch nicht zugänglich war; näher Hilbig-Lugani GPR 2016, 132, 136).

2. Anrufungsmodi

a) Einreichung bei Gericht (lit a)

15 Art 17 lit a Brüssel IIb-VO knüpft an Verfahrensordnungen wie die deutsche ZPO an, nach denen das verfahrenseinleitende Schriftstück in der Regel zuerst zum Gericht und erst dann zum Antragsgegner gelangt. Gem lit a ist auch in Deutschland im Falle einer Ehesache iSv Art 1 Abs 1 lit a Brüssel IIb-VO nicht auf die erst mit Zustellung der Antragsschrift an den Antragsgegner eintretende **Rechtshängigkeit** abzustellen (so § 113 Abs 1 bzw § 124 S 2 FamFG, §§ 253 Abs 1, 261 Abs 1, Abs 3 Nr 1 ZPO), sondern bereits auf die **Einreichung „bei Gericht"**. Nichts anderes folgt aus dem Umstand, dass in der Verordnung mehrmals beiläufig, letztlich eher missverständlich, von „Rechtshängigkeit" die Rede ist (vgl die Überschrift zu Art 20 Brüssel IIb-VO sowie die Erwägungsgründe 35 S 4, 38 und 56).

16 Anhand eines Falls zum irischen Recht hat der EuGH veranschaulicht, dass es für die Einreichung nur auf **Verfahrenshandlungen des Antragstellers**, nicht auf weitere **Mitwirkungsakte des Gerichts** ankommt: Entscheidend ist der Zeitpunkt, zu dem die Antragsschrift bei Gericht eingeht, nicht hingegen, wann sie dort zB mit einem Eingangsstempel versehen, ausgefertigt oder registriert wird (EuGH 22. 6. 2016 – C-173/16 MH/MH, FamRB 2017, 55 [Dimmler]; dazu Dutta ZEuP 2020, 897, 932).

17 Nach Ansicht des EuGH soll es auch dann bei lit a bleiben, wenn nach Antragseingang auf Betreiben des Antragstellers das **Verfahren zunächst ausgesetzt** wird (ins-

besondere zum Zwecke außergerichtlicher Verhandlungen), ohne dass das Verfahren dem Antragsgegner bekannt gegeben worden wäre oder dieser hiervon Kenntnis gehabt oder sich in irgendeiner Form an dem Verfahren beteiligt hätte (so EuGH 16. 7. 2015 – C-507/14 P/M, FamRZ 2015, 1865 [Leitsatz] mAnm MANKOWSKI; bestätigend Erwägungsgrund 35 S 3 zur Brüssel IIb-VO). Dies schafft einen bedenklichen Anreiz dafür, ein Verfahren bereits einzuleiten, bevor der vorhandene Verhandlungsspielraum ausgeschöpft ist (näher zur Anrufung trotz nachfolgender Aussetzung und zu prozesstaktischen Konsequenzen NORDMEIER IPRax 2016, 329, 331 f, 334; für eine Grenze im Falle evidenten Verfahrensmissbrauchs plädiert GEIMER/SCHÜTZE/GEIMER Art 16 EuEheVO Rn 10).

Wie lit a klarstellt, darf es der Antragsteller nicht versäumen, die ihm obliegenden **Maßnahmen zu treffen**, um die Zustellung des Schriftstücks an den Antragsgegner zu bewirken (vgl Erwägungsgrund 35 S 2; näher NORDMEIER IPRax 2016, 329, 332 f). Was der Antragsteller im Einzelnen zu tun hat, um dieser **Obliegenheit** zu genügen, ergibt sich aus der jeweiligen **lex fori** (beachte etwa EuGH 22. 10. 2015 – C-523/14 Aannemingsbedrijf Aertssen, IPRax 2019, 147 Rn 59; BGH 13. 9. 2016 – VI ZB 21/15, NJW 2017, 564 Rn 23; jeweils zur Brüssel Ia-VO, aber übertragbar auf die Brüssel IIb-VO; NK-BGB/GRUBER Art 16 EheVO 2003 Rn 4 f). In Deutschland sind, entsprechend den zu § 167 ZPO entwickelten Regeln, grundsätzlich gefordert: die Angabe einer ladungsfähigen Anschrift des Antragsgegners (näher BGH 13. 9. 2016 – VI ZB 21/15, NJW 2017, 564 Rn 26 ff) bzw eines Zustellungsbeauftragten (vgl KG 17. 1. 2005 – 16 WF 206/04, FamRZ 2005, 1685) sowie das Einzahlen des Gerichtskostenvorschusses (§§ 9, 14 f FamGKG) nach gerichtlicher Aufforderung hierzu (NK-BGB/GRUBER Art 16 EheVO 2003 Rn 5 f), nicht hingegen das Einreichen von Abschriften (MünchKommFamFG/GOTTWALD Art 16 Brüssel IIa-VO Rn 6; HAUSMANN Rn A 143; aA DIMMLER FamRB 2017, 55, 56; THOMAS/PUTZO/HÜSSTEGE Art 17 Brüssel IIb-VO Rn 6). Die Frage, unter welchen Umständen der Antragsteller eine **Übersetzung** nachzureichen hat, wenn der Antragsgegner die Annahme des Schriftstücks verweigert, richtet sich im innereuropäischen Rechtsverkehr nach Art 12 EuZustVO 2020 (beachte zu der Neuregelung FABIG/WINDAU NJW 2022, 1977, 1978 f; KNÖFEL RIW 2021, 473, 481 f; SUJECKI EuZW 2021, 286, 290). 18

Ergibt sich erst nach Eingang des Schriftstücks bei Gericht, dass zusätzliche Maßnahmen des Antragstellers für die Bewirkung der Zustellung erforderlich sind (etwa das Nachreichen einer Übersetzung, s oben Rn 18), und werden diese daraufhin nach Maßgabe der lex fori auch fristgerecht vorgenommen, so bleibt es gem Art 17 lit a Brüssel IIb-VO dabei, dass sich der Zeitpunkt der Anrufung des Gerichts schon nach dem Eingang bei Gericht bestimmt (sog **Rückbeziehung bzw Rückwirkung**, vgl etwa EICHEL IPRax 2017, 352, 354). Insbesondere können dem Antragsteller, wenn er die ihn gem lit a treffende Obliegenheit wahrt, etwaige **Versäumnisse des angerufenen Gerichts** nicht angelastet werden (EuGH 16. 7. 2015 – C-507/14 P/M, FamRZ 2015, 1865 [Leitsatz] mAnm MANKOWSKI; EuGH 22. 6. 2016 – C-173/16 MH/MH, FamRB 2017, 55 [DIMMLER]). 19

Wenn der Antragsteller es zunächst **versäumt** hat, die ihm nach der lex fori entweder schon bei Einreichung des Schriftstücks oder erst in der Folgezeit (NK-BGB/GRUBER Art 16 EheVO 2003 Rn 8) obliegenden Maßnahmen zu treffen, damit die Zustellung des Schriftstücks an den Antragsgegner bewirkt werden kann, handelt er dann verspätet aber doch noch, so erfolgt zu diesem Zeitpunkt, also ohne Rückwirkung, die Anrufung iSv Art 17 lit a Brüssel IIb-VO (PRÜTTING/GEHRLEIN/DIMMLER Art 16 Brüssel IIa-VO Rn 2; NK-BGB/GRUBER Art 16 EheVO 2003 Rn 9; THOMAS/PUTZO/HÜSS- 20

TEGE Art 17 Brüssel IIb-VO Rn 6). Nicht maßgeblich für die Heilung ist in einem solchen Fall erst der spätere Zeitpunkt der Zustellung (klarstellend GEIMER/SCHÜTZE/GEIMER Art 16 EuEheVO Rn 9).

b) Eingang bei der vorgerichtlichen Zustellungsstelle (lit b)

21 Die in Art 17 lit b Brüssel IIb-VO vorgesehene Variante der Übergabe an die Zustellungsstelle ist für den Zeitpunkt der Anrufung in solchen (romanischen) Mitgliedstaaten relevant, in denen das Gericht regelmäßig erst dann mit dem Verfahren befasst wird, wenn der entsprechende Schriftsatz dem Antragsgegner bereits zugestellt worden ist. Die Maßnahmen nach lit a und lit b müssen nicht kumulativ erfüllt werden (klarstellend EuGH 22. 10. 2015 – C-523/14 Aannemingsbedrijf Aertssen, IPRax 2019, 147 Rn 57; BGH 13. 9. 2016 – VI ZB 21/15, NJW 2017, 564 Rn 22).

c) Amtswegig eingeleitete Verfahren (lit c)

22 Die mit der Brüssel IIb-VO neu eingefügte dritte Variante (lit c) betrifft Verfahren, die nach Maßgabe der lex fori amtswegig eingeleitet werden. Sie hat keine Parallele in Art 16 Brüssel IIa-VO, Art 32 Brüssel Ia-VO und Art 9 EuUntVO, wohl aber in Art 14 lit c EuErbVO sowie Art 14 lit c EuEheGüVO/EuPartGüVO.

23 In **Deutschland** spielt lit c in Ehesachen keine Rolle, weil § 124 S 1 FamFG die Einreichung einer Antragsschrift voraussetzt. Im Übrigen erscheint lit c aus deutscher Sicht schwer handhabbar: Die Einleitung eines Amtsverfahrens setzt hier keinen Beschluss voraus, sondern kann formlos erfolgen (vgl etwa PRÜTTING/HELMS/AHN-ROTH § 24 FamFG Rn 4a), wobei eine Anregung iSv § 24 Abs 1 FamFG weder hinreichend noch erforderlich ist. Es ist auch unklar, was man sich unter der Eintragung der Sache bei Gericht vorstellen soll. Am ehesten ist wohl auf die Vergabe eines Aktenzeichens abzustellen (so auch MünchKommFamFG/MAYER Art 14 EheGüVO Rn 6), sofern dieser Zeitpunkt dokumentiert wird oder ermittelt werden kann.

3. Vorgeschaltetes ADR- bzw Versöhnungsverfahren

24 Weil Art 17 Brüssel IIb-VO allein die Anrufung eines Gerichts iSv Art 2 Abs 2 Nr 1 Brüssel IIb-VO betrifft, geht es nicht um den Fall, dass sich eine Partei zunächst an eine private oder öffentliche Stelle wendet, die sich mit **außergerichtlicher Streitbeilegung** (Alternative Dispute Resolution bzw ADR) befasst. Zum Sonderfall einer Verfahrenskonkurrenz, wenn ein Ehegatte nach der lex fori eines Mitgliedstaats vor der Anrufung des Gerichts in einer Ehestatussache erst ein ADR- bzw Versöhnungsverfahren durchlaufen muss, s Art 20 Brüssel IIb-VO Rn 9 ff.

Artikel 18
Prüfung der Zuständigkeit

Das Gericht eines Mitgliedstaats hat sich von Amts wegen für unzuständig zu erklären, wenn es in einer Sache angerufen wird, für die es nach dieser Verordnung keine Zuständigkeit in der Hauptsache hat und für die das Gericht eines anderen Mitgliedstaats aufgrund dieser Verordnung in der Hauptsache zuständig ist.

Bis 31. 7. 2022 geltende Regelung: Art 17 Brüssel IIa-VO (s Textanh 2 Rn 3).

Schrifttum

Bonomi, La compétence internationale en matière de divorce. Quelques suggestions pour une (improbable) révision du règlement Bruxelles II bis, Rev crit d i p 2017, 511
Grunsky, Rechtsfolgen des Fehlens der internationalen Zuständigkeit nach dem EuGVÜ, in: FS für Fenge (1996) 63
Hau, Zur Prüfung der internationalen Zuständigkeit, in: FS für Geimer (2017) 189
Reddin, An Unhappy Marriage: The EU and the Divorce Jurisdiction System under Brussels II Bis, Univ Dublin LR 2020, 39
Schoibl, Die Prüfung der internationalen Zuständigkeit und der Zulässigkeit des Verfahrens nach dem Brüsseler und dem Luganer Übereinkommen, in: FS für Schütze (1999) 777
ders, Die Prüfung der internationalen Zuständigkeit nach Europäischem Verfahrensrecht in Zivil- und Handelssachen, ZZPInt 10 (2005) 123
Simotta, Wann darf von einem österreichischen Gericht die Klage in limine wegen internationaler Unzuständigkeit zurückgewiesen werden?, in: FS für Beys (2003) 1515
Spellenberg, Schutz der Verteidigungsrechte und Zuständigkeit nach EuGVO und EheGVO, in: FS für Gottwald (2014) 607.

Systematische Übersicht

I. Überblick

1 Die Vorschrift entspricht fast wortgleich Art 17 Brüssel IIa-VO, fügt aber zweimal klarstellend an, dass es nur um die Zuständigkeit „in der Hauptsache" gehe. Dem diesbezüglichen Erwägungsgrund 37 zur Brüssel IIb-VO ist keine Begründung für diese Ergänzung zu entnehmen; offenbar zielt sie aber ab auf die neue Regelung in Art 16 Brüssel IIb-VO zu kindschaftsrechtlichen Vorfragen in sonstigen Verfahren (vgl dazu Erwägungsgrund 32; Brosch GPR 2020, 179, 183 f; Schulz FamRZ 2020, 1141, 1143).

2 Der **Normzweck** von Art 18 Brüssel IIb-VO, wie seiner Vorgänger- und Parallelregelungen (Art 28 Abs 1 Brüssel Ia-VO, Art 10 EuUntVO, Art 15 EuEheGüVO/EuPartGüVO, Art 15 EuErbVO), besteht darin, die Zuständigkeitsordnung der Verordnung zu wahren. Der EuGH verweist in diesem Sinne auf die wirksame Durchführung der Verordnung und den Grundsatz des gegenseitigen Vertrauens, auf dem diese beruhe (EuGH 3. 10. 2019 – C-759/18 OF/PG, FamRZ 2019, 1989 Rn 32 = FamRB 2020, 49 [Dimmler]). Dafür spricht in der Tat das in Art 69 Brüssel IIb-VO verankerte Verbot einer Überprüfung der Anerkennungszuständigkeit. Im Übrigen geht es bei Art 18 Brüssel IIb-VO allerdings auch um die berechtigten Belange des nicht gerichtspflichtigen An-

tragsgegners. Aus der vereinzelt vertretenen Einschätzung, dass die Vorschrift „ein selbst recht unsensibles Zuständigkeitssystem auch gegen durchaus berechtigte Umgehungsversuche" verteidige (so RAUSCHER/RAUSCHER Art 17 Brüssel IIa-VO Rn 2), folgt nichts für ihre Handhabung, und ganz gewiss keine Rechtfertigung einer Zuständigkeitserschleichung durch eine (eventuell einvernehmliche) Täuschung des Gerichts.

II. Amtswegige Zuständigkeitsprüfung

1. Gegenstand

3 Art 18 Brüssel IIb-VO betrifft die Prüfung der Zuständigkeit „nach dieser Verordnung". Gemeint ist stets die **internationale Zuständigkeit** (in Ehesachen: namentlich gem Art 3 Brüssel IIb-VO), zudem, soweit in Art 4 und 5 Brüssel IIb-VO mitgeregelt, auch die **örtliche und sachliche** (vgl GEIMER/SCHÜTZE/GEIMER Art 17 EuEheVO Rn 7; GITSCHTHALER/PRISCHING Art 17 Brüssel IIa-VO Rn 6). Da Art 18 Brüssel IIb-VO die Prüfungsreihenfolge nicht vorgibt, sollte es einem **örtlich oder sachlich unzuständigen** Gericht freistehen, die Prüfung der internationalen Zuständigkeit dem örtlich und sachlich zuständigen Gericht desselben Mitgliedstaats zu überlassen.

4 Neben den verordnungseigenen Gerichtsständen geht es bei der Prüfung um die Voraussetzungen, unter denen gem Art 6 Brüssel IIb-VO auf **mitgliedstaatliche Zuständigkeitsgründe** zurückgegriffen werden darf. Ob Art 18 Brüssel IIb-VO sodann auch Vorgaben für die Prüfung des anwendbaren nationalen Zuständigkeitsrechts macht (verneinend GEIMER/SCHÜTZE/GEIMER Art 17 EuEheVO Rn 2; HAUSMANN Rn A 148; wohl auch MünchKommFamFG/GOTTWALD Art 17 Brüssel IIa-VO Rn 4), mag fraglich erscheinen, ist aber zumindest aus deutscher Sicht nicht weiter relevant, weil auch nach hiesigem Recht eine amtswegige Zuständigkeitsprüfung geboten ist (statt vieler: SCHACK Rn 487).

2. Tatrichterliche Prüfung

5 Normadressaten sind **Gerichte** im weiten Sinne von Art 2 Abs 2 Nr 1 Brüssel IIb-VO, womöglich also auch Notare und Standesbeamte (vgl Art 2 Brüssel IIb-VO Rn 8 f). Die Pflicht der Normadressaten zur amtswegigen Zuständigkeitsprüfung bedeutet zunächst und vor allem, dass die Prüfung **unabhängig von einer Rüge** der Unzuständigkeit seitens des Antragsgegners zu erfolgen hat. Bemerkenswert ist dabei, dass Art 18 Brüssel IIb-VO, abweichend von Art 28 Abs 1 Brüssel Ia-VO, sämtlichen Antragsgegnern zugutekommt, also nicht etwa nur solchen, die in einem anderen Mitgliedstaat ansässig sind.

6 Zu beachten ist, insoweit in Übereinstimmung mit Art 28 Abs 1 Brüssel Ia-VO (und den weiteren Parallelregelungen), dass eine amtswegige Prüfung **nicht notwendig die amtswegige Ermittlung** aller zuständigkeitsrelevanten Umstände erfordert (statt vieler: MünchKommFamFG/GOTTWALD Art 17 Brüssel IIa-VO Rn 1; HAUSMANN Rn A 148; THOMAS/PUTZO/HÜSSTEGE Art 18 Brüssel IIb-VO Rn 1). Vielmehr bleibt es, innerhalb der Grenzen des europarechtlichen Äquivalenz- und Effektivitätsprinzips, beim jeweiligen mitgliedstaatlichen Verfahrensrecht, wobei im deutschen Scheidungs- bzw Aufhebungsverfahren der **Beibringungsgrundsatz** gilt (vgl nur BGH 25. 5. 2022 – XII ZB 404/20, FamRZ 2022, 1308 Rn 20 mAnm NADEMLEINSKY = NZFam 2022, 827 mAnm LÖHNIG = FamRB 2022, 381 [DIMMLER]; GEIMER/SCHÜTZE/HAU/DILGER Art 17 EheVO Rn 3; zur abweichenden Rechtslage in Öster-

reich vgl Gitschthaler/Prisching Art 17 Brüssel IIa-VO Rn 5). Dafür sprechen ein Umkehrschluss aus § 127 Abs 2 FamFG und der Umstand, dass § 26 FamFG gem § 113 Abs 1 FamFG nicht anzuwenden ist. Allerdings ist das Gericht nicht an die vorgetragenen Tatsachenbehauptungen gebunden, sondern muss auf etwaige Bedenken hinweisen und Zweifeln nachgehen.

Auch das für die Zuständigkeitsprüfung geltende **Beweismaß** soll sich mangels einschlägiger verordnungseigener Vorgaben nach der lex fori richten (vgl zum EuGVÜ schon EuGH 7. 3. 1995 – C-68/93 Fiona Shevill, NJW 1995, 1881; seither etwa Rauscher/Mankowski Vor Art 4 Brüssel Ia-VO Rn 7; Schlosser/Hess vor Art 4–35 EuGVVO Rn 8). Die **Darlegungs- und Beweislast** für das Vorliegen der zuständigkeitsbegründenden Tatsachen trägt, sofern dem Verordnungsrecht keine speziellere Regelung zu entnehmen ist, derjenige, der sich auf die Eröffnung eines bestimmten Gerichtsstands beruft (BGH 25. 5. 2022 – XII ZB 404/20, FamRZ 2022, 1308 Rn 20 mAnm Nademleinsky = NZFam 2022, 827 mAnm Löhnig = FamRB 2022, 381 [Dimmler]). Der für die Prüfung **maßgebliche Zeitpunkt** bzw die Beachtlichkeit einer perpetuatio fori ergibt sich aus der jeweiligen Zuständigkeitsvorschrift (s Art 3 Brüssel IIb-VO Rn 77 ff). 7

3. Rechtsmittelinstanz

Die Prüfung der internationalen Zuständigkeit ist nicht nur in der ersten Instanz, sondern auch noch in der **Rechtsmittelinstanz** geboten. Verlangt das Europa- oder Konventionsrecht, wie eben Art 18 Brüssel IIb-VO, eine Zuständigkeitsprüfung, ohne dies auf die erste Instanz zu beschränken, so darf das mitgliedstaatliche Recht die Prüfung in der Rechtsmittelinstanz nicht ausschließen (richtig etwa Geimer/Schütze/Geimer Art 17 EuEheVO Rn 8; Rauscher/Rauscher Art 17 Brüssel IIa-VO Rn 18). Daran ändert in Deutschland der insoweit ungenaue Wortlaut von § 65 Abs 4, § 72 Abs 2 FamFG nichts. Vielmehr sind auch im FamFG die zu § 513 Abs 2, § 545 Abs 2, § 571 Abs 2 S 2 ZPO anerkannten Grundsätze heranzuziehen (grundlegend zur Prüfungskompetenz der Rechtsmittelgerichte BGH 14. 6. 1965 – GSZ 1/65, BGHZ 44, 46; vgl seit der ZPO-Reform 2001 etwa BGH 19. 5. 2021 – XII ZB 190/18, FamRZ 2021, 1609 Rn 12). 8

Was das Vorliegen der zuständigkeitsbegründenden Tatsachen angeht, sind im Falle einer **Rechtsbeschwerde** die allgemeinen Einschränkungen zu beachten. Weil es sich bei dem gewöhnlichen Aufenthalt iSv Art 3 lit a Brüssel IIb-VO um einen unbestimmten Rechtsbegriff handelt (s Art 3 Brüssel IIb-VO Rn 30), ergibt sich bei der Subsumtion des festgestellten Sachverhalts ein **tatrichterlicher Beurteilungsspielraum**, den das Rechtsbeschwerdegericht zu respektieren hat. Daher erfolgt auch im Anwendungsbereich der Verordnung eine Überprüfung regelmäßig nur dahingehend, ob der Tatrichter den Rechtsbegriff richtig erfasst hat, ob er den Sachverhalt verfahrensfehlerfrei festgestellt hat, ob er wesentliche Tatumstände übersehen oder nicht vollständig gewürdigt hat und ob seine Wertung gegen Denkgesetze oder Erfahrungssätze verstößt (überzeugend BGH 25. 5. 2022 – XII ZB 404/20, FamRZ 2022, 1308 Rn 21 mAnm Nademleinsky = NZFam 2022, 827 mAnm Löhnig = FamRB 2022, 381 [Dimmler]). 9

III. Unzuständigerklärung

Die Brüssel IIb-VO kennt (abweichend von Art 26 Brüssel Ia-VO, Art 5 EuUntVO, Art 8 EuEheGüVO/EuPartGüVO, Art 9 EuErbVO) nicht die Möglichkeit einer zu- 10 ständigkeitsbegründenden **rügelosen Einlassung** durch den Antragsgegner (s Art 3 Brüssel IIb-VO Rn 94 f). Das geltende Recht erlaubt auch keine grenzüberschreitende **Verweisung** an das zuständige ausländische Gericht (statt vieler: Hausmann Rn A 151; de lege ferenda plädieren für die Einführung einer Verweisungsmöglichkeit etwa Antomo, in: Pfeiffer/Lobach/Rapp [2020] 13, 23 ff; Bonomi Rev crit d i p 2017, 511, 531 f). Daher bleibt es im Falle der Unzuständigkeit des angerufenen Gerichts bei der in Art 18 Brüssel IIb-VO vorgesehenen **Unzuständigerklärung**. In Deutschland weist das Gericht den Antrag des Antragstellers wegen fehlender internationaler Zuständigkeit durch Beschluss (§ 38 FamFG) als unzulässig ab.

11 Art 18 Brüssel IIb-VO gilt, abweichend vom insoweit missverständlichen Normtext, nicht nur dann, wenn aufgrund der Verordnung das **Gericht eines anderen Mitgliedstaats zuständig** ist, sondern auch dann, wenn für die fragliche Ehesache nur ein drittstaatliches Gericht zuständig ist (so auch Thomas/Putzo/Hüsstege Art 18 Brüssel IIb-VO Rn 2; vgl zu solchen Fällen Art 6 Brüssel IIb-VO Rn 12 ff). Erforderlich ist die Prüfung, ob das Gericht eines anderen Mitgliedstaats zuständig ist, für das angerufene Gericht allerdings im Hinblick auf die Möglichkeit, gem Art 6 Abs 1 Brüssel IIb-VO auf die Zuständigkeitsgründe der lex fori zurückgreifen zu dürfen (s Art 6 Brüssel IIb-VO Rn 17 ff). Ist in dem anderen Mitgliedstaat bereits ein Verfahren anhängig, kann es sich unter bestimmten Umständen empfehlen, sich nicht gem Art 18 Brüssel IIb-VO für unzuständig zu erklären, sondern das spätere Verfahren zunächst gem Art 20 Abs 1 Brüssel IIb-VO auszusetzen (dazu Art 20 Brüssel IIb-VO Rn 33 f).

IV. Kein Zuständigkeitsermessen

12 Eine Unzuständigerklärung gem Art 18 Brüssel IIb-VO kommt nur in Betracht, wenn das angerufene Gericht **unzuständig** ist, nicht hingegen bereits dann, wenn es nach seinem Dafürhalten sinnvoller erscheint, das Verfahren bei einem anderen, ebenfalls zuständigen Gericht eines sonstigen Mitgliedstaats auszutragen. Die anglo-amerikanische Lehre von der unangemessenen Zuständigkeit (**doctrine of forum non conveniens**) ist dem Verordnungsrecht im Grundsatz fremd, zumal sie unvereinbar ist mit dem grundrechtlich verbürgten Justizgewährungsanspruch (s Art 3 Brüssel IIb-VO Rn 18 f).

13 Eröffnet Art 3 Brüssel IIb-VO einen Gerichtsstand, darf das Gericht ein Tätigwerden auch nicht etwa unter Hinweis auf den schlicht irrelevanten Umstand verweigern, dass der Antragsgegner seine „Zustimmung“ zu der Wahl des Forums verweigere (klarstellend EuGH 3. 10. 2019 – C-759/18 OF/PG, FamRZ 2019, 1989 Rn 25 ff = FamRB 2020, 49 [Dimmler]). Ferner besteht dann, wenn das angerufene Gericht seine internationale Zuständigkeit bejaht, nicht deshalb Anlass für eine Unzuständigerklärung gem Art 18 Brüssel IIb-VO, weil sich **ausländische Gerichte** nach ihrem Verfahrensrecht für ausschließlich zuständig halten oder weil der im Inland beantragten Entscheidung voraussichtlich aus anderen Gründen die Anerkennung im Ausland versagt werden wird (insoweit in bestimmten Ausnahmefällen abweichend Art 13 EuEheGüVO/EuPartGüVO sowie Art 12 EuErbVO).

V. Konsequenz unzutreffender Inanspruchnahme internationaler Zuständigkeit

14 Wenn das angerufene Gericht seine **internationale Zuständigkeit zu Unrecht bejaht**, kann die daraufhin ergehende Sachentscheidung gleichwohl verbindlich werden. Für

Ehesachen ergibt sich dieses Ergebnis wegen § 113 Abs 1 FamFG schon aus den allgemeinen Rechtskraftregeln (vgl etwa BGH 3. 2. 1999 – VIII ZB 35/98, NJW 1999, 1871, 1872; Schack Rn 491). Ein Verstoß gegen Art 18 Brüssel IIb-VO berechtigt gem Art 69 Brüssel IIb-VO nicht zur Versagung der Anerkennung in anderen Mitgliedstaaten.

Allerdings ist die Prüfung der internationalen Zuständigkeit noch in der **Rechtsmittelinstanz** geboten (oben Rn 8). Selbständig anfechtbar ist gem § 113 Abs 1 S 2 FamFG, § 280 ZPO auch eine **Zwischenentscheidung**, mit der sich ein deutsches Gericht für international zuständig erklärt hat (OLG Oldenburg 26. 7. 2012 – 4 WF 82/12, FamRZ 2013, 481). 15

Die Verordnung regelt nicht den Fall, dass sich das angerufene Gericht entgegen Art 3 ff Brüssel IIb-VO **zu Unrecht für unzuständig erklärt**. Die Korrektur eines solchen Fehlers richtet sich nach dem Rechtsmittelrecht der lex fori (s Art 3 Brüssel IIb-VO Rn 101). 16

Artikel 19
Prüfung der Zulässigkeit

(1) Lässt sich ein Antragsgegner, der seinen gewöhnlichen Aufenthalt nicht in dem Mitgliedstaat hat, in dem das Verfahren eingeleitet wurde, auf das Verfahren nicht ein, so hat das zuständige Gericht das Verfahren so lange auszusetzen, bis festgestellt ist, dass es dem Antragsgegner möglich war, das verfahrenseinleitende Schriftstück oder ein gleichwertiges Schriftstück so rechtzeitig zu empfangen, dass er sich verteidigen konnte, oder dass alle hierzu erforderlichen Maßnahmen getroffen wurden.

(2) Artikel 19 der Verordnung (EG) Nr. 1393/2007 findet statt Absatz 1 Anwendung, wenn das verfahrenseinleitende Schriftstück oder ein gleichwertiges Schriftstück nach Maßgabe jener Verordnung von einem Mitgliedstaat in einen anderen zu übermitteln war.

(3) Ist die Verordnung (EG) Nr. 1393/2007 nicht anwendbar, so gilt Artikel 15 des Haager Übereinkommens vom 15. November 1965 über die Zustellung gerichtlicher und außergerichtlicher Schriftstücke im Ausland in Zivil- und Handelssachen, wenn das verfahrenseinleitende Schriftstück oder ein gleichwertiges Schriftstück nach Maßgabe des genannten Übereinkommens ins Ausland zu übermitteln war.

Bis 31. 7. 2022 geltende Regelung: Art 18 Brüssel IIa-VO (s Textanh 2 Rn 3).

Schrifttum

Domej, Unbekannter Aufenthalt, Justizgewährungsanspruch und rechtliches Gehör im europäischen Zivilprozessrecht, in: FS für Prütting (2018) 261

Fabig/Windau, Übersetzungen bei Auslandszustellung innerhalb der EU?, NJW 2017, 2502

dies, Die Neufassungen der Europäischen Zustellungs- und Beweisaufnahmeverordnungen:

Vereinfachung für grenzüberschreitende Verfahren?, NJW 2022, 1977

Haager Konferenz für IPR, Practical Handbook on the Operation of the Hague Service Convention, 4. Aufl (2016)

Hanke, Öffentliche Zustellung in Scheidungssachen mit Auslandsbezug, FamRB 2016, 483

Knöfel, Die Neufassung der Europäischen Zustellungsverordnung (EuZustVO), RIW 2021, 473

Lukas, Die Person mit unbekanntem Aufenthalt im zivilrechtlichen Erkenntnisverfahren: Verfahrensrechtliche Fragestellungen im internationalen Kontext (2018)

Mayer, Fallstricke der öffentlichen Zustellung und der Gerichtsstandvereinbarung im internationalen Geschäftsverkehr, IPRax 2019, 496

Spellenberg, Schutz der Verteidigungsrechte und Zuständigkeit nach EuGVO und EheGVO, in: FS für Gottwald (2014) 607

Sujecki, Neufassung der Europäischen Zustellungsverordnung, EuZW 2021, 286.

Systematische Übersicht

I. Überblick

1 Die Vorschrift entspricht fast wortgleich Art 18 Brüssel IIa-VO, nimmt aber in Abs 2 und 3 nicht mehr Bezug auf die EuZustVO 2000, sondern auf die EuZustVO 2007. Auch Letzteres ist inzwischen hinfällig, weil nunmehr die EuZustVO 2020 einschlägig ist (s Rn 13).

2 Art 19 Brüssel IIb-VO hat, ebenso wie seine Vorgänger- und Parallelregelungen (Art 28 Abs 2–4 Brüssel Ia-VO, Art 11 EuUntVO, Art 16 EuEheGüVO/EuPartGüVO, Art 16 EuErbVO), einen doppelten **Normzweck** (ähnlich etwa NK-BGB/Gruber Art 18 EheVO 2003 Rn 1; Hausmann Rn A 153). Dieser besteht zum einen darin, den Anspruch des Antragsgegners auf rechtliches Gehör zu verwirklichen. Gelingt dies, wird zum anderen der internationale Entscheidungseinklang gewahrt, weil ein Anerkennungsversagungsgrund gem Art 38 lit b Brüssel IIb-VO vermieden werden kann.

3 **Normadressat** ist das iSv Art 17 Brüssel IIb-VO angerufene Gericht (iSv Art 2 Abs 2 Nr 1 Brüssel IIb-VO) eines Mitgliedstaats (s Art 1 Brüssel IIb-VO Rn 51 ff). Geht dieses Gericht davon aus, dass es bereits unzuständig ist, so wendet es nicht Art 19, sondern Art 18 Brüssel IIb-VO an.

II. Anwendungsbereich

1. Geschützte Antragsgegner

Nach dem Wortlaut von Abs 1 wird der Antragsgegner nur dann geschützt, wenn er seinen **gewöhnlichen Aufenthalt nicht im Gerichtsstaat** hat. Dies greift kürzer als Art 38 lit b Brüssel IIb-VO und ist auch im Übrigen rechtspolitisch nicht einsichtig (kritisch zB MünchKommFamFG/Gottwald Art 17 Brüssel IIa-VO Rn 5; Rauscher/Rauscher Art 18 Brüssel IIa-VO Rn 5), jedoch de lege lata zu beachten (**aA** Magnus/Mankowski/Mankowski Art 18 Brussels IIbis Regulation Rn 16 f; Staudinger/Spellenberg [2015] Art 18 Brüssel IIa-VO Rn 96), zumal der Verordnungsgeber den entsprechenden Text der Brüssel IIa-VO unverändert in die Brüssel IIb-VO übernommen hat. **4**

Merkwürdig, aber wiederum wohl hinzunehmen ist zudem, dass Art 19 Abs 1 Brüssel IIb-VO seinem Wortlaut nach auch dann nicht gilt, wenn die **Zustellung im Ausland** erfolgt ist, obwohl sich der Antragsgegner gewöhnlich im Gerichtsstaat aufhält (für Einbeziehung in solchen Fällen indes Rauscher/Rauscher Art 18 Brüssel IIa-VO Rn 6). Zu beachten ist allerdings, dass der Anwendungsbereich der in Abs 2 und 3 in Bezug genommenen Instrumente (EuZustVO und HZÜ) anders als in Abs 1 zugeschnitten ist: Maßgeblich ist dort von vornherein nicht der Aufenthaltsstaat des Empfängers, sondern der Ort der Zustellung (insoweit übereinstimmend Rauscher/Rauscher Art 18 Brüssel IIa-VO Rn 6 f). **5**

Anders als in Art 28 Abs 1 Brüssel Ia-VO ist in Art 19 Abs 1 Brüssel IIb-VO keine Rede davon, dass der Antragsgegner in einem anderen Mitgliedstaat ansässig sein muss. Geschützt werden also auch **Drittstaatenansässige** (statt vieler: Geimer/Schütze/Hau/Dilger Art 18 EheVO Rn 3; NK-BGB/Gruber Art 18 EheVO 2003 Rn 3; MünchKomm-FamFG/Gottwald Art 18 Brüssel IIa-VO Rn 3; Gitschthaler/Prisching Art 18 Brüssel IIa-VO Rn 6). **6**

Schwierigkeiten bereiten in der Praxis Antragsgegner mit **unbekanntem Aufenthaltsort**. Um Hilfestellung bei der Ermittlung von Anschriften bemüht sich Art 7 EuZustVO 2020 (dazu Knöfel RIW 2021, 473, 477 f). Wenn dies nicht gelingt, sind weder das HZÜ noch die EuZustVO 2020 anwendbar (vgl jeweils Art 1 Abs 2). Es muss dann bei Art 19 Abs 1 Brüssel IIb-VO bleiben (unten Rn 21). **7**

2. Verfahrenseinleitendes und gleichwertiges Schriftstück

In Art 19 Brüssel IIb-VO ist, ebenso wie in Art 17 lit a und Art 38 lit b Brüssel IIb-VO, ohne nähere Erläuterung von dem **verfahrenseinleitenden Schriftstück** die Rede, wobei jedoch zu beachten ist, dass die Vorschriften unterschiedlichen Zwecken dienen: Bei Art 19 und Art 38 lit b Brüssel IIb-VO geht es um den Schutz des Antragsgegners, bei Art 17 lit a Brüssel IIb-VO hingegen vor allem um eine faire Ausgestaltung des Prioritätsprinzips (s Art 17 Brüssel IIb-VO Rn 7). **8**

Was unter einem verfahrenseinleitenden Schriftstück zu verstehen ist, besagt das jeweilige mitgliedstaatliche Verfahrensrecht. Allerdings lassen sich im Interesse des Antragsgegners in verordnungsautonomer Auslegung gewisse **inhaltliche Mindestanforderungen** bestimmen. So hat der EuGH schon zum EuGVÜ (aber übertragbar **9** auf die Brüssel IIb-VO) ausgeführt, dass das verfahrenseinleitende Schriftstück „die Elemente des Rechtsstreits" anzugeben habe (EuGH 21. 4. 1993 – C-172/91 SONNTAG/ WAIDMANN, NJW 1993, 2091). Daraus hervorgehen müssen also zumindest der Antragsteller, das angerufene Gericht sowie der Verfahrensgegenstand.

10 Von einem **gleichwertigen Schriftstück**, das dem Antragsgegner wie ein verfahrenseinleitendes Schriftstück zugehen muss, wird man nach wohl einhelliger Ansicht (statt vieler: NK-BGB/GRUBER Art 18 EheVO 2003 Rn 4) jedenfalls dann ausgehen, wenn der bisherige Antrag wesentlich erweitert (zB: hinsichtlich des geltend gemachten Scheidungsverschuldens) oder geändert wird (zB: Scheidung statt bloßer Trennung von Tisch und Bett, oder Ungültigerklärung statt Scheidung).

3. Unterbliebene Einlassung

11 Art 19 Brüssel IIb-VO schützt den Antragsteller nur, wenn er sich nicht auf das Verfahren einlässt. Letzteres tut, wer sich selbst oder durch einen selbstbestellten Vertreter am Verfahren beteiligt (statt vieler: HAUSMANN Rn A 155; GITSCHTHALER/PRISCHING Art 18 Brüssel IIa-VO Rn 3). Eine solche Beteiligung kann, jeweils abweichend von § 39 ZPO, nicht nur in der mündlichen Verhandlung, sondern auch schon schriftlich erfolgen (vgl OLG Zweibrücken 22. 5. 2015 – 2 UF 19/15, FamRZ 2015, 2063, 2064), und sie muss sich nicht auf die Hauptsache beziehen, sondern kann zB auch die Zuständigkeitsfrage betreffen (statt vieler: NK-BGB/GRUBER Art 18 EheVO 2003 Rn 2). Unschädlich ist allerdings eine Einlassung, mit der sich der Antragsgegner auf eine Verletzung von Art 19 Brüssel IIb-VO beruft (ebenso etwa PRÜTTING/GEHRLEIN/DIMMLER Art 18 Brüssel IIa-VO Rn 3; HAUSMANN Rn A 155).

III. Prüfungsprogramm

12 Die Regelung in Art 19 Abs 2 Brüssel IIb-VO hat Vorrang vor Abs 1 (vgl Abs 2: „findet statt Absatz 1 Anwendung") und Abs 3 (vgl dort den 1. Halbsatz). Aus der Systematik ergibt sich im Übrigen, dass der dritte dem ersten Absatz vorgehen soll, dieser also nur subsidiär bzw als Auffangregel heranzuziehen ist (klarstellend etwa HAUSMANN Rn A 153 f).

1. EuZustVO (Abs 2)

13 Der Wortlaut von Art 19 Abs 2 Brüssel IIb-VO nimmt noch Bezug auf Art 19 **EuZustVO 2007** (abgedruckt und erläutert bei STAUDINGER/SPELLENBERG [2015] Vorbem 1, 14 ff zu Art 18 Brüssel IIa-VO). Die EuZustVO 2007 ist allerdings zum 1. 7. 2022 (also schon vor Geltungsbeginn der Brüssel IIb-VO) aufgehoben und durch die **EuZustVO 2020** (ABl EU 2020 L 405/40, berichtigt ABl EU 2022 L 173/133; deutsche Durchführungsbestimmungen: §§ 183, 1067 ff ZPO idF G v 24. 6. 2022, BGBl 2022 I, 959) ersetzt worden (Art 36 Abs 1, Art 37 Abs 1 EuZustVO 2020). Ungeachtet Erwägungsgrund 48 zur EuZustVO 2020 gilt diese auch für den Rechtsverkehr mit Dänemark (vgl ABl EU 2021 L 19/1).

14 Verweise auf die EuZustVO 2007, wie in Art 19 Abs 2 Brüssel IIb-VO, sind auf die neue Verordnung zu beziehen (Art 36 Abs 2 EuZustVO 2020). An die Stelle von Art 19 EuZustVO 2007 ist seit dem 1. 7. 2022 Art 22 EuZustVO 2020 getreten (näher dazu FABIG/WINDAU NJW 2022, 1977, 1979 f; KNÖFEL RIW 2021, 473, 484). Diese Vorschrift lautet:

Art 22 EuZustVO 2020 – Nichteinlassung des Beklagten

(1) War ein verfahrenseinleitendes Schriftstück oder ein diesem gleichwertiges Schriftstück nach dieser Verordnung zum Zwecke der Zustellung in einen anderen Mitgliedstaat zu übermitteln und hat sich der Beklagte nicht auf das Verfahren eingelassen, so ergeht kein Urteil, bis festgestellt ist, dass das Schriftstück so rechtzeitig zugestellt oder übergegeben worden ist, dass der Beklagte genügend Zeit hatte, um sich verteidigen zu können, und dass

a) das Schriftstück in einer Weise zugestellt worden ist, die das Recht des Empfangsmitgliedstaats für die Zustellung von Schriftstücken in einem innerstaatlichen Rechtsstreit an dort befindliche Personen vorschreibt, oder

b) das Schriftstück tatsächlich entweder dem Beklagten persönlich ausgehändigt oder nach einem anderen in dieser Verordnung vorgesehenen Verfahren in der Wohnung des Beklagten abgegeben worden ist.

(2) Jeder Mitgliedstaat kann der Kommission mitteilen, dass ein Gericht ungeachtet des Absatzes 1 den Rechtsstreit entscheiden kann, auch wenn keine Bescheinigung über die Zustellung oder die Aushändigung bzw Abgabe des verfahrenseinleitenden Schriftstücks oder ein diesem gleichwertiges Schriftstück eingegangen ist, sofern alle folgenden Voraussetzungen erfüllt sind:

a) Das Schriftstück ist nach einem in dieser Verordnung vorgesehenen Verfahren übermittelt worden;

b) seit der Absendung des Schriftstücks ist eine Frist verstrichen, die das Gericht im Einzelfall als angemessen erachtet, mindestens jedoch eine Frist von sechs Monaten;

c) es wurde keine Bescheinigung irgendeiner Art erlangt, obwohl alle zumutbaren Schritte zu ihrer Erlangung durch die zuständigen Behörden oder Stellen des Empfangsmitgliedstaats unternommen wurden.

Diese Informationen werden im Europäischen Justizportal zugänglich gemacht.

(3) Ungeachtet der Absätze 1 und 2 können Gerichte in begründeten dringenden Fällen einstweilige Maßnahmen oder Sicherungsmaßnahmen anordnen.

(4) War ein verfahrenseinleitendes Schriftstück oder ein diesem gleichwertiges Schriftstück nach dieser Verordnung zum Zweck der Zustellung in einen anderen Mitgliedstaat zu übermitteln, und ist eine Entscheidung gegen einen Beklagten ergangen, der sich nicht auf das Verfahren eingelassen hat, so kann das Gericht dem Beklagten unter Außerachtlassung des Ablaufs der Frist für die Einlegung von Rechtsmitteln die Wiedereinsetzung in den vorigen Stand gewähren, sofern die beiden folgenden Voraussetzungen erfüllt sind:

a) Der Beklagte hat ohne sein Verschulden nicht so rechtzeitig Kenntnis von dem Schriftstück erlangt, dass er sich hätte verteidigen können, oder nicht so rechtzeitig Kenntnis von der Entscheidung erlangt, dass er ein Rechtsmittel hätte einlegen können, und

b) die Verteidigung des Beklagten scheint nicht von vornherein in der Sache aussichtslos.

Ein Antrag auf Wiedereinsetzung in den vorigen Stand kann nur innerhalb einer angemessenen Frist, nachdem der Beklagte von der Entscheidung Kenntnis erhalten hat, gestellt werden.

Jeder Mitgliedstaat kann der Kommission mitteilen, dass ein Antrag auf Wiedereinsetzung in den vorigen Stand nach Ablauf einer durch den Mitgliedstaat in seiner Mitteilung bestimmten Frist unzulässig ist. Diese Frist muss mindestens ein Jahr ab dem Datum der Entscheidung betragen. Diese Informationen werden über das Europäische Justizportal zugänglich gemacht.

(5) Absatz 4 gilt nicht für Entscheidungen, die den Personenstand oder die Rechtsfähigkeit von Personen betreffen.

15 Bedeutsam für Art 19 Abs 2 Brüssel IIb-VO sind in **Ehesachen** die Grundregel in Art 22 Abs 1 sowie die Ausnahmeregel in Art 22 Abs 2 EuZustVO 2020. Die dem angerufenen Gericht gem Art 22 Abs 3 EuZustVO 2020 vorbehaltene Möglichkeit, einstweilige Maßnahmen zu erlassen, fällt in Ehesachen nicht in den sachlichen Anwendungsbereich der Brüssel IIb-VO (s Art 1 Brüssel IIb-VO Rn 47 ff). Art 22 Abs 4 EuZustVO 2020 gilt gem Abs 5 nicht in Statusangelegenheiten und bezieht sich im Übrigen nur auf die Zustellung von Entscheidungen, spielt also keine Rolle im Zusammenhang mit der in Art 19 Brüssel IIb-VO thematisierten Zulässigkeitsprüfung im gerichtlichen Erkenntnisverfahren.

16 Die **Grundregel in Art 22 Abs 1 EuZustVO 2020** entspricht in der Sache Art 19 Abs 1 EuZustVO 2007, wenngleich mit einigen Änderungen bzw Präzisierungen im Wortlaut. Im Wesentlichen geht es der Vorschrift mit ihren Anforderungen an das rechtliche Gehör darum, den Antragsgegner vor den in manchen mitgliedstaatlichen Verfahrensrechtsordnungen vorgesehenen fiktiven Auslandszustellungen zu bewahren (vgl etwa Knöfel RIW 2021, 473, 484).

17 Das **Prüfungsprogramm**, das dem angerufenen Gericht gem Art 22 Abs 1 EuZustVO 2020 hinsichtlich der erfolgten Zustellung obliegt, ist deutlich detaillierter als dasjenige gem Art 19 Abs 1 Brüssel IIb-VO. Sinnvoll erscheint die neu in den Normtext von Art 22 Abs 1 EuZustVO 2020 aufgenommene Klarstellung, dass das Schriftstück so rechtzeitig zugestellt oder übergegeben worden sein muss, dass der Antragsgegner genügend Zeit hatte, um sich verteidigen zu können. Bedeutsam ist dies im Hinblick auf den in Art 38 lit b Brüssel IIb-VO genannten Anerkennungsversagungsgrund. Hat der Antragsgegner die Annahme gem Art 12 EuZustVO 2020 berechtigterweise verweigert, weil dem Schriftstück keine **Übersetzung** beigefügt war, so ist keine Zustellung erfolgt. Zu den Einzelheiten ist auf Kommentierungen zur EuZustVO 2020 zu verweisen.

18 Die **Ausnahmeregel in Art 22 Abs 2 EuZustVO 2020** entspricht Art 19 Abs 2 EuZustVO 2007, allerdings wiederum mit etlichen Änderungen bzw Präzisierungen im Wortlaut. Deutschland hat mitgeteilt, dass **deutsche Gerichte** einen Rechtsstreit unter den Voraussetzungen von Art 22 Abs 2 EuZustVO 2020 entscheiden können, wenn das verfahrenseinleitende oder das diesem gleichwertige Schriftstück nach § 185 ZPO in der Bundesrepublik Deutschland öffentlich zugestellt worden ist (vgl die Angaben zu Deutschland im Europäischen Gerichtsatlas für Zivilsachen: https://e-justice.europa.eu/38580/DE/serving_documents_recast). Erwägungsgrund 35 S 2 zur EuZustVO 2020 betont, dass das angerufene Gericht in solchen Fällen alle angemessenen Schritte unternehmen soll, um den Antragsgegner über alle verfügbaren Kommunikationskanäle davon in Kenntnis zu setzen, dass ein Gerichtsverfahren gegen ihn eingeleitet worden ist. Eine dahingehende Obliegenheit wird richtigerweise auch im Hinblick auf § 185 ZPO angenommen (näher OLG Hamburg 25. 5. 2018 – 8 U 51/17, IPRax 2019, 527 mAnm Mayer IPRax 2019, 496; OLG München 20. 12. 2018 – 25 W 962/18, IPRspr 2018, 738; Linke/Hau Rn 8.40).

2. HZÜ (Abs 3)

Die in Art 19 Abs 3 Brüssel IIb-VO in Bezug genommene Regelung im Haager Übereinkommen v 15. 11. 1965 über die Zustellung gerichtlicher und außergerichtlicher Schriftstücke im Ausland für Zivil- und Handelssachen (HZÜ; BGBl 1977 II, 1453) lautet: 19

Art 15 HZÜ [Aussetzung des Verfahrens bei Nichteinlassung des Beklagten]

(1) War zur Einleitung eines gerichtlichen Verfahrens eine Ladung oder ein entsprechendes Schriftstück nach diesem Übereinkommen zum Zweck der Zustellung in das Ausland zu übermitteln und hat sich der Beklagte nicht auf das Verfahren eingelassen, so hat der Richter das Verfahren auszusetzen, bis festgestellt ist,

(a) daß das Schriftstück in einer der Formen zugestellt worden ist, die das Recht des ersuchten Staates für die Zustellung der in seinem Hoheitsgebiet ausgestellten Schriftstücke an dort befindliche Personen vorschreibt, oder

(b) daß das Schriftstück entweder dem Beklagten selbst oder aber in seiner Wohnung nach einem anderen in diesem Übereinkommen vorgesehenen Verfahren übergeben worden ist

und daß in jedem dieser Fälle das Schriftstück so rechtzeitig zugestellt oder übergeben worden ist, daß der Beklagte sich hätte verteidigen können.

(2) Jedem Vertragsstaat steht es frei zu erklären, daß seine Richter ungeachtet des Absatzes 1 den Rechtsstreit entscheiden können, auch wenn ein Zeugnis über die Zustellung oder die Übergabe nicht eingegangen ist, vorausgesetzt,

(a) daß das Schriftstück nach einem in diesem Übereinkommen vorgesehenen Verfahren übermittelt worden ist,

(b) daß seit der Absendung des Schriftstücks eine Frist verstrichen ist, die der Richter nach den Umständen des Falles als angemessen erachtet und die mindestens sechs Monate betragen muß, und

(c) daß trotz aller zumutbaren Schritte bei den zuständigen Behörden des ersuchten Staates ein Zeugnis nicht zu erlangen war.

(3) Dieser Artikel hindert nicht, daß der Richter in dringenden Fällen vorläufige Maßnahmen einschließlich solcher, die auf eine Sicherung gerichtet sind, anordnet.

Der Verweis in Art 19 Abs 3 Brüssel IIb-VO auf Art 15 HZÜ wird relevant, wenn das verfahrenseinleitende Schriftstück in einen Staat zuzustellen ist, der zwar nicht 20 der EU angehört, aber Vertragsstaat des HZÜ ist (vgl die aktuelle Liste unter www.hcch.net/en/instruments/conventions/specialised-sections/service [dort unter „Status table"]). Deutschland hat von der in Art 15 Abs 2 HZÜ vorgesehenen Möglichkeit Gebrauch gemacht (vgl die Bekanntmachung in BGBl 1993 II, 703).

3. Auffangregel (Abs 1)

21 Auf die Auffangregel in Art 19 Abs 1 Brüssel IIb-VO kommt es dann an, wenn das verfahrenseinleitende Schriftstück ins Ausland zuzustellen ist, und zwar in einen Staat, der weder Mitgliedstaat der EU noch Vertragsstaat des HZÜ ist (wie hier etwa Prütting/Gehrlein/Dimmler Art 18 Brüssel IIa-VO Rn 1; HandKommZPO/Dörner Art 18 EuEheVO Rn 4; **aA** wohl MünchKommFamFG/Gottwald Art 18 Brüssel IIa-VO Rn 6), zudem dann, wenn der Aufenthaltsort des Antragsgegners nicht ermittelt werden kann (s Rn 7). Zur Anwendbarkeit von Art 19 Abs 1 Brüssel IIb-VO im Falle eines drittstaatenansässigen Antragsgegners s oben Rn 6.

22 Das angerufene Gericht hat gem Art 19 Abs 1 Brüssel IIb-VO von Amts wegen (vgl etwa Prütting/Gehrlein/Dimmler Art 18 Brüssel IIa-VO Rn 4) zu prüfen, ob festgestellt werden kann, „dass es dem Antragsgegner möglich war, das verfahrenseinleitende Schriftstück oder ein gleichwertiges Schriftstück so rechtzeitig zu empfangen, dass er sich verteidigen konnte". Diese Anforderungen sind verordnungsautonom, nicht etwa lege fori zu handhaben (richtig etwa Gitschthaler/Prisching Art 18 Brüssel IIa-VO Rn 10). Ausschlaggebend ist die **Verteidigungsfähigkeit des Antragsgegners**, nicht hingegen (insoweit abweichend von Art 22 Abs 1 EuZustVO 2020) die Ordnungsgemäßheit der erfolgten Zustellung. Rechtzeitig ist die Zustellung, wenn das Schriftstück dem Antragsgegner mit einem solchen zeitlichen Abstand zu dem durch Gesetz oder richterliche Anordnung bestimmten Einlassungszeitpunkt zugegangen ist, dass er nicht nur seine Verteidigungsbereitschaft erklären oder zum anberaumten Termin erscheinen konnte, sondern dass ihm auch eine angemessene Frist zur Vorbereitung einer effektiven Verteidigung zur Verfügung stand (vgl etwa BGH 6. 10. 2005 – IX ZB 360/02, FamRZ 2006, 198; Gitschthaler/Prisching Art 18 Brüssel IIa-VO Rn 10).

23 Alternativ lässt Art 19 Abs 1 Brüssel IIb-VO die Feststellung der **getroffenen erforderlichen Maßnahmen** genügen, was wiederum verordnungsautonom zu interpretieren ist. Auf die Feststellung kommt es insbesondere dann an, wenn der **Aufenthaltsort des Antragsgegners nicht ermittelbar** ist. In solchen Fällen sind weder das HZÜ noch die EuZustVO 2020 anwendbar (vgl jeweils Art 1 Abs 2); als Ausweg bleibt nur eine öffentliche Zustellung iSv § 185 ZPO (näher hierzu speziell in Ehesachen Hanke FamRB 2016, 483). Nach der Rechtsprechung des EuGH, die zur Brüssel I-VO ergangen, aber auf die Brüssel IIb-VO übertragbar ist, sollen Vorschriften wie Art 19 Abs 2 Brüssel IIb-VO das angerufene Gericht nicht hindern, zur Sache zu verhandeln, wenn alle erforderlichen Maßnahmen getroffen wurden, um dem Antragsgegner eine Verteidigung zu ermöglichen (EuGH 17. 11. 2011 – C-327/10 Hypoteční banka/Lindner, NJW 2012, 1199; EuGH 15. 3. 2012 – C-292/10 de Visser, EuZW 2012, 381 mAnm Bach). Das Gericht müsse sich allerdings vergewissern, dass alle Nachforschungen, die der Sorgfaltsgrundsatz sowie Treu und Glauben gebieten, vorgenommen worden sind, um den Antragsgegner ausfindig zu machen.

IV. Verfahrensfragen

1. Aussetzung des Verfahrens

Art 19 Abs 1 Brüssel IIb-VO ordnet ebenso wie Art 19 Abs 1 EuZustVO 2007 in den erfassten Säumnissituationen (oben Rn 11) an, dass das Verfahren bis zum Abschluss der Prüfung auszusetzen ist. Art 22 Abs 1 EuZustVO 2020 besagt weniger deutlich, aber offenbar gleichsinnig, dass vorerst kein Urteil ergehen dürfe. Hier wie dort ist gemeint, dass das Verfahren nicht in der Sache weiterbetrieben wird. Dies steht nicht im Ermessen des Gerichts (ebenso etwa Geimer/Schütze/Hau/Dilger Art 18 EheVO Rn 5). Das Verfahren steht aber nicht etwa still (klarstellend Rauscher/Rauscher Art 18 Brüssel IIa-VO Rn 12); vielmehr hat das Gericht die ihm obliegende Prüfung anhand von Art 19 Brüssel IIb-VO bzw der dort in Bezug genommenen Instrumente durchzuführen. Ergibt die Prüfung, dass der Anspruch des Antragsgegners auf rechtliches Gehör noch nicht gewahrt ist, so ist dem abzuhelfen, indem ihm hinreichende Gelegenheit zur Verteidigung eingeräumt wird (ähnlich etwa Prütting/Gehrlein/Dimmler Art 18 Brüssel IIa-VO Rn 4); es ist also nicht etwa der Sachantrag des Antragstellers als unzulässig abzuweisen. 24

2. Fortsetzung des Verfahrens

Ergibt die Prüfung, dass der Anspruch des Antragsgegners gewahrt ist, so wird das Verfahren unabhängig von dessen Beteiligung fortgeführt. Das jeweilige mitgliedstaatliche Verfahrensrecht bestimmt, ob es dazu eines besonderen **Beschlusses** bedarf (so in Deutschland gem § 113 Abs 1 S 2 FamFG, § 150 S 1 ZPO; vgl etwa MünchKomm-ZPO/Fritsche § 150 Rn 3). 25

Artikel 20
Rechtshängigkeit und abhängige Verfahren

(1) Werden bei Gerichten verschiedener Mitgliedstaaten Anträge auf Ehescheidung, Trennung ohne Auflösung des Ehebandes oder Ungültigerklärung einer Ehe zwischen denselben Parteien gestellt, so setzt das später angerufene Gericht das Verfahren von Amts wegen aus, bis die Zuständigkeit des zuerst angerufenen Gerichts geklärt ist.

(2) Sofern sich die Zuständigkeit eines der Gerichte nicht nur auf Artikel 15 stützt und bei Gerichten verschiedener Mitgliedstaaten Verfahren bezüglich der elterlichen Verantwortung für ein Kind wegen desselben Anspruchs anhängig gemacht werden, so setzt das später angerufene Gericht das Verfahren von Amts wegen aus, bis die Zuständigkeit des zuerst angerufenen Gerichts geklärt ist.

(3) Sobald die Zuständigkeit des zuerst angerufenen Gerichts feststeht, erklärt sich das später angerufene Gericht zugunsten des zuerst angerufenen Gerichts für unzuständig.

In diesem Fall kann die Partei, die das Verfahren bei dem später angerufenen Gericht anhängig gemacht hat, dieses Verfahren bei dem zuerst angerufenen Gericht vorlegen.

(4) Wird ein Gericht eines Mitgliedstaats angerufen, dem durch eine Anerkennung der Zuständigkeit nach Artikel 10 die ausschließliche Zuständigkeit übertragen wurde, so setzen die Gerichte eines anderen Mitgliedstaats das Verfahren so lange aus, bis das auf der Grundlage der Vereinbarung oder Anerkennung angerufene Gericht erklärt hat, dass es gemäß der Vereinbarung oder Anerkennung nicht zuständig ist.

(5) Sobald und soweit das Gericht die ausschließliche Zuständigkeit durch eine Anerkennung der Zuständigkeit nach Artikel 10 festgestellt hat, erklären sich die Gerichte eines anderen Mitgliedstaats zugunsten dieses Gerichts für unzuständig.

Bis 31. 7. 2022 geltende Regelung: Art 19 Brüssel IIa-VO (s Textanh 2 Rn 3), ohne Entsprechung zu Art 20 Abs 4 und 5 Brüssel IIb-VO.

Schrifttum

D'Alessandro, The Impact of Private Divorces on EU Private International Law, in: Scherpe/Bargelli (Hrsg), The Interaction Between Family Law, Succession Law and Private International Law: Adapting to Change (2021) 59

Amos/Dutta, Europäische Zuständigkeiten in Ehesachen bei drittstaatlicher Rechtshängigkeit, FamRZ 2014, 444

Andrae, Anerkennung und Vollstreckung von Entscheidungen sowie die Beachtung der früheren Rechtshängigkeit nach der EheVO (Brüssel II-Verordnung), ERA-Forum 1/2003, 28

Antomo, Die Neufassung der Brüssel IIa-Verordnung – erfolgte Änderungen und verbleibender Reformbedarf, in: Pfeiffer/Lobach/Rapp (Hrsg), Europäisches Familienrecht: Stand und Perspektiven (2020) 13

dies, Der Umgang mit Privatscheidungen aus EU-Mitgliedstaaten – vor und nach der Reform der Brüssel IIa-VO, in: Budzikiewicz/Heiderhoff/Klinkhammer/Niethammer-Jürgens (Hrsg), Neue Impulse im europäischen Familienkollisionsrecht (2021) 81

Bailey-Harris, Issues in International Divorce Cases, in: Douglas/Murch/Stephens (Hrsg), International and National Perspectives on Child and Family Law (2018) 179

Bonomi, La compétence internationale en matière de divorce. Quelques suggestions pour une (improbable) révision du règlement Bruxelles II bis, Rev crit d i p 2017, 511

Borrás, Grounds of jurisdiction in matrimonial matters: recasting the Brussels IIa Regulation, NiPR 2015, 3

Brosch, Miteinander, Gegeneinander? Mutual trust im europäischen internationalen Familienrecht, in: Duden (Hrsg), IPR für eine bessere Welt: Vision – Realität – Irrweg? (2022) 143

Burckhardt, Internationale Rechtshängigkeit und Verfahrensstruktur bei Eheauflösungen (1997)

Campiglio, Conflitti positivi e negativi di giurisdizione in materia matrimoniale, Riv dir int priv e proc 2021, 497

Eichel, Internationale Zustellung und Klagepriorität bei fehlenden oder fehlerhaften Übersetzungen der Klageschrift, IPRax 2017, 352

Eicher, Die Auswirkungen von Rechtsverwirklichungschancen in Drittstaaten auf die Justizgewährung in Deutschland, 2017

Franzina, Lis pendens involving a third country under the Brussel I-bis Regulation, Riv dir int priv e proc 2014, 23

Garber/Neumayr, Ein neues System des einstweiligen Rechtsschutzes in Europa, in: FS für Thümmel (2020) 171

Gebauer, Litispendenz in Drittstaaten und ihre Regelung durch mitgliedstaatliches Recht, in: FS für Schack (2022) 585

Geimer, Das Prioritätsprinzip des Art 29 EuGVVO und seine Grenzen, in: FS für Prütting (2018) 285

Gruber, Die neue „europäische Rechtshängigkeit“ bei Scheidungsverfahren, FamRZ 2000, 1129
Haidmayer, Parallel rechtshängige Scheidungsverfahren in Deutschland und der Schweiz, IPRax 2018, 35
Hau, Positive Kompetenzkonflikte im internationalen Zivilprozeßrecht. Überlegungen zur Bewältigung von multi-fora-disputes (1996)
ders, Rechtshängigkeitssperre durch obligatorische ADR-Verfahren im europäischen Zivilprozessrecht, ZEuP 2019, 384
Heiderhoff, Die Berücksichtigung ausländischer Rechtshängigkeit in Ehescheidungsverfahren (1998)
Lupoi, The New Lis Pendens Provisions in the Brussels I and II Regulations, ZZPInt 7 (2002) 149
Neumayr, Scheidung im internationalen Kontext: Zuständigkeit, Rechtshängigkeit und Anerkennung, iFamZ 2008, 362
Nieroba, Die europäische Rechtshängigkeit nach der EuGVVO (Verordnung [EG]) Nr 44/2001) an der Schnittstelle zum nationalen Zivilprozess (2006)
Nordmeier, Eintritt und Fortbestand der Rechtshängigkeit nach Art 16 EuEheVO und Art 32 EuGVVO – insbesondere bei Verfahrensaussetzung, IPRax 2016, 329
Pabst, Entscheidungszuständigkeit und Beachtung ausländischer Rechtshängigkeit in Ehesachen mit Europabezug: Grundrechtsprobleme und Grundrechtsschutz (2009)
Reddin, An Unhappy Marriage: The EU and the Divorce Jurisdiction System under Brussels II Bis, Univ Dublin LR 2020, 39
Reuss, Internationale Rechtshängigkeit und abhängige Verfahren, in: Garber/Lugani (Hrsg), Die Brüssel IIb-Verordnung (2022) 253
Rey, La saisine, in: Fulchiron/Nourissat (Hrsg), Le nouveau droit communautaire du divorce et de la responsabilité parentale (2005) 181 = Droit et patrimoine 138 (2005) 70
Safferling, Rechtshängigkeit im deutsch-französischen Scheidungsverfahren (1996)
Sana-Chaillé de Néré, Procédures internationales de divorce: la delicate articulation des règles de competence communautaires et nationals, in: FS Spellenberg (2010) 489
Sonnenberger, Deutsch-französische Ehescheidungsprobleme, IPRax 1992, 154
Thole, Missbrauchskontrolle im Europäischen Zivilverfahrensrecht, ZZP 122 (2009), 423
Vitellino, European Private International Law and Parallel Proceedings in Third States in Family Matters, in: Malatesta/Pocar/Bariatti (Hrsg), The External Dimension of EC Private International Law in Family and Succession Matters (2008) 221
Wagner, Ausländische Rechtshängigkeit in Ehesachen unter besonderer Berücksichtigung der EG-Verordnung Brüssel II und Brüssel IIa, FPR 2004, 286
Župan/Drventic, Parallel Proceedings – Lis Pendens and Concurrent Procedures, in: Viarengo/Villata (Hrsg), Planning the Future of Cross Border Families – A Path Through Coordination (2020) Kap 15.

Systematische Übersicht

I. Überblick

1 Die Vorschrift dient der **Bewältigung positiver Kompetenzkonflikte**, die aus der parallelen Einleitung von Gerichtsverfahren in mehreren Mitgliedstaaten resultieren (s Rn 50). Gerade solche unerfreulichen Fälle hatten ursprünglich den Anstoß dafür gegeben, die Europäisierung des Eheverfahrensrechts überhaupt anzugehen und voranzutreiben (vgl schon SONNENBERGER IPRax 1992, 154; HAU FamRZ 1999, 484, 486).

2 Änderungen gegenüber der **Vorgängervorschrift** in Art 19 Brüssel IIa-VO haben sich in Art 20 Brüssel IIb-VO zwar nicht für Ehesachen, wohl aber für **Kindschaftssachen** ergeben: durch den (sprachlich missglückt) neu gefassten Abs 2, der mit dem Hinweis auf Art 15 Brüssel IIb-VO zugleich den Sonderfall eines konkurrierenden einstweiligen Verfügungsverfahrens andeutet, sowie durch die Ergänzung von Abs 4 und 5, die sich mit besonderen Koordinationsproblemen im Zusammenhang mit Gerichtsstandsvereinbarungen iSv Art 10 Brüssel IIb-VO befassen (vgl zu alledem Erwägungsgrund 38 S 4; BROSCH GPR 2020, 179, 182 f; GRUBER/MÖLLER IPRax 2020, 393, 404; speziell zu einstweiligen Maßnahmen GARBER/NEUMAYR, in: FS Thümmel 171, 187 ff).

3 In Funktion und Ausgestaltung entspricht Art 20 Brüssel IIb-VO den **Parallelvorschriften** in Art 29 Brüssel Ia-VO, Art 12 EuUntVO, Art 17 EuEheGüVO/EuPartGüVO sowie Art 17 EuErbVO. Bei der Auslegung bieten sich daher Rückschlüsse zwischen diesen Regelungen an (klarstellend etwa EuGH 16. 1. 2019 – C-386/17 Liberato/Grigorescu, FamRZ 2019, 1164 Rn 39 mAnm vHEIN/GROHMANN = FamRB 2019, 174 [DIMMLER]). Auffällig ist zwar, dass sich in der Brüssel IIb-VO keine sog **Konnexitätssperre**, also keine ermessensabhängige Aussetzungsmöglichkeit im Falle eines bloßen Sachzusammenhangs zwischen parallel geführten Verfahren findet, wie sie in Art 30 Brüssel Ia-VO, Art 13 EuUntVO, Art 18 EuEheGüVO/EuPartGüVO und Art 18 EuErbVO vorgesehen ist. In Ehesachen besteht dafür allerdings auch kein Bedarf, weil die Sperrwirkung von Art 20 Abs 1 Brüssel IIb-VO ohnehin so weit reicht, dass sie auch Verfahren mit unterschiedlichem Gegenstand zu erfassen vermag (s Rn 21).

II. Normzweck und Prioritätsprinzip

4 Den **Normzweck** von Art 20 Brüssel IIb-VO bringt Erwägungsgrund 38 S 1 auf den Punkt: „Im Interesse einer abgestimmten Rechtspflege müssen Parallelverfahren so weit wie möglich vermieden werden, damit nicht in verschiedenen Mitgliedstaaten miteinander unvereinbare Entscheidungen ergehen." Vornehmlich soll also im Interesse des **internationalen Entscheidungseinklangs** von vornherein sichergestellt wer-

den, dass die Anerkennung später nicht gem Art 38 lit c oder d Brüssel IIb-VO versagt werden muss (statt vieler: HAUSMANN Rn A 169). Im Übrigen gilt es, den mit mehrfacher Verfahrensführung einhergehenden **vermeidbaren Mehraufwand** für Gerichte und Beteiligte zu unterbinden (diesen weiteren Zweck betont etwa GITSCHTHALER/PRISCHING Art 19 Brüssel IIa-VO Rn 4).

Eine Regelung wie Art 20 Brüssel IIb-VO ist erforderlich, weil für eine Eheauflösung je nach den Lebensumständen der Ehegatten gem Art 3–5 Brüssel IIb-VO (bzw gem Art 6 Brüssel IIa-VO in Verbindung mit mitgliedstaatlichem Zuständigkeitsrecht) die Gerichte in mehreren Mitgliedstaaten international zuständig sein können. Nicht selten machen die Ehegatten von den sich ihnen bietenden **konkurrierenden Gerichtsständen** Gebrauch: sei es, dass sich beide Ehegatten an die Gerichte unterschiedlicher Mitgliedstaaten wenden, sei es, dass nur ein Ehegatte mehrere Verfahren einleitet (entweder rein vorsorglich oder deshalb, um Druck auf den Gegner aufzubauen bzw dessen Kompromissbereitschaft zu erhöhen). Dadurch kommt es zu einem **positiven Kompetenzkonflikt**, und dann lassen sich die soeben erwähnten Regelungsziele nur noch erreichen, indem eines der konkurrierenden Verfahren fortgesetzt und das andere eingestellt wird. 5

Einem der Verfahren muss mithin der **Vorrang** eingeräumt werden, und diesen bestimmt Art 20 Brüssel IIb-VO zwischen mehreren zuständigen Gerichten nicht etwa anhand der größeren Sachnähe, sondern schlicht anhand der zeitlichen Reihenfolge der Verfahrenseinleitung. Der Verordnungsgeber legt also das **Prioritätsprinzip** zugrunde, das in der Tat zum einen besonders große Rechtssicherheit verspricht und zum anderen einen Anreiz vermeidet, einem bereits anhängigen Verfahren ein weiteres folgen zu lassen. Sein Nachteil besteht allerdings darin, dass es zu einem Wettlauf der Ehegatten um die frühere Verfahrenseinleitung kommen kann (zu daran anknüpfenden rechtspolitischen Zweifeln am Prioritätsprinzip speziell in Ehesachen vgl bereits den Bericht der Kommission zur Brüssel II-VO, COM[2014] 225, 5 f, sowie HESS Rn 7.46, 7.50; REDDIN Univ Dublin LR 2020, 39, 46: „undermines the family law ethos of settlement and mediation"; beachte zu bedenklichen Anreizen für prozesstaktische Manöver auch ANTOMO, in: PFEIFFER/LOBACH/RAPP 13, 26 f). Immerhin ermöglicht Art 17 Brüssel IIb-VO die verordnungsautonome Bestimmung des für den Prioritätstest maßgeblichen Zeitpunkts, in dem ein Gericht als angerufen gilt. Das **Zusammenspiel von Art 20 und Art 17 Brüssel IIb-VO** soll also eine faire Anwendung des Prioritätsprinzips sicherstellen, damit das „race to the courthouse" nicht durch unterschiedliche nationale Verfahrensvorschriften verzerrt wird. 6

III. Anwendungsbereich

1. Gerichtsverfahren

a) Begriff des Gerichts

Der in Art 20 Brüssel IIb-VO verwendete Begriff des Gerichts bestimmt sich nach **Art 2 Abs 2 Nr 1 Brüssel IIb-VO** (s Art 2 Brüssel IIb-VO Rn 7 ff). Nicht hierzu zählen private oder öffentliche Stellen, die sich nur mit **außergerichtlicher Streitbeilegung** (Alternative Dispute Resolution bzw ADR) befassen (s unten Rn 9 ff). 7

Nicht vorgesehen ist eine Verfahrensaussetzung gem Art 20 Brüssel IIb-VO mit Rücksicht auf ein Verfahren vor einer **Verwaltungsbehörde eines anderen Mitglied-** 8

staats, die in einer Scheidungs- oder Trennungssache mit der Errichtung oder Registrierung einer öffentlichen Urkunde oder mit der Registrierung einer Parteivereinbarung iSv Art 64 ff Brüssel IIb-VO befasst ist. Auch Art 65 Abs 1 S 2 Brüssel IIb-VO sieht nicht vor, Art 20 Brüssel IIb-VO entsprechend heranzuziehen. Gleichwohl wird im Schrifttum eine analoge Anwendung erwogen (so Antomo, in: Budzikiewicz/Heiderhoff/Klinkhammer/Niethammer-Jürgens [2021] 81, 143 f, die allerdings auf die geringe praktische Relevanz der Frage hinweist; Thomas/Putzo/Hüsstege Art 65 Brüssel IIb-VO Rn 8; **aA** D'Alessandro, in: Scherpe/Bargelli 59, 74).

b) Vorgeschaltetes ADR- bzw Versöhnungsverfahren

9 Ein Sonderproblem ergibt sich, wenn ein Ehegatte nicht etwa aus freien Stücken ein ADR- bzw Versöhnungsverfahren einleitet, sondern deshalb, weil ein solches Verfahren gemäß dem mitgliedstaatlichen Verfahrensrecht im Forum seiner Wahl zwingend einer Anrufung der Gerichte vorgeschaltet ist (beachte zum Folgenden Hau ZEuP 2019, 384, 390 ff; vgl auch Kern/Uhlmann IPRax 2020, 12, 16 ff). Auch die Stellen, die nach dem mitgliedstaatlichen Recht im Anwendungsbereich solcher **obligatorischen ADR-Verfahren** vorrangig anzurufen sind, lassen sich nicht ohne Weiteres als Gericht iSv Art 2 Abs 2 Nr 1 Brüssel IIb-VO (und damit iSv Art 17 oder Art 20 Brüssel IIb-VO) qualifizieren, sofern ihnen nicht ausnahmsweise echte rechtsprechende Gewalt zukommt (nicht verallgemeinerungsfähig erscheint daher EuGH 20. 12. 2017 – C-467/16 Schlömp/Landratsamt Schwäbisch Hall, FamRZ 2018, 286, wo der EuGH in einer Unterhaltssache mit der starken Gerichtsähnlichkeit der Schweizer Schlichtungsbehörden argumentieren konnte).

10 Verbreitet möchte man bei der gem Art 20 Brüssel IIb-VO gebotenen Ermittlung des für das Prioritätsprinzip maßgeblichen Zeitpunkts darauf abstellen, ob das gerichtliche und das notwendig vorgeschaltete ADR-Verfahren nach der lex fori als Einheit zu begreifen sind (so speziell zu Ehesachen etwa OLG Stuttgart 26. 4. 2018 – 17 UF 108/17, FamRZ 2018, 1596 = NZFam 2018, 861 [Lugani], dort zum Versöhnungsverfahren nach französischem Scheidungsrecht; MünchKommFamFG/Gottwald Art 16 Brüssel IIa-VO Rn 5; NK-BGB/Gruber Art 16 EheVO 2003 Rn 10; Hausmann Rn A 145; Rauscher/Rauscher Art 16 Brüssel IIa-VO Rn 11; Staudinger/Spellenberg [2015] Art 16 Brüssel IIa-VO Rn 14). Allerdings überzeugt dieser Ansatz, nach einer **Einheit von ADR- und Gerichtsverfahren** zu fragen, am ehesten mit Rücksicht auf etwaige Besonderheiten des nationalen Verfahrensrechts, kaum aber für jedes obligatorische ADR-Verfahren. Es sollte auch nicht entscheidend darauf ankommen, ob die lex fori vorsieht, dass das eingeleitete ADR-Verfahren nach seinem Abschluss automatisch in das gerichtliche Verfahren übergeleitet wird (zustimmend Kern/Uhlmann IPRax 2020, 12, 18; **aA** Staudinger/Spellenberg [2015] Art 16 Brüssel IIa-VO Rn 14: automatische Überleitung als starkes Indiz für Verfahrenseinheit).

11 Sinnvoller erscheint eine andere Überlegung (vgl andeutungsweise zu konkurrierenden Unterhaltsverfahren auch EuGH 20. 12. 2017 – C-467/16 Schlömp/Landratsamt Schwäbisch Hall, FamRZ 2018, 286). Danach kann schon die gesetzlich zwingend vorgesehene Anrufung einer ADR-Einrichtung für die Zwecke von Art 20 Abs 1 und 3 Brüssel IIb-VO unter bestimmten Voraussetzungen der zu diesem Zeitpunkt noch nicht zulässigen, aber später erfolgten Anrufung eines Gerichts gleichgestellt werden, also gewissermaßen Vorwirkung entfalten (so im Ergebnis auch Erwägungsgrund 35 S 4 zur Brüssel IIb-VO). Normativer Ansatz hierfür ist Art 17 Brüssel IIb-VO als besondere Ausprägung der grundrechtlich verbürgten **prozessualen Waffengleichheit**: Danach gilt es sicherzustellen, dass das mit dem Prioritätsprinzip gem Art 20 Brüssel IIb-VO ein-

hergehende „race to the courthouse“ unabhängig von den unterschiedlichen nationalen Vorschriften über die Verfahrenseinleitung fair ausgestaltet wird, also namentlich von Unwägbarkeiten abgekoppelt ist, die sich dem Einfluss der Beteiligten entziehen (vgl Rn 6). Derselbe Gedanke verbietet es, einen Ehegatten bei einem Wettlauf um die frühere Verfahrenseinleitung zu benachteiligen, wenn er gem Art 3 Brüssel IIb-VO in einem Mitgliedstaat vorgehen möchte, der auf der Durchführung eines vorgeschalteten ADR-Verfahrens besteht (vgl schon Generalanwalt Szpunar C-467/16 Schlömp/Landratsamt Schwäbisch Hall, Rn 47 und 51). In einer solchen Konstellation wäre es nicht hinnehmbar, dass die Gegenseite mit einer sodann anderenorts erhobenen Ehesache das Wettrennen um das forum fixing noch für sich entscheiden kann.

2. Räumlicher Anwendungsbereich

Art 20 Abs 1 Brüssel IIb-VO setzt ausdrücklich voraus, dass die konkurrierenden Ehesachen in **verschiedenen Mitgliedstaaten** (s Art 1 Brüssel IIb-VO Rn 51) ausgetragen werden. 12

Im Rahmen der **Brüssel I-Reform**, also im Hinblick auf allgemeine Zivil- und Handelssachen, hielt es der Verordnungsgeber für sinnvoll, die **Behandlung drittstaatlicher Parallelverfahren** nicht mehr (wie noch im EuGVÜ und in der Brüssel I-VO) dem mitgliedstaatlichen Recht zu überlassen, sondern einheitlich zu regeln. Umgesetzt wurde dies mit Art 33 und Art 34 Brüssel Ia-VO (näher dazu etwa Eicher 88 ff; Franzina Riv dir int priv e proc 2014, 23). Das ist im Grundsatz zu begrüßen, denn es gilt, positive Kompetenzkonflikte möglichst frühzeitig zu bewältigen, unabhängig davon, ob sie im innereuropäischen Rechtsverkehr oder im Verhältnis zu Drittstaaten auftreten. 13

Gleichwohl enthält die neugefasste **Brüssel IIb-VO** keinerlei Regelungen zur Berücksichtigung drittstaatlicher Verfahren (und dasselbe gilt leider auch für die EuUntVO, EuEheGüVO/EuPartGüVO und EuErbVO), und zwar unabhängig davon, ob sich die internationale Zuständigkeit der deutschen Gerichte aus Art 3–5 Brüssel IIb-VO oder gem Art 6 Brüssel IIb-VO aus dem mitgliedstaatlichen Recht ergibt. Dass der Verordnungsgeber über die zahlreichen Stimmen, die im Vorfeld der Reform eine Regelung befürwortet hatten (vgl etwa Bonomi Rev crit d i p 2017, 511, 530 f; Borrás NiPR 2015, 3, 9; Weller IPRax 2017, 222, 230; beachte auch das Commission Staff Working Document SWD[2016] 207, 24 ff), schweigend hinweggegangen ist, ist zwar zu kritisieren (wie hier etwa Antomo, in: Pfeiffer/Lobach/Rapp 13, 55 f), aber de lege lata hinzunehmen (einen begrüßenswerten neuen Anlauf unternimmt unverdrossen die Gruppe für Internationales Privatrecht mit ihrem Entwurf von 2019 für eine Verordnung über Ehescheidung und Ehetrennung, zugänglich unter https://gedip-egpil.eu; vgl dazu Kohler IPRax 2020, 288; Kohler/Pintens FamRZ 2020, 1417, 1418). Weil die Regelungslücke nicht planwidrig ist, kommt **keine analoge Anwendung** von Art 20 Brüssel IIb-VO (ebenso zur Brüssel IIa-VO schon Haidmayer IPRax 2018, 35, 37) oder von Art 33 Brüssel Ia-VO in Betracht. Schlicht abwegig erscheint die vereinzelt vertretene Ansicht, dass das LugÜ 2007 im Falle eines Scheidungsverfahrens vor einem Scharia-Gericht im Libanon analog anwendbar sei (so aber OLG Hamm 6. 1. 2017 – 3 UF 106/16, FamRZ 2018, 51; dazu Dutta FamRZ 2018, 131; Leipold NZFam 2017, 213; Streicher FamRB 2017, 164). 14

Allerdings lässt sich aus dem Schweigen des Verordnungsgebers weder ein an die Mitgliedstaaten gerichtetes Berücksichtigungsverbot ableiten (so aber zur EuUntVO of- 15 fenbar Beaumont RabelsZ 73 [2009], 509, 541; zutreffend wie hier hingegen, speziell zu Ehesachen, Amos/Dutta FamRZ 2014, 444, 446), noch umgekehrt ein Gebot, einem drittstaatlichen Verfahren dieselbe Sperrwirkung beizumessen wie einem mitgliedstaatlichen Verfahren (offen gelassen, wiederum zur EuUntVO, von Kohler/Pintens FamRZ 2009, 1529, 1530). Bedenkt man, dass die Beachtung ausländischer Verfahren eine Vorstufe der Beachtung ausländischer Rechtskraft ist und dass dieser Problemkreis im Hinblick auf drittstaatliche Entscheidungen eindeutig nicht vom Anwendungsbereich der Brüssel IIb-VO erfasst wird (klarstellend zur Brüssel IIa-VO etwa BGH 26. 8. 2020 – XII ZB 158/18, FamRZ 2020, 1811 Rn 12), so sollte man auch die Behandlung drittstaatlicher Parallelverfahren de lege lata dem **autonomen mitgliedstaatlichen Recht** anheimstellen (vgl für Deutschland etwa Staudinger/Spellenberg [2016] Anhang zu § 106 FamFG Rn 15 ff; Henrich/Althammer/Henrich § 98 FamFG Rn 32 ff; Prütting/Helms/Hau vor §§ 98–106 FamFG Rn 51 ff; beachte auch die Hinweise zum Recht anderer Mitgliedstaaten bei Pabst Rn 544 ff). Uneinigkeit besteht dabei in Deutschland allerdings, ob dann, wenn ein Parallelverfahren in einem **Drittstaat** ausgetragen wird, immerhin der Rechtsgedanke des Art 17 Brüssel IIb-VO entsprechend angewendet werden sollte (dazu Prütting/Helms/Hau Vor §§ 98–106 FamFG Rn 53a; Haidmayer IPRax 2018, 35, 38 f).

16 Unanwendbar ist Art 20 Brüssel IIb-VO, wenn es zu **konkurrierenden Verfahren innerhalb eines Mitgliedstaats** kommt (OLG München 20. 12. 2013 – 12 UF 1731/13, FamRZ 2014, 862 mAnm Heiderhoff).

3. Ehesachen

a) Ehestatussachen

17 Entsprechend dem in Art 1 Brüssel IIb-VO definierten sachlichen Anwendungsbereich der Verordnung betrifft Art 20 Brüssel IIb-VO nur **Ehestatussachen** (Abs 1) sowie **Kindschaftssachen** (Abs 2, 4–5). Diese beiden Regelungsbereiche teilen sich zwar die Bestimmung zum Procedere in Abs 3, sind im Übrigen aber nicht miteinander verzahnt: Demgemäß sperrt ein bereits eingeleitetes Scheidungsverfahren zwar ein weiteres Eheauflösungsverfahren, aber nicht ein Sorgerechtsverfahren hinsichtlich eines gemeinsamen Kindes der Ehegatten in einem anderen Mitgliedstaat und umgekehrt (klarstellend etwa Geimer/Schütze/Hau/Dilger Art 19 EheVO Rn 8; Mayr/Weber Rn 4.209).

18 Überhaupt keine Regelung trifft Art 20 Brüssel IIb-VO hinsichtlich etwaiger **Folgesachen**. Hingewiesen sei jedoch auf die Parallelvorschriften zu Art 20 Brüssel IIb-VO für **Unterhaltssachen** in Art 12 EuUntVO und für **Güterrechtssachen** in Art 17 EuEheGüVO. Die in diesen Verordnungen geregelten Konnexitätssperren (Art 13 EuUntVO, Art 18 EuEheGüVO) erlauben es, ein unterhalts- bzw güterrechtliches Verfahren auch mit Rücksicht auf die frühere Anhängigkeit einer Ehestatussache in einem anderen Mitgliedstaat auszusetzen (vgl etwa Hess Rn 7.53). Umgekehrt besteht keine Rechtsgrundlage für die Aussetzung einer Ehestatussache mit Rücksicht auf eine früher in einem anderen Mitgliedstaat anhängig gemachte Folgesache.

b) Betreffend dieselbe Ehe

19 Gem **Art 11 Brüssel II-Übk/Brüssel II-VO** war danach zu unterscheiden, ob es in den konkurrierenden Verfahren um Anträge „wegen desselben Anspruchs“ ging (dann Abs 1: zwingende Aussetzung) oder um Anträge wegen verschiedener Ansprüche (dann Abs 2: Aussetzungsermessen). Diese Regelung war aus dem EuGVÜ über-

nommen worden und hat sich zu allgemeinen Zivil- und Handelssachen bewährt (vgl nunmehr einerseits Art 29 Brüssel Ia-VO, andererseits Art 30 Brüssel Ia-VO), passt aber nicht zu Ehestatussachen. Daher war schon **Art 19 Abs 1 Brüssel IIa-VO** zu der Formulierung übergegangen, die sich nunmehr in **Art 20 Abs 1 Brüssel IIb-VO** findet.

Sofern beide Verfahren **dieselbe Ehe** betreffen, ist es für den Eintritt der Sperre gem Art 20 Abs 1 Brüssel IIb-VO unerheblich, ob die konkurrierenden Anträge auf Scheidung, Ungültigerklärung oder Trennung ohne Auflösung des Ehebandes lauten. Wie der EuGH klargestellt hat (EuGH 6. 10. 2015 – C- 489/14 A/B, FamRZ 2015, 2036 mAnm Althammer = NJW 2015, 3776 mAnm Rieck = FamRB 2016, 43 [Dimmler]; beachte dazu Hilbig-Lugani GPR 2016, 132, 133; vgl auch EuGH 16. 1. 2019 – C-386/17 Liberato/Grigorescu, FamRZ 2019, 1164 Rn 39 mAnm vHein/Grohmann = FamRB 2019, 174 [Dimmler]), tritt die Sperrwirkung also unabhängig davon ein, ob in beiden Mitgliedstaaten das **Rechtsschutzziel übereinstimmt** (zB: jeweils Scheidung der Ehe) **oder divergiert** (zB: hier Scheidung, dort Ungültigerklärung der Ehe). **20**

Die Reichweite der Regelung ist bemerkenswert, weil danach – abweichend vom autonomen deutschen Verfahrensrecht – das früher eingeleitete Ehestatusverfahren ein späteres sperren kann, obwohl es um **unterschiedliche Streitgegenstände** geht (vgl etwa Heiderhoff FamRZ 2014, 863). Insbesondere belegt die in Art 20 Abs 3 Unterabs 2 Brüssel IIb-VO eigens eröffnete Möglichkeit, den später angebrachten Antrag im vorrangigen Verfahren weiterzuverfolgen, dass Rechtshängigkeits- und Rechtskraftsperre nicht notwendig deckungsgleich sind. Vielmehr vermag ein sachlich engeres Verfahren (bloße Trennung) ein weitergehendes, aber eben zeitlich nachrangiges Verfahren (Scheidung) zu blockieren (klarstellend etwa EuGH 16. 1. 2019 – C-386/17 Liberato/Grigorescu, FamRZ 2019, 1164 Rn 36 ff mAnm vHein/Grohmann = FamRB 2019, 174 [Dimmler]; NK-BGB/Gruber Art 19 EheVO 2003 Rn 7; rechtspolitische Kritik äußert Gitschthaler/Prisching Art 19 Brüssel IIa-VO Rn 15 ff). Dies erklärt, warum die Brüssel IIb-VO darauf verzichten kann, für Ehesachen eine gesonderte Konnexitätssperre vorzusehen (dazu oben Rn 3). **21**

c) Zwischen denselben Parteien

Art 20 Brüssel IIb-VO verlangt zwar Eheverfahren zwischen denselben Parteien, stellt aber nicht auf die jeweiligen **Parteirollen** ab: Es kommt also nicht darauf an, ob ein Ehegatte in beiden Verfahren als Antragsteller auftritt oder einmal als Antragsteller und einmal als Antragsgegner (statt vieler: Althammer/Althammer Art 19 Brüssel IIa-VO Rn 9). Die Vorschrift lässt sich (direkt) anwenden, wenn die Ehegatten miteinander die Ehe in verschiedenen Staaten geschlossen haben (vgl etwa den Fall KG 17. 1. 2022 – 16 WF 1/22, FamRZ 2022, 1017 = NZFam 2022, 520 [Majer] = FuR 2022, 335 [Finger]: Eheschließungen in Spanien und im Libanon, Scheidungsantrag in Deutschland) und es sodann in mehreren Mitgliedstaaten zu Ehesachen in Bezug auf die **verschiedenen Eheschließungen** kommt; denn auch dann geht es, wie in Art 20 Abs 1 Brüssel IIb-VO gefordert, jeweils um eine Ehe zwischen denselben Parteien. **22**

Anders verhält es sich jedoch, wenn sich die konkurrierenden Ehesachen auf **verschiedene Ehen** beziehen. Man denke zB an die Konstellation, dass der Antrag im ersten Mitgliedstaat auf Scheidung der Ehe mit dem Antragsgegner lautet und dieser sodann in einem anderen Mitgliedstaat verlangt, eine (angebliche) weitere Ehe des Erstantragstellers mit einem Dritten für ungültig zu erklären. Dann geht es **23** nicht mehr nur um „eine Ehe zwischen denselben Parteien“. In Betracht kommt dann allenfalls eine analoge Anwendung von Art 20 Brüssel IIb-VO (dies erwägt Magnus/Mankowski/Mankowski Art 19 Brussels IIbis Regulation Rn 20). Entsprechendes gilt in Konstellationen mit **unterschiedlichen Beteiligten**, so zB in dem Fall, dass ein gewöhnliches Ehestatusverfahren zwischen den Ehegatten ausgetragen wird, während eine Behörde in einem anderen Mitgliedstaat die Aufhebung derselben Ehe betreibt (für analoge Anwendung wiederum Magnus/Mankowski/Mankowski Art 19 Brussels IIbis Regulation Rn 22; so auch Mayr/Weber Rn 4.207; zweifelnd Gitschthaler/Prisching Art 19 Brüssel IIa-VO Rn 9).

d) Besondere Rechtsschutzziele

24 Zur Möglichkeit, die Pflicht zur Aussetzung des späteren Verfahrens bereits durch Einreichung eines **Antrags auf Verfahrenskostenhilfe** herbeizuführen, vgl Art 17 Brüssel IIb-VO Rn 9 f.

25 Aus der – rechtspolitisch verfehlten – Entscheidung des Verordnungsgebers, **Feststellungsanträge** hinsichtlich der Klärung des Ehestatus aus dem Anwendungsbereich der Brüssel IIb-VO auszuklammern (s Art 1 Brüssel IIb-VO Rn 29 ff), dürfte folgen, dass insoweit auch Art 20 Brüssel IIb-VO jedenfalls nicht direkt anzuwenden ist (zutreffend etwa MünchKommFamFG/Gottwald Art 19 Brüssel IIa-VO Rn 2). Dies unterstellt, erscheint allerdings noch fraglich, wie zB ein deutsches Gericht, bei dem die Aufhebung der Ehe beantragt wird, verfahren soll, wenn sich herausstellt, dass bei einem Gericht eines anderen Mitgliedstaats bereits zuvor ein Antrag auf Feststellung der Wirksamkeit der Ehe eingegangen ist. Die denkbare Erwägung, dass es sich bei Art 20 Brüssel IIb-VO im Hinblick auf den innereuropäischen Rechtsverkehr um eine abschließende Regelung handele und dass das deutsche Gericht daher sein Verfahren nicht aussetzen dürfe, würde die Regelungsziele dieser Vorschrift (s Rn 4) evident verfehlen. In Betracht kommen dann noch eine Anwendung der Regeln des autonomen deutschen Internationalen Verfahrensrechts (entsprechend § 113 Abs 1 FamFG, § 261 Abs 3 Nr 1 ZPO) oder eine **analoge Anwendung von Art 20 und Art 17 Brüssel IIb-VO**, wobei Letzteres vorzugswürdig erscheint (für Anwendung von Art 20 Brüssel IIb-VO offenbar auch Thomas/Putzo/Hüsstege Art 20 Brüssel IIb-VO Rn 1; für die Anwendung des mitgliedstaatlichen bzw etwaigen staatsvertraglichen Rechts hingegen Gitschthaler/Prisching Art 19 Brüssel IIa-VO Rn 7).

26 Ähnliche Fragen können sich im Hinblick auf **Verfahren des einstweiligen Rechtsschutzes** stellen: Da sie, auch wenn sie sich auf eine Ehestatussache beziehen, nicht in den sachlichen Anwendungsbereich der Brüssel IIb-VO fallen (s Art 1 Brüssel IIb-VO Rn 47 ff), lässt sich aus Art 20 Brüssel IIb-VO zumindest in direkter Anwendung nichts für Fälle ableiten, in denen solche Verfahren in verschiedenen Mitgliedstaaten miteinander oder mit Hauptsacheverfahren konkurrieren (vgl zu den Vorgaben der Brüssel IIb-VO in Kindschaftssachen Garber/Neumayr, in: FS Thümmel 171, 187 ff).

4. Zeitlicher Anwendungsbereich

27 Im Hinblick auf den Übergang von der Brüssel IIa-VO zur Brüssel IIb-VO zum 1. 8. 2022 kann die Frage auftreten, unter welchen Voraussetzungen Art 19 Brüssel IIa-VO noch fortgilt. Beachte dazu Art 100 Brüssel IIb-VO Rn 3.

IV. Verfahrensfragen

1. Aussetzung des später eingeleiteten Verfahrens

Der Verordnungsgeber kann nicht verhindern, dass ein Ehegatte ein Gericht anruft, obwohl eine Ehestatussache betreffend dieselbe Ehe bereits in einem anderen Mitgliedstaat anhängig ist. Vielmehr schreibt Art 20 Abs 1 Brüssel IIb-VO in einem solchen Fall zunächst vor, dass das nach Maßgabe von Art 17 Brüssel IIb-VO später angerufene Gericht das Verfahren auszusetzen hat, bis die Zuständigkeit des zuerst angerufenen Gerichts geklärt ist (Abs 1). Man mag diese **Aussetzungspflicht** als **Rechtshängigkeitssperre** bezeichnen, wenngleich dieser Begriff eher missverständlich erscheint, weil von Rechtshängigkeit nur in der Überschrift von Art 20 Brüssel IIb-VO (und den Erwägungsgründen 35 S 4, 38 und 56) die Rede ist und Art 17 Brüssel IIb-VO mit der Anrufung des Gerichts etwas anderes meint als Rechtshängigkeit iSv § 261 ZPO (s Art 17 Brüssel IIb-VO Rn 15). 28

Für die Aussetzungspflicht kommt es nicht darauf an, ob sich die **internationale Zuständigkeit** der beteiligten Gerichte aus Art 3–5 Brüssel IIb-VO oder gem Art 6 Brüssel IIb-VO aus dem mitgliedstaatlichen Recht ergibt (klarstellend etwa NK-BGB/Gruber Art 19 EheVO 2003 Rn 5; Hausmann Rn A 171). Ebenso wenig spielt es eine Rolle, welches **Eheauflösungsstatut** die Gerichte zugrunde legen, ob also die Scheidung in einem Mitgliedstaat auf Verschulden und in einem anderen auf Zerrüttung der Ehe gestützt wird. 29

Weil sich der Aussetzungsbefehl unmittelbar aus der Verordnung ergibt, bedarf es keiner analogen Anwendung mitgliedstaatlicher Vorschriften, in Deutschland also von § 21 FamFG oder von § 113 Abs 1 FamFG, § 148 ZPO (wie hier etwa Pabst Rn 602; **aA** etwa Althammer/Althammer Art 19 Brüssel IIa-VO Rn 13; Prütting/Gehrlein/Dimmler Art 19 Brüssel IIa-VO Rn 2; NK-BGB/Gruber Art 19 EheVO 2003 Rn 16). Die Aussetzung gem Art 20 Abs 1 Brüssel IIb-VO muss **ermessensunabhängig und von Amts wegen** erfolgen; dies belegt bereits ein Umkehrschluss zur abweichenden Regelung in Art 33 Abs 1 und Abs 4 Brüssel Ia-VO. Allerdings ist das Gericht, um eine Aussetzung überhaupt in Erwägung ziehen zu können, auf einen substantiierten Vortrag hinsichtlich der Existenz eines Parallelverfahrens angewiesen (vgl Thomas/Putzo/Hüsstege Art 20 Brüssel IIb-VO Rn 1; Prütting/Gehrlein/Dimmler Art 19 Brüssel IIa-VO Rn 6). Hat ein Gericht Zweifel, ob es selbst oder womöglich das Gericht eines anderen Mitgliedstaats als erstes iSv Art 17 Brüssel IIb-VO angerufen worden ist, so bieten sich eine **direkte Kommunikation** und ein Informationsaustausch mit dem anderen Gericht nach Maßgabe von Art 86 Abs 1, Abs 2 S 2 lit c Brüssel IIb-VO an. Zur praktischen Umsetzung mit Hilfe des Europäischen Justiziellen Netzes für Zivil- und Handelssachen vgl Art 86 Brüssel IIb-VO Rn 2. 30

Kommt es zu einer **Erledigung des Verfahrens** vor dem zuerst angerufenen Gericht, so entfällt die Verpflichtung zur Aussetzung des Zweitverfahrens. Nach einer merkwürdigen Formulierung des EuGH wird in dieser Situation das später angerufene Gericht zum Zeitpunkt der Erledigung zum zuerst angerufenen Gericht (EuGH 6. 10. 2015 – C- 489/14 A/B, FamRZ 2015, 2036 Rn 38 mAnm Althammer = NJW 2015, 3776 mAnm Rieck = FamRB 2016, 43 [Dimmler]; beachte dazu auch Hilbig-Lugani GPR 2016, 132, 133; OLG Stuttgart 12. 5. 2016 – 17 WF 239/15, FamRZ 2016, 1601). Die Aussetzung im Zweitstaat endet auch 31 spätestens dann, wenn das frühere Verfahren zwar abgeschlossen, damit aber das im zweiten Verfahren verfolgte **weitergehende Rechtsschutzziel** noch nicht erreicht worden ist (vgl HAUSMANN Rn A 201; THOMAS/PUTZO/HÜSSTEGE Art 20 Brüssel IIb-VO Rn 9). So verhält es sich zB, wenn im ersten Mitgliedstaat die Trennung der Ehe ausgesprochen wurde, im anderen Mitgliedstaat hingegen die Ungültigerklärung oder Scheidung der Ehe beantragt ist.

32 Die Aussetzung des deutschen Scheidungsverfahrens gem Art 20 Brüssel IIb-VO wegen eines vorrangigen ausländischen Parallelverfahrens erfasst nach § 136 FamFG wegen § 137 Abs 1 FamFG auch die nicht vom sachlichen Anwendungsbereich der Brüssel IIb-VO erfassten **Folgesachen** (dazu OLG Brandenburg 7. 11. 2013 – 15 WF 210/13, FamRZ 2014, 860 mAnm HEITER; THOMAS/PUTZO/HÜSSTEGE Art 20 Brüssel IIb-VO Rn 6).

2. Verhältnis von Art 20 Abs 1 zu Art 18 Brüssel IIb-VO

33 Ist das später angerufene Gericht bereits nach den allgemeinen Regeln **international unzuständig**, so liegt es nahe, dass es nicht etwa sein Verfahren gem Art 20 Abs 1 Brüssel IIb-VO auszusetzen, sondern den Antrag gem Art 18 Brüssel IIb-VO abzuweisen hat (so PRÜTTING/GEHRLEIN/DIMMLER Art 19 Brüssel IIa-VO Rn 2; vgl in diesem Sinne zum LugÜ 2007 auch BGH 3. 4. 2014 – IX ZB 88/12, NJW 2014, 2800, 2801).

34 Eine Besonderheit gilt allerdings dann, wenn die Unzuständigkeit des später angerufenen Gerichts darauf beruht, dass ihm **Art 6 Abs 1 Brüssel IIb-VO** mit Rücksicht auf die im Erststaat eröffnete Zuständigkeit den Rückgriff auf einen Zuständigkeitsgrund seines mitgliedstaatlichen Rechts verwehrt. Um in dieser Situation einen negativen Kompetenzkonflikt zu vermeiden, sollte sich das Gericht im Zweitstaat nicht sofort gem Art 18 Brüssel IIb-VO für unzuständig erklären, sondern sein Verfahren zunächst gem Art 20 Abs 1 Brüssel IIb-VO aussetzen, um abzuwarten, ob das Gericht im Erststaat seine Zuständigkeit womöglich rechtskräftig verneint (ähnlich GITSCHTHALER/PRISCHING Art 17 Brüssel IIa-VO Rn 12). Kommt es dazu, so entfällt die Sperre gem Art 6 Abs 1 Brüssel IIb-VO und das Gericht im Zweitstaat kann auf sein mitgliedstaatliches Zuständigkeitsrecht zurückgreifen (dazu Art 6 Brüssel IIb-VO Rn 9).

3. Keine positive Anerkennungsprognose oder Zuständigkeitsprüfung

35 Ein wesentlicher Unterschied zum autonomen deutschen Internationalen Verfahrensrecht (vgl etwa STAUDINGER/SPELLENBERG [2016] Anhang zu § 106 FamFG Rn 60 ff; HENRICH/ALTHAMMER/HENRICH § 98 FamFG Rn 34; PRÜTTING/HELMS/HAU vor §§ 98–106 FamFG Rn 53) besteht darin, dass Art 20 Brüssel IIb-VO keine positive Anerkennungsprognose voraussetzt bzw keine dahingehende Überprüfung erlaubt: Das später angerufene Gericht darf die Berücksichtigung des früher in einem anderen Mitgliedstaat eingeleiteten Verfahrens daher nicht von einer **Vorabkontrolle anhand der in Art 38 Brüssel IIb-VO genannten Anerkennungshindernisse** abhängig machen. Dies entspricht der ständigen Rechtsprechung zum Brüssel I-System (beachte zum EuGVÜ schon EuGH 9. 12. 2003 – C-116/02 Gasser/MISAT, EuZW 2004, 188; BGH 8. 2. 1995 – VIII ZR 14/94, NJW 1995, 1758), die sich ohne Weiteres auf die Brüssel IIb-VO übertragen lässt.

36 Für das Verbot einer Anerkennungsprognose spricht bereits das diesbezügliche Schweigen von Art 20 Brüssel IIb-VO, wenn man bedenkt, dass der Verordnungs-

geber dort, anders als in Art 33 Abs 1 lit a und Art 34 Abs 1 lit a Brüssel Ia-VO, dem später angerufenen Gericht eben keine Prüfungskompetenz zugewiesen hat. Zudem ist auf das gebotene **gegenseitige Vertrauen** zwischen den Mitgliedstaaten hinzuweisen: Die in Art 38 Brüssel IIb-VO vorgesehenen Anerkennungshindernisse betreffen den Ausnahmefall, dass sich eine im Ausland ergangene Entscheidung als unvereinbar mit überragend wichtigen Vorstellungen des Zweitstaats erweist. Solange jedoch das Verfahren im Erststaat noch nicht abgeschlossen ist, haben die Gerichte des Zweitstaats davon auszugehen, dass das zuerst angerufene ausländische Gericht in anerkennungsfähiger Weise entscheiden wird. Im Übrigen dürfte die fehlende Anerkennungsfähigkeit nur höchst selten bereits evident sein, während das ausländische Verfahren noch läuft.

Nach alledem steht es dem später angerufenen Gericht erst recht nicht frei, sein Verfahren unter Hinweis darauf fortzusetzen, dass seines Erachtens dem Gericht des anderen Mitgliedstaats die **internationale Zuständigkeit fehle** (klarstellend zu einer Kindschaftssache schon EuGH 9. 11. 2010 – C-296/10 Purrucker/Vallés Pérez, FamRZ 2011, 534; beachte zudem etwa GEIMER/SCHÜTZE/HAU/DILGER Art 19 EheVO Rn 37 ff; PRÜTTING/GEHRLEIN/DIMMLER Art 19 Brüssel IIa-VO Rn 2; NK-BGB/GRUBER Art 19 EheVO 2003 Rn 18; GITSCHTHALER/PRISCHING Art 19 Brüssel IIa-VO Rn 6, 29). Gegen die Zulässigkeit einer dahingehenden Kontrolle spricht bereits der Rechtsgedanke des Art 69 Brüssel IIb-VO. 37

4. Beendigung des später eingeleiteten Verfahrens

Sobald die Zuständigkeit des zuerst angerufenen Gerichts feststeht, erklären sich später angerufene Gerichte, die ihre Verfahren bis dahin bereits ausgesetzt hatten (Art 20 Abs 1 Brüssel IIb-VO), endgültig für unzuständig (Abs 3 Unterabs 1). Nach deutschen Gepflogenheiten wäre das von der Verordnung als **Unzuständigerklärung** umschriebene Ergebnis nur terminologisch abweichend zu formulieren, nämlich dahingehend, dass das deutsche Gericht den Antrag des Antragstellers wegen entgegenstehender anderweitiger Rechtshängigkeit (durch Beschluss, § 38 FamFG) als unzulässig abweist (zutreffend OLG Stuttgart 26. 4. 2018 – 17 UF 108/17, FamRZ 2018, 1596 Rn 42; vgl auch GEIMER, in: FS Prütting 285, 294 f). 38

Der EuGH hat sich bereits zu der **Bestimmung des Zeitpunkts** geäußert, zu dem die Zuständigkeit des zuerst angerufenen Gerichts feststeht (EuGH 6. 10. 2015 – C- 489/14 A/B, FamRZ 2015, 2036 mAnm ALTHAMMER = NJW 2015, 3776 mAnm RIECK = FamRB 2016, 43 [DIMMLER]; dazu HILBIG-LUGANI GPR 2016, 132; beachte zur Brüssel Ia-VO auch EuGH 27. 2. 2014 – C-1/13 Cartier parfums-lunettes/Ziegler France, EuZW 2014, 340, 342 mAnm THORMEYER; vgl dazu ANTHIMOS GPR 2014, 236; KOECHEL IPRax 2014, 394, 396 f). Danach soll die Zuständigkeit schon dann als hinreichend geklärt gelten, wenn sich das zuerst angerufene Gericht nicht von Amts wegen für unzuständig erklärt und keine der Parteien den Mangel seiner Zuständigkeit vor oder mit der Stellungnahme geltend gemacht hat, die nach dem innerstaatlichen Recht als das erste Verteidigungsvorbringen vor diesem Gericht anzusehen ist. Liegt zu diesem frühen Zeitpunkt noch keine Klärung im Erstverfahren vor, namentlich weil dort über die internationale Zuständigkeit gestritten wird, so bedarf es einer formell rechtskräftigen Entscheidung des Erstgerichts zur Zuständigkeitsfrage; hierzu kann allerdings auch eine Zwischenentscheidung genügen (OLG Stuttgart 12. 5. 2016 – 17 WF 239/15, FamRZ 2016, 1601; OLG Stuttgart 26. 4. 2018 – 17 UF 108/17, FamRZ 2018, 1596 Rn 41). 39

40 Die Brüssel IIb-VO schreibt dem zuerst angerufenen Gericht keine **Frist für die Klärung der Zuständigkeitsfrage** vor. Das schafft Anreize für Verschleppungsmanöver des dortigen Antragstellers und erscheint daher rechtspolitisch bedenklich (Antomo, in: Pfeiffer/Lobach/Rapp 13, 26 f), ist aber de lege lata hinzunehmen (vgl zur Diskussion über Grenzen des Prioritätsprinzips noch unten Rn 47 f).

5. Kostenrechtliche Konsequenzen

41 Während der bloßen Aussetzung des Zweitverfahrens besteht noch kein Anlass, einen dort gestellten Antrag auf **Verfahrenskostenhilfe** abzuweisen (OLG Stuttgart 12. 5. 2016 – 17 WF 239/15, FamRZ 2016, 1601; Prütting/Gehrlein/Dimmler Art 19 Brüssel IIa-VO Rn 2).

42 Die Verordnung enthält keine Vorgaben zu den kostenrechtlichen Konsequenzen, wenn das spätere Verfahren gem Art 20 Abs 3 Unterabs 1 Brüssel IIb-VO einzustellen ist. Lautete der **Antrag auf Aufhebung der Ehe**, ist der Fall der Antragsabweisung in Deutschland in § 132 FamFG nicht geregelt; vielmehr bleibt es gem § 113 Abs 1 FamFG bei den allgemeinen Regeln der ZPO, im Grundsatz also bei der Kostentragungslast des Antragstellers im Zweitverfahren (§ 91 Abs 1 ZPO). Dem kann er sich auch nicht durch Erledigungserklärung entziehen, denn sein Antrag ist nicht etwa erst nachträglich unzulässig geworden, als sich das ausländische Gericht für zuständig erklärt hat, sondern war infolge der früheren ausländischen Rechtshängigkeit von vornherein unzulässig (vgl zur Brüssel Ia-VO BGH 22. 2. 2018 – IX ZR 83/17, MDR 2018, 691; dazu Hau MDR 2018, 723). Lautete der im Zweitverfahren gescheiterte **Antrag auf Scheidung**, ist § 150 Abs 2 S 1 FamFG zu beachten; auch dann besteht in einem Fall von Art 20 Abs 3 Unterabs 1 Brüssel IIb-VO kein Anlass für eine den Antragsteller begünstigende Kostenentscheidung gem § 150 Abs 4 S 1 FamFG.

6. Fortsetzung der Rechtsverfolgung im Erstverfahren

43 Art 20 Brüssel IIb-VO lässt die Partei, die das Zweitverfahren initiiert hat, nicht rechtsschutzlos, sondern verweist sie auf die Möglichkeit einer Fortsetzung der Rechtsverfolgung im Erstverfahren. Diese in Abs 3 Unterabs 2 unklar als Vorlage bezeichnete Möglichkeit erscheint insbesondere dann bedeutsam, wenn das Rechtsschutzziel des Zweitverfahrens über das im Erstverfahren hinausreicht (s oben Rn 21). Wegen **Art 20 Abs 3 Unterabs 2 Brüssel IIb-VO** kann es dann nicht darauf ankommen, ob die lex fori des zuerst angerufenen Gerichts einen solchen Gegenantrag als verspätet einordnen würde (zutreffend etwa NK-BGB/Gruber Art 19 EheVO 2003 Rn 24; Hausmann Rn A 197). Zur internationalen Zuständigkeit für den Gegenantrag im Mitgliedstaat des Erstverfahrens vgl Art 4 Brüssel IIb-VO.

44 Zu beachten ist, dass Art 20 Abs 3 Unterabs 2 Brüssel IIb-VO dem Antragsteller des eingestellten zweiten Verfahrens nur eine Option bieten soll. Dieser kann alternativ auch abwarten, bis das Verfahren im Erststaat abgeschlossen ist, und erst dann, sofern keine Rechtskraftsperre entgegensteht, sein eigenes Rechtsschutzziel in einem dafür zuständigen Forum seiner Wahl verfolgen.

V. Grenzen des Prioritätsprinzips

1. Zuerst angerufenes Gericht noch unzuständig

Die Ermittlung des zuerst angerufenen Gerichts iSv Art 20 Brüssel IIb-VO bestimmt sich nach Art 17 Brüssel IIb-VO. Dessen Rechtsgedanke ist aber auch relevant für die Frage, wann im Falle einer Verfahrenskonkurrenz die Zuständigkeit vorzuliegen hat (allgemein zum maßgebl Zeitpunkt für die Zuständigkeitsprüfung schon Art 3 Brüssel IIb-VO Rn 77 ff). Dabei ist zu bedenken, dass Art 20 Abs 1 Brüssel IIb-VO dem zuerst angerufenen Gericht nur Gelegenheit geben soll, seine Kompetenz zu „klären", nicht aber, sie erst „herbeizuführen". Bedeutsam ist dies, wenn **das erste Gericht bei Anrufung des zweiten noch nicht zuständig** ist. 45

Man denke an den Fall, dass ein Ehegatte ein Scheidungsverfahren in Deutschland anhängig macht, obwohl die Wartefrist des Art 3 lit a (v) oder (vi) Brüssel IIb-VO noch läuft, und der andere Ehegatte leitet währenddessen ein Verfahren in Frankreich ein, wobei sich das dortige Gericht zB bereits auf Art 3 lit a (iii) Brüssel IIb-VO stützen kann. Dann muss das französische Gericht, weil es später angerufen wurde, sein Verfahren zwar zunächst gem Art 20 Abs 1 Brüssel IIb-VO aussetzen. Dennoch führt die Zuständigkeitsprüfung des deutschen Gerichts, auch wenn die Frist des Art 3 lit a (v) oder (vi) Brüssel IIb-VO inzwischen verstrichen sein sollte, zu einem negativen Ergebnis, sodass letztlich doch das französische Verfahren fortgeführt wird (beachte OLG Köln 22. 5. 2017 – 10 UF 46/17, FamRZ 2018, 991: der Antragsteller müsse die Möglichkeit haben, einen Scheidungsantrag bei einem international zuständigen Gericht zu stellen, ohne daran durch den in diesem Moment noch unzulässigen Antrag des anderen Ehegatten gehindert zu sein; HandKommZPO/Dörner Art 3 EuEheVO Rn 14; Hausmann Rn A 82 f; Schwab/Ernst/Streicher § 4 Rn 29). 46

2. Zeitliche Grenzen der Aussetzungspflicht?

Werden konkurrierende Verfahren in verschiedenen Mitgliedstaaten eingeleitet, so kann fraglich sein, wie lange die Aussetzungspflicht zugunsten des früher eingeleiteten Verfahrens gilt, wenn dieses übermäßig verzögert wird. Im Hinblick auf das EuGVÜ hatte sich der EuGH klar positioniert (EuGH 9. 12. 2003 – C-116/02 Gasser/MISAT, EuZW 2004, 188): Danach dürfen die Gerichte im Zweitstaat nicht deshalb vom Prioritätsprinzip abweichen, weil Verfahren im Erststaat erfahrungsgemäß und auch im konkreten Fall unvertretbar lange dauern. Dem liegt die Vorstellung zugrunde, dass die Rechtspflegesysteme aller Mitgliedstaaten qualitativ gleichwertig sind. Das ist eine im Binnenmarkt durchaus sinnvolle Arbeitshypothese (vgl etwa Kohler ZEuS 2016, 135), der freilich im konkreten Fall einer **extremen Verfahrensverzögerung bzw -verschleppung** nicht mehr blind zu trauen ist, wenn der durch Art 6 EMRK bzw Art 47 Grundrechte-Charta verbürgte Justizgewährungsanspruch beeinträchtigt wird (ähnlich BGH 6. 2. 2002 – VIII ZR 106/01, NJW 2002, 2795; Althammer/Althammer Art 19 Brüssel IIa-VO Rn 22; Geimer/Schütze/Hau/Dilger Art 19 EheVO Rn 41 ff; Gitschthaler/Prisching Art 19 Brüssel IIa-VO Rn 33 ff). 47

Die allzu kategorischen Aussagen des EuGH zur zeitlichen Reichweite der Aussetzungspflicht setzen letztlich die falschen Signale und schaffen nicht nur Raum, sondern auch **Anreize für missbräuchliche Praktiken**. Den zum Brüssel I-System unter- 48 breiteten Vorschlag der Kommission, das zuerst angerufene Gericht durch eine Sechsmonatsfrist stärker in die Pflicht zu nehmen (KOM[2010] 748, 38), hat der Verordnungsgeber allerdings weder in der Brüssel Ia-VO noch in der Brüssel IIb-VO aufgegriffen. Daher bleibt zu überlegen, inwieweit ersichtlich arglistigem Parteiverhalten in Extremfällen mit einem ungeschriebenen **Missbrauchsverbot** begegnet werden kann (dafür etwa Thole ZZP 122 (2009), 423; für nicht gangbar hält dies BGH 18. 9. 2013 – V ZB 163/12, RIW 2014, 78, 79).

VI. Konsequenzen einer Verletzung von Art 20 Brüssel IIb-VO

1. Anerkennung

49 Ignoriert ein Gericht entgegen Art 20 Brüssel IIb-VO die frühere Einleitung eines Verfahrens in einem anderen Mitgliedstaat, so löst dieser Umstand grundsätzlich **kein Anerkennungshindernis** iSv Art 38 Brüssel IIb-VO hinsichtlich der Entscheidung aus, die im später eingeleiteten Verfahren ergeht (insoweit abweichend das autonome deutsche Anerkennungsrecht, vgl § 109 Abs 1 Nr 3 FamFG). Dies hat der EuGH zur Brüssel IIa-VO klargestellt (EuGH 16. 1. 2019 – C-386/17 Liberato/Grigorescu, FamRZ 2019, 1164 Rn 47 ff mAnm vHein/Grohmann = FamRB 2019, 174 [Dimmler]; dazu Dutta ZEuP 2020, 897, 939 f; Mansel/Thorn/Wagner IPRax 2020, 97, 114). Dabei hat er auch auf Art 24 Brüssel IIa-VO (nunmehr: Art 69 Brüssel IIb-VO) verwiesen, was bedeutsam ist wegen des dort in S 2 enthaltenen Verbotes, auf den anerkennungsrechtlichen Ordre-public-Vorbehalt zurückzugreifen. Schon damals wurde mit Blick auf die seinerzeit anstehende Reform allerdings dafür plädiert, die Verordnung de lege ferenda um einen Versagungsgrund zu ergänzen, um eine Missachtung des Prioritätsprinzips sanktionieren zu können (beachte Generalanwalt Bot, C-386/17 Liberato/Grigorescu; vHein/Grohmann FamRZ 2019, 1167, 1169; vgl auch schon Sonnentag, in: Pfeiffer/Wittmann/Escher [2018] 9, 25 mwNachw). Dem hat sich der Verordnungsgeber jedoch, wie Erwägungsgrund 56 S 3 zur Brüssel IIb-VO belegt, nicht angeschlossen (Brosch, in: Duden 143, 150 f; krit Antomo, in: Pfeiffer/Lobach/Rapp 13, 26 f).

2. Abwehrmaßnahmen gegen ausländische Verfahren?

50 Ist aus deutscher Sicht ein ausländisches Parallelverfahren deshalb unbeachtlich, weil es später eingeleitet wurde, so hat das deutsche Gericht zur Sache zu entscheiden. Es besteht daher die Gefahr, dass der positive Kompetenzkonflikt nicht aufgelöst wird, wenn auch das konkurrierende Gericht im anderen Mitgliedstaat sein Verfahren fortsetzt. Dies ist bedauerlich, aber hinzunehmen. Schon im Verhältnis zu Drittstaaten kann im Inland nur in ganz extremen Ausnahmefällen eine gerichtliche Entscheidung erwirkt werden, die einer Partei das Einleiten oder Fortsetzen eines Verfahrens im Ausland untersagt (näher etwa Linke/Hau Rn 7.31 ff). Im innereuropäischen Rechtsverkehr bleibt für solche sog **antisuit injunctions** von vornherein keinerlei Raum (deutlich schon EuGH 27. 4. 2004 – C-159/02 Turner/Grovit, IPRax 2004, 425; bedauerlicherweise weniger klar EuGH 19. 9. 2018 – C-325/18 PPU und C-375/18 PPU Hampshire Country Council, FamRZ 2019, 56, 61 f, dort zu der Frage, ob die Gerichte eines Mitgliedstaats den Behörden eines anderen Mitgliedstaats mittels einstweiliger Maßnahme die Einleitung oder Fortsetzung eines Adoptionsverfahrens untersagen können; berechtigte Kritik an der letztgenannten Entscheidung üben Brosch, in: Duden 143, 151 ff; Dutta ZEuP 2020, 897, 907 ff).

Artikel 21
Recht des Kindes auf Meinungsäußerung

(1) Bei der Ausübung ihrer Zuständigkeit nach Abschnitt 2 geben die Gerichte der Mitgliedstaaten im Einklang mit den nationalen Rechtsvorschriften und Verfahren dem Kind, das fähig ist, sich seine eigene Meinung zu bilden, eine echte und wirksame Gelegenheit, diese Meinung direkt oder durch einen Vertreter oder eine geeignete Stelle zu äußern.

(2) Gibt das Gericht im Einklang mit den nationalen Rechtsvorschriften und Verfahren einem Kind Gelegenheit zur Meinungsäußerung gemäß diesem Artikel, so misst es der Meinung des Kindes entsprechend seinem Alter und seiner Reife gebührendes Gewicht bei.

Bis 31. 7. 2022 geltende Regelung: keine Entsprechung.

Schrifttum

Böhm, Das Recht des Kindes auf Meinungsäußerung (Art 21 Brüssel IIb-VO), in: Garber/Lugani (Hrsg), Die Brüssel IIb-Verordnung (2022) 273.

1 Die mit der Brüssel IIb-VO neu geschaffene Vorschrift zum Schutz rechtlichen Gehörs erscheint in der Sache sinnvoll (vgl zur Neuregelung Erwägungsgrund 39 und aus dem Schrifttum etwa Antomo, in: Pfeiffer/Lobach/Rapp 13, 42 ff; Biagioni/Carpaneto Yb of Private International Law XXII [2020/2021] 139, 140 ff; Böhm, in: Garber/Lugani 273; Pachmayr ZJS 2022, 311, 312 ff). Allerdings ist sie in Abschnitt 3 merkwürdig platziert; denn sie bezieht sich ausweislich der Bezugnahme auf Abschnitt 2 ausschließlich auf Kindschaftssachen. Für eine **Ehesache** gilt Art 21 Brüssel IIb-VO selbst dann nicht, wenn daran ein minderjähriger Ehegatte, also ein Kind iSv Art 2 Abs 2 Nr 6 Brüssel IIb-VO, beteiligt ist (in Deutschland zB in einem Fall gem Art 13 Abs 2 EGBGB). Zu den Konsequenzen einer **Gehörsverletzung** beachte Art 39 Abs 2 Brüssel IIb-VO, der – anders als Art 23 lit b Brüssel IIa-VO – nicht mehr zwingend einen Anerkennungsversagungsgrund vorsieht („kann abgelehnt werden"; vgl dazu Erwägungsgründe 57 und 71).

Kapitel III
Internationale Kindesentführung

Vorbemerkung zu Art 22 ff Brüssel IIb-VO

Schrifttum

ANTOMO, Die Neufassung der Brüssel IIa-Verordnung – erfolgte Änderungen und verbleibender Reformbedarf, in: PFEIFFER/LOBACH/RAPP (Hrsg), Europäisches Familienrecht: Stand und Perspektiven (2020) 13

BALTHASAR-WACH, Die Neufassung der Brüssel IIa-VO – Übersicht wesentlicher Änderungen von der Brüssel IIa-VO zur Brüssel IIb-VO, ZfRV 2022, 20

BEAUMONT/WALKER/HOLLIDAY, Parental Responsibility and International Child Abduction in the proposed recast of Brussels IIa Regulation and the effect of Brexit on future child abduction proceedings, International Family Law Journal 2016, 211

BERGAMINI/RAGNI, Fundamental Rights and Best Interests of the Child in Transnational Families (2019)

BIAGIONI/CARPANETO, Children under Brussels II ter Regulation, Yb of Private International Law XXII (2020/2021) 139

BRIEGER/HIRSCH, Deutsches Best Practice Tool für die Anerkennung und Vollstreckung von familienrechtlichen Vereinbarungen innerhalb der Europäischen Union (2020)

BROSCH, Die Neufassung der Brüssel IIa-Verordnung, GPR 2020, 179

CHALAS, Renvoi à une juridiction mieux placée selon l'article 15 du règlement Bruxelles II bis: les risques de la comparaison, Rev crit d i p 2020, 120

CORNELOUP/KRUGER, Le règlement 2019/1111, Bruxelles II: la protection des enfants gagne du ter(rain), Rev crit d i p 2020, 215

DEUSCHL, Kindesentführungen: Das Zusammenspiel HKÜ und VO 2019/1111, NZFam 2021, 149

ERB-KLÜNEMANN, Einvernehmliche Lösungen in Kindesentführungssachen zwischen der Brüssel IIb-VO und dem HKÜ, in: BUDZIKIEWICZ/HEIDERHOFF/KLINKHAMMER/NIETHAMMER-JÜRGENS (Hrsg), Neue Impulse im europäischen Familienkollisionsrecht (2021) 25

ERB-KLÜNEMANN/NIETHAMMER-JÜRGENS, Die neue Brüssel IIa-VO – Neue Regelungen für die Zuständigkeit, die Anerkennung und Vollstreckung von Entscheidungen in Ehesachen und in Verfahren betreffend die elterliche Verantwortung für internationale Kindesentführungen, FamRB 2019, 454

FINGER, Die Zuständigkeit und Vollstreckung von Entscheidungen in Ehesachen und in Verfahren betreffend die elterliche Verantwortung und über internationale Kindesentführungen, FuR 2019, 640

FLINDT, Die neue Brüssel IIb-VO, NZFam 2022, 669

GASCÓN INCHAUSTI/PEITEADO MARISCAL, International child abduction in the case law of the court of Justice of the european Union: learning from the past and looking to the future, Polski Proces Cywilny 2021, 617

GRUBER/MÖLLER, Die Neufassung der EuEhe-VO, IPRax 2020, 393

JANZEN/WAGNER, Die IntFamRVG-Novelle nach der Neufassung der EuEheVO, IPRax 2022, 545

KLINKHAMMER, Das Durchführungsgesetz zur Brüssel IIb-VO, FamRZ 2022, 325

KRUGER/CARPANETO/MAOLI/LEMBRECHTS/VAN HOF/SCIACCALIGA, Current-day international child abduction: does Brussels IIb live up to the challenges?, JPIL 18 (2022) 159

MARTINY, New efforts in judicial cooperation in european child abduction cases, Polski Proces Cywilny 2021, 501

NADEMLEINSKY, Internationale Kindesentfüh-

rung unter der Brüssel IIb-VO, in: Garber/Lugani (Hrsg), Die Brüssel IIb-Verordnung (2022) 301
Pachmayr, Die wesentlichen Neuregelungen der Brüssel IIb-VO im Hinblick auf Kindschaftssachen, ZJS 2022, 311
Schulz, Die Neufassung der Brüssel IIa-Verordnung, FamRZ 2020, 1141.

1 Eine der wesentlichen Neuerungen der Brüssel IIb-VO sind die in Kap III zusammengestellten ausführlichen Vorschriften zu internationalen Kindesentführungen. Damit werden die wenigen zuvor in Art 11 Brüssel IIa-VO enthaltenen Regelungen ganz erheblich erweitert, im Lichte der diesbezüglichen EuGH-Judikatur modifiziert und besser mit dem Haager Übereinkommen über die zivilrechtlichen Aspekte internationaler Kindesentführungen v 25. 10. 1980 (BGBl 1990 II 207) abgestimmt. Beachte dazu die Erwägungsgründe 40–52, zudem Art 96 Brüssel IIb-VO sowie die deutschen Ausführungsbestimmungen in §§ 37 ff IntFamRVG (geändert durch Art 1 G v 10. 8. 2021, BGBl 2021 I 3424; vgl den Regierungsentwurf, BT-Drucks 19/28681, 50 ff). Kap III ist nicht Gegenstand der vorliegenden Kommentierung zu den Ehesachen der Brüssel IIb-VO.

Artikel 22
Rückgabe des Kindes nach dem Haager Übereinkommen von 1980

Beantragt eine Person, Behörde oder sonstige Stelle direkt oder mit Hilfe einer Zentralen Behörde unter Berufung auf eine Verletzung des Sorgerechts bei dem Gericht eines Mitgliedstaats eine Entscheidung auf der Grundlage des Haager Übereinkommens von 1980, mit der die Rückgabe eines Kindes unter 16 Jahren angeordnet wird, das widerrechtlich in einen anderen Mitgliedstaat als den Mitgliedstaat, in dem das Kind unmittelbar vor dem widerrechtlichen Verbringen oder Zurückhalten seinen gewöhnlichen Aufenthalt hatte, verbracht wurde oder dort zurückgehalten wird, so gelten die Artikel 23 bis 29 und Kapitel VI der vorliegenden Verordnung ergänzend zum Haager Übereinkommen von 1980.

Bis 31. 7. 2022 geltende Regelung: Art 11 Abs 1 Brüssel IIa-VO (s Textanh 2 Rn 3).

Artikel 23
Entgegennahme und Bearbeitung von Anträgen durch die Zentralen Behörden

(1) Die ersuchte Zentrale Behörde bearbeitet einen auf das Haager Übereinkommen von 1980 gestützten Antrag im Sinne von Artikel 22 mit gebotener Eile.

(2) Geht bei der Zentralen Behörde des ersuchten Mitgliedstaats ein Antrag gemäß Artikel 22 ein, bestätigt sie dessen Empfang binnen fünf Arbeitstagen nach Eingang des Antrags. Sie unterrichtet ohne ungebührliche Verzögerung die Zentrale Behörde des ersuchenden Mitgliedstaats oder gegebenenfalls den Antragsteller über die ersten Maßnahmen, die im Hinblick auf den Antrag getroffen wurden oder noch getrof-

fen werden, und kann weitere erforderliche Unterlagen und Informationen anfordern.

Bis 31. 7. 2022 geltende Regelung: keine Entsprechung.

Artikel 24
Zügige Gerichtsverfahren

(1) Das Gericht, bei dem die Rückgabe eines Kindes nach Artikel 22 beantragt wird, befasst sich mit gebotener Eile mit dem Antrag und bedient sich dabei der zügigsten im nationalen Recht vorgesehenen Verfahren.

(2) Unbeschadet des Absatzes 1 erlässt ein Gericht erster Instanz seine Entscheidung spätestens sechs Wochen nach seiner Anrufung, es sei denn, dass dies aufgrund außergewöhnlicher Umstände nicht möglich ist.

(3) Außer wenn dies aufgrund außergewöhnlicher Umstände nicht möglich ist, erlässt ein Gericht höherer Instanz seine Entscheidung spätestens sechs Wochen, nachdem alle erforderlichen Verfahrensschritte durchgeführt wurden und das Gericht in der Lage ist, den Rechtsbehelf entweder in einer Anhörung oder auf andere Weise zu prüfen.

Bis 31. 7. 2022 geltende Regelung: Art 11 Abs 3 Brüssel IIa-VO (s Textanh 2 Rn 3), ohne Entsprechung zu Art 24 Abs 2 und 3 Brüssel IIb-VO.

Artikel 25
Alternative Streitbeilegungsverfahren

Das Gericht fordert die Parteien zum frühestmöglichen Zeitpunkt und in jeder Lage des Verfahrens entweder direkt oder gegebenenfalls mit Hilfe der Zentralen Behörden auf, zu prüfen, ob sie gewillt sind, eine Mediation oder andere alternative Streitbeilegungsverfahren in Anspruch zu nehmen, es sei denn, dass dies dem Kindeswohl widerspricht, im Einzelfall nicht angebracht wäre oder das Verfahren hierdurch über Gebühr verzögert würde.

Bis 31. 7. 2022 geltende Regelung: keine Entsprechung.

Artikel 26
Recht des Kindes auf Meinungsäußerung im Rückgabeverfahren

Artikel 21 dieser Verordnung gilt auch für Rückgabeverfahren nach dem Haager Übereinkommen von 1980.

Bis 31. 7. 2022 geltende Regelung: Art 11 Abs 2 Brüssel IIa-VO (s Textanh 2 Rn 3).

Artikel 27
Verfahren für die Rückgabe des Kindes

(1) Ein Gericht kann die Rückgabe eines Kindes nicht verweigern, wenn der Person, die die Rückgabe des Kindes beantragt hat, nicht die Gelegenheit gegeben wurde, gehört zu werden.

(2) Das Gericht kann im Einklang mit Artikel 15 in jeder Lage des Verfahrens prüfen, ob der Kontakt zwischen dem Kind und der Person, die dessen Rückgabe beantragt, gewährleistet werden soll, wobei das Kindeswohl zu berücksichtigen ist.

(3) Zieht ein Gericht in Erwägung, die Rückgabe eines Kindes nur aufgrund von Artikel 13 Absatz 1 Buchstabe b des Haager Übereinkommens von 1980 abzulehnen, lehnt es die Rückgabe des Kindes nicht ab, wenn die Partei, die sich um die Rückgabe des Kindes bemüht, das Gericht durch Vorlage hinreichender Nachweise davon überzeugt oder das Gericht auf andere Weise zu der Überzeugung gelangt, dass angemessene Vorkehrungen getroffen wurden, um den Schutz des Kindes nach seiner Rückgabe zu gewährleisten.

(4) Für die Zwecke des Absatzes 3 dieses Artikels kann das Gericht entweder direkt nach Artikel 86 oder mit Hilfe der Zentralen Behörden mit den zuständigen Behörden des Mitgliedstaats kommunizieren, in dem das Kind unmittelbar vor dem widerrechtlichen Verbringen oder Zurückhalten seinen gewöhnlichen Aufenthalt hatte.

(5) Wenn das Gericht die Rückgabe des Kindes anordnet, kann das Gericht gegebenenfalls einstweilige Maßnahmen einschließlich Schutzmaßnahmen nach Artikel 15 dieser Verordnung anordnen, um das Kind vor der schwerwiegenden Gefahr im Sinne des Artikels 13 Absatz 1 Buchstabe b des Haager Übereinkommens von 1980 zu schützen, sofern die Prüfung und Anordnung dieser Maßnahmen das Rückgabeverfahren nicht über Gebühr verzögern würde.

(6) Eine Entscheidung, mit der die Rückgabe des Kindes angeordnet wird, kann ungeachtet der Einlegung eines Rechtsbehelfs für vorläufig vollstreckbar erklärt werden, wenn die Rückgabe des Kindes vor der Entscheidung über den Rechtsbehelf aus Gründen des Kindeswohls erforderlich ist.

Bis 31. 7. 2022 geltende Regelung: Art 11 Abs 4 und 5 Brüssel IIa-VO (s Textanh 2 Rn 3), ohne Entsprechung zu Art 27 Abs 2, 4, 5 und 6 Brüssel IIb-VO.

Artikel 28
Vollstreckung von Entscheidungen, mit denen die Rückgabe des Kindes angeordnet wird

(1) Eine für die Vollstreckung zuständige Behörde, bei der die Vollstreckung einer Entscheidung beantragt wird, mit der die Rückgabe eines Kindes in einen anderen Mitgliedstaat angeordnet wird, bearbeitet den Antrag mit gebotener Eile.

(2) Wurde eine Entscheidung gemäß Absatz 1 nicht binnen sechs Wochen nach dem Tag der Einleitung des Vollstreckungsverfahrens vollstreckt, hat die die Vollstreckung betreibende Partei oder die Zentrale Behörde des Vollstreckungsmitgliedstaats das Recht, von der für die Vollstreckung zuständige Behörde eine Angabe der Gründe für die Verzögerung zu verlangen.

Bis 31. 7. 2022 geltende Regelung: keine Entsprechung.

Artikel 29
Verfahren im Anschluss an die Ablehnung der Rückgabe des Kindes gemäß Artikel 13 Absatz 1 Buchstabe b und Artikel 13 Absatz 2 des Haager Übereinkommens von 1980

(1) Dieser Artikel kommt zur Anwendung, wenn eine Entscheidung, die Rückgabe eines Kindes in einen anderen Mitgliedstaat abzulehnen, sich nur auf Artikel 13 Absatz 1 Buchstabe b oder Artikel 13 Absatz 2 des Haager Übereinkommens von 1980 stützt.

(2) Das Gericht, das eine Entscheidung gemäß Absatz 1 fällt, stellt unter Verwendung des in Anhang I wiedergegebenen Formblatts von Amts wegen eine Bescheinigung aus. Die Bescheinigung wird in der Sprache ausgefüllt und ausgestellt, in der die Entscheidung abgefasst ist. Die Bescheinigung kann auch in einer anderen Amtssprache der Organe der Europäischen Union, die von einer Partei gewünscht wird, ausgestellt werden. Dies verpflichtet das die Bescheinigung ausstellende Gericht nicht dazu, eine Übersetzung oder Transliteration der übersetzbaren Inhalte der Freitextfelder bereitzustellen.

(3) Wenn zu dem Zeitpunkt, zu dem das Gericht eine Entscheidung gemäß Absatz 1 fällt, ein Gericht in dem Mitgliedstaat, in dem das Kind unmittelbar vor dem widerrechtlichen Verbringen oder Zurückhalten seinen gewöhnlichen Aufenthalt hatte, bereits mit einem Verfahren zur Prüfung des Sorgerechts befasst wurde, übermittelt das Gericht, wenn es Kenntnis von diesem Verfahren hat, binnen eines Monats ab

der Entscheidung nach Absatz 1 dem Gericht dieses Mitgliedstaats direkt oder über die Zentralen Behörden folgende Unterlagen:

a) eine Abschrift seiner Entscheidung gemäß Absatz 1;

b) die nach Absatz 2 ausgestellte Bescheinigung; und

c) gegebenenfalls ein Protokoll, eine Zusammenfassung oder eine Niederschrift der Anhörung und alle anderen Unterlagen, die es als sachdienlich erachtet.

(4) Das Gericht in dem Mitgliedstaat, in dem das Kind unmittelbar vor dem widerrechtlichen Verbringen oder Zurückhalten seinen gewöhnlichen Aufenthalt hatte, kann erforderlichenfalls eine Partei auffordern, gemäß Artikel 91 eine Übersetzung oder Transliteration der Entscheidung gemäß Absatz 1 und aller anderen der Bescheinigung gemäß Absatz 3 Buchstabe c des vorliegenden Artikels beigefügten Unterlagen vorzulegen.

(5) Wenn in anderen als den in Absatz 3 genannten Fällen eine der Parteien binnen drei Monaten nach Mitteilung der Entscheidung nach Absatz 1 ein Gericht in dem Mitgliedstaat, in dem das Kind unmittelbar vor dem widerrechtlichen Verbringen oder Zurückhalten seinen gewöhnlichen Aufenthalt hatte, mit der Prüfung des Sorgerechts befasst, legt sie dem Gericht folgende Unterlagen vor:

a) eine Abschrift der Entscheidung gemäß Absatz 1;

b) die nach Absatz 2 ausgestellte Bescheinigung; und

c) gegebenenfalls ein Protokoll, eine Zusammenfassung oder eine Niederschrift der Anhörung vor dem Gericht, das die Rückgabe des Kindes abgelehnt hat.

(6) Unbeschadet einer Entscheidung gemäß Absatz 1, ein Kind nicht zurückzugeben, ist jede Sorgerechtsentscheidung, die in einem Verfahren gemäß den Absätzen 3 und 5 ergeht und die Rückgabe des Kindes zur Folge hat, gemäß Kapitel IV in einem anderen Mitgliedstaat vollstreckbar.

Bis 31. 7. 2022 geltende Regelung: Art 11 Abs 6–8 Brüssel IIa-VO (s Textanh 2 Rn 3), ohne Entsprechung zu Art 29 Abs 1, 2 und 4 Brüssel IIb-VO.

Kapitel IV
Anerkennung und Vollstreckung

Abschnitt 1
Allgemeine Bestimmungen über die Anerkennung und die Vollstreckung

Unterabschnitt 1
Anerkennung

Artikel 30
Anerkennung einer Entscheidung

(1) Die in einem Mitgliedstaat ergangenen Entscheidungen werden in den anderen Mitgliedstaaten anerkannt, ohne dass es hierfür eines besonderen Verfahrens bedarf.

(2) Unbeschadet des Absatzes 3 bedarf es keines besonderen Verfahrens für die Aktualisierung der Personenstandsbücher eines Mitgliedstaats auf der Grundlage einer in einem anderen Mitgliedstaat ergangenen Entscheidung über Ehescheidung, Trennung ohne Auflösung des Ehebandes oder Ungültigerklärung einer Ehe, gegen die nach dem Recht dieses Mitgliedstaats keine weiteren Rechtsbehelfe eingelegt werden können.

(3) Jede interessierte Partei kann gemäß den Verfahren nach den Artikeln 59 bis 62 und gegebenenfalls nach Abschnitt 5 dieses Kapitels und nach Kapitel VI eine Entscheidung beantragen, in der festgestellt wird, dass keiner der in den Artikeln 38 und 39 genannten Gründe für eine Versagung der Anerkennung gegeben ist.

(4) Das örtlich zuständige Gericht, das jeder Mitgliedstaat gemäß Artikel 103 der Kommission mitteilt, wird durch das nationale Recht des Mitgliedstaats bestimmt, in dem das Verfahren nach Absatz 3 des vorliegenden Artikels eingeleitet wird.

(5) Ist in einem Rechtsstreit vor einem Gericht eines Mitgliedstaats die Frage der Anerkennung einer Entscheidung als Vorfrage zu beurteilen, so kann dieses Gericht hierüber befinden.

Bis 31. 7. 2022 geltende Regelung: Art 21 Brüssel IIa-VO (s Textanh 2 Rn 3).

Schrifttum

Adolphsen, Perspektive der Europäischen Union – Gegenwartsfragen der Anerkennung im Internationalen Zivilverfahrensrecht, in: Hess (Hrsg), Die Anerkennung im Internationalen Zivilprozessrecht (2014) 1

Andrae, Anerkennung und Vollstreckung von

Entscheidungen sowie die Beachtung der früheren Rechtshängigkeit nach der EheVO (Brüssel II-Verordnung), ERA-Forum 1/2003, 28

ANDRAE/HEIDRICH, Anerkennung ausländischer Entscheidungen in Ehe- und Lebenspartnerschaftssachen, FPR 2004, 292

ANTOMO, Die Neufassung der Brüssel IIa-Verordnung – erfolgte Änderungen und verbleibender Reformbedarf, in: PFEIFFER/LOBACH/RAPP (Hrsg), Europäisches Familienrecht: Stand und Perspektiven (2020) 13

BARATTA, La reconnaissance international des situations juridiques personnelles et familiales, Recueil des Cours 348 (2011) 253

BASEDOW, Die Anerkennung von Auslandsscheidungen: Rechtsgeschichte, Rechtsvergleichung, Rechtspolitik (1980)

BROSCH, Miteinander, Gegeneinander? Mutual trust im europäischen internationalen Familienrecht, in: DUDEN (Hrsg), IPR für eine bessere Welt: Vision – Realität – Irrweg? (2022) 143

BRUNEAU, La reconnaissance et l'exécution des décisions rendues dans l'union Européenne, J C P 2001, I 314

COESTER-WALTJEN, Anerkennung im Internationalen Personen-, Familien- und Erbrecht und das Europäische Kollisionsrecht, IPRax 2006, 392

CROON-GESTEFELD, Der Einfluss der Unionsbürgerschaft auf das Internationale Familienrecht, RabelsZ 86 (2022) 32

CUNIBERTI, Le fondement de l'effet des jugements étrangers (2019)

DORNBLÜTH, Die europäische Regelung der Anerkennung und Vollstreckbarerklärung von Ehe- und Kindschaftsentscheidungen (2003)

DÖRNER, Internationale Scheidungszuständigkeit und Anerkennung von Scheidungsurteilen nach der EG-Verordnung Nr 2201/2003, in: GROSSFELD/YAMAUCHI/EHLERS/ISHIKAWA (Hrsg), Probleme des deutschen, europäischen und japanischen Rechts (2006) 17

ERDEM, Ehescheidung im deutsch-türkischen Rechtsverkehr: Eine Untersuchung der internationalen Zuständigkeit, des Kollisionsrechts und der Anerkennung von Entscheidungen (2007)

GARBER/LUGANI, Die neue Brüssel IIb-Verordnung, NJW 2022, 2225

GOTTWALD, Die Anerkennung ausländischer Ehescheidungen, in: FS Rüßmann (2013) 771

GRUBER/MÖLLER, Die Neufassung der EuEheVO, IPRax 2020, 393

GRÜNENWALD/BEHRENTIN, Inzidente Anerkennung ausländischer Statusentscheidungen, NJW 2018, 2010

HAECKER, Die Anerkennung ausländischer Entscheidungen in Ehesachen (3. Aufl 2009)

HAJNCZYK, Die Zuständigkeit für Entscheidungen in Ehesachen und in anderen Familiensachen aus Anlass von Ehesachen sowie deren Anerkennung und Vollstreckung in der EG und in der Schweiz (2003)

HARDUNG, Die europäische Titelfreizügigkeit: ein Beitrag zur Konsolidierung und Kohärenzförderung (2020)

HAU, Zum Anwendungsbereich des obligatorischen Anerkennungsverfahrens für ausländische Ehestatutsentscheidungen, in: FS Spellenberg (2010) 435

ders, Zuständigkeit sowie Anerkennung und Vollstreckung von Entscheidungen in Ehe- und Kindschaftssachen, in: LEIBLE/TERHECHTE (Hrsg), Europäisches Rechtsschutz- und Verfahrensrecht (= Enzyklopädie Europarecht Band 3) (2. Aufl 2021) § 16

ders, Der Drittstaatsansässige als „Fremder" im Rahmen der europäischen justiziellen Zusammenarbeit in Zivilsachen, in: FS Kronke (2020) 139

ders, Anerkennungsrechtliches Günstigkeitsprinzip und Anerkennungsverbote in Zivil- und Handelssachen, in: FS Roth (2021) 733

HEIDERHOFF, Die Anerkennung ausländischer Entscheidungen in Ehesachen, StAZ 2009, 328

HELMS, Die Anerkennung ausländischer Entscheidungen im Europäischen Eheverfahrensrecht, FamRZ 2001, 257

HÜBNER, Die Integration der primärrechtlichen Anerkennungsmethode in das IPR, RabelsZ 85 (2021) 106

HÜSSTEGE, Die neue Brüssel IIa-Verordnung – was bleibt, was ändert sich, FamRZ 2022, 1591

JANZEN/WAGNER, Die IntFamRVG-Novelle nach der Neufassung der EuEheVO, IPRax 2022, 545

KLINCK, Das neue Verfahren zur Anerkennung ausländischer Entscheidungen nach § 108 II S 1 FamFG, FamRZ 2009, 741

Klinkhammer, Das Durchführungsgesetz zur Brüssel IIb-VO, FamRZ 2022, 325
Kohler, Vertrauen und Kontrolle im europäischen Justizraum für Zivilsachen, ZEuS 2016, 135
ders, Status und Mobilität in der Europäischen Union, IPRax 2022, 226
Laborde, Abschaffung des Exequaturverfahrens im Europäischen Internationalen Familienverfahrensrecht, in: Symposium zum 65. Geburtstag von Ulrich Spellenberg (2006) 77
Lakkis, Gestaltungsakte im internationalen Rechtsverkehr – Zur prozessualen Bindung an in- und ausländische privatrechtsgestaltende Urteile und andere privatrechtsgestaltende Hoheitsakte (2007)
Laugwitz, Die Anerkennung und Vollstreckung drittstaatlicher Entscheidungen in Zivil- und Handelssachen – Rechtsvergleichende Betrachtung und europäische Regelungsoptionen (2015)
Lazić, Recognition and enforcement of decisions in the revised Brussels II*bis* Regulation, NiPR 2021, 729
Lazić/Pretelli, Revised Recognition and Enforcement Procedures in Regulation Brussels II ter, Yb of Private International Law XXII (2020/2021) 155
Lippke, Der Status im Europäischen Zivilverfahrensrecht – Scheidung und Scheidungsfolgen im Anerkennungsrecht (2008)
Loyal, Zur Struktur und Dogmatik der Anerkennung ausländischer Gerichtsentscheidungen, ZZP 131 (2018) 373
Lugani, Anerkennung in Ehesachen, in: Garber/Lugani (Hrsg), Die Brüssel IIb-Verordnung (2022) 357
Mankowski, Nun sag, wie hast Du's mit dem Anerkennungsprinzip?, IPRax 2020, 323
Martiny, Das Günstigkeitsprinzip bei der Koordination unterschiedlicher Regeln für die Anerkennung ausländischer Entscheidungen, in: FS Geimer (2017) 451
Max-Planck-Institut für ausländisches und internationales Privatrecht (Hrsg), Handbuch des Internationalen Zivilverfahrensrechts, Bände III/1 und III/2 (1984)
Neumayr, Scheidung im internationalen Kontext: Zuständigkeit, Rechtshängigkeit und Anerkennung, iFamZ 2008, 362
Ní Shúilleabháin, Cross-Border (Non-)Recognition of Marriage and Registered Partnership: Free Movement and EU Private International Law, in: Scherpe/Bargelli (Hrsg), The Interaction Between Family Law, Succession Law and Private International Law: Adapting to Change (2021) 13
Pertegás, Recognition and Enforcement of Judgments in Family and Succession Matters, in: Malatesta/Pocar/Bariatti (Hrsg), The External Dimension of EC Private International Law in Family and Succession Matters (2008) 161
Pfeiff, Existe-t-il un droit fondamental à la permanence transfrontière des éléments du statut personnel et familial?, in: Liber amicorum Nadine Watté (2017) 461
Pietsch, Die Anerkennung von ausländischen Ehescheidungen in Deutschland, FF 2011, 237
Schack, Das neue internationale Eheverfahrensrecht in Europa, RabelsZ 65 (2001) 615
ders, Das neue Anerkennungsverfahren in Ehesachen nach § 107 FamFG – Vorbild für Europa?, in: FS Spellenberg (2010) 497
ders, „Anerkennung" ausländischer Entscheidungen, in: FS Schilken (2015) 445
Scott, A question of trust? Recognition and enforcement of judgments, NiPR 2015, 27
Sonnenberger, Anerkennung statt Verweisung? Eine neue internationalprivatrechtliche Methode?, in: FS Spellenberg (2010) 371
Sonnentag, Zielsetzung und Beurteilung der Effektivität der Brüssel IIa-Verordnung aus Sicht der Wissenschaft, in: Pfeiffer/Wittmann/Escher (Hrsg), Europäisches Familienrecht im Spiegel deutscher Wissenschaft und Praxis (2018) 9
Spellenberg, Anerkennung eherechtlicher Entscheidungen nach der Brüssel IIa-VO, ZZPInt 6 (2001) 109
Sturm, Brüssel II und der europäische Standesbeamte: Inzidentprüfung ausländischer Entscheide, die Ehen auflösen und elterliche Sorge regeln, StAZ 2002, 193
ders, Entscheidungen in Ehesachen durch Ge-

richte und Behörden in EU-Staaten, StAZ 2003, 65
De Vareilles-Sommières, La libre circulation des jugements rendus en matière matrimoniale en Europe, Gaz Pal 1999, Doc 2019
Wagner, Die Anerkennung und Vollstreckung von Entscheidungen nach der Brüssel II-Verordnung, IPRax 2001, 73
ders, Anerkennung und Wirksamkeit ausländischer familienrechtlicher Rechtsakte nach autonomem deutschem Recht, FamRZ 2006, 744
ders, Ausländische Entscheidungen, Rechtsgeschäfte und Rechtslagen im Familienrecht aus der Sicht des autonomen deutschen Rechts, FamRZ 2013, 1620
Wall, Fallen EU-Entscheidungen über die Anerkennung von Drittstaaten-Scheidungen in den Anwendungsbereich der EuEheVO?, StAZ 2012, 27
ders, Tondern-Ehe und Co-Mutterschaft im Lichte des Freizügigkeitsrechts – ein Beitrag zur „Anerkennung" von Statusverhältnissen in der EU, StAZ 2020, 2.

Systematische Übersicht

I. Überblick und Reformdiskussion

Art 30 Brüssel IIb-VO hat einen **dreifachen Regelungsgehalt**: es geht erstens um die Verpflichtung der Mitgliedstaaten zur wechselseitigen Anerkennung von Entscheidungen in Ehestatus- und Kindschaftssachen, zweitens um die Entbehrlichkeit eines förmlichen Anerkennungsverfahrens und drittens um die Eröffnung einer fakultativen Möglichkeit zur Klärung der Anerkennungsfähigkeit in einem besonderen Verfahren. Dies stimmt überein mit den **Parallelregelungen** in anderen Verordnungen zur justiziellen Zusammenarbeit in Zivilsachen, namentlich Art 36 Brüssel Ia-VO, Art 17 Abs 1 bzw Art 23 EuUntVO, Art 36 EuEheGüVO, Art 36 EuPartGüVO sowie Art 39 EuErbVO. 1

Der Wortlaut von Art 30 Brüssel IIb-VO entspricht weitestgehend demjenigen von **Art 21 Brüssel IIa-VO**, aber auch schon von Art 14 Brüssel II-Übk/Brüssel II-VO. Der erste und der letzte Absatz von Art 30 Brüssel IIb-VO sind wörtlich, der zweite ist mit geringfügigen sprachlichen Anpassungen aus Art 21 Brüssel IIa-VO übernommen worden. Am ehesten sind Abweichungen im Zusammenhang mit dem selbständigen Anerkennungsverfahren zu verzeichnen (vgl nunmehr: Abs 3 und 4; bislang: 2

Abs 3), aber auch dort hat sich letztlich nichts Grundlegendes geändert (s Rn 31). Die mit Abstand wichtigste Neuerung im Anerkennungssystem, nämlich die Aufnahme von Regeln zur **Anerkennung von öffentlichen Urkunden und Vereinbarungen** in Scheidungs- und Trennungssachen, findet sich erst in Art 64 ff Brüssel IIb-VO.

3 Soweit ersichtlich, besteht weitestgehend Einvernehmen, dass sich die europäischen Regeln zur Entscheidungsanerkennung in Ehesachen bislang bewährt haben. Der Bericht der Kommission zur Brüssel IIa-VO benannte hierzu keine Anhaltspunkte für Reformbedarf (COM[2014] 225, 12). Auch im weiteren Verlauf der Reformarbeiten gab es, anders als zum Zuständigkeitsrecht (s Art 3 Brüssel IIb-VO Rn 2 f), kaum größere **rechtspolitische Diskussionen** oder Änderungsvorschläge. Eine Ausnahme bildet nur der bisweilen geäußerte Wunsch, auch die Anerkennung **drittstaatlicher Entscheidungen** verordnungsautonom zu regeln (vgl etwa Sonnentag, in: Pfeiffer/Wittmann/Escher [2018] 9, 41 ff). Dazu konnte sich der Verordnungsgeber allerdings nicht entschließen. Das entspricht zwar seiner bisherigen Haltung auch in den Rechtsakten zu sonstigen Zivilsachen, ist aber gleichwohl zu bedauern (krit daher auch Antomo, in: Pfeiffer/Lobach/Rapp [2020] 13, 56; einen neuen Anlauf unternimmt die Gruppe für Internationales Privatrecht mit ihrem Entwurf von 2019 für eine Verordnung über Ehescheidung und Ehetrennung, zugänglich unter https://gedip-egpil.eu; vgl dazu Kohler IPRax 2020, 288; Kohler/Pintens FamRZ 2020, 1417, 1418).

II. Interessen

1. Statusklarheit und Verfahrensökonomie

4 Als vornehmliches Ziel des Anerkennungsrechts wird üblicherweise die Wahrung des **internationalen Entscheidungseinklangs** genannt. Freilich erscheint dieser Begriff eher missverständlich: Denn es geht nicht etwa darum, dass in einer grenzüberschreitenden Auseinandersetzung die Gerichte aller betroffenen Staaten Entscheidungen erlassen, die inhaltlich übereinstimmen. Vielmehr soll idealerweise, wie insbesondere Art 20 Brüssel IIb-VO belegt, überhaupt nur in einem Staat verhandelt und entschieden werden; allerdings soll es für das Ergebnis in der Sache möglichst nicht darauf ankommen, in welchem Staat die Entscheidung ergeht.

5 Treffender erscheint die Aussage, dass es gilt, mittels Anerkennung ausländischer Entscheidungen sog „hinkende Rechtsverhältnisse" (hier: „hinkende Ehen") zu vermeiden, die in manchen Staaten als gültig, in anderen als ungültig angesehen werden. Bei der innereuropäischen Freizügigkeit eherechtlicher Entscheidungen geht es also um die **Sicherung von Statusklarheit**, und zwar sowohl im Interesse der betroffenen Ehegatten (bzw Nicht-Ehegatten) sowie anderer Privater (etwa eines Verlobten eines der früheren Ehegatten oder eines Erben) als auch im Interesse der Allgemeinheit. Zugleich kommt eine großzügige Anerkennung der **Verfahrensökonomie** entgegen, weil die mit unnötigen Mehrfachprozessen einhergehende Verschwendung von Partei- und Justizressourcen vermieden wird. Vor diesem Hintergrund wäre es nicht nur unzweckmäßig, sondern geradezu kontraproduktiv, die ausländische Entscheidung einer derart eingehenden Nachprüfung zu unterziehen, dass dies auf eine Rekonstruktion bzw Wiederholung des ausländischen Verfahrens hinausliefe (vgl Art 71 Brüssel IIb-VO zum Verbot einer sog révision au fond).

Die genannten Ziele lassen sich verwirklichen, wenn und soweit die beteiligten Staaten sich auf die Rechts- und Rechtspflegesysteme ihrer Partner verlassen können: Der **Grundsatz gegenseitigen Vertrauens** ist ein Leitprinzip der justiziellen Zusammenarbeit in der EU (vgl Erwägungsgründe 3 und 54 f sowie Einl 28 zur Brüssel IIb-VO) und in der Tat eine sinnvolle Arbeitshypothese. Andererseits hat das Anerkennungsrecht aber auch die Aufgabe, möglichst genau festzulegen, wann dieses Vertrauen und die damit einhergehenden Ziele im Einzelfall zurücktreten müssen: Vorrangige Interessen können es gebieten, einer ausländischen Entscheidung aufgrund ihrer schweren verfahrensrechtlichen oder inhaltlichen Mängel die Anerkennung zu versagen und die Erstreckung ihrer Wirkungen auf das Inland zu unterbinden. Der Bestimmung dieser Grenzen dienen die **Anerkennungsversagungsgründe**, die für Ehesachen in Art 38 Brüssel IIb-VO geregelt sind (s Art 38 Brüssel IIb-VO Rn 1 ff). **6**

2. Vorrang- versus Günstigkeitsprinzip

Das Europarecht will die internationale Freizügigkeit von Entscheidungen grundsätzlich nicht etwa erschweren, sondern möglichst erhöhen. Daher liegt an sich, wenn in casu die Anwendungsbereiche mehrerer Instrumente auf der Ebene des Europarechts, des Konventionsrechts und/oder des nationalen Rechts eröffnet sind, keine strikte normenhierarchische Rangordnung der Instrumente (**Vorrangprinzip**), sondern die Anwendung der anerkennungsfreundlichsten Regelung nahe (**Günstigkeitsprinzip**). Um die Unübersichtlichkeit nicht überhand nehmen zu lassen, sind allerdings Konkurrenzregeln vorgesehen. In diesem Sinne beansprucht die Brüssel IIb-VO im innereuropäischen Rechtsverkehr grundsätzlich den Anwendungsvorrang, und zwar auch im Verhältnis zu bilateralen Anerkennungsverträgen und vor dem mitgliedstaatlichen Anerkennungsrecht (das sich freilich ohnehin kaum jemals als anerkennungsfreundlicher als das EU-Recht erweist). Beachte hierzu die Hinweise zu Art 94 Brüssel IIb-VO (Art 94 Brüssel IIb-VO Rn 1 ff). **7**

III. Anwendungsbereich

1. Sachlich

Art 30 Brüssel IIb-VO setzt die **Entscheidung eines Gerichts** iSv Art 2 Abs 2 Nr 1 Brüssel IIb-VO voraus (dazu Art 2 Brüssel IIb-VO Rn 7 ff). Die Anerkennung **außergerichtlicher Ehescheidungen und Ehetrennungen** mittels öffentlicher Urkunde oder Parteivereinbarung ist nicht in Art 30, sondern erst in Art 64–68 Brüssel IIb-VO geregelt, wobei allerdings zu berücksichtigen ist, dass der EuGH von einem tendenziell weiten Begriff der Entscheidung ausgeht (EuGH 15. 11. 2022 – C-646/20 Senatsverwaltung/TB, FamRZ 2023, 21 Rn 46 ff mAufs Dutta FamRZ 2023, 16 = FamRB 2023, 4 [Dimmler], dort zur einvernehmlichen Scheidung vor einem italienischen Standesbeamten; beachte hierzu die Kommentierung zu Art 64 Brüssel IIb-VO). Kommt es im Ausland zu einer **Eheauflösung kraft Gesetzes** (etwa wegen Todes, Todeserklärung, Verschollenheit, Freiheitsstrafe), fehlt es an einer im verfahrensrechtlichen Sinne anerkennungsfähigen Entscheidung (bzw im Falle eines Maßnahmegesetzes an der Entscheidung eines Gerichts). **8**

Zudem gilt Art 30 Brüssel IIb-VO nur innerhalb des sachlichen Anwendungsbereichs der Verordnung: In einer Ehesache muss die ausländische Entscheidung daher eine der drei in Art 1 Abs 1 lit a Brüssel IIb-VO genannten Angelegenheiten betref- **9** fen, also eine **Ehescheidung, Trennung ohne Auflösung des Ehebandes oder Ungültigerklärung der Ehe** (s im Einzelnen Art 1 Brüssel IIb-VO Rn 22 ff, dort auch zum rechtspolitisch fragwürdigen Ausschluss von Feststellungsentscheidungen), und zwar im Hinblick auf eine **Ehe im verordnungsautonomen Sinne** (s Art 1 Brüssel IIb-VO Rn 5 ff).

10 Ausweislich Art 2 Abs 1 Unterabs 1 Brüssel IIb-VO kommt es für den Begriff der Entscheidung nicht auf die **Bezeichnung** an (etwa als „Urteil", „Beschluss" oder „Verfügung"). Zudem ist ohne Belang, ob sie in einem Verfahren der streitigen oder freiwilligen Gerichtsbarkeit erlassen wurde. Art 30 Brüssel IIb-VO spricht von **„ergangenen Entscheidungen"**. Aus Art 33 lit a Brüssel IIb-VO lässt sich im Grundsatz ableiten, dass eine Entscheidung in ihrem Ursprungsstaat zwar bereits wirksam, aber nicht begriffsnotwendig auch schon formell rechtskräftig sein muss (ebenso etwa Helms FamRZ 2001, 257, 260; Thomas/Putzo/Hüsstege Art 30 Brüssel IIb-VO Rn 2; Althammer/Weller Art 21 Brüssel IIa-VO Rn 4). Gestaltungswirkung wird das Recht des Ursprungsstaats aber in aller Regel nur rechtskräftigen Entscheidungen beimessen (vgl etwa HandKommZV/Mäsch Art 21 Brüssel IIa-VO Rn 6). Insbesondere darf der Anerkennungsstaat die Aktualisierung seiner Personenstandsbücher ausweislich Art 30 Abs 2 Brüssel IIb-VO vom Eintritt der **Rechtskraft** der ausländischen Entscheidung abhängig machen (s Rn 28 ff).

11 Wie Art 2 Abs 1 Unterabs 1 Brüssel IIb-VO sowie Erwägungsgrund 9 klarstellen, liegt eine anerkennungsfähige Entscheidung nur dann vor, wenn dem **Antrag auf Eheauflösung stattgegeben** worden ist (s Art 1 Brüssel IIb-VO Rn 32, dort auch zur rechtspolitischen Kritik). Unabhängig vom Obsiegen des Antragstellers anzuerkennen sind jedoch **Kostenentscheidungen** (Art 73 Brüssel IIb-VO; s Art 73 Brüssel IIb-VO Rn 1 f). Nicht von Art 30 Brüssel IIb-VO, womöglich aber von anderen Verordnungen werden Entscheidungen über die **Folgen der Eheauflösung** erfasst (s Art 1 Brüssel IIb-VO Rn 38 ff).

12 Aus Art 2 Abs 1 Unterabs 2 und 3 Brüssel IIb-VO und Erwägungsgrund 59 lässt sich ableiten, dass **einstweilige Maßnahmen** nur dann nach Maßgabe der Verordnung anzuerkennen sind, wenn sie sich auf Kindschaftssachen beziehen (s Art 1 Brüssel IIb-VO Rn 47 ff). Nicht anerkennungsfähig sind im Übrigen Entscheidungen, die die Anerkennung einer anderen (mitglied- oder drittstaatlichen) Entscheidung betreffen: Die Verordnung kennt also **keine Anerkennung der Anerkennung** (klarstellend: etwa Geimer/Schütze/Geimer Art 21 EuEheVO Rn 45; Rauscher/Rauscher Art 21 Brüssel IIa-VO Rn 4; Wall StAZ 2012, 27).

2. Räumlich-persönlich

13 Die Brüssel IIb-VO regelt die Anerkennung von Entscheidungen, die in einem **Mitgliedstaat** ergangen sind (s Art 1 Brüssel IIb-VO Rn 51 ff). Ohne Belang ist dabei, auf welche Rechtsgrundlage das dortige Gericht seine **internationale Entscheidungszuständigkeit** gestützt hat. Selbst eine Fehleinschätzung des ausländischen Gerichts in der Zuständigkeitsfrage befreit ausweislich Art 69 Brüssel IIb-VO nicht von der Anerkennungspflicht. Eine für die Entscheidungsfreizügigkeit relevante Unterscheidung danach, ob verordnungseigene oder mitgliedstaatliche Zuständigkeitsgründe einschlägig sind, sieht die Brüssel IIb-VO hingegen für einstweilige Maßnahmen in Kindschaftssachen vor (vgl Art 2 Abs 1 Unterabs 2 lit b Brüssel IIb-VO sowie Erwägungsgrund 59). Beachte aber auch Art 64 Brüssel IIb-VO Rn 10 ff, dort zur Rückkopplung der Anerkennung von öffentlichen Urkunden und Vereinbarungen an das verordnungseigene Zuständigkeitsregime.

Im Übrigen unterscheidet Art 30 Brüssel IIb-VO auch nicht nach den **beteiligten Ehegatten**: Es ist unerheblich, ob sie EU- oder Drittstaatenangehörige sind bzw irgendwann waren und ob sie sich gewöhnlich in Mitglied- oder Drittstaaten aufhalten bzw irgendwann aufgehalten haben (klarstellend etwa GITSCHTHALER/GARBER Art 21 Brüssel IIa-VO Rn 4; HAU, in: FS Kronke 139, 140 f). Schon 1968 war das EuGVÜ für allgemeine Zivil- und Handelssachen über die Formulierung von Art 220 EWGV hinweggegangen, wonach die Mitgliedstaaten die gegenseitige Anerkennung von Urteilen „zugunsten ihrer Staatsangehörigen" sicherzustellen haben. Eine solche sachwidrige Verengung ist für Ehestatusentscheidungen nie ernstlich erwogen worden. 14

Die Brüssel IIb-VO gilt nicht für die Anerkennung **drittstaatlicher Entscheidungen** (klarstellend zur Brüssel IIa-VO etwa BGH 26. 8. 2020 – XII ZB 158/18, FamRZ 2020, 1811 Rn 12; vgl zur rechtpolitischen Diskussion schon oben Rn 3). Insoweit kommen das Recht des jeweiligen Mitgliedstaats (in Deutschland: §§ 107–109 FamFG) bzw die von diesem mit Drittstaaten abgeschlossenen völkerrechtlichen Vereinbarungen zur Anwendung (vgl für Deutschland die Nachweise bei Art 94 Brüssel IIb-VO Rn 1). 15

3. Zeitlich

Der zeitliche Anwendungsbereich der Anerkennungsregeln der Brüssel IIb-VO sowie die Voraussetzungen, unter denen in Altfällen weiterhin die Brüssel IIa-VO fortgilt, bestimmen sich nach **Art 100 Brüssel IIb-VO** (s Art 100 Brüssel IIb-VO Rn 1 ff). In der Praxis treten insbesondere in erbrechtlichen Zusammenhängen immer wieder Fälle auf, in denen es auf die Anerkennungsfähigkeit lange zurückliegender Eheauflösungen ankommt. 16

IV. Anerkennung als Wirkungserstreckung

Eine gerichtliche Entscheidung ist ein Hoheitsakt, dessen Wirkungen sich nach dem völkerrechtlichen **Territorialitätsgrundsatz** zunächst auf den Ursprungsstaat beschränken. Soll er über diesen Staat hinaus wirken, so bedarf es der Anerkennung, wie sie Art 30 Brüssel IIb-VO den Mitgliedstaaten für Ehestatusentscheidungen vorschreibt. Der Verordnung ist dabei keine Aussage zu entnehmen, was man sich genauer unter Anerkennung vorzustellen hat. Richtigerweise geht es nicht etwa um die Gleichstellung mit einer vergleichbaren inländischen Entscheidung, sondern um die **Erstreckung der Wirkungen**, die der Entscheidung im ausländischen Gerichtsstaat zukommen, auf das Inland (ebenso etwa NK-BGB/ANDRAE Art 21 EheVO 2003 Rn 21; GEIMER/SCHÜTZE/GEIMER Art 21 EuEheVO Rn 2; MünchKommFamFG/GOTTWALD Art 21 Brüssel IIa-VO Rn 1; HAUSMANN Rn K 38; HELMS FamRZ 2001, 257, 258; THOMAS/PUTZO/HÜSSTEGE Art 30 Brüssel IIb-VO Rn 3; GEIMER/SCHÜTZE/HAU/PARASCHAS Art 21 EheVO Rn 28, 32; RAUSCHER/RAUSCHER Art 21 Brüssel IIa-VO Rn 13; ALTHAMMER/WELLER Art 21 Brüssel IIa-VO Rn 3). 17

Bei Ehestatusentscheidungen kommen als anerkennungsfähige Wirkungen die **materielle Rechtskraft** und die **Gestaltungswirkung** in Betracht (ebenso etwa MünchKomm-FamFG/GOTTWALD Art 21 Brüssel IIa-VO Rn 5; HELMS FamRZ 2001, 257, 258). Wann und unter 18 welchen Voraussetzungen diese Wirkungen eintreten, ob dafür also zusätzlich zur formellen Rechtskraft zB noch eine Registereintragung erforderlich ist, bestimmt die lex fori des Ursprungsstaats (klarstellend etwa ALTHAMMER/WELLER Art 21 Brüssel IIa-VO Rn 4). Eine etwaige Aussage der ausländischen Entscheidung zum Schuldausspruch fällt hingegen nicht in den Anwendungsbereich der Verordnung (vgl Erwägungsgrund 9 S 2). Ebenso wenig gehört hierher die sog **Tatbestandswirkung** (dazu etwa SCHACK Rn 928 ff; GITSCHTHALER/GARBER Art 21 Brüssel IIa-VO Rn 18; für verfahrensrechtliche Anerkennbarkeit der Tatbestandswirkung aber offenbar ALTHAMMER/WELLER Art 21 Brüssel IIa-VO Rn 3; RAUSCHER/RAUSCHER Art 21 Brüssel IIa-VO Rn 13); denn dabei geht es nicht um eine verfahrensrechtliche Anerkennung, sondern um die Auslegung der lex causae, wenn zu prüfen ist, ob eine ausländische Entscheidung iS einer Substitution den Tatbestand einer (deutschen oder vom deutschen IPR berufenen ausländischen) Vorschrift erfüllt, der eine Entscheidung voraussetzt.

19 Aus der Deutung der Anerkennung als Wirkungserstreckung ergeben sich verschiedene Konsequenzen. So kann eine Entscheidung, die aus Sicht des Ursprungsstaats **bereits aufgehoben** worden ist, auch in anderen Mitgliedstaaten keine Wirkung entfalten (NK-BGB/ANDRAE Art 21 EheVO 2003 Rn 47; MünchKommFamFG/GOTTWALD Art 21 Brüssel IIa-VO Rn 18; THOMAS/PUTZO/HÜSSTEGE vor Art 38 Brüssel IIb-VO Rn 1; vgl zur EuUntVO, aber verallgemeinerungsfähig: BGH 23. 9. 2015 – XII ZB 234/15, FamRZ 2015, 2144 Rn 11 mAnm EICHEL; zur Brüssel I-VO: BGH 9. 7. 2020, IX ZB 86/18, IPRax 2021, 583 Rn 9; dazu ROTH IPRax 2021, 541; im Ergebnis übereinstimmend GEIMER/SCHÜTZE/HAU/PARASCHAS Art 21 EheVO Rn 34: die aufhebende Entscheidung sei anzuerkennen, was aber die Sache nicht trifft, weil eine solche Entscheidung nicht in den Anwendungsbereich der Anerkennungsregeln fiele). Entsprechendes gilt für den Wegfall einzelner Wirkungen einer im Übrigen fortbestehenden Entscheidung.

20 Relevant wird die Deutung der Anerkennung als Wirkungserstreckung (bzw die Absage an ihre Deutung als Gleichstellung mit einer inländischen Entscheidung) vor allem dann, wenn die im ausländischen Recht vorgesehenen Wirkungen weiter reichen als nach dem Recht des Anerkennungsstaats. Solche sog **starken Wirkungen** sind nach der Brüssel IIb-VO grundsätzlich hinzunehmen (ebenso schon zur Brüssel I-VO BGH 12. 12. 2007 – IV ZR 20/07, FamRZ 2008, 400, dort zu Unterschieden hinsichtlich der Reichweite der materiellen Rechtskraft; vgl zudem etwa GITSCHTHALER/GARBER Art 21 Brüssel IIa-VO Rn 12; HAUSMANN Rn K 38), und zwar richtigerweise soweit, bis die Schwelle erreicht wird, ab der ausnahmsweise der anerkennungsrechtliche ordre public iSv Art 38 lit a Brüssel IIb-VO entgegensteht. Anzuerkennen ist damit in Deutschland zB auch eine ausländische Entscheidung, die der Aufhebung einer Ehe, abweichend von § 1313 S 2 BGB, Wirkung ex tunc beimisst.

21 Umgekehrt können die ausländischen Wirkungen hinter denjenigen des Rechts des Anerkennungsstaats zurückbleiben. Im Falle solcher **schwachen Wirkungen** wäre es schon mit dem rechtlichen Gehör unvereinbar, eine „Gleichstellung" anzustreben und auf diese Weise der Entscheidung im Inland Wirkungen zu unterstellen, mit denen die Beteiligten im ausländischen Verfahren nicht gerechnet haben. Daher darf zB eine im Ausland gerichtlich ausgesprochene Trennung von Tisch und Bett nicht etwa via Anerkennung zur Ehescheidung mutieren, nur weil dieses Institut dem Familienrecht des Anerkennungsstaats (wie Deutschland) fremd ist. Ebenso wenig darf eine nur ex nunc wirkende ausländische Eheauflösung einer ex tunc wirkenden Entscheidung des Anerkennungsstaats gleichgestellt werden.

In Zusammenhang mit der Wirkungserstreckung steht ferner die Frage, ob dem Anerkennungsstaat im Falle einer anerkennungsfähigen ausländischen Entscheidung nur der Erlass einer davon abweichenden Sachentscheidung oder bereits die Durchführung eines weiteren Erkenntnisverfahrens verboten ist. Mangels einer verordnungsautonomen Aussage in Art 30 Abs 1 Brüssel IIb-VO hierzu liegt es nahe, wiederum darauf abzustellen, ob das Recht des Ursprungsmitgliedstaats einer Eheauflösungsentscheidung lediglich ein Abweichungsverbot beimisst oder weitergehend ein Wiederholungsverbot (**ne bis in idem**). 22

V. Anerkennung und Kollisionsrecht

Dem Internationalen Zivilverfahrensrecht gebührt Vorrang vor dem Internationalen Privatrecht (treffend etwa vBAR/MANKOWSKI Band I § 5 Rn 139; SCHACK Rn 1024; vgl zum Folgenden auch PRÜTTING/HELMS/HAU § 108 FamFG Rn 22). Daraus folgt die sog **kollisionsrechtliche Neutralität des Anerkennungsrechts**, und zwar auch im Falle ausländischer Gestaltungsentscheidungen: Die Anerkennung einer Eheauflösung nach Maßgabe von Art 30 Brüssel IIb-VO ist verfahrensrechtlich zu deuten und deshalb unabhängig von der Einschätzung des Auflösungsstatuts, auf das das Kollisionsrecht im Anerkennungsmitgliedstaat verweist (wie hier, jeweils gegen frühere sog Lex-causae-Lehren, etwa NAGEL/GOTTWALD Rn 12.145; SCHACK Rn 24 und 1085; beachte auch STAUDINGER/SPELLENBERG [2015] Einl 37 ff zur Brüssel IIa-VO, dort im Hinblick auf die zur Brüssel II-VO und Brüssel IIa-VO geführte Diskussion, die vor dem Inkrafttreten der Rom III-VO und angesichts früher stärker divergierender Scheidungsrechtsordnungen deutlich lebhafter war). 23

Unvereinbar mit der Brüssel IIb-VO wäre auch eine sog **„kollisionsrechtliche Relativierung“** der Rechtskraft- bzw Gestaltungswirkung ausländischer Eheauflösungen. Vielmehr ist der Anerkennungsbefehl der Brüssel IIb-VO unabhängig davon zu respektieren, ob das ausländische Gericht das nach Maßgabe der Rom III-VO „richtige“ Scheidungs- bzw Trennungsrecht zugrunde gelegt hat. Dies folgt bereits aus Art 70 Brüssel IIb-VO, wonach eine solche Kontrolle für Ehesachen ausdrücklich ausgeschlossen ist (s Art 70 Brüssel IIb-VO Rn 1 ff). In Betracht kommt allenfalls eine Überprüfung des Ergebnisses der ausländischen Rechtsanwendung anhand des anerkennungsrechtlichen ordre public (Art 38 lit a Brüssel IIb-VO), wobei allerdings das Verbot einer révision au fond zu berücksichtigen ist (Art 71 Brüssel IIb-VO). 24

In neuerer Zeit wird das Verhältnis von Anerkennungs- und Kollisionsrecht vor allem unter einem anderen Gesichtspunkt problematisiert: Es geht um die sog **kollisionsrechtliche Anerkennung** im Hinblick auf „Rechtslagen“ bzw „Rechtsvorgänge“ wie Registereintragungen, die mangels einer gerichtlichen Entscheidung keiner herkömmlichen Anerkennung im verfahrensrechtlichen Sinne zugänglich sind. Vor allem seit der grundlegenden namensrechtlichen Entscheidung des EuGH in der Rechtssache Grunkin-Paul (EuGH 14. 10. 2008 – C-353/06 Grunkin-Paul, FamRZ 2008, 2089 mAnm FUNKEN) wird intensiv diskutiert, ob das Primärrecht es gebietet, die kollisionsrechtliche Prüfung solcher Vorgänge auf dem Gebiet des Personen-, Familien- und Erbrechts durch ein „Anerkennungsprinzip“ abzulösen bzw zu ergänzen (vgl aus neuerer Zeit etwa die Nachw bei CROON-GESTEFELD RabelsZ 86 [2022] 32, 39 ff; HÜBNER RabelsZ 85 25

[2021] 106; Kohler IPRax 2022, 226; Wall StAZ 2020, 2). In der Tat leitet der EuGH im Eherecht aus Art 21 AEUV eine Verpflichtung der Mitgliedstaaten zur „Anerkennung“ gleichgeschlechtlicher Eheschließungen ab (EuGH 5. 6. 2018 – C-673/16 Coman, FamRZ 2018, 1063 mAnm Dutta; dazu auch Michl FamRZ 2018, 1147; Croon-Gestefeld StAZ 2018, 297; Ní Shúilleabháin, in: Scherpe/Bargelli [2021] 13). Im Hinblick auf die hier interessierenden **Eheauflösungen** stellt sich die strukturell vergleichbare Frage nach der Anerkennung von öffentlichen Urkunden und Parteivereinbarungen in Scheidungs- und Trennungssachen. Diesen Problemkreis hat der Verordnungsgeber nunmehr, im Grundsatz sinnvoll, mit Art 64–68 Brüssel IIb-VO einer sekundärrechtlichen Regelung zugeführt (s dort).

VI. Anerkennung und Anerkennungsverfahren

1. Anerkennung ipso iure (Abs 1)

26 Gem Art 30 Abs 1 Brüssel IIb-VO sind Ehestatusentscheidungen, die in den Anwendungsbereich der Verordnung fallen (s Rn 8 ff), ohne ein besonderes Verfahren anzuerkennen: die Wirkungserstreckung tritt also **automatisch, ex lege bzw ipso iure** ein. Dabei handelt es sich um das eigentliche Herzstück der Verordnung (treffend schon Staudinger/Spellenberg [2015] Art 21 Brüssel IIa-VO Rn 1). Mit der Anordnung der Ipso-iure-Anerkennung steht es durchaus in Einklang, dass derjenige, der sich auf die Wirkungserstreckung berufen möchte, gem Art 31 und Art 32 Brüssel IIb-VO gehalten ist, bestimmte Unterlagen beizubringen (s dort).

27 Aus Art 30 Abs 1 Brüssel IIb-VO lässt sich ableiten, dass Ehestatusentscheidungen aus anderen Mitgliedstaaten nicht einem nach nationalem Recht – wie in Deutschland gem § 107 FamFG – vorgesehenen **Anerkennungs- bzw Feststellungsmonopol** bestimmter Behörden unterworfen sind (BGH 28. 10. 2020 – XII ZB 187/20, FamRZ 2021, 119 Rn 11 mAnm Mayer = NZFam 2021, 44 (Löhnig) = FamRB 2021, 2 (Dimmler); KG 28. 4. 2022 – 1 VA 2/22, FamRZ 2022, 122 mAnm Sonnentag = FamRB 2022, 339 [Finger]; vgl aus dem Schrifttum etwa Helms FamRZ 2001, 257, 261; Rauscher/Rauscher Art 21 Brüssel IIa-VO Rn 11; Wagner IPRax 2001, 73, 78). Daraus folgt freilich nicht zwingend, dass ein Antrag, der in Deutschland hinsichtlich einer mitgliedstaatlichen Ehestatusentscheidung gleichwohl auf § 107 Abs 4 S 1 FamFG gestützt wird, stets unzulässig wäre: Entgegen der hM ist nicht ersichtlich, warum die Brüssel IIb-VO der Durchführung eines freiwilligen Delibationsverfahrens entgegenstehen sollte (näher Spellenberg ZZPInt 6 [2001] 109, 131; Hau, in: FS Spellenberg, 435, 447 ff; **aA** OLG Celle 6. 7. 2005 – 10 VA 2/04, OLG-Report 2006, 13; vgl zudem etwa Geimer/Schütze/Hau/Paraschas Art 21 EheVO Rn 25; Schack, in: FS Spellenberg, 497, 506 f; Althammer/Weller Art 21 Brüssel IIa-VO Rn 2), zumal das Verfahren nach § 107 FamFG kostengünstiger ist als dasjenige gem Art 30 Abs 3 Brüssel IIb-VO.

2. Aktualisierung von Personenstandsbüchern (Abs 2)

28 Art 30 Abs 2 Brüssel IIb-VO behandelt die Aktualisierung von Personenstandsbüchern (in Art 21 Abs 2 Brüssel IIa-VO war die Rede von „Beschreibung“ [offensichtlich gemeint: Beischreibung]), die in einem Mitgliedstaat gestützt auf eine ausländische Ehestatusentscheidung begehrt wird. In Deutschland sind das **Personenstandsregister** gem § 3 PStG und dessen Fortführung gem § 5 PStG gemeint; zu **Folgebeurkundungen** zum Eheeintrag über die Aufhebung oder die Scheidung der Ehe vgl

§ 16 Abs 1 S 1 Nr 3 PStG (vgl dazu sowie zur Möglichkeit einer Anfrage das Gericht in Zweifelsfällen auch BGH 28. 10. 2020 – XII ZB 187/20, FamRZ 2021, 119 Rn 9 mAnm Mayer = NZFam 2021, 44 [Löhnig] = FamRB 2021, 2 [Dimmler]). Der Sache nach geht es auch dann um einen Fall von Art 30 Abs 2 Brüssel IIb-VO, wenn anlässlich der Anmeldung einer Eheschließung die angeblich im Ausland erfolgte Auflösung der Vorehe eines Ehegatten zu prüfen ist (§ 12 Abs 2 Nr 4 PStG).

Die Regelung in Art 30 Abs 2 Brüssel IIb-VO besagt zweierlei: zum einen, dass es 29
auch hierfür keines besonderen Verfahrens bedarf, und zum anderen, dass eine solche Aktualisierung die **formelle Rechtskraft** der ausländischen Entscheidung voraussetzt. Angestrebt wird damit, sowohl Entscheidungsfreizügigkeit als auch die besondere Verlässlichkeit der mitgliedstaatlichen Personenstandsbücher zu gewährleisten (vgl schon Borrás-Bericht Nr 63). Unklar ist, warum hierbei von „weiteren" Rechtsbehelfen die Rede ist, also anders als in Art 33 lit a Brüssel IIb-VO nicht von „ordentlichen" Rechtsbehelfen (überzeugend gleichwohl auf solche abstellend etwa Hausmann Rn K 43; Althammer/Weller Art 21 Brüssel IIa-VO Rn 10). Der Standesbeamte kann die Information, ob die Entscheidung bereits unanfechtbar geworden ist, dem gem Art 31 Abs 1 lit b, Art 36 Abs 1 lit a Brüssel IIb-VO vorzulegenden Formblatt nach Anhang II entnehmen (vgl dort Nr 7).

Nach seinem Wortlaut gilt Abs 2 „unbeschadet des Absatzes 3". Daraus wird man 30
schließen dürfen, dass einem **selbständigen Anerkennungsverfahren** iSv Art 30 Abs 3 Brüssel IIb-VO Vorrang zukommen soll: Wenn ein solches Verfahren anhängig ist, hat der Standesbeamte von einer Entscheidung über die Aktualisierung des Registereintrags zunächst abzusehen und den Verfahrensausgang abzuwarten (vgl etwa Hepting/Dutta Rn III-516; Thomas/Putzo/Hüsstege Art 30 Brüssel IIb-VO Rn 5). Dem steht nicht entgegen, dass in Art 33 Brüssel IIb-VO nur von der Aussetzung eines Verfahrens durch ein Gericht die Rede ist und diesem ein Aussetzungsermessen zusteht. Für den Standesbeamten sollte nichts anderes gelten, wenn statt eines selbständigen Anerkennungsverfahrens (oder konkurrierend mit einem solchen) ein **Anerkennungsversagungsverfahren** iSv Art 40 Brüssel IIb-VO anhängig ist. Im Übrigen kann der Standesbeamte auch darauf hinwirken, dass ein Beteiligter ein Verfahren gem Art 30 Abs 3 oder Art 40 Brüssel IIb-VO einleitet. Zur Bindung der Standesämter an die gerichtliche Entscheidung vgl unten Rn 41 und Art 40 Brüssel IIb-VO Rn 12.

3. Selbständiges Anerkennungsverfahren (Abs 3 und 4)

a) Überblick

Gem Art 21 Abs 3 Brüssel IIa-VO konnte jede Partei, die ein diesbezügliches Inte- 31
resse hat, eine Entscheidung über die „Anerkennung oder Nichtanerkennung" beantragen. Dieses sog **selbständige Anerkennungsverfahren** (unzutreffend Pietsch FF 2011, 237, 240: „Exequaturverfahren") ist nunmehr in Art 30 Abs 3 und 4 Brüssel IIb-VO geregelt. Dabei fällt auf, dass Abs 3 nicht mehr ergebnisoffen formuliert ist, sondern dass nur noch die Feststellung begehrt werden kann, „dass keiner der in den Artikeln 38 und 39 genannten Gründe für eine Versagung der Anerkennung gegeben ist" (vgl Erwägungsgrund 54 S 4; diese „Reduktion" kritisieren Garber/Lugani NJW 2022, 2225, 2229). Allerdings darf nicht übersehen werden, dass zu Art 30 Abs 3 Brüssel IIb-VO nunmehr ein Pendant in Gestalt des Anerkennungsversagungsverfahrens gem Art 40 Brüssel IIb-VO vorgesehen ist. In Abgrenzung zu diesem könnte man Art 30 Abs 3

Brüssel IIb-VO statt als „besonderes" auch als „positives Anerkennungsverfahren" bezeichnen (was aber womöglich unnötig verwirrt, weil die antragsgemäß ergehende Feststellung das Vorliegen von Anerkennungsversagungsgründen negiert; vgl denn auch KLINKHAMMER FamRZ 2022, 325, 328: „negative Feststellung") oder, noch etwas prägnanter, als **Anerkennungsbestätigungsverfahren**.

32 Die **deutschen Durchführungsregeln** zu Art 30 Abs 3 und 4 Brüssel IIb-VO finden sich in § 44j IntFamRVG (eingefügt durch G v 10. 8. 2021, BGBl 2021 I 3424; dazu BT-Drucks 19/28681, 61; JANZEN/WAGNER IPRax 2022, 545, 549 f; KLINKHAMMER FamRZ 2022, 325, 328 f).

b) Verfahren

33 Anders als das obligatorische Feststellungsverfahren gem § 107 FamFG im autonomen deutschen Recht, das wegen Art 30 Abs 1 Brüssel IIb-VO im Anwendungsbereich der Verordnung nicht vorgeschrieben ist (s Rn 27), ist das selbständige Anerkennungsverfahren gem Art 30 Abs 3 Brüssel IIb-VO **fakultativer Natur**. Soweit die Verordnung keine besonderen Vorgaben macht, gilt das Verfahrensrecht des Anerkennungsstaats (Art 30 Abs 3, Art 59 Abs 1 Brüssel IIb-VO).

34 Das Anerkennungsverfahren setzt einen Antrag voraus, den gem Art 30 Abs 3 Brüssel IIb-VO **„jede interessierte Partei"** stellen darf. Erwägungsgrund 54 S 5 überlässt eine genauere Bestimmung dem mitgliedstaatlichen Recht. § 44j Abs 1 S 2 IntFamRVG formuliert, in Anlehnung an § 108 Abs 2 S 1 FamFG (vgl BT-Drucks 19/28681, 61), dass antragsberechtigt ist, wer ein rechtliches Interesse an der Feststellung der Anerkennung hat (vgl dazu etwa PRÜTTING/HELMS/HAU § 108 FamFG Rn 59 mwNachw). Allemal hinreichend für die Begründung eines solchen Interesses sind von einem Ehegatten, einem Gericht oder einer Behörde geäußerte Zweifel an der Anerkennungsfähigkeit. Es ist nicht von vornherein auszuschließen, dass das Interesse schon vor Eintritt der Rechtskraft der ausländischen Entscheidung bestehen kann (die Möglichkeit einer so frühen Verfahrenseinleitung bejaht etwa NK-BGB/ANDRAE Art 21 EheVO 2003 Rn 30). Zum Kreis der Antragsberechtigten können neben den Ehegatten auch andere Private zählen (etwa, wer einen der [früheren] Ehegatten heiraten möchte oder im Falle der Eheauflösung als Erbe zum Zuge käme; vgl GEIMER/SCHÜTZE/HAU/PARASCHAS Art 21 EheVO Rn 44), zudem Behörden, richtigerweise einschließlich des Standesbeamten (wie hier etwa MünchKommFamFG/GOTTWALD Art 21 Brüssel IIa-VO Rn 10; HAUSMANN Rn K 51; HELMS FamRZ 2001, 257, 261; **aA** etwa GITSCHTHALER/GARBER Art 21 Brüssel IIa-VO Rn 26; GEIMER/SCHÜTZE/HAU/PARASCHAS Art 21 EheVO Rn 46; RAUSCHER/RAUSCHER Art 21 Brüssel IIa-VO Rn 36).

35 Der **Antrag** ist bei dem zuständigen Gericht schriftlich einzureichen oder mündlich zu Protokoll der Geschäftsstelle zu erklären (§ 44j Abs 1 S 1, § 44b Abs 2 S 1 IntFamRVG). **Anwaltliche Vertretung** ist, abweichend von § 114 Abs 1 FamFG, nicht erforderlich (§ 44j Abs 1 S 1, § 44b Abs 2 S 3 IntFamRVG). Für die vom Antragsteller vorzulegenden Unterlagen gilt Art 31 Brüssel IIb-VO (s Art 31 Brüssel IIb-VO Rn 1 ff).

36 **Sachlich zuständig** für das selbständige Anerkennungsverfahren ist das Familiengericht (Art 30 Abs 4 Brüssel IIb-VO, § 23a Abs 1 S 1 Nr 1, § 23b Abs 1 GVG, § 14 Nr 1 IntFamRVG, § 111 Nr 1 FamFG), **örtlich** ausschließlich das Familiengericht am Sitz des OLG (§ 10 S 1 Nr 1, § 12 IntFamRVG). Hält sich der Antragsgegner nicht gewöhnlich im Inland auf, gilt § 10 S 2 bzw S 3 IntFamRVG. **International zuständig** ist das angerufene Gericht nur für die Klärung der Anerkennungsfähigkeit in seinem

Sitzstaat, nicht auch in anderen Mitgliedstaaten (zur Parallelvorschrift in Art 36 Abs 2 Brüssel Ia-VO meint Geimer/Schütze/Geimer Art 36 EuGVVO Rn 176, dass dies eine Frage des Rechtsschutzbedürfnisses sei); der Antrag ist dementsprechend zu fassen.

Gem § 14 Nr 1 IntFamRVG sind die für Ehesachen geltenden FamFG-Vorschriften anzuwenden. Daher ist § 129 FamFG zu berücksichtigen, wenn nicht ein Ehegatte, sondern ein Dritter Antragsteller ist. Das Familiengericht hat das selbständige Anerkennungsverfahren gem Art 30 Abs 3, Art 60 Brüssel IIb-VO zügig zu betreiben; ergänzend gilt § 129a FamFG. Zu beachten ist die Möglichkeit einer **Aussetzung** des Verfahrens gem Art 33 Brüssel IIb-VO, und zwar auch mit Rücksicht auf ein etwaiges Anerkennungsversagungsverfahren (s Art 33 Brüssel IIb-VO Rn 1 ff). § 130 Abs 2 FamFG ist nicht einschlägig. **37**

Die **Prüfung durch das Gericht** umfasst ausweislich des Wortlauts von Art 30 Abs 3 Brüssel IIb-VO („keiner der [...] Gründe") sämtliche in Betracht kommenden Versagungsgründe iSv Art 38 Brüssel IIb-VO; eine Eingrenzung nur an die vom Antragsteller benannten (und von ihm als nicht einschlägig erachteten) Gründe sieht die Verordnung nicht vor. Dasselbe dürfte gelten, wenn man in dieser Hinsicht das mitgliedstaatliche Recht für ausschlaggebend hält (vgl Erwägungsgründe 54 S 3 und 62 S 3, die aber eher auf das Anerkennungsversagungsverfahren abzielen): Denn § 44j Abs 1 S 1 verweist gerade nicht auf § 44b Abs 2 S 2 IntFamRVG (gleichwohl hätte sich Klinkhammer FamRZ 2022, 325, 328 f, zu Recht eine klarere Regelung des gerichtlichen Prüfungsprogramms gewünscht). **38**

c) Entscheidung

Das Gericht entscheidet über den Antrag durch **Beschluss**, der ohne mündliche Verhandlung ergehen kann, zu begründen und den Beteiligten zuzustellen ist (§ 44j Abs 1 S 1, § 44c Abs 1 und 3 IntFamRVG). Für die **Kostenentscheidung** gelten in Ehesachen §§ 91–107 ZPO (§ 44j Abs 1 S 1, § 44c Abs 2 IntFamRVG). Zu den **Gerichtsgebühren** beachte FamGKG KV Nr 1710 Nr 3. Gem § 44j Abs 2 IntFamRVG sind nach Maßgabe von § 44d und § 44e IntFamRVG die **sofortige Beschwerde** und die **Rechtsbeschwerde** statthaft. **39**

Gelangt das Gericht zu dem **Ergebnis**, dass wenigstens ein Versagungsgrund iSv Art 38 Brüssel IIb-VO der Anerkennung entgegensteht, so hat es wegen Art 30 Abs 3 Brüssel IIb-VO nicht etwa dies festzustellen, sondern den Antrag abzuweisen. Kann das Gericht hingegen antragsgemäß feststellen, dass **kein Versagungsgrund eingreift**, so hat dies wegen der in Art 30 Abs 1 Brüssel IIb-VO angeordneten Ipso-iure-Anerkennung keine konstitutive, sondern nur deklaratorische Bedeutung (vgl etwa Gitschthaler/Garber Art 21 Brüssel IIa-VO Rn 29). Eine den Antrag nach Art 30 Abs 3 Brüssel IIb-VO abweisende Entscheidung macht ein Anerkennungsversagungsverfahren regelmäßig entbehrlich, eine stattgebende Entscheidung präjudiziert ein gegenläufiges Anerkennungsversagungsverfahren (Klinkhammer FamRZ 2022, 325, 329). **40**

Zu Art 21 Abs 3 Brüssel II-VO bzw Brüssel IIa-VO wurde häufig vertreten, dass die Entscheidung nur inter partes wirke (vgl etwa HandKommZPO/Dörner Art 21 EuEheVO Rn 9; Hausmann Rn K 56; Helms FamRZ 2001, 257, 258; Schack Rn 1057; **aA** Hau, in: FS Spellenberg 435, 448 f; Geimer/Schütze/Hau/Paraschas Art 21 EheVO Rn 56 f; Rauscher/Rauscher Art 21 Brüssel IIa-VO Rn 33; Gitschthaler/Garber Art 21 Brüssel IIa-VO Rn 46; tendenziell **41** auch Dutta StAZ 2010, 193, 197 Fn 40). Zu demselben Ergebnis gelangt, wer meint, dass die Reichweite der **subjektiven Bindung** dem nationalen Gesetzgeber überlassen bleibe (so Schack, in: FS Spellenberg 497, 503, 506f; dagegen Hau, in: FS Spellenberg 435, 448 f); denn im deutschen Durchführungsrecht zu Art 30 Abs 3 Brüssel IIb-VO fehlt eine § 107 Abs 9 FamFG entsprechende Regelung. Überzeugender erscheint indes nach wie vor die Annahme, dass sich der Verordnungsgeber eine Bindung sämtlicher Gerichte und Behörden des jeweiligen Anerkennungsstaats an die gem Art 30 Abs 3 Brüssel IIb-VO ergehende Entscheidung vorstellt. Sowohl der Wortlaut von Art 30 Abs 2 Brüssel IIb-VO („Unbeschadet des Absatzes 3") als auch der Zweck des selbständigen Anerkennungsverfahrens gebieten eine Bindung des Standesbeamten an die in diesem Verfahren ergehende Feststellung, selbst wenn dieser zuvor die Anerkennungsfähigkeit verneint hat (deutlich NK-BGB/Andrae Art 21 EheVO 2003 Rn 23 und 44), und es ist nicht ersichtlich, warum nicht auch andere Gerichte oder Behörden des Anerkennungsstaats gebunden sein sollen. Von alledem zu unterscheiden ist der Umstand, dass die Klärung der Anerkennung in einem Mitgliedstaat nur dort, **nicht für andere Mitgliedstaaten** verbindlich ist.

42 Denkbar ist, dass die ausländische Entscheidung im Ursprungsmitgliedstaat noch aufgehoben oder abgeändert wird, nachdem im Anerkennungsstaat bereits rechtskräftig festgestellt worden ist, dass kein Anerkennungsversagungsgrund vorliegt. Für diesen Sonderfall sieht der deutsche Gesetzgeber in § 44j Abs 3 IntFamRVG ein besonderes **Aufhebungs- bzw Änderungsverfahren** vor (dazu BT-Drucks 19/28681, 61).

4. Inzidentanerkennung (Abs 5)

43 Ist in einem **Rechtsstreit** vor einem Gericht eines Mitgliedstaats die Frage der Anerkennungsfähigkeit als Vorfrage zu klären, so kann dieses Gericht, wie Art 30 Abs 5 Brüssel IIb-VO unterstreicht, in Konsequenz der Ipso-iure-Anerkennung ohne Weiteres hierüber befinden. Hierfür muss das Gericht nicht etwa nach Maßgabe von Art 3 ff Brüssel IIb-VO zuständig sein; ein Umkehrschluss aus Art 16 Brüssel IIb-VO läge fern.

44 Art 30 Abs 5 Brüssel IIb-VO gilt unabhängig davon, um welche **Hauptfrage** es in dem Verfahren geht und vor welchem Gericht bzw in welchem Rechtsweg sie verhandelt wird (klarstellend etwa Gitschthaler/Garber Art 21 Brüssel IIa-VO Rn 50; Hausmann Rn K 59; Geimer/Schütze/Hau/Paraschas Art 21 EheVO Rn 64). Der Begriff „Rechtsstreit" soll auch nicht etwa dahingehend verstanden werden, dass Verfahren der Freiwilligen Gerichtsbarkeit ausgeschlossen wären. Im Übrigen ist davon auszugehen, dass die Brüssel IIb-VO weder durch Abs 2 (Registerverfahren) noch durch Abs 5 (Gerichtsverfahren) die Inzidentprüfung der Anerkennungsfrage in einem **sonstigen Verwaltungsverfahren** ausschließen möchte (ebenso etwa Geimer/Schütze/Hau/Paraschas Art 21 EheVO Rn 66; Rauscher/Rauscher Art 21 Brüssel IIa-VO Rn 30; beachte auch Grünenwald/Behrentin NJW 2018, 2010, dort insbes im Hinblick auf sozialrechtl Verwaltungsverfahren).

45 Anders als Art 30 Abs 3 Brüssel IIb-VO ist Abs 5 ergebnisoffen formuliert: Gelangt das Gericht bzw die Behörde inzident zu dem Ergebnis, dass die ausländische Entscheidung **nicht anerkennungsfähig** ist, so ist dies in seinem bzw ihrem weiteren Verfahren zugrunde zu legen (ähnlich Hepting/Dutta Rn III-510: auch die Feststellung fehlender Anerkennungsfähigkeit könne inzident getroffen werden).

46 Dem Wortlaut von Art 30 Abs 5 Brüssel IIb-VO („kann dieses Gericht hierüber befinden") lässt sich keine Aussage dazu entnehmen, ob das Gericht die **Anerkennungsfähigkeit rechtskräftig klären** kann. Die Frage stellt sich nur, wenn nach dem jeweiligen Verfahrensrecht eine rechtskräftige Entscheidung über eine solche (womöglich rechtswegfremde) Vorfrage überhaupt in Betracht kommt. In Deutschland würde dies jedenfalls einen dahingehenden Zwischenfeststellungsantrag erfordern (vgl etwa MünchKommFamFG/Gottwald Art 21 Brüssel IIa-VO Rn 17; Thomas/Putzo/Hüsstege Art 30 Brüssel IIb-VO Rn 21; Geimer/Schütze/Hau/Paraschas Art 21 EheVO Rn 65). Wird ein solcher gestellt, liegt es nahe, die Frage zu bejahen: Letztlich wird man aus der in Art 33 lit b Brüssel IIb-VO vorgesehenen Befugnis zur Aussetzung wohl ableiten können, dass der Verordnungsgeber eine rechtskräftige Entscheidung im Rahmen einer Inzidentanerkennung nicht für von vornherein ausgeschlossen hält und gerade deshalb dem befassten Gericht die Möglichkeit eröffnet, das Ergebnis eines selbständigen Anerkennungsverfahrens (Art 30 Abs 3 Brüssel IIb-VO) bzw eines Anerkennungsversagungsverfahrens (Art 40 Brüssel IIb-VO) abzuwarten.

47 Allerdings sind hierbei zwei Einschränkungen zu betonen. Zum einen wäre eine rechtskräftige Feststellung der gegebenen oder mangelnden Anerkennungsfähigkeit in einem Mitgliedstaat eben nur in diesem, **nicht in anderen Mitgliedstaaten** zu beachten (Geimer/Schütze/Geimer Art 21 EuEheVO Rn 45; **aA** aber offenbar Althammer/Weller Art 21 Brüssel IIa-VO Rn 15: es komme eine auf die übrigen Mitgliedstaaten zu erstreckende Rechtskraftwirkung hinsichtlich der inzidenten Anerkennung in Betracht). Und zum anderen ist zu berücksichtigen, dass Art 30 Abs 5 Brüssel IIb-VO die **innerstaatliche Zuständigkeitsordnung** des Anerkennungsstaats unberührt lässt. Das wirkt sich in Deutschland aus, wenn man die Entscheidung über die Anerkennungsfähigkeit einer ausländischen Eheauflösungsentscheidung einer Feststellung des Bestehens oder Nichtbestehens der Ehe iSv § 121 Nr 3 FamFG gleichstellt, die gem § 23a Abs 1 S 1 Nr 1, S 2, § 23b Abs 1 GVG, § 111 Nr 1 FamFG ausschließlich den Familiengerichten zusteht (so etwa NK-BGB/Andrae Art 21 EheVO 2003 Rn 46; Gebauer/Wiedmann/Frank Art 21 EuEheVO Rn 11; MünchKommFamFG/Gottwald Art 21 Brüssel IIa-VO Rn 17; Geimer/Schütze/Hau/Paraschas Art 21 EheVO Rn 65; Rauscher/Rauscher Art 21 Brüssel IIa-VO Rn 24; Althammer/Weller Art 21 Brüssel IIa-VO Rn 15).

Artikel 31
Zwecks Anerkennung vorzulegende Unterlagen

(1) Die Partei, die in einem Mitgliedstaat eine in einem anderen Mitgliedstaat ergangene Entscheidung geltend machen will, hat Folgendes vorzulegen:

a) eine Ausfertigung der Entscheidung, die die für ihre Beweiskraft erforderlichen Voraussetzungen erfüllt, und

b) die entsprechende Bescheinigung nach Artikel 36.

(2) Das Gericht oder die zuständige Behörde, vor dem/der eine in einem anderen Mitgliedstaat ergangene Entscheidung geltend gemacht wird, kann erforderlichenfalls die Partei, die die Entscheidung geltend macht, dazu auffordern, eine Übersetzung oder Transliteration gemäß Artikel 91 der übersetzbaren Inhalte der Freitext-

felder der Bescheinigung nach Absatz 1 Buchstabe b des vorliegenden Artikels vorzulegen.

(3) Kann das Gericht oder die zuständige Behörde, vor dem/der eine in einem anderen Mitgliedstaat ergangene Entscheidung geltend gemacht wird, das Verfahren ohne eine Übersetzung oder Transliteration nicht fortsetzen, so kann es/sie die Partei auffordern, eine Übersetzung oder Transliteration gemäß Artikel 91 der Entscheidung zusätzlich zu einer Übersetzung oder Transliteration der übersetzbaren Inhalte der Freitextfelder der Bescheinigung vorzulegen.

Bis 31. 7. 2022 geltende Regelung: Art 37 Abs 1 Brüssel IIa-VO (s Textanh 2 Rn 3), ohne Entsprechung zu Art 31 Abs 2 und 3 Brüssel IIb-VO.

Schrifttum

Vgl die Angaben zu Art 30 Brüssel IIb-VO.

Systematische Übersicht

I. Überblick

1 Art 31 Abs 1 Brüssel IIb-VO entspricht dem bisherigen Art 37 Abs 1 Brüssel IIa-VO. Zu der in Art 31 Abs 2 und 3 Brüssel IIb-VO geregelten Frage der Übersetzung äußerte sich bislang die Brüssel IIa-VO nur im Hinblick auf ersatzweise vorgelegte Unterlagen (Art 38 Abs 2 Brüssel IIa-VO; nunmehr: Art 32 Abs 2 Brüssel IIb-VO) und auf privilegierte Entscheidungen (Art 45 Abs 2 Brüssel IIa-VO; nunmehr: Art 43 Abs 3 Brüssel IIb-VO). Der mit Säumnisentscheidungen befasste Art 37 Abs 2 Brüssel IIa-VO (dazu Staudinger/Spellenberg [2015] Art 37 Brüssel IIa-VO Rn 2 ff) ist weggefallen.

2 Die Vorschrift betrifft sowohl in Ehe- als auch in Kindschaftssachen die Anerkennung iSv Art 30 Abs 1 Brüssel IIb-VO von Entscheidungen iSv Art 2 Abs 1 Brüssel IIb-VO, die in einem anderen Mitgliedstaat (s Art 1 Brüssel IIb-VO Rn 51 ff) ergangen sind. Hingewiesen sei auf die folgenden **Sonderregelungen** zur Vorlage von Unterlagen: Art 35 Brüssel IIb-VO (Vollstreckung von Entscheidungen), Art 43 Abs 2 bzw Art 46 Brüssel IIb-VO (Anerkennung bzw Vollstreckung privilegierter kindschaftsrechtlicher Entscheidungen), Art 59 Abs 2–5 Brüssel IIb-VO (Vollstreckungs- bzw, gem Art 40 Abs 1 Brüssel IIb-VO, Anerkennungsversagungsverfahren) sowie Art 66 Abs 5 Brüssel IIb-VO (Anerkennung bzw Vollstreckung von öffentlichen Urkunden und Vereinbarungen).

II. Vorzulegende Unterlagen (Abs 1)

Es steht nicht in Widerspruch zu der in Art 30 Abs 1 Brüssel IIb-VO vorgesehenen **Anerkennung ipso iure**, dass die Verordnung in Art 31 Brüssel IIb-VO demjenigen, der sich auf die Anerkennung beruft, die Vorlage bestimmter Unterlagen auferlegt: Hier geht es nicht um die Wirkung der Anerkennung, sondern um die Klärung der Existenz, des Inhalts und der Anerkennungsfähigkeit der ausländischen Entscheidung. 3

Die ausländische Entscheidung wird insbesondere dann iSv Art 31 Abs 1 Brüssel IIb-VO **geltend gemacht**, wenn die Aktualisierung von Personenstandsbüchern (Art 30 Abs 2 Brüssel IIb-VO; vgl zum Vorgehen des deutschen Standesamtes Hepting/Dutta Rn III-513 f) oder die Feststellung des Fehlens von Anerkennungsversagungsgründen begehrt wird (Art 30 Abs 3 Brüssel IIb-VO), aber auch dann, wenn sich eine Partei in einem Rechtsstreit (Art 30 Abs 5 Brüssel IIb-VO) oder einem Verwaltungsverfahren im Rahmen einer Vorfrage auf die ihr günstige Anerkennungsfähigkeit beruft. 4

Vorzulegen ist in solchen Fällen gem Art 31 Abs 1 lit a Brüssel IIb-VO zunächst eine **Ausfertigung der Entscheidung**. Der Begriff der Entscheidung iSv Art 2 Abs 1 Brüssel IIb-VO setzt nicht notwendig Tatbestand und Gründe voraus (beachte jedoch Art 38 Brüssel IIb-VO Rn 22 zur Frage der Anerkennungsversagung); sind solche indes ergangen, sind auch sie vorzulegen, also nicht etwa nur Rubrum und Tenor. Wie sich aus anderen Sprachfassungen der Verordnung ableiten lässt (vgl zB den französischen Wortlaut: „une copie de la décision réunissant les conditions nécessaires pour en établir l'authenticité"), meint die merkwürdige Formulierung von lit a, wonach die „Ausfertigung [...] die für ihre Beweiskraft erforderlichen Voraussetzungen" erfüllen müsse, dass die Echtheit des Dokuments nachweisbar sein muss (klarstellend etwa Gitschthaler/Garber Art 37 Brüssel IIa-VO Rn 6; Rauscher/Staudinger Art 38 Brüssel Ia-VO Rn 2). Was dafür erforderlich ist, richtet sich nach dem Recht des Ursprungsmitgliedstaats (statt vieler: Hausmann Rn K 119); in Deutschland gelten § 113 Abs 1 S 2 FamFG, § 317 Abs 2–5 ZPO. Keine **Ausfertigung** iSv lit a ist eine bloße Fotokopie oder eine Text- bzw Bilddatei. Andererseits ist Art 90 Brüssel IIb-VO zu beachten, der es dem Anerkennungsstaat untersagt, eine Legalisation oder ähnliche Förmlichkeiten zu verlangen (s Art 90 Brüssel IIb-VO Rn 1 ff). 5

Zu der gem Art 31 Abs 1 lit b Brüssel IIb-VO zusätzlich (nicht etwa alternativ) zur Entscheidungsausfertigung vorzulegenden **Bescheinigung gem Art 36 Brüssel IIb-VO** vgl die Hinweise zu dieser Vorschrift. 6

III. Übersetzung oder Transliteration (Abs 2 und 3)

Während **Übersetzung** die Übertragung in eine andere Sprache meint, geht es bei der **Transliteration** um die Übertragung in eine andere Schrift (im innereuropäischen Anerkennungsverkehr: aus der kyrillischen in die lateinische Schrift und umgekehrt). 7

Unter welchen Voraussetzungen das eine und/oder das andere von demjenigen, der die Anerkennung geltend macht, verlangt werden kann, regelt Art 31 Abs 2 und 3 Brüssel IIb-VO übereinstimmend mit Art 37 Abs 2 Brüssel Ia-VO. Maßgeblich ist, 8 worauf sich das Verlangen bezieht: Geht es lediglich um die übersetzbaren Inhalte der Freitextfelder in der **Bescheinigung gem Art 36 Brüssel IIb-VO**, so lässt Art 31 Abs 2 Brüssel IIb-VO es schon genügen, dass das Gericht oder die sonst zuständige Behörde dies für erforderlich hält (iSv: vernünftigerweise, aus nachvollziehbaren Gründen, für erforderlich halten darf). In dem für Ehesachen zu verwendenden Formblatt gem Anhang II besteht ohnehin kaum Raum für Freitext (vgl aber Nr 10.3, dort zu weiteren sachdienlichen Hinweisen zu Kosten und Auslagen des Verfahrens).

9 Demgegenüber darf eine zusätzliche Übersetzung und/oder Transliteration der **ausländischen Entscheidung** laut Art 31 Abs 3 Brüssel IIb-VO nur dann gefordert werden, wenn das Gerichts- oder Verwaltungsverfahren, in dem sich die Frage der Anerkennungsfähigkeit stellt, ohne eine solche schlechterdings nicht fortgesetzt werden kann. Das wird in einer Ehesache außerhalb eines Anerkennungsversagungsverfahrens (dann gilt Art 40 Abs 1, Art 59 Abs 4 Brüssel IIb-VO) nur ausnahmsweise anzunehmen sein.

10 Wird eine Übersetzung und/oder Transliteration angefordert, gilt **Art 91 Brüssel IIb-VO**. Für diesen Fall macht die Verordnung keine Vorgaben zu etwaigen **Rechtsbehelfen**; vielmehr richten sich diese nach dem Verfahrensrecht des Anerkennungsstaats.

Artikel 32
Fehlen von Unterlagen

(1) Werden die in Artikel 31 Absatz 1 aufgeführten Unterlagen nicht vorgelegt, so kann das Gericht oder die zuständige Behörde eine Frist für deren Vorlage bestimmen oder sich mit gleichwertigen Unterlagen begnügen oder auf deren Vorlage verzichten, wenn die vorliegenden Informationen für ausreichend erachtet werden.

(2) Auf Verlangen des Gerichts oder der zuständigen Behörde, wird eine Übersetzung oder Transliteration gemäß Artikel 91 dieser gleichwertigen Unterlagen vorgelegt.

Bis 31. 7. 2022 geltende Regelung: Art 38 Brüssel IIa-VO (s Textanh 2 Rn 3).

Schrifttum

Vgl die Angaben zu Art 30 Brüssel IIb-VO.

1 Art 32 Brüssel IIb-VO entspricht funktional, aber mit geändertem Inhalt, dem bisherigen Art 38 Brüssel IIa-VO. Die Regelung zur Person des Übersetzers (bislang Art 38 Abs 2 S 2 Brüssel IIa-VO) findet sich nunmehr modifiziert in Art 91 Abs 4 Brüssel IIb-VO. Art 32 Brüssel IIb-VO vorgehende **Sonderregelungen** sind Art 59 Abs 5 Brüssel IIb-VO (möglicher Verzicht auf die Vorlage im Vollstreckungs- bzw, gem Art 40 Abs 1 Brüssel IIb-VO, im Anerkennungsversagungsverfahren) sowie

Art 66 Abs 5 Brüssel IIb-VO (keine Anerkennung bzw Vollstreckung von öffentlichen Urkunden und Vereinbarungen ohne Vorlage der vorgeschriebenen Unterlagen).

Die Vorschrift betrifft den Fall, dass die in Art 31 Abs 1 Brüssel IIb-VO genannten 2
Unterlagen, also die **Ausfertigung der Entscheidung und/oder die Bescheinigung** gem Art 36 Brüssel IIb-VO, nicht vorgelegt werden. Das ist eine für die Handhabung der Vorschrift wesentliche Erweiterung im Vergleich zu Art 38 Abs 1 Brüssel IIa-VO, der sich nur auf die Vorlage der Bescheinigung, nicht jedoch auf die Ausfertigung bezog. Dies ist bei der Auswertung der früheren Literatur zu berücksichtigen, wenn dort betont wird, dass man die Bedeutung der Bescheinigung als einer bloßen Formalie nicht überschätzen solle.

Legt derjenige, der die Anerkennung geltend macht (s Art 31 Brüssel IIb-VO Rn 4), die 3
vorgeschriebenen Unterlagen nicht vor, so bietet Art 32 Abs 1 Brüssel IIb-VO dem mit der Anerkennungsfrage befassten Gericht oder einer sonstigen Behörde (vgl zum deutschen Standesbeamten Hepting/Dutta Rn III-514, II-102) **drei Möglichkeiten**: eine Fristsetzung für das Nachreichen der Unterlagen iSv Art 31 Abs 1 Brüssel IIb-VO (Var 1), das Akzeptieren gleichwertiger Unterlagen (Var 2) oder einen ersatzlosen Verzicht auf die Vorlage (Var 3). Die Wahl des sachgerechten Vorgehens steht im pflichtgemäßen **Ermessen** des Gerichts bzw der Behörde (ebenso etwa Hausmann Rn K 125). Zweifelhaft erscheint, ob es dem Gericht alternativ freisteht, den Antrag wegen der fehlenden Unterlagen sofort abzuweisen und die Partei lediglich auf die Möglichkeit eines neuen Antrags zu verweisen (so Gitschthaler/Garber Art 38 Brüssel IIa-VO Rn 5; laut Althammer/Schäuble Art 38 Brüssel IIa-VO Rn 3 wäre dieses Vorgehen regelmäßig ermessensfehlerhaft).

Der Verordnung ist **keine Pflicht des Gerichts** bzw der Behörde zu entnehmen, die 4
erforderlichen Unterlagen selbst aus dem anderen Mitgliedstaat zu beschaffen (vgl etwa Gitschthaler/Garber Art 38 Brüssel IIa-VO Rn 6; Althammer/Schäuble Art 38 Brüssel IIa-VO Rn 4). In geeigneten Fällen mag es sich aber anbieten, gestützt auf **Art 86 ff Brüssel IIb-VO** im Ausland zB nachzufragen, ob die von der Partei geschilderten Umstände zutreffen, die sie angeblich an der Vorlage hindern.

Art 32 Abs 1 Brüssel IIb-VO macht keine näheren Vorgaben zur **Fristsetzung (Abs 1 5
Var 1)**, die sich somit nach den Regeln des Anerkennungsstaats richtet. In Deutschland gelten § 113 Abs 1 FamFG, § 142 Abs 1 S 2, §§ 221 ff ZPO entsprechend. Allerdings wird man der Verordnung entnehmen können, dass die Frist angemessen sein muss, um der Partei eine realistische Möglichkeit zu eröffnen, die Unterlagen aus dem Ausland beizubringen (für eine großzügige Handhabung etwa Gitschthaler/Garber Art 38 Brüssel IIa-VO Rn 9; MünchKommFamFG/Gottwald Art 38 Brüssel IIa-VO Rn 2; Rauscher/Rauscher Art 38 Brüssel IIa-VO Rn 4). Andererseits ist dabei zu berücksichtigen, dass die Brüssel IIb-VO es den Mitgliedstaaten auferlegt, die für die Anerkennung erforderlichen Bescheinigungen zu erstellen, und dass dies keinen größeren Aufwand erfordert (ähnlich Thomas/Putzo/Hüsstege Art 32 Brüssel IIb-VO Rn 4).

Nicht ausgeschlossen, aber schwer vorstellbar erscheint, welche **gleichwertigen Unter- 6
lagen (Abs 1 Var 2)** den erforderlichen Nachweis einer im Ausland erfolgten Eheauflösung ermöglichen können. Zu denken wäre an den Fall, dass anstelle der im Ur-

sprungsstaat erstellten Ausfertigung nur eine im Inland beglaubigte Kopie der Entscheidung oder dass infolge eines Stillstands der Rechtspflege im Ursprungsstaat zwar keine Bescheinigung gem Art 36 Brüssel IIb-VO, aber doch immerhin eine inhaltlich entsprechende Bescheinigung einer anderen Stelle (zB der Botschaft) vorgelegt werden kann. Dann erscheint allerdings fraglich, ob das in Art 90 Brüssel IIb-VO vorgesehene allgemeine Verbot, eine Echtheitsbescheinigung – namentlich eine Legalisation – zu verlangen, seinem Sinn nach auch im Hinblick auf die Unterlagen iSv Art 32 Abs 1 Var 2 Brüssel IIb-VO gelten soll.

7 Für den Fall, dass sich das Gericht oder die Behörde gem Abs 1 Var 2 auf die Vorlage (angeblich) gleichwertiger Unterlagen einlässt, ist zu beachten, dass Art 32 Abs 2 Brüssel IIb-VO, anders als Art 31 Abs 2 und 3 Brüssel IIb-VO, nicht vorschreibt, dass eine **Übersetzung oder Transliteration** nur dann verlangt werden darf, wenn dies erforderlich oder sogar für die Verfahrensfortführung unverzichtbar ist. Vielmehr erscheint das Verlangen in aller Regel sinnvoll, wenn Dokumente in einer Sprache vorgelegt werden, die das Gericht oder andere Beteiligte nicht hinreichend sicher beherrschen.

8 Ein vollständiger **Verzicht (Abs 1 Var 3)** auf die Vorlage sowohl der Entscheidungsausfertigung als auch der Bescheinigung kommt angesichts der Bedeutung der Ehestatusklarheit kaum jemals in Betracht: Es ist schwer vorstellbar, wie das mit der Anerkennungsfrage befasste Gericht ohne irgendwelche Unterlagen die erforderliche Überzeugung bilden kann, dass eine (angeblich) im Ausland erfolgte Eheauflösung im Inland zugrunde zu legen ist (ebenso Thomas/Putzo/Hüsstege Art 32 Brüssel IIb-VO Rn 4). Verzichtbar erscheint daher am ehesten die Vorlage der Bescheinigung, wenn immerhin eine aussagekräftige Ausfertigung der Entscheidung zur Verfügung steht. Fehlt hingegen diese Ausfertigung, so wird sich das Gericht in aller Regel auch nicht mit einer Bescheinigung, einem übereinstimmenden Vortrag der Parteien oder mit Zeugenaussagen über die angeblich im Ausland erfolgte Eheauflösung begnügen dürfen (dafür, allerdings nur bei Fehlen der Bescheinigung, Gitschthaler/Garber Art 38 Brüssel IIa-VO Rn 13); denn die Klärung des Ehestatus steht nicht zur Disposition der Ehegatten.

Artikel 33
Aussetzung des Verfahrens

Das Gericht, bei dem eine in einem anderen Mitgliedstaat ergangene Entscheidung geltend gemacht wird, kann das Verfahren in den folgenden Fällen ganz oder teilweise aussetzen:

a) Im Ursprungsmitgliedstaat wurde ein ordentlicher Rechtsbehelf gegen die Entscheidung eingelegt; oder

b) Es wird eine Entscheidung beantragt, dass keine Gründe für eine Nichtanerkennung nach den Artikeln 38 und 39 vorliegen oder dass die Anerkennung aufgrund eines dieser Gründe abzulehnen ist.

Bis 31. 7. 2022 geltende Regelung: Art 27 Abs 1 Brüssel IIa-VO (s Textanh 2 Rn 3), ohne Entsprechung zu Art 33 lit b Brüssel IIb-VO.

Schrifttum

Vgl die Angaben zu Art 30 Brüssel IIb-VO.

Systematische Übersicht

I. Überblick

1 Die Vorschrift entspricht funktional dem bisherigen Art 27 Abs 1 Brüssel IIa-VO; die dort in Abs 2 vorgesehene Sonderregelung für Common-Law-Staaten findet sich nunmehr, inhaltlich modifiziert, in Art 72 Brüssel IIb-VO. Eine Art 33 lit b Brüssel IIb-VO vergleichbare Regelung war in der Brüssel IIa-VO noch nicht enthalten (aber im Schrifttum praeter legem konstruiert worden; vgl etwa HandKommZPO/Dörner Art 21 EuEheVO Rn 10: analog § 148 ZPO).

2 Art 33 Brüssel IIb-VO setzt in beiden Varianten voraus, dass eine in einem anderen Mitgliedstaat ergangene Entscheidung bei einem **Gericht** geltend gemacht wird, sei es als Vorfrage in einem Rechtsstreit (Art 30 Abs 5 Brüssel IIb-VO) oder in einem selbständigen Anerkennungsverfahren iSv Art 30 Abs 3 Brüssel IIb-VO (dazu unten Rn 7 ff). Zur Verfahrensaussetzung durch den **Standesbeamten** im Rahmen von Art 30 Abs 2 Brüssel IIb-VO s Art 30 Brüssel IIb-VO Rn 30.

3 **Sondervorschriften** zu Art 33 lit a Brüssel IIb-VO sind Art 44 Brüssel IIb-VO (Verfahrensaussetzung im Falle der Anerkennung privilegierter kindschaftsrechtlicher Entscheidungen) und Art 63 Brüssel IIb-VO (Aussetzung des Vollstreckungsversagungsverfahrens), ferner Art 56 Abs 2 Brüssel IIb-VO (Aussetzung des eigentlichen Vollstreckungsverfahrens).

II. Rechtsbehelf im Ursprungsmitgliedstaat (lit a)

4 Art 33 lit a Brüssel IIb-VO setzt voraus, dass im Ursprungsmitgliedstaat ein **ordentlicher Rechtsbehelf** gegen die Entscheidung bereits eingelegt worden ist. Abweichend von Art 56 Abs 2 lit b und Art 63 Abs 1 lit b Brüssel IIb-VO genügt also nicht, dass die Frist für einen solchen Rechtsbehelf noch läuft.

5 Der **Begriff des ordentlichen Rechtsbehelfs** ist verordnungsautonom zu interpretieren. Üblicherweise wird auf die Definition zurückgegriffen, die der EuGH bereits zum

EuGVÜ entwickelt hat (EuGH 22. 11. 1977 – 43/77 International Diamond Supply, NJW 1978, 1107). Gemeint ist dann „jeder Rechtsbehelf, der zur Aufhebung oder Abänderung der [...] Entscheidung führen kann und für dessen Einlegung im Urteilsstaat eine gesetzliche Frist bestimmt ist, die durch die Entscheidung selbst in Lauf gesetzt wird" (darauf verweisend etwa Gitschthaler/Garber Art 27 Brüssel IIa-VO Rn 15; Thomas/Putzo/Hüsstege Art 33 Brüssel IIb-VO Rn 3; NK-BGB/Andrae Art 27 EheVO 2003 Rn 2; zweifelnd zur Sinnhaftigkeit des Befristungserfordernisses Rauscher/Rauscher Art 27 Brüssel IIa-VO Rn 4). Geht es um die Anerkennung einer Entscheidung aus **Irland** oder **Zypern**, gegen die dort ein statthafter Rechtsbehelf eingelegt wurde, ist Art 72 Brüssel IIb-VO zu beachten (s Art 72 Brüssel IIb-VO Rn 1 f).

6 Für die Anerkennung von **Ehestatusentscheidungen** ist Art 33 lit a Brüssel IIb-VO schon deshalb kaum von Bedeutung, weil es dort regelmäßig um die Gestaltungswirkung geht, die nach den meisten Rechtsordnungen formelle Rechtskraft voraussetzen dürfte. Die Aktualisierung von Personenstandsbüchern kommt ohnehin erst nach Rechtskraft in Betracht (Art 30 Abs 2 Brüssel IIb-VO). Denkbar ist jedoch, dass ein selbständiges Anerkennungsverfahren gem Art 30 Abs 3 Brüssel IIb-VO ausnahmsweise schon vor Eintritt der Rechtskraft der ausländischen Entscheidung eingeleitet wird (s Art 30 Brüssel IIb-VO Rn 34). Häufiger relevant wird die Durchsetzung noch anfechtbarer Entscheidungen hingegen in **Kindschaftssachen** (vgl Erwägungsgrund 66; zur vorläufigen Vollstreckbarkeit s Art 34 Abs 2 und Art 45 Abs 2 Brüssel IIb-VO).

III. Selbständiges Anerkennungsverfahren oder Anerkennungsversagungsverfahren (lit b)

7 Anders als Art 33 lit a Brüssel IIb-VO nimmt lit b Rücksicht auf Verfahren, die im Anerkennungsstaat eingeleitet werden: die erste Variante bezieht sich auf ein **selbständiges Anerkennungsverfahren** iSv Art 30 Abs 3 Brüssel IIb-VO, die zweite Variante auf ein **Anerkennungsversagungsverfahren** iSv Art 40 Brüssel IIb-VO.

8 Eine in einem anderen Mitgliedstaat ergangene Entscheidung wird iSv Art 33 Brüssel IIb-VO bei einem Gericht geltend gemacht, wenn sich für dieses die Anerkennungsfähigkeit als **Vorfrage** in einem Rechtsstreit stellt (vgl Art 30 Abs 5 Brüssel IIb-VO). In diesem Sinne „geltend gemacht" wird die ausländische Entscheidung aber auch bei einem Gericht, das mit einem **selbständigen Anerkennungsverfahren** iSv Art 30 Abs 3 Brüssel IIb-VO befasst ist (**aA** offenbar Thomas/Putzo/Hüsstege Art 33 Brüssel IIb-VO Rn 1: für das Anerkennungsverfahren iSv Art 30 Abs 3 Brüssel IIb-VO gelte Art 63 Brüssel IIb-VO, was allerdings zweifelhaft ist, weil auf diese Bestimmung in Art 30 Abs 3 Brüssel IIb-VO gerade nicht verwiesen wird). Auch ein selbständiges Anerkennungsverfahren kann daher gem Art 33 lit b Brüssel IIb-VO mit Rücksicht auf ein Anerkennungsversagungsverfahren ausgesetzt werden (womöglich **aA** Klinkhammer FamRZ 2022, 325, 328 f, der meint, dass es an Regelungen über die Koordination solcher Verfahren fehle). Demgegenüber ist der umgekehrte Fall nicht klar geregelt (vgl Art 40 Brüssel IIb-VO Rn 8).

9 Art 33 lit b Brüssel IIb-VO äußert sich nicht klar zum **maßgeblichen Zeitpunkt**. Am ehesten deutet der Wortlaut („es wird", anders als lit a: „wurde") auf den Fall hin, dass der Antrag iSv lit b erst gestellt wird, nachdem das daraufhin auszusetzende Verfahren bereits eingeleitet war. Erst recht muss die Aussetzung aber möglich sein,

wenn zu Beginn des auszusetzenden Verfahrens das selbständige Anerkennungsverfahren bzw das Anerkennungsversagungsverfahren, das gem lit b abgewartet werden soll, schon anhängig war.

IV. Aussetzungsermessen

In sämtlichen Varianten von Art 33 Brüssel IIb-VO ist die Aussetzung (anders als im deutschen Recht in den Fällen von § 152 ZPO) nicht etwa zwingend vorgeschrieben („kann"), sondern steht – wie bei § 148 ZPO – im **pflichtgemäßen (nicht freien) Ermessen** des Gerichts. Ein auf Aussetzung gerichteter Antrag ist nicht erforderlich; vielmehr hat das Gericht **von Amts wegen** zu prüfen, wenn ihm Umstände iSv lit a oder lit b bekannt werden. **10**

Bisweilen wird darauf hingewiesen, dass eine Aussetzung nicht in Betracht komme, wenn von vornherein feststeht, dass die ausländische Entscheidung ohnehin nicht anerkennungsfähig ist (so Thomas/Putzo/Hüsstege Art 33 Brüssel IIb-VO Rn 2). Allerdings sollte ein Gericht, bei dem sich die Anerkennungsfähigkeit nur als Vorfrage iSv Art 30 Abs 5 Brüssel IIb-VO stellt, selbst bei erheblichen eigenen Zweifeln in aller Regel mittels Art 33 lit b Brüssel IIb-VO die Prüfung dem Familiengericht überlassen, das für die Durchführung von selbständigen Anerkennungsverfahren bzw Anerkennungsversagungsverfahren zuständig ist. **11**

Art 33 Brüssel IIb-VO stellt klar, dass sich die Aussetzung in geeigneten Fällen nur auf **Teile des Verfahrens** beschränken kann („ganz oder teilweise"). Ob dies möglich bzw sinnvoll ist, hängt von der lex fori des auszusetzenden Verfahrens und von der dort verhandelten Hauptsache ab. **12**

Unterabschnitt 2
Vollstreckbarkeit und Vollstreckung

Artikel 34
Vollstreckbare Entscheidungen

(1) Eine in einem Mitgliedstaat in Verfahren betreffend die elterliche Verantwortung ergangene Entscheidung, die in diesem Mitgliedstaat vollstreckbar ist, ist in den anderen Mitgliedstaaten vollstreckbar, ohne dass es einer Vollstreckbarerklärung bedarf.

(2) Für die Zwecke der Vollstreckung einer Entscheidung über das Umgangsrecht in einem anderen Mitgliedstaat kann das Gericht des Ursprungsmitgliedstaats die Entscheidung ungeachtet der Einlegung eines Rechtsbehelfs für vorläufig vollstreckbar erklären.

Bis 31. 7. 2022 geltende Regelung: keine Entsprechung.

Schrifttum

Balthasar-Wach, Die Neufassung der Brüssel IIa-VO – Übersicht wesentlicher Änderungen von der Brüssel IIa-VO zur Brüssel IIb-VO, ZfRV 2022, 20

Biagioni/Carpaneto, Children under Brussels II ter Regulation, Yb of Private International Law XXII (2020/2021) 139

Brieger/Hirsch, Deutsches Best Practice Tool für die Anerkennung und Vollstreckung von familienrechtlichen Vereinbarungen innerhalb der Europäischen Union (2020)

Brosch, Die Neufassung der Brüssel IIa-Verordnung, GPR 2020, 179

Erb-Klünemann/Niethammer-Jürgens, Die neue Brüssel IIa-VO – Neue Regelungen für die Zuständigkeit, die Anerkennung und Vollstreckung von Entscheidungen in Ehesachen und in Verfahren betreffend die elterliche Verantwortung für internationale Kindesentführungen, FamRB 2019, 454

Finger, Die Zuständigkeit und Vollstreckung von Entscheidungen in Ehesachen und in Verfahren betreffend die elterliche Verantwortung und über internationale Kindesentführungen, FuR 2019, 640

Flindt, Die neue Brüssel IIb-VO, NZFam 2022, 669

González Beilfuss, What's New in Regulation (EU) No 2019/1111?, Yb of Private International Law XXII (2020/2021) 95

Ní Shúilleabháin, An Overview of the Principal Reforms in Regulation (EU) 2019/1111, Yb of Private International Law XXII (2020/2021) 117

Pachmayr, Die wesentlichen Neuregelungen der Brüssel IIb-VO im Hinblick auf Kindschaftssachen, ZJS 2022, 311

Schulz, Das Vollstreckungssystem in der neuen Brüssel IIa-Verordnung, in: Budzikiewicz/Heiderhoff/Klinkhammer/Niethammer-Jürgens (Hrsg), Standards und Abgrenzungen im internationalen Familienrecht (2019) 93

dies, Die Neufassung der Brüssel IIa-Verordnung, FamRZ 2020, 1141

Zirngast, Die Anerkennung und Vollstreckung von allgemeinen und privilegierten Entscheidungen in Kindschaftssachen, in: Garber/Lugani (Hrsg), Die Brüssel IIb-Verordnung (2022) 399.

Vgl auch die weiteren Angaben zu Art 30 Brüssel IIb-VO.

1 Der **Verzicht auf ein Vollstreckbarerklärungsverfahren** galt bislang in der Brüssel IIa-VO nur für die sog privilegierten Entscheidungen, die Umgangsrechte gewähren oder die Rückgabe eines Kindes anordnen (nunmehr: Art 42 und Art 45 Brüssel IIb-VO). Vor diesem Hintergrund erweist sich Art 34 Abs 1 Brüssel IIb-VO, wie Erwägungsgrund 58 betont, als eine besonders wichtige Neuerung: Fortan sind **sämtliche kindschaftsrechtlichen Entscheidungen ohne Exequatur zu vollstrecken** (einführend hierzu etwa Antomo, in: Pfeiffer/Lobach/Rapp [2020] 13, 48 ff; Balthasar-Wach ZfRV 2022, 20, 27 f; Brosch GPR 2020, 179, 185 ff; González Beilfuss Yb of Private International Law XXII [2020/2021] 95, 112 ff; Gruber/Möller IPRax 2020, 393, 397 f; Lazić NiPR 2021, 729, 733 ff; Lazić/Pretelli Yb of Private International Law XXII [2020/2021] 155, 171 ff; Ní Shúilleabháin Yb of Private International Law XXII (2020/2021) 117, 134 ff; Pachmayr ZJS 2022, 311, 314 ff; Schulz FamRZ 2020, 1141, 1146 f). Erwägungsgrund 58 S 3 umschreibt dies dahingehend, dass eine von einem Gericht eines anderen Mitgliedstaats getroffene Entscheidung so zu behandeln ist, als ob sie im Vollstreckungsmitgliedstaat ergangen wäre. § 44a Abs 1 IntFamRVG verzichtet für die Vollstreckung in Deutschland auch auf die Erteilung einer Vollstreckungsklausel (eingefügt durch Art 1 G v 10. 8. 2021, BGBl 2021 I 3424; vgl hierzu den Regierungsentwurf, BT-Drucks 19/28681, 53 f).

2 Zum Ausgleich wird dem Titelschuldner in Art 41, 56 ff Brüssel IIb-VO die Möglichkeit eröffnet, unter Berufung auf bestimmte Gründe im Vollstreckungsstaat die Ver-

sagung der Vollstreckung zu beantragen (vgl Erwägungsgrund 62). Die Brüssel IIb-VO übernimmt damit das **Kompromissmodell**, das die Brüssel Ia-VO bereits für allgemeine Zivil- und Handelssachen eingeführt hatte und das sich dort inzwischen im Wesentlichen bewährt hat (vgl hierzu etwa Hess Rn 6.262 ff; Linke/Hau Rn 14.20 ff).

Für **Ehestatusentscheidungen**, die gestaltender Natur sind und keiner Vollstreckung bedürfen, wirkt sich Art 34 Abs 1 Brüssel IIb-VO nicht aus. Relevant wird die Abschaffung des Exequaturverfahrens allerdings auch in Ehesachen für die Vollstreckung von **Kostenentscheidungen** (Art 73 Brüssel IIb-VO). Die Möglichkeit vorläufiger Vollstreckbarkeit, die Art 34 Abs 2 Brüssel IIb-VO für umgangsrechtliche Entscheidungen vorsieht, ist dabei aber offenbar nicht gemeint, obwohl zB im deutschen Recht auch Kostenentscheidungen für vorläufig vollstreckbar erklärt werden. 3

Artikel 35
Zwecks Vollstreckung vorzulegende Unterlagen

(1) Soll in einem Mitgliedstaat eine in einem anderen Mitgliedstaat ergangene Entscheidung vollstreckt werden, so hat die die Vollstreckung betreibende Partei der für die Vollstreckung zuständigen Behörde Folgendes vorzulegen:

a) eine Ausfertigung der Entscheidung, die die für ihre Beweiskraft erforderlichen Voraussetzungen erfüllt, und

b) die entsprechende Bescheinigung nach Artikel 36.

(2) Soll in einem Mitgliedstaat eine in einem anderen Mitgliedstaat ergangene Entscheidung vollstreckt werden, in der eine einstweilige Maßnahme einschließlich einer Schutzmaßnahme angeordnet wird, so hat die die Vollstreckung betreibende Partei der für die Vollstreckung zuständigen Behörde Folgendes vorzulegen:

a) eine Ausfertigung der Entscheidung, die die für ihre Beweiskraft erforderlichen Voraussetzungen erfüllt,

b) die entsprechende Bescheinigung nach Artikel 36, in der bescheinigt wird, dass die Entscheidung im Ursprungsmitgliedstaat vollstreckbar ist und dass das Ursprungsgericht

i) in der Hauptsache zuständig ist, oder

ii) die Maßnahme gemäß Artikel 27 Absatz 5 in Verbindung mit Artikel 15 angeordnet hat, und

c) wenn die Maßnahme ohne Vorladung des Antraggegners angeordnet wurde, den Nachweis der Zustellung der Entscheidung.

(3) Die für die Vollstreckung zuständige Behörde kann erforderlichenfalls die die Vollstreckung betreibende Partei auffordern, eine Übersetzung oder Transliteration

gemäß Artikel 91 der übersetzbaren Inhalte der Freitextfelder der Bescheinigung vorzulegen, in der die zu vollstreckende Verpflichtung angegeben ist.

(4) Kann die für die Vollstreckung zuständige Behörde das Verfahren ohne eine Übersetzung oder Transliteration der Entscheidung nicht fortsetzen, so kann sie die die Vollstreckung betreibende Partei auffordern, eine Übersetzung oder Transliteration gemäß Artikel 91 der Entscheidung vorzulegen.

Bis 31. 7. 2022 geltende Regelung: keine Entsprechung.

1 Weil in Ehesachen die **Kostenentscheidung** gem Art 73 Brüssel IIb-VO vollstreckbar ist, wird Art 35 Abs 1 Brüssel IIb-VO auch hierfür relevant. Zum Begriff der Ausfertigung iSv Abs 1 lit a vgl Art 31 Brüssel IIb-VO Rn 5. Die gem Abs 1 lit b erforderliche Bescheinigung nach Art 36 Brüssel IIb-VO meint in Ehesachen das Formblatt gem Anhang II, das unter Nr 10 die Angaben zu den Kosten umfasst. Zu beachten ist, dass Nr 10 auch Freitextangaben ermöglicht, deren Übersetzung und/oder Transliteration erforderlichenfalls gem Art 35 Abs 4 Brüssel IIb-VO verlangt werden kann.

Unterabschnitt 3
Bescheinigung

Artikel 36
Ausstellung der Bescheinigung

(1) Das der Kommission gemäß Artikel 103 mitgeteilte Gericht eines Ursprungsmitgliedstaats stellt auf Antrag einer Partei eine Bescheinigung aus über

a) eine Entscheidung in Ehesachen unter Verwendung des Formblatts in Anhang II,

b) eine Entscheidung in Verfahren betreffend die elterliche Verantwortung unter Verwendung des Formblatts in Anhang III,

c) eine Entscheidung nach Artikel 2 Absatz 1 Buchstabe a, die die Rückgabe eines Kindes anordnet, und gegebenenfalls alle die Entscheidung begleitende und gemäß Artikel 27 Absatz 5 angeordnete einstweilige Maßnahmen einschließlich Schutzmaßnahmen unter Verwendung des Formblatts in Anhang IV.

(2) Die Bescheinigung wird in der Sprache ausgefüllt und ausgestellt, in der die Entscheidung abgefasst ist. Die Bescheinigung kann auch in einer anderen Amtssprache der Organe der Europäischen Union, die von einer Partei gewünscht wird, ausgestellt werden. Dies verpflichtet das die Bescheinigung ausstellende Gericht nicht da-

zu, eine Übersetzung oder Transliteration der übersetzbaren Inhalte der Freitextfelder bereitzustellen.

(3) Gegen die Ausstellung einer Bescheinigung sind keine Rechtsbehelfe möglich.

Bis 31. 7. 2022 geltende Regelung: Art 39 und Art 43 Abs 2 Brüssel IIa-VO (s Textanh 2 Rn 3).

Schrifttum

Dutta, Die Entscheidungsbescheinigungen nach der Brüssel IIa-VO – ein Erfolgsmodell?, StAZ 2011, 33

Janzen/Wagner, Die IntFamRVG-Novelle nach der Neufassung der EuEheVO, IPRax 2022, 545

Klinkhammer, Das Durchführungsgesetz zur Brüssel IIb-VO, FamRZ 2022, 325

Kohler/Pintens, Entwicklungen im europäischen Familien- und Erbrecht 2020–2021, FamRZ 2021, 1421.

Systematische Übersicht

I. Überblick

1 Art 36 Abs 1 Brüssel IIb-VO entspricht im Wesentlichen der bisherigen Regelung in Art 39 Brüssel IIa-VO. Die Vorschrift zur Sprache der Bescheinigung in Abs 2 ist neu. Der nunmehr in Abs 3 festgelegte Ausschluss von Rechtsbehelfen war bislang nur für die Ausstellung einer Bescheinigung zur Vollstreckung privilegierter kindschaftsrechtlicher Entscheidungen vorgesehen (Art 43 Abs 2 Brüssel IIa-VO). **Sondervorschriften** zu Art 36 Brüssel IIb-VO sind Art 47 Brüssel IIb-VO (Bescheinigungen zu privilegierten kindschaftsrechtlichen Entscheidungen) und Art 66 Brüssel IIb-VO (Bescheinigungen zu öffentlichen Urkunden oder Vereinbarungen).

2 Die **deutsche Durchführungsregelung** zu Art 36 Brüssel IIb-VO findet sich in § 48 IntFamRVG (neu gefasst durch Art 1 G v 10. 8. 2021, BGBl 2021 I 3424; vgl den Regierungsentwurf, BT-Drucks 19/28681, 62 ff; Janzen/Wagner IPRax 2022, 545, 551; Klinkhammer FamRZ 2022, 325, 330; Kohler/Pintens FamRZ 2021, 1421, 1424).

II. Anwendung in Ehesachen

1. Anwendungsbereich

3 Die Vorschrift regelt sowohl die Bescheinigung zwecks Anerkennung iSv Art 31 Abs 1 lit b Brüssel IIb-VO als auch die Bescheinigung zwecks Vollstreckung iSv Art 35 Abs 1 lit b Brüssel IIb-VO. In Ehesachen geht es gem Art 36 Abs 1 lit a Brüssel IIb-VO jeweils um die Bescheinigung anhand des Formblatts in Anhang II, das neben der **Anerkennung der Ehestatusentscheidung** auch die **Vollstreckung der diesbezüglichen Kostenentscheidung** betrifft (unter Nr 10).

2. Inhalt und Sprache der Bescheinigung

4 Der Inhalt der Bescheinigung richtet sich zwingend nach dem **Formblatt in Anhang II**. Dieses ist hier abgedruckt nach Art 105 Brüssel IIb-VO. Die jeweils aktuelle Fassung wird im Amtsblatt veröffentlicht und von der Kommission im Europäischen Justizportal zur Verfügung gestellt (https://e-justice.europa.eu/155/DE/online_forms, dort unter „Brüssel-IIb-Verordnung – Formulare für Ehesachen und Verfahren betreffend die elterliche Verantwortung“).

5 Hingewiesen sei im Falle einer **Säumnisentscheidung** auf die Angaben im Formblatt unter Nr 6. Diese können bedeutsam sein im Falle eines Anerkennungsversagungsverfahrens gem Art 40 Brüssel IIb-VO, das auf Art 38 lit b Brüssel IIb-VO gestützt wird (s Art 38 Brüssel IIb-VO Rn 27 ff). Die Bescheinigung macht nach Ansicht des EuGH im Anerkennungsstaat die Prüfung dieses Versagungsgrunds allerdings nicht entbehrlich, wenn der Antragsgegner vorträgt, dass ihm das verfahrenseinleitende Schriftstück in Wirklichkeit nicht zugestellt worden sei (vgl, jeweils noch zur Parallelproblematik in der Brüssel I-VO, EuGH 6. 9. 2012 – C-619/10 Trade Agency/Seramico Investments, EuZW 2012, 912, 913 f mAnm Bach; BGH 26. 4. 2018 – IX ZB 15/16, FamRZ 2018, 1253; Thomas/Putzo/Hüßtege Art 36 Brüssel IIb-VO Rn 6). Umstritten ist, ob die Vorlage der Bescheinigung dazu führt, dass die Partei, die sich auf die Unrichtigkeit der Bescheinigung beruft, dies darlegen und beweisen muss (bejahend OLG Stuttgart 5. 11. 2013 – 5 W 13/13, Rn 31 f [in FamRZ 2014, 792 nur im Leitsatz abgedruckt]; **aA** Roth IPRax 2020, 21, 24).

6 In Deutschland wird die Bescheinigung, ebenso wie die Entscheidung, grundsätzlich auf **Deutsch** abgefasst (§ 184 S 1 GVG). Auf Wunsch des Antragstellers können die Angaben nach Maßgabe von Art 36 Abs 2 S 2 Brüssel IIb-VO auch in eine **andere Sprachfassung** des Formblatts eingetragen werden. Daraus erwächst dem ausstellenden Gericht im Entscheidungsstaat, wie Art 36 Abs 2 S 3 Brüssel IIb-VO klarstellt, aber keine Verpflichtung, für eine Übersetzung der Inhalte der Freitextfelder zu sorgen. Vielmehr sind im Anerkennungs- bzw Vollstreckungsstaat Art 31 Abs 2 bzw Art 35 Abs 3 Brüssel IIb-VO zu beachten.

3. Zuständigkeit

7 Art 36 Abs 1 Brüssel IIb-VO legt, anders als Art 47 Abs 1 Brüssel IIb-VO, nicht verordnungsautonom fest, welches Gericht für die Ausstellung der Bescheinigung zuständig ist, sondern überlässt dies der lex fori des Ursprungsmitgliedstaats. In Deutschland ist gem § 48 Abs 1 S 1 IntFamRVG das Gericht zuständig, das die Ent-

scheidung erlassen hat. Funktional ist dort gem § 48 Abs 2 S 1 IntFamRVG in erster Instanz der Familienrichter bzw in der Rechtsmittelinstanz der Senatsvorsitzende zuständig; die frühere Zuweisung an den Urkundsbeamten wurde als nicht mehr angemessen erachtet (vgl dazu BT-Drucks 19/28681, 62 f; krit Prütting/Gehrlein/Dimmler Art 39 Brüssel IIa-VO Rn 1).

4. Verfahren

Die Ausstellung der Bescheinigung setzt gem Art 36 Abs 1 Brüssel IIb-VO den **Antrag** „einer Partei" voraus, also desjenigen Ehegatten oder Dritten, der die Anerken- 8
nung der Ehestatusentscheidung in einem anderen Mitgliedstaat geltend machen möchte.

Gem § 48 Abs 2 S 2 IntFamRVG ist die Bescheinigung **ohne Anhörung** des Antrags- 9
gegners auszustellen. Diesem ist jedoch grundsätzlich gem § 48 Abs 3 S 1 und 2 IntFamRVG die Bescheinigung von Amts wegen zuzustellen, sofern der Antragsteller nicht die Übermittlung an sich zur **Zustellung** im Parteibetrieb beantragt hat (§ 48 Abs 3 S 3 IntFamRVG; dazu BT-Drucks 19/28681, 63 f).

Zu den **Gerichtsgebühren** für die Ausstellung der Bescheinigung beachte FamGKG 10
KV Nr 1711.

5. Rechtsmittel

Art 36 Abs 3 Brüssel IIb-VO untersagt den Mitgliedstaaten nur das Eröffnen von 11
Rechtsbehelfen gegen die **Ausstellung einer Bescheinigung**, betrifft aber nicht den Fall einer **Abweisung des Antrags**. In Deutschland findet gem § 48 Abs 4 S 1 IntFamRVG in entsprechender Anwendung von §§ 567–572 ZPO die sofortige Beschwerde statt, wenn der Familienrichter (nicht: der Senatsvorsitzende) einen Antrag auf Ausstellung einer Bescheinigung zurückweist. Eine Rechtsbeschwerde ist ausgeschlossen (§ 48 Abs 4 S 2 IntFamRVG).

Artikel 37
Berichtigung der Bescheinigung

(1) Das der Kommission gemäß Artikel 103 mitgeteilte Gericht eines Ursprungsmitgliedstaats berichtigt die Bescheinigung auf Antrag oder kann sie von Amts wegen berichtigen, wenn zwischen der zu vollstreckenden Entscheidung und der Bescheinigung aufgrund eines materiellen Fehlers oder einer Auslassung eine Unstimmigkeit besteht.

(2) Für das Verfahren zur Berichtigung der Bescheinigung gilt das Recht des Ursprungsmitgliedstaats.

Bis 31. 7. 2022 geltende Regelung: Art 43 Brüssel IIa-VO (s Textanh 2 Rn 3).

Schrifttum

Vgl die Angaben zu Art 36 Brüssel IIb-VO.

1 Bei der Vorschrift handelt es sich um eine **Neuerung**. Zwar war schon in der **Brüssel IIa-VO** eine Regelung zur Berichtigung von Bescheinigungen vorgesehen (Art 43 Abs 1 Brüssel IIa-VO), die sich jedoch nur auf Bescheinigungen zur Vollstreckung privilegierter kindschaftsrechtlicher Entscheidungen bezog (nunmehr: Art 48 Brüssel IIb-VO) und zudem schlicht das Recht des Ursprungsmitgliedstaats für anwendbar erklärte.

2 Demgegenüber betrifft **Art 37 Brüssel IIb-VO** die Bescheinigung gem Art 36 Brüssel IIb-VO, gilt also auch in Ehesachen. Abs 2 verweist hinsichtlich des **Verfahrens** zur Berichtigung der Bescheinigung auf das Recht des Ursprungsmitgliedstaats; danach richtet sich gem Abs 1 auch, ob die Berichtigung von Amts wegen oder nur auf Antrag erfolgen kann. Aus Abs 1 folgt, dass das die Bescheinigung ausstellende Gericht (s Art 36 Brüssel IIb-VO Rn 7) gleichermaßen für die Berichtigung zuständig sein soll. Zudem benennt Abs 1 verordnungsautonom die **Voraussetzungen einer Berichtigung**: Erfasst werden Fällen, in denen aufgrund eines materiellen Fehlers oder einer Auslassung eine Unstimmigkeit zwischen der Entscheidung und der Bescheinigung besteht. Obwohl dabei nur von einer „zu vollstreckenden Entscheidung" die Rede ist, sollte dasselbe gelten, wenn es um die Anerkennung iSv Art 30 Brüssel IIb-VO geht.

3 Die **deutsche Durchführungsregelung** zu Art 37 Brüssel IIb-VO findet sich in § 49 IntFamRVG (neu gefasst durch Art 1 G v 10. 8. 2021, BGBl 2021 I 3424; vgl den Regierungsentwurf, BT-Drucks 19/28681, 64; Janzen/Wagner IPRax 2022, 545; Klinkhammer FamRZ 2022, 325, 330). Vorgesehen ist die entsprechende Anwendung von § 319 ZPO. Demnach kann die Berichtigung auch von Amts wegen erfolgen. Eine „offenbare Unrichtigkeit" iSv § 319 Abs 1 ZPO ist nicht erforderlich, weil davon in Art 37 Abs 1 Brüssel IIb-VO keine Rede ist.

4 Gem § 319 Abs 3 ZPO ist ein Beschluss, der einen Antrag auf Berichtigung zurückweist, unanfechtbar, während gegen einen stattgebenden Beschluss die **sofortige Beschwerde** statthaft ist. Aber auch dann dürfte eine Rechtsbeschwerde entsprechend § 48 Abs 4 S 2 IntFamRVG ausgeschlossen sein (Klinkhammer FamRZ 2022, 325, 330: die Berichtigung solle nicht stärker anfechtbar sein als die Versagung der Ausstellung). Die sofortige Beschwerde ist wegen § 567 Abs 1 ZPO nicht eröffnet, wenn das OLG oder der BGH eine Bescheinigung berichtigt (BT-Drucks 19/28681, 64).

5 **Sondervorschriften** zu Art 37 Brüssel IIb-VO sind Art 48 Brüssel IIb-VO (Bescheinigungen zu privilegierten kindschaftsrechtlichen Entscheidungen) und Art 67 Brüssel IIb-VO (Bescheinigungen zu öffentlichen Urkunden oder Vereinbarungen). Anders als diese Bestimmungen sieht Art 37 Brüssel IIb-VO zur Bescheinigung gem Art 36 Brüssel IIb-VO neben der Berichtigung **keinen Widerruf** vor (vgl BT-Drucks 19/28681, 64; Klinkhammer FamRZ 2022, 325, 330; Kohler/Pintens FamRZ 2021, 1421, 1424).

Unterabschnitt 4
Versagung der Anerkennung und Vollstreckung

Artikel 38
Gründe für die Versagung der Anerkennung von Entscheidungen in Ehesachen

Die Anerkennung einer Entscheidung, die die Ehescheidung, die Trennung ohne Auflösung des Ehebandes oder die Ungültigerklärung einer Ehe betrifft, wird versagt,

a) wenn die Anerkennung der öffentlichen Ordnung des Mitgliedstaats, in dem sie geltend gemacht wird, offensichtlich widerspricht;

b) wenn dem Antragsgegner, der sich auf das Verfahren nicht eingelassen hat, das verfahrenseinleitende Schriftstück oder ein gleichwertiges Schriftstück nicht so rechtzeitig und in einer Weise zugestellt wurde, dass er sich verteidigen konnte, es sei denn, es wird festgestellt, dass er mit der Entscheidung eindeutig einverstanden ist;

c) wenn die Entscheidung mit einer Entscheidung unvereinbar ist, die in einem Verfahren zwischen denselben Parteien in dem Mitgliedstaat, in dem die Anerkennung geltend gemacht wird, ergangen ist; oder

d) wenn die Entscheidung mit einer früheren Entscheidung unvereinbar ist, die in einem anderen Mitgliedstaat oder in einem Drittstaat zwischen denselben Parteien ergangen ist, sofern die frühere Entscheidung die notwendigen Voraussetzungen für ihre Anerkennung in dem Mitgliedstaat erfüllt, in dem die Anerkennung geltend gemacht wird.

Bis 31. 7. 2022 geltende Regelung: Art 22 Brüssel IIa-VO (s Textanh 2 Rn 3).

Schrifttum

Basedow, Die Verselbständigung des europäischen ordre public, in: FS Sonnenberger (2004) 291
Büchler, Islamisches Familienrecht und ordre public in Europa, in: FS Brudermüller (2014) 61
Frank, Die zeitliche Relativität des Ordre Public, in: FS Vrellis (2014) 287
Gössl, The public policy exception in the European civil justice system, ELF 2016, 85
Hackspiel/Banczyk, Urteilsanerkennung und Integration in der EU und in den USA, in: FS Kohler (2018) 137
Kokott/Rosch, Entwicklungen in der Rechtsprechung des Gerichtshofs der Europäischen Union zu Anerkennungs- und Vollstreckungshindernissen in Zivil- und Handelssachen, in: Liber amicorum für Kohler (2018) 243
Lugani, Anerkennung in Ehesachen, in: Garber/Lugani (Hrsg), Die Brüssel IIb-Verordnung (2022) 357
Martiny, Die Zukunft des europäischen ordre public im Internationalen Privat- und Zivilverfahrensrecht, in: FS Sonnenberger (2004) 523
Paraschas, Überlegungen zu Reichweite und Grenzen des Grundrechtsschutzes nach der Charta der Grundrechte der Europäischen Uni-

on im Bereich der justiziellen Zusammenarbeit in Zivilsachen, in: Liber amicorum für Kohler (2018) 357
PEIFFER, Schutz und Obliegenheiten des Beklagten in der EuGVVO, in: FS Geimer (2017) 491
REGEN, Prozeßbetrug als Anerkennungshindernis (2008)
SCHACK, Anerkennungs- und Vollstreckungsversagungsgründe im Europäischen Zivilprozessrecht, ZVglRWiss 119 (2020) 237
SIEHR, Der ordre public im Zeichen der Europäischen Integration, in: FS von Hoffmann (2011) 424
SONNENTAG, Anerkennungs- und Vollstreckbarkeitshindernisse im autonomen deutschen Recht, ZVglRWiss 113 (2014), 83
STÜRNER, Europäisierung des (Kollisions-) Rechts und nationaler ordre public, in: FS von Hoffmann (2011) 463.

Vgl zudem die Angaben zu Art 30 Brüssel IIb-VO.

Systematische Übersicht

I. Überblick

1 Art 38 Brüssel IIb-VO benennt die Anerkennungsversagungsgründe, die für **gerichtliche Eheauflösungsentscheidungen** aus anderen Mitgliedstaaten maßgeblich sind. Die Vorschrift übernimmt, abgesehen von geringfügigen redaktionellen Abweichungen („Anerkennung einer Entscheidung [...] wird versagt", statt „Entscheidung [...] wird nicht anerkannt"; „geltend gemacht" statt „beantragt"), weitgehend wörtlich Art 22 Brüssel IIa-VO, der wiederum mit Art 15 Abs 1 Brüssel II-Übk/Brüssel II-VO übereinstimmt. Ein Art 38 Brüssel IIb-VO ähnlicher, aber in verschiedener Hinsicht abweichender Katalog für öffentliche Urkunden und Vereinbarungen in Scheidungs- oder Trennungssachen ist in Art 68 Abs 1 Brüssel IIb-VO geregelt. In Kindschaftssachen gilt Art 39 Brüssel IIb-VO, sofern nicht Art 50 Brüssel IIb-VO (privilegierte Entscheidungen) oder Art 68 Abs 2 und 3 Brüssel IIb-VO (öffentliche Urkunden und Vereinbarungen in Kindschaftssachen) vorgehen.

2 Einige wichtige **Ergänzungen zu Art 38 Brüssel IIb-VO** finden sich erst in Kap IV Abschnitt 5, wo sie leicht übersehen werden können: das Verbot der Nachprüfung der Zuständigkeit des Gerichts des Ursprungsmitgliedstaats (Art 69 Brüssel IIb-VO), die

Absage an eine kollisionsrechtliche Kontrolle (Art 70 Brüssel IIb-VO) sowie der Ausschluss einer Nachprüfung in der Sache (Art 71 Brüssel IIb-VO).

Weitgehende Übereinstimmung ist zu verzeichnen zwischen Art 38 Brüssel IIb-VO und seinen **Parallelregelungen** in den anderen Verordnungen zur justiziellen Zusammenarbeit in Zivilsachen, namentlich Art 45 Abs 1 Brüssel Ia-VO, Art 24 EuUntVO (deutlich enger jedoch Art 21 Abs 2 EuUntVO), Art 37 EuEheGüVO/EuPartGüVO sowie Art 40 EuErbVO. Häufig lassen sich Judikatur und Literatur zu diesen Regelungen im Sinne rechtsaktübergreifender Kohärenz auch auf die Brüssel IIb-VO beziehen. Eine merkwürdige Eigentümlichkeit im Vergleich zu allen Parallelregelungen behält die Brüssel IIb-VO allerdings zum Versagungsgrund der Gehörsverletzung bei (Art 38 lit b Brüssel IIb-VO; s unten Rn 32). Bemerkenswert erscheint im Übrigen, dass der Verordnungsgeber in die Brüssel IIb-VO nicht eine Ermahnung wie in Art 38 EuEheGüVO/EuPartGüVO aufgenommen hat, wonach die Gerichte und Behörden des Anerkennungsstaats bei der Anwendung der Versagungsgründe die GR-Charta, insbesondere den Grundsatz der Nichtdiskriminierung (Art 21 GR-Charta), zu beachten haben. 3

II. Prüfung der Anerkennungsversagungsgründe

1. Prüfungsszenarien

Anlass für eine Prüfung der Anerkennungsversagungsgründe kann sich in sehr unterschiedlichen Situationen ergeben. Häufig wird derjenige, der in einem Mitgliedstaat eine Ehestatusentscheidung erwirkt hat, diese in einem anderen Mitgliedstaat geltend machen, indem er dort gem Art 30 Abs 2 Brüssel IIb-VO die **Aktualisierung von Personenstandsbüchern** begehrt (vgl zum Vorgehen des deutschen Standesamtes Hepting/Dutta Rn III-513 f). Denkbar ist auch eine **Inzidentprüfung** in einem Rechtsstreit (Art 30 Abs 5 Brüssel IIb-VO) oder einem Verwaltungsverfahren, wenn sich eine Partei im Rahmen einer Vorfrage auf die Anerkennungsfähigkeit der ihr günstigen ausländischen Entscheidung beruft (s Art 30 Brüssel IIb-VO Rn 43 ff). Eine Partei, die ein dahingehendes Interesse hat, kann gem Art 30 Abs 3 Brüssel IIb-VO eine **förmliche Feststellung des Fehlens von Anerkennungsversagungsgründen** in einem Verfahren entsprechend Art 59–62 Brüssel IIb-VO herbeiführen (s Art 30 Brüssel IIb-VO Rn 31 ff). Und entsprechend denselben Regeln kann jemand, der umgekehrt die Entscheidung für nicht anerkennungsfähig hält, gem Art 40 Brüssel IIb-VO einen **Antrag auf Versagung der Anerkennung** stellen (s Art 40 Brüssel IIb-VO Rn 1 ff). 4

2. Anerkennungsvoraussetzungen und Anerkennungsversagungsgründe

Die Anerkennung einer ausländischen Entscheidung kommt nur dann in Betracht, wenn eine solche überhaupt existiert und Wirkungen entfaltet; beides bestimmt sich nach dem Recht des Ursprungsstaats (s Art 30 Brüssel IIb-VO Rn 10, 18). Darüber hinaus setzt eine auf Art 30 Abs 1 Brüssel IIb-VO gestützte Anerkennung stets voraus, dass der sachliche, räumlich-persönliche und zeitliche Anwendungsbereich dieser Vorschrift überhaupt eröffnet ist (vgl hierzu im Einzelnen Art 30 Brüssel IIb-VO Rn 8 ff). Diesbezüglich kann man von **Anerkennungsvoraussetzungen** sprechen. Diese hat das Gericht oder die Behörde, das bzw die mit der Frage der Anerkennung befasst ist, selbständig und ohne Bindung an die Einschätzung des ausländischen Gerichts zu 5 klären (vgl etwa Hausmann Rn K 62; Thomas/Putzo/Hüsstege Art 69 Brüssel IIb-VO Rn 1; Brosch FamRZ 2019, 1560). Die **Darlegungs- und Beweislast** für das Vorliegen einer wirksamen ausländischen Entscheidung sowie der weiteren Anerkennungsvoraussetzungen trägt derjenige, der sich auf die Anerkennung beruft.

6 Davon zu unterscheiden ist der Katalog in Art 38 Brüssel IIb-VO: Dort geht es um **Anerkennungsversagungsgründe** (oder „Anerkennungshindernisse"), die man, um Verwirrung zu vermeiden, am besten auch so bezeichnet (häufig ist freilich auch hierzu von „Anerkennungsvoraussetzungen" die Rede, so zB bei Hepting/Dutta Rn III-505 ff). Formulierungen wie „... wird nicht anerkannt, wenn ..." (Art 22 Brüssel IIa-VO) bzw „... wird versagt, wenn ..." (Art 38 Brüssel IIb-VO) sind mit Bedacht gewählt: Denn daraus lässt sich ableiten, dass das Anerkennungsrecht im Grundsatz von der Anerkennungsfähigkeit ausländischer Entscheidungen ausgeht (**favor recognitionis**). Folglich sind das Eingreifen von Anerkennungshindernissen und die Nichtanerkennung im Zweifel begründungsbedürftige Ausnahmen. Hierzu passt es, dass die Gründe für eine Nichtanerkennung laut Erwägungsgrund 55 S 2 auf ein Mindestmaß beschränkt werden sollen und dass sie laut EuGH eng auszulegen sind, weil sie Hindernisse für das Regelungsziel der Verordnung darstellen (so zur Brüssel IIa-VO EuGH 19. 11. 2015 – C-455/15 PPU P/Q, FamRZ 2016, 111 Rn 35 f; EuGH 16. 1. 2019 – C-386/17 Liberato/Grigorescu, FamRZ 2019, 1164 Rn 46, 55 mAnm vHein/Grohmann; EuGH 15. 11. 2022 – C-646/20 Senatsverwaltung/TB, FamRZ 2023, 21 Rn 44 mAufs Dutta FamRZ 2023, 16 = FamRB 2023, 4 [Dimmler]; gleichsinnig zur Brüssel I-VO etwa EuGH 28. 4. 2009 – C-420/07 Apostolides, EuGRZ 2009, 210 Rn 55; EuGH 23. 10. 2014 – C-302/13 flyLAL/Air Baltic, EuZW 2015, 76). Dies spricht im Übrigen dafür, die **Darlegungs- und Beweislast** dem Anerkennungsopponenten zuzuweisen (ebenso etwa HandKommZPO/Dörner Art 22 EuEheVO Rn 1; MünchKommFamFG/Gottwald Art 22 Brüssel IIa-VO Rn 3; Hausmann Rn K 67; Thomas/Putzo/Hüsstege Art 38 Brüssel IIb-VO Rn 2).

3. Amtswegige Prüfung

7 Das geschilderte Regel-Ausnahme-Verhältnis präjudiziert nicht die davon zu trennende Frage, ob das mit der Anerkennungsfähigkeit befasste Gericht das Vorliegen eines **Anerkennungshindernisses von Amts wegen zu prüfen** hat. Laut Erwägungsgrund 54 S 3 bleibt es dem nationalen Recht überlassen, darüber zu befinden, ob die Versagungsgründe **von einer Partei geltend gemacht** werden müssen oder von Amts wegen geltend gemacht werden können. In Erwägungsgrund 62 S 3 findet sich eine ähnliche Formulierung („Es ist im innerstaatlichen Recht festzulegen, ob die in dieser Verordnung vorgesehenen Gründe für eine Versagung der Anerkennung von Amts wegen oder auf Antrag geprüft werden müssen"), die aber eher misslungen ist, weil ein „Antrag" in den Fällen von Art 30 Abs 3 und Art 40 Abs 1 Brüssel IIb-VO zwingend erforderlich ist, damit die Frage der Anerkennungsfähigkeit überhaupt zum Gericht gelangt.

8 Im **deutschen Recht** ergibt sich keine eindeutige Antwort aus § 44j IntFamRVG, der sich mit den Verfahren auf Feststellung des Nichtvorliegens von Anerkennungsversagungsgründen (Art 30 Abs 3 Brüssel IIb-VO) und auf Versagung der Anerkennung (Art 40 Brüssel IIb-VO) befasst. Laut dem Regierungsentwurf soll § 44b Abs 2 S 2 IntFamRVG klarstellen, dass keine amtswegige Prüfung stattfindet (BT-Drucks 19/28681, 56). Allerdings gilt diese Vorschrift unmittelbar nur für das Vollstreckungsversagungsverfahren gem Art 59 Brüssel IIb-VO, und § 44j Abs 1 S 1 IntFamRVG verweist zu Art 30 Abs 3 und Art 40 Brüssel IIb-VO zwar auf § 44b Abs 2 S 1 und 3 Int-

FamRVG, aber gerade nicht auf S 2. Andererseits enthält § 44j Abs 1 S 3 IntFamRVG zu Art 40 Brüssel IIb-VO dann doch eine § 44b Abs 2 S 2 IntFamRVG entsprechende Formulierung. Aber soll hinsichtlich des Prüfungsmodus für Art 30 Abs 3 und Art 40 Abs 1 Brüssel IIb-VO wirklich Unterschiedliches gelten?

Im Übrigen erscheint fraglich, ob die Formulierung in § 44b Abs 2 S 2 bzw § 44j Abs 1 S 3 IntFamRVG überhaupt geeignet ist, eine amtswegige Prüfung auszuschließen: Die Vorgabe, dass der Antragsteller die seines Erachtens in Betracht kommenden Anerkennungsversagungsgründe im Antrag bezeichnen und Tatsachen sowie Beweismittel angeben soll, besagt nichts darüber, ob das Gericht, wenn sich aus den ihm vorgelegten Unterlagen ein nicht bezeichneter Versagungsgrund ergibt, diesen außer Betracht zu lassen oder amtswegig anzuwenden hat. Muss zB ein Gericht, dem gegenüber nur eine Gehörsverletzung iSv Art 38 lit b Brüssel IIb-VO gerügt wurde, die es aber nicht für gegeben erachtet, wirklich einen ihm dabei ersichtlich gewordenen Ordre-public-Verstoß iSv Art 38 lit a Brüssel IIb-VO ignorieren? Aus der Regierungsbegründung zum IntFamRVG (BT-Drucks 19/28681, 56) wird man das kaum ableiten können, zumal der knappe Hinweis erkennen lässt, dass die Verfasser nicht etwa Eheauflösungen, sondern die möglichst zügige Vollstreckung kindschaftsrechtlicher Entscheidungen vor Augen hatten. 9

Dies spricht dafür, dass es in Deutschland jedenfalls in Ehestatussachen zu Art 30 Abs 3 und Art 40 Brüssel IIb-VO bei der allgemeinen Regel bleiben soll (**aA**, gegen eine amtswegige Prüfung, aber Hüsstege FamRZ 2022, 1591, 1596). Die allgemeine Regel im deutschen Verfahrensrecht besagt indes, dass ein Anerkennungsversagungsgrund grundsätzlich nicht nur auf Rüge, sondern von Amts wegen zu beachten ist (deutlich BVerfG 14. 9. 2015 – 1 BvR 1321/13, FamRZ 2016, 26 Rn 24 mAnm Botthof; BGH 10. 9. 2015 – IX ZB 39/13, NJW 2016, 160 Rn 9; Prütting/Gehrlein/Dimmler Art 27 Brüssel IIa-VO Rn 4; HandKommZPO/Dörner Art 22 EuEheVO Rn 1; MünchKommFamFG/Gottwald Art 22 Brüssel IIa-VO Rn 3; Linke/Hau Rn 13.2; Hausmann Rn K 65; Althammer/Weller Art 22 Brüssel IIa-VO Rn 1); diese Position des deutschen Gesetzgebers zeigt sich besonders deutlich an einem Umkehrschluss zu der in § 109 Abs 1 Nr 2 FamFG vorgesehenen Ausnahme („und sich hierauf beruft"). 10

Klargestellt sei aber auch, dass amtswegige Prüfung in Verfahren, die dem **Beibringungsgrundsatz** unterliegen, keineswegs bedeutet, dass das Gericht Tatsachen, aus denen sich Anerkennungshindernisse möglicherweise ergeben könnten, amtswegig zu ermitteln hätte (beachte etwa BGH 10. 9. 2015 – IX ZB 39/13, NJW 2016, 160 Rn 10; Gitschthaler/Garber Art 22 Brüssel IIa-VO Rn 5; MünchKommFamFG/Gottwald Art 22 Brüssel IIa-VO Rn 3; Hausmann Rn K 66; Thomas/Putzo/Hüsstege Art 38 Brüssel IIb-VO Rn 2; Geimer/Schütze/Hau/Paraschas Art 22 EheVO Rn 3; Althammer/Weller Art 22 Brüssel IIa-VO Rn 1). 11

4. Kein Versagungsermessen

Stellt sich bei der Prüfung heraus, dass ein Anerkennungsversagungsgrund eingreift, so ist das Ergebnis schon nach dem Wortlaut von Art 38 Brüssel IIb-VO vorgegeben: „Die Anerkennung [...] wird versagt". Zwar enthalten sämtliche Varianten unbestimmte Rechtsbegriffe, bei denen sich für das Gericht auf der Tatbestandsseite durchaus gewisse Spielräume ergeben; ihm steht aber **kein Rechtsfolgenermessen** zu (klarstellend etwa Gitschthaler/Garber Art 22 Brüssel IIa-VO Rn 6; Geimer/Schütze/Hau/Pa- 12

RASCHAS Art 22 EheVO Rn 2; RAUSCHER/RAUSCHER Art 22 Brüssel IIa-VO Rn 3; ALTHAMMER/WELLER Art 22 Brüssel IIa-VO Rn 1). Besonders deutlich wird dies, wenn man vergleichend einige eng gefasste Spezialregelungen heranzieht, die ersichtlich ein solches Ermessen eröffnen sollen. Das gilt für Art 39 Abs 2 und Art 68 Abs 3 Brüssel IIb-VO, wonach in Kindschaftssachen eine Gehörsverletzung des Kindes nur dazu führt, dass die Anerkennung abgelehnt werden „kann" (vgl dazu Erwägungsgründe 57 und 71), ferner aber auch für Art 21 Abs 2 Unterabs 2 EuUntVO (Vollstreckungsversagung wegen entgegenstehender inländischer Entscheidung).

III. Ordre public (lit a)

1. Grundlagen

13 Obwohl der nunmehr in Art 38 lit a Brüssel IIb-VO verankerte Ordre-public-Vorbehalt von Anerkennungsopponenten in der Praxis relativ oft ins Feld geführt wird, scheitert die Anerkennung von Ehestatusentscheidungen laut dem Bericht der Kommission zur Brüssel IIa-VO (COM[2014] 225, 12) erfreulicherweise nur selten daran. Der Anerkennungsversagungsgrund erweist sich aber als sinnvolles Notfallinstrument (treffend SCHACK ZVglRWiss 119 [2020] 237, 242: „selten erfolgreich, aber als Notventil wichtig"; ähnlich etwa GITSCHTHALER/GARBER Art 22 Brüssel IIa-VO Rn 14).

14 Zu beachten ist, dass der **anerkennungsrechtliche ordre public** nicht deckungsgleich ist mit dem **kollisionsrechtlichen ordre public** (Art 12 Rom III-VO): Denn es besteht ein Unterschied, ob ein deutsches Gericht eine ausländische Vorschrift nicht anwenden soll oder ob bereits eine ausländische Entscheidung ergangen ist, die diese Vorschrift angewendet hat. Im letztgenannten Fall kann die ausländische Entscheidung womöglich noch hinnehmbar sein, weil die Nichtanerkennung nunmehr den internationalen Entscheidungseinklang stören würde (vgl, jeweils zum autonomen Recht, BGH 5. 9. 2018 – XII ZB 224/17, FamRZ 2018, 1846, 1847 mAnm REUSS; BGH 27. 5. 2020 – XII ZB 54/18, FamRZ 2020, 1481, 1485 ff mAnm GOMILLE).

15 Dadurch, dass Art 71 Brüssel IIb-VO eine **révision au fond** verbietet (s dort) und Art 38 lit a Brüssel IIb-VO zudem einen „offensichtlichen" Widerspruch zur öffentlichen Ordnung verlangt, wird der **Ausnahmecharakter des Ordre-public-Vorbehalts** besonders unterstrichen (vgl EuGH 19. 11. 2015 – C-455/15 PPU P/Q, FamRZ 2016, 111 Rn 35 f; EuGH 16. 1. 2019 – C-386/17 Liberato/Grigorescu, FamRZ 2019, 1164 Rn 46, 55 mAnm vHEIN/GROHMANN). Eine Anwendung kommt daher nur in Betracht, wenn das Ergebnis der Anerkennung bzw Vollstreckung – also nicht die ausländische Entscheidung an sich – im konkreten Fall schlechterdings untragbar erscheint, weil sich ein eklatanter Widerspruch zu den Grundgedanken der deutschen Regelungen und den in ihnen enthaltenen Gerechtigkeitsvorstellungen abzeichnet (vgl etwa BGH 19. 7. 2018 – IX ZB 10/18, NJW 2018, 3254, 3255 f mAnm KLÖPFER/RAMIC). Dies vorausgesetzt, kann der ordre public sowohl dem Schutz des im Ausland unterlegenen Ehegatten als auch dem Schutz öffentlicher Belange des Anerkennungsstaats dienen.

2. Materiell-rechtlicher ordre public

16 Schon der Wortlaut von Art 38 lit a Brüssel IIb-VO verdeutlicht, dass es, ebenso wie im nationalen Recht (§ 109 Abs 1 Nr 4 FamFG), grundsätzlich auf die **nationalen Vor-**

stellungen des jeweiligen Anerkennungsstaats ankommt (vgl etwa MARTINY, in: FS Sonnenberger 523, 532; GEIMER/SCHÜTZE/HAU/PARASCHAS Art 22 EheVO Rn 9). Das im prinzipiellen Verzicht auf die Überprüfung der internationalen Zuständigkeit (Art 69 Brüssel IIb-VO) manifestierte wechselseitige Vertrauen der Mitgliedstaaten in die Rechtsprechung ihrer EU-Partner und die Zielsetzung der Verordnungen gebieten allerdings eine **restriktive und möglichst einheitliche Handhabung** des Vorbehalts, die im Einzelfall durchaus eine großzügigere Bewertung als im Rahmen des autonomen Anerkennungsrechts rechtfertigen kann. Der EuGH wacht dabei erklärtermaßen über die Grenzen, innerhalb derer die nationalen Gerichte den ordre public als Anerkennungshindernis einsetzen dürfen (beachte zur Brüssel IIa-VO etwa EuGH 19. 11. 2015 – C-455/15 PPU P/Q, FamRZ 2016, 111 Rn 37). Das schafft aber noch keinen genuin „europäischen" ordre public (MARTINY, FS Sonnenberger 523; STÜRNER, in: FS von Hoffmann 463; **aA** BASEDOW, in: FS Sonnenberger 291), obwohl die Verständigung der Mitgliedstaaten auf einen solchen durchaus wünschenswert wäre. Im Übrigen rechtfertigt der Umstand, dass eine mitgliedstaatliche Entscheidung (womöglich) gegen das Unionsrecht verstößt, nicht ohne Weiteres die Versagung der Anerkennung in einem anderen Mitgliedstaat (s Art 71 Brüssel IIb-VO Rn 8).

Obwohl Art 38 lit a Brüssel IIb-VO, anders als etwa Art 33 EuInsVO oder § 109 **17**
Abs 1 Nr 4 FamFG, nicht ausdrücklich klarstellt, dass der ordre public namentlich im Falle eines **Verstoßes gegen Grundrechte** eingreifen kann, lässt sich diese Aussage auch für die Brüssel IIb-VO treffen. Der Sache nach übertragbar erscheint zudem die in Art 38 EuEheGüVO/EuPartGüVO enthaltene Ermahnung, dass die Gerichte und Behörden des Anerkennungsstaats bei der Anwendung der Versagungsgründe die GR-Charta, insbesondere den Grundsatz der Nichtdiskriminierung (Art 21 GR-Charta), zu beachten haben. Grundrechtliche Vorgaben können dabei umgekehrt auch **für die Anerkennung** streiten und so bewirken, dass sich einfachgesetzliche Bestimmungen des Anerkennungsstaats nicht durchsetzen. So gilt es insbesondere im Hinblick auf ausländische Statusentscheidungen zu berücksichtigen, dass die Versagung der Anerkennung zu einem auch unter Grundrechtsaspekten unerwünschten „hinkenden Rechtsverhältnis" führen würde (deutlich etwa BGH 17. 6. 2015 – XII ZB 730/12, FamRZ 2015, 1479, 1482 mAnm HEIDERHOFF, dort zu einer Auslandsadoption).

Im Verhältnis zu Drittstaaten gibt es durchaus Fälle, in denen in Ehestatussachen ein **18**
Eingreifen des materiell-rechtlichen ordre public in Erwägung zu ziehen ist, so insbes im Zusammenhang mit **religiösen Eheauflösungen** (beachte aus neuerer Zeit zB zu einer Verstoßung nach syrischem Recht BGH 26. 8. 2020 – XII ZB 158/18, FamRZ 2020, 1811 mAnm WALL = NJW 2020, 3592 mAnm ANTOMO = JZ 2021, 254 mAnm HEIDERHOFF = NZFam 2020, 1009 mAnm LÖHNIG = FamRB 2020, 471 [DIMMLER]; beachte dazu auch ARNOLD/HORNUNG/SCHNETTER GPR 2021, 2; GRIFO NZFam 2021, 202; HELMS StAZ 2021, 1; HENRICH IPRax 2022, 37).

Im **innereuropäischen Rechtsverkehr** finden sich hingegen kaum relevante Beispiele **19**
(so auch RAUSCHER/RAUSCHER Art 22 Brüssel IIa-VO Rn 9: „kaum je verletzt"; ähnlich etwa NK-BGB/ANDRAE Art 22 EheVO 2003 Rn 4; GITSCHTHALER/GARBER Art 22 Brüssel IIa-VO Rn 10; GEIMER/SCHÜTZE/HAU/PARASCHAS Art 22 EheVO Rn 16), zumal Art 70 Brüssel IIb-VO (**Verbot einer kollisionsrechtlichen Kontrolle**) und Art 71 Brüssel IIb-VO (**Verbot einer révision au fond**) den für Art 38 lit a Brüssel IIb-VO theoretisch verbleibenden Anwendungsbereich ganz erheblich einengen. Kürzere Trennungsfristen lösen den Vorbehalt ebenso wenig aus wie reine Konsensscheidungen (statt vieler: HELMS FamRZ 2001,

257, 263). Im Übrigen ist festzuhalten, dass ausländische Trennungsentscheidungen im Inland anzuerkennen sind, obwohl das deutsche Familienrecht keine Trennung ohne Auflösung des Ehebandes vorsieht, und dass die Anerkennung nicht schon deshalb versagt werden darf, weil eine ausländische Entscheidung eine Ehe, abweichend von § 1313 S 2 BGB, mit Wirkung ex tunc aufgehoben hat.

3. Verfahrensrechtlicher ordre public

20 Ist die ausländische Entscheidung in einem Verfahren zustande gekommen, das von zwingenden Bestimmungen des deutschen Gerichtsverfassungs- und Verfahrensrechts abweicht, so schließt dies die Anerkennung noch nicht aus; selbst erhebliche Unterschiede sind hinzunehmen. Der deutsche ordre public wird erst dann berührt, wenn das ausländische Verfahren derart von **wesentlichen Grundprinzipien des deutschen Verfahrensrechts** abweicht, dass die ausländische Entscheidung nicht mehr als Ergebnis eines geordneten, rechtsstaatlichen Verfahrens angesehen werden kann (vgl aus neuerer Zeit etwa BGH 27. 5. 2020 – XII ZB 54/18, FamRZ 2020, 1481 Rn 63 mAnm Gomille = NZFam 2020, 762 mAnm Löhnig = FamRB 2021, 147 [Kemper]). Ein Verstoß gegen das Verfahrensrecht des Erststaats ist dabei weder hinreichend noch notwendig (BGH 27. 5. 2020 – XII ZB 54/18, FamRZ 2020, 1481 Rn 64). Zur Irrelevanz einer Verletzung von Art 20 Brüssel IIb-VO s unten Rn 36.

21 Auch bei der Anerkennung **ausländischer Eheauflösungen** gilt, dass unterschiedliche verfahrensrechtliche Anforderungen hinzunehmen sind (vgl etwa OLG Karlsruhe 7. 11. 2013 – 3465/13-1, FamRZ 2014, 791). So steht eine Ausgestaltung als Verfahren der freiwilligen Gerichtsbarkeit, das durch einen formlosen Antrag eingeleitet werden kann, der Anerkennung nicht zwingend entgegen (KG 22. 7. 2003 – 1 VA 27/02, FamRZ 2004, 275, 277). Anerkennungsfähig kann auch eine Eheauflösung sein, die abweichend von § 130 Abs 2 FamFG als Säumnisentscheidung gegen den Antragsgegner ergeht.

22 Wichtiger Teil des ordre public ist der Anspruch auf **rechtliches Gehör** (Art 103 Abs 1 GG). Diesbezüglich ergänzt Art 38 lit a Brüssel IIb-VO die Sonderregelung in lit b, die Gehörsverletzungen speziell bei der Verfahrenseinleitung betrifft (Rn 27 ff). So kann die Toleranzschwelle überschritten sein, wenn das ausländische Gericht ein richterliches Hinweisschreiben dem Antragsgegner nicht zustellen, sondern nur in die Gerichtsakte einlegen lässt (BGH 14. 6. 2012 – IX ZB 183/09, NJW-RR 2012, 1013), wenn der Antragsgegner im anderen Mitgliedstaat ohne triftigen Grund vom Verfahren ausgeschlossen wurde (EuGH 2. 4. 2009 – C-394/07 Gambazzi/DaimlerChrysler Canada, NJW 2009, 1938), wenn die Teilnahme am Verfahren europarechtswidrig von der Bestellung eines inländischen Prozess- oder Zustellungsbevollmächtigten abhängig gemacht wurde (BGH 10. 9. 2015 – IX ZB 39/13, FamRZ 2016, 43) oder wenn die Ausschlussfrist für die Einzahlung eines Kostenvorschusses für das Rechtsmittelverfahren zu knapp bemessen war (BGH 20. 5. 2010 – IX ZB 121/07, EuZW 2010, 960). Auch das Fehlen einer Begründung der ausländischen Entscheidung kann der Anerkennung entgegenstehen, wobei sich deutsche Gerichte allerdings, insbesondere bei Versäumnisentscheidungen, angemessen anerkennungsfreundlich zeigen (vgl BGH 22. 5. 2019 – XII ZB 523/17, FamRZ 2019, 1271, 1272 = FamRB 2019, 395 [Streicher]; KG 12. 9. 2019 – 1 VA 10/19, FamRZ 2020, 40 = NZFam 2019, 1118 [Mankowski]: Anerkennungsfähigkeit einer Eheauflösung ohne Begründung).

Der Einwand des verfahrensrechtlichen ordre public soll im Grundsatz **unbeachtlich** bleiben, wenn der Beteiligte, der den Verstoß geltend macht, im Entscheidungsstaat nicht alles ihm Zumutbare unternommen hat, um angebliche Verfahrensfehler zu beseitigen (zu Grundsatz und denkbaren Ausnahmen vgl BGH 26. 8. 2009 – XII ZB 169/07, FamRZ 2009, 1816, 1817 f mAnm HENRICH). Dabei kann er durchaus gehalten sein, seine Einwendungen im ausländischen Verfahren rechtzeitig vorzubringen (vgl OLG Stuttgart 22. 12. 2011 – 17 UF 276/11, FamRZ 2012, 999, 1000) und erforderlichenfalls **Rechtsmittel** einzulegen (beachte zur Brüssel I-VO EuGH 16. 7. 2015 – C-681/13 Diageo Brands/Simiramida, EuZW 2015, 713; vgl zudem schon BGH 22. 1. 1997 – XII ZR 207/95, FamRZ 1997, 490; OLG Karlsruhe 6. 12. 2011 – 8 W 34/11, FamRZ 2012, 660; OLG Celle 25. 4. 2013 – 17 W 17/12, FamRZ 2014, 142, 143; NK-BGB/ANDRAE Art 22 EheVO 2003 Rn 5; HAUSMANN Rn K 78; **aA** aber etwa GITSCHTHALER/GARBER Art 22 Brüssel IIa-VO Rn 12; GEIMER/SCHÜTZE/HAU/PARASCHAS Art 22 EheVO Rn 14; SCHACK Rn 1018). 23

Wenig hilfreich ist die These, eine **betrügerisch erlangte Entscheidung** verstoße per se gegen den deutschen ordre public (näher HAU IPRax 2006, 20; HAUSMANN Rn K 78; beachte auch OLG Stuttgart 5. 11. 2013 – 5 W 13/13, FamRZ 2014, 792). Vielmehr erscheint die Anerkennung einer Entscheidung, deren Erschleichung erst auf der Anerkennungsebene geltend gemacht wird, noch hinnehmbar, wenn die Möglichkeit zur Klärung dieses Vorwurfs bereits im Ausland bestand oder noch besteht, aber nicht genutzt wurde bzw genutzt wird. Berührt ist der ordre public hingegen, wenn das ausländische Rechtssystem de jure oder de facto nicht in der Lage ist, während oder nötigenfalls nach Abschluss des Verfahrens angemessen auf den Verdacht betrügerischer Machenschaften zu reagieren. 24

4. Maßgeblicher Zeitpunkt

Für die Beurteilung ist nach hM der **Zeitpunkt der Anerkennungsentscheidung** maßgeblich (vgl etwa OLG Stuttgart 12. 10. 2004 – 8 W 507/03, FamRZ 2005, 636, 637). Dies leuchtet prima facie ein, wenn sich die zweitstaatlichen Standards seit Erlass der ausländischen Entscheidung dahingehend verändert haben, dass eine Anerkennung nunmehr in Betracht kommt: Anzuerkennen wäre dann ab dem Zeitpunkt, in dem das Hindernis entfallen ist (SCHACK Rn 973). Gegen die Anwendung der anerkennungsfreundlicheren neuen Regeln wird allerdings geltend gemacht, dass auch das **Vertrauen des Anerkennungsopponenten auf fehlende Anerkennungsfähigkeit** schutzwürdig sei (so STAUDINGER/SPELLENBERG [2016] § 109 FamFG Rn 265). In der Tat gilt es zu klären, ob ein Ehegatte nach Lage der Dinge damit rechnen konnte, dass die ihm ungünstige ausländische Ehestatusentscheidung irgendwann auch im Inland Wirkung entfalten wird, obwohl dies im Zeitpunkt des Erlasses der Entscheidung gerade ausgeschlossen schien, und der Ehegatte dementsprechend disponiert hat. 25

Denkbar ist auch der umgekehrte Fall, dass im Inland inzwischen etwas als nicht mehr hinnehmbar empfunden wird, was in dem Zeitpunkt, in dem die ausländische Entscheidung erlassen wurde und damit ipso iure anzuerkennen war, noch toleriert wurden. Dann ist grundsätzlich nicht einzusehen, wie die gem Art 30 Abs 1 Brüssel IIb-VO bereits ipso iure **eingetretene Anerkennungsfähigkeit** nachträglich wieder entfallen sollte (SCHACK Rn 973; STAUDINGER/SPELLENBERG [2016] § 109 FamFG Rn 263). Aber auch hier ist vor zu pauschalen Lösungen zu warnen: Letztlich kommt es darauf an, 26 ob die restriktive Neuregelung Rückwirkung entfalten bzw der Anerkennungsinteressent legitimerweise auf Vertrauensschutz beharren darf (Hau, in: FS Roth 733, 745 f).

IV. Rechtliches Gehör (lit b)

1. Grundlagen

27 Recht häufig wird die Anerkennung ausländischer Entscheidungen unter Hinweis auf (angebliche) **Gehörsverletzungen bei der ausländischen Verfahrenseinleitung** in Frage gestellt. Bei dem damit befassten Art 38 lit b Brüssel IIb-VO handelt es sich um eine Ergänzung von Art 19 Brüssel IIb-VO auf der Anerkennungsebene und dort um eine **Spezialausprägung des verfahrensrechtlichen ordre public** iSv Art 38 lit a Brüssel IIb-VO: Es gilt die Anerkennung von Entscheidungen zu verhindern, auf die der Antragsgegner mangels rechtzeitiger Information von der Verfahrenseinleitung keinen hinreichenden Einfluss nehmen konnte. Hingegen werden Gehörsverletzungen, zu denen es womöglich im weiteren Verlauf des erststaatlichen Verfahrens gekommen ist, anhand der allgemeinen Ordre-public-Klauseln überprüft (s oben Rn 22).

2. Rechtzeitigkeit und Wahrung der Verteidigungsmöglichkeit

28 Der Antragsgegner wird in der Regel durch förmliche Zustellung eines Schriftstücks von dem gegen ihn eingeleiteten Gerichtsverfahren informiert. Dieses Schriftstück, bei dem es sich typischerweise um eine Klage- bzw Antragsschrift mit Einlassungsaufforderung und Terminsladung handelt, muss so **rechtzeitig** und in einer Weise zugestellt worden sein, dass sich der Ehegatte – wenn er es denn wollte – verteidigen konnte, also zB seine Einlassungsbereitschaft mitteilen oder zum angegebenen Termin vor Gericht erscheinen konnte. Rechtzeitig ist die Zustellung, wenn das Schriftstück dem Ehegatten mit einem solchen zeitlichen Abstand zu dem durch Gesetz oder richterliche Anordnung bestimmten Einlassungszeitpunkt zugegangen ist, dass er nicht nur seine Verteidigungsbereitschaft erklären oder zum anberaumten Termin erscheinen konnte, sondern dass ihm auch eine angemessene Frist zur **Vorbereitung einer effektiven Verteidigung** zur Verfügung stand (vgl etwa BGH 6. 10. 2005 – IX ZB 360/02, FamRZ 2006, 198; Geimer/Schütze/Hau/Paraschas Art 22 EheVO Rn 23 f). Die im Zweitstaat geltenden Fristen können dabei eine Orientierungshilfe bieten, dürfen allerdings nicht als verbindlicher Mindeststandard herangezogen werden.

29 Die **Bewertung der tatsächlichen Gegebenheiten** ist Sache des Zweitrichters, der nicht an die Feststellungen des Erstgerichts gebunden ist. Ist in der Bescheinigung gem Art 36 Abs 1 lit a Brüssel IIb-VO angegeben, dass und wann eine Zustellung erfolgt ist, so macht dies im Anerkennungsstaat nicht die Prüfung anhand von Art 38 lit b Brüssel IIb-VO entbehrlich, wenn der dortige Antragsgegner vorträgt, dass ihm das verfahrenseinleitende Schriftstück in Wirklichkeit nicht zugestellt worden sei (s Art 36 Brüssel IIb-VO Rn 5, dort auch zur Beweislast; Gitschthaler/Garber Art 22 Brüssel IIa-VO Rn 25).

30 Abweichend von § 109 Abs 1 Nr 2 FamFG stellt Art 38 lit b Brüssel IIb-VO nicht zusätzlich darauf ab, ob die Zustellung **ordnungsgemäß erfolgt** ist. Gleichwohl dürfte die Anerkennung auch im Anwendungsbereich der Verordnung zu versagen sein, wenn der Antragsteller das verfahrenseinleitende Schriftstück dem Antragsgegner nur

durch einen elektronischen Nachrichtendienst (wie WhatsApp) übermittelt hat (vgl zu § 109 FamFG und dem HZÜ, aber übertragbar auf die Brüssel IIb-VO und die EuZustVO 2020 OLG Frankfurt 22. 11. 2021 – 28 VA 1/21, FamRZ 2022, 219 mAnm Hau = FamRB 2022, 49 [Hanke] = MDR 2022, 143 [Dörr]); denn in einem solchen Fall fehlt es schlicht an der von Art 38 lit b Brüssel IIb-VO vorausgesetzten Zustellung (vgl Hau FamRZ 2022, 222).

3. Ausnahmen

Der Versagungsgrund gem Art 38 lit b Brüssel IIb-VO ist ausgeschlossen, wenn sich der Antragsgegner auf das erststaatliche Verfahren eingelassen hat. Der Begriff der **Einlassung** ist verordnungsautonom wie in Art 19 Abs 1 Brüssel IIb-VO zu verstehen. Es genügt jedes Verhandeln, aus dem sich ergibt, dass der Ehegatte Kenntnis von dem Verfahren hat, sofern er nicht lediglich zum Ausdruck bringt, dass er sich wegen der unzulänglichen Benachrichtigung von der Verfahrenseinleitung nicht ausreichend beteiligen könne oder dass das angerufene Gericht unzuständig sei (vgl etwa BGH 3. 8. 2011 – XII ZB 187/10, FamRZ 2011, 1568, 1570 mAnm Heiderhoff; Hausmann Rn K 81; Geimer/Schütze/Hau/Paraschas Art 22 EheVO Rn 28). Das ist weniger schutzintensiv als § 109 Abs 1 Nr 2 FamFG, wonach dem Betroffenen eine Einlassung erst dann schadet, wenn er sich im ausländischen Verfahren „zur Hauptsache geäußert" hat. 31

Der Versagungsgrund greift laut Art 38 lit b Brüssel IIb-VO nicht durch, wenn festgestellt werden kann, dass der Antragsgegner „mit der Entscheidung **eindeutig einverstanden** ist". Diese Formulierung ist eine Eigentümlichkeit der Brüssel IIb-VO und ihrer Vorgänger; in den anderen Verordnungen wird hingegen darauf abgestellt, ob der Anerkennungsopponent davon abgesehen hat, im Ursprungsmitgliedstaat einen Rechtsbehelf einzulegen (vgl etwa Art 45 Abs 1 lit b Brüssel Ia-VO). Die als Einverständnis mit der ausländischen Eheauflösung zu wertende Bekanntgabe eines diesbezüglichen Willens kann auch konkludent erfolgen, so insbesondere, wenn der Betroffene im Anerkennungsstaat nachehelichen Unterhalt oder eine güterrechtliche Auseinandersetzung fordert bzw eine neue Eheschließung anstrebt (ebenso etwa NK-BGB/Andrae Art 22 EheVO 2003 Rn 12; Geimer/Schütze/Geimer Art 22 EuEheVO Rn 8; Geimer/Schütze/Hau/Paraschas Art 22 EheVO Rn 29). Das Ausbleiben eines Rechtsbehelfs kann zumindest ein gewisses Indiz für das Einverständnis sein (ebenso etwa NK-BGB/Andrae Art 22 EheVO 2003 Rn 12; Althammer/Weller Art 22 Brüssel IIa-VO Rn 8; weitergehend Geimer/Schütze/Geimer Art 22 EuEheVO Rn 9). Die Darlegungs- und Beweislast für das Einverständnis trägt der Anerkennungsinteressent (Gitschthaler/Garber Art 22 Brüssel IIa-VO Rn 31; HandKommZV/Mäsch Art 23 Brüssel IIa-VO Rn 2). 32

Nach autonomem deutschen Anerkennungsrecht werden Gehörsverletzungen ausweislich § 109 Abs 1 Nr 2 FamFG („und sich hierauf beruft") nur auf **Rüge des Betroffenen** berücksichtigt (beachte dazu BGH 3. 4. 2019 – XII ZB 311/17, FamRZ 2019, 996, 998 mAnm Gomille). Aus dem Umstand, dass in Art 38 lit b Brüssel IIb-VO von einer Rügeobliegenheit keine Rede ist, wird man de lege lata wohl ableiten müssen, dass diesbezüglich eine **amtswegige Prüfung** stattfindet (vgl zur Brüssel I-VO schon BGH 12. 12. 2007 – XII ZB 240/05, FamRZ 2008, 586 mAnm Gottwald; Thomas/Putzo/Hüsstege Art 38 Brüssel IIb-VO Rn 11; MünchKommFamFG/Gottwald Art 22 Brüssel IIa-VO Rn 5; Schack Rn 934; **aA** aber etwa Geimer/Schütze/Geimer Art 45 EuGVVO Rn 131 ff; Rauscher/Leible Art 45 Brüssel Ia-VO Rn 59). 33

V. Unvereinbare Entscheidungen

1. Entgegenstehende inländische Entscheidung (lit c)

34 Die Konkurrenz zwischen einer ausländischen mitgliedstaatlichen Ehestatusentscheidung und einer damit unvereinbaren inländischen Entscheidung regelt Art 38 lit c Brüssel IIb-VO: die inländische geht vor, und zwar unabhängig davon, in welchem der beiden Staaten früher entschieden oder das Verfahren eingeleitet worden ist. Die inländische Entscheidung muss auch noch nicht rechtskräftig sein (Thomas/Putzo/Hüsstege Art 38 Brüssel IIb-VO Rn 22).

35 Die in Art 38 lit c Brüssel IIb-VO zum Ausdruck kommende **Bevorzugung der inländischen Entscheidung** räumt dem inneren Entscheidungseinklang im Anerkennungsstaat größeres Gewicht ein als dem internationalen Entscheidungseinklang, nimmt also eine international „hinkende Ehe“ in Kauf. Das erscheint rechtspolitisch nicht zwingend, weil dadurch geradezu ein Anreiz geschaffen wird, sich entgegen Art 20 Brüssel IIb-VO über die Rechtshängigkeit in einem anderen Mitgliedstaat oder entgegen Art 30 Brüssel IIb-VO über die Rechtskraft einer mitgliedstaatlichen Entscheidung hinwegzusetzen (vgl etwa die Kritik bei Sonnentag, in: Pfeiffer/Wittmann/Escher [2018] 9, 25 mwNachw; **aA**, aber kaum überzeugend, Geimer/Schütze/Hau/Paraschas Art 22 EheVO Rn 31: es wäre ein problematischer Eingriff in das innerstaatliche Recht, wenn der Verordnungsgeber einer inländischen Entscheidung nicht den unbedingten Vorrang einräumen würde), ist aber de lege lata hinzunehmen. Auffällig ist der Unterschied zwischen Art 38 lit c und Art 39 Abs 1 lit d Brüssel IIb-VO, der nur einer späteren inländischen Entscheidung den Vorrang einräumt (vgl dazu Erwägungsgrund 56 S 4); dahinter steht, auf Ehesachen nicht übertragbar, die Überlegung, dass die jüngste Entscheidung dem Kindeswohl am nächsten kommen dürfte.

36 Hat das ausländische Gericht entgegen Art 20 Brüssel IIb-VO, bewusst oder unbewusst, die **frühere Rechtshängigkeit** im Anerkennungsstaat missachtet, so löst dies (anders als im autonomen deutschen Recht gem § 109 Abs 1 Nr 3 FamFG) keinen Anerkennungsversagungsgrund aus. Klargestellt hat dies der EuGH zur Brüssel IIa-VO (EuGH 16. 1. 2019 – C-386/17 Liberato/Grigorescu, FamRZ 2019, 1164 Rn 47 ff mAnm vHein/Grohmann = FamRB 2019, 174 [Dimmler]). Auch dies erscheint rechtspolitisch nicht ohne Weiteres einsichtig (vgl Art 20 Brüssel IIb-VO Rn 49), ist aber de lege lata auf die Brüssel IIb-VO zu übertragen (bestätigend Erwägungsgrund 56 S 3 zur Brüssel IIb-VO).

37 Eine Anerkennungsversagung gem Art 38 lit c Brüssel IIb-VO setzt voraus, dass beide Entscheidungen **zwischen denselben Parteien** ergangen sind (klarstellend Geimer/Schütze/Hau/Paraschas Art 22 EheVO Rn 37; vgl zu denkbaren Konkurrenzen von Verfahren mit unterschiedlichen Beteiligten schon Art 20 Brüssel IIb-VO Rn 23); dabei kommt es allerdings nicht auf die Parteirollen an. Zudem müssen die **Entscheidungen inhaltlich miteinander unvereinbar** sein. Davon ist in verordnungsautonomer Auslegung auszugehen, wenn die Entscheidungen Rechtsfolgen haben, die sich gegenseitig ausschließen (vgl etwa BGH 20. 10. 2016 – IX ZB 11/16, IPRax 2017, 488 Rn 15; MünchKommFamFG/Gottwald Art 22 Brüssel IIa-VO Rn 10; Hausmann Rn K 96). Das ist zB der Fall, wenn die eine Entscheidung die Ehe scheidet, während die andere sie aufhebt, oder wenn zwar sowohl im In- als auch im Ausland eine Scheidung ausgesprochen wurde, dies aber mit Wir-

kung zu unterschiedlichen Zeitpunkten. Eine inländische Trennungsentscheidung steht der Anerkennung einer späteren ausländischen Scheidung nicht entgegen (ebenso MünchKommFamFG/Gottwald Art 22 Brüssel IIa-VO Rn 13), wohl aber der Anerkennung einer früher im Ausland erfolgten Scheidung der Ehe.

Art 38 lit c Brüssel IIb-VO setzt nach der Systematik der Verordnung stets voraus, dass die ausländische Entscheidung in den **sachlichen Anwendungsbereich** der Brüssel IIb-VO fällt (s Art 30 Brüssel IIb-VO Rn 8 ff). Fraglich ist jedoch, ob eine Anerkennungsversagung auf diese Vorschrift gestützt werden kann, wenn dies nicht auch für die inländische Entscheidung zutrifft. Das kommt in Betracht, wenn ein deutsches Gericht den Bestand der Ehe festgestellt (§ 121 Nr 3 Var 1 FamFG) oder einen Antrag auf Eheaufhebung als unbegründet abgewiesen hat, der sodann in einem anderen Mitgliedstaat erfolgreich war. In beiden Fällen wird die deutsche Entscheidung ausweislich Art 2 Abs 1 Unterabs 1 Brüssel IIb-VO nicht von der Verordnung erfasst (s Art 1 Brüssel IIb-VO Rn 29 ff). Gleichwohl sollte sie der Anerkennung der ausländischen Eheauflösung iSv Art 38 lit c Brüssel IIb-VO entgegenstehen (ebenso etwa Gitschthaler/Garber Art 22 Brüssel IIa-VO Rn 39 f; MünchKommFamFG/Gottwald Art 22 Brüssel IIa-VO Rn 11; Gruber/Möller IPRax 2020, 393, 400; Hausmann Rn K 94, K 97, K 99; Helms FamRZ 2002, 1593, 1599; Geimer/Schütze/Hau/Paraschas Art 22 EheVO Rn 36; Rauscher/Rauscher Art 22 Brüssel IIa-VO Rn 26 ff; Althammer/Weller Art 22 Brüssel IIa-VO Rn 10; **aA** HandKommZPO/Dörner Art 22 EuEheVO Rn 5; Thomas/Putzo/Hüßtege Art 38 Brüssel IIb-VO Rn 24). Dies folgt aus dem Anliegen von Art 38 lit c Brüssel IIb-VO, den inneren Entscheidungseinklang im Anerkennungsstaat sicherzustellen, und die Bereitschaft, dafür international „hinkende Ehen“ hinzunehmen (s oben Rn 35). Demgegenüber gibt es keinen hinreichenden Anhaltspunkt für die – rechtspolitisch ohnehin fragwürdige – These, dass sich im Falle einer Entscheidungskonkurrenz zwingend die eheauflösende Entscheidung durchsetzen müsse (so aber Thomas/Putzo/Hüßtege Art 38 Brüssel IIb-VO Rn 24). 38

Denkbar sind zudem Konkurrenzen zwischen ausländischen Ehestatusentscheidungen und **inländischen Entscheidungen, die nur inzident den Bestand der Ehe voraussetzen.** Kein Problem entsteht, wenn in Deutschland Ehegatten- oder Trennungsunterhalt zugesprochen und erst später in einem anderen Mitgliedstaat die Ehe geschieden wird (klarstellend Rauscher/Rauscher Art 22 Brüssel IIa-VO Rn 29). Schwieriger ist die Konstellation, dass die spätere ausländische Entscheidung die Ehe mit Wirkung ex tunc für ungültig erklärt oder dass die Ehescheidung im Ausland schon zum Zeitpunkt der deutschen Unterhaltsentscheidung ausgesprochen war (das deutsche Gericht die entgegenstehende Gestaltungswirkung also übersehen hat). Der EuGH hatte zum EuGVÜ über die umgekehrte Situation zu urteilen und befunden, dass eine (in den Anwendungsbereich des EuGVÜ fallende) ausländische Entscheidung, die Ehegattenunterhalt zuspricht, unvereinbar ist mit einer inländischen Ehescheidung (EuGH 4. 2. 1988 – 145/86 Hoffmann/Krieg, NJW 1989, 663; beachte auch MünchKommFamFG/Lipp Art 21 EG-UntVO Rn 17, dort zur Übertragbarkeit dieser Judikatur auf die EuUntVO). Unterstellt man daher die Unvereinbarkeit, so erscheint zweifelhaft, ob Art 38 lit c Brüssel IIb-VO mit der Begründung unangewendet bleiben kann, dass sich die ausländische Ehestatusentscheidung gegen eine inländische Entscheidung, die nur auf der Vorfragenebene den Bestand der Ehe bejaht, durchsetzen müsse (dies erwägt Rauscher/Rauscher Art 22 Brüssel IIa-VO Rn 29). Versagt man der ausländischen Statusentscheidung unter Berufung auf die inländische Unterhaltsentscheidung die 39

Anerkennung, so steht dies einem neuen Eheauflösungsverfahren im Inland nicht entgegen.

2. Entgegenstehende ausländische Entscheidung (lit d)

40 Art 38 lit d Brüssel IIb-VO regelt die Konkurrenz zwischen einerseits einer in einem anderen Mitgliedstaat erlassenen Entscheidung und andererseits einer Entscheidung **aus einem weiteren Mitglied- oder einem Drittstaat**. Letztere kann nur dann einen Anerkennungsversagungsgrund auslösen, wenn sie zum einen früher erlassen wurde und wenn sie zum anderen ihrerseits im Anerkennungsstaat kraft Europarechts (Art 30 Brüssel IIb-VO), Konventionsrechts oder autonomen Rechts (in Deutschland: §§ 107 ff FamFG) anerkennungsfähig ist. Der Versagungsgrund soll nach Ansicht des EuGH weder direkt noch analog gelten, wenn beide **Entscheidungen aus demselben Mitgliedstaat** stammen (vgl EuGH 26. 9. 2013 – C-157/12 Salzgitter Mannesmann, NJW 2014, 203, 204, dort zur Brüssel I-VO; krit Mäsch EuZW 2013, 905).

41 Für die **zeitliche Priorität** kommt es ausweislich des Normtextes („ergangen") auf den Erlass der Entscheidungen an (MünchKommFamFG/Gottwald Art 22 Brüssel IIa-VO Rn 16; Hausmann Rn K 103; ebenso, aber rechtspolitisch krit Gitschthaler/Garber Art 22 Brüssel IIa-VO Rn 46: de lege ferenda sei auf die frühere Verfahrenseinleitung abzustellen), nicht erst auf die Rechtskraft (wiederum anders Geimer/Schütze/Geimer Art 22 EuEheVO Rn 14, der auf den Eintritt der jeweils in Rede stehenden anzuerkennenden Wirkung abstellen möchte). Der Zeitpunkt des Erlasses bestimmt sich mangels verordnungsautonomer Regelung nach der jeweiligen lex fori. Auch für drittstaatliche Entscheidungen ist in Deutschland im Hinblick auf Art 38 lit d Brüssel IIb-VO der Zeitpunkt ihres Erlasses maßgeblich, nicht erst die deutsche Delibationsentscheidung gem § 107 FamFG; allerdings ist der Ausgang des Delibationsverfahrens hinsichtlich der drittstaatlichen Entscheidung abzuwarten, bevor einer mitgliedstaatlichen Entscheidung gestützt auf Art 38 lit d Brüssel IIb-VO die Anerkennung versagt wird (im Ergebnis übereinstimmend Hausmann Rn K 104; Rauscher/Rauscher Art 22 Brüssel IIa-VO Rn 31).

42 Fraglich erscheint auch bei Art 38 lit d Brüssel IIb-VO, ob der mitgliedstaatlichen Entscheidung eine anerkennungsfähige andere mitglied- oder drittstaatliche Entscheidung entgegengehalten werden kann, die nach Maßgabe von Art 2 Abs 1 Unterabs 1 Brüssel IIb-VO nicht in den **sachlichen Anwendungsbereich** der Verordnung fällt. Dagegen könnte man einwenden, dass es hier, anders als bei der Konkurrenz mit einer Entscheidung des Anerkennungsstaats, nicht um die Sicherstellung des internen Entscheidungseinklangs geht (s Rn 38). Gleichwohl erscheint es sachgerecht, gestützt auf Art 38 lit d Brüssel IIb-VO der früheren Entscheidung den Vorrang einzuräumen (so auch Rauscher/Rauscher Art 22 Brüssel IIa-VO Rn 32).

VI. Weitere Anerkennungsversagungsgründe?

43 Erwägungsgrund 56 unterstreicht, dass die **Liste der Versagungsgründe abschließend** und eine Versagung aus sonstigen Gründen ausgeschlossen sein soll. Beachte speziell zur Überprüfung der **Anerkennungszuständigkeit** (wie sie in Ehesachen etwa das deutsche Recht in § 109 Abs 1 Nr 1 FamFG vorsieht) und einer **kollisionsrechtlichen Kontrolle** die Art 38 Brüssel IIb-VO ergänzenden ausdrücklichen Verbote in Art 69 und Art 70 Brüssel IIb-VO. Der EuGH meint sogar noch etwas weitergehend, dass im Bereich der Anerkennungsversagungsgründe keinerlei Analogien denkbar seien (vgl EuGH 26. 9. 2013 – C-157/12 Salzgitter Mannesmann, NJW 2014, 203, 204, dort zur Brüssel I-VO; beachtliche Kritik übt MÄSCH EuZW 2013, 905: auch im Europarecht gelte, dass Ausnahmevorschriften zu eng geraten sein können und dann unter Umständen per Analogie erweitert werden müssen).

Andererseits wird im Schrifttum überzeugend vertreten, dass eine Versagung über den Katalog hinaus auch dann möglich sein muss, wenn die mitgliedstaatliche Entscheidung unter Verstoß gegen die völkerrechtlichen **Vorgaben zur Immunität** ergangen ist (dafür etwa GITSCHTHALER/GARBER Art 22 Brüssel IIa-VO Rn 2; GEIMER/SCHÜTZE/GEIMER Art 22 EuEheVO Rn 2 ff; MünchKommFamFG/GOTTWALD Art 22 Brüssel IIa-VO Rn 1; ALTHAMMER/WELLER Art 22 Brüssel IIa-VO Rn 2); vgl dazu schon Art 3 Brüssel IIb-VO Rn 9 f. Die Bereitschaft des Verordnungsgebers zur Beachtung des Völkerrechts lässt sich immerhin Erwägungsgrund 34 entnehmen, obwohl es dort in S 2 nur um die Frage der internationalen Entscheidungszuständigkeit geht. **44**

Artikel 39
Gründe für die Versagung der Anerkennung von Entscheidungen in Verfahren betreffend die elterliche Verantwortung

(1) Die Anerkennung einer Entscheidung in Verfahren betreffend die elterliche Verantwortung wird abgelehnt,

a) wenn die Anerkennung der öffentlichen Ordnung des Mitgliedstaats, in dem sie geltend gemacht wird, offensichtlich widerspricht, wobei das Kindeswohl zu berücksichtigen ist;

b) wenn der betreffenden Person, die sich auf das Verfahren nicht eingelassen hat, das verfahrenseinleitende Schriftstück oder ein gleichwertiges Schriftstück nicht so rechtzeitig und in einer Weise zugestellt wurde, dass sie sich verteidigen konnte, es sei denn, es wird festgestellt, dass sie mit der Entscheidung eindeutig einverstanden ist;

c) wenn eine Person dies mit der Begründung beantragt, dass die Entscheidung in ihre elterliche Verantwortung eingreift, falls die Entscheidung ergangen ist, ohne dass diese Person die Möglichkeit hatte, gehört zu werden;

d) wenn und soweit die Entscheidung mit einer späteren Entscheidung über die elterliche Verantwortung unvereinbar ist, die in dem Mitgliedstaat, in dem die Anerkennung geltend gemacht wird, ergangen ist;

e) wenn und soweit die Entscheidung mit einer späteren Entscheidung über die elterliche Verantwortung unvereinbar ist, die in einem anderen Mitgliedstaat oder in dem Drittstaat des gewöhnlichen Aufenthalts des Kindes ergangen ist, sofern die spätere Entscheidung die notwendigen Voraussetzungen für ihre Anerkennung in dem Mitgliedstaat erfüllt, in dem die Anerkennung geltend gemacht wird, oder

f) wenn das Verfahren des Artikels 82 nicht eingehalten wurde.

(2) Die Anerkennung einer Entscheidung in Verfahren betreffend die elterliche Verantwortung kann abgelehnt werden, wenn sie ergangen ist, ohne dass dem Kind, das fähig ist, sich seine eigene Meinung zu bilden, Gelegenheit zur Meinungsäußerung gemäß Artikel 21 gegeben wurde, außer wenn

a) das Verfahren nur das Vermögen des Kindes betraf und sofern es in Anbetracht des Verfahrensgegenstandes nicht erforderlich war, ihm diese Gelegenheit zu geben; oder

b) es schwerwiegende Gründe gab, wobei insbesondere die Dringlichkeit des Falls zu berücksichtigen ist.

Bis 31. 7. 2022 geltende Regelung: Art 23 Brüssel IIa-VO (s Textanh 2 Rn 3).

Schrifttum

Vgl die Hinweise zu Art 30, Art 34 und Art 38 Brüssel IIb-VO.

1 Art 39 Brüssel IIb-VO bildet die **kindschaftsrechtliche Parallelvorschrift** zu dem in Art 38 Brüssel IIb-VO für Ehesachen geregelten Katalog beachtlicher Anerkennungsversagungsgründe. Ergänzend sind Art 69 und 71 Brüssel IIb-VO zu beachten. Art 41 Brüssel IIb-VO besagt, dass Art 39 Brüssel IIb-VO auch für die Versagung der Vollstreckung gem Art 56 ff Brüssel IIb-VO relevant ist. Bemerkenswert erscheint, dass Abs 2 die Versagung im Sonderfall einer Gehörsverletzung zu Lasten des betroffenen Kindes in das Ermessen des Anerkennungsgerichts stellt („kann abgelehnt werden"; vgl Erwägungsgründe 57 und 71), also nicht zwingend vorschreibt (so Art 39 Abs 1 und Art 38 Brüssel IIb-VO: „wird abgelehnt" bzw „wird versagt").

2 Hinzuweisen ist auf einige **Sondervorschriften**. So regelt die Anerkennungsversagungsgründe für privilegierte Entscheidungen iSv Art 42 Brüssel IIb-VO, die entweder Umgangsrechte gewähren oder die Rückgabe des Kindes anordnen, nicht Art 39 Brüssel IIb-VO, sondern als lex specialis der weitaus engere Art 50 Brüssel IIb-VO. Zur Versagung der Anerkennung oder Vollstreckung von öffentlichen Urkunden und Vereinbarungen in Kindschaftssachen geht Art 68 Abs 2 und 3 Brüssel IIb-VO vor. Im Hinblick auf die Anerkennung oder Vollstreckung einstweiliger Maßnahmen sind Art 2 Abs 1 Unterabs 2 und 3 Brüssel IIb-VO sowie Erwägungsgrund 59 zu beachten.

Artikel 40
Verfahren für die Versagung der Anerkennung

(1) Die Verfahren nach den Artikeln 59 bis 62 und – sofern zutreffend – nach Abschnitt 5 dieses Kapitels und nach Kapitel VI gelten entsprechend für einen Antrag auf Versagung der Anerkennung.

(2) Das örtlich zuständige Gericht, das der Kommission gemäß Artikel 103 von jedem Mitgliedstaat mitgeteilt wird, wird durch das nationale Recht des Mitgliedstaats bestimmt, in dem das Verfahren zur Versagung der Anerkennung eingeleitet wird.

Bis 31. 7. 2022 geltende Regelung: ohne Entsprechung.

Schrifttum

Vgl die Hinweise zu Art 30 und Art 38 Brüssel IIb-VO.

Systematische Übersicht

I. Überblick

1 Gem Art 21 Abs 3 Brüssel IIa-VO konnte jede Partei, die ein diesbezügliches Interesse hat, eine Entscheidung über die „Anerkennung oder Nichtanerkennung" beantragen. Die Nachfolgeregelung zu diesem sog **selbständigen Anerkennungsverfahren** in Art 30 Abs 3 Brüssel IIb-VO ist hingegen nicht mehr ergebnisoffen formuliert: Nunmehr kann nur noch die Feststellung begehrt werden, „dass keiner der in den Artikeln 38 und 39 genannten Gründe für eine Versagung der Anerkennung gegeben ist" (s Art 30 Brüssel IIb-VO Rn 31).

2 Die Rechtsschutzmöglichkeit des Anerkennungsopponenten hat der Verordnungsgeber gewissermaßen ausgelagert in das neue **Anerkennungsversagungsverfahren** gem Art 40 Brüssel IIb-VO, dessen Ausgestaltung wiederum an das **Vollstreckungsversagungsverfahren** iSv Art 59 Brüssel IIb-VO angelehnt ist. Diese aus der Brüssel Ia-VO übernommene Lösung (vgl einerseits Art 36 Abs 2, andererseits Art 46 ff Brüssel Ia-VO) trägt nicht zur Übersichtlichkeit von Kap IV der Brüssel IIb-VO bei. Hinzu kommt, dass sich das **Prüfungsprogramm** im Anerkennungsversagungsverfahren nicht allein aus dem Katalog des Art 38 Brüssel IIb-VO ergibt. Vielmehr sind ergänzend auch die in Art 69–71 Brüssel IIb-VO geregelten Verbote zu berücksichtigen (vgl den Hinweis auf Kap IV Abschnitt 5 in Art 40 Abs 1 Brüssel IIb-VO).

3 Die **deutschen Durchführungsregeln** zu Art 40 Brüssel IIb-VO finden sich in § 44j IntFamRVG (eingefügt durch G v 10. 8. 2021, BGBl 2021 I 3424; dazu BT-Drucks 19/28681, 61; Klinkhammer FamRZ 2022, 325, 328 f). Eine funktionale Entsprechung zu Art 40 Brüssel IIb-VO bildet im deutschen Recht das **Anerkennungsverfahren gem § 107 FamFG**, in dem ebenfalls die Feststellung fehlender Anerkennungsfähigkeit von ausländischen Ehestatusentscheidungen begehrt werden kann. Dem obligatorischen Charakter dieses Verfahrens steht im Hinblick auf mitgliedstaatliche Entscheidungen allerdings das Gebot der Ipso-iure-Anerkennung gem Art 30 Abs 1 Brüssel IIb-VO entgegen (s Art 30 Brüssel IIb-VO Rn 27).

II. Verfahren

4 Soweit die Verordnung keine besonderen Vorgaben macht, gilt für das Anerkennungsversagungsverfahren das Recht des Anerkennungsstaats (Art 40 Abs 1, Art 59 Abs 1 Brüssel IIb-VO). Das Verfahren setzt laut Art 40 Abs 1 Brüssel IIb-VO einen **Antrag** voraus, wobei dort der in Art 30 Abs 3 Brüssel IIb-VO enthaltene Hinweis fehlt, dass diesen Antrag „jede interessierte Partei" stellen darf. Auch die Klarstellung in Erwägungsgrund 54 S 5, wonach die genauere Bestimmung dem mitgliedstaatlichen Recht überlassen bleibt, bezieht sich eigentlich nur auf Art 30 Abs 3, nicht auch auf Art 40 Brüssel IIb-VO. Eine **Antragsfrist** ist nicht vorgesehen.

5 § 44j Abs 1 S 2 IntFamRVG formuliert, in Anlehnung an § 108 Abs 2 S 1 FamFG (vgl BT-Drucks 19/28681, 61), dass **antragsberechtigt** ist, wer ein rechtliches Interesse an der Versagung der Anerkennung hat. Davon ist auszugehen, wenn jemand einen Rechtsstandpunkt aus dem Fortbestand einer Ehe ableitet, aber der andere Ehegatte, ein sonstiger Privater, ein Gericht oder eine Behörde sich darauf beruft, dass diese Ehe in einem anderen Mitgliedstaat mit Wirkung auch für das Inland aufgelöst worden sei. Es ist nicht von vornherein auszuschließen, dass das Interesse an Anerkennungsversagung schon vor Eintritt der Rechtskraft der ausländischen Entscheidung bestehen kann (ebenso zum selbständigen Anerkennungsverfahren etwa NK-BGB/Andrae Art 21 EheVO 2003 Rn 30). Zum Kreis der Antragsberechtigten können neben den Ehegatten auch andere Private und Behörden zählen (vgl Art 30 Brüssel IIb-VO Rn 34 zur entsprechenden Diskussion zum selbständigen Anerkennungsverfahren).

6 Der **Antrag** ist bei dem zuständigen Gericht schriftlich einzureichen oder mündlich zu Protokoll der Geschäftsstelle zu erklären (§ 44j Abs 1 S 1, § 44b Abs 2 S 1 IntFamRVG). **Anwaltliche Vertretung** ist, abweichend von § 114 Abs 1 FamFG, nicht erforderlich (§ 44j Abs 1 S 1, § 44b Abs 2 S 3 IntFamRVG). Gem § 44j Abs 1 S 3 IntFamRVG soll der Antrag bezeichnen, welche der in Art 38 Brüssel IIb-VO vorgesehenen Versagungsgründe geltend gemacht werden, und die zu ihrer Begründung dienenden Tatsachen und Beweismittel angeben. Für die vom Antragsteller vorzulegenden **Unterlagen** gelten Art 40 Abs 1, Art 59 Abs 2–5 Brüssel IIb-VO.

7 **Sachlich zuständig** für das Anerkennungsversagungsverfahren ist das Familiengericht (Art 40 Abs 2 Brüssel IIb-VO, § 23a Abs 1 S 1 Nr 1, § 23b Abs 1 GVG, § 14 Nr 1 IntFamRVG, § 111 Nr 1 FamFG), **örtlich** ausschließlich das Familiengericht am Sitz des OLG, in dessen Zuständigkeitsbereich sich der Antragsgegner gewöhnlich aufhält (§ 10 S 1 Nr 1, § 12 IntFamRVG). Hält sich der Antragsgegner nicht gewöhnlich im Inland auf, gilt § 10 S 2 bzw S 3 IntFamRVG. **International zuständig** ist das Gericht

nur für die Versagung der Anerkennung in seinem Sitzstaat, nicht auch in anderen Mitgliedstaaten; der Antrag ist dementsprechend zu fassen.

Das Familiengericht hat das Anerkennungsversagungsverfahren gem Art 40 Abs 1, Art 60 Brüssel IIb-VO zügig zu betreiben. Fraglich ist, wonach sich die Möglichkeit zur **Aussetzung des Verfahrens** bestimmt: Befürwortet wird die Anwendung von Art 33 Brüssel IIb-VO (Thomas/Putzo/Hüsstege Art 40 Brüssel IIb-VO Rn 10), der aber eigentlich nicht passt, weil die ausländische Entscheidung mit dem Anerkennungsversagungsverfahren nicht „geltend gemacht wird"; andererseits verweist Art 40 Abs 1 Brüssel IIb-VO nicht auf die etwas weitergehende Aussetzungsregel für das Vollstreckungsversagungsverfahren in Art 63 Brüssel IIb-VO. **8**

III. Entscheidung

Das Gericht entscheidet über den Antrag durch **Beschluss**, der ohne mündliche Verhandlung ergehen kann, zu begründen und den Beteiligten zuzustellen ist (§ 44j Abs 1 S 1, § 44c Abs 1 und 3 IntFamRVG). Für die **Kostenentscheidung** gelten §§ 91–107 ZPO (§ 44j Abs 1 S 1, § 44c Abs 2 IntFamRVG). Zu den **Gerichtsgebühren** beachte FamGKG KV Nr 1710 Nr 3. Gem § 44j Abs 2 IntFamRVG sind nach Maßgabe von § 44d und § 44e IntFamRVG die **sofortige Beschwerde** und die **Rechtsbeschwerde** statthaft. **9**

Gelangt das Gericht zu dem **Ergebnis**, dass der Anerkennung der ausländischen Entscheidung wenigstens einer der vom Antragsteller gem § 44j Abs 1 S 3 IntFamRVG vorgetragenen Versagungsgründe iSv Art 38 Brüssel IIb-VO entgegensteht, so hat es die begehrte Versagung der Anerkennung auszusprechen. Nach hier vertretener Auffassung, wonach die Versagungsgründe von Amts wegen zu prüfen sind, gilt aber auch dann nichts anderes, wenn für das Gericht ersichtlich ein Versagungsgrund durchgreift, den der Antragsteller nicht gerügt hat (s Art 38 Brüssel IIb-VO Rn 7 ff). Eine den Antrag nach Art 40 Brüssel IIb-VO abweisende Entscheidung macht ein selbständiges Anerkennungsverfahren gem Art 30 Abs 3 Brüssel IIb-VO regelmäßig entbehrlich, eine stattgebende Entscheidung präjudiziert ein gegenläufiges selbständiges Anerkennungsverfahren. **10**

Schon angesichts der von Art 30 Abs 3 Brüssel IIb-VO („festgestellt") abweichenden Fassung von Art 40 Brüssel IIb-VO („Versagung") liegt es nahe, dass eine stattgebende Entscheidung zur Anerkennungsversagung nicht nur das Vorliegen von mindestens einem Versagungsgrund feststellt, sondern, wie die Vollstreckungsversagung iSv Art 59 Brüssel IIb-VO, auch **Gestaltungswirkung** zeitigt: die in Art 30 Abs 1 Brüssel IIb-VO vorgesehene Wirkungserstreckung der ausländischen Entscheidung entfällt **ex tunc** (deutlich zur Parallelvorschrift in Art 45 Abs 4 Brüssel Ia-VO etwa Zöller/Geimer Art 45 EuGVVO Rn 95; Wieczorek/Schütze/Haubold Art 45 Brüssel Ia-VO Rn 270; **aA** Paulus/Peiffer/Peiffer Art 45 Brüssel Ia-VO Rn 142: nur feststellende, keine gestaltende Wirkung). **11**

Wie zu Art 21 Abs 3 Brüssel IIa-VO und nunmehr Art 30 Abs 3 Brüssel IIb-VO lässt sich darüber diskutieren, ob die Entscheidung gem Art 40 Brüssel IIb-VO nur inter partes oder **erga omnes** wirkt. Letzteres erscheint, ebenso wie bei Art 30 Abs 3 Brüssel IIb-VO (s Art 30 Brüssel IIb-VO Rn 41), zutreffend. Im Übrigen wird auch zur Paral- **12** lelvorschrift in Art 45 Abs 4 Brüssel Ia-VO darauf hingewiesen, dass die gestaltende Entscheidung sämtliche Gerichte und Behörden des Anerkennungsstaats binde (GEIMER/SCHÜTZE/GEIMER Art 45 EuGVVO Rn 335; **aA** WIECZOREK/SCHÜTZE/HAUBOLD Art 45 Brüssel Ia-VO Rn 270: nur inter partes). Von alledem zu unterscheiden ist der Umstand, dass die Versagung der Anerkennung in einem Mitgliedstaat nur dort, **nicht für andere Mitgliedstaaten** und erst recht nicht für den Ursprungsstaat verbindlich ist (vgl wiederum zu Art 45 Abs 4 Brüssel Ia-VO etwa WIECZOREK/SCHÜTZE/HAUBOLD Art 45 Brüssel Ia-VO Rn 271).

Artikel 41
Gründe für die Versagung der Vollstreckung von Entscheidungen in Verfahren betreffend die elterliche Verantwortung

Unbeschadet des Artikels 56 Absatz 6 wird die Vollstreckung einer Entscheidung in Verfahren betreffend die elterliche Verantwortung versagt, wenn festgestellt wurde, dass einer der Gründe für die Versagung der Anerkennung nach Artikel 39 vorliegt.

Bis 31. 7. 2022 geltende Regelung: ohne Entsprechung.

Schrifttum

Vgl die Hinweise zu Art 34 und Art 38 Brüssel IIb-VO.

1 Art 41 Brüssel IIb-VO bezieht die in Art 39 Brüssel IIb-VO aufgezählten Anerkennungsversagungsgründe auch auf die Versagung der Vollstreckung gem Art 56 ff Brüssel IIb-VO (deutsche Durchführungsregeln: §§ 44b ff IntFamRVG, eingefügt durch Art 1 G v 10. 8. 2021, BGBl 2021 I 3424; beachte dazu den Regierungsentwurf, BT-Drucks 19/28681, 51 ff, sowie KLINKHAMMER FamRZ 2022, 325). Zu vorrangigen Regelungen der Versagungsgründe für privilegierte Entscheidungen, öffentliche Urkunden sowie Vereinbarungen vgl die Hinweise zu Art 39 Brüssel IIb-VO. Ausweislich seines Wortlauts gilt Art 41 Brüssel IIb-VO zunächst und vor allem für kindschaftsrechtliche Entscheidungen. In Ehesachen ist die Vorschrift aber immerhin für die Vollstreckung von **Kostenentscheidungen** gem Art 73 Brüssel IIb-VO relevant.

Abschnitt 2
Anerkennung und Vollstreckung bestimmter privilegierter Entscheidungen

Vorbemerkung zu Art 42 ff Brüssel IIb-VO

Schrifttum

Vgl die Hinweise zu Art 34 Brüssel IIb-VO.

Abschnitt 2 von Kap IV (Art 42–50 Brüssel IIb-VO) ist in Ehesachen nicht relevant. 1
Vielmehr befasst er sich, die bisherige Regelung in Art 40–45 Brüssel IIa-VO fortentwickelnd, in Kindschaftssachen mit der vereinfachten Durchsetzung sog **privilegierter Entscheidungen**, nämlich solcher, die entweder Umgangsrechte gewähren oder die Rückgabe des Kindes anordnen (vgl Erwägungsgründe 58, 61).

Artikel 42
Anwendungsbereich

(1) Dieser Abschnitt gilt für folgende Arten von Entscheidungen, sofern sie im Ursprungsmitgliedstaat gemäß Artikel 47 bescheinigt wurden:

a) Entscheidungen, soweit sie Umgangsrechte gewähren; und

b) Entscheidungen gemäß Artikel 29 Absatz 6, soweit sie die Rückgabe des Kindes anordnen.

(2) Dieser Abschnitt steht dem nicht entgegen, dass sich eine Partei gemäß den Bestimmungen über die Anerkennung und Vollstreckung in Abschnitt 1 dieses Kapitels um Anerkennung und Vollstreckung einer Entscheidung gemäß Absatz 1 bemüht.

Bis 31. 7. 2022 geltende Regelung: Art 40 Brüssel IIa-VO (s Textanh 2 Rn 3).

Unterabschnitt 1
Anerkennung

Artikel 43
Anerkennung

(1) Eine in einem Mitgliedstaat ergangene Entscheidung im Sinne des Artikels 42 Absatz 1 wird in den übrigen Mitgliedstaaten anerkannt, ohne dass es eines besonderen Verfahrens bedarf und ohne dass die Anerkennung angefochten werden kann, es sei denn, es wird festgestellt, dass die Entscheidung mit einer späteren Entscheidung im Sinne des Artikel 50 unvereinbar ist.

(2) Die Partei, die in einem Mitgliedstaat eine in einem anderen Mitgliedstaat ergangene Entscheidung im Sinne des Artikels 42 Absatz 1 geltend machen will, hat Folgendes vorzulegen:

a) eine Ausfertigung der Entscheidung, die die für ihre Beweiskraft erforderlichen Voraussetzungen erfüllt, und

b) die entsprechende Bescheinigung nach Artikel 47.

(3) Artikel 31 Absätze 2 und 3 gelten entsprechend.

Bis 31. 7. 2022 geltende Regelung: Art 41 Abs 1 und Art 42 Abs 1 Brüssel IIa-VO (s Textanh 2 Rn 3).

Artikel 44
Aussetzung des Verfahrens

Das Gericht, bei dem eine in einem anderen Mitgliedstaat ergangene Entscheidung im Sinne des Artikels 42 Absatz 1 geltend gemacht wird, kann das Verfahren ganz oder teilweise aussetzen, wenn

a) ein Antrag vorgelegt wurde, in dem die Unvereinbarkeit der Entscheidung mit einer späteren Entscheidung im Sinne des Artikels 50 behauptet wird; oder

b) die Person, gegen die die Vollstreckung erwirkt werden soll, gemäß Artikel 48 beantragt hat, eine Bescheinigung nach Artikel 47 zu widerrufen.

Bis 31. 7. 2022 geltende Regelung: Art 27 Abs 1 Brüssel IIa-VO (s Textanh 2 Rn 3).

Unterabschnitt 2
Vollstreckbarkeit und Vollstreckung

Artikel 45
Vollstreckbare Entscheidungen

(1) Die in einem Mitgliedstaat ergangenen und in diesem Mitgliedstaat vollstreckbaren Entscheidungen im Sinne des Artikels 42 Absatz 1 sind gemäß diesem Abschnitt in den anderen Mitgliedstaaten vollstreckbar, ohne dass es einer Vollstreckbarerklärung bedarf.

(2) Für die Zwecke der Vollstreckung einer Entscheidung im Sinne des Artikels 42 Absatz 1 Buchstabe a in einem anderen Mitgliedstaat können die Gerichte des Ursprungsmitgliedstaats die Entscheidung ungeachtet der Einlegung eines Rechtsbehelfs für vorläufig vollstreckbar erklären.

Bis 31. 7. 2022 geltende Regelung: keine Entsprechung.

Artikel 46
Zwecks Vollstreckung vorzulegende Unterlagen

(1) Soll in einem Mitgliedstaat eine in einem anderen Mitgliedstaat ergangene Entscheidung im Sinne des Artikels 42 Absatz 1 vollstreckt werden, so hat die die Vollstreckung betreibende Partei der für die Vollstreckung zuständigen Behörde Folgendes vorzulegen:

a) eine Ausfertigung der Entscheidung, die die für ihre Beweiskraft erforderlichen Voraussetzungen erfüllt, und

b) die entsprechende Bescheinigung nach Artikel 47.

(2) Soll in einem Mitgliedstaat eine in einem anderen Mitgliedstaat ergangene Entscheidung im Sinne des Artikels 42 Absatz 1 Buchstabe a vollstreckt werden, kann die für die Vollstreckung zuständige Behörde den Antragsteller erforderlichenfalls auffordern, eine Übersetzung oder Transliteration gemäß Artikel 91 der übersetzbaren Inhalte der Freitextfelder der Bescheinigung vorzulegen, in der die zu vollstreckende Verpflichtung angegeben ist.

(3) Soll in einem Mitgliedstaat eine in einem anderen Mitgliedstaat ergangene Entscheidung im Sinne des Artikels 42 Absatz 1 vollstreckt werden, kann die für die Vollstreckung zuständige Behörde den Antragsteller erforderlichenfalls auffordern, eine Übersetzung oder Transliteration gemäß Artikel 91 der Entscheidung vorzulegen, wenn sie das Verfahren ohne eine derartige Übersetzung oder Transliteration nicht fortsetzen kann.

Bis 31. 7. 2022 geltende Regelung: keine Entsprechung.

Unterabschnitt 3
Bescheinigung für privilegierte Entscheidungen

Artikel 47
Ausstellung der Bescheinigung

(1) Das Gericht, das eine Entscheidung im Sinne des Artikel 42 Absatz 1 erlassen hat, stellt auf Antrag einer Partei eine Bescheinigung aus über

a) eine Entscheidung über das Umgangsrecht unter Verwendung des Formblatts in Anhang V,

b) eine nach Artikel 29 Absatz 6 ergangene Sorgerechtsentscheidung, die die Rückgabe des Kindes zur Folge hat, unter Verwendung des Formblatts in Anhang VI.

(2) Die Bescheinigung wird in der Sprache ausgefüllt und ausgestellt, in der die Entscheidung abgefasst ist. Die Bescheinigung kann auch in einer anderen Amtssprache der Organe der Europäischen Union, die von einer Partei gewünscht wird, ausgestellt werden. Dies verpflichtet das die Bescheinigung ausstellende Gericht nicht dazu, eine Übersetzung oder Transliteration der übersetzbaren Inhalte der Freitextfelder bereitzustellen.

(3) Das Gericht stellt die Bescheinigung nur aus, wenn folgende Voraussetzungen erfüllt sind:

a) alle betroffenen Parteien hatten Gelegenheit, gehört zu werden,

b) dem Kind wurde gemäß Artikel 21 Gelegenheit zur Meinungsäußerung gegeben;

c) in dem Fall, dass die Entscheidung im Versäumnisverfahren ergangen ist, entweder

i) der betreffenden Person, die sich auf das Verfahren nicht eingelassen hat, wurde das verfahrenseinleitende Schriftstück oder ein gleichwertiges Schriftstück so rechtzeitig und in einer Weise zugestellt, dass sie sich verteidigen konnte, oder

ii) es wird festgestellt, dass die Person, die sich auf das Verfahren nicht eingelassen hat, mit der Entscheidung eindeutig einverstanden ist.

(4) Vorbehaltlich des Absatzes 3 des vorliegenden Artikels wird die Bescheinigung für eine Entscheidung im Sinne des Artikel 42 Absatz 1 Buchstabe b nur ausgestellt, wenn das Gericht bei seiner Entscheidung die Gründe und Tatsachen berücksichtigt hat, die der vorherigen Entscheidung zugrunde liegen, die in einem anderen Mitgliedstaat gemäß Artikel 13 Absatz 1 Buchstabe b oder Artikel 13 Absatz 2 des Haager Übereinkommens von 1980 ergangen ist.

(5) Die Bescheinigung ist nur im Rahmen der Vollstreckbarkeit der Entscheidung wirksam.

(6) Die Ausstellung der Bescheinigung kann nur aus den in Artikel 48 genannten Gründen angefochten werden.

Bis 31. 7. 2022 geltende Regelung: Art 40 Abs 1 und Art 41 Abs 2 und 3 Brüssel IIa-VO (s Textanh 2 Rn 3), ohne Entsprechung zu Art 47 Abs 2 und 4–5 Brüssel IIb-VO.

Artikel 48
Berichtigung und Widerruf der Bescheinigung

(1) Das der Kommission gemäß Artikel 103 mitgeteilte Gericht des Ursprungsmitgliedstaats berichtigt die Bescheinigung auf Antrag oder kann sie von Amts wegen berichtigen, wenn zwischen der zu vollstreckenden Entscheidung und der Bescheinigung aufgrund eines materiellen Fehlers oder einer Auslassung eine Unstimmigkeit besteht.

(2) Das Gericht nach Absatz 1 des vorliegenden Artikels widerruft die Bescheinigung auf Antrag oder von Amts wegen, wenn sie gemessen an den in Artikel 47 festgelegten Voraussetzungen zu Unrecht ausgestellt wurde. Artikel 49 gilt entsprechend.

(3) Das Verfahren für die Berichtigung oder den Widerruf der Bescheinigung, einschließlich eines etwaigen Rechtsbehelfs, unterliegt dem Recht des Ursprungsmitgliedstaats.

Bis 31. 7. 2022 geltende Regelung: Art 43 Brüssel IIa-VO (s Textanh 2 Rn 3).

Artikel 49
Bescheinigung über die Aussetzung oder Einschränkung der Vollstreckbarkeit

(1) Wenn und soweit eine gemäß Artikel 47 bescheinigte Entscheidung nicht mehr vollstreckbar ist oder ihre Vollstreckbarkeit ausgesetzt oder eingeschränkt wurde, wird auf jederzeit möglichen Antrag an das der Kommission gemäß Artikel 103 mitgeteilte Gericht des Ursprungsmitgliedstaats unter Verwendung des Formblatts in Anhang VII eine Bescheinigung über die Aussetzung oder Einschränkung der Vollstreckbarkeit ausgestellt.

(2) Die Bescheinigung wird in der Sprache ausgefüllt und ausgestellt, in der die Entscheidung abgefasst ist. Die Bescheinigung kann auch in einer anderen Amtssprache der Organe der Europäischen Union, die von einer Partei gewünscht wird, ausgestellt werden. Dies verpflichtet das die Bescheinigung ausstellende Gericht nicht da-

zu, eine Übersetzung oder Transliteration der übersetzbaren Inhalte der Freitextfelder bereitzustellen.

Bis 31. 7. 2022 geltende Regelung: keine Entsprechung.

Unterabschnitt 4
Versagung der Anerkennung und Vollstreckung

Artikel 50
Unvereinbare Entscheidungen

Die Anerkennung und Vollstreckung einer Entscheidung nach Artikel 42 Absatz 1 wird versagt, wenn und soweit sie mit einer späteren Entscheidung über die elterliche Verantwortung für dasselbe Kind unvereinbar ist, die ergangen ist

a) in dem Mitgliedstaat, in dem die Anerkennung geltend gemacht werden soll; oder

b) in einem anderen Mitgliedstaat oder in dem Drittstaat des gewöhnlichen Aufenthalts des Kindes, sofern die spätere Entscheidung die notwendigen Voraussetzungen für ihre Anerkennung in dem Mitgliedstaat erfüllt, in dem die Anerkennung geltend gemacht werden soll.

Bis 31. 7. 2022 geltende Regelung: keine Entsprechung.

Abschnitt 3
Gemeinsame Bestimmungen zur Vollstreckung

Unterabschnitt 1
Vollstreckung

Vorbemerkung zu Art 51 ff Brüssel IIb-VO

Schrifttum

Vgl die Hinweise zu Art 34 Brüssel IIb-VO.

Abschnitt 3 von Kap IV (Art 51–63 Brüssel IIb-VO) schafft erstmals umfangreiche allgemeine Bestimmungen zur eigentlichen Vollstreckung (vgl Erwägungsgründe 60 ff), **1**
die zuvor nur bruchstückhaft in Art 47 Abs 1 Brüssel IIa-VO angesprochen war. Im Wesentlichen geht es um die Durchsetzung kindschaftsrechtlicher Entscheidungen, nicht hingegen um Ehestatusentscheidungen, die gestaltender Natur sind und keiner Vollstreckung bedürfen. Relevant werden Art 51 ff Brüssel IIb-VO auch in Ehesachen allerdings für die Vollstreckung von **Kostenentscheidungen** (Art 73 Brüssel IIb-VO). Zur Durchführung der Vollstreckungsregeln der Brüssel IIb-VO dienen in Deutschland §§ 44a–44i IntFamRVG (in das IntFamRVG eingefügt durch Art 1 G v 10. 8. 2021, BGBl 2021 I 3424; beachte dazu den Regierungsentwurf, BT-Drucks 19/28681, 51 ff, sowie Klinkhammer FamRZ 2022, 325).

Artikel 51
Vollstreckungsverfahren

(1) Vorbehaltlich der Bestimmungen dieses Abschnitts ist für das Verfahren der Vollstreckung von in einem anderen Mitgliedstaat ergangenen Entscheidungen das Recht des Vollstreckungsmitgliedstaats maßgebend. Unbeschadet der Artikel 41, 50, 56 und 57 wird eine in einem Mitgliedstaat ergangene Entscheidung, die im Ursprungsmitgliedstaat vollstreckbar ist, im Vollstreckungsmitgliedstaat unter den gleichen Bedingungen vollstreckt wie eine in diesem Mitgliedstaat ergangene Entscheidung.

(2) Von der Partei, die die Vollstreckung einer in einem anderen Mitgliedstaat ergangenen Entscheidung begehrt, kann nicht verlangt werden, dass sie im Vollstreckungsmitgliedstaat über eine Postanschrift verfügt. Von dieser Partei kann nur dann verlangt werden, dass sie im Vollstreckungsmitgliedstaat über einen bevollmächtigten Vertreter verfügt, wenn ein solcher Vertreter nach dem Recht des Vollstreckungsmitgliedstaats ungeachtet der Staatsangehörigkeit der Parteien vorgeschrieben ist.

Bis 31. 7. 2022 geltende Regelung: Art 47 Abs 1 Brüssel IIa-VO (Textanh 2 Rn 3), ohne Entsprechung zu Art 51 Abs 2 Brüssel IIb-VO.

Artikel 52
Für die Vollstreckung zuständige Behörden

Der Vollstreckungsantrag ist bei der Behörde zu stellen, die nach dem Recht des Vollstreckungsmitgliedstaats für die Vollstreckung zuständig ist und von diesem Mitgliedstaat der Kommission gemäß Artikel 103 mitgeteilt wurde.

Bis 31. 7. 2022 geltende Regelung: keine Entsprechung.

Artikel 53
Teilvollstreckung

(1) Eine Partei, die die Vollstreckung einer Entscheidung begehrt, kann eine teilweise Vollstreckung der Entscheidung beantragen.

(2) Ist mit der Entscheidung über mehrere geltend gemachte Ansprüche entschieden worden und wurde die Vollstreckung für einen oder mehrere von ihnen abgelehnt, so ist die Vollstreckung dennoch für die Teile der Entscheidung möglich, die nicht von der Ablehnung betroffen sind.

(3) Die Absätze 1 und 2 des vorliegenden Artikels werden nicht herangezogen, um eine Entscheidung zu vollstrecken, die die Rückgabe eines Kindes anordnet, ohne dass auch eventuelle einstweilige Maßnahmen einschließlich Schutzmaßnahmen vollstreckt werden, die angeordnet wurden, um das Kind vor der Gefahr im Sinne des Artikels 13 Absatz 1 Buchstabe b des Haager Übereinkommens von 1980 zu schützen.

Bis 31. 7. 2022 geltende Regelung: Art 36 Brüssel IIa-VO (s Textanh 2 Rn 3), ohne Entsprechung zu Art 53 Abs 3 Brüssel IIb-VO.

Artikel 54
Modalitäten der Ausübung des Umgangsrechts

(1) Die für die Vollstreckung zuständigen Behörden oder die Gerichte des Vollstreckungsmitgliedstaats können die Modalitäten der Ausübung des Umgangsrechts regeln, wenn die notwendigen Vorkehrungen überhaupt nicht oder nicht in ausreichendem Maße in der Entscheidung der Gerichte des für die Entscheidung in der

Hauptsache zuständigen Mitgliedstaats getroffen wurden und sofern der Wesensgehalt der Entscheidung unberührt bleibt.

(2) Die nach Absatz 1 festgelegten Modalitäten treten außer Kraft, nachdem die Gerichte des für die Entscheidung in der Hauptsache zuständigen Mitgliedstaats eine Entscheidung erlassen haben.

Bis 31. 7. 2022 geltende Regelung: Art 48 Brüssel IIa-VO (s Textanh 2 Rn 3).

Artikel 55
Zustellung von Bescheinigungen und Entscheidungen

(1) Soll eine in einem anderen Mitgliedstaat ergangene Entscheidung vollstreckt werden, so wird die entsprechende, gemäß Artikel 36 oder 47 ausgestellte Bescheinigung der Person, gegen die die Vollstreckung erwirkt werden soll, vor der ersten Vollstreckungsmaßnahme zugestellt. Wurde die Entscheidung dieser Person noch nicht zugestellt, so wird sie der Bescheinigung beigefügt, gegebenenfalls zusammen mit den Einzelheiten der Modalitäten nach Artikel 54 Absatz 1.

(2) Muss die Zustellung in einem anderen Mitgliedstaat als im Ursprungsmitgliedstaat erfolgen, so kann die Person, gegen die die Vollstreckung erwirkt werden soll, eine Übersetzung oder Transliteration folgender Schriftstücke verlangen:

a) der Entscheidung, um die Vollstreckung anzufechten;

b) gegebenenfalls der übersetzbaren Inhalte der Freitextfelder der gemäß Artikel 47 ausgestellten Bescheinigung;

wenn diese weder in einer Sprache, die sie versteht, noch in der Amtssprache des Mitgliedstaats, in dem sie ihren gewöhnlichen Aufenthalt hat, noch in der oder einer der Amtssprachen am Ort ihres gewöhnlichen Aufenthalts, wenn es in dem betreffenden Mitgliedstaat mehrere Amtssprachen gibt, abgefasst noch mit einer Übersetzung oder Transliteration in eine dieser Sprachen versehen sind.

(3) Wird nach Absatz 2 eine Übersetzung oder Transliteration verlangt, so können so lange keine Vollstreckungsmaßnahmen außer Schutzmaßnahmen ergriffen werden, bis der Person, gegen die die Vollstreckung erwirkt werden soll, die Übersetzung oder Transliteration zugänglich gemacht worden ist.

(4) Die Absätze 2 und 3 gelten nicht, soweit die Entscheidung und gegebenenfalls die Bescheinigung gemäß Absatz 1 der Person, gegen die die Vollstreckung erwirkt werden soll, in Erfüllung der Anforderungen des Absatzes 2 hinsichtlich einer Übersetzung oder Transliteration bereits zugestellt wurde.

Bis 31. 7. 2022 geltende Regelung: keine Entsprechung.

Unterabschnitt 2
Aussetzung der Vollstreckungsverfahren und Versagung der Vollstreckung

Artikel 56
Aussetzung und Versagung

(1) Die für die Vollstreckung zuständige Behörde oder das Gericht des Vollstreckungsmitgliedstaats setzt von Amts wegen oder auf Antrag der Person, gegen die die Vollstreckung erwirkt werden soll, oder, falls im nationalen Recht vorgesehen, auf Antrag des betroffenen Kindes das Vollstreckungsverfahren aus, wenn die Vollstreckbarkeit der Entscheidung im Ursprungsmitgliedstaat ausgesetzt worden ist.

(2) Die für die Vollstreckung zuständige Behörde oder das Gericht des Vollstreckungsmitgliedstaats kann auf Antrag der Person, gegen die die Vollstreckung erwirkt werden soll, oder, falls im nationalen Recht vorgesehen, auf Antrag des betroffenen Kindes das Vollstreckungsverfahren aus einem der folgenden Gründe ganz oder teilweise aussetzen:

a) Im Ursprungsmitgliedstaat wurde ein ordentlicher Rechtsbehelf gegen die Entscheidung eingelegt;

b) die Frist für einen ordentlichen Rechtsbehelf nach Buchstabe a ist noch nicht abgelaufen;

c) es wurde ein Antrag auf Versagung der Vollstreckung gemäß den Artikeln 41, 50 oder 57 gestellt;

d) die Person, gegen die die Vollstreckung erwirkt werden soll, hat gemäß Artikel 48 beantragt, eine Bescheinigung nach Artikel 47 zu widerrufen.

(3) Setzt die für die Vollstreckung zuständige Behörde oder das Gericht das Vollstreckungsverfahren aus dem in Absatz 2 Buchstabe b genannten Grund aus, so kann sie/es eine Frist bestimmen, innerhalb derer ein Rechtsbehelf einzulegen ist.

(4) In Ausnahmefällen kann die für die Vollstreckung zuständige Behörde oder das Gericht auf Antrag der Person, gegen die die Vollstreckung erwirkt werden soll, oder, falls im nationalen Recht vorgesehen, auf Antrag des betroffenen Kindes oder einer interessierten Partei, die im Interesse des Kindeswohls handelt, das Vollstreckungsverfahren aussetzen, wenn die Vollstreckung aufgrund – nach Ergehen der Entscheidung aufgetretener – vorübergehender Hindernisse oder anderer wesentlicher Änderungen der Umstände für das Kind die schwerwiegende Gefahr eines körperlichen oder seelischen Schadens mit sich bringen würde.

Die Vollstreckung wird wieder aufgenommen, sobald die schwerwiegende Gefahr eines körperlichen oder seelischen Schadens nicht mehr besteht.

(5) Bevor die für die Vollstreckung zuständige Behörde oder das Gericht in den Fällen nach Absatz 4 die Vollstreckung gemäß Absatz 6 ablehnt, unternimmt sie geeignete Schritte, um die Vollstreckung im Einklang mit den nationalen Rechtsvorschriften und Verfahren und dem Kindeswohl zu ermöglichen.

(6) Ist die in Absatz 4 genannte schwerwiegende Gefahr dauerhafter Art, so kann die für die Vollstreckung zuständige Behörde oder das Gericht auf Antrag die Vollstreckung der Entscheidung versagen.

Bis 31. 7. 2022 geltende Regelung: keine Entsprechung.

Artikel 57
Gründe für die Aussetzung oder Versagung der Vollstreckung nach nationalem Recht

Die im Recht des Vollstreckungsmitgliedstaats vorgesehenen Gründe für die Aussetzung oder Versagung der Vollstreckung gelten, sofern sie nicht mit der Anwendung der Artikel 41, 50 und 56 unvereinbar sind.

Bis 31. 7. 2022 geltende Regelung: keine Entsprechung.

Artikel 58
Für die Versagung der Vollstreckung zuständige Behörden oder Gerichte

(1) Der Antrag auf Versagung der Vollstreckung aufgrund von Artikel 39 ist bei dem Gericht zu stellen, das von jedem Mitgliedstaat der Kommission gemäß Artikel 103 mitgeteilt wird. Der Antrag auf Versagung der Vollstreckung aufgrund anderer in dieser Verordnung vorgesehener oder zugelassener Gründe ist bei der Behörde oder dem Gericht zu stellen, die beziehungsweise das von jedem Mitgliedstaat der Kommission gemäß Artikel 103 mitgeteilt wurde.

(2) Die örtlich zuständige Behörde oder das örtlich zuständige Gericht, die beziehungsweise das von jedem Mitgliedstaat der Kommission gemäß Artikel 103 mitgeteilt wird, wird durch das Recht des Mitgliedstaats bestimmt, in dem das Verfahren nach Absatz 1 des vorliegenden Artikels eingeleitet wird.

Bis 31. 7. 2022 geltende Regelung: keine Entsprechung.

Artikel 59
Antrag auf Versagung der Vollstreckung

(1) Für das Verfahren zur Beantragung der Versagung der Vollstreckung ist, soweit es nicht durch diese Verordnung geregelt ist, das Recht des Vollstreckungsmitgliedstaats maßgebend.

(2) Der Antragsteller legt der für die Vollstreckung zuständigen Behörde oder dem Gericht eine Ausfertigung der Entscheidung und gegebenenfalls soweit möglich die entsprechende Bescheinigung vor, die nach Artikel 36 oder 47 ausgestellt wurde.

(3) Die für die Vollstreckung zuständige Behörde oder das Gericht kann erforderlichenfalls den Antragsteller auffordern, eine Übersetzung oder Transliteration gemäß Artikel 91 der übersetzbaren Inhalte der Freitextfelder der Bescheinigung vorzulegen, die nach Artikel 36 oder 47 ausgestellt wurde und in der die zu vollstreckende Verpflichtung angegeben ist.

(4) Wenn die für die Vollstreckung zuständige Behörde oder das Gericht ohne eine Übersetzung oder Transliteration der Entscheidung das Verfahren nicht fortsetzen kann, kann sie/es den Antragsteller auffordern, eine derartige Übersetzung oder Transliteration gemäß Artikel 91 vorzulegen.

(5) Die für die Vollstreckung zuständige Behörde oder das Gericht kann auf die Vorlage der in Absatz 2 genannten Schriftstücke verzichten, wenn

a) ihr/ihm die Schriftstücke bereits vorliegen oder

b) sie/es es für unzumutbar hält, vom Antragsteller die Vorlage der Schriftstücke zu verlangen.

Im in Unterabsatz 1 Buchstabe b genannten Fall kann die für die Vollstreckung zuständige Behörde oder das Gericht von der anderen Partei verlangen, diese Schriftstücke vorzulegen.

(6) Von der Partei, die die Versagung der Vollstreckung einer in einem anderen Mitgliedstaat ergangenen Entscheidung begehrt, kann nicht verlangt werden, dass sie im Vollstreckungsmitgliedstaat über eine Postanschrift verfügt. Von dieser Partei kann nur dann verlangt werden, dass sie im Vollstreckungsmitgliedstaat über einen bevollmächtigten Vertreter verfügt, wenn ein solcher Vertreter nach dem Recht des Vollstreckungsmitgliedstaats ungeachtet der Staatsangehörigkeit der Parteien vorgeschrieben ist.

Bis 31. 7. 2022 geltende Regelung: keine Entsprechung.

Artikel 60
Zügige Verfahren

Die für die Vollstreckung zuständige Behörde oder das Gericht geht bei Verfahren über Anträge auf Versagung der Vollstreckung ohne ungebührliche Verzögerung vor.

Bis 31. 7. 2022 geltende Regelung: keine Entsprechung.

Artikel 61
Anfechtung oder Rechtsbehelf

(1) Jede Partei kann eine Entscheidung über den Antrag auf Ablehnung der Vollstreckung anfechten beziehungsweise einen Rechtsbehelf dagegen einlegen.

(2) Die Anfechtung oder der Rechtsbehelf wird bei der Behörde oder dem Gericht geltend gemacht, die/das vom Vollstreckungsmitgliedstaat der Kommission gemäß Artikel 81* als die Behörde oder das Gericht mitgeteilt wird, bei der/dem eine derartige Anfechtung oder ein derartiger Rechtsbehelf einzulegen ist.

Bis 31. 7. 2022 geltende Regelung: keine Entsprechung.

Artikel 62
Weitere Anfechtungen oder Rechtsbehelfe

Gegen die Entscheidung, die über die Anfechtung oder den Rechtsbehelf ergangen ist, kann nur durch eine Anfechtung oder einen Rechtsbehelf Einspruch erhoben werden, wenn der betreffende Mitgliedstaat der Kommission gemäß Artikel 103 mitgeteilt hat, bei welchen Gerichten eine weitere Anfechtung oder ein weiterer Rechtsbehelf geltend zu machen ist.

Bis 31. 7. 2022 geltende Regelung: keine Entsprechung.

Artikel 63
Aussetzung des Verfahrens

(1) Die für die Vollstreckung zuständige Behörde oder das Gericht, die/das mit einem Antrag auf Versagung der Vollstreckung oder mit einem Rechtsbehelf nach

* Gemeint ist offensichtlich „Artikel 103“ (ebenso wie in Art 62 Brüssel IIb-VO).

Artikel 61 oder 62 befasst ist, kann das Verfahren aus einem der folgenden Gründe aussetzen:

a) Im Ursprungsmitgliedstaat wurde ein ordentlicher Rechtsbehelf gegen die Entscheidung eingelegt;

b) die Frist für einen ordentlichen Rechtsbehelf nach Buchstabe a ist noch nicht verstrichen; oder

c) die Person, gegen die die Vollstreckung erwirkt werden soll, hat gemäß Artikel 48 beantragt, eine Bescheinigung nach Artikel 47 zu widerrufen.

(2) Setzt die für die Vollstreckung zuständige Behörde oder das Gericht das Verfahren aus dem in Absatz 1 Buchstabe b genannten Grund aus, so kann sie/es eine Frist bestimmen, innerhalb deren ein Rechtsbehelf einzulegen ist.

Bis 31. 7. 2022 geltende Regelung: keine Entsprechung.

Abschnitt 4
Öffentliche Urkunden und Vereinbarungen

Artikel 64
Anwendungsbereich

Dieser Abschnitt gilt in Sachen der Ehescheidung, Trennung ohne Auflösung des Ehebandes und der elterlichen Verantwortung für öffentliche Urkunden, die in einem Mitgliedstaat, dessen gerichtliche Zuständigkeit nach Kapitel II anzunehmen ist, förmlich errichtet oder eingetragen wurden, und auf Vereinbarungen, die in einem Mitgliedstaat, dessen gerichtliche Zuständigkeit nach Kapitel II anzunehmen ist, eingetragen wurden.

Bis 31. 7. 2022 geltende Regelung: keine Entsprechung.

Schrifttum

D'ALESSANDRO, The Impact of Private Divorces on EU Private International Law, in: SCHERPE/BARGELLI (Hrsg), The Interaction Between Family Law, Succession Law and Private International Law: Adapting to Change (2021) 59
ANTOMO, Anerkennung ausländischer Privatscheidungen – Rom III-Verordnung analog?, NJW 2018, 435
dies, Reformbedarf bei der Anerkennung von Privatscheidungen, NZFam 2018, 243
dies, Ausländische Privatscheidungen im Standesamt, StAZ 2020, 33
dies, Die Neufassung der Brüssel IIa-Verordnung – erfolgte Änderungen und verbleibender Reformbedarf, in: PFEIFFER/LOBACH/RAPP (Hrsg), Europäisches Familienrecht: Stand und Perspektiven (2020) 13
dies, Der Umgang mit Privatscheidungen aus EU-Mitgliedstaaten – vor und nach der Reform der Brüssel IIa-VO, in: BUDZIKIEWICZ/HEIDERHOFF/KLINKHAMMER/NIETHAMMER-JÜRGENS (Hrsg), Neue Impulse im europäischen Familienkollisionsrecht (2021) 81
dies, Die Scheidung außerhalb gerichtlicher Verfahren, FF 2022, 197 und 224
BOGDZEVIČ/KAMINSKIENĖ/VAIGĖ, Non-Judicial Divorces and the Brussels II bis Regulation: To Apply or Not Apply?, International Comparative Jurisprudence 2021, 31
BROSCH, Die Neufassung der Brüssel IIa-Verordnung, GPR 2020, 179
BUSCHBAUM, Anerkennung von Rechtslagen aufgrund von Personenstandsurkunden?, StAZ 2011, 106
ders, Ausländische einvernehmliche Notarscheidung vor deutschen Gerichten: Art 46 Brüssel IIa-Verordnung im Gefüge der unionsrechtlichen Vorschriften über die Zirkulation öffentlicher Urkunden, in: DUTTA/SCHWAB/HENRICH/GOTTWALD/LÖHNIG (Hrsg), Scheidung ohne Gericht? – Neue Entwicklungen im europäischen Scheidungsrecht (2017) 353
COESTER-WALTJEN, Die verpasste Chance – Der EuGH und die Privatscheidung, IPRax 2018, 238
DUTTA, Ausländische Privatscheidungen nach Sahyouni, FF 2018, 60

ders, Private divorces outside Rome III and Brussels II bis? The Sahyouni gap, Common Market Law Review 56 (2019) 1661
ders, Privatscheidungen und Brüssel IIb: drei Fragen an den neuen Art 65 Abs 1, FamRZ 2020, 1428
ders, „Dejuriditionalisation" im Familien- und Erbrecht und internationale Zuständigkeit, in: FS Schauer (2022) 75
Dutta/Schwab/Henrich/Gottwald/Löhnig (Hrsg), Scheidung ohne Gericht? – Neue Entwicklungen im europäischen Scheidungsrecht (2017)
Ferrand, Non-Judicial Divorce in France: Progress or a Mess?, in: Douglas/Murch/Stephens (Hrsg), International and National Perspectives on Child and Family Law (2018) 193
Flindt, Die neue Brüssel IIb-VO, NZFam 2022, 669
Garber/Lugani, Die neue Brüssel IIb-Verordnung, NJW 2022, 2225
Gärtner, Die Privatscheidung im deutschen und gemeinschaftsrechtlichen Internationalen Privat- und Verfahrensrecht: Außergerichtliche Ehescheidungen im Spannungsfeld von kultureller Diversität und Integration (2008)
Gaudemet-Tallon, La loi française sur le divorce sans juge confrontée au droit européen et international, in: Liber amicorum für Christian Kohler (2018) 91
González Beilfuss, What's New in Regulation (EU) No 2019/1111?, Yb of Private International Law XXII (2020/2021) 95
Gössl, Überlegungen zum deutschen Scheidungskollisionsrecht nach „Sahyouni", GPR 2018, 94
Gruber/Möller, Die Neufassung der EuEhe-VO, IPRax 2020, 393
Hammje, Le divorce par consentement mutual extrajudiciaire et le droit international privé. Les aléas d'un divorce sans for, Rev crit d i p 2017, 143
Helms, Neubewertung von Privatscheidungen nach ausländischem Recht vor dem Hintergrund der Entwicklungen im deutschen Sach-, Kollisions- und Verfahrensrecht, in: FS Coester-Waltjen (2015) 431
ders, Neue Entwicklungen im Scheidungsrecht als Herausforderung für das Internationale Privatrecht, in: Dutta/Schwab/Henrich/Gottwald/Löhnig (Hrsg), Scheidung ohne Gericht? – Neue Entwicklungen im europäischen Scheidungsrecht (2017) 337
Henrich, Neues zu Privatscheidungen innerhalb und außerhalb der EU, IPRax 2022, 37
Hüsstege, Die neue Brüssel IIa-Verordnung – was bleibt, was ändert sich, FamRZ 2022, 1591
Kaesling, The Recognition of Religious Private Divorces in Europe – From Conflict of Laws to Conflict of Cultures?, in: Boele-Woelki/Martiny (Hrsg), Pluralism and Diversity of Family Relations in Europe (2019) 257
Kontogeorgou, Die neue einvernehmliche Scheidung in Griechenland im Spiegel der EuEheVO, NZFam 2018, 385
Koutsouradis/Sonnentag, Die außergerichtliche einvernehmliche Scheidung nach griechischem Recht und ihre Anerkennung in Deutschland, FamRZ 2022, 1430
Kramme, Private Divorce in Light of the Recast of the Brussels IIbis Regulation, GPR 2021, 101
Lazić, Recognition and enforcement of decisions in the revised Brussels IIbis Regulation, NiPR 2021, 729
Lazić/Pretelli, Revised Recognition and Enforcement Procedures in Regulation Brussels II ter, Yb of Private International Law XXII (2020/2021) 155
Lugani, Anerkennung in Ehesachen, in: Garber/Lugani (Hrsg), Die Brüssel IIb-Verordnung (2022) 357
Makowsky, Die Anerkennung mitgliedstaatlicher Privatscheidungen nach der EuEheVO, in: FS Schack (2022) 754
Mayer, Scheidung ohne Gericht – Europäische Entwicklungen, StAZ 2018, 106
dies, Verfahrensrechtliche Anerkennung von gerichtlichen Entscheidungen, Urkunden und Parteivereinbarungen – insbesondere von Privatscheidungen nach der neuen Brüssel IIb-VO, StAZ 2020, 193
Nademleinsky, Die Privatscheidung in der neuen Brüssel IIb-VO – eine erste Annäherung, in: Liber Amicorum für Edwin Gitschthaler (2020) 171
Ní Shúilleabháin, An Overview of the Principal Reforms in Regulation (EU) 2019/1111, Yb

of Private International Law XXII (2020/2021) 117
PIKA/WELLER, Privatscheidungen zwischen Europäischem Kollisions- und Zivilprozessrecht, IPRax 2017, 65
RIECK, Scheidungsfolgenvereinbarungen gem § 630 ZPO und ihre Anerkennung und Vollstreckung nach der EheEuGVVO 2003, FPR 2007, 425
SCHLÜRMANN, Art 17 Abs 2 EGBGB n. F. als überschießende Anwendung der Rom III-VO – das neue Kollisionsrecht für Privatscheidungen nach Sahyouni, FamRZ 2019, 1035
SCHULZ, Die Neufassung der Brüssel IIa-Verordnung, FamRZ 2020, 1141
SOMMER, Die Anerkennung und Vollstreckung von öffentlichen Urkunden und von Vereinbarungen, in: GARBER/LUGANI (Hrsg), Die Brüssel IIb-Verordnung (2022) 437
SONNENTAG/HASELBECK, Scheidungen ohne Gericht in EU-Mitgliedstaaten und ihr Verhältnis zur EuEheVO und Rom III-VO, IPRax 2022, 22
SÜSS/RING (Hrsg), Eherecht in Europa (4. Aufl 2020).

Systematische Übersicht

I. Hintergrund

1. Außergerichtliche Eheauflösung

Deutschland hält bislang am traditionellen **gerichtlichen Scheidungsmonopol** fest: 1
Gem Art 17 Abs 3 EGBGB (zuvor Art 17 Abs 2 EGBGB, geändert durch Art 2 G v 17. 12. 2018, BGBl 2018 I 2573) kann eine Ehe im Inland nur durch ein Gericht geschieden werden, und Entsprechendes gilt auch für die Trennung einer Ehe (vgl etwa MünchKomm/WINKLER VON MOHRENFELS Art 17 EGBGB Rn 29). Zugleich schränkt das deutsche Recht die Beachtlichkeit einer außergerichtlichen Scheidung im Ausland ein: Ist nach Maßgabe der Rom III-VO deutsches Eherecht anzuwenden, kann eine Ehe nur durch richterliche Entscheidung geschieden werden (§ 1564 S 1 BGB). Der Begriff des Gerichts (bzw Richters) ist dabei nicht im weiten Sinne von Art 2 Abs 2 Nr 1 Brüssel IIb-VO, sondern im engeren Sinne des deutschen Gerichtsverfassungsrechts zu verstehen. Dem Gesetzgeber wurden immer wieder Vorschläge zu einer **Reform** unterbreitet, die bislang aber nie aufgegriffen wurden (vgl etwa die Nachw bei ANTOMO, in: BUDZIKIEWICZ/HEIDERHOFF/KLINKHAMMER/NIETHAMMER-JÜRGENS [2021] 81, 82 f).

2 Bei rechtsvergleichender Umschau zeigt sich indes, dass das gerichtliche Scheidungsmonopol längst keine Selbstverständlichkeit mehr ist, in absehbarer Zeit womöglich sogar die Ausnahme sein wird. Schon in Art 13 Abs 2 Brüssel II-Übk war vermerkt, dass der Begriff „Gericht" alle in Ehesachen zuständigen Behörden der Mitgliedstaaten einschließt, und zwar seinerzeit mit Rücksicht auf die Rechtslage in Dänemark (vgl Borrás-Bericht Nr 20 sub A), das sich dann aber an der justiziellen Zusammenarbeit in diesem Bereich nicht weiter beteiligte. In jüngerer Zeit haben sich immer mehr Mitgliedstaaten dazu entschlossen, **außergerichtliche Scheidungen** bzw Trennungen der Ehe zu ermöglichen (beachte die Länderberichte bei Dutta/Schwab/Henrich/Gottwald/Löhnig [2017]; zudem aus neuerer Zeit etwa Antomo, in: Budzikiewicz/Heiderhoff/Klinkhammer/Niethammer-Jürgens [2021] 81, 84 ff; Sonnentag/Haselbeck IPRax 2022, 22). Davon verspricht man sich zum einen eine Entlastung der Gerichte durch eine Verlagerung unproblematischer Fälle auf sonstige Behörden, zum anderen eine Entschärfung des Konfliktpotentials und eine Stärkung der Privatautonomie. Letzteres kommt vor allem im häufig synonym gebrauchten Begriff der **„Privatscheidung"** zum Ausdruck.

2. Reaktion der Brüssel IIb-VO

3 Im Rahmen der justiziellen Zusammenarbeit in Familiensachen geht es nicht um familienrechtspolitische Vorgaben, sondern darum, einen verlässlichen internationalverfahrensrechtlichen Rahmen für die von den Mitgliedstaaten ausgestalteten Rechtsinstitute zu schaffen. Während der Verordnungsgeber in dieser Hinsicht zur gleichgeschlechtlichen Ehe leider versagt hat (s Art 1 Brüssel IIb-VO Rn 5 ff), konnte er zu außergerichtlichen Eheauflösungen einen Erfolg verbuchen: Bei den **anerkennungsrechtlichen Regelungen in Kap IV Abschnitt 4 (Art 64–68 Brüssel IIb-VO)** handelt es sich um die wichtigste Neuerung der Verordnung zu Ehesachen (deren praktische Relevanz allerdings umso geringer bleibt, je weiter man – mit dem EuGH – den Begriff der Entscheidung iSv Art 30 Brüssel IIb-VO fasst; dazu unten Rn 7 ff).

4 Auf den ersten Blick erschließt sich das Potential der Neuregelung nicht ohne Weiteres: Denn auch in **Art 46 Brüssel IIa-VO** war schon vorgesehen, dass „öffentliche Urkunden, die in einem Mitgliedstaat aufgenommen und vollstreckbar sind, sowie Vereinbarungen zwischen den Parteien, die in dem Ursprungsmitgliedstaat vollstreckbar sind, [...] unter denselben Bedingungen wie Entscheidungen anerkannt und für vollstreckbar erklärt" werden. Und eine ähnliche Gleichstellung fand sich bereits in **Art 13 Abs 3 Brüssel II-Übk bzw Brüssel II-VO**, dort noch beschränkt auf öffentliche Urkunden und gerichtliche Vergleiche. Allerdings bestand weitgehend Einvernehmen, dass es bei alledem nur um die Vollstreckung in Kindschaftssachen gehen sollte. Der Umstand, dass in Art 46 Brüssel IIa-VO bzw Art 13 Abs 3 Brüssel II-Übk/Brüssel II-VO auch von **Anerkennung** die Rede war, was sich gleichermaßen auf Ehestatussachen beziehen ließe, wurde als Redaktionsversehen betrachtet (deutlich etwa Schulz FamRZ 2020, 1141, 1148). Nach überwiegender Ansicht sowohl in der Rechtsprechung (beachte die beiden Vorlagebeschlüsse BGH 28. 10. 2020 – XII ZB 187/20, FamRZ 2021, 119 Rn 38 mAnm Mayer = NZFam 2021, 44 [Löhnig] = FamRB 2021, 2 [Dimmler]; KG 28. 4. 2022 – 1 VA 2/22, FamRZ 2022, 1122, 1123 mAnm Sonnentag = FamRB 2022, 339 [Finger]) als auch im Schrifttum (vgl etwa D'Alessandro, in: Scherpe/Bargelli [2021] 59, 70; Althammer/Gärtner Art 46 Brüssel IIa-VO Rn 2; Henrich IPRax 2022, 37, 40; Rauscher/Rauscher Art 46 Brüssel IIa-VO Rn 10; Sonnentag/Haselbeck IPRax 2022, 22, 27) stellt sich die Frage der Anerkennung im Rahmen von Art 46 Brüssel IIa-VO nur im Hinblick auf Urkunden mit **vollstreckbarem Inhalt** (**aA**,

für die Anwendung von Art 46 Brüssel IIa-VO auch auf außergerichtliche Scheidungen, aber etwa Mayer StAZ 2018, 106, 112; Mayer StAZ 2020, 193, 196 und 198; Geimer/Schütze/Hau/Paraschas Art 21 EheVO Rn 14; zustimmend Kramme GPR 2021, 101, 104). Dafür sprechen in der Tat der Normtext („Urkunden, die [...] vollstreckbar sind, sowie Vereinbarungen [...], die [...] vollstreckbar sind") und die Vorstellungen des historischen Verordnungsgebers.

Eine Erweiterung des Anwendungsbereichs von Art 46 Brüssel IIa-VO war im **Reformvorschlag der Kommission** vom 30. 6. 2016 nicht vorgesehen, der eine Änderung nur insoweit ansprach, als auch für öffentliche Urkunden und Parteivereinbarungen das Erfordernis der Vollstreckbarerklärung entfallen sollte (COM[2016] 411, dort Art 55). Erst im Laufe der anschließenden **Beratungen im Rat** sind sodann die weitergehenden Vorschriften eingefügt worden, die nunmehr ausdrücklich auch die Anerkennung außergerichtlicher Scheidungen und Trennungen erfassen (Kohler/Pintens FamRZ 2019, 1477, 1478). Es erscheint erstaunlich, dass ausgerechnet über diese Neuerung eine Verständigung zustande gekommen ist, obwohl über nicht minder dringende sonstige Änderungen zu Ehesachen, einschließlich der Anwendung der Verordnung auf gleichgeschlechtliche Ehen, keine Einigung erzielt werden konnte (vgl Mansel/Thorn/Wagner IPRax 2020, 97, 101 f; Schulz FamRZ 2020, 1141, 1149). 5

II. Überblick

Die **Gliederung von Abschnitt 4** ist einsichtig: Aufbauend auf Art 64 Brüssel IIb-VO, der sich zum Anwendungsbereich (s Rn 13 ff) und dem damit regelungstechnisch verknüpften Erfordernis internationaler Zuständigkeit des Ursprungsstaats äußert (s Rn 10 ff), folgt der eigentliche Anerkennungs- bzw Vollstreckungsbefehl in Art 65 Brüssel IIb-VO. Art 66 und Art 67 Brüssel IIb-VO regeln die Ausstellung der Bescheinigung sowie die Möglichkeit einer Berichtigung oder eines Widerrufs. Aus Art 68 Brüssel IIb-VO ergeben sich schließlich die in Betracht kommenden Anerkennungs- bzw Vollstreckungsversagungsgründe. 6

III. Verhältnis zur Entscheidungsanerkennung

1. Vorrang der Entscheidungsanerkennung

Während sich die ersten drei Abschnitte von Kap IV auf Entscheidungen iSv Art 2 Abs 1 Brüssel IIb-VO durch Gerichte iSv Art 2 Abs 2 Nr 1 Brüssel IIb-VO beziehen, gilt Abschnitt 4 für öffentliche Urkunden iSv Art 2 Abs 2 Nr 2 Brüssel IIb-VO sowie Vereinbarungen iSv Art 2 Abs 2 Nr 3 Brüssel IIb-VO. Systematisch handelt es sich bei Art 64 ff Brüssel IIb-VO also um eine **Auffangregelung** für solche ausländischen Eheauflösungen, die nicht durch gerichtliche Entscheidung erfolgt sind (vgl Dutta FamRZ 2020, 1428; Gruber/Möller IPRax 2020, 393, 402; Sonnentag/Haselbeck IPRax 2022, 22, 29). Dies kommt auch in Erwägungsgrund 14 S 3 zum Ausdruck („Anderen Vereinbarungen [...]"). 7

Daraus ergeben sich **Abgrenzungsfragen**, weil sowohl Art 30 ff als auch Art 64 ff Brüssel IIb-VO jeweils eine Mitwirkung mitgliedstaatlicher Stellen an der Scheidung bzw Trennung der Ehe erfordern. Zwar werden „reine Privatscheidungen" (durch Vertrag oder Verstoßung) eindeutig von der Verordnung nicht erfasst (vgl Erwägungsgrund 14 S 4). Allerdings kann, je nach Ausgestaltung des mitgliedstaatlichen Rechts, einer- 8 seits eine (Verwaltungs-)Behörde Träger einer Entscheidung iSv Art 30 ff Brüssel IIb-VO sein (vgl Art 2 Abs 2 Nr 1 Brüssel IIb-VO; EuGH 15. 11. 2022 – C-646/20 Senatsverwaltung/TB, FamRZ 2023, 21 Rn 46 ff mAufs Dutta FamRZ 2023, 16 = FamRB 2023, 4 [Dimmler]), und andererseits kann sich die Beteiligung eines – gewissermaßen „echten" – Gerichts auf eine mitwirkende Tätigkeit iSv Art 64 ff Brüssel IIb-VO beschränken (vgl Art 66 Abs 1 Brüssel IIb-VO: „Das Gericht oder die zuständige Behörde [...]").

9 Der EuGH hat in einem obiter dictum zur Brüssel IIa-VO bemerkt, dass diese als **Entscheidungen** nur solche Ehescheidungen erfasse, „die entweder von einem staatlichen Gericht oder von einer öffentlichen Behörde bzw unter deren Kontrolle ausgesprochen werden" (EuGH 20. 12. 2017 – C-372/16 Sahyouni/Mamisch, FamRZ 2018, 169 Rn 48 mAnm Mayer = NZFam 2018, 126 mAnm Rieck = FamRB 2018, 91 [Dimmler] = ZEuP 2018, 646 mAnm Arnold/Schnetter). Davon will Erwägungsgrund 14 S 2 zur Brüssel IIb-VO offenbar nicht abrücken, wenn dort formuliert wird, dass eine Vereinbarung, die ein Gericht aufgrund einer Prüfung in der Sache gebilligt hat, als Entscheidung iSv Art 2 Abs 1 Brüssel IIb-VO einzuordnen sei – was auf der Anerkennungsebene (also in Kap IV) zur Folge hat, dass nicht Abschnitt 4, sondern direkt Abschnitt 1 einschlägig ist (deutlich Mayer StAZ 2020, 193, 199). Für die Brüssel IIb-VO lässt sich daraus ableiten, dass eine Entscheidung stets einen konstitutiven Akt darstellt (vgl etwa Flindt NZFam 2022, 669, 680 f), der eine Prüfung der Eheauflösungsvoraussetzungen in der Sache voraussetzt (vgl etwa Gruber/Möller IPRax 2020, 393, 402; Mayer StAZ 2020, 193, 195; für zu unbestimmt und unpraktikabel erachten dies Sonnentag/Haselbeck IPRax 2022, 22, 26 f). Auch die **Große Kammer des EuGH** betont in dieser Hinsicht die Kontinuität zwischen Brüssel IIa-VO und Brüssel IIb-VO, wobei sie die Sahyouni-Formel präzisiert: Die Behörde müsse „die Kontrolle über den Ausspruch der Ehescheidung behalten […], was im Rahmen einvernehmlicher Ehescheidungen impliziert, dass sie eine Prüfung der Scheidungsvoraussetzungen anhand des nationalen Rechts vornimmt und prüft, ob das Einvernehmen der Ehegatten über die Scheidung tatsächlich gegeben und gültig ist (EuGH 15. 11. 2022 – C-646/20 Senatsverwaltung/TB, FamRZ 2023, 21 Rn 52 ff mAufs Dutta FamRZ 2023, 16 = FamRB 2023, 4 [Dimmler], dort zu Ehescheidungen durch italienische Standesbeamte; s unten Rn 21). Eine Behörde „entscheidet" mithin dann iSv Art 30 Brüssel IIb-VO als „Gericht", wenn sie eine gerichtliche, also nicht nur beurkundende oder registrierende Tätigkeit ausübt (s Art 2 Brüssel IIb-VO Rn 7 ff), und umgekehrt wirkt ein (echtes) Gericht in einer Ehesache eben lediglich behördlich mit, wenn es keine Sachprüfung durchführt und keine Rechtsgestaltung ausspricht, sondern sich gem Art 66 Abs 1 und 2 Brüssel IIb-VO darauf beschränkt, die Zuständigkeit sowie die Rechtsverbindlichkeit einer Urkunde bzw einer Vereinbarung zu klären (vgl Gruber/Möller IPRax 2020, 393, 402: „ein [bloßes] sonstiges ‚förmliches Tätigwerden' des Gerichts").

2. Relevanz der Unterscheidung im Hinblick auf die Entscheidungszuständigkeit

10 Was die Versagungsgründe angeht, unterscheidet sich die Anerkennung von Entscheidungen nur unwesentlich von der Anerkennung von öffentlichen Urkunden und Vereinbarungen (vgl einerseits Art 38, andererseits Art 68 Abs 1 Brüssel IIb-VO). Die Bedeutung der Unterscheidung ergibt sich vielmehr erst im Hinblick darauf, welche Relevanz der erststaatlichen Entscheidungszuständigkeit auf der Anerkennungsebene zukommt. Für die **Anerkennung von Entscheidungen** gem Art 30 ff Brüssel IIb-VO ist es schlicht ohne Belang, auf welche Rechtsgrundlage das erststaatliche Gericht seine internationale Entscheidungszuständigkeit gestützt hat, und damit letztlich auch, wo sich die beteiligten Ehegatten im Zeitpunkt des mitgliedstaatlichen Eheauflösungsverfahrens gewöhnlich aufgehalten haben bzw über welche Staatsangehörigkeit(en) sie damals verfügten (s Art 30 Brüssel IIb-VO Rn 13). Dies zeigt sich daran, dass Art 69 Brüssel IIb-VO eine Nachprüfung der erststaatlichen Zuständigkeit im Anerkennungsstaat kategorisch ausschließt.

Demgegenüber soll Abschnitt 4 ausweislich Art 64 Brüssel IIb-VO von vornherein nur dann gelten, wenn die öffentliche Urkunde bzw Vereinbarung aus einem Mitgliedstaat stammt, „dessen gerichtliche Zuständigkeit nach Kapitel II anzunehmen ist", in Ehesachen also nach Art 3–6 Brüssel IIb-VO. Somit wird im Hinblick auf Abschnitt 4 die **Eröffnung des Anwendungsbereichs mit dem verordnungseigenen Zuständigkeitsregime verknüpft** (vgl Schulz FamRZ 2020, 1141, 1148 Fn 86: „eine indirekte Zuständigkeit, die bestimmt, ob die Urkunde oder Vereinbarung in den Anwendungsbereich der Verordnung fällt – ein Novum"; zustimmend Dutta FamRZ 2020, 1428, 1430; Dutta, in: FS Schauer 75, 82: „Anwendungsbereichsvorschrift"). Völlig neu ist dieses Konzept allerdings nicht, was sich an Art 2 Abs 1 Unterabs 2 Brüssel IIb-VO zeigt: Danach fällt eine kindschaftsrechtliche einstweilige Maßnahme grundsätzlich nur dann in den Anwendungsbereich der Anerkennungs- und Vollstreckungsregeln in Kap IV, wenn sie von einem Gericht angeordnet wurde, das nach dieser Verordnung in der Hauptsache zuständig ist (beachte Erwägungsgründe 30 und 59 zu dieser Lösung, die auf die frühere EuGH-Judikatur zurückgeht; vgl EuGH 15. 7. 2010 – C-256/09 Purrucker/Vallés Pérez, FamRZ 2010, 1521 Rn 57 ff). **11**

Hinter diesem zwar nicht neuen, aber doch eigentümlichen Regelungsmodell stehen zwei Erwägungen: Zum einen soll die Bindung der beurkundenden bzw registrierenden Behörden an das auf gerichtliche Erkenntnisverfahren zugeschnittene Zuständigkeitssystem einem **„Scheidungstourismus"** der Ehegatten innerhalb Europas, letztlich also einem „race to the bottom" in puncto Eheauflösungsfreiheit entgegenwirken; und zum anderen soll die Indienstnahme des Zuständigkeitsrechts für das Anerkennungsrecht mögliche Vorbehalte in Mitgliedstaaten abbauen, die an einem gerichtlichen Scheidungsmonopol festhalten, und somit das für eine verfahrensrechtliche Anerkennung unabdingbare **wechselseitige Vertrauen** ermöglichen (ähnlich etwa Brosch GPR 2020, 179, 188; Flindt NZFam 2022, 669, 681; Mayer StAZ 2020, 193, 199; vgl auch Dutta FamRZ 2020, 1428, 1430; skeptisch hingegen Kohler/Pintens FamRZ 2019, 1477, 1479). Zu den Besonderheiten der Zuständigkeitsprüfung im Erststaat und zu den Konsequenzen für eine Nachprüfung im Zweitstaat beachte Art 68 Brüssel IIb-VO Rn 10 ff. **12**

IV. Anwendungsbereich von Art 64–68 Brüssel IIb-VO

1. Sachlich

Abschnitt 4 gilt nur für **öffentliche Urkunden** iSv Art 2 Abs 2 Nr 2 Brüssel IIb-VO sowie **Vereinbarungen** iSv Art 2 Abs 2 Nr 3 Brüssel IIb-VO. Bei den Vereinbarungen hatte der Verordnungsgeber offenbar vor allem das französische Recht vor Augen, das eine privatschriftliche Vereinbarung der Ehegatten genügen lässt, die von den Anwälten gegengezeichnet und beim Notar hinterlegt wird (Art 229 ff franz Code civil; vgl etwa Sonnentag/Haselbeck IPRax 2022, 22, 24). Zum Begriff der öffentlichen Urkunde und der Vereinbarung sowie zum Verhältnis zueinander vgl Art 2 Brüssel IIb-VO Rn 12 ff, zum Vorrang der Entscheidungsanerkennung vgl oben Rn 7 ff. Private Urkunden bzw „rein private Vereinbarungen" fallen nicht in den Anwendungsbe- **13** reich der Brüssel IIb-VO (klarstellend Erwägungsgrund 14 S 4; beachte auch EuGH 15. 11. 2022 – C-646/20 Senatsverwaltung/TB, FamRZ 2023, 21 Rn 53, 58 mAufs Dutta FamRZ 2023, 16 = FamRB 2023, 4 [Dimmler]).

14 Merkwürdigerweise heißt es in Erwägungsgrund 70 S 1 im Hinblick auf Ehesachen, dass die öffentliche Urkunde bzw Vereinbarung in ihrem Ursprungsstaat **„vollstreckbar"** sein müsse. Dies ist offenbar nur ein sprachlicher Missgriff bzw eine unbeabsichtigte Übernahme aus Art 46 Brüssel IIa-VO (s Rn 4); denn in Art 65 Abs 1 und Art 66 Abs 2 Brüssel IIb-VO ist zwar von rechtsverbindlichen Wirkungen, aber gerade nicht von Vollstreckbarkeit die Rede.

15 In Art 64 ff Brüssel IIb-VO wird vorausgesetzt, dass der sachliche Anwendungsbereich der Verordnung eröffnet ist. Dabei nimmt Art 64 Brüssel IIb-VO in Ehesachen im Vergleich zu Art 1 Abs 1 lit a Brüssel IIb-VO eine Einschränkung vor: die Urkunde bzw Vereinbarung kann sich nur auf eine **Ehescheidung** oder eine **Trennung ohne Auflösung des Ehebandes** beziehen. Außer Betracht bleiben hingegen **Ungültigerklärungen** iSv Art 1 Abs 1 lit a Var 3 Brüssel IIb-VO, weil es insoweit an der Privatautonomie der Ehegatten fehlt (vgl etwa Schulz FamRZ 2020, 1141, 1148). Im Übrigen muss die Auflösung einer **Ehe im verordnungsautonomen Sinne** in Rede stehen (s Art 1 Brüssel IIb-VO Rn 5 ff).

2. Räumlich-persönlich

16 Ausweislich Art 64 Brüssel IIb-VO muss die förmliche Errichtung oder Eintragung der öffentlichen Urkunde bzw die Eintragung der Vereinbarung **in einem Mitgliedstaat** erfolgt sein (beachte dazu Art 1 Brüssel IIb-VO Rn 51 ff), also nicht etwa in einem **Drittstaat**. Denkbar erscheint aber, dass eine in einem Drittstaat errichtete öffentliche Urkunde oder abgeschlossene Vereinbarung sodann in einem Mitgliedstaat in das dortige Register eingetragen wird und damit die rechtsverbindliche Wirkung erlangt, die gem Art 65 Brüssel IIb-VO anzuerkennen ist (vgl Kohler/Pintens FamRZ 2019, 1477, 1479 Fn 21). Ob dies möglich ist, bestimmt sich nach dem Recht des Ursprungsmitgliedstaats. Zu der Besonderheit, dass Art 64 Brüssel IIb-VO die Eröffnung des Anwendungsbereichs mit dem Zuständigkeitsregime der Verordnung verknüpft, s oben Rn 10 ff sowie Art 68 Brüssel IIb-VO Rn 10 ff.

3. Zeitlich

17 Art 100 Abs 1 Brüssel IIb-VO definiert den zeitlichen Anwendungsbereich der neuen Anerkennungsregeln. Nach dessen Wortlaut kommt es für **öffentliche Urkunden** iSv Art 64 ff Brüssel IIb-VO auf die förmliche Errichtung oder auf die Eintragung am bzw nach dem **1. 8. 2022** an. Die Daten beider Ereignisse lassen sich der Bescheinigung gem Formblatt VIII entnehmen (Nr 7.2 bzw Nr 7.4), die gem Art 66 Abs 1 S 1 lit a, Abs 5 Brüssel IIb-VO für die Anerkennung vorzulegen ist. Dort ist außerdem der Zeitpunkt anzugeben, ab dem die öffentliche Urkunde aus Sicht des Ursprungsmitgliedstaats rechtsverbindliche Wirkung entfaltet (Nr 7.5). Weil indes Art 100 Abs 1 Brüssel IIb-VO merkwürdigerweise gerade nicht auf den Eintritt der Rechtsverbindlichkeit abstellt, sondern die Errichtung oder Eintragung genügen lässt, soll es für die zeitliche Anwendbarkeit der Brüssel IIb-VO offenbar genügen, wenn das eine oder das andere am bzw nach dem 1. 8. 2022 erfolgt ist. Für **Vereinba-**

rungen iSv Art 64 ff Brüssel IIb-VO stellt Art 100 Abs 1 Brüssel IIb-VO ausschließlich auf die Eintragung am bzw nach dem 1. 8. 2022 ab.

V. Fortgeltung der Brüssel IIa-VO in Altfällen

1. Übergangsrecht

Der zeitliche Rahmen für eine Fortgeltung der Brüssel IIa-VO wird begrenzt durch die gem Art 100 Abs 1 Brüssel IIb-VO am 1. 8. 2022 einsetzende vorrangige Anwendbarkeit der Neufassung: Eine Fortgeltung kommt nur für ältere öffentliche Urkunden und Vereinbarungen in Betracht. 18

Leider gibt Art 100 Abs 2 Brüssel IIb-VO einige Rätsel auf. So müsste die Vorschrift eigentlich dahingehend formuliert sein, dass es um **öffentliche Urkunden** geht, die vor dem 1. 8. 2022 förmlich errichtet und (nicht: oder) eingetragen worden sind; liegt nämlich eines der beiden Ereignisse am oder nach dem Stichtag, gilt gem Abs 1 die Brüssel IIb-VO (s Rn 17). Zudem stellt Art 100 Abs 2 Brüssel IIb-VO, anders als Abs 1, für **Vereinbarungen** nicht auf das Datum der Eintragung, sondern auf den Eintritt ihrer Vollstreckbarkeit ab. Dies erschwert die Abstimmung zwischen den beiden Absätzen und passt nicht zu Ehesachen. Dunkel bleibt im Übrigen, was es damit auf sich hat, dass Art 100 Abs 2 Brüssel IIb-VO am Ende eigens die Selbstverständlichkeit betont, dass die Brüssel IIa-VO nur fortgilt, soweit ihr Anwendungsbereich eröffnet ist. 19

2. Rechtslage unter der Brüssel IIa-VO

Nachdem der EuGH der bis dahin in Deutschland verbreiteten Vorstellung, dass Privatscheidungen anhand der Kollisionsnormen der Rom III-VO zu überprüfen seien, eine Absage erteilt hat (EuGH 20. 12. 2017 – C-372/16 Sahyouni/Mamisch, FamRZ 2018, 169 Rn 48 mAnm Mayer = NZFam 2018, 126 mAnm Rieck = FamRB 2018, 91 [Dimmler] = ZEuP 2018, 646 mAnm Arnold/Schnetter; Abschlussentscheidung: BGH 26. 8. 2020 – XII ZB 158/18, FamRZ 2020, 1811 Rn 9 mAnm Wall = NJW 2020, 3592 mAnm Antomo = JZ 2021, 254 mAnm Heiderhoff = NZFam 2020, 1009 mAnm Löhnig = FamRB 2020, 471 [Dimmler]), konzentrierte sich die Diskussion auf die Frage nach der Anerkennungsfähigkeit auf der Grundlage der Brüssel IIa-VO (ausführlich dazu Antomo, in: Budzikiewicz/Heiderhoff/Klinkhammer/Niethammer-Jürgens [2021] 81, 104 ff). In Betracht kommt dabei eine Einordnung als Entscheidung iSv Art 2 Nr 4 Brüssel IIa-VO oder als anerkennungsfähige Urkunde iSv Art 46 Brüssel IIa-VO (vgl schon oben Rn 4). 20

Die Frage, ob die eine oder die andere Lösung im Anwendungsbereich der Brüssel IIa-VO verfängt, wurde zum Gegenstand von **Vorabentscheidungsersuchen** gemacht: durch den BGH im Hinblick auf eine italienische Standesamtsscheidung (BGH 28. 10. 2020 – XII ZB 187/20, FamRZ 2021, 119 Rn 17 ff mAnm Mayer = NZFam 2021, 44 [Löhnig] = FamRB 2021, 2 [Dimmler]; beachte dazu auch Bargelli FamRZ 2021, 214; Henrich IPRax 2022, 37; Vorinstanz: KG 30. 3. 2020 – 1 W 236/19, FamRZ 2020 mAnm Dutta = FamRB 2020, 346 [Ludwig]) und sodann durch das KG im Hinblick auf eine spanische Notariatsscheidung (KG 28. 4. 2022 – 1 VA 2/22, FamRZ 2022, 1122, 1123 mAnm Sonnentag = FamRB 2022, 339 [Finger]). Mit Urteil vom 15. 11. 2022, also nach Inkrafttreten der Brüssel IIb-VO, hat die **Große Kammer des EuGH** dem BGH geantwortet (EuGH 15. 11. 2022 – C-646/20 Se- 21 natsverwaltung/TB, FamRZ 2023, 21 Rn 53, 58 mAufs DUTTA FamRZ 2023, 16 = FamRB 2023, 4 [DIMMLER]; beachte die Schlussanträge von Generalanwalt COLLINS vom 5. 5. 2022, ECLI:EU: C:2022:357). Danach sei eine von einem Standesbeamten errichtete Scheidungsurkunde, die eine Vereinbarung der Ehegatten über die Ehescheidung enthält, die sie vor dem Standesbeamten getreu den in den Rechtsvorschriften seines Mitgliedstaats vorgesehenen Bedingungen bestätigt haben, namentlich für die Zwecke der Anwendung von Art 21 Abs 1 Brüssel IIa-VO als „Entscheidung" iSv Art 2 Nr 4 Brüssel IIa-VO einzuordnen. Dieses weite Verständnis folge aus dem Ziel der Verordnung, die Anerkennung zu fördern, und stehe in Einklang mit den weiten und offenen Definitionen der Begriffe „Gericht" und „Entscheidung" (EuGH 15. 11. 2022 – C-646/20 Senatsverwaltung/TB, FamRZ 2023, 21 Rn 46 ff); dabei spiele es keine Rolle, dass bei Ausarbeitung und Erlass der Brüssel IIa-VO kein mitgliedstaatliches Recht die Möglichkeit außergerichtlicher Ehescheidungen vorgesehen hatte (EuGH 15. 11. 2022 – C-646/20 Senatsverwaltung/TB, FamRZ 2023, 21 Rn 50). Maßgeblich sei vielmehr, dass die Behörde „die Kontrolle über den Ausspruch der Ehescheidung [behält], was im Rahmen einvernehmlicher Ehescheidungen impliziert, dass sie eine Prüfung der Scheidungsvoraussetzungen anhand des nationalen Rechts vornimmt und prüft, ob das Einvernehmen der Ehegatten über die Scheidung tatsächlich gegeben und gültig ist" (EuGH 15. 11. 2022 – C-646/20 Senatsverwaltung/TB, FamRZ 2023, 21 Rn 54). Gerade dies betrachtet der EuGH im Hinblick auf das Prüfungsprogramm, das das **italienische Recht** den dortigen Standesbeamten auferlegt, als erfüllt (EuGH 15. 11. 2022 – C-646/20 Senatsverwaltung/TB, FamRZ 2023, 21 Rn 62 ff).

Artikel 65
Anerkennung und Vollstreckung von öffentlichen Urkunden und Vereinbarungen

(1) Öffentliche Urkunden und Vereinbarungen über eine Trennung ohne Auflösung des Ehebandes und eine Ehescheidung, die im Ursprungsmitgliedstaat rechtsverbindliche Wirkung haben, werden in anderen Mitgliedstaaten anerkannt, ohne dass es eines besonderen Verfahrens bedarf. Abschnitt 1 dieses Kapitels gilt entsprechend, sofern in diesem Abschnitt nichts anderes bestimmt ist.

(2) Öffentliche Urkunden und Vereinbarungen in Sachen der elterlichen Verantwortung, die rechtsverbindliche Wirkung haben und in dem Ursprungsmitgliedstaat vollstreckbar sind, werden in anderen Mitgliedstaaten anerkannt und vollstreckt, ohne dass es einer Vollstreckbarerklärung bedarf. Die Abschnitte 1 und 3 dieses Kapitels gelten entsprechend, sofern in diesem Abschnitt nichts anderes bestimmt ist.

Bis 31. 7. 2022 geltende Regelung: Art 46 Brüssel IIa-VO (s Textanh 2 Rn 3).

Schrifttum

Vgl die Angaben zu Art 64 Brüssel IIb-VO.

Systematische Übersicht

I. Überblick

1 Die in Art 65 Abs 1 S 1 und Abs 2 S 1 Brüssel IIb-VO vorgeschriebene Anerkennung und erforderlichenfalls Vollstreckung von öffentlichen Urkunden und Vereinbarungen ist das eigentliche Herzstück von Kap IV Abschnitt 4. Dadurch, dass neben Kindschaftssachen nunmehr auch Ehestatussachen erfasst werden, geht die neue Regelung deutlich über Art 46 Brüssel IIa-VO hinaus (s Art 64 Brüssel IIb-VO Rn 4 f). Im Übrigen wird in Abs 1 S 2, Abs 2 S 2 die entsprechende Anwendung der Bestimmungen über die Anerkennung bzw Vollstreckung von Entscheidungen angeordnet.

II. Pflicht zur verfahrensrechtlichen Anerkennung (Abs 1 S 1)

2 In den erfassten Scheidungs- und Trennungssachen (s Art 64 Brüssel IIb-VO Rn 13 ff) schreibt Art 65 Abs 1 S 1 Brüssel IIb-VO allen Mitgliedstaaten die Anerkennung von öffentlichen Urkunden und Vereinbarungen vor, die in ihrem jeweiligen Ursprungsmitgliedstaat **rechtsverbindliche Wirkung** haben. Ob eine solche eingetreten ist, wird von den Behörden des Ursprungsstaats geprüft und gem Art 66 Abs 2 lit b Brüssel IIb-VO zum Zwecke der Anerkennung bescheinigt (vgl Formblatt Nr 7.5 bzw Nr 8.3). Maßgeblich für Eintritt und Reichweite der rechtsverbindlichen Wirkung ist das Scheidungs- bzw Trennungsrecht, das nach Maßgabe der im Ursprungsstaat geltenden Kollisionsnormen anzuwenden ist (vgl etwa Flindt NZFam 2022, 669, 681; Gruber/Möller IPRax 2020, 393, 403; Thomas/Putzo/Hüsstege Art 65 Brüssel IIb-VO Rn 5; Kohler/Pintens FamRZ 2019, 1477, 1479 f).

3 Art 65 Abs 1 S 1 Brüssel IIb-VO ist ersichtlich angelehnt an Art 30 Abs 1 Brüssel IIb-VO formuliert. Dies unterstreicht auch Erwägungsgrund 70 S 1, wonach öffentliche Urkunden und Vereinbarungen „für die Zwecke der Anwendung der Vorschriften über die Anerkennung ‚Entscheidungen' gleichgestellt werden". **Bezugspunkt der Anerkennung** ist nicht etwa die private Übereinkunft der Ehegatten, ihre Ehe aufzulösen, sondern der Hoheitsakt, also die öffentliche Urkunde bzw die Registereintragung (zutreffend etwa Brosch GPR 2020, 179, 180 und 188; Thomas/Putzo/Hüsstege Art 64 Brüssel IIb-VO Rn 2; Kohler/Pintens FamRZ 2019, 1477, 1479; **aA** Dutta FamRZ 2020, 1428, 1429: gemeint sei nur eine kollisionsrechtliche Anerkennung, die sich nicht auf die Urkunde, sondern auf die konkreten Rechtsfolgen des beurkundeten Rechtsgeschäfts beziehe).

4 Bei der gerichtlichen wie bei der außergerichtlichen Scheidung bzw Trennung geht es in der Brüssel IIb-VO um eine **Anerkennung im verfahrensrechtlichen Sinne** (näher Antomo, in: Budzikiewicz/Heiderhoff/Klinkhammer/Niethammer-Jürgens [2021] 81, 132 ff; zutreffend auch Flindt NZFam 2022, 669, 680; Mayer StAZ 2020, 193, 199 f; vgl zudem etwa Brosch GPR

2020, 179, 180: „prozessuale Anerkennung"; GRUBER/MÖLLER IPRax 2020, 393, 401: „[quasi-]verfahrensrechtliche Anerkennung"), also um **Wirkungserstreckung**: Die nach dem Recht des Ursprungsstaats bestehenden Wirkungen, namentlich die Gestaltungswirkung, werden auf die anderen Mitgliedstaaten erstreckt (s Art 30 Brüssel IIb-VO Rn 17 ff). Die Ehe ist fortan in allen Mitgliedstaaten als geschieden bzw getrennt zu behandeln.

5 Wenn die Eheauflösung hingegen **aus Sicht des Ursprungsstaats unwirksam ist**, kann sie auch in Deutschland keine Wirkung entfalten, was ohne Weiteres aus dem Prinzip der Wirkungserstreckung folgt (s Art 30 Brüssel IIb-VO Rn 19). Berücksichtigt man dies, so zeigt sich, dass kein Bedarf besteht, Art 65 Abs 1 S 1 Brüssel IIb-VO entgegen seinem Wortlaut und der Systematik der Verordnung als bloße „Quasikollisionsnorm" einzuordnen, die sich im Wesentlichen darin erschöpft, hinsichtlich der Wirkungen des registrierten Rechtsgeschäfts auf das Recht des Ursprungsmitgliedstaats zu verweisen (so aber DUTTA FamRZ 2020, 1428, 1429 f; vgl auch dessen prägnantes Bild eines „kollisionsrechtlichen Wolfs im verfahrensrechtlichen Schafspelz", das freilich hinkt, denn gemessen an der Resistenz gegen zweitstaatliche Abwehrversuche erweist sich eher die verfahrensrechtliche Anerkennung als Wolf, die kollisionsrechtliche hingegen als Lämmchen; gegen eine lediglich kollisionsrechtliche Einordnung auch ANTOMO, in: BUDZIKIEWICZ/HEIDERHOFF/KLINKHAMMER/NIETHAMMER-JÜRGENS [2021] 81, 138 f; KRAMME GPR 2021, 101, 105).

6 Die Anerkennung erfolgt gem Art 65 Abs 1 S 1 Brüssel IIb-VO, wiederum in Parallele zu Art 30 Abs 1 Brüssel IIb-VO, ohne das Erfordernis eines besonderen Anerkennungsverfahrens, also **ipso iure** (s Art 30 Brüssel IIb-VO Rn 26). Ein bloßer Lapsus dürfte demgegenüber die Formulierung in Erwägungsgrund 14 S 3 sein, wonach öffentlichen Urkunden und Vereinbarungen in den anderen Mitgliedstaaten „Wirkung verliehen werden" soll. Wie Art 30 Abs 1 schließt Art 65 Abs 1 S 1 Brüssel IIb-VO es für die davon erfassten öffentlichen Urkunden und Vereinbarungen aus, sie einem im nationalen Recht vorgesehenen Anerkennungs- bzw Feststellungsmonopol bestimmter Behörden (wie in Deutschland gem § 107 FamFG) zu unterwerfen (s Art 30 Brüssel IIb-VO Rn 27).

III. Vorrang- versus Günstigkeitsprinzip

7 Ausgehend von der Gleichstellung der Anerkennung von öffentlichen Urkunden bzw Vereinbarungen mit der Entscheidungsanerkennung liegt es nahe, dass es auch bei dem für diese geltenden **Vorrangprinzip** bleibt: Die Brüssel IIb-VO beansprucht im innereuropäischen Rechtsverkehr grundsätzlich den Anwendungsvorrang, und zwar auch im Verhältnis zu bilateralen Anerkennungsverträgen und vor dem mitgliedstaatlichen Anerkennungsrecht (s Art 30 Brüssel IIb-VO Rn 7).

8 Wird für eine außergerichtliche Eheauflösung aus einem anderen Mitgliedstaat **keine Bescheinigung beantragt bzw ausgestellt**, so ist sie, wie Art 66 Abs 5 Brüssel IIb-VO unterstreicht, nicht im verfahrensrechtlichen Sinne anerkennungsfähig. Denkbar bleibt, dass sie wenigstens als Rechtsgeschäft kollisionsrechtlich beachtlich ist, also nach Maßgabe des Eheauflösungsstatuts, das sich in Deutschland gem Art 17 Abs 2 EGBGB entsprechend den Kollisionsnormen der Rom III-VO bestimmt. Dagegen wird eingewendet, dass Art 64 ff Brüssel IIb-VO als abschließend konzipiert seien und Art 66 Abs 5 Brüssel IIb-VO daher auch eine **kollisionsrechtliche Beachtung** sperre (so ANTOMO, in: BUDZIKIEWICZ/HEIDERHOFF/KLINKHAMMER/NIETHAMMER-JÜRGENS [2021] 81,

131 f; Gruber/Möller IPRax 2020, 393, 403). Dies erscheint allerdings nicht zwingend: Wesentlich für den Verordnungsgeber ist es, die Freizügigkeit von Scheidungen und Trennungen sicherzustellen, an denen mitgliedstaatliche Behörden mitgewirkt haben. Nicht ersichtlich ist hingegen, warum ihm daran gelegen sein könnte, die kollisionsrechtliche Beachtung von Privatscheidungen zu unterbinden, und zwar unabhängig davon, ob diese in einem Dritt- oder in (irgend-)einem Mitgliedstaat erfolgen. Näher liegt die These einer solchen Sperre hingegen, wenn man Art 65 Abs 1 S 1 Brüssel IIb-VO als Kollisionsnorm und somit als lex specialis gegenüber dem allgemeinen Kollisionsrecht begreift (so in der Tat Dutta FamRZ 2020, 1428, 1430; dagegen oben Rn 4 f).

IV. Entsprechend anwendbare Vorschriften (Abs 1 S 2)

Art 65 Abs 1 S 2 Brüssel IIb-VO ordnet die entsprechende Anwendung von Kap IV Abschnitt 1 an (also Art 30–41 Brüssel IIb-VO). In Ehesachen sind dabei von vornherein nur die **Vorschriften zur Anerkennung** gemeint, nicht diejenigen zur Vollstreckung (Art 34 f, Art 41 Brüssel IIb-VO). 9

1. Vorrangige Sonderregeln

Abschnitt 4 enthält einige gegenüber Abschnitt 1 vorrangige Sonderregeln. Zur **Anerkennungspflicht** gilt Art 65 Abs 1 S 1 statt Art 30 Abs 1 Brüssel IIb-VO und zu den **Anerkennungsversagungsgründen** Art 68 Abs 1 statt Art 38 Brüssel IIb-VO. Die Erteilung, die Berichtigung und der Widerruf der **Bescheinigung** sind in Art 66 f Brüssel IIb-VO geregelt, die Art 36 f Brüssel IIb-VO vorgehen. Die Vorlage der Bescheinigung als Anerkennungsvoraussetzung bestimmt sich nach Art 66 Abs 5 Brüssel IIb-VO; dieser ist lex specialis zu Art 31 Abs 1 lit b und Art 32 Brüssel IIb-VO. In Betracht kommt allerdings eine entsprechende Anwendung von Art 31 Abs 1 lit a, Abs 2 und Abs 3 Brüssel IIb-VO (s Art 66 Brüssel IIb-VO Rn 6 und Rn 8) sowie von Art 32 Abs 1 Var 1 Brüssel IIb-VO (s Art 66 Brüssel IIb-VO Rn 7). 10

2. Anwendbare Vorschriften zur Anerkennungsprüfung

Gem Art 65 Abs 1 S 2 Brüssel IIb-VO gilt Art 30 Abs 2 Brüssel IIb-VO entsprechend, wonach auch die **Aktualisierung von Personenstandsbüchern** kein besonderes Verfahren erfordert (s Art 30 Brüssel IIb-VO Rn 28). Nicht auf öffentliche Urkunden und Vereinbarungen übertragbar ist hingegen die auf Entscheidungen zugeschnittene Regelung, dass eine Aktualisierung stets Rechtskraft voraussetzt. Stattdessen kann es hier nur auf den Eintritt der rechtsverbindlichen (Gestaltungs-)Wirkung im Ursprungsstaat ankommen. Allerdings darf der Standesbeamte die Aktualisierung zunächst aussetzen, wenn im Ursprungsstaat gem Art 67 Brüssel IIb-VO ein Verfahren über die Berichtigung oder den Widerruf der Bescheinigung eingeleitet worden ist. 11

Zudem verweist Art 65 Abs 1 S 2 Brüssel IIb-VO auf die Bestimmungen über das **selbständige Anerkennungsverfahren** iSv Art 30 Abs 3 Brüssel IIb-VO und das **Anerkennungsversagungsverfahren** iSv Art 40 Brüssel IIb-VO. Die diesbezügliche deutsche Durchführungsvorschrift (§ 44j IntFamRVG) erwähnt zwar Art 65 Abs 1 S 2 Brüssel IIb-VO nicht, unterscheidet aber auch nicht danach, ob sich ein solches Verfahren auf die Anerkennungsfähigkeit einer Entscheidung oder einer öffentlichen Urkunde bzw Vereinbarung bezieht. In Betracht kommt die **Aussetzung eines Verfah-** 12

rens iSv Art 30 Abs 3 bzw Art 40 Brüssel IIb-VO, und zwar entweder (entsprechend Art 33 lit a Brüssel IIb-VO) mit Rücksicht auf ein im Ursprungsstaat gem Art 67 Brüssel IIb-VO eingeleitetes Verfahren über die Berichtigung oder den Widerruf der Bescheinigung oder (entsprechend Art 33 lit b Brüssel IIb-VO) mit Rücksicht auf ein konkurrierendes selbständiges Anerkennungsverfahren oder ein Anerkennungsversagungsverfahren im Anerkennungsstaat (vgl auch Gruber/Möller IPRax 2020, 393, 404; Thomas/Putzo/Hüsstege Art 65 Brüssel IIb-VO Rn 6 und Art 67 Brüssel IIb-VO Rn 5; Kramme GPR 2021, 101, 105). Bei der entsprechenden Anwendung von Art 33 lit a Brüssel IIb-VO ist zu beachten, dass diese Vorschrift, anders als Art 56 Abs 2 lit b und Art 63 Abs 1 lit b Brüssel IIb-VO, es nicht als Aussetzungsgrund genügen lässt, wenn ein Rechtsbehelf im Erststaat zwar noch nicht eingelegt, aber noch möglich ist.

13 Entsprechend heranzuziehen sind ferner gem Art 65 Abs 1 S 2 Brüssel IIb-VO die Vorschriften über die Möglichkeit zur **Inzidentprüfung** der Anerkennungsfähigkeit der ausländischen Ehescheidung bzw Trennung im Rahmen eines gerichtlichen Rechtsstreits (Art 30 Abs 5 Brüssel IIb-VO) oder eines Verwaltungsverfahrens im Anerkennungsstaat (s Art 30 Brüssel IIb-VO Rn 43 ff). Zur Möglichkeit einer Verfahrensaussetzung entsprechend Art 33 Brüssel IIb-VO gilt dasselbe wie für Verfahren iSv Art 30 Abs 3 bzw Art 40 Brüssel IIb-VO (s soeben Rn 12).

3. Kein Verweis auf Abschnitt 5

14 Seinem Wortlaut nach ordnet Art 65 Abs 1 S 2 Brüssel IIb-VO nicht die entsprechende Anwendung der in **Kap IV Abschnitt 5** enthaltenen Bestimmungen an.

15 Die rechtsmittelbezogene Regel in **Art 72 Brüssel IIb-VO** dürfte für öffentliche Urkunden bzw Vereinbarungen ohnehin irrelevant sein. Hingegen ist **Art 73 Brüssel IIb-VO** hinsichtlich der Durchsetzung von Kostentiteln keine Beschränkung auf gerichtliche Verfahren zu entnehmen. Zur Berücksichtigung einer im Ursprungsstaat erfolgten kostenrechtlichen Begünstigung sieht **Art 74 Brüssel IIb-VO** in Abs 2 eine eigene Regelung für Verfahren vor Verwaltungsbehörden vor. Die Befreiung von der Sicherheitsleistung gem **Art 75 Brüssel IIb-VO** bezieht sich auf Vollstreckungsverfahren, was in Scheidungs- oder Trennungssachen nur Kostentitel betrifft; nach einer verbreiteten Ansicht kann sie allerdings auch im selbständigen Anerkennungsverfahren (hier: gem Art 65 Abs 1 S 2, Art 30 Abs 3 Brüssel IIb-VO) relevant werden (s Art 75 Brüssel IIb-VO Rn 3).

16 Im Übrigen ist zu warnen vor einer pauschalen Antwort auf die Frage, ob das Schweigen von Art 65 Abs 1 S 2 Brüssel IIb-VO zu Abschnitt 5 auf eine bewusste Entscheidung des Verordnungsgebers oder eher auf ein Redaktionsversehen zurückgeht. Zu **Art 69 Brüssel IIb-VO** (Verbot der Nachprüfung der Zuständigkeit des Ursprungsmitgliedstaats) vgl Art 68 Brüssel IIb-VO Rn 10 ff, zu **Art 70 Brüssel IIb-VO** (keine kollisionsrechtliche Kontrolle in Ehesachen) sowie **Art 71 Brüssel IIb-VO** (Verbot einer révision au fond) vgl Art 68 Brüssel IIb-VO Rn 4 f.

Artikel 66
Bescheinigung

(1) Das Gericht oder die zuständige Behörde des Ursprungsmitgliedstaats, das/die der Kommission gemäß Artikel 103 mitgeteilt wurde, stellt auf Antrag einer Partei eine Bescheinigung für eine öffentliche Urkunde oder Vereinbarung aus:

a) in Ehesachen unter Verwendung des Formblatts in Anhang VIII,

b) in Sachen der elterlichen Verantwortung unter Verwendung des Formblatts in Anhang IX.

Die in Buchstabe b genannte Bescheinigung enthält eine Zusammenfassung der vollstreckbaren Verpflichtung, die in der öffentlichen Urkunde oder in der Vereinbarung niedergelegt ist.

(2) Die Bescheinigung darf nur ausgestellt werden, wenn die folgenden Bedingungen erfüllt sind:

a) der Mitgliedstaat, der die Behörde oder andere Stelle zur förmlichen Errichtung oder Eintragung der öffentlichen Urkunde oder zur Eintragung der Vereinbarung ermächtigt hat, war gemäß Kapitel II zuständig; und

b) die öffentliche Urkunde oder die Vereinbarung hat in diesem Mitgliedstaat rechtsverbindliche Wirkung.

(3) Unbeschadet des Absatzes 2 darf die Bescheinigung in Sachen der elterlichen Verantwortung nicht ausgestellt werden, wenn es Hinweise darauf gibt, dass der Inhalt der öffentlichen Urkunde oder der Vereinbarung dem Kindeswohl widerspricht.

(4) Die Bescheinigung wird in der Sprache ausgefüllt, in der die öffentliche Urkunde oder die Vereinbarung abgefasst ist. Sie kann auch in einer anderen Amtssprache der Organe der Europäischen Union, die von einer Partei gewünscht wird, ausgestellt werden. Dies verpflichtet das Gericht oder die zuständige Behörde, das/die die Bescheinigung ausstellt, nicht dazu, eine Übersetzung oder Transliteration der übersetzbaren Inhalte der Freitextfelder bereitzustellen.

(5) Wird die Bescheinigung nicht vorgelegt, so wird die öffentliche Urkunde oder die Vereinbarung in einem anderen Mitgliedstaat nicht anerkannt oder vollstreckt.

Bis 31. 7. 2022 geltende Regelung: keine Entsprechung.

Schrifttum

Vgl die Angaben zu Art 64 Brüssel IIb-VO.

Systematische Übersicht

I. Überblick

1 Die Vorschrift entspricht funktional Art 31 und Art 36 Brüssel IIb-VO, allerdings mit einigen Abweichungen und Ergänzungen. Während gem Art 31 Abs 1 Brüssel IIb-VO eine Ausfertigung der Entscheidung und die Bescheinigung vorzulegen sind, erwähnt Art 66 Abs 1 Brüssel IIb-VO nur Letztere, nicht hingegen die Vorlage der öffentlichen Urkunde oder Vereinbarung (s Rn 8). Statt einer mit Art 32 Brüssel IIb-VO vergleichbaren Regel gilt Art 66 Abs 5 Brüssel IIb-VO (s Rn 7). Zudem werden in Art 66 Brüssel IIb-VO die Voraussetzungen für die Erteilung der Bescheinigung näher als in Art 36 Abs 1 Brüssel IIb-VO geregelt (s Rn 4), und es fehlt eine Art 36 Abs 3 Brüssel IIb-VO entsprechende Bestimmung (s Rn 9).

2 **Deutschland** hat zu Art 66 Brüssel IIb-VO keine Durchführungsregeln in das IntFamRVG aufgenommen, weil Art 17 Abs 3 EGBGB die Ehescheidung im Inland den Gerichten vorbehält (klarstellend BT-Drucks 19/28681, 62; vgl zur Trennung einer Ehe etwa MünchKomm/Winkler von Mohrenfels Art 17 EGBGB Rn 29).

II. Inhalt und Voraussetzungen der Bescheinigung

3 Der **Inhalt** der Bescheinigung richtet sich in Scheidungs- und Trennungssachen gem Art 66 Abs 1 S 1 lit a Brüssel IIb-VO zwingend nach dem in **Anhang VIII** vorgegebenen Formblatt.

4 Anders als Art 36 legt Art 66 Abs 2 Brüssel IIb-VO fest, dass die **Bescheinigung nur unter bestimmten Voraussetzungen** erteilt werden darf: Zum einen muss der Ursprungsmitgliedstaat nach Maßgabe von Kap II zur förmlichen Errichtung oder Eintragung der öffentlichen Urkunde bzw zur Eintragung der Vereinbarung **zuständig** gewesen sein (lit a); beachte dazu Art 68 Brüssel IIb-VO Rn 8 ff. Zum anderen muss die öffentliche Urkunde oder Vereinbarung in diesem Mitgliedstaat bereits **rechtsverbindliche Wirkung** haben (lit b); beachte dazu Art 65 Brüssel IIb-VO Rn 4 f (Prüfung im Ursprungsstaat) sowie Art 68 Brüssel IIb-VO Rn 5 (Prüfung im Anerkennungsstaat).

5 Auf beide Voraussetzungen wird die bescheinigende Stelle in einem Kasten, der dem **Formblatt** vorangestellt ist, besonders aufmerksam gemacht. Bemerkenswert ist aber, dass das Formblatt, was das Vorliegen dieser Voraussetzungen angeht, aus Sicht des Anerkennungsstaats wenig informativ ist: Zur Zuständigkeitsfrage erschöpft sich die Bescheinigung in der nur mit „Ja“ ankreuzbaren Angabe, dass die Zuständigkeit gegeben sei (Nr 2.1). Und zu der rechtsverbindlichen Wirkung ist, abgesehen von der

Alternative „Ehescheidung" oder „Trennung ohne Auflösung des Ehebandes" (Nr 5), lediglich der Zeitpunkt des Eintritts mitzuteilen (Nr 7.5 bzw Nr 8.3), ohne irgendwelchen Raum für nähere Erläuterungen.

III. Sprache

Die Sprache der Bescheinigung regelt Art 66 Abs 4, der Art 36 Abs 2 Brüssel IIb-VO entspricht. In Abschnitt 4 findet sich keine Sondervorschrift zu der Möglichkeit, im Anerkennungsstaat eine **Übersetzung oder Transliteration** zu verlangen. Soweit es um das **Formblatt** gem Anhang VIII geht, kommt jedoch gem Art 65 Abs 1 S 2, Art 31 Abs 2 Brüssel IIb-VO eine Transliteration und ferner, soweit im Ursprungsstaat der geringe Raum für Freitexteintragungen genutzt wurde (vgl die „zusätzlichen Angaben" unter Nr 6.1.1.6.2 bzw Nr 6.1.2.6.2), auch eine Übersetzung in Betracht. Nur ausnahmsweise erscheint denkbar, dass darüber hinaus, entsprechend Art 65 Abs 1 S 2, Art 31 Abs 3 Brüssel IIb-VO, eine Übersetzung oder Transliteration der **öffentlichen Urkunde bzw Vereinbarung** verlangt wird. **6**

IV. Für die Anerkennung erforderliche Unterlagen

Art 66 Abs 5 Brüssel IIb-VO stellt klar, dass die **Vorlage der Bescheinigung** gem Abs 1 zwingende Voraussetzung für die Anerkennung ist. In dieser Hinsicht verbleibt den Gerichten und Behörden des Anerkennungsstaats **kein Ermessen**. Insbesondere fehlt eine Art 32 Abs 1 Brüssel IIb-VO entsprechende Bestimmung, wonach die Bescheinigung durch andere Unterlagen ersetzt (Var 2) oder auf ihre Vorlage verzichtet werden kann (Var 3). Sinnvoll erscheint jedoch, die in Art 32 Abs 1 Var 1 Brüssel IIb-VO vorgesehene Befugnis, eine Frist für das Beibringen der Bescheinigung zu setzen, entsprechend anzuwenden (Art 65 Abs 1 S 2 Brüssel IIb-VO). **7**

Fraglich ist, ob Art 66 Abs 5 Brüssel IIb-VO dahingehend als abschließend zu verstehen ist, dass der Anerkennungsstaat zwar auf dem Beibringen der Bescheinigung bestehen muss, von dem Anerkennungsinteressenten aber nicht zusätzlich die **Vorlage der öffentlichen Urkunde bzw Vereinbarung** verlangen darf. Näher liegt die Lesart, wonach Art 66 Abs 5 Brüssel IIb-VO lediglich ein Mindesterfordernis benennt, also nur Art 31 Abs 1 lit b und Art 32 Brüssel IIb-VO vorgeht. So verstanden, bliebe gem Art 65 Abs 1 S 2 noch Art 31 Abs 1 lit a Brüssel IIb-VO anwendbar, wobei entsprechende Anwendung bedeutet, dass eine Ausfertigung der öffentlichen Urkunde bzw Vereinbarung vorzulegen ist. **8**

V. Rechtsbehelfe

Abweichend von Art 36 Abs 3 sieht Art 66 Abs 5 Brüssel IIb-VO kein ausdrückliches Verbot von **Rechtsbehelfen gegen die Ausstellung** der Bescheinigung vor. Ob solche eröffnet sind, bestimmt daher das Recht des Ursprungsstaats. Zu beachten sind allerdings die verordnungsautonomen Vorgaben zur **Berichtigung** bzw zum **Widerruf der Bescheinigung** in Art 67 Brüssel IIb-VO. **9**

Artikel 67
Berichtigung und Widerruf der Bescheinigung

(1) Die zuständige Behörde oder das Gericht des Ursprungsmitgliedstaats, die/das der Kommission gemäß Artikel 103 mitgeteilt wurde, berichtigt die Bescheinigung auf Antrag oder kann sie von Amts wegen berichtigen, wenn zwischen der öffentlichen Urkunde oder der Vereinbarung und der Bescheinigung aufgrund eines materiellen Fehlers oder einer Auslassung eine Unstimmigkeit besteht.

(2) Das Gericht oder die zuständige Behörde nach Absatz 1 des vorliegenden Artikels widerruft die Bescheinigung auf Antrag oder von Amts wegen, wenn sie gemessen an den in Artikel 66 festgelegten Voraussetzungen zu Unrecht ausgestellt wurde.

(3) Das Verfahren für die Berichtigung oder der Widerruf der Bescheinigung, einschließlich eines etwaigen Rechtsbehelfs, unterliegt dem Recht des Ursprungsmitgliedstaats.

Bis 31. 7. 2022 geltende Regelung: keine Entsprechung.

Schrifttum

Vgl die Angaben zu Art 64 Brüssel IIb-VO.

1 Im Hinblick auf eine Bescheinigung iSv Art 66 Brüssel IIb-VO ermöglicht Art 67 Brüssel IIb-VO im Ursprungsstaat eine **Berichtigung**, zudem auch einen **Widerruf** (wie Art 48, aber anders als Art 37 Brüssel IIb-VO). Letzteres kommt insbesondere dann in Betracht, wenn sich herausstellt, dass die Bescheinigung nicht hätte erteilt werden dürfen, weil die in Art 66 Abs 2 Brüssel IIb-VO genannten Voraussetzungen nicht erfüllt waren.

2 Für **Deutschland** wurden zu Art 67 Brüssel IIb-VO keine Durchführungsregeln in das IntFamRVG aufgenommen, weil Art 17 Abs 3 EGBGB die Ehescheidung im Inland den Gerichten vorbehält (klarstellend BT-Drucks 19/28681, 62; vgl zur Ehetrennung etwa MünchKomm/Winkler von Mohrenfels Art 17 EGBGB Rn 29).

3 Ergeben sich im Rahmen einer Anerkennungsprüfung (s Art 68 Brüssel IIb-VO Rn 2) Anhaltspunkte dafür, dass im Ursprungsmitgliedstaat eine Berichtigung oder sogar ein Widerruf der Bescheinigung beantragt worden ist, so bietet sich eine Verfahrensaussetzung entsprechend Art 65 Abs 1 S 2, Art 33 lit a Brüssel IIb-VO an (s Art 65 Brüssel IIb-VO Rn 12 f). Erforderlichenfalls kann das Gericht im Anerkennungsstaat zum Zwecke der Informationsgewinnung auf Art 86 Brüssel IIb-VO zurückgreifen.

4 Wenn der Ursprungsmitgliedstaat die Möglichkeit zum Widerruf nicht befristet und einem solchen zudem Wirkung ex tunc beimisst, kann es zu einer **Doppelehe** kommen, falls die Ehe im Anerkennungsstaat, gestützt auf die erteilte Bescheinigung, als wirksam aufgelöst betrachtet und deshalb bereits eine neue Ehe geschlossen wurde

(vgl Gruber/Möller IPRax 2020, 393, 404; Thomas/Putzo/Hüsstege Art 67 Brüssel IIb-VO Rn 6). Dies ist zwar bedauerlich, aber letztlich keine Besonderheit der Anerkennung außergerichtlicher Scheidungen. Vielmehr besteht auch im Falle einer ausländischen gerichtlichen Scheidung die Gefahr, dass sie später in ihrem Ursprungsstaat noch aufgrund eines außerordentlichen Rechtsbehelfs beseitigt wird. Im Schrifttum wird vorgeschlagen, die Interessen eines Dritten, der auf die Auflösung der Ehe vertraut hat, mit einer analogen Anwendung von Art 28 EuEheGüVO zu schützen (dafür Gruber/Möller IPRax 2020, 393, 404).

Artikel 68
Gründe für die Ablehnung der Anerkennung oder der Vollstreckung

(1) Die Anerkennung einer öffentlichen Urkunde oder einer Vereinbarung über die Trennung ohne Auflösung des Ehebandes oder die Ehescheidung wird abgelehnt,

a) wenn die Anerkennung der öffentlichen Ordnung des Mitgliedstaats, in dem sie geltend gemacht wird, offensichtlich widerspricht;

b) wenn sie mit einer Entscheidung, öffentlichen Urkunde oder Vereinbarung zwischen denselben Parteien in dem Mitgliedstaat, in dem die Anerkennung geltend gemacht wird, unvereinbar ist; oder

c) wenn sie mit einer früheren Entscheidung, öffentlichen Urkunde oder Vereinbarung unvereinbar ist, die in einem anderen Mitgliedstaat oder in einem Drittstaat zwischen denselben Parteien ergangen ist, sofern die frühere Entscheidung, öffentliche Urkunde oder Vereinbarung die notwendigen Voraussetzungen für ihre Anerkennung in dem Mitgliedstaat erfüllt, in dem die Anerkennung geltend gemacht wird.

(2) Die Anerkennung oder Vollstreckung einer öffentlichen Urkunde oder einer Vereinbarung in Sachen der elterlichen Verantwortung wird versagt,

a) wenn die Anerkennung der öffentlichen Ordnung des Mitgliedstaats, in dem sie geltend gemacht wird, offensichtlich widerspricht, wobei das Kindeswohl zu berücksichtigen ist;

b) wenn eine Person dies mit der Begründung beantragt, dass die öffentliche Urkunde oder die Vereinbarung in ihre elterliche Verantwortung eingreift, falls die öffentliche Urkunde errichtet oder eingetragen wurde oder die Vereinbarung geschlossen und eingetragen wurde, ohne dass diese Person einbezogen wurde;

c) wenn und soweit die Entscheidung* mit einer späteren Entscheidung, öffentlichen Urkunde oder Vereinbarung in Sachen der elterlichen Verantwortung un-

* Gemeint ist offensichtlich „die öffentliche Urkunde oder die Vereinbarung“ (wie in Abs 2 lit b).

vereinbar ist, die in dem Mitgliedstaat, in dem die Anerkennung oder die Vollstreckung geltend gemacht werden soll, ergangen ist;

d) wenn und soweit die Entscheidung mit einer späteren Entscheidung, öffentlichen Urkunde oder Vereinbarung in Sachen der elterlichen Verantwortung unvereinbar ist, die in einem anderen Mitgliedstaat oder in dem Drittstaat des gewöhnlichen Aufenthalts des Kindes ergangen ist, sofern die spätere Entscheidung, öffentliche Urkunde oder Vereinbarung die notwendigen Voraussetzungen für ihre Anerkennung in dem Mitgliedstaat erfüllt, in dem die Anerkennung oder die Vollstreckung geltend gemacht werden soll.**

(3) Die Anerkennung oder Vollstreckung einer öffentlichen Urkunde oder Vereinbarung in Sachen der elterlichen Verantwortung kann abgelehnt werden, wenn die öffentliche Urkunde förmlich errichtet oder eingetragen wurde oder die Vereinbarung eingetragen wurde, ohne dass dem Kind, das fähig ist, sich seine eigene Meinung zu bilden, Gelegenheit zur Meinungsäußerung gegeben wurde.

Bis 31. 7. 2022 geltende Regelung: keine Entsprechung.

Schrifttum

Vgl die Angaben zu Art 64 Brüssel IIb-VO.

Systematische Übersicht

I. Überblick

1 Im Hinblick auf öffentliche Urkunden und Vereinbarungen benennt Art 68 Brüssel IIb-VO die **Anerkennungsversagungsgründe** für Scheidungs- und Trennungssachen (Abs 1) sowie die Anerkennungs- und Vollstreckungsversagungsgründe für Kindschaftssachen (Abs 2 und 3). Die Regelung ist angelehnt an die beiden Parallelvorschriften zu ausländischen Entscheidungen in Art 38 und Art 39 Brüssel IIb-VO. Aus unerfindlichen Gründen unterscheidet sich allerdings die **Terminologie**: In Art 38 und

** Gemeint ist offensichtlich „die öffentliche Urkunde oder die Vereinbarung“ (wie in Abs 2 lit b).

in der Überschrift zu Art 39 Brüssel IIb-VO ist von Versagung der Anerkennung die Rede, in Art 39 und in Art 68 Brüssel IIb-VO hingegen von ihrer Ablehnung; irgendwelche Konsequenzen sind damit offenbar nicht bezweckt. Versagungsgründe, die wie Art 38 lit b und Art 39 Abs 1 lit b Brüssel IIb-VO das rechtliche Gehör schützen, sind in Art 68 Brüssel IIb-VO nicht vorgesehen, weil es bei dem Zustandekommen von Urkunden und Vereinbarungen an einer Verfahrenseinleitung fehlt. Eine Besonderheit im Vergleich zur Entscheidungsanerkennung sind die jeweils intensiv diskutierten Fragen, inwieweit die **Wirksamkeit der Vereinbarung** sowie die **Anerkennungszuständigkeit** nachgeprüft werden dürfen (s Rn 4 f und Rn 10 ff).

II. Prüfung der Anerkennungsversagungsgründe

Anlass für eine Prüfung der Versagungsgründe ergibt sich, wie bei der Entscheidungsanerkennung (s Art 38 Brüssel IIb-VO Rn 4), vor allem bei der **Aktualisierung von Personenstandsbüchern** (Art 30 Abs 2 Brüssel IIb-VO), im Hinblick auf eine eherechtliche **Vorfrage** in einem Rechtsstreit (Art 30 Abs 5 Brüssel IIb-VO) oder Verwaltungsverfahren, zudem im Rahmen eines **besonderen Anerkennungsverfahrens** (Art 30 Abs 3 Brüssel IIb-VO) oder eines **Anerkennungsversagungsverfahrens** (Art 40 Brüssel IIb-VO). Die soeben genannten Vorschriften sind jeweils gem Art 65 Abs 1 S 2 Brüssel IIb-VO entsprechend anzuwenden (s Art 65 Brüssel IIb-VO Rn 11 ff). 2

Auch zum **Prüfungsmodus** gilt dasselbe wie zu Art 38 Brüssel IIb-VO: Versagungsgründe sind nach hier vertretener Ansicht zwar von Amts wegen, aber ohne Amtsermittlung zu prüfen (s Art 38 Brüssel IIb-VO Rn 7 ff). Ein Versagungsermessen eröffnet Art 68 Abs 1 Brüssel IIb-VO nicht (s Art 38 Brüssel IIb-VO Rn 12), wie schon ein Umkehrschluss zu Abs 3 belegt. 3

III. Anerkennungsversagungsgründe in Ehesachen

1. Ordre public (Abs 1 lit a) und Wirksamkeitskontrolle

Der in Art 68 Abs 1 lit a Brüssel IIb-VO vorgesehene Ordre-public-Vorbehalt stimmt wörtlich mit Art 38 lit a Brüssel IIb-VO überein; er kann und sollte daher entsprechend den diesbezüglichen Grundsätzen (vgl Art 38 Brüssel IIb-VO Rn 13 ff) restriktiv gehandhabt werden.

Fraglich erscheint jedoch, ob bei der Anerkennung von öffentlichen Urkunden und Vereinbarungen etwas mehr Spielraum für die Nachprüfung verbleibt oder ob auch hierbei die in Art 70 und Art 71 Brüssel IIb-VO vorgesehenen **Verbote einer kollisionsrechtlichen Kontrolle und einer révision au fond** zu beachten sind, die im Rahmen der Entscheidungsanerkennung den Ordre-public-Vorbehalt begrenzen. Gegen Letzteres lässt sich prima facie anführen, dass Art 70 und Art 71 Brüssel IIb-VO ihrem Wortlaut nach jeweils auf ausländische Entscheidungen zugeschnitten sind und dass Art 65 Abs 1 S 2 Brüssel IIb-VO ihre entsprechende Anwendung nicht erwähnt. Andererseits weist Art 66 Brüssel IIb-VO die Prüfung, ob die öffentliche Urkunde oder Vereinbarung rechtsverbindliche Wirkung hat, allein der zuständigen Behörde im Ursprungsmitgliedstaat zu (dies betonen zutreffend etwa GRUBER/MÖLLER IPRax 2020, 393, 402 f; THOMAS/PUTZO/HÜSSTEGE Art 66 Brüssel IIb-VO Rn 4). Das spricht dagegen, die öffentliche Urkunde oder Vereinbarung gestützt auf den ordre public einer Überprü- 4 fung dahingehend zu unterziehen, ob bei der erststaatlichen Prüfung der Rechtsverbindlichkeit das aus Sicht des zweitstaatlichen Kollisionsrechts „richtige" Scheidungs- bzw Trennungsrecht herangezogen und dieses sodann auch rechts- und tatsachenfehlerfrei angewendet wurde (ebenso GARBER/LUGANI NJW 2022, 2225, 2230; GRUBER/MÖLLER IPRax 2020, 393, 403; MAYER StAZ 2020, 193, 200; THOMAS/PUTZO/HÜSSTEGE Art 65 Brüssel IIb-VO Rn 5; KRAMME GPR 2021, 101, 105 f; SONNENTAG/HASELBECK IPRax 2022, 22, 29; de lege lata ebenso, aber die fehlende Möglichkeit einer kollisionsrechtlichen Kontrolle bedauernd KOHLER/PINTENS FamRZ 2019, 1477, 1479 f; **aA** DUTTA FamRZ 2020, 1428, 1429 f).

5 Die verfahrensrechtliche Anerkennung einer öffentlichen Urkunde oder Vereinbarung, die an so schweren Mängeln leidet, dass sie auch **aus Sicht des Ursprungsstaats unwirksam** ist, scheitert hingegen nicht erst an Art 68 Abs 1 lit a Brüssel IIb-VO (so aber offenbar ANTOMO, in: BUDZIKIEWICZ/HEIDERHOFF/KLINKHAMMER/NIETHAMMER-JÜRGENS [2021] 81, 140 f), sondern bereits daran, dass es schlicht keine Wirkungen gibt, die in andere Staaten erstreckt werden könnten (ähnlich THOMAS/PUTZO/HÜSSTEGE Art 65 Brüssel IIb-VO Rn 5; insoweit übereinstimmend MAYER StAZ 2020, 193, 200 f; MAYER FamRZ 2021, 123, 124). Diese Frage ist überall dort zu klären, wo sie sich stellt, also nicht etwa nur im Ursprungsstaat, sondern womöglich auch in den oben genannten Prüfungssituationen im Anerkennungsstaat (s Rn 2; wie hier DUTTA FamRZ 2020, 1428, 1429 f; MAYER StAZ 2020, 193, 200 f; MAYER FamRZ 2021, 123, 124; skeptisch ANTOMO, in: BUDZIKIEWICZ/HEIDERHOFF/KLINKHAMMER/NIETHAMMER-JÜRGENS [2021] 81, 137 f). Maßstab für eine Überprüfung einer solchen Unwirksamkeit sollte dabei allerdings das aus Sicht des Ursprungsstaats anwendbare Recht sein (insoweit wie hier ANTOMO, in: BUDZIKIEWICZ/HEIDERHOFF/KLINKHAMMER/NIETHAMMER-JÜRGENS [2021] 81, 137 f; DUTTA FamRZ 2020, 1428, 1429). Die im Schrifttum vorgeschlagene Analogie zu Art 59 Abs 3 EuErbVO (MAYER StAZ 2020, 193, 200 f; MAYER FamRZ 2021, 123, 124; krit KRAMME GPR 2021, 101, 105) erscheint nur bedingt tragfähig: Diese Vorschrift verweist zwar auf die mit Art 20 ff EuErbVO vereinheitlichten Kollisionsregeln; aber gerade an solchen fehlt es in Scheidungs- und Trennungssachen, solange nicht in allen Mitgliedstaaten die Rom III-VO zugrunde gelegt wird.

2. Unvereinbare Entscheidungen (Abs 1 lit b und c)

6 Konkurriert die öffentliche Urkunde bzw Vereinbarung aus einem Mitgliedstaat entweder mit einer **Entscheidung aus Deutschland** (Abs 1 lit b) oder mit einer früheren **Entscheidung aus einem anderen Mitgliedstaat** (Abs 1 lit c), so ergeben sich keine Besonderheiten im Vergleich zu Art 38 lit c und d Brüssel IIb-VO (s Art 38 Brüssel IIb-VO Rn 34 ff). Für den Prioritätstest iSv Abs 1 lit c sollte zu öffentlichen Urkunden bzw Vereinbarungen auf den in der Bescheinigung genannten Zeitpunkt des Eintritts rechtlicher Wirkungen abgestellt werden (vgl Formblatt Nr 7.5 bzw Nr 8.3).

7 Besonderheiten gelten für Konkurrenzen zwischen **öffentlichen Urkunden bzw Vereinbarungen aus verschiedenen Staaten**. Weil in Deutschland in Ehesachen keine öffentlichen Urkunden bzw Vereinbarungen erlassen werden, haben die beiden diesbezüglichen Varianten von Abs 1 lit b aus deutscher Sicht keine Bedeutung. Bei einer Konkurrenz zwischen Urkunden bzw Vereinbarungen aus verschiedenen Mitgliedstaaten gibt gem Abs 1 lit c die zeitliche Priorität den Ausschlag (wobei wiederum der Zeitpunkt des Eintritts rechtlicher Wirkungen maßgeblich sein sollte). Dasselbe gilt für die Konkurrenz zwischen mitglied- und anerkennungsfähigen drittstaatlichen Urkunden bzw Vereinbarungen. In Deutschland ist allerdings zum einen umstritten,

unter welchen Voraussetzungen drittstaatliche außergerichtliche Scheidungen gem § 107 FamFG anzuerkennen sind (beachte hierzu BGH 26. 8. 2020 – XII ZB 158/18, FamRZ 2020, 1811 Rn 17 mAnm WALL = NJW 2020, 3592 mAnm ANTOMO = NZFam 2020, 1009 mAnm LÖHNIG = JZ 2021, 254 mAnm HEIDERHOFF = FamRB 2020, 471 [DIMMLER]; PRÜTTING/HELMS/HAU § 107 FamFG Rn 26), und zum anderen, ob sie bejahendenfalls nur an § 109 FamFG zu messen sind oder einer Überprüfung anhand des Eheauflösungsstatuts unterliegen, das kollisionsrechtlich nach Maßgabe von Art 17 Abs 2 EGBGB nF (eingefügt durch G v 17. 12. 2018, BGBl 2018 I 2573) entsprechend der Rom III-VO zu ermitteln ist (vgl dazu etwa ANTOMO, in: BUDZIKIEWICZ/HEIDERHOFF/KLINKHAMMER/NIETHAMMER-JÜRGENS [2021] 81, 98 ff; PRÜTTING/HELMS/HAU § 107 FamFG Rn 43).

IV. Sonderproblem: Prüfung der Anerkennungszuständigkeit

1. Prüfung im Ursprungsmitgliedstaat

Gem Art 66 Abs 2 lit a Brüssel IIb-VO darf die für die Anerkennung erforderliche Bescheinigung nur erteilt werden, wenn „der Mitgliedstaat, der die Behörde oder andere Stelle zur förmlichen Errichtung oder Eintragung der öffentlichen Urkunde oder zur Eintragung der Vereinbarung ermächtigt hat, gemäß Kapitel II zuständig" war. Weil kein gerichtliches Eheauflösungsverfahren ausgetragen wird, läuft dies auf eine **hypothetische bzw fiktive Prüfung** der Art 3–6 Brüssel IIb-VO hinaus (vgl etwa THOMAS/PUTZO/HÜSSTEGE Art 64 Brüssel IIb-VO Rn 3). Angemahnt wird, dass die Zuständigkeitsprüfung im Erststaat ernst zu nehmen sei, also nicht weniger intensiv als im Falle eines gerichtlichen Verfahrens sein solle (GRUBER/MÖLLER IPRax 2020, 393, 403). Für die Prüfung dürften die zuständigkeitsrelevanten Umstände im **Zeitpunkt** der Errichtung bzw Registrierung der öffentlichen Urkunde bzw der Registrierung der Vereinbarung maßgeblich sein, also nicht erst die womöglich deutlich später erfolgende Erteilung der Bescheinigung. 8

Das Ergebnis der Prüfung wird im Formblatt gem Anhang VIII mitgeteilt, wobei es allerdings nur positiv ausfallen kann (Nr 2.1 erlaubt nur die Antwort „Ja"), weil die Bescheinigung anderenfalls überhaupt nicht ausgestellt werden darf. Unproblematisch ist die **Zuständigkeit gegeben**, wenn beide Ehegatten entweder sich gewöhnlich im Ursprungsmitgliedstaat aufhalten (Art 3 lit a [i] Brüssel IIb-VO) oder diesem angehören (Art 3 lit b Brüssel IIb-VO) bzw dort ihr domicile haben (Art 3 lit b, Art 2 Abs 3 Brüssel IIb-VO). Entsprechend Art 3 lit a [iv] Brüssel IIb-VO genügt schon der gewöhnliche Aufenthalt eines Ehegatten (ebenso GRUBER/MÖLLER IPRax 2020, 393, 403). In Betracht kommt aber auch die Anwendung von Art 5 Brüssel IIb-VO oder, soweit von Art 6 Brüssel IIb-VO berufen, des mitgliedstaatlichen Zuständigkeitsrechts (ebenso GRUBER/MÖLLER IPRax 2020, 393, 403 Fn 110). 9

2. Nachprüfung im Anerkennungsstaat

Im Hinblick auf ausländische außergerichtliche Scheidungen iSv Art 64 ff Brüssel IIb-VO weist Art 68 Abs 1 Brüssel IIb-VO, insoweit übereinstimmend mit Art 38 Brüssel IIb-VO, dem Anerkennungsstaat keine Befugnis zur Überprüfung der Anerkennungszuständigkeit zu. In Art 69 S 1 Brüssel IIb-VO ist allerdings nur von der Zuständigkeit „des Gerichts", nicht von der Zuständigkeit einer Errichtungs-, Eintragungs- oder Bescheinigungsbehörde die Rede. Auch Art 69 S 2 Brüssel IIb-VO 10 lässt sich nicht eindeutig auf außergerichtliche Scheidungen beziehen: Zwar sind die dort genannten Zuständigkeitsvorschriften gem Art 66 Abs 2 lit a Brüssel IIb-VO für die Ausstellung der Bescheinigung im Erststaat relevant; allerdings erwähnt Art 69 S 2 Brüssel IIb-VO nur Art 38 lit a, nicht hingegen Art 68 Abs 1 lit a Brüssel IIb-VO.

11 Gleichwohl wird im Schrifttum überwiegend die (entsprechende) **Anwendbarkeit von Art 69 Brüssel IIb-VO** befürwortet bzw schlicht unterstellt (vgl etwa Antomo StAZ 2020, 33, 43; Antomo, in: Budzikiewicz/Heiderhoff/Klinkhammer/Niethammer-Jürgens [2021] 81, 123, 135 f; Antomo FF 2022, 224, 229; Brosch GPR 2020, 179, 188; Flindt NZFam 2022, 669, 681; Thomas/Putzo/Hüsstege Art 66 Brüssel IIb-VO Rn 5). Eine andere Ansicht will den engen Zuschnitt von Art 69 Brüssel IIb-VO hingegen etwas ernster nehmen und daraus ableiten, dass zumindest in Extremfällen Raum für eine Ordre-public-Kontrolle zuständigkeitswidrig zustande gekommener außergerichtlicher Scheidungen verbleibe (so Ní Shúilleabháin Yb of Private International Law XXII [2020/2021] 117, 122 f).

12 Nach hier vertretener Ansicht gehen solche Überlegungen an der eigentlichen Besonderheit des Regelungskonzepts vorbei, das Abschnitt 4 zugrunde liegt, nämlich an der Verzahnung des verordnungseigenen Zuständigkeitsregimes mit dem Anwendungsbereich der Anerkennungsregeln (s Art 64 Brüssel IIb-VO Rn 10 ff): Art 64 Brüssel IIb-VO bringt klar zum Ausdruck, dass der Einklang mit Art 3 ff Brüssel IIb-VO eine echte Anerkennungsvoraussetzung ist (ähnlich wie zB das Vorliegen einer Zivilsache iSv Art 1 Abs 1 Brüssel IIb-VO), nicht erst Thema eines (ungeschriebenen) Anerkennungsversagungsgrundes (vgl zu dieser Unterscheidung schon Art 38 Brüssel IIb-VO Rn 5 f). Besteht keine Zuständigkeit im Ursprungsstaat, so sind Art 65 ff Brüssel IIb-VO von vornherein nicht anwendbar und der in Art 65 Abs 1 S 1 Brüssel IIb-VO verankerte Anerkennungsbefehl kommt schlicht nicht zum Zuge (ähnlich Dutta FamRZ 2020, 1428, 1430; Dutta, in: FS Schauer 75, 81 f: „eine Anwendungsbereichsvorschrift, die von allen Gerichten und Behörden im Ursprungs- und im Anerkennungsmitgliedstaat zu prüfen ist"). Diese Frage ist auf der Anerkennungsebene selbständig zu klären, und zwar ohne Bindung an die Auffassung im Ursprungsstaat oder an die gem Art 66 Abs 1 Brüssel IIb-VO erteilte Bescheinigung. Allerdings bietet es sich an, dass auch diese Prüfung im Rahmen eines selbständigen Anerkennungsverfahrens (Art 65 Abs 1 S 2, Art 30 Abs 3 Brüssel IIb-VO) bzw eines Anerkennungsversagungsverfahrens (Art 65 Abs 1 S 2, Art 40 Brüssel IIb-VO) erfolgen kann.

Abschnitt 5
Sonstige Bestimmungen

Artikel 69
Verbot der Nachprüfung der Zuständigkeit des Gerichts des Ursprungsmitgliedstaats

Die Zuständigkeit des Gerichts des Ursprungsmitgliedstaats darf nicht überprüft werden. Die Überprüfung der Vereinbarkeit mit der öffentlichen Ordnung gemäß Artikel 38 Buchstabe a und Artikel 39 Buchstabe a darf sich nicht auf die Zuständigkeitsvorschriften der Artikel 3 bis 14 erstrecken.

Bis 31. 7. 2022 geltende Regelung: Art 24 Brüssel IIa-VO (s Textanh 2 Rn 3).

Schrifttum

Vgl die Angaben zu Art 38 Brüssel IIb-VO.

Systematische Übersicht

I. Überblick

1 Zur Entscheidungsanerkennung entspricht Art 69 Brüssel IIb-VO, abgesehen von der Neunummerierung der in S 2 in Bezug genommenen Vorschriften, wörtlich Art 24 Brüssel IIa-VO. Zur Diskussion über die Anwendbarkeit bei der Anerkennung **außergerichtlicher Scheidungen** und Trennungen s Art 68 Brüssel IIb-VO Rn 10 ff.

2 Parallele **Verbote einer Nachprüfung der Anerkennungszuständigkeit** finden sich in Art 39 EuEheGüVO sowie Art 39 EuPartGüVO; Art 24 lit a S 2 EuUntVO beschränkt sich auf eine Art 69 S 2 Brüssel IIb-VO entsprechende Regelung. Zur EuErbVO, in der eine Parallelnorm fehlt, behilft sich die hM mit einer analogen Anwendung der genannten Bestimmungen (vgl etwa MünchKomm/Dutta Art 40 EuErbVO

Rn 3). In der Brüssel Ia-VO wird das dort im Grundsatz ebenfalls bestehende Verbot zugunsten bestimmter schutzbedürftiger Parteien und gesetzlich ausschließlicher Gerichtsstände eingeschränkt (Art 45 Abs 1 lit e, Abs 2, Abs 3 Brüssel Ia-VO). Das autonome deutsche Recht hält hingegen im Grundsatz an einer Kontrolle der Anerkennungszuständigkeit fest, mildert das dabei angewendete Spiegelbildprinzip aber in Ehesachen immerhin anerkennungsfreundlich ab (§ 109 Abs 1 Nr 1, Abs 2 FamFG; dazu etwa Staudinger/Spellenberg [2016] § 109 FamFG Rn 61 ff, 87 ff; Prütting/Helms/Hau § 109 FamFG Rn 19 ff, 26).

3 Aus Art 69 Brüssel IIb-VO folgt eine erhebliche **Verteidigungslast** im erststaatlichen Erkenntnisverfahren, und zwar gerade auch dann, wenn der Antragsgegner das dortige Gericht für unzuständig hält, sich aber nicht sicher sein kann, dass dieses die Zuständigkeitsfrage ebenso beurteilen wird wie er (ähnlich etwa Gitschthaler/Garber Art 24 Brüssel IIa-VO Rn 13; Geimer/Schütze/Geimer Art 22 EuEheVO Rn 6; MünchKomm-FamFG/Gottwald Art 24 Brüssel IIa-VO Rn 3; Rauscher/Rauscher Art 24 Brüssel IIa-VO Rn 4; rechtspolitische Bedenken gegen das Nachprüfungsverbot äußert Althammer/Weller Art 24 Brüssel IIa-VO Rn 2). Lediglich abgemildert wird diese Last durch die in **Art 18 Brüssel IIb-VO** vorgesehenen Vorgaben zur amtswegigen Zuständigkeitsprüfung im Erstverfahren.

II. Nachprüfungsverbot (S 1)

1. Zuständigkeit des Erstgerichts

4 Art 69 S 1 Brüssel IIb-VO untersagt dem Anerkennungsstaat eine Überprüfung der ausländischen Entscheidung dahingehend, ob das erststaatliche Gericht zuständig war. Verboten ist also eine Kontrolle der sog **Anerkennungszuständigkeit bzw compétence indirecte**. Die Gründe für eine Nichtanerkennung sind, wie es in Erwägungsgrund 55 S 2 heißt, auf ein Mindestmaß beschränkt (vgl dazu in einer Kindschaftssache EuGH 19. 11. 2015 – C-455/15 PPU P/Q, FamRZ 2016, 111 Rn 35 f), und zu diesem Mindestmaß soll es eben nicht gehören, die gem Art 18 Brüssel IIb-VO ohnehin dem Erststaat obliegende Zuständigkeitsprüfung auf der Anerkennungsebene zu wiederholen. Freilich wäre, wie klarzustellen ist, auch eine zweitstaatliche Kontrolle dahingehend ausgeschlossen, ob das erststaatliche Gericht seine eigene Zuständigkeit überhaupt ernstlich untersucht hat.

5 Mit dem **Nachprüfungsverbot** geht einher, dass die Anerkennung einer mitgliedstaatlichen Entscheidung nicht unter Hinweis auf eine (angebliche) Zuständigkeitsüberschreitung versagt werden darf. Offenbar tut es nichts zur Sache, dass Art 69 Brüssel IIb-VO (übereinstimmend mit Art 71, aber abweichend von Art 70 Brüssel IIb-VO) nicht als **Verbot der Anerkennungsversagung** formuliert ist. Ein solches ergibt sich im Übrigen schon daraus, dass Art 38 Brüssel IIb-VO die Unzuständigkeit des die Entscheidung erlassenden Gerichts schlicht nicht als einen relevanten Anerkennungsversagungsgrund benennt und Erwägungsgrund 56 S 2 betont, dass die Auflistung der Versagungsgründe erschöpfend sei (s Art 38 Brüssel IIb-VO Rn 43). Das Nachprüfungsverbot erscheint dem Verordnungsgeber aber offenbar nach wie vor dermaßen bedeutsam, dass er es mit Art 69 S 1 Brüssel IIb-VO eigens bekräftigt (Hausmann Rn K 105 unterstellt eine rein deklaratorische Bedeutung von S 1; ähnlich NK-BGB/Andrae Art 24 EheVO 2003 Rn 1).

Weil in Art 69 S 1 Brüssel IIb-VO von Zuständigkeit, nicht nur von **internationaler** Zuständigkeit die Rede ist, gilt das Verbot nach seinem Wortlaut auch insoweit, als Art 4 und Art 5 Brüssel IIb-VO ausnahmsweise die **örtliche und sachliche** Zuständigkeit mitregeln. Richtet sich die innerstaatliche Zuständigkeit hingegen allein nach dem Recht des Erststaats, so ist es aber erst recht nicht Sache des Anerkennungsrichters, darüber zu befinden (vgl etwa GITSCHTHALER/GARBER Art 24 Brüssel IIa-VO Rn 5); insbesondere erscheint es so gut wie ausgeschlossen, aus einem solchen internen Zuständigkeitsfehler per se einen Verstoß gegen den verfahrensrechtlichen ordre public iSv Art 38 lit a Brüssel IIb-VO herzuleiten. 6

Für Art 69 S 1 Brüssel IIb-VO ist unerheblich, ob das erststaatliche Gericht seine internationale Zuständigkeit aus den **vereinheitlichten Gerichtsstandsregeln** (Art 3–5 Brüssel IIb-VO) oder gem Art 6 Brüssel IIb-VO aus dem **mitgliedstaatlichen Kompetenzrecht** abgeleitet hat. Dies gilt selbst dann, wenn sich das Gericht womöglich oder sogar evident zu Unrecht entgegen Art 6 Abs 2 Brüssel IIb-VO auf eine sog **Restzuständigkeit** nach nationalem Recht gestützt hat (statt vieler: GITSCHTHALER/GARBER Art 24 Brüssel IIa-VO Rn 4; HAU FamRZ 1999, 484, 487; HAUSMANN Rn K 105; RAUSCHER/RAUSCHER Art 24 Brüssel IIa-VO Rn 2; ALTHAMMER/WELLER Art 24 Brüssel IIa-VO Rn 3). Dass auch eine dahingehende Kontrolle durch den Anerkennungsrichter ausscheidet, hat der EuGH, übertragbar auf Art 69 Brüssel IIb-VO, schon früh zum Parallelproblem im EuGVÜ klargestellt (EuGH 28. 3. 2000 – C-7/98 Krombach, NJW 2000, 1853, 1854; BGH 6. 10. 2005 – IX ZB 27/02, IHR 2006, 259; bemerkenswert auch EuGH 16. 3. 2006 – C-234/04 Kapferer, NJW 2006, 1577). Ein systematisches Argument für dieses Ergebnis mag man daraus ableiten, dass die Aufzählung in Art 69 S 2 Brüssel IIb-VO auch Art 6 Brüssel IIb-VO (und Art 14 Brüssel IIb-VO) umfasst. 7

Demgegenüber besteht keine Bindung des Anerkennungsstaats an die Einschätzung des erststaatlichen Gerichts, dass der **sachliche Anwendungsbereich** der Brüssel IIb-VO eröffnet ist (s Art 38 Brüssel IIb-VO Rn 5). In Ehestatussachen dürfte dies freilich nur selten relevant werden. 8

2. Verstoß gegen Art 20 Brüssel IIb-VO

Ignoriert ein Gericht entgegen Art 20 Brüssel IIb-VO die frühere Einleitung eines Verfahrens in einem anderen Mitgliedstaat, so löst dieser Umstand grundsätzlich **kein Anerkennungshindernis** iSv Art 38 lit a oder lit c Brüssel IIb-VO hinsichtlich der Entscheidung aus, die im später eingeleiteten Verfahren ergeht (s dazu und zur rechtspolitischen Kritik daran Art 20 Brüssel IIb-VO Rn 49, Art 38 Brüssel IIb-VO Rn 36). Auch in diesem Zusammenhang verweist der EuGH auf den Rechtsgedanken des Verbots einer Nachprüfung der Anerkennungszuständigkeit (vgl zur Brüssel IIa-VO EuGH 16. 1. 2019 – C-386/17 Liberato/Grigorescu, FamRZ 2019, 1164 Rn 49 ff mAnm vHEIN/GROHMANN = FamRB 2019, 174 [DIMMLER]). 9

3. Ausnahmen vom Nachprüfungsverbot

Sehr eng begrenze Ausnahmen vom Verbot einer Nachprüfung der Anerkennungszuständigkeit ergeben sich im Hinblick auf **Entscheidungen aus Finnland und Schweden**, die gestützt auf das Nordische Übereinkommen erlassen wurden (s Art 94 Brüssel 10

IIb-VO Rn 6), und ferner für Portugal im Falle der konkordatswidrigen **Auflösung einer kanonischen Ehe** (s Art 99 Brüssel IIb-VO Rn 4).

11 Im **Übergangsrecht** zwischen Brüssel IIa-VO und Brüssel IIb-VO kommt es gem Art 100 Brüssel IIb-VO nicht zu einer Prüfung, auf welcher Zuständigkeitsvorschrift die Entscheidung beruht (anders noch Art 64 Abs 4 Brüssel IIa-VO; dazu EuGH 16. 7. 2009 – C-168/08 Hadadi, FamRZ 2009, 1571 mAnm Kohler). Die weitere noch in Art 16 Brüssel II-VO vorgesehene Ausnahme, die gestützt auf ein Abkommen mit einem Drittstaat eine Kontrolle der auf mitgliedstaatliches Recht gestützten Zuständigkeit erlaubte (dazu Helms FamRZ 2001, 257, 262; Rauscher/Rauscher Art 22 Brüssel IIa-VO Rn 2), ist für Ehe- und Kindschaftssachen schon mit Erlass der Brüssel IIa-VO ersatzlos entfallen (beachte für allgemeine Zivil- und Handelssachen aber nach wie vor Art 72 Brüssel Ia-VO).

12 Zur Brüssel IIa-VO war streitig, ob das Verbot einer Nachprüfung der Anerkennungszuständigkeit auch im Hinblick auf **einstweilige Maßnahmen** gilt (vgl dazu etwa NK-BGB/Andrae Art 24 EheVO 2003 Rn 1; Staudinger/Spellenberg [2015] Art 24 Brüssel IIa-VO Rn 3). Inwieweit sich hierzu Änderungen in der Brüssel IIb-VO ergeben haben, kann hier dahingestellt bleiben, weil einstweilige Maßnahmen in Ehesachen nicht in den sachlichen Anwendungsbereich der Brüssel IIb-VO fallen (s Art 1 Brüssel IIb-VO Rn 47 ff).

4. Sonderfall: Unzuständigerklärung des Erstgerichts

13 Art 69 Brüssel IIb-VO thematisiert ausschließlich den Fall, dass das erststaatliche Gericht seine Zuständigkeit (womöglich zu Unrecht) bejaht hat. Demgegenüber spielt die Vorschrift keine Rolle, wenn sich das erststaatliche Gericht (wiederum: womöglich zu Unrecht) **für unzuständig erklärt** hat. In einem solchen Fall gibt es im Zweitstaat nichts, was iSv Art 69 S 1 Brüssel IIb-VO zu überprüfen bzw anzuerkennen wäre, zumal aus Art 2 Abs 1 Unterabs 1 Brüssel IIb-VO hervorgeht, dass antragsabweisende Entscheidungen ohnehin nicht in den Anwendungsbereich der verordnungseigenen Anerkennungsregeln fallen (näher Art 1 Brüssel IIb-VO Rn 32). Allerdings droht in solchen Fällen ein **negativer Kompetenzkonflikt**, wenn sich aus Sicht des Gerichts im Zweitstaat auch dort keine Zuständigkeit ergibt, weil es meint, dass die zuständigkeitsrelevanten Umstände nur im Erststaat verwirklicht seien. Vgl dazu Art 3 Brüssel IIb-VO Rn 98 und Art 6 Brüssel IIb-VO Rn 9.

III. Verhältnis zum Ordre-public-Vorbehalt (S 2)

14 Art 69 S 2 Brüssel IIb-VO untersagt dem Anerkennungsstaat, das in S 1 enthaltene Verbot dadurch zu umgehen, dass er Aspekte der Zuständigkeitsordnung als Teil seiner öffentlichen Ordnung iSv Art 38 lit a Brüssel IIb-VO ausweist (beachte hierzu in einer Kindschaftssache EuGH 19. 11. 2015 – C-455/15 PPU P/Q, FamRZ 2016, 111 Rn 42; dazu Dutta ZEuP 2020, 897, 937 ff). Relevant wird diese **Sperre** auch und gerade dann, wenn die Inanspruchnahme der Zuständigkeit durch das erststaatliche Gericht aus Sicht des Anerkennungsopponenten bzw der Gerichte im Anerkennungsstaat – womöglich sogar evident – zu Unrecht erfolgt ist (vgl etwa OLG Stuttgart 5. 3. 2014 – 17 UF 262/13, FamRZ 2014, 1567, 1569 f).

15 Selbst der Vorwurf, dass sich der Antragsteller die Zuständigkeit des Erstgerichts **betrügerisch** erschlichen habe, wäre im Erststaat zu klären und rechtfertigt schon des-

halb keine Durchbrechung von Art 69 S 2 Brüssel IIb-VO (wie hier im Ergebnis GITSCHTHALER/GARBER Art 24 Brüssel IIa-VO Rn 12; GEIMER/SCHÜTZE/GEIMER Art 24 EuEheVO Rn 1; MünchKommFamFG/GOTTWALD Art 24 Brüssel IIa-VO Rn 2; **aA** RAUSCHER/RAUSCHER Art 24 Brüssel IIa-VO Rn 3; STAUDINGER/SPELLENBERG [2015] Art 24 Brüssel IIa-VO Rn 5; tendenziell auch HAUSMANN Rn K 107). Anders mag es sich verhalten, wenn dem Antragsgegner im Erststaat kein rechtliches Gehör gewährt und ihm dadurch die Möglichkeit genommen wurde, auch die Umstände vorzutragen, aus denen sich schon die Unzuständigkeit des angerufenen Gerichts ergibt (vgl wiederum STAUDINGER/SPELLENBERG [2015] Art 24 Brüssel IIa-VO Rn 5): Kann dieser Verfahrensmangel auch nicht mit einem Rechtsbehelf im Erststaat ausgeräumt werden, so besteht der für den verfahrensrechtlichen ordre public iSv Art 38 lit a Brüssel IIb-VO ausschlaggebende Vorwurf allerdings bereits in der **Gehörsverletzung**, nicht erst in der Inanspruchnahme von Entscheidungszuständigkeit. Hingewiesen sei in diesem Zusammenhang schließlich auch auf die vor allem zum Brüssel I-System seit Jahren anhaltende Diskussion, ob sich eine Grenze des Nachprüfungsverbots in extremen Fällen aus **Art 6 EMRK bzw Art 47 GR-Charta** ergeben kann (bejahend SCHLOSSER/HESS/HESS Art 45 EuGVVO Rn 37; ausführl WEBER, Europäisches Zivilprozessrecht und Demokratieprinzip [2009] 49 ff).

Artikel 70
Unterschiede beim anzuwendenden Recht

Die Anerkennung einer Entscheidung in Ehesachen darf nicht deshalb versagt werden, weil eine Ehescheidung, Trennung ohne Auflösung des Ehebandes oder Ungültigerklärung einer Ehe nach dem Recht des Mitgliedstaats, in dem die Anerkennung geltend gemacht wird, unter Zugrundelegung desselben Sachverhalts nicht zulässig wäre.

Bis 31. 7. 2022 geltende Regelung: Art 25 Brüssel IIa-VO (s Textanh 2 Rn 3).

Schrifttum

Vgl die Angaben zu Art 38 Brüssel IIb-VO.

Systematische Übersicht

I. Überblick

1 Die Vorschrift wurde im Vergleich zu ihrer Vorgängerin ohne sachliche Änderung leicht präzisiert: Hinzugefügt wurde „in Ehesachen", wobei diese Einschränkung

auch schon zu Art 25 Brüssel IIa-VO selbstverständlich war. Zur Diskussion über die Beachtlichkeit von Art 70 Brüssel IIb-VO bei der Anerkennung **außergerichtlicher Scheidungen** und Trennungen s Art 68 Brüssel IIb-VO Rn 4.

II. Verhältnis von Art 70 zu Art 71

2 Die ausschließlich auf Fälle von Art 1 Abs 1 lit a Brüssel IIb-VO Bezug nehmende Vorschrift erweist sich als **Spezialausprägung von Art 71 Brüssel IIb-VO**. Die Abgrenzung beider Regelungen erscheint dogmatisch interessant, wenn auch im Ergebnis wenig relevant. Sie hängt im Wesentlichen davon ab, wie man die Wendung „nach dem Recht" in Art 70 Brüssel IIb-VO liest. Denkbar erscheint, darunter sowohl das Kollisions- als auch das Sachrecht des Anerkennungsstaats zu verstehen (dafür zur Brüssel II-VO schon HELMS FamRZ 2001, 257, 262; zustimmend etwa auch zum heutigen Recht THOMAS/PUTZO/HÜSSTEGE Art 70 Brüssel IIb-VO Rn 2).

3 Näher liegt es, Art 70 Brüssel IIb-VO etwas enger, nämlich nur als eine besonders hervorgehobene **Absage an eine kollisionsrechtliche Kontrolle** ausländischer Entscheidungen in Ehestatussachen zu interpretieren (rechtspolitisch kritisch zum Verbot einer solchen Kontrolle RAUSCHER/RAUSCHER Art 25 Brüssel IIa-VO Rn 2). Ausgehend von dieser Lesart ergibt sich aus Art 70 Brüssel IIb-VO speziell die Unbeachtlichkeit des Vorwurfs, dass das Erstgericht aus der Sicht des im Anerkennungsstaat maßgeblichen Kollisionsrechts „das falsche Eheauflösungsstatut" zugrunde gelegt habe. Hierher gehört auch der ebenfalls unbeachtliche Vorwurf, das Erstgericht habe das Eheauflösungsstatut zwar zunächst kollisionsrechtlich zutreffend ermittelt, dann aber verkannt, dass dieses zu „ehefeindlich" sei und seine Anwendung deshalb am kollisionsrechtlichen ordre public scheitern müsse. Demgegenüber folgt die Irrelevanz des Vorwurfs, dass das Erstgericht zwar das richtige Sachrecht ermittelt und herangezogen, dieses sodann allerdings falsch angewendet habe, erst aus Art 71 Brüssel IIb-VO.

4 Die Bedeutung eines besonderen Verbots einer kollisionsrechtlichen Kontrolle schwindet, je weiter die **Vereinheitlichung des Kollisionsrechts** voranschreitet. In dieser Hinsicht ist es als Erfolg zu werten, dass die Rom III-VO inzwischen immerhin in der Mehrzahl der Mitgliedstaaten, wenngleich noch längst nicht in allen, angewendet wird (s Einl 41 zur Brüssel IIb-VO).

III. Verbot der Anerkennungsversagung

5 Art 70 Brüssel IIb-VO verbietet es den Mitgliedstaaten, die Anerkennung einer Eheauflösung mit der vom Verordnungsgeber als unbeachtlich eingeordneten Begründung zu versagen. Dieses Verbot gilt unabhängig davon, ob das erststaatliche Gericht das anwendbare Eherecht anhand des nationalen Kollisionsrechts oder anhand der Rom III-VO ermittelt hat und ob ihm dabei womöglich ein Fehler unterlaufen ist (vgl auch ALTHAMMER/WELLER Art 25 Brüssel IIa-VO Rn 1: es gehe hier nicht um Rechtsfehler des Erstgerichts). Ohne Belang ist auch, ob es in der Sache das Eheauflösungsrecht der lex fori, eines anderen Mitgliedstaats oder eines Drittstaats (vgl Art 4 Rom III-VO) angewendet hat (ebenso etwa NK-BGB/ANDRAE Art 25 EheVO 2003 Rn 1; RAUSCHER/RAUSCHER Art 25 Brüssel IIa-VO Rn 6).

Obwohl in Art 70 Brüssel IIb-VO eine Art 69 S 2 Brüssel IIb-VO vergleichbare Sperrvorschrift fehlt, ist davon auszugehen, dass das Verbot der Anerkennungsversagung auch nicht ohne Weiteres unter Hinweis auf den **Ordre-public-Vorbehalt** umgangen werden darf. Dem entspricht es, wenn im Schrifttum formuliert wird, dass Art 70 Brüssel IIb-VO den ordre public zwar nicht gänzlich ausschließe (dies klarstellend Gitschthaler/Garber Art 25 Brüssel IIa-VO Rn 1), aber doch immerhin „eingrenze" (so etwa NK-BGB/Andrae Art 25 EheVO 2003 Rn 1 mit dem ergänzenden Hinweis, dass das Heranziehen des ordre public bei hinreichendem Inlandsbezug und Verletzung von Grund- und Menschenrechten nicht ausgeschlossen sei; ähnlich Hausmann Rn K 109; für eine potentiell größere Rolle des ordre public aber Rauscher/Rauscher Art 25 Brüssel IIa-VO Rn 5) bzw dahingehend „leite", dass Rechtsunterschiede zwischen Erst- und Zweitstaat unbeachtlich seien (so Althammer/Weller Art 25 Brüssel IIa-VO Rn 1). Freilich bedarf es in Fällen, in denen es erst auf der Ebene des materiellen Rechts um Unterschiede zwischen der erst- und der anerkennungsstaatlichen Rechtsordnung geht, nach hier vertretener Ansicht (s Rn 2) ohnehin nicht des Hinweises auf Art 70 Brüssel IIb-VO: So folgt es zB ohne Weiteres schon aus der gebotenen engen Auslegung von Art 38 lit a Brüssel IIb-VO, dass der Anerkennungsstaat nicht etwa argumentieren darf, dass die im Erststaat ausgesprochene Trennung der Ehe unter Aufrechterhaltung des Ehebandes nicht mit seinen familienrechtlichen Grundprinzipien in Einklang stehe (s Art 38 Brüssel IIb-VO Rn 19). **6**

Es erscheint bemerkenswert, dass Art 70 Brüssel IIb-VO nur den Fall thematisiert, dass eine mitgliedstaatliche Entscheidung die Auflösung einer Ehe ausgesprochen hat, die aus Sicht des Anerkennungsstaats hätte fortbestehen sollen. Nicht geregelt ist die **umgekehrte Konstellation**, also die Befindlichkeit eines besonders „scheidungsfreundlichen" Anerkennungsstaats, der sich nicht damit abfinden möchte, dass der Erststaat den Scheidungsantrag abgewiesen und vielleicht sogar den Bestand der Ehe bestätigt hat. Der Zuschnitt von Art 70 Brüssel IIb-VO erklärt sich zum einen aus seiner Entstehungsgeschichte (vgl Borrás-Bericht Nr 76) und zum anderen dadurch, dass antragsabweisende bzw ehebestätigende Entscheidungen ausweislich Art 2 Abs 1 Unterabs 1 Brüssel IIb-VO von vornherein nicht in den Anwendungsbereich der Verordnung fallen sollen (näher Art 1 Brüssel IIb-VO Rn 32). **7**

Artikel 71
Ausschluss einer Nachprüfung in der Sache

Eine in einem anderen Mitgliedstaat ergangene Entscheidung darf keinesfalls in der Sache selbst nachgeprüft werden.

Bis 31. 7. 2022 geltende Regelung: Art 26 Brüssel IIa-VO (s Textanh 2 Rn 3).

Schrifttum

Vgl die Angaben zu Art 38 Brüssel IIb-VO.

Systematische Übersicht

I. Überblick

1 Art 71 Brüssel IIb-VO wurde im Vergleich zu seinem Vorgänger (Art 26 Brüssel IIa-VO) ohne sachliche Änderung leicht präzisiert („Eine in einem anderen Mitgliedstaat ergangene Entscheidung“ statt „Die Entscheidung“). Zur Diskussion über die Beachtlichkeit der Vorschrift bei der Anerkennung **außergerichtlicher Scheidungen** und Trennungen s Art 68 Brüssel IIb-VO Rn 4.

2 Das in Art 71 Brüssel IIb-VO verankerte Verbot einer sog **révision au fond** bzw **review on the merits**, ein Grundprinzip der Entscheidungsanerkennung (so etwa ALTHAMMER/WELLER Art 26 Brüssel IIa-VO Rn 1), entspricht weitgehend den Parallelnormen in den anderen anerkennungsrechtlichen Verordnungen (Art 52 Brüssel Ia-VO, Art 42 EuUntVO, Art 40 EuEheGüVO/EuPartGüVO, Art 41 EuErbVO) und der Sache nach ähnlichen Regelungen im Konventionsrecht (vgl etwa Art 28 HUntVÜ 2007, Art 27 KSÜ) sowie im deutschen Anerkennungsrecht (§ 109 Abs 5 FamFG).

II. Grundgedanke

3 Art 71 Brüssel IIb-VO beruht auf dem **Grundsatz gegenseitigen Vertrauens** zwischen den Mitgliedstaaten (beachte hierzu Erwägungsgründe 3 und 54 f zur Brüssel IIb-VO und aus der neueren Judikatur EuGH 3. 10. 2019 – C-759/18 OF/PG, FamRZ 2019, 1989 Rn 32; vgl bereits Einl 28 zur Brüssel IIb-VO sowie speziell zum Zusammenhang zwischen „Mutual Trust" und dem Verbot einer révision au fond etwa WELLER, Mutual Trust [2022] Rn 397 ff). Dahinter steht die Einsicht, dass die Freizügigkeit von Entscheidungen gerade in Statusangelegenheiten zu einem geordneten internationalen Rechtsverkehr beiträgt und dass die Rechts- und Gerichtssysteme aller Mitgliedstaaten im Ausgangspunkt zunächst als gleichwertig zu betrachten sind – aber damit eben auch als gleichermaßen fehleranfällig. Daher sollen ausländische Entscheidungen im Regelfall anzuerkennen sein, und zwar selbst auf die Gefahr hin, dass sie sich aus Sicht des Zweitstaats im Einzelfall als unrichtig erweisen könnten. Vermeintliche Fehler der ausländischen Entscheidung sind grundsätzlich im Ursprungsstaat, nicht erst im Anerkennungs- oder Vollstreckungsverfahren zu beseitigen.

4 Im Übrigen kommt Art 71 Brüssel IIb-VO auch der **Verfahrensökonomie** zugute: Eine im Zweitstaat wiederholte umfassende Sachverhaltsprüfung in tatsächlicher und rechtlicher Hinsicht würde, selbst wenn sie das Ergebnis des Erststaats bestätigt und damit den internationalen Entscheidungseinklang nicht störte, zumindest die Entlastung der Justiz und der Parteien zunichtemachen, die man sich davon verspricht, dass man sich wegen der Existenz einer anerkennungsfähigen ausländischen

Entscheidung grundsätzlich ein zweites Erkenntnisverfahren ersparen kann (ähnlich etwa GITSCHTHALER/GARBER Art 26 Brüssel IIa-VO Rn 3).

III. Verhältnis zum Ordre-public-Vorbehalt

Die anerkennungsrechtlich unabdingbaren Mindestanforderungen an ausländische Entscheidungen ergeben sich aus Art 38 Brüssel IIb-VO. Dabei soll insbesondere der verfahrens- und materiellrechtliche **Ordre-public-Vorbehalt** (lit a) sicherstellen, dass solche Entscheidungen, die – ausnahmsweise – entweder in einem inakzeptablen Verfahren zustande gekommen sind oder einen inakzeptablen Inhalt haben, nicht anerkannt werden. Das kommt aber nur dann in Betracht, wenn das Ergebnis der Anerkennung bzw Vollstreckung – also nicht die ausländische Entscheidung an sich – im konkreten Fall schlechterdings untragbar erscheint, weil sich ein eklatanter Widerspruch zu den Grundgedanken der anerkennungsstaatlichen Regelungen und den in ihnen enthaltenen Gerechtigkeitsvorstellungen abzeichnet (s Art 38 Brüssel IIb-VO Rn 15). Diesen Schutzmechanismus, also gewissermaßen die „anerkennungsrechtliche Notbremse", lässt Art 71 Brüssel IIb-VO unberührt (ähnlich etwa MünchKomm-FamFG/GOTTWALD Art 26 Brüssel IIa-VO Rn 2). Allerdings liegt es auf der Hand, dass sich die Abgrenzung bisweilen als schwierig erweisen kann. Es dürfte daher nicht von ungefähr kommen, dass auch der Verordnungsgeber **keine klare Grenzziehung** vornimmt und den ordre public in Art 71 Brüssel IIb-VO, anders als in Art 69 S 2 Brüssel IIb-VO, nicht erwähnt. 5

IV. Einzelheiten

In Anlehnung an die ständige Rechtsprechung des EuGH, insbesondere schon zum EuGVÜ und zur Brüssel I/Ia-VO (vgl etwa EuGH 6. 9. 2012 – C-619/10 Trade Agency/Seramico Investments, EuZW 2012, 912, 914; EuGH 23. 10. 2014 – C-302/13 flyLAL/Air Baltic, EuZW 2015, 76, 79 f; EuGH 16. 7. 2015 – C-681/13 Diageo Brands/Simiramida, EuZW 2015, 713, 714), die sich ohne Weiteres auf die Brüssel IIb-VO übertragen lässt, ist davon auszugehen, dass Art 71 Brüssel IIb-VO zweierlei untersagt: 6

Zum einen darf die Anerkennung oder Vollstreckung nicht allein deshalb versagt werden, weil die von dem Gericht eines anderen Mitgliedstaats angewandten Rechtsvorschriften von denen abweichen, die der Anerkennungsrichter im Falle seiner eigenen Befassung mit dem Rechtsstreit zugrunde gelegt hätte. Für Ehesachen ist dieses **Verbot einer kollisionsrechtlichen Kontrolle** in Art 70 Brüssel IIb-VO gesondert geregelt. 7

Zum anderen darf der Anerkennungsrichter nicht nachprüfen, ob das ausländische Gericht den Fall **rechtlich und tatsächlich fehlerfrei** ermittelt und gewürdigt hat (ebenso etwa NK-BGB/ANDRAE Art 26 EheVO 2003 Rn 1). So ist für die Anerkennung zB der Vortrag unbeachtlich, dass das ausländische Gericht bei der Ehescheidung einen unzutreffenden Trennungszeitpunkt zugrunde gelegt habe (vgl zum autonomen deutschen Anerkennungsrecht schon BayObLG 9. 6. 1993 – 3Z BR 45/93, FamRZ 1993, 1469). Im Übrigen kann die Notwendigkeit einer révision au fond unterhalb der Schwelle zum Ordre-public-Verstoß auch nicht darauf gestützt werden, dass das Anerkennungsgericht eine **Verletzung des Unionsrechts** durch das Erstgericht besorgt (wiederum zur Brüssel Ia-VO klarstellend, aber übertragbar auf die Brüssel IIb-VO: EuGH 16. 7. 2015 – C-681/13 Diageo 8

Brands/Simiramida, EuZW 2015, 713, 714; zur Brüssel IIa-VO: EuGH 19. 11. 2015 – C-455/15 PPU P/Q, FamRZ 2016, 111 Rn 46; EuGH 16. 1. 2019 – C-386/17 Liberato/Grigorescu, FamRZ 2019, 1164 Rn 54 mAnm vHein/Grohmann). Die Unbeachtlichkeit speziell des Vorwurfs, dass die verordnungseigenen **Zuständigkeitsvorschriften** im Ausland unzutreffend angewendet worden seien, ergibt sich bereits aus Art 69 Brüssel IIb-VO, der sich als eine weitere besondere Ausprägung von Art 71 Brüssel IIb-VO erweist.

9 Mit Art 71 Brüssel IIb-VO durchaus vereinbar ist hingegen eine **Abänderung der ausländischen Entscheidung** im Anerkennungsstaat, wenn sie auf die Veränderung wesentlicher Umstände gestützt wird (vgl bereits Borrás-Bericht Nr 78; seither etwa MünchKommFamFG/Gottwald Art 26 Brüssel IIa-VO Rn 3). Dies wird in Ehesachen, anders als in Kindschaftssachen, allerdings nicht praxisrelevant.

Artikel 72
Rechtsbehelfe in bestimmten Mitgliedstaaten

Ist die Entscheidung in Irland, Zypern oder im Vereinigten Königreich ergangen, so gilt jeder im Ursprungsmitgliedstaat statthafte Rechtsbehelf als ordentlicher Rechtsbehelf im Sinne dieses Kapitels.

Bis 31. 7. 2022 geltende Regelung: Art 27 Abs 2 Brüssel IIa-VO (s Textanh 2 Rn 3).

1 Art 72 Brüssel IIb-VO löst Art 27 Abs 2 Brüssel IIa-VO ab, der einen engeren Anwendungsbereich hatte und für die Anerkennung von Ehestatusentscheidungen nicht passte, weil er auf die Einstellung der Vollstreckung im Ursprungsstaat abstellte.

2 Die neue Bestimmung entspricht wörtlich der Parallelnorm in Art 51 Abs 2 Brüssel Ia-VO. Sie gilt, nachdem das **Vereinigte Königreich** schon vor dem Anwendungsbeginn der Brüssel IIb-VO aus der EU ausgetreten ist (sog Brexit; dazu Art 100 Brüssel IIb-VO Rn 8 f), nur im Hinblick auf **Irland** und **Zypern**. Die dortigen verfahrensrechtlichen Besonderheiten bestehen vor allem darin, dass Rechtsbehelfe häufig nicht fristgebunden sind (dazu Magnus/Mankowski/Cuniberti/Rueda Art 51 Brussels I bis Regulation Rn 13; Rauscher/Mankowski Art 51 Brüssel Ia-VO Rn 32 f). Dies kann aus der Sicht der Gerichte anderer Mitgliedstaaten in den Fällen von Art 33 lit a, Art 56 Abs 2 sowie Art 63 Abs 1 Brüssel IIb-VO relevant werden, und wohl auch, trotz des abweichenden Wortlauts, bei Art 30 Abs 2 Brüssel IIb-VO (s Art 30 Brüssel IIb-VO Rn 29).

Artikel 73
Kosten

Dieses Kapitel gilt auch für die Festsetzung der Kosten für die nach dieser Verordnung eingeleiteten Verfahren und die Vollstreckung eines Kostenfestsetzungsbeschlusses.

Bis 31. 7. 2022 geltende Regelung: Art 49 Brüssel IIa-VO (s Textanh 2 Rn 3).

Systematische Übersicht

I. Überblick

Die Vorschrift entspricht Art 49 Brüssel IIa-VO zwar fast wörtlich, bringt aber in der Sache eine wesentliche Änderung, weil auch die Vollstreckung kostenrechtlicher Entscheidungen nunmehr keine Vollstreckbarerklärung mehr erfordert (s Rn 10). 1

Art 73 Brüssel IIb-VO ist erforderlich, weil **kostenrechtliche Entscheidungen** nicht schon von der allgemeinen Definition des Art 2 Abs 1 Brüssel IIb-VO umfasst werden (anders jeweils Art 2 lit a Brüssel Ia-VO, Art 2 Abs 1 Nr 1 EuUntVO, Art 3 Abs 1 lit d EuEheGüVO, Art 3 Abs 1 lit e EuPartGüVO, Art 3 Abs 1 lit g EuErbVO: „einschließlich des Kostenfestsetzungsbeschlusses eines Gerichtsbediensteten"). Im Übrigen erweitert Art 73 Brüssel IIb-VO den sachlichen Anwendungsbereich der Verordnung, nämlich im Hinblick auf Kostenentscheidungen im Falle einer Antragsabweisung (s Rn 4). 2

II. Anwendungsbereich

1. Nach der Brüssel IIb-VO eingeleitete Verfahren

Die merkwürdige Formulierung, dass es auf die Einleitung des Verfahrens nach der Verordnung ankommt, soll nicht etwa zum Ausdruck bringen, dass sich die sachliche Reichweite von Art 73 Brüssel IIb-VO nach der Rechtsansicht derjenigen Partei bestimmt, die das Verfahren initiiert hat. Vielmehr ist, sofern die Kostenentscheidung in den Anwendungsbereich der Brüssel IIb-VO fällt, ausschlaggebend, ob sich die Zuständigkeit für das Gericht des Ursprungsmitgliedstaats aus der Brüssel IIb-VO ergibt. Ob diese Einschätzung zutrifft, hat der Vollstreckungsstaat wegen Art 69 Brüssel IIb-VO nicht zu überprüfen. 3

Zu den Verfahren, die in Ehesachen „nach dieser Verordnung eingeleitet" werden, zählen jedenfalls die in Art 1 Abs 1 lit a Brüssel IIb-VO genannten **ehestatusrechtlichen Erkenntnisverfahren** (Scheidung, Aufhebung, Trennung). Obwohl die Verordnung nur eheauflösende Entscheidungen erfassen will (s Art 1 Brüssel IIb-VO Rn 29 ff), soll Art 73 Brüssel IIb-VO auch für eine Kostenentscheidung gelten, die ergeht, wenn der auf Statusänderung abzielende Antrag als unzulässig oder unbegründet abgewiesen wird (statt vieler: Althammer/Gärtner Art 50 Brüssel IIb-VO Rn 2; Gruber/Möller 4

IPRax 2020, 393, 400 f; Thomas/Putzo/Hüsstege Art 73 Brüssel IIb-VO Rn 1). Zur fraglichen Anwendbarkeit der Brüssel IIb-VO auf negative Feststellungsentscheidungen vgl Art 1 Brüssel IIb-VO Rn 31. Im Sinne von Art 73 Brüssel IIb-VO werden in Ehesachen „nach dieser Verordnung" auch das **selbständige Anerkennungsverfahren** gem Art 30 Abs 3 Brüssel IIb-VO sowie das **Anerkennungsversagungsverfahren** gem Art 40 Brüssel IIb-VO eingeleitet.

5 Der Verordnung und damit Art 73 Brüssel IIb-VO unterliegt die Kostenentscheidung im Grundsatz nur, soweit sie sich auf die Ehesache oder eine Kindschaftssache, nicht hingegen, wenn sie sich auf eine von Art 1 Brüssel IIb-VO nicht erfasste **Folgesache** wie Unterhalt und Güterrecht bezieht (Geimer/Schütze/Geimer Art 49 EuEheVO Rn 2; Rauscher/Rauscher Art 49 Brüssel IIa-VO Rn 2; **aA** NK-BGB/Andrae Art 49 EheVO 2003 Rn 1; Hausmann Rn K 132; Thomas/Putzo/Hüsstege Art 73 Brüssel IIb-VO Rn 1). Anders verhält es sich aber dann, wenn im Ausland einheitlich und untrennbar über die gesamten Verfahrenskosten entschieden wurde und dabei auch verordnungsfremde Folgesachen einbezogen wurden (wie hier etwa HandKommZPO/Dörner Art 49 EuEheVO Rn 1; Althammer/Gärtner Art 50 Brüssel IIb-VO Rn 3; MünchKommFamFG/Gottwald Art 49 Brüssel IIa-VO Rn 3; Rauscher/Rauscher Art 49 Brüssel IIa-VO Rn 5 f; vgl auch BGH 22. 6. 2005 – XII ZB 186/03, FamRZ 2005, 1540, 1545, dort zum Falle einer einheitlichen italienischen Entscheidung über die Kosten des Ehestatusverfahrens und des als Folgesache geführten Sorgerechtsstreits).

2. Kostenentscheidung

6 In Art 73 Brüssel IIb-VO ist von **Kostenfestsetzungsbeschlüssen** die Rede; anders als in den Parallelregelungen in anderen Verordnungen (s oben Rn 2) fehlt hierzu der erläuternde Zusatz „eines Gerichtsbediensteten", was aber gleichwohl gemeint sein dürfte.

7 Von einer **Festsetzung der Kosten** in einem von Art 73 Brüssel IIb-VO erfassten Verfahren soll nur dann auszugehen sein, wenn eine Entscheidung über den Kostengrund und/oder die Kostenhöhe in einem justizförmigen Verfahren unter Wahrung rechtlichen Gehörs ergangen ist (vgl etwa NK-BGB/Andrae Art 49 EheVO 2003 Rn 2; Hausmann Rn K 133). Ausgeschlossen ist damit zB die Vollstreckung bloßer Anwalts- oder Gerichtskostenrechnungen (klarstellend etwa MünchKommFamFG/Gottwald Art 49 Brüssel IIa-VO Rn 1; Hausmann Rn K 133); zu Letzteren ist im Übrigen schon fraglich, ob es sich dabei überhaupt um Zivilsachen iSv Art 1 Abs 1 Brüssel IIb-VO handelt (verneinend Gitschthaler/Garber Art 49 Brüssel IIa-VO Rn 7; Geimer/Schütze/Geimer Art 49 EuEheVO Rn 4).

8 Informationen darüber, ob und mit welchem Inhalt eine Kostenentscheidung in einer Ehestatussache im Ursprungsmitgliedstaat ergangen ist, können dem **Formblatt gem Anhang II** (vgl dort unter Nr 10) entnommen werden, das zum Zwecke der Anerkennung bzw Vollstreckung vorzulegen ist (Art 31 Abs 1 lit b, Art 35 Abs 1 lit b, Art 36 Abs 1 lit a Brüssel IIb-VO). Das Formular stellt in Fußnote 3 klar, dass es nicht darauf ankommt, ob die Kostenentscheidung in der Ehestatusentscheidung oder gesondert davon ergangen ist. Allerdings passt das Formular nur dann, wenn die Ehe aufgelöst worden ist, nicht hingegen in dem ebenfalls von Art 73 Brüssel IIb-VO erfassten Fall, dass der darauf gerichtete Antrag abgewiesen wurde (s oben Rn 4; Gruber/Möller IPRax 2020, 393, 400 f).

III. Rechtsfolge

Art 73 Brüssel IIb-VO ordnet ohne nähere Erläuterung oder Eingrenzung die Geltung von Kapitel IV an. In Bezug genommen werden damit zunächst die Regeln über die **Anerkennung** (Art 30 ff Brüssel IIb-VO). Dies wird für eine kostenrechtliche Entscheidung am ehesten dann eine Rolle spielen, wenn sie nach der lex fori des Ursprungsstaats in materielle Rechtskraft erwächst (vgl GEIMER/SCHÜTZE/GEIMER Art 49 EuEheVO Rn 3). 9

Praktisch um einiges relevanter ist die Anwendbarkeit der Regeln über die **Vollstreckung** (Art 34 ff Brüssel IIb-VO; nur darauf verweist THOMAS/PUTZO/HÜSSTEGE Art 73 Brüssel IIb-VO Rn 2). Somit kommt auch kostenrechtlichen Entscheidungen die Abschaffung der Vollstreckbarerklärung zugute (vgl Art 34 Abs 1 Brüssel IIb-VO), die nach der Brüssel IIa-VO noch erforderlich war. Die zum Zwecke der Vollstreckung **vorzulegenden Unterlagen** ergeben sich aus Art 35 und 36 Brüssel IIb-VO. Einschlägig sind für das **Vollstreckungsverfahren** zudem Art 51 ff Brüssel IIb-VO sowie die in Art 69 und Art 71 Brüssel IIb-VO vorgesehenen Nachprüfungsverbote. Zum Verbot, Sicherheitsleistung oder Hinterlegung zu verlangen, beachte Art 75 Brüssel IIb-VO. 10

IV. Deutsches Ausführungsrecht

Das deutsche Ausführungsrecht zur Vollstreckung von Titeln nach Kap IV der Brüssel IIb-VO ist im IntFamRVG geregelt, das im Hinblick auf die Brüssel IIb-VO ergänzt wurde (Art 1 G v 10. 8. 2021, BGBl 2021 I 3424; dazu KLINKHAMMER FamRZ 2022, 325). Im Zusammenhang mit Art 73 Brüssel IIb-VO sind zwei Sondervorschriften für die Vollstreckung von Titeln über die Erstattung von Verfahrenskosten zu beachten. Zum einen ordnet § 44h IntFamRVG eine **Schadensersatzpflicht** wegen ungerechtfertigter Vollstreckung für den Fall an, dass der Titel im Ursprungsstaat aufgehoben oder abgeändert worden ist (beachte dazu den Regierungsentwurf, BT-Drucks 19/28681, 60 f). Zum anderen regelt § 44i IntFamRVG die **Vollstreckungsabwehrklage** im Hinblick auf Titel über die Erstattung von Verfahrenskosten (dazu BT-Drucks 19/28681, 61). Beide Regelungen sind offenkundig angelehnt an § 66 und § 69 AUG (zur fraglichen Europarechtskonformität dieser Vorschriften vgl HAU, in: BUDZIKIEWICZ/HEIDERHOFF/KLINKHAMMER/NIETHAMMER-JÜRGENS [Hrsg], Neue Impulse im europäischen Familienkollisionsrecht [2021] 145, 154 ff). 11

Artikel 74
Prozesskostenhilfe

(1) Wurde dem Antragsteller im Ursprungsmitgliedstaat ganz oder teilweise Prozesskostenhilfe oder Kostenbefreiung gewährt, so genießt er in dem Verfahren nach Artikel 30 Absatz 3, Artikel 40 und Artikel 59 hinsichtlich der Prozesskostenhilfe oder der Kostenbefreiung die günstigste Behandlung, die das Recht des Vollstreckungsmitgliedstaats vorsieht.

(2) Hat ein Antragsteller im Ursprungsmitgliedstaat ein unentgeltliches Verfahren vor einer der Kommission gemäß Artikel 103 mitgeteilten Verwaltungsbehörde in Anspruch genommen, so hat er in allen in Artikel 30 Absatz 3, Artikel 40 und Artikel 59 vorgesehenen Verfahren Anspruch auf Prozesskostenhilfe nach Absatz 1 des

vorliegenden Artikels. Zu diesem Zweck muss diese Partei ein von der zuständigen Behörde des Ursprungsmitgliedstaats erstelltes Schriftstück vorlegen, mit dem bescheinigt wird, dass sie die wirtschaftlichen Voraussetzungen erfüllt, um ganz oder teilweise Prozesskostenhilfe oder Kosten- und Gebührenbefreiung in Anspruch nehmen zu können.

Bis 31. 7. 2022 geltende Regelung: Art 50 Brüssel IIa-VO (s Textanh 2 Rn 3), ohne Entsprechung zu Art 74 Abs 2 Brüssel IIb-VO.

Systematische Übersicht

I. Überblick

1 Art 74 Abs 1 Brüssel IIb-VO entspricht, abgesehen von der Neunummerierung der in Bezug genommenen Vorschriften, wörtlich Art 50 Brüssel IIa-VO. Parallelnormen hierzu finden sich in Art 55 EuEheGüVO/EuPartGüVO sowie Art 56 EuErbVO. Solche **Meistbegünstigungsklauseln** stellen sicher, dass ein Beteiligter auch im Anerkennungs- bzw Vollstreckungsstaat unterstützt wird, wenn ihm bereits in dem Mitgliedstaat, in dem er die Entscheidung bzw den Titel erwirkt hat, kostenrechtliche Begünstigungen zuteilgeworden sind. Weil Art 74 Brüssel IIb-VO dem Antragsteller ausschließlich zugutekommen soll, kann ihn der Anerkennungs- bzw Vollstreckungsstaat auch dann unterstützen, wenn dies im Ursprungsstaat noch nicht der Fall war (statt vieler: Geimer/Schütze/Geimer Art 50 EuEheVO Rn 3). Der neu eingefügte Art 74 Abs 2 Brüssel IIb-VO betrifft Fälle, in denen im Ausland kein gerichtliches Erkenntnisverfahren stattgefunden hat.

II. Anwendungsbereich

2 Beide Absätze von Art 74 Brüssel IIb-VO beziehen sich nur auf die dort jeweils **aufgeführten Verfahren** gem Art 30 Abs 3 Brüssel IIb-VO (selbständiges Anerkennungsverfahren), Art 40 Brüssel IIb-VO (Anerkennungsversagungsverfahren) und Art 59 Brüssel IIb-VO (Vollstreckungsversagungsverfahren). Art 74 Brüssel IIb-VO erfasst weder ein **Rechtsbehelfsverfahren** gem Art 61 f Brüssel IIb-VO noch das **eigentliche Vollstreckungsverfahren** (klarstellend Gitschthaler/Garber Art 50 Brüssel IIa-VO Rn 4; MünchKommFamFG/Gottwald Art 50 Brüssel IIa-VO Rn 4); in diesen richtet sich die Gewährung von Verfahrenskostenhilfe im Anerkennungs- bzw Vollstreckungsstaat daher nach den allgemeinen Regeln.

3 Unerheblich ist, ob die kostenrechtliche Begünstigung des Antragstellers im Ursprungsmitgliedstaat zu Recht erfolgt ist (klarstellend etwa NK-BGB/Andrae Art 50 Ehe-

VO 2003 Rn 1; Hausmann Rn K 136) bzw ob die dafür herangezogenen Gründe noch fortbestehen (Geimer/Schütze/Geimer Art 50 EuEheVO Rn 4). In Ehesachen kann die Information, ob Prozesskostenhilfe gewährt worden ist, dem **Formblatt gem Anhang II** (dort unter Nr 9) entnommen werden, das zum Zwecke der Anerkennung bzw Vollstreckung vorzulegen ist (Art 31 Abs 1 lit b, Art 35 Abs 1 lit b, Art 36 Abs 1 lit a Brüssel IIb-VO).

Zum Nachweis in den Fällen von Art 74 Abs 2 Brüssel IIb-VO siehe dort S 2. Das **4**
IntFamRVG enthält hierzu keine Ausführungsvorschrift, weil ein solches Verfahren bei einer deutschen **Verwaltungsbehörde** nicht vorgesehen ist (vgl BT-Drucks 19/28681, 62; Thomas/Putzo/Hüsstege Art 74 Brüssel IIb-VO Rn 2).

III. Meistbegünstigung

Die in Deutschland gem Art 74 Brüssel IIb-VO geschuldete Meistbegünstigung be- **5**
steht darin, dem Antragsteller kraft Gesetzes, also ohne ein besonderes Bewilligungsverfahren, **Verfahrenskostenhilfe zu gewähren**, und zwar unabhängig von einer Prüfung der in § 113 Abs 1 FamFG, § 114 ZPO genannten Voraussetzungen, ohne Eigenbeteiligung und unter Beiordnung anwaltlicher Vertretung (Geimer/Schütze/Geimer Art 50 EuEheVO Rn 5; Rauscher/Rauscher Art 50 Brüssel IIa-VO Rn 3).

Artikel 75
Sicherheitsleistung, Hinterlegung

Einer Partei, die in einem Mitgliedstaat die Vollstreckung einer in einem anderen Mitgliedstaat ergangenen Entscheidung beantragt, darf wegen ihrer Eigenschaft als ausländischer Staatsangehöriger oder wegen Fehlens eines gewöhnlichen Aufenthalts im Vollstreckungsmitgliedstaat keine Sicherheitsleistung oder Hinterlegung, unter welcher Bezeichnung es auch sei, auferlegt werden.

Bis 31. 7. 2022 geltende Regelung: Art 51 Brüssel IIa-VO (s Textanh 2 Rn 3).

Systematische Übersicht

I. Überblick

Die Vorschrift verbietet es, von einem Antragsteller, der einen von der Brüssel IIb- **1**
VO erfassten Titel in einem Mitgliedstaat erwirkt hat und nunmehr in einem anderen durchsetzen möchte, eine Sicherheitsleistung oder Hinterlegung nur wegen seiner

ausländischen Staatsangehörigkeit oder seines ausländischen Wohnsitzes zu verlangen. Sie wurde im Vergleich zu ihrer Vorgängerin (Art 51 Brüssel IIa-VO) ohne sachliche Änderung sprachlich gestrafft und entspricht nunmehr weitgehend ihren Parallelnormen in Art 56 Brüssel Ia-VO, Art 56 EuEheGüVO/EuPartGüVO und Art 57 EuErbVO.

II. Persönlicher Anwendungsbereich

2 In persönlicher Hinsicht werden **Mitgliedstaatsangehörige bzw -ansässige** geschützt; insoweit erweist sich Art 75 Brüssel IIb-VO als Spezialausprägung des allgemeinen Diskriminierungsverbots gem Art 18 AEUV. Mangels gegenteiliger Hinweise im Wortlaut sind aber auch solche Parteien in den Schutzbereich einbezogen, die staatenlos sind, einem **Drittstaat** angehören oder in einem solchen ansässig sind (ebenso etwa Gitschthaler/Garber Art 26 Brüssel IIa-VO Rn 5; laut Geimer/Schütze/Geimer Art 51 EuEheVO Rn 1 liegt in solchen Fällen sogar die eigentliche Bedeutung der Norm). Im Hinblick auf **Irland** ist Art 2 Abs 3 Brüssel IIb-VO zu beachten.

III. Sachlicher Anwendungsbereich

3 Der sachliche Anwendungsbereich von Art 75 Brüssel IIb-VO betrifft dem Wortlaut nach nur die **Kosten eines Vollstreckungsverfahrens** (also gem Art 34 ff Brüssel IIb-VO). Allerdings liegt es nahe, die Vorschrift entsprechend auf die Kosten eines **selbständigen Anerkennungsverfahrens** gem Art 30 Abs 3 Brüssel IIb-VO anzuwenden (ebenso zur Brüssel IIa-VO bereits NK-BGB/Andrae Art 51 EheVO 2003 Rn 1; Hausmann Rn N 319; **aA** Gitschthaler/Garber Art 51 Brüssel IIa-VO Rn 4; Rauscher/Rauscher Art 51 Brüssel IIa-VO Rn 1), denn auch dabei geht es um die Interessen einer Partei, die in einem Mitgliedstaat eine Entscheidung erwirkt hat und ihr in einem anderen Mitgliedstaat Geltung verschaffen möchte. Gerade daran fehlt es hingegen für denjenigen, der ein Anerkennungsversagungsverfahren iSv Art 40 Brüssel IIb-VO betreiben möchte.

4 Unabhängig davon, wie man die Anwendbarkeit im Hinblick auf Art 30 Abs 3 Brüssel IIb-VO beurteilt, wird Art 75 Brüssel IIb-VO in den hier interessierenden Ehesachen jedenfalls im Zusammenhang mit der **Durchsetzung von Kostentiteln** relevant (vgl Art 73 Brüssel IIb-VO). Dann bietet es sich im Übrigen an, auch das in Art 38 EuUntVO, Art 57 EuEheGüVO/EuPartGüVO und Art 58 EuErbVO vorgesehene Verbot streitwertabhängiger Gebühren analog heranzuziehen (überzeugend etwa, jeweils noch zu Art 52 Brüssel I-VO, Gitschthaler/Garber Art 51 Brüssel IIa-VO Rn 7; Rauscher/Rauscher Art 51 Brüssel IIa-VO Rn 5 f).

5 Zu beachten ist, dass Art 75 Brüssel IIb-VO nicht schon für das eigentliche **ehestatusrechtliche Erkenntnisverfahren** gilt (klarstellend etwa Gitschthaler/Garber Art 51 Brüssel IIa-VO Rn 4; Hausmann Rn N 319). Vielmehr richtet sich die Verpflichtung zur Sicherheitsleistung insoweit zunächst nach der jeweiligen lex fori. In Deutschland können Antragsteller, die weder in der EU noch im EWR ansässig sind, auf Verlangen des Antragsgegners in Ehesachen gem § 110 Abs 1 ZPO, § 113 Abs 1 S 2 FamFG zur **Sicherheitsleistung wegen der Verfahrenskosten** gehalten sein. Allerdings bestehen weitreichende Ausnahmeregelungen (vgl § 110 Abs 2, § 122 Abs 1 Nr 2 ZPO).

Kapitel V
Zusammenarbeit bei Verfahren betreffend die elterliche Verantwortung

Vorbemerkung zu Art 76 ff Brüssel IIb-VO

Schrifttum

Schlauss, Unterstützungsmöglichkeiten des Bundesamts für Justiz im internationalen Familienrecht, FamRB 2022, 370
Schlauss/Fucik, Zusammenarbeit zwischen den Zentralen Behörden, in: Garber/Lugani (Hrsg), Die Brüssel IIb-Verordnung (2022) 519
Schulz, The Cooperation between Central Authorities under the Brussels IIa Regulation, in: Viarengo/Villata (Hrsg), Planning the Future of Cross Border Families – A Path Through Coordination (2020) Kap 28
Župan/Hoehn/Kluth, Central Authority Cooperation under the Brussels II ter Regulation, Yb of Private International Law XXII (2020/2021) 183.

Vgl im Übrigen die Angaben vor Art 7 Brüssel IIb-VO.

1 Kap V der Brüssel IIb-VO befasst sich mit der Zusammenarbeit der Zentralen Behörden (vgl hierzu Erwägungsgründe 72 ff). Damit werden die Regelungen aus Kap IV der Brüssel IIa-VO fortentwickelt (Art 53–58 Brüssel IIa-VO); im Brüssel II-Übk und in der Brüssel II-VO gab es noch keine Entsprechung. Die Aufgaben der Zentralen Behörde übernimmt in Deutschland das Bundesamt für Justiz (§ 3 Abs 1 Nr 1 IntFamRVG idF G v 10. 8. 2021, BGBl 2021 I 3424; Homepage: www.bundesjustizamt.de). Zur grenzüberschreitenden Unterbringung eines Kindes iSv Art 82 Brüssel IIb-VO sind die deutschen Ausführungsbestimmungen in §§ 45–47 IntFamRVG zu beachten. Weil Kap V zwar Kindschaftssachen, nicht hingegen Ehesachen betrifft, ist es nicht Gegenstand der vorliegenden Kommentierung.

Artikel 76
Bestimmung der Zentralen Behörden

Jeder Mitgliedstaat bestimmt eine oder mehrere Zentrale Behörden, die ihn bei der Anwendung dieser Verordnung in Verfahren betreffend die elterliche Verantwortung unterstützen, und legt ihre räumliche oder sachliche Zuständigkeit fest. Hat ein Mitgliedstaat mehrere Zentrale Behörden bestimmt, so sind die Mitteilungen grundsätzlich direkt an die zuständige Zentrale Behörde zu richten. Wurde eine Mitteilung an eine nicht zuständige Zentrale Behörde gerichtet, so leitet diese die Mitteilung an die zuständige Zentrale Behörde weiter und setzt den Absender davon in Kenntnis.

Bis 31. 7. 2022 geltende Regelung: Art 53 Brüssel IIa-VO (s Textanh 2 Rn 3).

Artikel 77
Allgemeine Aufgaben der Zentralen Behörden

(1) Die Zentralen Behörden stellen Informationen über nationale Rechtsvorschriften, Verfahren und Dienste, die in Verfahren betreffend die elterliche Verantwortung verfügbar sind, bereit und ergreifen die Maßnahmen, die sie als geeignet erachten, um die Anwendung dieser Verordnung zu verbessern.

(2) Die Zentralen Behörden arbeiten zusammen und fördern die Zusammenarbeit der zuständigen Behörden ihrer Mitgliedstaaten, um die Ziele dieser Verordnung zu verwirklichen.

(3) Für die Zwecke der Absätze 1 und 2 kann das Europäische Justizielle Netz für Zivil- und Handelssachen genutzt werden.

Bis 31. 7. 2022 geltende Regelung: Art 54 Brüssel IIa-VO (s Textanh 2 Rn 3), ohne Entsprechung zu Art 77 Abs 2 und 3 Brüssel IIb-VO.

Artikel 78
Übermittlung von Ersuchen über die Zentralen Behörden

(1) Die Zentralen Behörden arbeiten auf Ersuchen der Zentralen Behörde eines anderen Mitgliedstaats in Einzelfällen zusammen, um die Ziele dieser Verordnung zu verwirklichen.

(2) Ersuchen nach diesem Kapitel können von einem Gericht oder einer zuständigen Behörde gestellt werden. Ersuchen nach Artikel 79 Buchstaben c und g sowie Artikel 80 Absatz 1 Buchstabe c können auch von Trägern der elterlichen Verantwortung gestellt werden.

(3) Außer in dringenden Fällen werden unbeschadet des Artikels 86 Ersuchen nach diesem Kapitel der Zentralen Behörde des Mitgliedstaats des ersuchenden Gerichts oder der ersuchenden zuständigen Behörde oder des Mitgliedstaats des gewöhnlichen Aufenthalts des Antragstellers vorgelegt.

(4) Durch diesen Artikel werden die Zentralen Behörden oder zuständigen Behörden nicht daran gehindert, Vereinbarungen oder Abmachungen mit den Zentralen Behörden oder zuständigen Behörden eines oder mehrerer anderer Mitgliedstaaten zu treffen oder beizubehalten, wonach eine direkte Kommunikation in ihren gegenseitigen Beziehungen zulässig ist.

(5) Durch dieses Kapitel wird kein Träger der elterlichen Verantwortung daran gehindert, Anträge direkt an die Gerichte eines anderen Mitgliedstaats zu richten.

(6) Die Artikel 79 und 80 verpflichten eine Zentrale Behörde nicht zur Ausübung von Befugnissen, die nach dem Recht des ersuchten Mitgliedstaats ausschließlich den Gerichten zustehen.

Bis 31. 7. 2022 geltende Regelung: keine Entsprechung.

Artikel 79
Besondere Aufgaben der ersuchten Zentralen Behörden

Die ersuchten Zentralen Behörden treffen direkt oder durch Einschaltung von Gerichten, zuständigen Behörden oder anderen Stellen alle geeigneten Maßnahmen, um

a) im Einklang mit ihren nationalen Rechtsvorschriften und Verfahren Unterstützung bei der Ermittlung des Aufenthaltsorts eines Kindes zu leisten, wenn der Anschein besteht, dass sich das Kind im Hoheitsgebiet des ersuchten Mitgliedstaats befinden könnte und die betreffende Information für die Erledigung eines Antrags oder eines Ersuchens nach dieser Verordnung erforderlich ist;

b) Informationen einzuholen und auszutauschen, die in Verfahren betreffend die elterliche Verantwortung nach Artikel 80 von Belang sind;

c) den Trägern der elterlichen Verantwortung, die die Anerkennung und Vollstreckung einer Entscheidung, insbesondere über das Umgangsrecht und die Rückgabe des Kindes, im Gebiet der ersuchten Zentralen Behörde begehren, Informationen und Unterstützung bereitzustellen, erforderlichenfalls auch Informationen darüber, wie Prozesskostenhilfe erlangt werden kann;

d) die Kommunikation zwischen den beteiligten Gerichten, zuständigen Behörden und sonstigen Stellen, insbesondere im Hinblick auf die Anwendung des Artikels 81, zu erleichtern;

e) erforderlichenfalls die Kommunikation zwischen Gerichten, insbesondere im Hinblick auf die Anwendung der Artikel 12, 13, 15 und 20, zu erleichtern;

f) alle Informationen und Hilfen, die von den Gerichten und zuständigen Behörden für die Anwendung des Artikels 82 benötigt werden, zur Verfügung zu stellen und

g) durch Mediation oder andere Mittel der alternativen Streitbeilegung eine gütliche Einigung zwischen den Trägern der elterlichen Verantwortung zu erleichtern und hierzu die grenzüberschreitende Zusammenarbeit zu fördern.

Bis 31. 7. 2022 geltende Regelung: Art 55 Brüssel IIa-VO (s Textanh 2 Rn 3), ohne Entsprechung zu Art 79 lit a und d Brüssel IIb-VO.

Artikel 80
Zusammenarbeit bei der Erhebung und dem Austausch von Informationen die in Verfahren betreffend die elterliche Verantwortung von Belang sind

(1) Auf ein begründetes Ersuchen verfährt die Zentrale Behörde des Mitgliedstaats, in dem das Kind seinen gewöhnlichen Aufenthalt hat bzw. hatte, oder in dem es sich befindet bzw. befand, direkt oder durch Einschaltung von Gerichten, zuständigen Behörden oder sonstigen Stellen wie folgt:

a) Sie stellt gegebenenfalls einen Bericht bereit bzw. erstellt ihn und legt ihn vor über

i) die Situation des Kindes,

ii) laufende Verfahren betreffend die elterliche Verantwortung für das Kind, oder

iii) Entscheidungen in Verfahren betreffend die elterliche Verantwortung für das Kind;

b) sie legt alle anderen Informationen vor, die für Verfahren betreffend die elterliche Verantwortung im ersuchenden Mitgliedstaat von Belang sind, insbesondere über die Situation eines Elternteils, eines/einer Verwandten oder einer anderen Person, der/die für die Betreuung des Kindes geeignet wäre, wenn die Situation des Kindes es erfordert, oder

c) sie kann das Gericht oder die zuständige Behörde ihres Mitgliedstaats ersuchen, zu prüfen, ob Maßnahmen zum Schutz der Person oder des Vermögens des Kindes getroffen werden müssen.

(2) Falls das Kind einer schwerwiegenden Gefahr ausgesetzt ist und das Gericht oder die zuständige Behörde, das/die Maßnahmen zum Schutz des Kindes erwägt oder ergriffen hat, feststellt, dass der Aufenthaltsort des Kindes in einen anderen Mitgliedstaat verlegt wurde oder das Kind sich dort befindet, unterrichtet es die Gerichte oder zuständigen Behörden jenes anderen Mitgliedstaats über die bestehende Gefahr und die ergriffenen oder in Betracht gezogenen Maßnahmen. Die betreffenden Informationen können direkt oder über die Zentralen Behörden übermittelt werden.

(3) Den Ersuchen nach den Absätzen 1 und 2 und etwaigen zusätzlichen Unterlagen wird eine Übersetzung in die Amtssprache des ersuchten Mitgliedstaats oder, wenn es in diesem Mitgliedstaat mehrere Amtssprachen gibt, in die Amtssprache oder eine der Amtssprachen des Ortes, an dem das Ersuchen ausgeführt werden soll, oder in eine andere Sprache, die der ersuchte Mitgliedstaat ausdrücklich akzeptiert, bei-

gefügt. Die Mitgliedstaaten teilen die zugelassenen Sprachen nach Artikel 103 der Kommission mit.

(4) Die Informationen gemäß Absatz 1 werden der ersuchenden Zentralen Behörde spätestens drei Monate nach Eingang des Ersuchens übermittelt, es sei denn, dass dies aufgrund außergewöhnlicher Umstände nicht möglich ist.

Bis 31. 7. 2022 geltende Regelung: keine Entsprechung.

Artikel 81
Umsetzung der Entscheidungen in Verfahren betreffend die elterliche Verantwortung in einem anderen Mitgliedstaat

(1) Ein Gericht eines Mitgliedstaats kann die Gerichte oder zuständigen Behörden eines anderen Mitgliedstaats ersuchen, es bei der Umsetzung von Entscheidungen in Verfahren betreffend die elterliche Verantwortung nach dieser Verordnung zu unterstützen, insbesondere bei der Sicherstellung der wirksamen Ausübung des Umgangsrechts.

(2) Dem Ersuchen nach Absatz 1 und etwaigen zusätzlichen Unterlagen wird eine Übersetzung in die Amtssprache des ersuchten Mitgliedstaats oder, wenn es in diesem Mitgliedstaat mehrere Amtssprachen gibt, in die Amtssprache oder eine der Amtssprachen des Ortes, an dem das Ersuchen ausgeführt werden soll, oder in eine andere Sprache, die der ersuchte Mitgliedstaat ausdrücklich akzeptiert, beigefügt. Die Mitgliedstaaten teilen die zugelassenen Sprachen nach Artikel 103 der Kommission mit.

Bis 31. 7. 2022 geltende Regelung: keine Entsprechung.

Artikel 82
Unterbringung eines Kindes in einem anderen Mitgliedstaat

(1) Erwägt ein Gericht oder eine zuständige Behörde die Unterbringung eines Kindes in einem anderen Mitgliedstaat, so holt es/sie vorher die Zustimmung der zuständigen Behörde jenes anderen Mitgliedstaats ein. Zu diesem Zweck übermittelt die Zentrale Behörde des ersuchenden Mitgliedstaats der Zentralen Behörde des ersuchten Mitgliedstaats, in dem das Kind untergebracht werden soll, ein Ersuchen um Zustimmung, das einen Bericht über das Kind und die Gründe für die geplante Unterbringung oder Betreuung, Informationen über jede in Betracht gezogene Finanzierung und alle anderen als relevant erachteten Informationen wie z. B. die voraussichtliche Dauer der Unterbringung enthält.

(2) Absatz 1 gilt nicht, wenn das Kind bei einem Elternteil untergebracht werden soll.

Die Mitgliedstaaten können beschließen, dass ihre Zustimmung gemäß Absatz 1 für Unterbringungen in ihrem eigenen Hoheitsgebiet bei bestimmten Kategorien naher Verwandter über die Eltern hinaus nicht erforderlich ist. Jeder Mitgliedstaat teilt der Kommission die entsprechenden Kategorien gemäß Artikel 103 mit.

(3) Die Zentrale Behörde eines anderen Mitgliedstaats kann ein Gericht oder eine zuständige Behörde, die die Unterbringung eines Kindes in Betracht ziehen, über die enge Bindung des Kindes zu diesem Mitgliedstaat informieren. Dadurch werden die nationalen Rechtsvorschriften und Verfahren des Mitgliedstaats, der die Unterbringung in Betracht zieht, nicht berührt.

(4) Dem Ersuchen und etwaigen zusätzlichen Unterlagen nach Absatz 1 wird eine Übersetzung in die Amtssprache des ersuchten Mitgliedstaats oder, wenn es in diesem Mitgliedstaat mehrere Amtssprachen gibt, in die Amtssprache oder eine der Amtssprachen des Ortes, an dem das Ersuchen ausgeführt werden soll, oder in eine andere Sprache, die der ersuchte Mitgliedstaat ausdrücklich akzeptiert, beigefügt. Die Mitgliedstaaten teilen die zugelassenen Sprachen nach Artikel 103 der Kommission mit.

(5) Die Unterbringung nach Absatz 1 wird vom ersuchenden Mitgliedstaat erst angeordnet oder veranlasst, nachdem die zuständige Behörde des ersuchten Mitgliedstaats der Unterbringung zugestimmt hat.

(6) Die Entscheidung über die Erteilung oder Verweigerung der Zustimmung wird der ersuchenden Zentralen Behörde spätestens drei Monate nach Eingang des Ersuchens übermittelt, es sei denn, dass dies aufgrund außergewöhnlicher Umstände nicht möglich ist.

(7) Für das Verfahren zur Einholung der Zustimmung gilt das nationale Recht des ersuchten Mitgliedstaats.

(8) Durch diesen Artikel werden die Zentralen Behörden oder die zuständigen Behörden nicht daran gehindert, Vereinbarungen oder Abmachungen mit den Zentralen Behörden oder den zuständigen Behörden eines oder mehrerer anderer Mitgliedstaaten zu treffen oder beizubehalten, mit denen das Verfahren der Konsultation zur Einholung der Zustimmung in ihren gegenseitigen Beziehungen vereinfacht wird.

Bis 31. 7. 2022 geltende Regelung: Art 56 Brüssel IIa-VO (s Textanh 2 Rn 3), ohne Entsprechung zu Art 82 Abs 2, 3, 4, 6 und 8 Brüssel IIb-VO.

Artikel 83
Kosten der Zentralen Behörden

(1) Die Unterstützung durch die Zentralen Behörden nach dieser Verordnung erfolgt unentgeltlich.

(2) Jede Zentrale Behörde trägt die Kosten, die ihr selbst durch die Anwendung dieser Verordnung entstehen.

Bis 31. 7. 2022 geltende Regelung: Art 57 Abs 3 und 4 Brüssel IIa-VO (s Textanh 2 Rn 3).

Artikel 84
Zusammenkünfte der Zentralen Behörden

(1) Zur leichteren Anwendung dieser Verordnung werden regelmäßig Zusammenkünfte der Zentralen Behörden einberufen.

(2) Die Einberufung der Zusammenkünfte der Zentralen Behörden erfolgt insbesondere durch die Kommission im Rahmen des Europäischen Justiziellen Netzes für Zivil- und Handelssachen im Einklang mit der Entscheidung 2001/470/EG.

Bis 31. 7. 2022 geltende Regelung: Art 58 Brüssel IIa-VO (s Textanh 2 Rn 3).

Kapitel VI
Allgemeine Bestimmungen

Artikel 85
Anwendungsbereich

Dieses Kapitel gilt für die Bearbeitung von Ersuchen und Anträgen nach den Kapiteln 3 bis 5.

Bis 31. 7. 2022 geltende Regelung: keine Entsprechung.

Schrifttum

ERB-KLÜNEMANN/ERTL, Zusammenarbeit und Kommunikation zwischen Gerichten, in: GARBER/LUGANI (Hrsg), Die Brüssel IIb-Verordnung (2022) 323
GONZÁLEZ BEILFUSS, What's New in Regulation (EU) No 2019/1111?, Yb of Private International Law XXII (2020/2021) 95
SCHULZ, Die Neufassung der Brüssel IIa-Verordnung, FamRZ 2020, 1141.

1 Ausgehend vom Wortlaut von Art 85 Brüssel IIb-VO kann Kap VI im Hinblick auf die hier interessierenden Ehesachen an sich nur in Anerkennungsverfahren (Kap IV) Bedeutung erlangen. Allerdings nimmt Art 86 Abs 2 S 2 lit c Brüssel IIb-VO auch Bezug auf Art 20 Brüssel IIb-VO, also Fälle, in denen es zu parallelen Eheverfahren kommt.

Artikel 86
Zusammenarbeit und Kommunikation zwischen Gerichten

(1) Für die Zwecke dieser Verordnung können die Gerichte direkt miteinander zusammenarbeiten und kommunizieren oder einander direkt um Informationen und Unterstützung ersuchen, vorausgesetzt, die Verfahrensrechte der Parteien sowie die Vertraulichkeit der Informationen werden dabei gewahrt.

(2) Die Zusammenarbeit im Sinne des Absatzes 1 kann auf jedem von dem Gericht als geeignet erachteten Weg erfolgen. Sie kann insbesondere Folgendes betreffen:

a) Kommunikation für die Zwecke der Artikel 12 und 13;

b) Informationen gemäß Artikel 15;

c) Informationen über anhängige Verfahren für die Zwecke des Artikels 20;

d) Kommunikation für die Zwecke der Kapitel III bis V.

Bis 31. 7. 2022 geltende Regelung: keine Entsprechung.

Hauptanwendungsgebiet der Vorschrift ist die direkte Zusammenarbeit, namentlich der Informationsaustausch, zwischen mitgliedstaatlichen Gerichten in Kindschaftssachen (vgl Erwägungsgründe 79 ff, sowie González Beilfuss Yb of Private International Law XXII [2020/2021] 95, 114 ff; Schulz FamRZ 2020, 1141, 1149 f). In Ehesachen kommen Anwendungsfälle im Zusammenhang mit der **Anerkennung ehestatusrechtlicher Entscheidungen** in Betracht (vgl die Bezugnahme in Art 86 Abs 2 S 2 lit d Brüssel IIb-VO auf Kap III); man denke zB an einen Informationsaustausch in den Fällen von Art 31 Abs 1 Brüssel IIb-VO (Probleme des Anerkennungsinteressenten, die vorgeschriebenen Unterlagen beizubringen; s Art 32 Brüssel IIb-VO Rn 4) und Art 33 lit a Brüssel IIb-VO (Einlegung eines ordentlichen Rechtsbehelfs im Ursprungsstaat gegen die anzuerkennende Entscheidung). Im Übrigen nimmt Art 86 Abs 2 S 2 lit c Brüssel IIb-VO (über Art 85 Brüssel IIb-VO hinausgehend) auch Bezug auf Art 20 Brüssel IIb-VO, also die dort in Abs 1 geregelte Konstellation, dass es zu **parallelen Eheverfahren** in mehreren Mitgliedstaaten kommt. Relevanz kann dies vor allem dann haben, wenn es zu klären gilt, welches der Gerichte als erstes iSv Art 17 Brüssel IIb-VO angerufen worden ist (s Art 20 Brüssel IIb-VO Rn 30). Zu Grenzen der Offenlegung von Informationen beachte Art 89 Brüssel IIb-VO. 1

Konkrete Informationen über die Möglichkeiten der Kontaktaufnahme mit ausländischen Gerichten können dem **Europäischen Justiziellen Netz** für Zivil- und Handelssachen entnommen werden (zugänglich im Europäischen Justizportal unter https://e-justice.europa.eu). Unterstützung bieten die Verbindungsrichterinnen und -richter (dazu Menne IPRax 2020, 86; Menne FamRB 2021, 477, und FamRB 2022, 37). 2

Geht das Gericht nach Maßgabe von Art 86 Brüssel IIb-VO vor, so hat es gem Abs 1 „die Verfahrensrechte der Parteien" zu beachten. Demgemäß ist den Beteiligten nach allgemeinen Regeln **rechtliches Gehör** zu gewähren, und zwar grundsätzlich sowohl vor der Kontaktaufnahme bzw dem Informationsaustausch als auch im Hinblick auf das erzielte Ergebnis (zutr Thomas/Putzo/Hüsstege Art 86 Brüssel IIb-VO Rn 1). 3

Artikel 87
Erhebung und Übermittlung von Informationen

(1) Die ersuchte Zentrale Behörde übermittelt etwaige Anträge oder Ersuchen oder die darin enthaltenen Informationen in Verfahren betreffend die elterliche Verantwortung oder gegebenenfalls internationale Kindesentführung gemäß dieser Verordnung dem Gericht, der zuständigen Behörde ihres Mitgliedstaats oder gegebenenfalls einem Vermittler nach den nationalen Rechtsvorschriften und Verfahren.

(2) Ein Vermittler, ein Gericht oder eine zuständige Behörde, dem/der die in Absatz 1 genannten Informationen nach dieser Verordnung übermittelt wurden, darf diese nur für die Zwecke dieser Verordnung verwenden.

(3) Vermittler, Gerichte oder zuständige Behörden, die im ersuchten Mitgliedstaat über die zur Erledigung eines Antrags oder Ersuchens nach dieser Verordnung erforderlichen Informationen verfügen oder für deren Erhebung zuständig sind, stellen diese Informationen der ersuchten Zentralen Behörde auf deren Ersuchen in den Fällen, in denen die ersuchte Zentrale Behörde keinen direkten Zugang zu den Informationen hat, zur Verfügung.

(4) Die ersuchte Zentrale Behörde leitet im Einklang mit den nationalen Rechtsvorschriften und Verfahren die gemäß diesem Artikel erlangten Informationen erforderlichenfalls an die ersuchende Zentrale Behörde weiter.

Bis 31. 7. 2022 geltende Regelung: keine Entsprechung.

1 Die Vorschrift bezieht sich ausweislich ihres Wortlauts nicht auf Ehesachen.

Artikel 88
Benachrichtigung der betroffenen Person

Besteht die Gefahr, dass die Benachrichtigung der betroffenen Person die wirksame Erledigung des Ersuchens oder Antrags nach dieser Verordnung, für das die Informationen übermittelt wurden, beeinträchtigen könnte, so kann die Erfüllung der Verpflichtung, die betroffene Person gemäß Artikel 14 Absätze 1 bis 4 der Verordnung (EU) 2016/679 zu unterrichten, aufgeschoben werden, bis das Ersuchen oder der Antrag erledigt ist.

Bis 31. 7. 2022 geltende Regelung: keine Entsprechung.

1 Die Vorschrift dürfte in Ehesachen kaum relevant werden (zu Anwendungsbeispielen in Kindschaftssachen vgl Erwägungsgrund 87).

Artikel 89
Nichtoffenlegung von Informationen

(1) Eine Zentrale Behörde, ein Gericht oder eine zuständige Behörde legt Informationen, die für die Zwecke der Kapitel III bis VI erhoben wurden, nicht offen oder bestätigt sie nicht, wenn sie/es feststellt, dass dies die Gesundheit, Sicherheit oder Freiheit des Kindes oder einer anderen Person beeinträchtigen könnte.

(2) Einer in einem Mitgliedstaat diesbezüglich getroffenen Feststellung wird von den Zentralen Behörden, Gerichten und zuständigen Behörden der anderen Mitgliedstaaten Rechnung getragen, insbesondere in Fällen häuslicher Gewalt.

(3) Dieser Artikel steht in keiner Weise der Erhebung und Übermittlung von Informationen durch die Zentralen Behörden, Gerichte und zuständigen Behörden und der Übermittlung der Informationen zwischen ihnen entgegen, soweit dies notwendig ist, um den Verpflichtungen nach den Kapiteln III bis VI nachzukommen.

Bis 31. 7. 2022 geltende Regelung: keine Entsprechung.

Die Vorschrift begrenzt den in Art 86 Brüssel IIb-VO vorgesehenen Informationsaustausch (beachte hierzu Erwägungsgrund 88). In **Ehesachen** kann sie wohl vor allem dann relevant werden, wenn es in einem sog Fall häuslicher Gewalt sicherzustellen gilt, dass ein Ehegatte nicht den Aufenthaltsort des anderen erfährt. 1

Artikel 90
Legalisation oder ähnliche Förmlichkeit

Im Rahmen dieser Verordnung bedarf es weder der Legalisation noch einer ähnlichen Förmlichkeit.

Bis 31. 7. 2022 geltende Regelung: Art 52 Brüssel IIa-VO (s Textanh 2 Rn 3).

Systematische Übersicht

I. Anwendungsbereich

1 Während sich die Vorgängerregelung (Art 52 Brüssel IIa-VO) ausweislich ihres Wortlauts nur auf bestimmte Urkunden und ausweislich der Regelungssystematik nur auf die Anerkennung und Vollstreckung ausländischer Entscheidungen bezog, ist Art 90 Brüssel IIb-VO nach Wortlaut und Standort allgemeiner zu verstehen. Praktisch relevant wird allerdings auch Art 90 Brüssel IIb-VO in **Ehesachen** vor allem im Hinblick auf die Entscheidungsanerkennung sowie die Vollstreckung der Kostenentscheidung, also die in Art 31 und Art 35 Brüssel IIb-VO genannten Urkunden. Es erscheint aber fraglich, ob das Verbot seinem Sinn nach auch für den in Art 32 Abs 1 Var 2 Brüssel IIb-VO geregelten Fall gelten soll, dass sich ein Gericht bzw eine Behörde, wenn der Anerkennungsinteressent die vorgeschriebenen Unterlagen nicht vorlegen kann, nach seinem/ihrem Ermessen ausnahmsweise mit anderen Unterlagen zufriedengibt (s Art 32 Brüssel IIb-VO Rn 6).

2 Obwohl dies im Wortlaut, anders als noch in Art 52 Brüssel IIa-VO, nicht klar zum Ausdruck kommt, dürfte daran festzuhalten sein, dass die Vorschrift nicht für **Privaturkunden** gilt, also zB nicht für eine im Ausland privatschriftlich errichtete Vollmachtsurkunde (vgl zur Vorgängerregelung etwa MünchKommFamFG/Gottwald Art 52 Brüssel IIa-VO Rn 5; Rauscher/Rauscher Art 52 Brüssel IIa-VO Rn 3).

II. Regelungsgehalt

1. Verzicht auf Echtheitsbescheinigung

3 Der **Regelungsgehalt** von Art 90 Brüssel IIb-VO besteht in dem Verbot, die Berücksichtigung einer erfassten ausländischen Urkunde von der Vorlage einer besonderen Echtheitsbescheinigung – namentlich einer „Legalisation" oder einer „ähnlichen Förmlichkeit" – abhängig zu machen. Ein entsprechendes allgemeineres Verbot ergibt sich aus **Art 4 EuUrkVO**, der ebenfalls ua für öffentliche Urkunden gilt, die sich auf die Ehescheidung, Trennung ohne Auflösung des Ehebandes oder Ungültigerklärung einer Ehe beziehen (Art 2 Abs 1 lit f EuUrkVO). Gem Art 17 Abs 1 EuUrkVO geht Art 90 Brüssel IIb-VO als Spezialregelung vor. Gleichwohl bietet es sich an, die in Art 3 Nr 3 und 4 EuUrkVO enthaltenen Legaldefinitionen auf Art 90 Brüssel IIb-VO zu übertragen: **„Legalisation"** ist danach „eine Förmlichkeit, durch die die Echtheit der Unterschrift eines Amtsträgers, die Funktion, in welcher die die Urkunde unterzeichnende Person gehandelt hat, und gegebenenfalls die Echtheit des Siegels oder Stempels, mit dem die Urkunde versehen ist, bestätigt wird"; **„ähnliche Förmlichkeit"** bezeichnet „die Anbringung des im Apostilleübereinkommen vorgesehenen Echtheitszeichens" (wobei das erwähnte Übereinkommen das Haager Übereinkommen v 5. 10. 1961 zur Befreiung ausländischer öffentlicher Urkunden von der Legalisation [BGBl 1965 II 876] meint).

4 Weil **Normadressat** von Art 90 Brüssel IIb-VO die mit der Anerkennung befassten Gerichte oder sonstigen zuständigen Stellen des Zweitstaats sind, bleibt es den Beteiligten unbenommen, entsprechende Nachweise unaufgefordert vorzulegen.

2. Echtheitsvermutung

Nach hM lässt sich aus Art 90 Brüssel IIb-VO (bzw seinen Parallelbestimmungen) ableiten, dass eine im Ausland errichtete öffentliche Urkunde auch ohne Legalisation einer inländischen öffentlichen Urkunde gleichsteht. Demgemäß gilt in Deutschland die Echtheitsvermutung des **§ 437 Abs 1 ZPO** (Thomas/Putzo/Hüsstege Art 90 Brüssel IIb-VO Rn 1; NK-BGB/Andrae Art 52 EheVO 2003 Rn 1; MünchKommFamFG/Gottwald Art 52 Brüssel IIa-VO Rn 4; Schlosser/Hess Art 61 Brüssel Ia-VO Rn 1; Geimer/Schütze/Geimer Art 61 EuGVVO Rn 1; **aA** noch Staudinger/Spellenberg [2015] Art 52 Brüssel IIa-VO Rn 1 f: es bleibe bei § 438 Abs 1 ZPO). Entsprechend § 437 Abs 2 ZPO kann das Gericht, wenn es Zweifel an der Echtheit hegt, von Amts wegen ermitteln und zB bei der angeblichen ausstellenden Stelle des Ursprungsmitgliedstaats nachfragen; zum Informationsaustausch zwischen Gerichten beachte Art 86 Brüssel IIb-VO. Auf eine Legalisation gem § 438 Abs 2 ZPO darf das deutsche Gericht nach dem Wortlaut von Art 90 Brüssel IIb-VO allerdings selbst dann nicht bestehen, wenn es meint, sich nicht anders Gewissheit über die Echtheit verschaffen zu können. 5

Artikel 91
Sprachenregelung

(1) Ist nach dieser Verordnung eine Übersetzung oder Transliteration erforderlich, so erfolgt diese unbeschadet des Artikels 55 Absatz 2 Buchstabe a in die Amtssprache des betreffenden Mitgliedstaats oder, wenn es in diesem Mitgliedstaat mehrere Amtssprachen gibt, im Einklang mit dem Recht dieses Mitgliedstaats in die Verfahrenssprache oder eine der Verfahrenssprachen des Ortes, an dem eine in einem anderen Mitgliedstaat ergangene Entscheidung geltend gemacht oder ein Antrag gestellt wird.

(2) Die Übersetzung oder Transliteration der übersetzbaren Inhalte der Freitextfelder der Bescheinigungen nach den Artikeln 29, 36, 47, 49 und 66 kann in eine andere Amtssprache oder andere Amtssprachen der Organe der Europäischen Union erfolgen, deren Zulassung der betreffende Mitgliedstaat nach Artikel 103 mitgeteilt hat.

(3) Jeder Mitgliedstaat teilt der Kommission die Amtssprache(n) der Organe der Europäischen Union mit, die er außer seiner/seinen eigenen Sprache(n) für Mitteilungen an die Zentralen Behörden zulässt.

(4) Übersetzungen, die für die Zwecke der Kapitel III und IV erforderlich sind, werden von einer Person erstellt, die zur Anfertigung von Übersetzungen in einem der Mitgliedstaaten befugt ist.

Bis 31. 7. 2022 geltende Regelung: keine Entsprechung.

Die ungeschriebene Grundregel der Brüssel IIb-VO lautet, dass die in ihren Anwendungsbereich fallenden Dokumente in der jeweiligen **Amtssprache des Ursprungsmit-** 1

gliedstaats (in Deutschland: Deutsch, § 184 S 1 GVG) abzufassen sind und dementsprechend auch in anderen Mitgliedstaaten in dieser Fassung vorgelegt werden können. Das bereitet in der Regel keine größeren Schwierigkeiten, weil die in den Anlagen zur Brüssel IIb-VO vorgesehenen Formblätter in allen Amtssprachen zur Verfügung stehen.

2 Art 91 Brüssel IIb-VO betrifft Fälle, in denen nach dieser Verordnung – ausnahmsweise – eine **Übersetzung oder Transliteration** erforderlich ist. Dabei meint Übersetzung die Übertragung in eine andere Sprache, Transliteration die Übertragung in eine andere Schrift (hier: aus der kyrillischen in die lateinische Schrift oder umgekehrt). **Erforderlichkeit** iSv Art 91 Abs 1 Brüssel IIb-VO ist gegeben, wenn die Verordnung die Vorlage einer Übersetzung oder Transliteration eigens vorschreibt, wenn ein Beteiligter von dem ihm eröffneten Recht, auf eine solche zu bestehen, Gebrauch gemacht hat, oder wenn ein Gericht oder eine sonst zuständige Stelle berechtigterweise einen Beteiligten zur Vorlage aufgefordert hat. Davon ist in einer ganzen Reihe von Vorschriften die Rede. In **Ehesachen** relevante Konstellationen sind für die Anerkennung in Art 31 Abs 2 und 3, Art 32 Abs 2 und für die Anerkennungsversagung in Art 40 Abs 1, Art 59 Abs 3 und 4 Brüssel IIb-VO geregelt.

3 Ebenso wie schon Art 38 Abs 2 S 2 Brüssel IIa-VO verweist Art 91 Abs 4 Brüssel IIb-VO für die **Person des Übersetzers** auf dessen Berechtigung nach Maßgabe (irgend-)eines Mitgliedstaates, also nicht zwingend des Mitgliedstaates, dessen Gericht oder zuständige Stelle die Vorlage der Übersetzung angeordnet hat. Demgemäß darf auch nicht verlangt werden, dass der Übersetzer im Ursprungs- oder im Anerkennungsstaat ansässig ist (Thomas/Putzo/Hüsstege Art 91 Brüssel IIb-VO Rn 4). Bemerkenswert erscheint, dass in Art 91 Abs 4 Brüssel IIb-VO, anders als in Art 38 Abs 2 S 2 Brüssel IIa-VO, nicht mehr die Rede davon ist, dass die befugte Person die Übersetzung „beglaubigt", sondern dass sie diese „erstellt". Es erscheint zweifelhaft, ob mit dieser Wortwahl eine Verschärfung der Anforderungen verbunden sein soll.

Kapitel VII
Delegierte Rechtsakte

Artikel 92
Änderungen der Anhänge

Die Kommission wird ermächtigt, gemäß Artikel 93 delegierte Rechtsakte zur Änderung der Anhänge I bis IX anzunehmen, um diese Anhänge zu aktualisieren oder technische Änderungen an ihnen vorzunehmen.

Bis 31. 7. 2022 geltende Regelung: Art 69 Brüssel IIa-VO (s Textanh 2 Rn 3).

Abweichend von Art 69 Brüssel IIa-VO enthält Art 92 Brüssel IIb-VO, gestützt auf Art 290 AEUV, eine eigenständige **Rechtsetzungsdelegation** an die Kommission nach Maßgabe von Art 93 Brüssel IIb-VO. Die jeweils aktuellen Fassungen der Anhänge werden im Amtsblatt veröffentlicht und von der Kommission im **Europäischen Justizportal** zur Verfügung gestellt (https://e-justice.europa.eu/155/DE/online_forms, dort unter „Brüssel-IIb-Verordnung – Formulare für Ehesachen und Verfahren betreffend die elterliche Verantwortung“). 1

Artikel 93
Ausübung der Befugnisübertragung

(1) Die Befugnis zum Erlass delegierter Rechtsakte wird der Kommission unter den in diesem Artikel festgelegten Bedingungen übertragen.

(2) Die Befugnis zum Erlass delegierter Rechtsakte nach Artikel 92 wird der Kommission auf unbestimmte Zeit ab dem 22. Juli 2019 übertragen.

(3) Die Befugnisübertragung nach Artikel 92 kann vom Rat jederzeit widerrufen werden. Der Beschluss über den Widerruf beendet die Übertragung der in diesem Beschluss angegebenen Befugnis. Er wird am Tag nach seiner Veröffentlichung im Amtsblatt der Europäischen Union oder zu einem im Beschluss über den Widerruf angegebenen späteren Zeitpunkt wirksam. Die Gültigkeit von delegierten Rechtsakten, die bereits in Kraft sind, wird von dem Beschluss über den Widerruf nicht berührt.

(4) Vor dem Erlass eines delegierten Rechtsakts konsultiert die Kommission die von den einzelnen Mitgliedstaaten benannten Sachverständigen im Einklang mit den in der Interinstitutionellen Vereinbarung vom 13. April 2016 über bessere Rechtsetzung enthaltenen Grundsätzen.

(5) Sobald die Kommission einen delegierten Rechtsakt erlässt, übermittelt sie ihn dem Rat.

(6) Ein delegierter Rechtsakt, der nach Artikel 92 erlassen wurde, tritt nur in Kraft, wenn der Rat innerhalb einer Frist von zwei Monaten nach Übermittlung dieses Rechtsakts an den Rat keine Einwände erhoben hat oder wenn vor Ablauf dieser Frist der Rat der Kommission mitgeteilt hat, dass er keine Einwände erheben wird. Auf Initiative des Rates wird diese Frist um zwei Monate verlängert.

(7) Das Europäische Parlament wird von der Annahme eines delegierten Rechtsakts durch die Kommission, von gegen ihn vorgebrachten Einwänden oder von dem Widerruf der Befugnisübertragung durch den Rat in Kenntnis gesetzt.

Bis 31. 7. 2022 geltende Regelung: keine Entsprechung.

1 Die Vorschrift bestimmt, in Einklang mit den Vorgaben von Art 290 AEUV, die in neueren Rechtsakten zur justiziellen Zusammenarbeit üblichen **Rahmenbedingungen für die Rechtsetzungsdelegation** an die Kommission; vgl etwa die Parallelregelung in Art 78 Brüssel Ia-VO. Beachte auch Erwägungsgrund 89 zur Brüssel IIb-VO. Nicht mehr vorgesehen ist der in Art 70 Brüssel IIa-VO erwähnte Ausschuss zur Unterstützung der Kommission.

Kapitel VIII
Verhältnis zu anderen Rechtsinstrumenten

Artikel 94
Verhältnis zu anderen Rechtsinstrumenten

(1) Vorbehaltlich des Absatzes 2 dieses Artikels und der Artikel 95 bis 100 ersetzt diese Verordnung die zum Zeitpunkt des Inkrafttretens der Verordnung (EG) Nr. 2201/2003 bestehenden, zwischen zwei oder mehr Mitgliedstaaten geschlossenen Übereinkünfte, die in dieser Verordnung geregelte Bereiche betreffen.

(2) Finnland und Schweden konnten im Einklang mit Artikel 59 Absatz 2 der Verordnung (EG) Nr. 2201/2003 und unter den in dessen Buchstaben b und c aufgeführten Bedingungen erklären, dass das Übereinkommen vom 6. Februar 1931 zwischen Dänemark, Finnland, Island, Norwegen und Schweden mit Bestimmungen des internationalen Verfahrensrechts über Ehe, Adoption und Vormundschaft einschließlich des Schlussprotokolls anstelle dieser Verordnung ganz oder teilweise auf ihre gegenseitigen Beziehungen anwendbar ist. Die jeweiligen Erklärungen wurden im Amtsblatt der Europäischen Union als Anhang zur Verordnung (EG) Nr. 2201/2003 veröffentlicht. Die betreffenden Mitgliedstaaten können ihre Erklärung jederzeit ganz oder teilweise widerrufen.

(3) Die Zuständigkeitskriterien in künftigen Übereinkünften zwischen den in Absatz 2 genannten Mitgliedstaaten, die in dieser Verordnung geregelte Bereiche betreffen, müssen mit den Kriterien dieser Verordnung im Einklang stehen.

(4) Der Grundsatz der Nichtdiskriminierung von Bürgern der Union aus Gründen der Staatsangehörigkeit wird eingehalten.

(5) Entscheidungen, die in einem der nordischen Staaten, der eine Erklärung nach Absatz 2 abgegeben hat, aufgrund eines Zuständigkeitskriteriums erlassen werden, das einem der in Kapitel II vorgesehenen Zuständigkeitskriterien entspricht, werden in den anderen Mitgliedstaaten gemäß den Bestimmungen des Kapitels IV Abschnitt 1 anerkannt und vollstreckt.

(6) Die Mitgliedstaaten übermitteln der Kommission

a) eine Abschrift der Übereinkünfte sowie der einheitlichen Gesetze zur Durchführung dieser Übereinkünfte gemäß Absatz 3;

b) jede Kündigung oder Änderung der Übereinkünfte sowie der einheitlichen Gesetze im Sinne der Absätze 2 und 3.

Diese Informationen werden im Amtsblatt der Europäischen Union veröffentlicht.

Bis 31. 7. 2022 geltende Regelung: Art 59 Brüssel IIa-VO (s Textanh 2 Rn 3).

Schrifttum

BARIATTI, Bilateral Agreements with non-Member States after the Lugano Opinion: Some Procedural Issues, in: MALATESTA/POCAR/BARIATTI (Hrsg), The External Dimension of EC Private International Law in Family and Succession Matters (2008) 77
BOBRZYŃSKA, Brussels II ter Regulation and the 1996 Hague Convention on Child Protection – the interplay of the European and Hague regimes in the matters of parental responsibility, Polski Proces Cywilny 2021, 593
GONZÁLEZ BEILFUSS, Regulation (EU) No. 2019/1111 (Brussels II ter) and Third States: relations with other instruments, in: FS Jänterä-Jareborg (2022) 129
HAU, Anerkennungsrechtliches Günstigkeitsprinzip und Anerkennungsverbote in Zivil- und Handelssachen, in: FS Roth (2021) 733
HELIN, The Story of the Nordic Family Conventions – Approaching its End?, in: FS Jänterä-Jareborg (2022) 157
LOWE, Operating Brussels II ter in children cases involving third States, in: FS Jänterä-Jareborg (2022) 203
MAKOWSKY, Der Anwendungsbereich der Brüssel IIb-VO (einschließlich des Verhältnisses der Ehesachen der Brüssel IIb-VO zu internationalen Übereinkommen), in: GARBER/LUGANI (Hrsg), Die Brüssel IIb-Verordnung (2022) 43
MARTINY, Das Günstigkeitsprinzip bei der Koordination unterschiedlicher Regeln für die Anerkennung ausländischer Entscheidungen, in: FS Geimer (2017) 451
MCCLEAN, Bilateral Agreements with non-Member States after the Lugano Opinion, in: MALATESTA/POCAR/BARIATTI (Hrsg), The External Dimension of EC Private International Law in Family and Succession Matters (2008) 55
RUDOLF, Das Verhältnis der Kindschaftssachen zu anderen internationalen Übereinkommen, in: GARBER/LUGANI (Hrsg), Die Brüssel IIb-Verordnung (2022) 565.

Systematische Übersicht

I. Vorrang der Brüssel IIb-VO vor völkerrechtlichen Verträgen (Abs 1)

1 Die Brüssel IIb-VO verdrängt gem Art 94 Abs 1 Brüssel IIb-VO innerhalb ihres Anwendungsbereichs die völkerrechtlichen Verträge („Übereinkünfte"), die bereits zum Zeitpunkt des Inkrafttretens der Brüssel IIa-VO (also gem Art 72 Abs 1 Brüssel IIa-VO am 1. 8. 2004) zwischen zwei oder mehr ihrer Mitgliedstaaten abgeschlossen waren.

Im Verhältnis zu den heutigen Mitgliedstaaten der Brüssel IIb-VO sind für **Deutschland** die folgenden **bilateralen Anerkennungsverträge** zu nennen:

- Deutsch-**belgisches** Abkommen v 30. 6. 1958 über die gegenseitige Anerkennung und Vollstreckung von gerichtlichen Entscheidungen, Schiedssprüchen und öffentlichen Urkunden in Zivil- und Handelssachen (BGBl 1959 II 765); Ausführungsgesetz v 26. 6. 1959 (BGBl 1959 I 425).

- Deutsch-**griechischer** Vertrag v 4. 11. 1961 über die gegenseitige Anerkennung und Vollstreckung von gerichtlichen Entscheidungen und Vergleichen und öffentlichen Urkunden in Zivil- und Handelssachen (BGBl 1963 II 109); Ausführungsgesetz v 5. 2. 1963 (BGBl 1963 I 129).

- Deutsch-**italienisches** Abkommen v 9. 3. 1936 über die Anerkennung und Vollstreckung von gerichtlichen Entscheidungen in Zivil- und Handelssachen (RGBl 1937 II 145, BGBl 1952 II 986); Ausführungsverordnung v 18. 5. 1937, neu gefasst 12. 9. 1950 (RGBl 1937 II 143, BGBl 1950 I 455, 533).

- Deutsch-**niederländischer** Vertrag v 30. 8. 1962 über die gegenseitige Anerkennung und Vollstreckung gerichtlicher Entscheidungen und anderer Schuldtitel in Zivil- und Handelssachen (BGBl 1965 II 26); Ausführungsgesetz v 15. 1. 1965 (BGBl 1965 I 17).

- Deutsch-**österreichischer** Vertrag v 6. 6. 1959 über die gegenseitige Anerkennung und Vollstreckung von gerichtlichen Entscheidungen, Vergleichen und öffentlichen Urkunden in Zivil- und Handelssachen (BGBl 1960 II 1245); Ausführungsgesetz v 8. 3. 1960 (BGBl 1960 I 169).

- Deutsch-**spanischer** Vertrag v 14. 11. 1983 über die Anerkennung und Vollstreckung von gerichtlichen Entscheidungen und Vergleichen sowie vollstreckbaren öffentlichen Urkunden in Zivil- und Handelssachen (BGBl 1987 II 34); Ausführungsgesetz: G v 19. 2. 2001 zur Ausführung zwischenstaatlicher Verträge und zur Durchführung von Verordnungen und Abkommen der Europäischen Union auf dem Gebiet der Anerkennung und Vollstreckung in Zivil- und Handelssachen (AVAG, BGBl 2015 I 2146).

Der Wortlaut von Abs 1 betont das **Vorrangprinzip**, lässt also keinen Raum für die Anwendung des anerkennungsrechtlichen Günstigkeitsprinzips: Die betroffenen Übereinkünfte werden selbst dann verdrängt, wenn sie – höchst ausnahmsweise – anerkennungsfreundlicher wären als die Brüssel IIb-VO (s Art 30 Brüssel IIb-VO Rn 7). 2

Ausweislich Art 94 Abs 1 und Art 98 Abs 1 Brüssel IIb-VO bleiben die genannten Abkommen anwendbar, soweit sie **andere „Bereiche" bzw „Rechtsgebiete"** als die Brüssel IIb-VO betreffen. Allerdings können der Anwendbarkeit auch sonstige sekundärrechtliche Vorrangregeln entgegenstehen (namentlich Art 69 Brüssel Ia-VO). Geht man davon aus, dass die Brüssel IIb-VO nicht für **ehebestätigende Entscheidungen** gilt (also solche, die das Bestehen einer Ehe feststellen), bleibt es insoweit bei der Anwendbarkeit der Abkommen (dazu Art 1 Brüssel IIb-VO Rn 36). 3

Unberührt lässt Art 94 Abs 1 Brüssel IIb-VO schon seinem Wortlaut nach **bilaterale Anerkennungsverträge zwischen Mitgliedstaaten und Drittstaaten**. In Ehesachen sind aus deutscher Sicht die folgenden Abkommen zu nennen (beachte dazu Hausmann Rn K 156 ff): 4

- Deutsch-**schweizerisches** Abkommen v 2. 11. 1929 über die gegenseitige Anerkennung und Vollstreckung von gerichtlichen Entscheidungen und Schiedssprüchen (RGBl 1930 II 1066). Ausführungsverordnung v 23. 8. 1930 (RGBl 1930 II 1209).

- Deutsch-**tunesischer** Vertrag v 19. 7. 1966 über Rechtsschutz und Rechtshilfe, die Anerkennung und Vollstreckung gerichtlicher Entscheidungen in Zivil- und Handelssachen sowie über die Handelsschiedsgerichtsbarkeit (BGBl 1969 II 890). Ausführungsgesetz v 29. 4. 1969 (BGBl 1969 I 333, BGBl 1970 I 307).

- Deutsch-**britisches** Abkommen v 14. 7. 1960 über die gegenseitige Anerkennung und Vollstreckung von gerichtlichen Entscheidungen in Zivil- und Handelssachen (BGBl 1961 II 301). Ausführungsgesetz v 28. 3. 1961 (BGBl 1961 I 301). Allerdings ist fraglich, ob das Abkommen, obwohl es nicht förmlich aufgehoben wurde, auch nach dem **Brexit** (s Art 100 Brüssel IIb-VO Rn 8 ff) wieder „auflebt" (vgl etwa Hau MDR 2021, 521, 524). Im Übrigen ist zu beachten, dass es nicht für deutsche amtsgerichtliche Entscheidungen gilt (vgl Art I Abs 2 lit a). Weil das Abkommen vom Günstigkeitsprinzip ausgeht (Art II Abs 3), wird es angesichts von §§ 107 ff FamFG aber auch für die Anerkennung von Ehestatusentscheidungen aus dem Vereinigten Königreich künftig wohl keine größere Rolle spielen.

II. Nordisches Übereinkommen (Abs 2–5)

5 Finnland und Schweden haben eine Sonderregelung durchgesetzt (Borrás-Bericht Nr 113) zugunsten des nordischen Übereinkommens vom 6. 2. 1931 (das auch für Dänemark, Island und Norwegen gilt; einführend zu diesem Übereinkommen: Süss/Ring/Ohlsen-Ring § 1 Rn 171 ff). Die Folge ist, dass in **Finnland und Schweden** die internationale Zuständigkeit nicht nach Art 3 ff Brüssel IIb-VO, sondern nach jenem Übereinkommen zu beurteilen ist. Die Unterschiede sind allerdings sehr gering, denn aufgrund einer Vereinbarung mit der EU sind die Zuständigkeitsregeln der Verordnung im Rahmen der Änderung des Übereinkommens vom 6. 2. 2001 übernommen worden. Schweden und Finnland haben die in Art 94 Abs 2 Brüssel IIb-VO vorgesehenen Erklärungen abgegeben (ABl EG 2001 L 58/22; auch abgedruckt in Anhang VI zur Brüssel IIa-VO).

6 Für **andere Mitgliedstaaten** ist das nordische Übereinkommen mittelbar wegen Art 94 Abs 5 Brüssel IIb-VO relevant: Danach sind finnische oder schwedische Entscheidungen (nur) dann nach Art 30 ff Brüssel IIb-VO anzuerkennen, wenn sie aufgrund eines Zuständigkeitskriteriums erlassen wurden, das Art 3 ff Brüssel IIb-VO „entspricht". Insoweit besteht also eine Ausnahme von dem grundsätzlichen Verbot einer Überprüfung der Anerkennungszuständigkeit (Art 69 Brüssel IIb-VO). Freilich sollte sich die zweitstaatliche Prüfung darauf beschränken, ob sich das finnische oder schwedische Gericht auf einen den Brüssel IIb-Regeln entsprechenden Zuständigkeitsgrund nach dem nordischen Übereinkommen berufen hat, aber nicht etwa so weit gehen, ob das Gericht den Zuständigkeitsgrund im Einzelfall zu Recht bejaht hat.

III. Verhältnis zum mitgliedstaatlichen Anerkennungsrecht

7 Nach fast einhelliger Ansicht sind die EU-Verordnungen zur innereuropäischen Anerkennung (und, soweit noch erforderlich, zur Vollstreckbarerklärung) im Verhältnis

zum nationalen Recht grundsätzlich als abschließend anzusehen. Obwohl dies weder in der Brüssel IIb-VO noch in den anderen Verordnungen ausdrücklich zur Sprache kommt, soll mithin **nicht das Günstigkeits-, sondern das Vorrangprinzip** gelten (wie hier etwa ALTHAMMER/ALTHAMMER Brüssel IIa-VO Vorb Rn 14; GEIMER Rn 2767b; näher HAU, in: FS Roth 733, 736 f; **aA** THOMAS/PUTZO/HÜSSTEGE Art 38 Brüssel IIb-VO Rn 1 [anders aber Vorb Brüssel IIb-VO Rn 12: nationales Recht werde verdrängt]). Systematisch spricht für das Vorrangprinzip, dass sekundärrechtliche Vorschriften wie Art 94 Abs 2 Brüssel IIb-VO zwar die Fortgeltung bestimmter Verträge auch zwischen den EU-Staaten vorsehen, dass aber entsprechende Regelungen zugunsten der mitgliedstaatlichen Anerkennungsregime fehlen. In der Brüssel IIb-VO lässt sich auch aus Erwägungsgrund 59 S 3, der speziell zu bestimmten einstweiligen Maßnahmen in Kindschaftssachen auf das Günstigkeitsprinzip verweist, ein Umkehrschluss zugunsten des Vorrangprinzips ableiten. In der Sache mag man argumentieren, dass die verordnungseigenen Anerkennungsregeln ohnehin in aller Regel weitaus anerkennungsfreundlicher sind und es sich deshalb schon aus Gründen der Übersichtlichkeit und Praktikabilität anbietet, eine hilfsweise Prüfung nationalen Rechts von vornherein entbehrlich zu machen. Zudem sollen europarechtliche Standards, wie sie hinsichtlich des Beklagtenschutzes beispielsweise in Art 38 lit b Brüssel IIb-VO niedergelegt sind, auch nicht durch anerkennungsfreundlicheres nationales Recht überspielt werden dürfen; vielmehr lässt sich auf solche Mindeststandards ein schutzwürdiges Vertrauen auf Anerkennungsversagung stützen (deutlich etwa SCHACK Rn 899).

Vorrang beansprucht die Verordnung nur innerhalb ihres Anwendungsbereichs. 8
Geht man davon aus, dass die Brüssel IIb-VO nicht für **ehebestätigende Entscheidungen** gilt (also solche, die das Bestehen einer Ehe feststellen), kommt eine Anerkennung nach nationalem Recht – in Deutschland also gem §§ 107 ff FamFG – in Betracht (s Art 1 Brüssel IIb-VO Rn 36).

Artikel 95
Verhältnis zu bestimmten multilateralen Übereinkommen

Im Verhältnis zwischen den Mitgliedstaaten hat diese Verordnung vor den nachstehenden Übereinkommen insoweit Vorrang, als diese Bereiche betreffen, die in dieser Verordnung geregelt sind:

a) Haager Übereinkommen vom 5. Oktober 1961 über die Zuständigkeit der Behörden und das anzuwendende Recht auf dem Gebiet des Schutzes von Minderjährigen,

b) Luxemburger Übereinkommen vom 8. September 1967 über die Anerkennung von Entscheidungen in Ehesachen,

c) Haager Übereinkommen vom 1. Juni 1970 über die Anerkennung von Ehescheidungen und der Trennung von Tisch und Bett,

d) Europäisches Übereinkommen vom 20. Mai 1980 über die Anerkennung und Vollstreckung von Entscheidungen über das Sorgerecht für Kinder und die Wiederherstellung des Sorgeverhältnisses.

Bis 31. 7. 2022 geltende Regelung: Art 60 lit a–d Brüssel IIa-VO (s Textanh 2 Rn 3).

Schrifttum

Ní Shúilleabháin/Holliday, Divorce, in: Beaumont/Holliday (Hrsg), A Guide to Global Private International Law (2022) 451.

1 Für Ehesachen sind nur die beiden in lit b und c genannten Konventionen relevant. Das **Luxemburger Übereinkommen** v 8. 9. 1967 über die Anerkennung von Entscheidungen in Ehesachen hat Deutschland zwar gezeichnet, aber nicht ratifiziert; es ist bislang nur für die beiden EU-Mitgliedstaaten Österreich und die Niederlande, zudem für die Türkei in Kraft getreten.

2 Größeren Erfolg hatte das **Haager Übereinkommen** v 1. 6. 1970 über die Anerkennung von Ehescheidungen und der Trennung von Tisch und Bett (einführend zu diesem Übereinkommen: Ní Shúilleabháin/Holliday , in: Beaumont/Holliday 451, 454 ff; Süss/Ring/Ohlsen-Ring § 1 Rn 149 ff): Zu den Vertragsstaaten zählen auch einige EU-Mitgliedstaaten (Estland, Finnland, Italien, Luxemburg, die Niederlande, Österreich, Polen, Portugal, Schweden, die Slowakei, Tschechien und Zypern; vgl die Liste der Vertragsstaaten unter www.hcch.net/en/instruments/conventions/specialised-sections/divorce). Deutschland konnte sich weder zur Zeichnung noch zur Ratifikation entschließen.

Artikel 96
Verhältnis zum Haager Übereinkommen von 1980

Im Falle eines Kindes, das widerrechtlich in einen anderen als den Mitgliedstaat verbracht wurde oder widerrechtlich dort zurückgehalten wird, in dem das Kind unmittelbar vor dem widerrechtlichen Verbringen oder Zurückhalten seinen gewöhnlichen Aufenthalt hatte, wird das Haager Übereinkommen von 1980, ergänzt durch die Bestimmungen der Kapitel III und VI dieser Verordnung, weiterhin angewandt. Muss eine Entscheidung, mit der die Rückgabe des Kindes gemäß dem Haager Übereinkommen von 1980 angeordnet wurde und die in einem Mitgliedstaat ergangen ist, infolge eines weiteren widerrechtlichen Verbringens oder eines weiteren widerrechtlichen Zurückhaltens des Kindes in einem anderen Mitgliedstaat anerkannt und vollstreckt werden, so gilt Kapitel IV.

Bis 31. 7. 2022 geltende Regelung: Art 60 lit e Brüssel IIa-VO (s Textanh 2 Rn 3).

Die Vorschrift ist für Ehesachen nicht relevant.

Artikel 97
Verhältnis zum Haager Übereinkommen von 1996

(1) Im Verhältnis zum Haager Übereinkommen von 1996 ist diese Verordnung anwendbar

a) vorbehaltlich des Absatzes 2 des vorliegenden Artikels, wenn das betreffende Kind seinen gewöhnlichen Aufenthalt im Hoheitsgebiet eines Mitgliedstaats hat;

b) in Fragen der Anerkennung und der Vollstreckung einer von einem Gericht eines Mitgliedstaats erlassenen Entscheidung im Hoheitsgebiet eines anderen Mitgliedstaats, auch wenn das betreffende Kind seinen gewöhnlichen Aufenthalt im Hoheitsgebiet eines Staats hat, der Vertragspartei des genannten Übereinkommens ist, in dem diese Verordnung jedoch nicht gilt.

(2) Unbeschadet des Absatzes 1 gilt Folgendes:

a) Haben die Parteien die Zuständigkeit eines Gerichts eines Staats vereinbart, der Vertragspartei des Haager Übereinkommens von 1996 ist, in dem diese Verordnung jedoch nicht gilt, so findet Artikel 10 des genannten Übereinkommens Anwendung;

b) Auf die Übertragung der Zuständigkeit zwischen einem Gericht eines Mitgliedstaats und einem Gericht eines Staats, der Vertragspartei des Haager Übereinkommens von 1996 ist, in dem diese Verordnung jedoch nicht gilt, finden die Artikel 8 und 9 des genannten Übereinkommens Anwendung;

c) Ist ein Verfahren betreffend die elterliche Verantwortung bei einem Gericht eines Staats, der Vertragspartei des Haager Übereinkommens von 1996 ist, in dem diese Verordnung jedoch nicht gilt, zu dem Zeitpunkt anhängig, zu dem ein Gericht in einem Mitgliedstaat mit einem dasselbe Kind betreffenden Verfahren wegen desselben Anspruchs befasst wird, so findet Artikel 13 des genannten Übereinkommens Anwendung.

Bis 31. 7. 2022 geltende Regelung: Art 61 Brüssel IIa-VO (s Textanh 2 Rn 3), ohne Entsprechung zu Art 97 Abs 2 Brüssel IIb-VO.

Die Vorschrift ist für Ehesachen nicht relevant.

Artikel 98
Fortbestand der Wirksamkeit

(1) Die in den Artikeln 94 bis 97 genannten Übereinkünfte behalten ihre Wirksamkeit für die Rechtsgebiete, die durch diese Verordnung nicht geregelt werden.

(2) Die in den Artikeln 95 bis 97 dieser Verordnung genannten Übereinkommen, ins-

besondere die Haager Übereinkommen von 1980 und 1996, behalten nach Maßgabe der Artikel 95 bis 97 dieser Verordnung ihre Wirksamkeit zwischen den ihnen angehörenden Mitgliedstaaten.

Bis 31. 7. 2022 geltende Regelung: Art 62 Brüssel IIa-VO (s Textanh 2 Rn 3).

1 Die in **Abs 1** enthaltene Klarstellung erscheint entbehrlich, weil sich bereits aus den genannten Artikeln ergibt, dass die Brüssel IIb-VO jeweils Vorrang nur für diejenigen Fragen beansprucht, die überhaupt in ihren Anwendungsbereich fallen (s Art 94 Brüssel IIb-VO Rn 3). **Abs 2** wird in den hier interessierenden Ehesachen nur für die Vertragsstaaten der beiden in Art 95 lit b und c Brüssel IIb-VO genannten Übereinkommen relevant, also nicht für Deutschland.

Artikel 99
Verträge mit dem Heiligen Stuhl

(1) Diese Verordnung gilt unbeschadet des am 18. Mai 2004 in der Vatikanstadt zwischen dem Heiligen Stuhl und Portugal unterzeichneten Internationalen Vertrags (Konkordat).

(2) Eine Entscheidung über die Ungültigkeit der Ehe gemäß dem in Absatz 1 genannten Vertrag wird in den Mitgliedstaaten unter den in Kapitel IV Abschnitt 1 Unterabschnitt 1 vorgesehenen Bedingungen anerkannt.

(3) Die Absätze 1 und 2 gelten auch für folgende internationale Verträge mit dem Heiligen Stuhl:

a) Lateranvertrag vom 11. Februar 1929 zwischen Italien und dem Heiligen Stuhl, geändert durch die am 18. Februar 1984 in Rom unterzeichnete Vereinbarung mit Zusatzprotokoll;

b) Vereinbarung vom 3. Januar 1979 über Rechtsangelegenheiten zwischen dem Heiligen Stuhl und Spanien;

c) Vereinbarung zwischen dem Heiligen Stuhl und Malta über die Anerkennung der zivilrechtlichen Wirkungen von Ehen, die nach kanonischem Recht geschlossen wurden, sowie von diese Ehen betreffenden Entscheidungen der Kirchenbehörden und -gerichte vom 3. Februar 1993, einschließlich des Anwendungsprotokolls vom selben Tag, zusammen mit dem dritten Zusatzprotokoll vom 27. Januar 2014.

(4) Für die Anerkennung der Entscheidungen im Sinne des Absatzes 2 können in Spanien, Italien oder Malta dieselben Verfahren und Nachprüfungen vorgegeben werden, die auch für Entscheidungen der Kirchengerichte gemäß den in Absatz 3 genannten internationalen Verträgen mit dem Heiligen Stuhl gelten.

(5) Die Mitgliedstaaten übermitteln der Kommission

a) eine Abschrift der in den Absätzen 1 und 3 genannten Verträge,

b) jede Kündigung oder Änderung dieser Verträge.

Bis 31. 7. 2022 geltende Regelung: Art 63 Brüssel IIa-VO (s Textanh 2 Rn 3).

Systematische Übersicht

I. Überblick

1 Hintergrund von Art 99 Brüssel IIb-VO ist die Erwägung, dass der Verordnungsgeber nicht in mitgliedstaatliche **Verpflichtungen aus Konkordaten**, also völkerrechtlichen Verträgen mit dem Heiligen Stuhl, eingreifen will (vgl bereits Borrás-Bericht Nr 120). Relevant wird dies für Portugal (dazu Abs 1 und 2), zudem für Spanien, Italien und Malta (Abs 3 und 4). Bei alledem geht es jeweils nur um die **Anerkennung von Eheauflösungen**, die in den genannten Mitgliedstaaten ergangen sind oder deren Anerkennung dort begehrt wird, und dies jeweils nur im Hinblick auf **kanonische Ehen**, also solche, die nach katholischem Ritus geschlossen worden sind. Hingegen betrifft Art 99 Brüssel IIb-VO weder Zivilehen noch die internationale Entscheidungszuständigkeit (oder sonstige von der Brüssel IIb-VO geregelte Fragen).

II. Portugal (Abs 1 und 2)

2 In Portugal steht den kirchlichen Gerichten laut dem Konkordat die ausschließliche Zuständigkeit für die **Ungültigerklärung kanonischer Ehen** wegen anfänglicher Mängel zu (Art 1625 Código Civil). Eine kirchliche Eheaufhebung erhält in Portugal zivilrechtliche Wirkungen durch die Bestätigung eines staatlichen Gerichtes und die danach erfolgende Eintragung in das Zivilstandsregister (Art 1626 Código Civil). Eine **Scheidung** einer kanonischen Ehe durch kirchliche Gerichte kommt nicht in Betracht; allerdings können staatliche portugiesische Gerichte auch kanonische Ehen scheiden.

3 Vor diesem Hintergrund ist eine **Ehescheidung durch ein staatliches portugiesisches Gericht** auch dann in direkter Anwendung der allgemeinen Regeln (also Art 30 ff Brüssel IIb-VO) in den anderen Mitgliedstaaten anzuerkennen, wenn es sich um eine kanonische Ehe handelt. Im Falle einer **kirchlichen Eheaufhebung** folgt die Aner-

kennungspflicht aus dem in Art 99 Abs 2 Brüssel IIb-VO enthaltenen Verweis auf die allgemeinen Regeln.

4 Der wenig aussagekräftig formulierte Art 99 Abs 1 Brüssel IIb-VO betrifft umgekehrt die Frage, inwieweit Portugal verpflichtet ist, **in anderen Mitgliedstaaten ergangene Entscheidungen** zu kanonischen Ehen anzuerkennen. Portugal darf die Anerkennung versagen, wenn in einem anderen Mitgliedstaat ein staatliches Gericht eine kanonische Ehe aufgehoben hat, obwohl dies gem dem Konkordant den kirchlichen Gerichten vorbehalten sein soll. Weil der Vorbehalt zugunsten des Konkordats indes nicht weiter reicht als dieses selbst, bleibt es bei der Anerkennungspflicht Portugals im Falle der ausländischen Scheidung einer kanonischen Ehe, die auch in Portugal in den Zuständigkeitsbereich der staatlichen Gerichte fiele.

III. Italien, Malta und Spanien (Abs 3 und 4)

5 Anders als in Portugal besteht in Italien, Malta und Spanien eine konkurrierende Zuständigkeit staatlicher und kirchlicher Gerichte für die Aufhebung kanonischer Ehen. Daher müssen diese Staaten im Grundsatz auch die **Aufhebung einer kanonischen Ehe durch ein staatliches Gericht eines anderen Mitgliedstaats** anerkennen. Der Regelungsgehalt der Verweisung in Art 99 Abs 3 Brüssel IIb-VO auf Abs 1 besteht darin, dass die Anerkennung versagt werden kann, wenn die Aufhebung im Ausland auf einen Grund gestützt worden ist, der nach dem jeweiligen Konkordat unzureichend erscheint (vgl Rauscher/Rauscher Art 63 Brüssel IIa-VO Rn 6). Dabei handelt es sich also um eine Ausnahme zu Art 70 Brüssel IIb-VO.

6 Für die zivilrechtliche Wirksamkeit der ebenfalls zulässigen kirchlichen Eheaufhebung ist in Italien, Malta und Spanien eine staatliche Bestätigung nötig (die sog Delibation), wobei die Entscheidungen der kirchlichen Stelle in unterschiedlichem Umfang überprüft werden (vgl zu Italien und Spanien Borrás-Bericht Nr 122 f). Gegenstand der **Anerkennung in anderen Mitgliedstaaten** ist die italienische, maltesische bzw spanische Delibation, wobei es nicht darauf ankommen dürfte, in welchem Staat die dem zugrunde liegende kirchengerichtliche Entscheidung ergangen ist. Die wenig einsichtige Regelung in Art 99 Abs 4 Brüssel IIb-VO betrifft allein die Anerkennung einer kirchengerichtlichen portugiesischen Eheaufhebung in Italien, Malta und Spanien (zur Unstimmigkeit der Bestimmung vgl Rauscher/Rauscher Art 63 Brüssel IIa-VO Rn 8).

Kapitel IX
Schlussbestimmungen

Artikel 100
Übergangsbestimmungen

(1) Diese Verordnung gilt nur für am oder nach dem 1. August 2022 eingeleitete gerichtliche Verfahren, förmlich errichtete oder eingetragene öffentliche Urkunden und eingetragene Vereinbarungen.

(2) Die Verordnung (EG) Nr. 2201/2003 gilt weiter für Entscheidungen in vor dem 1. August 2022 eingeleiteten gerichtlichen Verfahren, für vor dem 1. August 2022 förmlich errichtete oder eingetragene öffentliche Urkunden und für Vereinbarungen, die in dem Mitgliedstaat, in dem sie geschlossen wurden, vor dem 1. August 2022 vollstreckbar geworden sind und in den Anwendungsbereich der genannten Verordnung fallen.

Bis 31. 7. 2022 geltende Regelung: Art 64 Brüssel IIa-VO (s Textanh 2 Rn 3).

Schrifttum

von Bary, Internationales Familienverfahrensrecht im Vereinigten Königreich nach dem Ende des Brexit-Übergangszeitraums, FamRZ 2021, 342

Erb-Klünemann, Die Auswirkungen des Brexits auf das internationale Familienrecht, FamRB 2021, 168

Hodson, Family Law Leaves the UK (2020)

Mankowski, Auswirkungen des Brexit auf das Internationale Familienrecht und das Internationale Familienverfahrensrecht, NZFam 2021, 237

Rademacher, Europäisches Zuständigkeitsrecht vor dem englischen Family Court am Vorabend des Brexits, ZEuP 2021, 162

Rupp, Nachwirkungen des Brexits im Internationalen Familien- und Familienverfahrensrechts, in: Budzikiewicz/Heiderhoff/Klinkhammer/Niethammer-Jürgens (Hrsg), Europa als Taktgeber für das Internationale Familienrecht (2022) 175

Wagner, Justizielle Zusammenarbeit in Zivilsachen nach dem Brexit, IPRax 2021, 2.

Systematische Übersicht

I. Überblick

1 Mit dem Begriff der Geltung („gilt") nimmt Art 100 Abs 1 Brüssel IIb-VO nicht etwa Bezug auf das Inkrafttreten der Verordnung iSv Art 105 Abs 1 Brüssel IIb-VO, sondern auf ihre Anwendbarkeit in **zeitlicher Hinsicht** (wie in Art 105 Abs 2 Brüssel IIb-VO). Dabei geht es insbesondere um die Abgrenzung zum Vorgängerrechtsakt, also der Brüssel IIa-VO (vgl Einl 8 ff zur Brüssel IIb-VO). Die Fortgeltung der Brüssel IIa-VO in Altfällen nach Maßgabe von Art 100 Abs 2 Brüssel IIb-VO (vgl dazu EuGH 15. 11. 2022 – C-646/20 Senatsverwaltung/TB, ECLI:EU:C:2022:879 Rn 13 [in FamRZ 2023, 21 nicht abgedr]) erscheint für die hier interessierenden **Ehesachen**, zu denen die Brüssel IIb-VO kaum ergebnisrelevante Neuerungen gebracht hat, deutlich weniger bedeutsam und problemträchtig als für die in vielerlei Hinsicht modifizierten Regeln über Verfahren zur elterlichen Verantwortung (vgl etwa Brosch GPR 2020, 179, 187, dort zum fraglichen intertemporalen Anwendungsbereich des neuen Rückführungsregimes in Entführungsfällen).

II. Geltungsbeginn der Brüssel IIb-VO (Abs 1)

2 Die Frage, ob ein **gerichtliches Verfahren** in den zeitlichen Anwendungsbereich der Brüssel IIb-VO fällt, hängt gem Abs 1 davon ab, ob es vor oder erst am bzw nach dem 1. 8. 2022 eingeleitet worden ist. Um den **Zeitpunkt der Einleitung** verordnungsautonom zu bestimmen, bietet es sich an, auf die Anrufung des Gerichts iSv **Art 17 Brüssel IIb-VO** abzustellen (Thomas/Putzo/Hüsstege Art 100 Brüssel IIb-VO Rn 2; Geimer/Schütze/Geimer Art 16 EuEheVO Rn 1; ebenso bereits die hM zur Brüssel IIa-VO, vgl die Nachw bei Staudinger/Spellenberg [2015] Art 64 Brüssel IIa-VO Rn 36; Hausmann Rn K 151; zur entsprechenden Diskussion in der EuUntVO beachte Prütting/Helms/Hau EuUntVO Rn 183). Nach Art 17 Brüssel IIb-VO sollte sich konsequenterweise auch richten, ob ein vor dem 1. 8. 2022 eingeleitetes Verfahren, das zunächst ausschließlich auf Bewilligung von Verfahrenskostenhilfe gerichtet ist, bereits eine Verfahrenseinleitung iSv Art 100 Abs 1 Brüssel IIb-VO darstellt (dazu Art 17 Brüssel IIb-VO Rn 9).

3 Im Hinblick auf den zeitlichen Anwendungsbereich von Art 20 Brüssel IIb-VO lässt Art 100 Abs 1 Brüssel IIb-VO offen, ob es im Falle **paralleler Eheverfahren** darauf ankommt, dass beide Verfahren erst am oder nach dem 1. 8. 2022 eingeleitet worden sind. Näher liegt es, Art 20 Brüssel IIb-VO schon dann anzuwenden, wenn wenigstens eines der beiden Verfahren seither eingeleitet wurde, und anderenfalls (entsprechend Art 100 Abs 2 Brüssel IIb-VO) Art 19 Brüssel IIa-VO fortgelten zu lassen.

4 In Abs 1 wird nicht eigens die Selbstverständlichkeit erwähnt, dass die Brüssel IIb-VO auch für die Anerkennung einer **Entscheidung** gilt, die in einem zeitlich bereits von ihr erfassten gerichtlichen Verfahren ergeht. Für die Anerkennung **öffentlicher Urkunden** iSv Art 64 ff Brüssel IIb-VO stellt Art 100 Abs 1 Brüssel IIb-VO auf die förmliche Errichtung oder auf die Eintragung, für **Vereinbarungen** iSv Art 64 ff Brüssel IIb-VO stets die Eintragung ab. Zu den Einzelheiten s Art 2 Brüssel IIb-VO Rn 12 ff.

III. Fortgeltung der Brüssel IIa-VO (Abs 2)

5 Maßgeblich für die in Abs 2 angeordnete Fortgeltung der Brüssel IIa-VO ist in Fällen der **Entscheidungsanerkennung** nicht etwa der Zeitpunkt, in dem die fragliche

Entscheidung ergeht, sondern die Einleitung des ihr zugrundeliegenden gerichtlichen Verfahrens. Bei der Bestimmung dieses Zeitpunkts ist wiederum auf Art 17 Brüssel IIb-VO abzustellen (oben Rn 2). Wurde das Verfahren schon vor dem 1. 8. 2022 eingeleitet, bleibt es nach dem Wortlaut von Abs 2 selbst dann bei der Anwendbarkeit der Brüssel IIa-Anerkennungsregeln, wenn die Entscheidung am oder nach dem 1. 8. 2022 erlassen wird. Für **öffentliche Urkunden** kommt es auf die förmliche Errichtung oder auf die Eintragung (oben Rn 4), für vollstreckbare **Vereinbarungen** allein auf die Eintragung an.

Anwendbar ist bzw bleibt die Brüssel IIa-VO, wie Art 100 Abs 2 Brüssel IIb-VO eigens betont, nur auf solche Entscheidungen, Urkunden und Vereinbarungen, die in ihren Anwendungsbereich fallen. Nicht zu prüfen ist hingegen, auf welche Zuständigkeitsvorschrift die Entscheidung gestützt wurde (anders noch Art 64 Abs 4 Brüssel IIa-VO; dazu EuGH 16. 7. 2009 – C-168/08 Hadadi, FamRZ 2009, 1571 mAnm Kohler). Die Entscheidung, Urkunde bzw Vereinbarung muss in einem Staat ergangen bzw zustande gekommen sein, der zu diesem Zeitpunkt bereits **Mitgliedstaat der EU** war (vgl zum Parallelproblem in der EuUntVO EuGH 15. 4. 2021 – C-729/19 TFK/Department of Justice for Northern Ireland, ECLI:EU:C:2021:275; dazu Mansel/Thorn/Wagner IPRax 2022, 97, 132 f). Dies kann nach wie vor praxisrelevant werden im Verhältnis zu Bulgarien und Rumänien (EU-Beitritte zum 1. 1. 2007) sowie zu Kroatien (EU-Beitritt zum 1. 7. 2013; vgl etwa BGH 3. 4. 2019 – XII ZB 311/17, FamRZ 2019, 996 mAnm Gomille = StAZ 2019, 242 mAnm Helms: dort zur Anerkennung einer kroatischen Scheidung, die bereits vor dem EU-Beitritt Kroatiens erlassen wurde). 6

Wenn Art 100 Abs 2 Brüssel IIb-VO die Fortgeltung der Brüssel IIa-VO anordnet, so bezieht sich dies auch auf die in Art 64 Brüssel IIa-VO enthaltene Überleitungsvorschrift, die ihrerseits zur Maßgeblichkeit der Brüssel II-VO führen kann. Zu den **Überleitungsvorschriften in den Vorgängerrechtsakten**, also hinsichtlich des Geltungsbeginns der Brüssel II-VO und der Brüssel IIa-VO, beachte die Kommentierung bei Staudinger/Spellenberg (2015) Art 64 Brüssel IIa-VO (beachte speziell zu Art 64 Abs 4 Brüssel Ia-VO auch EuGH 16. 7. 2009 – C-168/08 Hadadi, FamRZ 2009, 1571 mAnm Kohler). Weil das Brüssel II-Übk nie in Kraft getreten ist (vgl Einl 5 zur Brüssel IIb-VO), gibt es diesbezüglich auch keine verbindlichen Überleitungsregeln (insoweit missverständlich Erwägungsgrund 90 zur Brüssel IIb-VO). 7

IV. Verhältnis zum Vereinigten Königreich (Brexit)

Das Vereinigte Königreich zählte zwar im Zeitpunkt des Inkrafttretens der Brüssel IIb-VO iSv Art 105 Abs 1 Brüssel IIb-VO am 22. 8. 2019 noch zu den Mitgliedstaaten (vgl Erwägungsgrund 95), aber nicht mehr im Zeitpunkt ihres Geltungsbeginns iSv Art 105 Abs 2 bzw Art 100 Abs 1 Brüssel IIb-VO am 1. 8. 2022: Denn mit Wirkung zum 1. 2. 2020 ist es aus der EU ausgetreten (**Brexit**; s ABl EU 2020 L 29/189), und auch der im Austrittsabkommen v 24. 1. 2020 (ABl EU 2020 L 29/7) vereinbarte Übergangszeitraum endete bereits am 31. 12. 2020 (Art 126). Folglich ist die Brüssel IIb-VO für das Vereinigte Königreich nie anwendbar geworden. 8

Die übergangsrechtliche **Fortgeltung der Brüssel IIa-VO** im Verhältnis zum Vereinigten Königreich bestimmt sich nicht nach Art 100 Abs 2 Brüssel IIb-VO, der nur zwischen Mitgliedstaaten gilt. Maßgeblich ist vielmehr Art 67 Abs 1 lit c, Abs 2 lit b und 9

Abs 3 lit a des Austrittsabkommens v 24. 1. 2020 (beachte zu den internationalverfahrensrechtlichen Auswirkungen des Brexits im Hinblick auf Ehesachen vBARY FamRZ 2021, 342, 343; ERB-KLÜNEMANN FamRB 2021, 168, 169 ff; MANKOWSKI NZFam 2021, 237, 244 ff; RUPP, in: BUDZIKIEWICZ/HEIDERHOFF/KLINKHAMMER/NIETHAMMER-JÜRGENS, 175, 178 ff; WAGNER IPRax 2021, 2, 10 f). Danach bleibt es bei der Verpflichtung zur Anerkennung von Ehescheidungen aus bzw im Vereinigten Königreich gem Art 21 ff Brüssel IIa-VO, sofern das Scheidungsverfahren vor dem Ende des Übergangszeitraums am 31. 12. 2020 eingeleitet worden ist (wobei es sich anbietet, nicht etwa auf die lex fori, sondern auf Art 16 Brüssel IIa-VO abzustellen; **aA** MANKOWSKI NZFam 2021, 237, 240 f); irrelevant ist also wiederum der Zeitpunkt, in dem die Entscheidung ergangen ist. Zur fraglichen Anwendbarkeit bzw dem „Wiederaufleben" des **Deutsch-britischen Abkommens** v 14. 7. 1960 vgl Art 94 Brüssel IIb-VO Rn 4.

V. Deutsches Durchführungsrecht

10 Die Parallelvorschrift zu Art 100 Brüssel IIb-VO im deutschen Durchführungsrecht ist § 55 IntFamRVG idF G v 10. 8. 2021 (BGBl 2021 I 3424).

Artikel 101
Monitoring und Evaluierung

(1) Die Kommission unterbreitet dem Europäischen Parlament, dem Rat und dem Europäischen Wirtschafts- und Sozialausschuss bis zum 2. August 2032 gestützt auf die von den Mitgliedstaaten vorgelegten Informationen einen Bericht über die Ex-post-Evaluierung dieser Verordnung. Dem Bericht wird, falls notwendig, ein Gesetzgebungsvorschlag beigefügt.

(2) Zum 2. August 2025 stellen die Mitgliedstaaten Informationen, die für die Evaluierung des Funktionierens und der Anwendung dieser Verordnung sachdienlich sind, soweit verfügbar auf Anfrage der Kommission zur Verfügung; dabei handelt es sich um

a) die Zahl der Entscheidungen in Ehesachen oder in Verfahren betreffend die elterliche Verantwortung, in denen die Zuständigkeit auf den in dieser Verordnung festgelegten Zuständigkeitsvorschriften beruhte;

b) in Bezug auf die Anträge auf Vollstreckung einer Entscheidung nach Artikel 28 Absatz 2 die Zahl der Fälle, in denen die Vollstreckung nicht innerhalb von sechs Wochen nach Einleitung des Vollstreckungsverfahrens erfolgte;

c) die Zahl der Anträge auf Versagung der Anerkennung einer Entscheidung nach Artikel 40 und die Zahl der Fälle, in denen die Anerkennung versagt wurde;

d) die Zahl der Anträge auf Versagung der Vollstreckung einer Entscheidung nach Artikel 58 und die Zahl der Fälle, in denen die Vollstreckung versagt wurde;

e) die Zahl der nach den Artikeln 61 beziehungsweise 62 eingelegten Rechtsbehelfe.

Bis 31. 7. 2022 geltende Regelung: Art 65 Brüssel IIa-VO (s Textanh 2 Rn 3).

1 Zur Brüssel IIa-VO hat die Kommission ihren bis 1. 1. 2012 fälligen Bericht erst am 15. 4. 2014 vorgelegt (COM[2014] 225), den beizufügenden Gesetzgebungsvorschlag sogar erst am 30. 6. 2016 (COM[2016] 411).

Artikel 102
Mitgliedstaaten mit zwei oder mehr Rechtssystemen

Für einen Mitgliedstaat, in dem die in dieser Verordnung behandelten Fragen in verschiedenen Gebietseinheiten durch zwei oder mehr Rechtssysteme oder Regelwerke geregelt werden, gilt Folgendes:

a) Jede Bezugnahme auf den gewöhnlichen Aufenthalt in diesem Mitgliedstaat betrifft den gewöhnlichen Aufenthalt in einer Gebietseinheit.

b) Jede Bezugnahme auf die Staatsangehörigkeit betrifft die durch die Rechtsvorschriften dieses Mitgliedstaats bezeichnete Gebietseinheit.

c) Jede Bezugnahme auf die Behörde eines Mitgliedstaats betrifft die zuständige Behörde der Gebietseinheit innerhalb dieses Mitgliedstaats.

d) Jede Bezugnahme auf die Vorschriften des ersuchten Mitgliedstaats betrifft die Vorschriften der Gebietseinheit, in der die Zuständigkeit oder Anerkennung geltend gemacht oder die Vollstreckung beantragt wird.

Bis 31. 7. 2022 geltende Regelung: Art 66 Brüssel IIa-VO (s Textanh 2 Rn 3).

1 Die Vorschrift ist, wie ihre Vorgängerregelung, angelehnt an Art 47 KSÜ. Sie ist nur dann anzuwenden, wenn in einem Mitgliedstaat eine **territoriale Rechtsspaltung** gerade hinsichtlich der in der Brüssel IIb-VO geregelten internationalverfahrensrechtlichen Fragen besteht. Dies galt bislang für das Vereinigte Königreich, das allerdings seit dem Brexit nicht mehr Mitgliedstaat der EU ist und für das die Brüssel IIb-VO nicht anwendbar geworden ist (s Art 100 Brüssel IIb-VO Rn 8 f). Spanien verfügt zwar über Partialrechte (Zivilforalrecht), was sich aber, soweit ersichtlich, im Anwendungsbereich der Brüssel IIb-VO nicht auswirkt (vgl auch Rauscher/Rauscher Art 66 Brüssel IIa-VO Rn 2).

Artikel 103
Der Kommission mitzuteilende Angaben

(1) Die Mitgliedstaaten teilen der Kommission Folgendes mit:

a) alle Behörden nach Artikel 2 Absatz 2 Nummer 2 Buchstabe b und Artikel 2 Absatz 2 Nummer 3 und Artikel 74 Absatz 2;

b) die Gerichte und Behörden, die für die Ausstellung der Bescheinigungen nach Artikel 36 Absatz 1 und Artikel 66 zuständig sind, und die Gerichte, die für die Berichtigung der Bescheinigungen nach Artikel 37 Absatz 1, Artikel 48 Absatz 1, Artikel 49 und Artikel 66 Absatz 3 in Verbindung mit Artikel 37 Absatz 1 zuständig sind;

c) die in Artikel 30 Absatz 3, Artikel 52, Artikel 40 Absatz 1, Artikel 58 Absatz 1, Artikel 61 Absatz 2 und Artikel 62 genannten Gerichte sowie die in Artikel 61 Absatz 2 genannten Gerichte;

d) die für die Vollstreckung zuständigen Behörden nach Artikel 52;

e) die in den Artikeln 61 und 62 genannten Rechtsbehelfe;

f) die Namen und Anschriften der Zentralen Behörden gemäß Artikel 76 sowie die technischen Kommunikationsmittel;

g) die in Artikel 82 Absatz 2 genannten Kategorien naher Verwandter, sofern anwendbar;

h) die Sprachen, die gemäß Artikel 91 Absatz 3 für Mitteilungen an die Zentralen Behörden zugelassen sind;

i) die Sprachen, die gemäß Artikel 80 Absatz 3, Artikel 81 Absatz 2, Artikel 82 Absatz 4 und Artikel 91 Absatz 2 für die Übersetzungen zugelassen sind.

(2) Die Mitgliedstaaten teilen der Kommission die in Absatz 1 genannten Angaben bis zum 23. April 2021 mit.

(3) Die Mitgliedstaaten teilen der Kommission alle Änderungen der Angaben nach Absatz 1 mit.

(4) Die in Absatz 1 genannten Angaben werden von der Kommission auf geeignete Weise, insbesondere über das Europäische Justizportal, veröffentlicht.

Bis 31. 7. 2022 geltende Regelung: Art 67 und 68 Brüssel IIa-VO (s Textanh 2 Rn 3).

Zum vorgezogenen zeitlichen Anwendungsbereich von Art 103 Brüssel IIb-VO beachte Art 105 Abs 2 Brüssel IIb-VO. Die Kommission stellt die von den Mitgliedstaaten erhaltenen Angaben im **Europäischen Gerichtsatlas für Zivilsachen** zur Verfügung, der online im Europäischen Justizportal zugänglich ist (https://e-justice.europa.eu/321/DE/european_judicial_atlas_in_civil_matters [dort unter „Brüssel-IIb-Verordnung – Ehesachen und Verfahren betreffend die elterliche Verantwortung (Neufassung)"]). 1

Artikel 104
Aufhebung

(1) Vorbehaltlich des Artikels 100 Absatz 2 der vorliegenden Verordnung wird die Verordnung (EG) Nr. 2201/2003 mit Wirkung vom 1. August 2022 aufgehoben.

(2) Bezugnahmen auf die aufgehobene Verordnung gelten als Bezugnahmen auf die vorliegende Verordnung und sind nach Maßgabe der Entsprechungstabelle in Anhang X zu lesen.

Bis 31. 7. 2022 geltende Regelung: Art 71 Brüssel IIa-VO (s Textanh 2 Rn 3).

Die in Abs 1 vorgesehene **Aufhebung der Brüssel IIa-VO** zum 1. 8. 2022 korrespondiert mit dem in Art 100 Abs 1 Brüssel IIb-VO geregelten Beginn der Anwendbarkeit der Brüssel IIb-VO. Zur Fortgeltung der Brüssel IIa-VO in Altfällen beachte Art 100 Abs 2 Brüssel IIb-VO. 1

Bezugnahmen auf die Brüssel IIa-VO, die fortan gem Art 104 Abs 2 Brüssel IIb-VO auf die Brüssel IIb-VO zu übertragen sind, finden sich etwa in Art 5 EuEheGüVO und in Art 2 Rom III-VO. 2

Die in Art 104 Abs 1 Brüssel IIb-VO erwähnte **Entsprechungstabelle** (Anhang X zur Brüssel IIb-VO) ist mit kleineren Korrekturen wiedergegeben in der Einl 35 zur Brüssel IIb-VO, ergänzt um eine inoffizielle umgekehrte Tabelle. 3

Artikel 105
Inkrafttreten

(1) Diese Verordnung tritt am zwanzigsten Tag nach ihrer Veröffentlichung im Amtsblatt der Europäischen Union in Kraft.

(2) Diese Verordnung gilt ab dem 1. August 2022, mit Ausnahme der Artikel 92, 93 und 103, die ab dem 22. Juli 2019 gelten.

Diese Verordnung ist in allen ihren Teilen verbindlich und gilt gemäß den Verträgen unmittelbar in den Mitgliedstaaten.

Geschehen zu Luxemburg am 25. Juni 2019.

Im Namen des Rates

Der Präsident

A. ANTON

Bis 31. 7. 2022 geltende Regelung: Art 72 Brüssel IIa-VO (s Textanh 2 Rn 3).

1 Die Verordnung wurde im ABl EU L 178/1 vom 2. 7. 2019 veröffentlicht, ist also gem Art 105 Abs 1 Brüssel IIb-VO am 22. 7. 2019 in Kraft getreten. Demgegenüber regelt Abs 2 den **Geltungsbeginn am 1. 8. 2022**, der für den zeitlichen Anwendungsbereich nach Maßgabe von Art 100 Brüssel IIb-VO und die Aufhebung der Brüssel IIa-VO (Art 104 Abs 1 Brüssel IIb-VO) ausschlaggebend ist.

2 Die in das IntFamRVG eingestellten **deutschen Durchführungsregelungen** zur Brüssel IIb-VO sind am 1. 8. 2022, also mit Geltungsbeginn der Verordnung, in Kraft getreten (Art 10 G v 10. 8. 2021, BGBl 2021 I 3424).

Textanhang 1: Anhang I-X der Brüssel IIb-VO

ANHANG I

BESCHEINIGUNG, DIE VOM GERICHT IM ANSCHLUSS AN EINE NUR AUF ARTIKEL 13 ABSATZ 1 BUCHSTABE B ODER ARTIKEL 13 ABSATZ 2 – ODER AUF DIESE BEIDEN BESTIMMUNGEN – DES HAAGER ÜBEREINKOMMENS VON 1980 GESTÜTZTE ENTSCHEIDUNG, DIE RÜCKGABE EINES KINDES IN EINEN ANDEREN MITGLIEDSTAAT ABZULEHNEN, AUSZUSTELLEN IST

Anhang I bezieht sich auf Art 29 Abs 2 Brüssel IIb-VO. Vom Abdruck wurde abgesehen, weil der Anhang Ehesachen nicht betrifft.

ANHANG II

BESCHEINIGUNG ÜBER ENTSCHEIDUNGEN IN EHESACHEN

(Artikel 36 Absatz 1 Buchstabe a der Verordnung (EU) 2019/1111 des Rates[1])

WICHTIG

Auf Antrag einer Partei in Bezug auf eine Entscheidung, mit der die Ehescheidung, die Trennung ohne Auflösung des Ehebandes oder die Ungültigerklärung einer Ehe ausgesprochen wird, von dem der Kommission gemäß Artikel 103 der Verordnung mitgeteilten Gericht eines Ursprungsmitgliedstaats auszustellen.

1. URSPRUNGSMITGLIEDSTAAT[2]*
   Belgien (BE)
   Bulgarien (BG)
   Tschechien (CZ)
   Deutschland (DE)
   Estland (EE)
   Irland (IE)
   Griechenland (EL)
   Spanien (ES)
   Frankreich (FR)
   Kroatien (HR)
   Italien (IT)
   Zypern (CY)
   Lettland (LV)
   Litauen (LT)
   Luxemburg (LU)
   Ungarn (HU)

[1] Verordnung (EU) 2019/1111 des Rates vom 25. Juni 2019 über die Zuständigkeit, die Anerkennung und Vollstreckung von Entscheidungen in Ehesachen und in Verfahren betreffend die elterliche Verantwortung und über internationale Kindesentführungen (ABl. L 178 vom 2. 7. 2019, S 1) (im Folgenden „Verordnung").

[2] Die mit (*) gekennzeichneten Felder müssen ausgefüllt werden.

Malta (MT)
Niederlande (NL)
Österreich (AT)
Polen (PL)
Portugal (PT)
Rumänien (RO)
Slowenien (SI)
Slowakei (SK)
Finnland (FI)
Schweden (SE)
Vereinigtes Königreich (UK)

2. AUSSTELLENDES GERICHT*
2.1 Bezeichnung*
2.2 Anschrift*
2.3 Telefon/Fax/E-Mail*
3. GERICHT, DAS DIE ENTSCHEIDUNG ERLASSEN HAT (wenn es sich nicht um das gleiche Gericht handelt)
3.1 Bezeichnung
3.2 Anschrift
4. ENTSCHEIDUNG*
4.1 Datum (TT/MM/JJJJ)*
4.2 Aktenzeichen*
4.3 Art der Entscheidung*
4.3.1 Scheidung
4.3.2 Ungültigerklärung der Ehe
4.3.3 Trennung ohne Auflösung des Ehebandes
5. ANGABEN ZUR EHE*
5.1 Ehegatten*
5.1.1
5.1.1.1 Name(n)*
5.1.1.2 Vorname(n)*
5.1.1.3 Geburtsdatum (TT/MM/JJJJ)*
5.1.1.4 Geburtsort
5.1.1.5 Identitätsnummer oder Sozialversicherungsnummer (sofern vorhanden und bekannt)
5.1.1.6 Anschrift (soweit bekannt)
5.1.1.6.1 wie in der Entscheidung … angegeben
5.1.1.6.2 alle zusätzlichen Angaben (beispielsweise eine abweichende aktuelle Anschrift) …
5.1.2
5.1.2.1 Name(n)*
5.1.2.2 Vorname(n)*
5.1.2.3 Geburtsdatum (TT/MM/JJJJ)*
5.1.2.4 Geburtsort
5.1.2.5 Identitätsnummer oder Sozialversicherungsnummer (sofern vorhanden und bekannt)
5.1.2.6 Anschrift (soweit bekannt)
5.1.2.6.1 wie in der Entscheidung … angegeben
5.1.2.6.2 alle zusätzlichen Angaben (beispielsweise eine abweichende aktuelle Anschrift) …
5.2. Datum, Land und Ort der Eheschließung*
5.2.1 Datum (TT/MM/JJJJ)*
5.2.2 Land*

5.2.3 Ort (falls bekannt)
6. DIE ENTSCHEIDUNG ERGING IM VERSÄUMNISVERFAHREN*
6.1 Nein
6.2 Ja
6.2.1 Nicht erschienene Partei wie in Nummer … angegeben (bitte ausfüllen)
6.2.2 Dieser Partei wurde das verfahrenseinleitende Dokument oder eine gleichwertige Unterlage zugestellt:
6.2.2.1 Nein
6.2.2.2 Dem Gericht nicht bekannt
6.2.2.3 Ja
6.2.2.3.1 Datum der Zustellung (TT/MM/JJJJ)*
7. GEGEN DIE ENTSCHEIDUNG KÖNNEN NACH DEM RECHT DES URSPRUNGSMITGLIEDSTAATS WEITERE RECHTSBEHELFE EINGELEGT WERDEN*
7.1 Nein
7.2 Ja
8. DATUM DER RECHTSWIRKSAMKEIT IN DEM MITGLIEDSTAAT, IN DEM DIE ENTSCHEIDUNG ERGING (TT/MM/JJJJ)*
9. NAME(N) DER PARTEI(EN), DER (DENEN) PROZESSKOSTENHILFE GEMÄß ARTIKEL 74 ABSATZ 1 DER VERORDNUNG GEWÄHRT WURDE
9.1 Partei(en)
9.1.1 wie in Nummer 5.1.1 angegeben
9.1.2 wie in Nummer 5.1.2 angegeben
10. KOSTEN UND AUSLAGEN DES VERFAHRENS[3]
10.1 Die Entscheidung betrifft auch Verfahren betreffend die elterliche Verantwortung, und die Informationen über die Kosten im Zusammenhang mit den Verfahren nach dieser Verordnung werden nur in der Bescheinigung zu Entscheidungen in Verfahren betreffend die elterliche Verantwortung bereitgestellt.
10.2 Die Entscheidung sieht Folgendes vor:[4]
… Name(n)*
…Vorname(n)*
hat an
…Name(n)*
…Vorname(n)*
folgenden Betrag zu zahlen :…
Euro (EUR)
Bulgarischer Lev (BGN)
Kroatische Kuna (HRK)
Tschechische Krone (CZK)
Ungarischer Forint (HUF)
Polnischer Zloty (PLN)
Pfund Sterling (GBP)
Rumänischer Leu (RON)
Schwedische Krone (SEK)

[3] Dieser Punkt betrifft auch Fälle, in denen die Kosten Gegenstand einer gesonderten Entscheidung sind. Der bloße Umstand, dass der Betrag der Kosten noch nicht festgelegt worden ist, hindert das Gericht nicht daran, die Bescheinigung auszustellen, wenn eine Partei die Anerkennung des inhaltlichen Teils der Entscheidung anstrebt.

[4] Wenn mehr als einer Partei auferlegt wurde, die Kosten zu tragen, bitte zusätzliches Blatt beifügen.

Sonstige (bitte angeben (ISO-Code))

10.3 Etwaige weitere sachdienliche Angaben (beispielsweise: Festbetrag oder Prozentsatz; festgesetzte Zinsen; geteilte Kosten; wurden mehr als einer Partei die Kosten aufgegeben, Angabe, ob eine von ihnen für den gesamten Betrag in Anspruch genommen werden kann): …

Geschehen zu … am … (TT/MM/JJJJ)

Unterschrift und/oder Dienstsiegel

ANHANG III

BESCHEINIGUNG ÜBER ENTSCHEIDUNGEN IN VERFAHREN BETREFFEND DIE ELTERLICHE VERANTWORTUNG

Anhang III bezieht sich auf Art 36 Abs 1 lit b Brüssel IIb-VO. Vom Abdruck wurde abgesehen, weil der Anhang Ehesachen nicht betrifft.

ANHANG IV

BESCHEINIGUNG ÜBER ENTSCHEIDUNGEN, IN DENEN DIE RÜCKGABE DES KINDES IN EINEN ANDEREN MITGLIEDSTAAT GEMÄß DEM HAAGER ÜBEREINKOMMEN VON 1980 (1) UND ETWAIGE MIT IHNEN VERBUNDENE EINSTWEILIGE MASSNAHMEN – EINSCHLIESSLICH SCHUTZMASSNAHMEN – GEMÄß ARTIKEL 27 ABSATZ 5 DER VERORDNUNG ANGEORDNET WERDEN

Anhang IV bezieht sich auf Art 36 Abs 1 lit c Brüssel IIb-VO. Vom Abdruck wurde abgesehen, weil der Anhang Ehesachen nicht betrifft.

ANHANG V

BESCHEINIGUNG ÜBER BESTIMMTE ENTSCHEIDUNGEN ÜBER DAS UMGANGSRECHT

Anhang V bezieht sich auf Art 42 Abs 1 lit a und Art 47 Abs 1 lit a Brüssel IIb-VO. Vom Abdruck wurde abgesehen, weil der Anhang Ehesachen nicht betrifft.

ANHANG VI

BESCHEINIGUNG ÜBER NACH ARTIKEL 29 ABSATZ 6 DER VERORDNUNG ERGANGENE SORGERECHTSENTSCHEIDUNGEN, DIE DIE RÜCKGABE DES KINDES ZUR FOLGE HABEN

Anhang VI bezieht sich auf Art 29 Abs 6, Art 42 Abs 1 lit b und Art 47 Abs 1 lit b Brüssel IIb-VO. Vom Abdruck wurde abgesehen, weil der Anhang Ehesachen nicht betrifft.

ANHANG VII

BESCHEINIGUNG ÜBER DIE AUSSETZUNG ODER EINSCHRÄNKUNG DER VOLLSTRECKBARKEIT BESTIMMTER GEMÄß ARTIKEL 47 DER VERORDNUNG BESCHEI-

NIGTER ENTSCHEIDUNGEN, MIT DENEN EIN UMGANGSRECHT EINGERÄUMT WIRD ODER DIE DIE RÜCKGABE DES KINDES ZUR FOLGE HABEN

Anhang VII bezieht sich auf Art 49 Brüssel IIb-VO. Vom Abdruck wurde abgesehen, weil der Anhang Ehesachen nicht betrifft.

ANHANG VIII

BESCHEINIGUNG ÜBER EINE ÖFFENTLICHE URKUNDE ODER EINE VEREINBARUNG ÜBER DIE EHESCHEIDUNG ODER DIE TRENNUNG OHNE AUFLÖSUNG DES EHEBANDES

(Artikel 66 Absatz 1 Buchstabe a der Verordnung (EU) 2019/1111 des Rates[1])

WICHTIG

Nur auf Antrag einer Partei auszustellen, wenn der Mitgliedstaat, der die Behörde oder andere Stelle zur förmlichen Errichtung oder Eintragung der öffentlichen Urkunde oder zur Eintragung der Vereinbarung ermächtigt hat, gemäß Kapitel II Abschnitt 1 der Verordnung wie in Nummer 2 angegeben zuständig war und die öffentliche Urkunde oder die Vereinbarung in diesem Mitgliedstaat rechtsverbindliche Wirkung wie in den Nummern 7.5 oder 8.4 angegeben hat.

1. URSPRUNGSMITGLIEDSTAAT*[2]
   Belgien (BE)
   Bulgarien (BG)
   Tschechien (CZ)
   Deutschland (DE)
   Estland (EE)
   Irland (IE)
   Griechenland (EL)
   Spanien (ES)
   Frankreich (FR)
   Kroatien (HR)
   Italien (IT)
   Zypern (CY)
   Lettland (LV)
   Litauen (LT)
   Luxemburg (LU)
   Ungarn (HU)
   Malta (MT)
   Niederlande (NL)
   Österreich (AT)

[1] Verordnung (EU) 2019/1111 des Rates vom 25. Juni 2019 über die Zuständigkeit, die Anerkennung und Vollstreckung von Entscheidungen in Ehesachen und in Verfahren betreffend die elterliche Verantwortung und über internationale Kindesentführungen (ABl. L 178 vom 2. 7. 2019, S 1) (im Folgenden „Verordnung").

[2] Die mit (*) gekennzeichneten Felder müssen ausgefüllt werden.

Polen (PL)
Portugal (PT)
Rumänien (RO
Slowenien (SI)
Slowakei (SK)
Finnland (FI)
Schweden (SE)
Vereinigtes Königreich (UK)

2. DER URSPRUNGSMITGLIEDSTAAT WAR GEMÄß KAPITEL II ABSCHNITT 1 DER VERORDNUNG ZUSTÄNDIG*
2.1 Ja
3. GERICHT ODER ZUSTÄNDIGE BEHÖRDE, DAS/DIE DIE BESCHEINIGUNG AUSSTELLT*
3.1 Bezeichnung*
3.2 Anschrift*
3.3 Telefon/Fax/E-Mail*
4. ART DES SCHRIFTSTÜCKS*
4.1 Öffentliche Urkunde (dann bitte Nummer 7 ausfüllen)
4.2 Vereinbarung (dann bitte Nummer 8 ausfüllen)
5. GEGENSTAND DER ÖFFENTLICHEN URKUNDE ODER DER VEREINBARUNG*
5.1 Ehescheidung
5.2 Trennung ohne Auflösung des Ehebandes
6. ANGABEN ZUR EHE*
6.1 Ehegatten*
6.1.1
6.1.1.1 Name(n)*
6.1.1.2 Vorname(n)*
6.1.1.3 Geburtsdatum (TT/MM/JJJJ)*
6.1.1.4 Geburtsort
6.1.1.5 Identitätsnummer oder Sozialversicherungsnummer (sofern vorhanden und bekannt)
6.1.1.6 Anschrift (soweit bekannt)
6.1.1.6.1 wie in der öffentlichen Urkunde oder der Vereinbarung angegeben …
6.1.1.6.2 alle zusätzlichen Angaben (beispielsweise eine abweichende aktuelle Anschrift) …
6.1.2
6.1.2.1 Name(n)*
6.1.2.2 Vorname(n)*
6.1.2.3 Geburtsdatum (TT/MM/JJJJ)*
6.1.2.4 Geburtsort
6.1.2.5 Identitätsnummer oder Sozialversicherungsnummer (sofern vorhanden und bekannt)
6.1.2.6 Anschrift (soweit bekannt)
6.1.2.6.1 wie in der öffentlichen Urkunde oder der Vereinbarung angegeben …
6.1.2.6.2 alle zusätzlichen Angaben (beispielsweise eine abweichende aktuelle Anschrift) …
6.2 Datum, Land und Ort der Eheschließung*
6.2.1 Datum (TT/MM/JJJJ)*
6.2.2 Land*
6.2.3 Ort (falls bekannt)
7. ÖFFENTLICHE URKUNDE
7.1 Behörde oder andere zu diesem Zweck befugte Stelle, die die öffentliche Urkunde errichtet

oder eingetragen hat (falls nicht identisch mit dem in Nummer 3 angegebenen Gericht oder der dort angegebenen zuständigen Behörde)

7.1.1 Bezeichnung

7.1.2 Anschrift

7.2 Datum (TT/MM/JJJJ), an dem die öffentliche Urkunde durch die in Nummer 3 oder in Nummer 7.1 genannte Behörde errichtet wurde

7.3 Nummer der öffentlichen Urkunde (falls zutreffend)

7.4 Datum (TT/MM/JJJJ), an dem die öffentliche Urkunde im Ursprungsmitgliedstaat eingetragen wurde (falls nicht identisch mit dem in Nummer 7.2 angegebenen Datum)

7.4.1 Nummer der Eintragung (falls zutreffend)

7.5 Datum (TT/MM/JJJJ), ab dem die öffentliche Urkunde im Ursprungsmitgliedstaat rechtsverbindlich ist

8. VEREINBARUNG

8.1 Behörde, die die Vereinbarung eingetragen hat (falls nicht identisch mit dem in Nummer 3 angegebenen Gericht oder der dort angegebenen zuständigen Behörde)

8.1.1 Bezeichnung

8.1.2 Anschrift

8.2 Datum (TT/MM/JJJJ) der Vereinbarung

8.3 Nummer der Eintragung (falls zutreffend)

8.3 Datum (TT/MM/JJJJ), ab dem die Vereinbarung im Ursprungsmitgliedstaat rechtsverbindliche Wirkung hat

Geschehen zu … am … (TT/MM/JJJJ)

Unterschrift und/oder Dienstsiegel

ANHANG IX

BESCHEINIGUNG ÜBER EINE ÖFFENTLICHE URKUNDE ODER VEREINBARUNG IN VERFAHREN BETREFFEND DIE ELTERLICHE VERANTWORTUNG

Anhang IX bezieht sich auf Art 66 Abs 1 lit b Brüssel IIb-VO. Vom Abdruck wurde abgesehen, weil der Anhang Ehesachen nicht betrifft.

ANHANG X

Entsprechungstabelle

Anhang X enthält eine von der neuen Zählung ausgehende Entsprechungstabelle der Brüssel IIb-VO zur Brüssel IIa-VO. Diese ist mit kleineren Korrekturen wiedergegeben in Einl 35 zur Brüssel IIb-VO, ergänzt um eine inoffizielle umgekehrte Tabelle (neu/alt).

Textanhang 2: Vorgänger der Brüssel IIb-VO

Systematische Übersicht

1. Brüssel II-Übereinkommen*

1 **Übereinkommen aufgrund von Artikel K.3 des Vertrags über die Europäische Union über die Zuständigkeit und die Anerkennung und Vollstreckung von Entscheidungen in Ehesachen**

Die hohen Vertragsparteien dieses Übereinkommens, Mitgliedstaaten der Europäischen Union –

unter Bezugnahme auf den Rechtsakt des Rates vom 28. Mai 1998 über die Ausarbeitung des Übereinkommens aufgrund von Artikel K.3 des Vertrags über die Europäische Union über die Zuständigkeit und die Anerkennung und Vollstreckung von Entscheidungen in Ehesachen,

in dem Wunsch, Regeln für die gerichtliche Zuständigkeit in den Mitgliedstaaten bei Verfahren betreffend die Ehescheidung, die Trennung ohne Auflösung des Ehebandes oder die Ungültigerklärung einer Ehe festzulegen,

in dem Bewusstsein, daß auch Zuständigkeitsregeln hinsichtlich der elterlichen Verantwortung für die gemeinsamen Kinder der Ehegatten aus Anlaß von Verfahren mit dem Ziel der Auflösung oder Lockerung des Ehebandes festgelegt werden sollten,

in dem Bestreben, für die Vereinfachung der Förmlichkeiten zu sorgen, die bei der Anerkennung und Vollstreckung der betreffenden Entscheidungen im europäischen Rechtsraum einzuhalten sind,

unter Berücksichtigung der Grundsätze, auf denen das am 27. September 1968 in Brüssel unterzeichnete Übereinkommen über die gerichtliche Zuständigkeit und die Vollstreckung gerichtlicher Entscheidungen in Zivil- und Handelssachen beruht,

in der Erwägung, daß in den aufgrund von Artikel K.3 des Vertrags über die Europäische Union ausgearbeiteten Übereinkommen gemäß Artikel K.3 Absatz 2 Buchstabe c) dieses Vertrags vorgesehen werden kann, daß der Gerichtshof der Europäischen Gemeinschaften für die Auslegung der darin enthaltenen Bestimmungen zuständig ist, wobei entsprechende Einzelheiten in diesen Übereinkommen festgelegt werden können -

sind wie folgt übereingekommen:

* ABl C 221 vom 16. 7. 1998, S 1.

Titel I
Anwendungsbereich

Artikel 1

(1) Dieses Übereinkommen ist anzuwenden auf

a) zivilgerichtliche Verfahren, die die Ehescheidung, die Trennung oder Auflösung des Ehebandes oder die Ungültigerklärung einer Ehe betreffen;

b) die elterliche Verantwortung für die gemeinsamen Kinder der Ehegatten betreffende zivilgerichtliche Verfahren aus Anlaß der unter Buchstabe a) genannten Verfahren in Ehesachen.

(2) Gerichtlichen Verfahren stehen andere in einem Mitgliedstaat amtlich anerkannte Verfahren gleich. Der Begriff „Gericht" schließt alle in Ehesachen zuständigen Behörden der Mitgliedstaaten ein.

Titel II
Gerichtliche Zuständigkeit

Erster Abschnitt
Allgemeine Bestimmungen

Artikel 2
Ehescheidung, Trennung oder Auflösung des Ehebandes und Ungültigerklärung einer Ehe

(1) Für Entscheidungen, die die Ehescheidung, die Trennung ohne Auflösung des Ehebandes oder die Ungültigerklärung einer Ehe betreffen, sind die Gerichte des Mitgliedstaats zuständig,

a) in dessen Hoheitsgebiet

- beide Ehegatten ihren gewöhnlichen Aufenthalt haben oder
- die Ehegatten zuletzt beide ihren gewöhnlichen Aufenthalt hatten, sofern einer von ihnen dort noch seinen gewöhnlichen Aufenthalt hat, oder
- der Antragsgegner seinen gewöhnlichen Aufenthalt hat oder
- im Falle eines gemeinsamen Antrags einer der Ehegatten seinen gewöhnlichen Aufenthalt hat oder
- der Antragsteller seinen gewöhnlichen Aufenthalt hat, wenn er sich dort seit mindestens einem Jahr unmittelbar vor Antragstellung aufgehalten hat, oder
- der Antragsteller seinen gewöhnlichen Aufenthalt hat, wenn er sich dort seit mindestens sechs Monaten unmittelbar vor Antragstellung aufgehalten hat und entweder Staatsangehöriger des betreffenden Mitgliedstaats ist oder seinen Wohnsitz dort hat,

b) dessen Staatsangehörigkeit beide Ehegatten besitzen oder in dem sie auf Dauer ihren gemeinsamen Wohnsitz genommen haben.

(2) Jeder Mitgliedstaat gibt bei der Notifizierung nach Artikel 47 Absatz 2 in einer Erklärung an, ob er im Rahmen von Absatz 1 das Kriterium der Staatsangehörigkeit oder das des Wohnsitzes anwendet.

(3) Für die Zwecke dieses Übereinkommens ist der Begriff „Wohnsitz" gleichbedeutend mit dem Begriff „domicile" des britischen und des irischen Rechts.

Artikel 3
Elterliche Verantwortung

(1) Die Gerichte des Mitgliedstaats, in dem nach Artikel 2 über einen Antrag auf Ehescheidung, Trennung ohne Auflösung des Ehebandes oder Ungültigerklärung einer Ehe zu entscheiden ist, sind zuständig für alle Entscheidungen, die die elterliche Verantwortung für ein gemeinsames Kind der beiden Ehegatten betreffen, wenn dieses Kind seinen gewöhnlichen Aufenthalt in diesem Mitgliedstaat hat.

(2) Hat das Kind seinen gewöhnlichen Aufenthalt nicht in dem in Absatz 1 genannten Mitgliedstaat, so sind die Gerichte dieses Staates für diese Entscheidungen zuständig, wenn das Kind seinen gewöhnlichen Aufenthalt in einem der Mitgliedstaaten hat und

a) zumindest einer der Ehegatten die elterliche Verantwortung für das Kind hat und

b) die Zuständigkeit der betreffenden Gerichte von den Ehegatten anerkannt worden ist und im Einklang mit dem Wohl des Kindes steht.

(3) Die Zuständigkeit gemäß den Absätzen 1 und 2 endet,

a) sobald die stattgebende oder abweisende Entscheidung über den Antrag auf Ehescheidung, Trennung ohne Auflösung des Ehebandes oder Ungültigerklärung einer Ehe rechtskräftig geworden ist oder aber

b) in den Fällen, in denen zu dem unter Buchstabe a) genannten Zeitpunkt noch ein Verfahren betreffend die elterliche Verantwortung anhängig ist, sobald die Entscheidung in diesem Verfahren rechtskräftig geworden ist oder aber

c) sobald die unter den Buchstaben a) und b) genannten Verfahren aus einem anderen Grund beendet worden sind.

Artikel 4
Kindesentführung

Die nach Maßgabe von Artikel 3 zuständigen Gerichte haben ihre Zuständigkeit im Einklang mit den Bestimmungen des Haager Übereinkommens vom 25. Oktober 1980 über die zivilrechtlichen Aspekte internationaler Kindesentführung, insbesondere dessen Artikel 3 und 16, auszuüben.

Artikel 5
Gegenantrag

Das Gericht, bei dem ein Antrag auf der Grundlage der Artikel 2 bis 4 anhängig ist, ist auch für einen Gegenantrag zuständig, sofern dieser in den Anwendungsbereich des Übereinkommens fällt.

Artikel 6
Umwandlung einer Trennung ohne Auflösung des Ehebandes in eine Ehescheidung

Unbeschadet des Artikels 2 ist das Gericht eines Mitgliedstaats, das eine Entscheidung über eine Trennung ohne Auflösung des Ehebandes erlassen hat, auch für die Umwandlung dieser Entscheidung in eine Ehescheidung zuständig, sofern dies im Recht dieses Mitgliedstaats vorgesehen ist.

Artikel 7
Ausschließlicher Charakter der Zuständigkeiten nach den Artikeln 2 bis 6

Gegen einen Ehegatten, der

a) seinen gewöhnlichen Aufenthalt im Hoheitsgebiet eines Mitgliedstaats hat oder

b) Staatsangehöriger eines Mitgliedstaats ist oder seinen Wohnsitz im Sinne von Artikel 2 Absatz 2 in einem Mitgliedstaat hat,

darf ein Verfahren vor den Gerichten eines anderen geführt werden.

Artikel 8
Restzuständigkeiten

(1) Soweit sich aus den Artikeln 2 bis 6 keine Zuständigkeit eines Gerichts eines Mitgliedstaats ergibt, bestimmt sich die Zuständigkeit in jedem Mitgliedstaat nach dessen eigenem Recht.

(2) Jeder Staatsangehörige eines Mitgliedstaats, der seinen gewöhnlichen Aufenthalt im Hoheitsgebiet eines anderen Mitgliedstaats hat, kann die in diesem Staat geltenden Zuständigkeitsvorschriften wie ein Inländer gegenüber einem Antragsgegner geltend machen, wenn dieser weder seinen gewöhnlichen Aufenthalt im Hoheitsgebiet eines Mitgliedstaats hat noch im Sinne von Artikel 2 Absatz 2 die Staatsangehörigkeit eines Mitgliedstaats besitzt oder seinen Wohnsitz in einem Mitgliedstaat hat.

Zweiter Abschnitt
Prüfung der Zuständigkeit und der Zulässigkeit des Verfahrens

Artikel 9
Prüfung der Zuständigkeit

Das Gericht eines Mitgliedstaats hat sich von Amts wegen für unzuständig zu erklären, wenn es in einer Sache angerufen wird, für die es nach diesem Übereinkommen keine Zuständigkeit hat und für die das Gericht eines anderen Mitgliedsstaats aufgrund dieses Übereinkommens zuständig ist.

Artikel 10
Prüfung der Zulässigkeit des Verfahrens

(1) Läßt sich der Antragsgegner auf das Verfahren nicht ein, so hat das zuständige Gericht das Verfahren so lange auszusetzen, bis festgestellt ist, daß es dem Antragsgegner möglich war, das verfahrenseinleitende Schriftstück oder ein gleichwertiges Schriftstück so rechtzeitig zu empfangen, daß er sich verteidigen konnte, oder daß alle hierzu erforderlichen Maßnahmen getroffen worden sind.

(2) An die Stelle von Absatz 1 tritt Artikel 19 des Übereinkommens vom 26. Mai 1997 über die Zustellung gerichtlicher und außergerichtlicher Schriftstücke in Zivil- oder Handelssachen in den Mitgliedstaaten der Europäischen Union, wenn das verfahrenseinleitende Schriftstück gemäß dem erwähnten Übereinkommen zu übermitteln war.

Dritter Abschnitt
Rechtshängigkeit und abhängige Verfahren

Artikel 11

(1) Werden bei Gerichten verschiedener Mitgliedstaaten Anträge wegen desselben Anspruchs zwischen denselben Parteien gestellt, so setzt das später angerufene Gericht das Verfahren von Amts wegen aus, bis die Zuständigkeit des zuerst angerufenen Gerichts geklärt ist.

(2) Werden bei Gerichten verschiedener Mitgliedstaaten Anträge auf Ehescheidung, Trennung ohne Auflösung des Ehebandes oder Ungültigerklärung einer Ehe, die nicht denselben Anspruch betreffen, zwischen denselben Parteien gestellt, so setzt das später angerufene Gericht das Verfahren von Amts wegen aus, bis die Zuständigkeit des zuerst angerufenen Gerichts geklärt ist.

(3) Sobald die Zuständigkeit des zuerst angerufenen Gerichts feststeht, erklärt sich das später angerufene Gericht zugunsten dieses Gerichts für unzuständig.

In diesem Fall kann der Antragsteller, der den Antrag bei dem später angerufenen Gericht gestellt hat, diesen Antrag dem zuerst angerufenen Gericht vorlegen.

Vierter Abschnitt
Einstweilige Massnahmen einschliesslich Sicherungsmassnahmen

Artikel 12

In dringenden Fällen können die Gerichte eines Mitgliedstaats ungeachtet der Bestimmungen dieses Übereinkommens die nach dem Recht dieses Mitgliedstaats vorgesehenen einstweiligen Maßnahmen einschließlich Sicherungsmaßnahmen in bezug auf in diesem Staat befindliche Personen oder Güter auch dann ergreifen, wenn für die Entscheidung in der Hauptsache gemäß diesem Übereinkommen ein Gericht eines anderen Mitgliedstaats zuständig ist.

Titel III
Anerkennung und Vollstreckung

Artikel 13
Bedeutung des Begriffs „Entscheidung“

(1) Unter „Entscheidung“ im Sinne dieses Übereinkommens ist jede von einem Gericht eines Mitgliedstaats erlassene Entscheidung über die Ehescheidung, die Trennung ohne Auflösung des Ehebandes oder die Ungültigerklärung einer Ehe sowie jede aus Anlaß eines solchen Verfahrens in Ehesachen ergangene Entscheidung über die elterliche Verantwortung der Ehegatten zu verstehen, ohne Rücksicht auf die Beziehung der jeweiligen Entscheidung, wie Urteil oder Beschluß.

(2) Die Bestimmungen eines Titels gelten auch für die Festsetzung der Kosten für die nach diesem Übereinkommen eingeleiteten Verfahren und die Vollstreckung eines Kostenfestsetzungsbeschlusses.

(3) Für die Zwecke der Durchführung dieses Übereinkommens werden öffentliche Urkunden, die in einem Mitgliedstaat aufgenommen und vollstreckbar sind, sowie vor einem Richter im Laufe eines Verfahrens geschlossene Vergleiche, die in dem Mitgliedstaat, in dem sie zustande gekommen sind, vollstreckbar sind, unter denselben Bedingungen wie die in Absatz 1 genannten Entscheidungen anerkannt und für vollstreckbar erklärt.

Erster Abschnitt
Anerkennung

Artikel 14
Anerkennung einer Entscheidung

(1) Die in einem Mitgliedstaat ergangenen Entscheidungen werden in den anderen Mitgliedstaaten anerkannt, ohne daß es hierfür eines besonderen Verfahrens bedarf.

(2) Insbesondere bedarf es unbeschadet des Absatzes 3 keines besonderen Verfahrens für die Beischreibung in den Personenstandsbüchern eines Mitgliedstaats auf der Grundlage einer in einem anderen Mitgliedstaat ergangenen Entscheidung über Ehescheidung, Trennung ohne Auflösung des Ehebandes oder Ungültigerklärung einer Ehe, gegen die nach dessen Recht keine weiteren Rechtsbehelfe eingelegt werden können.

(3) Jede Partei, die ein Interesse hat, kann im Rahmen der Verfahren nach dem zweiten und dritten Abschnitt dieses Titels die Feststellung beantragen, daß eine Entscheidung anzuerkennen oder nicht anzuerkennen ist.

(4) Ist in einem Rechtsstreit vor einem Gericht eines Mitgliedstaats die Frage der Anerkennung einer Entscheidung als Vorfrage zu klären, so kann dieses Gericht hierüber befinden.

Artikel 15
Gründe für die Nichtanerkennung einer Entscheidung

(1) Eine Entscheidung, die die Ehescheidung, die Trennung ohne Auflösung des Ehebandes oder die Ungültigerklärung einer Ehe betrifft, wird nicht anerkannt,

a) wenn die Anerkennung der öffentlichen Ordnung (ordre public) des Mitgliedstaats, in dem sie beantragt wird, offensichtlich widerspricht;

b) wenn dem Antragsgegner, der sich auf das Verfahren nicht eingelassen hat, das verfahrenseinleitende Schriftstück oder ein gleichwertiges Schriftstück nicht ordnungsgemäß oder nicht so rechtzeitig zugestellt worden ist, daß er sich verteidigen konnte, es sei denn, es wird festgestellt, daß er mit der Entscheidung eindeutig einverstanden ist;

c) wenn die Entscheidung mit einer Entscheidung unvereinbar ist, die in einem Verfahren zwischen denselben Parteien in dem Mitgliedstaat, in dem die Anerkennung beantragt wird, ergangen ist;

d) wenn die Entscheidung mit einer früheren Entscheidung unvereinbar ist, die in einem anderen Mitgliedstaat oder in einem Nichtmitgliedstaat zwischen denselben Parteien ergangen ist, sofern die frühere Entscheidung die notwendigen Voraussetzungen für ihre Anerkennung in dem Mitgliedstaat erfuellt, in dem die Anerkennung beantragt wird.

(2) Eine Entscheidung betreffend die elterliche Verantwortung, die aus Anlaß der in Artikel 13 genannten Verfahren in Ehesachen ergangen ist, wird nicht anerkannt,

a) wenn die Anerkennung der öffentlichen Ordnung (ordre public) des Mitgliedstaats, in dem sie beantragt wird, offensichtlich widerspricht, wobei das Wohl des Kindes zu berücksichtigen ist;

b) wenn die Entscheidung – ausgenommen in dringenden Fällen – ergangen ist, ohne daß das Kind die Möglichkeit hatte, gehört zu werden, und damit wesentliche verfahrensrechtliche Grundsätze des Mitgliedstaats, in dem die Anerkennung beantragt wird, verletzt werden;

c) wenn der betreffenden Person, die sich auf das Verfahren nicht eingelassen hat, das verfahrenseinleitende Schriftstück oder ein gleichwertiges Schriftstück nicht ordnungsgemäß oder nicht so rechtzeitig zugestellt worden ist, daß sie sich verteidigen konnte, es sei denn, es wird festgestellt, daß sie mit der Entscheidung eindeutig einverstanden ist;

d) wenn eine Person dies mit der Begründung beantragt, daß die Entscheidung in ihre elterliche Verantwortung eingreift, falls die Entscheidung ergangen ist, ohne daß die Person die Möglichkeit hatte, gehört zu werden;

e) wenn die Entscheidung mit einer späteren Entscheidung betreffend die elterliche Verantwortung unvereinbar ist, die in dem Mitgliedstaat, in dem die Anerkennung beantragt wird, ergangen ist; oder

f) wenn die Entscheidung mit einer späteren Entscheidung betreffend die elterliche Verantwortung unvereinbar ist, die in einem anderen Mitgliedstaat oder in dem Nichtmitgliedstaat, in dem das Kind seinen gewöhnlichen Aufenthalt hat, ergangen ist, sofern die spätere Entscheidung die notwendigen Voraussetzungen für ihre Anerkennung in dem Mitgliedstaat erfuellt, in dem die Anerkennung beantragt wird.

Artikel 16
Nichtanerkennung und Tatsachenfeststellungen

(1) Eine Entscheidung wird ferner nicht anerkannt, wenn ein Fall des Artikels 43 vorliegt.

(2) Das Gericht des Mitgliedstaats, in dem die Anerkennung beantragt wird, ist in einem Fall nach Absatz 1 bei der Prüfung der Zuständigkeit an die Tatsachenfeststellungen gebunden, aufgrund deren das Gericht des Ursprungsmitgliedstaats seine Zuständigkeit angenommen hat.

(3) Unbeschadet des Absatzes 1 darf die Zuständigkeit des Gerichts des Ursprungsmitgliedstaats nicht nachgeprüft werden. Die Überprüfung der Vereinbarkeit mit der öffentlichen Ordnung (ordre public) gemäß Artikel 15 Absatz 1 Buchstabe a) und Absatz 2 Buchstabe a) darf sich nicht auf die in den Artikeln 2 bis 8 vorgesehenen Vorschriften über die Zuständigkeit erstrecken.

Artikel 17
Unterschiede beim anzuwendenden Recht

Die Anerkennung einer Entscheidung, die die Ehescheidung, die Trennung ohne Auflösung des Ehebandes oder die Ungültigerklärung einer Ehe betrifft, darf nicht deshalb abgelehnt werden, weil eine Ehescheidung, Trennung ohne Auflösung des Ehebandes oder Ungültigerklärung einer Ehe nach dem Recht des Mitgliedstaats, in dem die Anerkennung beantragt wird, unter Zugrundelegung desselben Sachverhalts nicht zulässig wäre.

Artikel 18
Ausschluß einer Nachprüfung in der Sache

Die Entscheidung darf keinesfalls in der Sache selbst nachgeprüft werden.

Artikel 19
Aussetzung des Anerkennungsverfahrens

(1) Das Gericht eines Mitgliedstaats, vor dem die Anerkennung einer in einem anderen Mitgliedstaat ergangenen Entscheidung beantragt wird, kann das Verfahren aussetzen, wenn gegen die Entscheidung ein ordentlicher Rechtsbehelf eingelegt worden ist.

(2) Das Gericht eines Mitgliedstaats, vor dem die Anerkennung einer in Irland oder im Vereinigten Königreich ergangenen Entscheidung beantragt wird, kann das Verfahren aussetzen, wenn die Vollstreckung der Entscheidung im Ursprungsmitgliedstaat wegen der Einlegung eines Rechtsbehelfs einstweilen eingestellt ist.

Zweiter Abschnitt
Vollstreckung

Artikel 20
Vollstreckbare Entscheidungen

(1) Die in einem Mitgliedstaat ergangenen Entscheidungen betreffend die elterliche Verantwortung für ein gemeinsames Kind, die in diesem Mitgliedstaat vollstreckbar sind, werden in einem anderen Mitgliedstaat vollstreckt, wenn sie dort auf Antrag einer berechtigten Partei für vollstreckbar erklärt worden sind.

(2) Im Vereinigten Königreich wird eine derartige Entscheidung jedoch in England und Wales, in Schottland oder in Nordirland vollstreckt, wenn sie auf Antrag einer berechtigten Partei zur Vollstreckung in dem betreffenden Teil des Vereinigten Königreichs registriert worden ist.

Artikel 21
Örtlich zuständige Gerichte

(1) Der Antrag ist zu richten

- in Belgien an das „Tribunal de première instance", an die „Rechtbank van eerste aanleg“ bzw an das „erstinstanzliche Gericht“;
- in Dänemark an das „byret (fogedret)“;
- in Deutschland an das „Familiengericht“;
- in Griechenland an das „vgl. das griechische Original in https://eur-lex.europa.eu/legal-content/DE/TXT/PDF/?uri=OJ:C:1998:221:FULL&from=DE“;
- in Spanien an das „Juzgado de Primera Instancia“;
- in Frankreich an den Präsidenten des „Tribunal de grande instance“;
- in Irland an den „High Court“;
- in Italien an die „Corte d'appello“;
- in Luxemburg an den Präsidenten des „Tribunal d'arrondissement“;
- in den Niederlanden an den Präsidenten der „arrondissementsrechtbank“;
- in Österreich an das „Bezirksgericht“;
- in Portugal an das „Tribunal de Comarca“ oder das „Tribunal de Família“;
- in Finnland an das „käräjäoikeus/tingsrätt“;
- in Schweden an das „Svea hovrätt“;
- im Vereinigten Königreich:

a) in England und Wales an den „High Court of Justice“;

b) in Schottland an den „Court of Session“;

c) in Nordirland an den „High Court of Justice“.

(2)

a) Das für einen Vollstreckungsantrag örtlich zuständige Gericht wird durch den gewöhnlichen Aufenthaltsort der Person, gegen die der Vollstreckungsantrag gestellt ist, oder durch den gewöhnlichen Aufenthaltsort eines Kindes, auf das sich der Antrag bezieht, bestimmt.

b) Befindet sich keiner der unter Buchstabe a) angegebenen Orte in dem Mitgliedstaat, in dem der Vollstreckungsantrag gestellt wird, so wird das örtlich zuständige Gericht durch den Ort der Vollstreckung bestimmt.

(3) Hinsichtlich der Verfahren nach Artikel 14 Absatz 3 wird das örtlich zuständige Gericht durch das innerstaatliche Recht des Mitgliedstaats bestimmt, in dem Antrag auf Anerkennung oder Nichtanerkennung gestellt wird.

Artikel 22
Stellung des Antrags auf Vollstreckung

(1) Für die Stellung des Antrags ist das Recht des Mitgliedstaats maßgebend, in dem die Vollstreckung erwirkt werden soll.

(2) Der Antragsteller hat für die Zwecke der Zustellung im Bezirk des angerufenen Gerichts ein Wahldomizil zu begründen. Ist das Wahldomizil im Recht des Mitgliedstaats, in dem die Vollstreckung erwirkt werden soll, nicht vorgesehen, so hat der Antragsteller einen Zustellungsbevollmächtigten zu benennen.

(3) Dem Antrag sind die in den Artikeln 33 und 34 aufgeführten Urkunden beizufügen.

Artikel 23
Entscheidung des Gerichts

(1) Das mit dem Antrag befaßte Gericht erläßt seine Entscheidung ohne Verzug. Die Person, gegen die der Vollstreckungsantrag gestellt ist, erhält in diesem Abschnitt des Verfahrens keine Gelegenheit, eine Erklärung abzugeben.

(2) Der Antrag darf nur aus einem der in den Artikeln 15 und 16 aufgeführten Gründe abgelehnt werden.

(3) Die ausländische Entscheidung darf keinesfalls in der Sache selbst nachgeprüft werden.

Artikel 24
Mitteilung der Entscheidung

Die Entscheidung, die über den Antrag ergangen ist, wird dem Antragsteller vom Urkundsbeamten der Geschäftsstelle unverzüglich in der Form mitgeteilt, die das Recht des Mitgliedstaats, in dem der Vollstreckungsantrag gestellt worden ist, vorsieht.

Artikel 25
Rechtsbehelf gegen eine Entscheidung über die Zulassung der Vollstreckung

(1) Wird die Vollstreckung zugelassen, so kann die Person, gegen die der Vollstreckungsantrag gestellt ist, gegen diese Entscheidung innerhalb eines Monats nach deren Zustellung einen Rechtsbehelf einlegen.

(2) Hat diese Person ihren gewöhnlichen Aufenthalt in einem anderen Mitgliedstaat als dem, in dem die Entscheidung über die Zulassung der Vollstreckung ergangen ist, so beträgt die Frist für den

Rechtsbehelf zwei Monate und beginnt mit dem Tage, an dem dieser Person die Entscheidung entweder persönlich oder in ihrer Wohnung zugestellt worden ist. Eine Verlängerung dieser Frist wegen weiter Entfernung ist ausgeschlossen.

Artikel 26
Für den Rechtsbehelf zuständiges Gericht und Anfechtung der Entscheidung über den Rechtsbehelf

(1) Der Rechtsbehelf gegen die Entscheidung über die Zulassung der Vollstreckung wird nach den Vorschriften, die für ein Verfahren mit beiderseitigem rechtlichen Gehör maßgebend sind, eingelegt

- in Belgien beim „Tribunal de première instance“, bei der „Rechtbank van eerste aanleg“ bzw beim „erstinstanzlichen Gericht“;
- in Dänemark beim „landsret“;
- in Deutschland beim „Oberlandesgericht“;
- in Griechenland beim „vgl. das griechische Original in https://eur-lex.europa.eu/legal-content/DE/TXT/PDF/?uri=OJ:C:1998:221:FULL&from=DE“;
- in Spanien bei der „Audiencia Provincial“;
- in Frankreich bei der „Cour d'appel“;
- in Irland beim „High Court“;
- in Italien bei der „Corte d'appello“;
- in Luxemburg bei der „Cour d'appel“;
- in den Niederlanden bei der „arrondissementsrechtbank“;
- in Österreich beim „Bezirksgericht“;
- in Portugal beim „Tribunal da Relação“;
- in Finnland beim „hovioikeus/hovrätt“;
- in Schweden beim „Svea hovrätt“;
- im Vereinigten Königreich:

a) in England und Wales beim „High Court of Justice“;

b) in Schottland beim „Court of Session“;

c) in Nordirland beim „High Court of Justice“.

(2) Anfechtungen gegen die Entscheidung, die über den Rechtsbehelf ergangen ist, finden nur statt:

- in Belgien, Griechenland, Spanien, Frankreich, Italien, Luxemburg und den Niederlanden: die „Kassationsbeschwerde";

- in Dänemark: ein Verfahren vor dem „Højesteret" mit Zustimmung des „Procesbevillingsnævn";

- in Deutschland: die „Rechtsbeschwerde";

- in Irland: ein auf Rechtsfragen beschränkter Rechtsbehelf beim „Supreme Court";

- in Österreich: der „Revisionsrekurs";

- in Portugal: ein „recurso restrito à matéria de direito";

- in Finnland: ein Rechtsbehelf beim „korkein oikeus/högsta domstol";

- in Schweden: ein Rechtsbehelf beim „Högsta domstol";

- im Vereinigten Königreich: ein einziger auf Rechtsfragen beschränkter Rechtsbehelf.

Artikel 27
Aussetzung des Verfahrens

(1) Das mit dem Rechtsbehelf befaßte Gericht kann auf Antrag der Partei, die ihn eingelegt hat, das Verfahren aussetzen, wenn gegen die Entscheidung im Ursprungsmitgliedstaat ein ordentlicher Rechtsbehelf eingelegt oder die Frist für einen solchen Rechtsbehelf noch nicht verstrichen ist. In letzterem Fall kann das Gericht eine Frist bestimmen, innerhalb deren der Rechtsbehelf einzulegen ist.

(2) Ist die Entscheidung in Irland oder im Vereinigten Königreich erlassen worden, so gilt jeder im Ursprungsmitgliedstaat zulässige Rechtsbehelf als ordentlicher Rechtsbehelf im Sinne von Absatz 1.

Artikel 28
Zuständiges Gericht für einen Rechtsbehelf gegen eine Entscheidung über die Ablehnung der Vollstreckung

(1) Wird der Vollstreckungsantrag abgelehnt, so kann der Antragsteller einen Rechtsbehelf einlegen

- in Belgien bei der „Cour d'appel" bzw dem „Hof van beroep";

- in Dänemark beim „landsret";

- in Deutschland beim „Oberlandesgericht";

- in Griechenland beim „vgl. das griechische Original in https://eur-lex.europa.eu/legal-content/DE/TXT/PDF/?uri=OJ:C:1998:221:FULL&from=DE";

- in Spanien bei der „Audiencia Provincial";

- in Frankreich bei der „Cour d'appel";

– in Irland beim „High Court“;

– in Italien bei der „Corte d'appello“;

– in Luxemburg bei der „Cour d'appel“;

– in den Niederlanden beim „gerechtshof“;

– in Österreich beim „Bezirksgericht“;

– in Portugal beim „Tribunal da Relação“;

– in Finnland beim „hovioikeus/hovrätt“;

– in Schweden beim „Svea hovrätt“;

– im Vereinigten Königreich:

a) in England und Wales beim „High Court of Justice“;

b) in Schottland beim „Court of Session“;

c) in Nordirland beim „High Court of Justice“.

(2) Das mit dem Rechtsbehelf befaßte Gericht hat die Person zu hören, gegen die der Vollstreckungsantrag gestellt worden ist. Läßt diese sich auf das Verfahren nicht ein, so ist Artikel 10 anzuwenden.

Artikel 29
Anfechtung der Entscheidung über den Rechtsbehelf

Anfechtungen gegen die Entscheidung, die über den in Artikel 28 vorgesehenen Rechtsbehelf ergangen ist, finden nur statt:

– in Belgien, Griechenland, Spanien, Frankreich, Italien, Luxemburg und den Niederlanden: die „Kassationsbeschwerde“;

– in Dänemark: ein Verfahren vor dem „Højesteret“ mit Zustimmung des „Procesbevillingsnævn“;

– in Deutschland: die „Rechtsbeschwerde“;

– in Irland: ein auf Rechtsfragen beschränkter Rechtsbehelf beim „Supreme Court“;

– in Österreich: der „Revisionsrekurs“;

– in Portugal: ein „recurso restrito à matéria de direito“;

– in Finnland: ein Rechtsbehelf beim „korkein oikeus/högsta domstol“;

– in Schweden: ein Rechtsbehelf beim „Högsta domstol";

– im Vereinigten Königreich: ein einziger auf Rechtsfragen beschränkter Rechtsbehelf.

Artikel 30
Teilvollstreckung

(1) Ist durch die Entscheidung über mehrere geltend gemachte Ansprüche erkannt worden und kann die Entscheidung nicht in vollem Umfang zur Vollstreckung zugelassen werden, so läßt das Gericht sie für den oder die Ansprüche zu, für die die Zulassungsvoraussetzungen erfuellt sind.

(2) Der Antragsteller kann auch eine teilweise Vollstreckung der Entscheidung beantragen.

Artikel 31
Prozeßkostenhilfe

(1) Ist dem Antragsteller in dem Ursprungsmitgliedstaat ganz oder teilweise Prozeßkostenhilfe oder Kostenbefreiung gewährt worden, so genießt er in dem Verfahren nach den Artikeln 21 bis 24 hinsichtlich der Prozeßkostenhilfe oder der Kostenbefreiung die günstigste Behandlung, die das Recht des Mitgliedstaats, in dem er die Vollstreckung beantragt, vorsieht.

(2) Der Antragsteller, der die Vollstreckung einer Entscheidung einer Verwaltungsbehörde begehrt, die in Dänemark ergangen ist, kann in dem ersuchten Mitgliedstaat Anspruch auf die in Absatz 1 genannten Vorteile erheben, wenn er eine Erklärung des dänischen Justizministeriums darüber vorlegt, daß er die wirtschaftlichen Voraussetzungen für die vollständige oder teilweise Bewilligung der Prozeßkostenhilfe oder für die Kostenbefreiung erfuellt.

Artikel 32
Sicherheitsleistung oder Hinterlegung

Der Partei, die in einem Mitgliedstaat die Vollstreckung einer in einem anderen Mitgliedstaat ergangenen Entscheidung beantragt, darf wegen ihrer Eigenschaft als Ausländer oder wegen Fehlens eines inländischen Wohnsitzes oder gewöhnlichen Aufenthalts eine Sicherheitsleistung oder Hinterlegung, unter welcher Bezeichnung es auch sei, nicht auferlegt werden.

Dritter Abschnitt
Gemeinsame Vorschriften

Artikel 33
Urkunden

(1) Die Partei, welche die Anerkennung einer Entscheidung beantragt oder anficht oder deren Vollstreckung betreiben will, hat vorzulegen

a) eine Ausfertigung der Entscheidung, welche die für ihre Beweiskraft erforderlichen Voraussetzungen erfuellt;

b) gegebenenfalls eine Urkunde, durch die nachgewiesen wird, daß der Antragsteller Prozeßkostenhilfe im Ursprungsmitgliedstaat erhält.

(2) Bei einer im Versäumnisverfahren ergangenen Entscheidung hat die Partei, welche die Anerkennung einer Entscheidung beantragt oder deren Vollstreckung betreiben will, ferner vorzulegen

a) entweder die Urschrift oder eine beglaubigte Abschrift der Urkunde, aus der sich ergibt, daß das verfahrenseinleitende Schriftstück oder ein gleichwertiges Schriftstück der säumigen Partei zugestellt worden ist, oder

b) eine Urkunde, aus der hervorgeht, daß der Antragsgegner mit der Entscheidung eindeutig einverstanden ist.

(3) Wer gemäß Artikel 14 Absatz 2 eine Beischreibung in den Personenstandsbüchern eines Mitgliedstaats beantragt, hat auch eine Urkunde vorzulegen, aus der hervorgeht, daß gegen die Entscheidung nach dem Recht des Mitgliedstaats, in dem sie ergangen ist, keine weiteren Rechtsbehelfe eingelegt werden können.

Artikel 34
Weitere Urkunden

Die Partei, welche die Vollstreckung betreiben will, hat ferner Urkunden vorzulegen, aus denen sich ergibt, daß die Entscheidung nach dem Recht des Mitgliedstaats, in dem sie ergangen ist, vollstreckbar ist und daß sie zugestellt worden ist.

Artikel 35
Fehlen von Urkunden

(1) Werden die in Artikel 33 Absatz 1 Buchstabe b) oder Absatz 2 aufgeführten Urkunden nicht vorgelegt, so kann das Gericht eine Frist einräumen, innerhalb deren die Urkunden vorzulegen sind, oder sich mit gleichwertigen Urkunden begnügen oder von der Vorlage der Urkunden befreien, wenn es eine weitere Klärung nicht für erforderlich hält.

(2) Auf Verlangen des Gerichts ist eine Übersetzung dieser Urkunden vorzulegen. Die Übersetzung ist von einer hierzu in einem der Mitgliedstaaten befugten Personen zu beglaubigen.

Artikel 36
Legalisation oder ähnliche Förmlichkeit

Die in den Artikeln 33, 34 und 35 Absatz 2 aufgeführten Urkunden sowie die Urkunde über die Prozeßvollmacht, falls eine solche erteilt wird, bedürfen weder der Legalisation noch einer ähnlichen Förmlichkeit.

Titel IV
Übergangsvorschriften

Artikel 37

(1) Die Vorschriften dieses Übereinkommens sind nur auf gerichtliche Verfahren, öffentliche Urkunden und vor einem Richter im Laufe eines Verfahrens geschlossene Vergleiche anzuwenden, die eingeleitet, aufgenommen beziehungsweise geschlossen worden sind, nachdem dieses Übereinkommen

im Ursprungsmitgliedstaat und, sofern die Anerkennung oder Vollstreckung einer Entscheidung oder öffentlichen Urkunde beantragt wird, in dem ersuchten Mitgliedstaat in Kraft getreten ist.

(2) Entscheidungen, die nach dem Inkrafttreten dieses Übereinkommens zwischen dem Ursprungsmitgliedstaat und dem ersuchten Mitgliedstaat in einem vor diesem Inkrafttreten eingeleiteten Verfahren ergangen sind, werden nach Maßgabe des Titels III anerkannt und zur Vollstreckung zugelassen, vorausgesetzt, daß das Gericht aufgrund von Vorschriften zuständig war, die mit den Zuständigkeitsvorschriften des Titels II oder eines Abkommens übereinstimmen, das zum Zeitpunkt der Einleitung des Verfahrens zwischen dem Ursprungsmitgliedstaat und dem ersuchten Mitgliedstaat in Kraft war.

Titel V
Allgemeine Bestimmungen

Artikel 38
Verhältnis zu anderen Übereinkünften

(1) Dieses Übereinkommen ersetzt – unbeschadet der Artikel 37 und 40 und des Absatzes 2 des vorliegenden Artikels – in den Beziehungen zwischen den ihm angehörenden Mitgliedstaaten die zum Zeitpunkt des Inkrafttretens dieses Übereinkommens bestehenden, zwischen zwei oder mehr Mitgliedstaaten geschlossenen Übereinkünften, die in diesem Übereinkommen geregelte Bereiche betreffen.

(2) a) Dänemark, Finnland und Schweden steht es zum Zeitpunkt der Notifizierung gemäß Artikel 47 Absatz 2 frei zu erklären, daß anstelle der Bestimmungen des vorliegenden Übereinkommens das Übereinkommen vom 6. Februar 1931 zwischen Dänemark, Finnland, Island, Norwegen und Schweden mit Bestimmungen des internationalen Privatrechts über Ehe, Adoption und Vormundschaft einschließlich des zugehörigen Schlußprotokolls ganz oder teilweise auf ihre gegenseitigen Beziehungen anwendbar ist. Diese Erklärung kann jederzeit ganz oder teilweise widerrufen werden.

b) Der Grundsatz des Verbots einer Diskriminierung zwischen Bürgern der Union aus Gründen der Staatsangehörigkeit wird befolgt und der Kontrolle durch den Gerichtshof unterworfen; die Modalitäten dieser Kontrolle bestimmen sich nach dem Protokoll betreffend die Auslegung des Übereinkommens durch den Gerichtshof.

c) Die Zuständigkeitskriterien in künftigen Übereinkünften zwischen den unter Buchstabe a) genannten Mitgliedstaaten, die in diesem Übereinkommen geregelte Bereiche betreffen, müssen mit den Kriterien dieses Übereinkommens im Einklang stehen.

d) Entscheidungen, die in einem der nordischen Staaten, der eine Erklärung nach Buchstabe a) abgegeben hat, gemäß einer Zuständigkeit erlassen werden, die einer der in Titel II dieses Übereinkommens vorgesehenen Zuständigkeiten entspricht, werden in den anderen Mitgliedstaaten gemäß den Bestimmungen des Titels III anerkannt und vollstreckt.

(3) Nach Inkrafttreten dieses Übereinkommens können die Mitgliedstaaten untereinander Übereinkünfte lediglich mit dem Ziel schließen oder anwenden, dieses Übereinkommen zu ergänzen oder die Anwendung der darin enthaltenen Grundsätze zu erleichtern.

(4) Die Mitgliedstaaten übermitteln dem Verwahrer dieses Übereinkommens

a) eine Abschrift der Übereinkünfte und einheitlichen Gesetze zur Durchführung dieser Übereinkünfte gemäß Absatz 2 Buchstaben a) und c) und Absatz 3,

b) jede Kündigung oder Änderung dieser Übereinkünfte oder dieser einheitlichen Gesetze.

Artikel 39
Verhältnis zu bestimmten multilateralen Übereinkommen

Dieses Übereinkommen hat in den Beziehungen zwischen den ihm angehörenden Mitgliedstaaten insoweit Vorrang vor den nachstehenden Übereinkommen, als diese Bereiche betreffen, die in diesem Übereinkommen geregelt sind:

- Haager Übereinkommen vom 5. Oktober 1961 über die Zuständigkeit der Behörden und das anzuwendende Recht auf dem Gebiet des Schutzes von Minderjährigen,

- Luxemburger Übereinkommen vom 8. September 1967 über die Anerkennung von Entscheidungen in Ehesachen,

- Haager Übereinkommen vom 1. Juni 1970 über die Anerkennung der Ehescheidung und der Trennung von Bett und Tisch,

- Europäisches Übereinkommen vom 20. Mai 1980 über die Anerkennung und Vollstreckung von Entscheidungen über das Sorgerecht für Kinder und die Wiederherstellung des Sorgeverhältnisses,

- Haager Übereinkommen vom 19. Oktober 1996 über die Zuständigkeit, das anzuwendende Recht, die Anerkennung, Vollstreckung und Zusammenarbeit auf dem Gebiet der elterlichen Verantwortung und der Maßnahmen zum Schutz von Kindern, sofern das Kind seinen gewöhnlichen Aufenthalt in einem Mitgliedstaat hat.

Artikel 40
Fortbestand der Wirksamkeit

(1) Die in den Artikeln 39 und 39 genannten Übereinkünfte behalten ihre Wirksamkeit für die Rechtsgebiete, auf die dieses Übereinkommen nicht anzuwenden ist.

(2) Sie bleiben auch weiterhin für die Entscheidungen und die öffentlichen Urkunden wirksam, die vor Inkrafttreten dieses Übereinkommens ergangen beziehungsweise aufgenommen sind.

Artikel 41
Übereinkünfte zwischen den Mitgliedstaaten

Die in Anwendung der Übereinkünfte gemäß Artikel 38 Absatz 3 ergangenen Entscheidungen werden unbeschadet der Nichtanerkennungsgründe gemäß Titel III in den Mitgliedstaaten, die nicht Vertragsparteien der genannten Übereinkünfte sind, anerkannt und vollstreckt, sofern diese Entscheidungen nach Maßgabe der in Titel II vorgesehenen gerichtlichen Zuständigkeit ergangen sind.

Artikel 42
Verträge mit dem Heiligen Stuhl

(1) Dieses Übereinkommen gilt unbeschadet des am 7. Mai 1940 in der Vatikanstadt zwischen dem Heiligen Stuhl und der Portugiesischen Republik unterzeichneten Internationalen Vertrags (Konkordats).

(2) Eine Entscheidung über die Ungültigkeit der Ehe gemäß dem in Absatz 1 genannten Vertrag wird in den Mitgliedstaaten unter den in Titel III dieses Übereinkommens vorgesehenen Bedingungen anerkannt.

(3) Die Bestimmungen der Absätze 1 und 2 gelten auch für die folgenden internationalen Verträge (Konkordate) mit dem Heiligen Stuhl:

– Lateranvertrag vom 11. Februar 1929 zwischen der Italienischen Republik und dem Heiligen Stuhl, geändert durch die am 18. Februar 1984 in Rom unterzeichnete Vereinbarung mit Zusatzprotokoll;

– Vereinbarung vom 3. Januar 1979 über Rechtsangelegenheiten zwischen dem Heiligen Stuhl und dem spanischen Staat.

(4) Die Mitgliedstaaten übermitteln dem Verwahrer dieses Übereinkommens

a) eine Abschrift der in den Absätzen 1 und 3 genannten Verträge,

b) jede Kündigung oder Änderung dieser Verträge.

Artikel 43
Nichtanerkennung und Nichtvollstreckung von Entscheidungen auf der Grundlage von Artikel 8

Dieses Übereinkommen hindert einen Mitgliedstaat nicht, sich gegenüber einem Nichtmitgliedstaat im Rahmen eines Abkommens über die Anerkennung und Vollstreckung von Entscheidungen zu verpflichten, eine Entscheidung eines Gerichts eines anderen Mitgliedstaats nicht anzuerkennen, wenn in einem Fall nach Artikel 8 die Entscheidung nur auf der Grundlage anderer Zuständigkeitskriterien als jener der Artikel 2 bis 7 ergehen konnte.

Artikel 44
Mitgliedstaaten mit zwei oder mehreren Rechtssystemen

Für einen Mitgliedstaat, in dem die in diesem Übereinkommen behandelten Fragen in verschiedenen Gebietseinheiten durch zwei oder mehrere Rechtssysteme oder Regelwerke geregelt werden, gilt folgendes:

a) Jede Bezugnahme auf den gewöhnlichen Aufenthalt in diesem Mitgliedstaat betrifft den gewöhnlichen Aufenthalt in einer Gebietseinheit;

b) jede Bezugnahme auf die Staatsangehörigkeit betrifft die durch die Rechtsvorschriften dieses Staats bezeichnete Gebietseinheit;

c) jede Bezugnahme auf den Mitgliedstaat, dessen Behörde mit einem Antrag auf Ehescheidung, Trennung ohne Auflösung des Ehebandes oder Ungültigerklärung einer Ehe befaßt ist, betrifft die Gebietseinheit, deren Behörde mit einem solchen Antrag befaßt ist;

d) jede Bezugnahme auf die Vorschriften des ersuchten Mitgliedstaats betrifft die Vorschriften der Gebietseinheit, in der die Zuständigkeit, die Anerkennung oder die Vollstreckung beantragt wird.

Titel VI
Gerichtshof

Artikel 45

Der Gerichtshof der Europäischen Gemeinschaften entscheidet über die Auslegung dieses Übereinkommens nach den Bestimmungen des durch den Rechtsakt des Rates der Europäischen Union vom 28. Mai 1998 ausgearbeiteten Protokolls.

Titel VII
Schlussbestimmungen

Artikel 46
Erklärungen und Vorbehalte

(1) Abgesehen von Artikel 38 Absatz 2 und Artikel 42 sind Vorbehalte zu diesem Übereinkommen nicht zulässig.

(2) Unbeschadet des Absatzes 1 werden bei der Anwendung dieses Übereinkommens die dem Übereinkommen beigefügten Erklärungen Irlands und Italiens beachtet.

(3) Die betreffenden Mitgliedstaaten können die von ihnen abgegebenen Erklärungen jederzeit ganz oder teilweise widerrufen. Die Erklärung verliert ihre Wirksamkeit neunzig Tage nach dem Tag, an dem dem Verwahrer ihr Widerruf notifiziert worden ist.

Artikel 47
Annahme und Inkrafttreten

(1) Dieses Übereinkommen bedarf der Annahme durch die Mitgliedstaaten gemäß ihren verfassungsrechtlichen Vorschriften.

(2) Die Mitgliedstaaten notifizieren dem Verwahrer den Abschluß der verfassungsrechtlichen Verfahren zur Annahme dieses Übereinkommens.

(3) Dieses Übereinkommen und jede nach Artikel 49 Absatz 2 an ihm vorgenommene Änderung tritt neunzig Tage nach der Notifizierung gemäß Absatz 2 durch den Staat, der – als Mitgliedstaat der Europäischen Union zum Zeitpunkt der Annahme des Rechtsakts über die Ausarbeitung des Übereinkommens durch den Rat – diese Förmlichkeit als letzter vornimmt, in Kraft.

(4) Jeder Mitgliedstaat kann bis zum Inkrafttreten dieses Übereinkommens bei der Notifizierung nach Absatz 2 oder zu jedem späteren Zeitpunkt erklären, daß das Übereinkommen mit Ausnahme

von Artikel 45 für ihn gegenüber den Mitgliedstaaten anwendbar ist, die eine Erklärung gleichen Inhalts abgegeben haben. Diese Erklärungen werden neunzig Tage nach ihrer Hinterlegung wirksam.

Artikel 48
Beitritt

(1) Dieses Übereinkommen steht allen Staaten, die Mitglied der Europäischen Union werden, zum Beitritt offen.

(2) Der vom Rat der Europäischen Union in der Sprache oder in den Sprachen des beitretenden Mitgliedstaats erstellte Wortlaut dieses Übereinkommens ist verbindlich.

(3) Die Beitrittsurkunden werden beim Verwahrer hinterlegt.

(4) Dieses Übereinkommen tritt für den beitretenden Mitgliedstaat neunzig Tage nach Hinterlegung seiner Beitrittsurkunde oder aber zum Zeitpunkt des Inkrafttretens des Übereinkommens in Kraft, wenn dieses bei Ablauf des genannten Zeitraums von neunzig Tagen noch nicht in Kraft getreten ist.

(5) Ist dieses Übereinkommen zum Zeitpunkt der Hinterlegung der Beitrittsurkunde noch nicht in Kraft getreten, so ist Artikel 47 Absatz 4 auf die beitretenden Mitgliedstaaten anwendbar.

Artikel 49
Änderungen

(1) Jeder Mitgliedstaat oder die Kommission kann Änderungen zu diesem Übereinkommen vorschlagen. Änderungsanträge sind dem Verwahrer zu übermitteln, der sie an den Rat weiterleitet.

(2) Die Änderungen werden vom Rat ausgearbeitet, der sie den Mitgliedstaaten zur Annahme gemäß ihren verfassungsrechtlichen Vorschriften empfiehlt. Auf diese Weise angenommene Änderungen treten gemäß den Bestimmungen von Artikel 47 Absatz 3 in Kraft.

(3) Auf Antrag des betreffenden Mitgliedstaats kann die Benennung der Gerichte oder der Rechtsbehelfe nach Artikel 21 Absatz 1, Artikel 26 Absätze 1 und 2, Artikel 28 Absatz 1 und Artikel 29 jedoch durch einen Beschluß des Rates geändert werden.

Artikel 50
Verwahrer und Veröffentlichungen

(1) Der Generalsekretär des Rates ist Verwahrer dieses Übereinkommens.

(2) Der Verwahrer veröffentlicht im Amtsblatt der Europäischen Gemeinschaften

a) die Annahmen und Beitritte

b) das Datum des Inkrafttretens des Übereinkommens

c) Erklärungen nach Artikel 2 Absatz 2, Artikel 38 Absatz 2, Artikel 46, Artikel 47 Absatz 4 und Artikel 48 Absatz 5 sowie Änderungen und Widerrufe derartiger Erklärungen,

d) Änderungen des Übereinkommens nach Artikel 49 Absätze 2 und 3.

Geschehen zu Brüssel am 28. Mai 1998 in einer Urschrift in dänischer, deutscher, englischer, finnischer, französischer, griechischer, irischer, italienischer, niederländischer, portugiesischer, schwedischer und spanischer Sprache, wobei jeder Wortlaut gleichermaßen verbindlich ist; die Urschrift wird im Archiv des Generalsekretariats des Rates der Europäischen Union hinterlegt.

Dem Übereinkommen beizufügende Erklärung Irlands

Unbeschadet der Bestimmungen dieses Übereinkommens darf Irland seine Rechtsprechung beibehalten, wonach es die Anerkennung einer in einem anderen Mitgliedstaat ausgesprochenen Ehescheidung in den Fällen ablehnen kann, in denen die Ehescheidung dadurch erlangt worden ist, daß eine Partei oder die Parteien ein Gericht dieses anderen Mitgliedstaats hinsichtlich der Voraussetzungen für dessen Zuständigkeit vorsätzlich irregeführt hat/haben, so daß die Anerkennung der Ehescheidung mit der irischen Verfassung nicht vereinbar wäre.

Diese Erklärung gilt für einen Zeitraum von fünf Jahren. Sie kann alle fünf Jahre erneuert werden.

Dem Übereinkommen beizufügende Erklärung eines nordischen Mitgliedstaats, der zur Abgabe einer Erklärung im Sinne von Artikel 38 Absatz 2 berechtigt ist

Die Anwendung des Übereinkommens vom 6. Februar 1931 zwischen Dänemark, Finnland, Island, Norwegen und Schweden mit Bestimmungen des internationalen Privatrechts über Ehe, Adoption und Vormundschaft einschließlich des zugehörigen Schlußprotokolls steht insofern im Einklang mit Artikel K.7 des Vertrags, als das vorliegende Übereinkommen der Begründung einer engeren Zusammenarbeit zwischen zwei oder mehr Mitgliedstaaten nicht entgegensteht, soweit sie der nach diesem Übereinkommen vorgesehenen Zusammenarbeit nicht zuwiderläuft und diese nicht behindert.

Sie verpflichten sich, Artikel 7 Absatz 2 des nordischen Übereinkommens von 1931 in ihren gegenseitigen Beziehungen nicht mehr anzuwenden und in naher Zukunft die in dessen Rahmen geltenden Zuständigkeitskriterien im Lichte des in Artikel 38 Absatz 2 Buchstabe b) des vorliegenden Übereinkommens genannten Grundsatzes zu überprüfen.

Die Ablehnungsgründe, die im Rahmen der einheitlichen Gesetze verwendet werden, werden in der Praxis so angewendet, daß Kohärenz zu den in Titel III des vorliegenden Übereinkommens aufgestellten Ablehnungsgründen besteht.

Dem Übereinkommen beizufügende Erklärung der italienischen Delegation

In bezug auf Artikel 42 des Übereinkommens behält Italien sich die Möglichkeit vor, hinsichtlich der Entscheidungen der portugiesischen Kirchengemeinde die Verfahren anzuwenden und die Überprüfungen vorzunehmen, die in seiner eigenen Rechtsordnung aufgrund seiner mit dem Heiligen Stuhl geschlossenen Verträge für entsprechende kirchengerichtliche Entscheidungen vorgesehen sind.

Auf der Tagung des Rates (Justiz und Inneres) am 28. und 29. Mai 1998 bei der Ausarbeitung des Übereinkommens über die Zuständigkeit und die Anerkennung und Vollstreckung von Entscheidungen in Ehesachen verabschiedete Erklärung für das Ratsprotokoll (98/221/02).

Der Rat ist sich des Umstands bewußt, daß sich die Länge der Verfahren bei Klagen vor dem Gerichtshof der Europäischen Gemeinschaften im Bereich des Familienrechts negativ auswirken kann, und betont, daß möglichst bald zu prüfen ist, wie diese Verfahren verkürzt werden können; der Rat schlägt vor, daß diese Prüfung durch die zuständigen Ratsstellen in Zusammenarbeit mit dem Gerichtshof durchgeführt wird.

2. Brüssel II-VO*

Verordnung (EG) Nr 1347/2000 des Rates 2

vom 29. Mai 2000

über die Zuständigkeit und die Anerkennung und Vollstreckung von Entscheidungen in Ehesachen und in Verfahren betreffend die elterliche Verantwortung für die gemeinsamen Kinder der Ehegatten

Der Rat der Europäischen Union –

gestützt auf den Vertrag zur Gründung der Europäischen Gemeinschaft, insbesondere auf Artikel 61 Buchstabe c) und Artikel 67 Absatz 1,

auf Vorschlag der Kommission [(1)],

nach Stellungnahme des Europäischen Parlaments [(2)],

nach Stellungnahme des Wirtschafts- und Sozialausschusses [(3)],

in Erwägung nachstehender Gründe:

(1) Die Mitgliedstaaten haben sich zum Ziel gesetzt, die Union als einen Raum der Freiheit, der Sicherheit und des Rechts, in dem der freie Personenverkehr gewährleistet ist, zu erhalten und weiterzuentwickeln. Zum schrittweisen Aufbau dieses Raums hat die Gemeinschaft unter anderem im Bereich der justitiellen Zusammenarbeit in Zivilsachen die für das reibungslose Funktionieren des Binnenmarkts erforderlichen Maßnahmen zu erlassen.

(2) Für das reibungslose Funktionieren des Binnenmarkts muß der freie Verkehr der Entscheidungen in Zivilsachen verbessert und beschleunigt werden.

(3) Dieser Bereich unterliegt nunmehr der justitiellen Zusammenarbeit in Zivilsachen im Sinne von Artikel 65 des Vertrags.

(4) Die Unterschiede zwischen bestimmten einzelstaatlichen Zuständigkeitsregeln und bestimmten Rechtsvorschriften über die Vollstreckung von Entscheidungen erschweren sowohl den freien Personenverkehr als auch das reibungslose Funktionieren des Binnenmarkts. Es ist daher gerechtfertigt,

---

* ABl L 160 vom 30. 6. 2000, S 19.

[1] ABl C 247 vom 31. 8. 1999, S 1.

[2] Stellungnahme vom 17. 11. 1999 (noch nicht im Amtsblatt veröffentlicht).

[3] ABl C 368 vom 20. 12. 1999, S 23.

Bestimmungen zu erlassen, um die Vorschriften über die internationale Zuständigkeit in Ehesachen und in Verfahren über die elterliche Verantwortung zur vereinheitlichen und die Formalitäten im Hinblick auf eine rasche und unkomplizierte Anerkennung von Entscheidungen und deren Vollstreckung zu vereinfachen.

(5) Nach Maßgabe des in Artikel 5 des Vertrags niedergelegten Subsidiaritäts- und Verhältnismäßigkeitsprinzips können die Ziele dieser Verordnung auf der Ebene der Mitgliedstaaten nicht ausreichend erreicht werden; sie können daher besser auf Gemeinschaftsebene verwirklicht werden. Diese Verordnung geht nicht über das für die Erreichung dieser Ziele erforderliche Maß hinaus.

(6) Der Rat hat mit Rechtsakt vom 28. Mai 1998(4) ein Übereinkommen über die Zuständigkeit und die Anerkennung und Vollstreckung von Entscheidungen in Ehesachen erstellt und das Übereinkommen den Mitgliedstaaten zur Annahme gemäß ihren verfassungsrechtlichen Vorschriften empfohlen. Die bei der Aushandlung dieses Übereinkommens erzielten Ergebnisse sollten gewahrt werden; diese Verordnung übernimmt den wesentlichen Inhalt des Übereinkommens. Sie enthält jedoch einige nicht im Übereinkommen enthaltene neue Bestimmungen, um eine Übereinstimmung mit einigen Bestimmungen der vorgeschlagenen Verordnung über die gerichtliche Zuständigkeit und die Anerkennung und Vollstreckung von Urteilen in Zivil- und Handelssachen sicherzustellen.

(7) Um den freien Verkehr der Entscheidungen in Ehesachen und in Verfahren über die elterliche Verantwortung innerhalb der Gemeinschaft zu gewährleisten, ist es angemessen und erforderlich, daß die grenzübergreifende Anerkennung der Zuständigkeiten und der Entscheidungen über die Auflösung einer Ehe und über die elterliche Verantwortung für die gemeinsamen Kinder der Ehegatten im Wege eines Gemeinschaftsrechtsakts erfolgt, der verbindlich und unmittelbar anwendbar ist.

(8) In der vorliegenden Verordnung sind kohärente und einheitliche Maßnahmen vorzusehen, die einen möglichst umfassenden Personenverkehr ermöglichen. Daher muß die Verordnung auch auf Staatsangehörige von Drittstaaten Anwendung finden, bei denen eine hinreichend enge Verbindung zu dem Hoheitsgebiet eines Mitgliedstaats gemäß den in der Verordnung vorgesehenen Zuständigkeitskriterien gegeben ist.

(9) Der Anwendungsbereich dieser Verordnung sollte zivilgerichtliche Verfahren sowie außergerichtliche Verfahren einschließen, die in einigen Mitgliedstaaten in Ehesachen zugelassen sind, mit Ausnahme von Verfahren, die nur innerhalb einer Religionsgemeinschaft gelten. Es muß daher darauf hingewiesen werden, daß die Bezeichnung „Gericht" alle gerichtlichen und außergerichtlichen Behörden einschließt, die für Ehesachen zuständig sind.

(10) Diese Verordnung sollte nur für Verfahren gelten, die sich auf die Ehescheidung, die Trennung ohne Auflösung des Ehebandes oder die Ungültigerklärung einer Ehe beziehen. Die Anerkennung einer Ehescheidung oder der Ungültigerklärung einer Ehe betrifft nur die Auflösung des Ehebandes. Dementsprechend erstreckt sich die Anerkennung von Entscheidungen nicht auf Fragen wie das Scheidungsverschulden, das Ehegüterrecht, die Unterhaltspflicht oder sonstige mögliche Nebenaspekte, auch wenn sie mit dem vorgenannten Verfahren zusammenhängen.

(11) Diese Verordnung betrifft die elterliche Verantwortung für die gemeinsamen Kinder der Ehegatten in Fragen, die in engem Zusammenhang mit einem Antrag auf Scheidung, Trennung ohne Auflösung des Ehebandes oder Ungültigerklärung einer Ehe stehen.

(12) Die Zuständigkeitskriterien gehen von dem Grundsatz aus, daß zwischen dem Verfahrensbeteiligten und dem Mitgliedstaat, der die Zuständigkeit wahrnimmt, eine tatsächliche Beziehung bestehen muß. Die Auswahl dieser Kriterien ist darauf zurückzuführen, daß sie in verschiedenen einzelstaatlichen Rechtsordnungen bestehen und von den anderen Mitgliedstaaten anerkannt werden.

(13) Eine Eventualität, die im Rahmen des Schutzes der gemeinsamen Kinder der Ehegatten bei einer Ehekrise berücksichtigt werden muß, besteht in der Gefahr, daß das Kind von einem Elternteil in ein anderes Land verbracht wird. Die grundlegenden Interessen der Kinder sind daher insbesondere in Übereinstimmung mit dem Haager Übereinkommen vom 25. Oktober 1980 über die zivilrechtlichen Aspekte internationaler Kindesentführung zu schützen. Der rechtmäßige gewöhnliche Aufenthalt wird daher als Zuständigkeitskriterium auch in den Fällen beibehalten, in denen sich der Ort des gewöhnlichen Aufenthalts aufgrund eines widerrechtlichen Verbringens oder Zurückhaltens des Kindes faktisch geändert hat.

(14) Diese Verordnung hindert die Gerichte eines Mitgliedstaats nicht daran, in dringenden Fällen einstweilige Maßnahmen einschließlich Sicherungsmaßnahmen in bezug auf Personen oder Vermögensgegenstände, die sich in diesem Staat befinden, anzuordnen.

(15) Der Begriff „Entscheidung" bezieht sich nur auf Entscheidungen, mit denen eine Ehescheidung, Trennung ohne Auflösung des Ehebandes oder Ungültigerklärung einer Ehe herbeigeführt wird. Öffentliche Urkunden, die im Ursprungsmitgliedstaat aufgenommen und vollstreckbar sind, sind solchen „Entscheidungen" gleichgestellt.

(16) Die Anerkennung und Vollstreckung von Entscheidungen der Gerichte der Mitgliedstaaten beruhen auf dem Grundsatz des gegenseitigen Vertrauens. Die Gründe für die Nichtanerkennung einer Entscheidung sind auf das notwendige Mindestmaß beschränkt. Im Rahmen des Verfahrens sollten allerdings Bestimmungen gelten, mit denen die Wahrung der öffentlichen Ordnung des ersuchten Staats und die Verteidigungsrechte der Parteien, einschließlich der persönlichen Rechte aller betroffenen Kinder, gewährleistet werden und zugleich vermieden wird, daß miteinander nicht zu vereinbarende Entscheidungen anerkannt werden.

(17) Der ersuchte Staat darf weder die Zuständigkeit des Ursprungsstaats noch die Entscheidung in der Sache überprüfen.

(18) Für die Beischreibung in den Personenstandsbüchern eines Mitgliedstaats aufgrund einer in einem anderen Mitgliedstaat ergangenen rechtskräftigen Entscheidung kann kein besonderes Verfahren vorgeschrieben werden.

(19) Das Übereinkommen von 1931 zwischen den nordischen Staaten sollte in den Grenzen dieser Verordnung weiter angewandt werden können.

(20) Spanien, Italien und Portugal haben vor Aufnahme der in dieser Verordnung geregelten Materien in den EG-Vertrag Konkordate mit dem Heiligen Stuhl geschlossen. Es gilt daher zu vermeiden, daß diese Mitgliedstaaten gegen ihre internationalen Verpflichtungen gegenüber dem Heiligen Stuhl verstoßen.

(21) Den Mitgliedstaaten muß es freistehen, untereinander Modalitäten zur Durchführung dieser Verordnung festzulegen, solange keine diesbezüglichen Maßnahmen auf Gemeinschaftsebene getroffen wurden.

(22) Die Anhänge I bis III betreffend die zuständigen Gerichte und die Rechtsbehelfe sollten von der Kommission anhand der von dem betreffenden Mitgliedstaat mitgeteilten Änderungen angepaßt werden. Änderungen der Anhänge IV und V sind gemäß dem Beschluß 1999/468/EG des Rates vom 28. Juni 1999 zur Festlegung der Modalitäten für die Ausübung der der Kommission übertragenen Durchführungsbefugnisse (1) zu beschließen.

(23) Spätestens fünf Jahre nach Inkrafttreten dieser Verordnung sollte die Kommission die Anwendung der Verordnung prüfen und gegebenenfalls erforderliche Änderungen vorschlagen.

(24) Das Vereinigte Königreich und Irland haben gemäß Artikel 3 des dem Vertrag über die Europäische Union und dem Vertrag zur Gründung der Europäischen Gemeinschaft beigefügten Protokolls über die Position des Vereinigten Königreichs und Irlands mitgeteilt, daß sie sich an der Annahme und Anwendung dieser Verordnung beteiligen möchten.

(25) Dänemark wirkt gemäß den Artikeln 1 und 2 des dem Vertrag über die Europäische Union und dem Vertrag zur Gründung der Europäischen Gemeinschaft beigefügten Protokolls über die Position Dänemarks an der Annahme dieser Verordnung nicht mit. Diese Verordnung ist daher für diesen Staat nicht verbindlich und ihm gegenüber nicht anwendbar –

hat folgende Verordnung erlassen:

Kapitel I
Anwendungsbereich

Artikel 1

(1) Die vorliegende Verordnung ist anzuwenden auf

a) zivilgerichtliche Verfahren, die die Ehescheidung, die Trennung ohne Auflösung des Ehebandes oder die Ungültigerklärung einer Ehe betreffen;

b) zivilgerichtliche Verfahren, die die elterliche Verantwortung für die gemeinsamen Kinder der Ehegatten betreffen und aus Anlaß der unter Buchstabe a) genannten Verfahren in Ehesachen betrieben werden.

(2) Gerichtlichen Verfahren stehen andere in einem Mitgliedstaat amtlich anerkannte Verfahren gleich. Die Bezeichnung „Gericht“ schließt alle in Ehesachen zuständigen Behörden der Mitgliedstaaten ein.

(3) In dieser Verordnung bedeutet der Begriff „Mitgliedstaat“ jeden Mitgliedstaat mit Ausnahme des Königreichs Dänemark.

Kapitel II
Gerichtliche Zuständigkeit

Abschnitt 1
Allgemeine Bestimmungen

Artikel 2
Ehescheidung, Trennung ohne Auflösung des Ehebandes und Ungültigerklärung einer Ehe

(1) Für Entscheidungen, die die Ehescheidung, die Trennung ohne Auflösung des Ehebandes oder die Ungültigerklärung einer Ehe betreffen, sind die Gerichte des Mitgliedstaats zuständig,

a) in dessen Hoheitsgebiet

- beide Ehegatten ihren gewöhnlichen Aufenthalt haben oder
- die Ehegatten zuletzt beide ihren gewöhnlichen Aufenthalt hatten, sofern einer von ihnen dort noch seinen gewöhnlichen Aufenthalt hat, oder
- der Antragsgegner seinen gewöhnlichen Aufenthalt hat oder
- im Falle eines gemeinsamen Antrags einer der Ehegatten seinen gewöhnlichen Aufenthalt hat oder
- der Antragsteller seinen gewöhnlichen Aufenthalt hat, wenn er sich dort seit mindestens einem Jahr unmittelbar vor der Antragstellung aufgehalten hat, oder
- der Antragsteller seinen gewöhnlichen Aufenthalt hat, wenn er sich dort seit mindestens sechs Monaten unmittelbar vor der Antragstellung aufgehalten hat und entweder Staatsangehöriger des betreffenden Mitgliedstaats ist oder, im Falle des Vereinigten Königreichs und Irlands, dort sein „domicile" hat;

b) dessen Staatsangehörigkeit beide Ehegatten besitzen, oder, im Falle des Vereinigten Königreichs und Irlands, in dem sie ihr gemeinsames „domicile" haben.

(2) Der Begriff „domicile" im Sinne dieser Verordnung bestimmt sich nach britischem und irischem Recht.

Artikel 3
Elterliche Verantwortung

(1) Die Gerichte des Mitgliedstaats, in dem nach Artikel 2 über einen Antrag auf Ehescheidung, Trennung ohne Auflösung des Ehebandes oder Ungültigerklärung einer Ehe zu entscheiden ist, sind zuständig für alle Entscheidungen, die die elterliche Verantwortung für ein gemeinsames Kind der beiden Ehegatten betreffen, wenn dieses Kind seinen gewöhnlichen Aufenthalt in diesem Mitgliedstaat hat.

(2) Hat das Kind seinen gewöhnlichen Aufenthalt nicht in dem in Absatz 1 genannten Mitgliedstaat,

so sind die Gerichte dieses Staates für diese Entscheidungen zuständig, wenn das Kind seinen gewöhnlichen Aufenthalt in einem der Mitgliedstaaten hat und

a) zumindest einer der Ehegatten die elterliche Verantwortung für das Kind hat und

b) die Zuständigkeit der betreffenden Gerichte von den Ehegatten anerkannt worden ist und im Einklang mit dem Wohl des Kindes steht.

(3) Die Zuständigkeit gemäß den Absätzen 1 und 2 endet,

a) sobald die stattgebende oder abweisende Entscheidung über den Antrag auf Ehescheidung, Trennung ohne Auflösung des Ehebandes oder Ungültigerklärung einer Ehe rechtskräftig geworden ist oder aber

b) in den Fällen, in denen zu dem unter Buchstabe a) genannten Zeitpunkt noch ein Verfahren betreffend die elterliche Verantwortung anhängig ist, sobald die Entscheidung in diesem Verfahren rechtskräftig geworden ist oder aber

c) sobald die unter den Buchstaben a) und b) genannten Verfahren aus einem anderen Grund beendet worden sind.

Artikel 4
Kindesentführung

Die nach Maßgabe von Artikel 3 zuständigen Gerichte haben ihre Zuständigkeit im Einklang mit den Bestimmungen des Haager Übereinkommens vom 25. Oktober 1980 über die zivilrechtlichen Aspekte internationaler Kindesentführung, insbesondere dessen Artikel 3 und 16, auszuüben.

Artikel 5
Gegenantrag

Das Gericht, bei dem ein Antrag auf der Grundlage der Artikel 2 bis 4 anhängig ist, ist auch für einen Gegenantrag zuständig, sofern dieser in den Anwendungsbereich dieser Verordnung fällt.

Artikel 6
Umwandlung einer Trennung ohne Auflösung des Ehebandes in eine Ehescheidung

Unbeschadet des Artikels 2 ist das Gericht eines Mitgliedstaats, das eine Entscheidung über eine Trennung ohne Auflösung des Ehebandes erlassen hat, auch für die Umwandlung dieser Entscheidung in eine Ehescheidung zuständig, sofern dies im Recht dieses Mitgliedstaats vorgesehen ist.

Artikel 7
Ausschließlicher Charakter der Zuständigkeiten nach den Artikeln 2 bis 6

Gegen einen Ehegatten, der

a) seinen gewöhnlichen Aufenthalt im Hoheitsgebiet eines Mitgliedstaats hat oder

b) Staatsangehöriger eines Mitgliedstaats ist oder – im Falle des Vereinigten Königreichs und Irlands

– sein „domicile" im Hoheitsgebiet eines dieser Mitgliedstaaten hat, darf ein Verfahren vor den Gerichten eines anderen Mitgliedstaats nur nach Maßgabe der Artikel 2 bis 6 geführt werden.

Artikel 8
Restzuständigkeiten

(1) Soweit sich aus den Artikeln 2 bis 6 keine Zuständigkeit eines Gerichts eines Mitgliedstaats ergibt, bestimmt sich die Zuständigkeit in jedem Mitgliedstaat nach dessen eigenem Recht.

(2) Jeder Staatsangehörige eines Mitgliedstaats, der seinen gewöhnlichen Aufenthalt im Hoheitsgebiet eines anderen Mitgliedstaats hat, kann die in diesem Staat geltenden Zuständigkeitsvorschriften wie ein Inländer gegenüber einem Antragsgegner geltend machen, wenn dieser weder seinen gewöhnlichen Aufenthalt im Hoheitsgebiet eines Mitgliedstaats hat noch die Staatsangehörigkeit eines Mitgliedstaats besitzt oder – im Falle des Vereinigten Königreichs und Irlands – sein „domicile" im Hoheitsgebiet eines dieser Mitgliedstaaten hat.

Abschnitt 2
Prüfung der Zuständigkeit und der Zulässigkeit des Verfahrens

Artikel 9
Prüfung der Zuständigkeit

Das Gericht eines Mitgliedstaats hat sich von Amts wegen für unzuständig zu erklären, wenn es in einer Sache angerufen wird, für die es nach dieser Verordnung keine Zuständigkeit hat und für die das Gericht eines anderen Mitgliedstaats aufgrund dieser Verordnung zuständig ist.

Artikel 10
Prüfung der Zulässigkeit

(1) Läßt sich eine Person, die ihren gewöhnlichen Aufenthalt nicht in dem Mitgliedstaat hat, in welchem das Verfahren eingeleitet wurde, auf das Verfahren nicht ein, so hat das zuständige Gericht das Verfahren so lange auszusetzen, bis festgestellt ist, daß es dem Antragsgegner möglich war, das verfahrenseinleitende Schriftstück oder ein gleichwertiges Schriftstück so rechtzeitig zu empfangen, daß er sich verteidigen konnte, oder daß alle hierzu erforderlichen Maßnahmen getroffen worden sind.

(2) An die Stelle von Absatz 1 tritt Artikel 19 der Verordnung (EG) Nr 1348/2000 des Rates vom 29. Mai 2000 über die Zustellung gerichtlicher und außergerichtlicher Schriftstücke in Zivil- oder Handelssachen in den Mitgliedstaaten [(1)], wenn das verfahrenseinleitende Schriftstück oder ein gleichwertiges Schriftstück nach Maßgabe jener Verordnung von einem Mitgliedstaat in einen anderen zu übermitteln war.

(3) Sind die Bestimmungen der Verordnung (EG) Nr 1348/2000 nicht anwendbar, so gilt Artikel 15 des Haager Übereinkommens vom 15. November 1965 über die Zustellung gerichtlicher und außergerichtlicher Schriftstücke im Ausland in Zivil- und Handelssachen, wenn das verfahrenseinleitende Schriftstück oder ein gleichwertiges Schriftstück nach Maßgabe des genannten Übereinkommens ins Ausland zu übermitteln war.

---

[1] Siehe S 37 dieses Amtsblatts [= ABl L 160 vom 30. 6. 2000, S 37].

Abschnitt 3
Rechtshängigkeit und abhängige Verfahren

Artikel 11

(1) Werden bei Gerichten verschiedener Mitgliedstaaten Anträge wegen desselben Anspruchs zwischen denselben Parteien gestellt, so setzt das später angerufene Gericht das Verfahren von Amts wegen aus, bis die Zuständigkeit des zuerst angerufenen Gerichts geklärt ist.

(2) Werden bei Gerichten verschiedener Mitgliedstaaten Anträge auf Ehescheidung, Trennung ohne Auflösung des Ehebandes oder Ungültigerklärung einer Ehe, die nicht denselben Anspruch betreffen, zwischen denselben Parteien gestellt, so setzt das später angerufene Gericht das Verfahren von Amts wegen aus, bis die Zuständigkeit des zuerst angerufenen Gerichts geklärt ist.

(3) Sobald die Zuständigkeit des zuerst angerufenen Gerichts feststeht, erklärt sich das später angerufene Gericht zugunsten dieses Gerichts für unzuständig.

In diesem Fall kann der Antragsteller, der den Antrag bei dem später angerufenen Gericht gestellt hat, diesen Antrag dem zuerst angerufenen Gericht vorlegen.

(4) Für die Zwecke dieses Artikels gilt ein Gericht als angerufen

a) zu dem Zeitpunkt, zu dem das verfahrenseinleitende Schriftstück oder ein gleichwertiges Schriftstück bei Gericht eingereicht worden ist, vorausgesetzt, daß der Antragsteller es in der Folge nicht versäumt hat, die ihm obliegenden Maßnahmen zu treffen, um die Zustellung des Schriftstücks an den Antragsgegner zu bewirken, oder

b) falls die Zustellung an den Antragsgegner vor Einreichung des Schriftstücks bei Gericht zu bewirken ist, zu dem Zeitpunkt, zu dem die für die Zustellung verantwortliche Stelle das Schriftstück erhalten hat, vorausgesetzt, daß der Antragsteller es in der Folge nicht versäumt hat, die ihm obliegenden Maßnahmen zu treffen, um das Schriftstück bei Gericht einzureichen.

Abschnitt 4
Einstweilige Maßnahmen einschließlich Sicherungsmaßnahmen

Artikel 12

In dringenden Fällen können die Gerichte eines Mitgliedstaats ungeachtet der Bestimmungen dieser Verordnung die nach dem Recht dieses Mitgliedstaats vorgesehenen einstweiligen Maßnahmen einschließlich Sicherungsmaßnahmen in bezug auf in diesem Staat befindliche Personen oder Güter auch dann ergreifen, wenn für die Entscheidung in der Hauptsache gemäß dieser Verordnung ein Gericht eines anderen Mitgliedstaats zuständig ist.

Kapitel III
Anerkennung und Vollstreckung

Artikel 13
Bedeutung des Begriffs „Entscheidung“

(1) Unter „Entscheidung“ im Sinne dieser Verordnung ist jede von einem Gericht eines Mitgliedstaats erlassene Entscheidung über die Ehescheidung, die Trennung ohne Auflösung des Ehebandes oder die Ungültigerklärung einer Ehe sowie jede aus Anlaß eines solchen Verfahrens in Ehesachen ergangene Entscheidung über die elterliche Verantwortung der Ehegatten zu verstehen, ohne Rücksicht auf die Bezeichnung der jeweiligen Entscheidung, wie Urteil oder Beschluß.

(2) Die Bestimmungen dieses Kapitels gelten auch für die Festsetzung der Kosten für die nach dieser Verordnung eingeleiteten Verfahren und die Vollstreckung eines Kostenfestsetzungsbeschlusses.

(3) Für die Durchführung dieser Verordnung werden öffentliche Urkunden, die in einem Mitgliedstaat aufgenommen und vollstreckbar sind, sowie vor einem Richter im Laufe eines Verfahrens geschlossene Vergleiche, die in dem Mitgliedstaat, in den sie zustande gekommen sind, vollstreckbar sind, unter denselben Bedingungen wie die in Absatz 1 genannten Entscheidungen anerkannt und für vollstreckbar erklärt.

Abschnitt 1
Anerkennung

Artikel 14
Anerkennung einer Entscheidung

(1) Die in einem Mitgliedstaat ergangenen Entscheidungen werden in den anderen Mitgliedstaaten anerkannt, ohne daß es hierfür eines besonderen Verfahrens bedarf.

(2) Insbesondere bedarf es unbeschadet des Absatzes 3 keines besonderen Verfahrens für die Beischreibung in den Personenstandsbüchern eines Mitgliedstaats auf der Grundlage einer in einem anderen Mitgliedstaat ergangenen Entscheidung über Ehescheidung, Trennung ohne Auflösung des Ehebandes oder Ungültigerklärung einer Ehe, gegen die nach dessen Recht keine weiteren Rechtsbehelfe eingelegt werden können.

(3) Jede Partei, die ein Interesse hat, kann im Rahmen der Verfahren nach den Abschnitten 2 und 3 dieses Kapitels die Feststellung beantragen, daß eine Entscheidung anzuerkennen oder nicht anzuerkennen ist.

(4) Ist in einem Rechtsstreit vor einem Gericht eines Mitgliedstaats die Frage der Anerkennung einer Entscheidung als Vorfrage zu klären, so kann dieses Gericht hierüber befinden.

Artikel 15
Gründe für die Nichtanerkennung einer Entscheidung

(1) Eine Entscheidung, die die Ehescheidung, die Trennung ohne Auflösung des Ehebandes oder die Ungültigerklärung einer Ehe betrifft, wird nicht anerkannt,

a) wenn die Anerkennung der öffentlichen Ordnung (ordre public) des Mitgliedstaats, in dem sie beantragt wird, offensichtlich widerspricht;

b) wenn dem Antragsgegner, der sich auf das Verfahren nicht eingelassen hat, das verfahrenseinleitende Schriftstück oder ein gleichwertiges Schriftstück nicht so rechtzeitig und in einer Weise zugestellt worden ist, daß er sich verteidigen konnte, es sei denn, es wird festgestellt, daß er mit der Entscheidung eindeutig einverstanden ist;

c) wenn die Entscheidung mit einer Entscheidung unvereinbar ist, die in einem Verfahren zwischen denselben Parteien in dem Mitgliedstaat, in dem die Anerkennung beantragt wird, ergangen ist; oder

d) wenn die Entscheidung mit einer früheren Entscheidung unvereinbar ist, die in einem anderen Mitgliedstaat oder in einem Drittland zwischen denselben Parteien ergangen ist, sofern die frühere Entscheidung die notwendigen Voraussetzungen für ihre Anerkennung in dem Mitgliedstaat erfüllt, in dem die Anerkennung beantragt wird

(2) Eine Entscheidung betreffend die elterliche Verantwortung, die aus Anlaß der in Artikel 13 genannten Verfahren in Ehesachen ergangen ist, wird nicht anerkannt,

a) wenn die Anerkennung der öffentlichen Ordnung (ordre public) des Mitgliedstaats, in dem sie beantragt wird, offensichtlich widerspricht, wobei das Wohl des Kindes zu berücksichtigen ist;

b) wenn die Entscheidung – ausgenommen in dringenden Fällen – ergangen ist, ohne daß das Kind die Möglichkeit hatte, gehört zu werden, und damit wesentliche verfahrensrechtliche Grundsätze des Mitgliedstaats, in dem die Anerkennung beantragt wird, verletzt werden;

c) wenn der betreffenden Person, die sich auf das Verfahren nicht eingelassen hat, das verfahrenseinleitende Schriftstück oder ein gleichwertiges Schriftstück nicht so rechtzeitig und in einer Weise zugestellt worden ist, daß sie sich verteidigen konnte, es sei denn, es wird festgestellt, daß sie mit der Entscheidung eindeutig einverstanden ist;

d) wenn eine Person dies mit der Begründung beantragt, daß die Entscheidung in ihre elterliche Verantwortung eingreift, falls die Entscheidung ergangen ist, ohne daß die Person die Möglichkeit hatte, gehört zu werden;

e) wenn die Entscheidung mit einer späteren Entscheidung betreffend die elterliche Verantwortung unvereinbar ist, die in dem Mitgliedstaat, in dem die Anerkennung beantragt wird, ergangen ist; oder

f) wenn die Entscheidung mit einer späteren Entscheidung betreffend die elterliche Verantwortung unvereinbar ist, die in einem anderen Mitgliedstaat oder in dem Drittland, in dem das Kind seinen gewöhnlichen Aufenthalt hat, ergangen ist, sofern die spätere Entscheidung die notwendigen Voraussetzungen für ihre Anerkennung in dem Mitgliedstaat erfüllt, in dem die Anerkennung beantragt wird.

Artikel 16
Übereinkünfte mit Drittstaaten

Ein Gericht eines Mitgliedstaats hat die Möglichkeit, auf der Grundlage einer Übereinkunft über die Anerkennung und Vollstreckung von Entscheidungen eine in einem anderen Mitgliedstaat ergangene Entscheidung nicht anzuerkennen, wenn in Fällen des Artikels 8 die Entscheidung nur auf in den Artikeln 2 bis 7 nicht genannte Zuständigkeitskriterien gestützt werden konnte.

Artikel 17
Verbot der Nachprüfung der Zuständigkeit des Gerichts des Ursprungsmitgliedstaats

Die Zuständigkeit des Gerichts des Ursprungsmitgliedstaats darf nicht nachgeprüft werden. Die Überprüfung der Vereinbarkeit mit der öffentlichen Ordnung (ordre public) gemäß Artikel 15 Absatz 1 Buchstabe a) und Absatz 2 Buchstabe a) darf sich nicht auf die in den Artikeln 2 bis 8 vorgesehenen Vorschriften über die Zuständigkeit erstrecken.

Artikel 18
Unterschiede beim anzuwendenden Recht

Die Anerkennung einer Entscheidung, die die Ehescheidung, die Trennung ohne Auflösung des Ehebandes oder die Ungültigerklärung einer Ehe betrifft, darf nicht deshalb abgelehnt werden, weil eine Ehescheidung, Trennung ohne Auflösung des Ehebandes oder Ungültigerklärung einer Ehe nach dem Recht des Mitgliedstaats, in dem die Anerkennung beantragt wird, unter Zugrundelegung desselben Sachverhalts nicht zulässig wäre.

Artikel 19
Ausschluß einer Nachprüfung in der Sache

Die Entscheidung darf keinesfalls in der Sache selbst nachgeprüft werden.

Artikel 20
Aussetzung des Anerkennungsverfahrens

(1) Das Gericht eines Mitgliedstaats, vor dem die Anerkennung einer in einem anderen Mitgliedstaat ergangenen Entscheidung beantragt wird, kann das Verfahren aussetzen, wenn gegen die Entscheidung ein ordentlicher Rechtsbehelf eingelegt worden ist.

(2) Das Gericht eines Mitgliedstaats, bei dem die Anerkennung einer in Irland oder im Vereinigten Königreich ergangenen Entscheidung beantragt wird, kann das Verfahren aussetzen, wenn die Vollstreckung der Entscheidung im Ursprungsmitgliedstaat wegen der Einlegung eines Rechtsbehelfs einstweilen eingestellt ist.

Abschnitt 2
Vollstreckung

Artikel 21
Vollstreckbare Entscheidungen

(1) Die in einem Mitgliedstaat ergangenen Entscheidungen betreffend die elterliche Verantwortung

für ein gemeinsames Kind, die in diesem Mitgliedstaat vollstreckbar sind und die zugestellt worden sind, werden in einem anderen Mitgliedstaat vollstreckt, wenn sie dort auf Antrag einer berechtigten Partei für vollstreckbar erklärt worden sind.

(2) Im Vereinigten Königreich jedoch wird eine derartige Entscheidung in England und Wales, in Schottland oder in Nordirland vollstreckt, wenn sie auf Antrag einer berechtigten Partei zur Vollstreckung in dem betreffenden Teil des Vereinigten Königreichs registriert worden ist.

Artikel 22
Örtlich zuständige Gerichte

(1) Ein Antrag auf Vollstreckbarerklärung ist bei dem Gericht zu stellen, das in der Liste in Anhang I aufgeführt ist.

(2) Das örtlich zuständige Gericht wird durch den gewöhnlichen Aufenthalt der Person, gegen die die Vollstreckung erwirkt werden soll, oder durch den gewöhnlichen Aufenthalt eines Kindes, auf das sich der Antrag bezieht, bestimmt.

Befindet sich keiner der in Unterabsatz 1 angegebenen Orte in dem Mitgliedstaat, in dem die Vollstreckung erwirkt werden soll, so wird das örtlich zuständige Gericht durch den Ort der Vollstreckung bestimmt.

(3) Hinsichtlich der Verfahren nach Artikel 14 Absatz 3 wird das örtlich zuständige Gericht durch das innerstaatliche Recht des Mitgliedstaats bestimmt, in dem der Antrag auf Anerkennung oder Nichtanerkennung gestellt wird.

Artikel 23
Stellung des Antrags auf Vollstreckbarerklärung

(1) Für die Stellung des Antrags ist das Recht des Mitgliedstaats maßgebend, in dem die Vollstreckung erwirkt werden soll.

(2) Der Antragsteller hat für die Zustellung im Bezirk des angerufenen Gerichts ein Wahldomizil zu begründen. Ist das Wahldomizil im Recht des Mitgliedstaats, in dem die Vollstreckung erwirkt werden soll, nicht vorgesehen, so hat der Antragsteller einen Zustellungsbevollmächtigten zu benennen.

(3) Dem Antrag sind die in den Artikeln 32 und 33 aufgeführten Urkunden beizufügen.

Artikel 24
Entscheidung des Gerichts

(1) Das mit dem Antrag befaßte Gericht erläßt seine Entscheidung ohne Verzug, ohne daß die Person, gegen die die Vollstreckung erwirkt werden soll, in diesem Abschnitt des Verfahrens Gelegenheit erhält, eine Erklärung abzugeben.

(2) Der Antrag darf nur aus einem der in den Artikeln 15, 16 und 17 aufgeführten Gründe abgelehnt werden.

(3) Die ausländische Entscheidung darf keinesfalls in der Sache selbst nachgeprüft werden.

Artikel 25
Mitteilung der Entscheidung

Die Entscheidung, die über den Antrag ergangen ist, wird dem Antragsteller vom Urkundsbeamten der Geschäftsstelle unverzüglich in der Form mitgeteilt, die das Recht des Mitgliedstaats, in dem die Vollstreckung erwirkt werden soll, vorsieht.

Artikel 26
Rechtsbehelf gegen eine Entscheidung über die Zulassung der Vollstreckung

(1) Gegen die Entscheidung über den Antrag auf Vollstreckbarerklärung kann jede Partei einen Rechtsbehelf einlegen.

(2) Der Rechtsbehelf wird bei dem Gericht eingelegt, das in der Liste in Anhang II aufgeführt ist.

(3) Über den Rechtsbehelf wird nach den Vorschriften entschieden, die für Verfahren mit beiderseitigem rechtlichen Gehör maßgebend sind.

(4) Wird der Rechtsbehelf von der Person eingelegt, die den Antrag auf Vollstreckbarerklärung gestellt hat, so wird die Partei, gegen die die Vollstreckung erwirkt werden soll, aufgefordert, sich auf das Verfahren einzulassen, das bei dem mit dem Rechtsbehelf befaßten Gericht anhängig ist. Läßt sich die betreffende Person auf das Verfahren nicht ein, so gelten die Bestimmungen des Artikels 10.

(5) Der Rechtsbehelf gegen die Vollstreckbarerklärung ist innerhalb eines Monats nach ihrer Zustellung einzulegen. Hat die Partei, gegen die die Vollstreckung erwirkt werden soll, ihren gewöhnlichen Aufenthalt in einem anderen Mitgliedstaat als dem, in dem die Vollstreckbarerklärung erteilt worden ist, so beträgt die Frist für den Rechtsbehelf zwei Monate und beginnt mit dem Tag, an dem die Vollstreckbarerklärung ihr entweder persönlich oder in ihrer Wohnung zugestellt worden ist. Eine Verlängerung dieser Frist wegen weiter Entfernung ist ausgeschlossen.

Artikel 27
Für den Rechtsbehelf zuständiges Gericht und Anfechtung der Entscheidung über den Rechtsbehelf

Die Entscheidung, die über den Rechtsbehelf ergangen ist, kann nur im Wege der in Anhang III genannten Verfahren angefochten werden.

Artikel 28
Aussetzung des Verfahrens

(1) Das nach Artikel 26 oder Artikel 27 mit dem Rechtsbehelf befaßte Gericht kann auf Antrag der Partei, gegen die die Vollstreckung erwirkt werden soll, das Verfahren aussetzen, wenn im Ursprungsmitgliedstaat ein ordentlicher Rechtsbehelf eingelegt oder die Frist für einen solchen Rechtsbehelf noch nicht verstrichen ist. In letzterem Fall kann das Gericht eine Frist bestimmen, innerhalb deren der Rechtsbehelf einzulegen ist.

(2) Ist die Entscheidung in Irland oder im Vereinigten Königreich ergangen, so gilt jeder im Ursprungsmitgliedstaat statthafte Rechtsbehelf als ordentlicher Rechtsbehelf im Sinne von Absatz 1.

Artikel 29
Teilvollstreckung

(1) Ist durch die Entscheidung über mehrere geltend gemachte Ansprüche erkannt worden und kann die Entscheidung nicht in vollem Umfang zur Vollstreckung zugelassen werden, so läßt das Gericht sie für einen oder mehrere Ansprüche zu.

(2) Der Antragsteller kann auch eine teilweise Vollstreckung der Entscheidung beantragen.

Artikel 30
Prozeßkostenhilfe

Ist dem Antragsteller in dem Ursprungsmitgliedstaat ganz oder teilweise Prozeßkostenhilfe oder Kostenbefreiung gewährt worden, so genießt er in dem Verfahren nach den Artikeln 22 bis 25 hinsichtlich der Prozeßkostenhilfe oder der Kostenbefreiung die günstigste Behandlung, die das Recht des Mitgliedstaats, in dem er die Vollstreckung beantragt, vorsieht.

Artikel 31
Sicherheitsleistung oder Hinterlegung

Der Partei, die in einem Mitgliedstaat die Vollstreckung einer in einem anderen Mitgliedstaat ergangenen Entscheidung beantragt, darf eine Sicherheitsleistung oder Hinterlegung, unter welcher Bezeichnung es auch sei, nicht aus einem der folgenden Gründe auferlegt werden:

a) weil sie in dem Mitgliedstaat, in dem die Vollstreckung erwirkt werden soll, nicht ihren gewöhnlichen Aufenthalt hat,

b) weil sie nicht die Staatsangehörigkeit dieses Staates besitzt oder, wenn die Vollstreckung im Vereinigten Königreich oder in Irland erwirkt werden soll, ihr „domicile" nicht in einem dieser Mitgliedstaaten hat.

Abschnitt 3
Gemeinsame Vorschriften

Artikel 32
Urkunden

(1) Die Partei, die die Anerkennung oder Nichtanerkennung einer Entscheidung anstrebt oder den Antrag auf Vollstreckbarerklärung stellt, hat vorzulegen:

a) eine Ausfertigung der Entscheidung, die die für ihre Beweiskraft erforderlichen Voraussetzungen erfüllt, und

b) eine Bescheinigung nach Artikel 33.

(2) Bei einer im Versäumnisverfahren ergangenen Entscheidung hat die Partei, die die Anerkennung einer Entscheidung anstrebt oder deren Vollstreckbarerklärung, ferner vorzulegen

a) entweder die Urschrift oder eine beglaubigte Abschrift der Urkunde, aus der sich ergibt, daß das verfahrenseinleitende Schriftstück oder ein gleichwertiges Schriftstück der säumigen Partei zugestellt worden ist, oder

b) eine Urkunde, aus der hervorgeht, daß der Antragsgegner mit der Entscheidung eindeutig einverstanden ist.

Artikel 33
Weitere Urkunden

Das zuständige Gericht oder die zuständige Behörde eines Mitgliedstaats, in dem eine Entscheidung ergangen ist, stellt auf Antrag einer berechtigten Partei eine Bescheinigung unter Verwendung des Formblatts in Anhang IV (Entscheidungen in Ehesachen) oder Anhang V (Entscheidungen betreffend die elterliche Verantwortung) aus.

Artikel 34
Fehlen von Urkunden

(1) Werden die in Artikel 32 Absatz 1 Buchstabe b) oder Absatz 2 aufgeführten Urkunden nicht vorgelegt, so kann das Gericht eine Frist einräumen, innerhalb deren die Urkunden vorzulegen sind, oder sich mit gleichwertigen Urkunden begnügen oder von der Vorlage der Urkunden befreien, wenn es eine weitere Klärung nicht für erforderlich hält.

(2) Auf Verlangen des Gerichts ist eine Übersetzung dieser Urkunden vorzulegen. Die Übersetzung ist von einer hierzu in einem der Mitgliedstaaten befugten Personen zu beglaubigen.

Artikel 35
Legalisation oder ähnliche Förmlichkeit

Die in den Artikeln 32 und 33 und in Artikel 34 Absatz 2 aufgeführten Urkunden sowie die Urkunde über die Prozeßvollmacht, falls eine solche erteilt wird, bedürfen weder der Legalisation noch einer ähnlichen Förmlichkeit.

Kapitel IV
Allgemeine Bestimmungen

Artikel 36
Verhältnis zu anderen Übereinkünften

(1) Diese Verordnung ersetzt – unbeschadet der Artikel 38 und 42 und des nachstehenden Absatzes 2 – die zum Zeitpunkt des Inkrafttretens dieser Verordnung bestehenden, zwischen zwei oder mehr Mitgliedstaaten geschlossenen Übereinkünfte, die in dieser Verordnung geregelte Bereiche betreffen.

(2)

a) Finnland und Schweden steht es frei zu erklären, daß anstelle dieser Verordnung das Übereinkommen vom 6. Februar 1931 zwischen Dänemark, Finnland, Island, Norwegen und Schweden mit Bestimmungen des internationalen Verfahrensrechts über Ehe, Adoption und Vormundschaft einschließlich des Schlußprotokolls ganz oder teilweise auf ihre gegenseitigen Beziehungen anwendbar ist. Diese Erklärungen werden in den Anhang zu der Verordnung aufgenommen und im Amtsblatt der Europäischen Gemeinschaften veröffentlicht. Die betreffenden Mitgliedstaaten können ihre Erklärung jederzeit ganz oder teilweise widerrufen [(1)].

b) Eine Diskriminierung von Bürgern der Union aus Gründen der Staatsangehörigkeit ist verboten.

c) Die Zuständigkeitskriterien in künftigen Übereinkünften zwischen den unter Buchstabe a) genannten Mitgliedstaaten, die in dieser Verordnung geregelte Bereiche betreffen, müssen mit den Kriterien dieser Verordnung im Einklang stehen.

d) Entscheidungen, die in einem der nordischen Staaten, der eine Erklärung nach Buchstabe a) abgegeben hat, aufgrund eines Zuständigkeitskriteriums erlassen werden, das einem der in Kapitel II vorgesehenen Zuständigkeitskriterien entspricht, werden in den anderen Mitgliedstaaten gemäß den Bestimmungen des Kapitels III anerkannt und vollstreckt.

(3) Die Mitgliedstaaten übermitteln der Kommission

a) eine Abschrift der Übereinkünfte sowie der einheitlichen Gesetze zur Durchführung dieser Übereinkünfte gemäß Absatz 2 Buchstaben a) und c),

b) jede Kündigung oder Änderung dieser Übereinkünfte oder dieser einheitlichen Gesetze.

Artikel 37
Verhältnis zu bestimmten multilateralen Übereinkommen

Diese Verordnung hat in den Beziehungen zwischen den Mitgliedstaaten insoweit Vorrang vor den nachstehenden Übereinkommen, als diese Bereiche betreffen, die in dieser Verordnung geregelt sind:

- Haager Übereinkommen vom 5. Oktober 1961 über die Zuständigkeit der Behörden und das anzuwendende Recht auf dem Gebiet des Schutzes von Minderjährigen,

- Luxemburger Übereinkommen vom 8. September 1967 über die Anerkennung von Entscheidungen in Ehesachen,

- Haager Übereinkommen vom 1. Juni 1970 über die Anerkennung von Ehescheidungen und der Trennung von Tisch und Bett,

- Europäisches Übereinkommen vom 20. Mai 1980 über die Anerkennung und Vollstreckung von Entscheidungen über das Sorgerecht für Kinder und die Wiederherstellung des Sorgeverhältnisses,

- Haager Übereinkommen vom 19. Oktober 1996 über die Zuständigkeit, das anzuwendende Recht, die Anerkennung, Vollstreckung und Zusammenarbeit auf dem Gebiet der elterlichen

[1] Diese Erklärung wurde von keinem dieser Mitgliedstaaten zum Zeitpunkt der Annahme der Verordnung abgegeben.

Verantwortung und der Maßnahmen zum Schutz von Kindern, sofern das Kind seinen gewöhnlichen Aufenthalt in einem Mitgliedstaat hat.

Artikel 38
Fortbestand der Wirksamkeit

(1) Die in Artikel 36 Absatz 1 und Artikel 37 genannten Übereinkünfte behalten ihre Wirksamkeit für die Rechtsgebiete, auf die diese Verordnung nicht anwendbar ist.

(2) Sie bleiben auch weiterhin für die Entscheidungen und die öffentlichen Urkunden wirksam, die vor Inkrafttreten dieser Verordnung ergangen beziehungsweise aufgenommen sind.

Artikel 39
Übereinkünfte zwischen den Mitgliedstaaten

(1) Zwei oder mehr Mitgliedstaaten können untereinander Übereinkünfte zur Ergänzung dieser Verordnung oder zur Erleichterung ihrer Durchführung schließen.

Die Mitgliedstaaten übermitteln der Kommission

a) eine Abschrift der Entwürfe dieser Übereinkünfte sowie

b) jede Kündigung oder Änderung dieser Übereinkünfte.

(2) Die Übereinkünfte dürfen keinesfalls von Kapitel II und Kapitel III dieser Verordnung abweichen.

Artikel 40
Verträge mit dem Heiligen Stuhl

(1) Diese Verordnung gilt unbeschadet des am 7. Mai 1940 in der Vatikanstadt zwischen dem Heiligen Stuhl und Portugal unterzeichneten Internationalen Vertrags (Konkordats).

(2) Eine Entscheidung über die Ungültigkeit der Ehe gemäß dem in Absatz 1 genannten Vertrag wird in den Mitgliedstaaten unter den in Kapitel III vorgesehenen Bedingungen anerkannt.

(3) Die Absätze 1 und 2 gelten auch für die folgenden internationalen Verträge (Konkordate) mit dem Heiligen Stuhl:

a) Lateranvertrag vom 11. Februar 1929 zwischen Italien und dem Heiligen Stuhl, geändert durch die am 18. Februar 1984 in Rom unterzeichnete Vereinbarung mit Zusatzprotokoll;

b) Vereinbarung vom 3. Januar 1979 über Rechtsangelegenheiten zwischen dem Heiligen Stuhl und Spanien.

(4) Für die Anerkennung der Entscheidungen im Sinne des Absatzes 2 können in Italien oder in Spanien dieselben Verfahren und Nachprüfungen vorgegeben werden, die auch für Entscheidungen der Kirchengerichte gemäß den in Absatz 3 genannten internationalen Verträgen mit dem Heiligem Stuhl gelten.

(5) Die Mitgliedstaaten übermitteln der Kommission

a) eine Abschrift der in den Absätzen 1 und 3 genannten Verträge sowie

b) jede Kündigung oder Änderung dieser Verträge.

Artikel 41
Mitgliedstaaten mit zwei oder mehr Rechtssystemen

Für einen Mitgliedstaat, in dem die in dieser Verordnung behandelten Fragen in verschiedenen Gebietseinheiten durch zwei oder mehr Rechtssysteme oder Regelwerke geregelt werden, gilt folgendes:

a) Jede Bezugnahme auf den gewöhnlichen Aufenthalt in diesem Mitgliedstaat betrifft den gewöhnlichen Aufenthalt in einer Gebietseinheit;

b) jede Bezugnahme auf die Staatsangehörigkeit oder, im Falle des Vereinigten Königreichs, auf das „domicile" betrifft die durch die Rechtsvorschriften dieses Staats bezeichnete Gebietseinheit;

c) jede Bezugnahme auf den Mitgliedstaat, dessen Behörde mit einem Antrag auf Ehescheidung, Trennung ohne Auflösung des Ehebandes oder Ungültigerklärung einer Ehe befaßt ist, betrifft die Gebietseinheit, deren Behörde mit einem solchen Antrag befaßt ist;

d) jede Bezugnahme auf die Vorschriften des ersuchten Mitgliedstaats betrifft die Vorschriften der Gebietseinheit, in der die Zuständigkeit geltend gemacht oder die Anerkennung oder die Vollstreckung beantragt wird.

Kapitel V
Übergangsvorschriften

Artikel 42

(1) Diese Verordnung gilt nur für gerichtliche Verfahren, öffentliche Urkunden und vor einem Richter im Laufe eines Verfahrens geschlossene Vergleiche, die nach Inkrafttreten dieser Verordnung eingeleitet, aufgenommen beziehungsweise geschlossen worden sind.

(2) Entscheidungen, die nach Inkrafttreten dieser Verordnung in einem vor diesem Inkrafttreten eingeleiteten Verfahren ergangen sind, werden nach Maßgabe des Kapitels III anerkannt und vollstreckt, sofern das Gericht aufgrund von Vorschriften zuständig war, die mit den Zuständigkeitsvorschriften des Kapitels II oder eines Abkommens übereinstimmen, das zum Zeitpunkt der Einleitung des Verfahrens zwischen dem Ursprungsmitgliedstaat und dem ersuchten Mitgliedstaat in Kraft war.

Kapitel VI
Schlußbestimmungen

Artikel 43
Überprüfung

Die Kommission legt dem Europäischen Parlament, dem Rat und dem Wirtschafts- und Sozialausschuß spätestens am 1. März 2006 einen Bericht über die Anwendung dieser Verordnung, insbesondere der Artikel 36 und 39 und des Artikels 40 Absatz 2, vor. Diesem Bericht werden gegebenenfalls Vorschläge zur Anpassung dieser Verordnung beigefügt.

Artikel 44
Änderung der Listen mit den zuständigen Gerichten und den Rechtsbehelfen

(1) Die Mitgliedstaaten teilen der Kommission die Texte zur Änderung der in den Anhängen I bis III enthaltenen Listen mit den zuständigen Gerichten und den Rechtsbehelfen mit. Die Kommission paßt die betreffenden Anhänge entsprechend an.

(2) Die Aktualisierung oder technische Anpassungen der in den Anhängen IV und V wiedergegebenen Formblätter werden nach dem Verfahren des beratenden Ausschusses gemäß Artikel 45 Absatz 2 beschlossen.

Artikel 45

(1) Die Kommission wird von einem Ausschuß unterstützt.

(2) Wird auf das Verfahren dieses Absatzes Bezug genommen, so gelten die Artikel 3 und 7 des Beschlusses 1999/468/EG.

(3) Der Ausschuß gibt sich eine Geschäftsordnung.

Artikel 46
Inkrafttreten

Diese Verordnung tritt am 1. März 2001 in Kraft.

Im Einklang mit dem Vertrag zur Gründung der Europäischen Gemeinschaft ist diese Verordnung in allen ihren Teilen verbindlich und gilt unmittelbar in jedem Mitgliedstaat.

Geschehen zu Brüssel am 29. Mai 2000.

3. Brüssel IIa-VO*

Verordnung (EG) Nr 2201/2003 des Rates 3

vom 27. November 2003

über die Zuständigkeit und die Anerkennung und Vollstreckung von Entscheidungen in Ehesachen und in Verfahren betreffend die elterliche Verantwortung und zur Aufhebung der Verordnung (EG) Nr 1347/2000

Der Rat der Europäischen Union –

---

* ABl L 338 vom 23. 12. 2003, S 1.

gestützt auf den Vertrag zur Gründung der Europäischen Gemeinschaft, insbesondere auf Artikel 61 Buchstabe c) und Artikel 67 Absatz 1,

auf Vorschlag der Kommission [(1)],

nach Stellungnahme des Europäischen Parlaments [(2)],

nach Stellungnahme des Europäischen Wirtschafts- und Sozialausschusses [(3)],

in Erwägung nachstehender Gründe:

(1) Die Europäische Gemeinschaft hat sich die Schaffung eines Raums der Freiheit, der Sicherheit und des Rechts zum Ziel gesetzt, in dem der freie Personenverkehr gewährleistet ist. Hierzu erlässt die Gemeinschaft unter anderem die Maßnahmen, die im Bereich der justiziellen Zusammenarbeit in Zivilsachen für das reibungslose Funktionieren des Binnenmarkts erforderlich sind.

(2) Auf seiner Tagung in Tampere hat der Europäische Rat den Grundsatz der gegenseitigen Anerkennung gerichtlicher Entscheidungen, der für die Schaffung eines echten europäischen Rechtsraums unabdingbar ist, anerkannt und die Besuchsrechte als Priorität eingestuft.

(3) Die Verordnung (EG) Nr 1347/2000 des Rates vom 29. Mai 2000 [(4)] enthält Vorschriften für die Zuständigkeit und die Anerkennung und Vollstreckung von Entscheidungen in Ehesachen sowie von aus Anlass von Ehesachen ergangenen Entscheidungen über die elterliche Verantwortung für die gemeinsamen Kinder der Ehegatten. Der Inhalt dieser Verordnung wurde weitgehend aus dem diesbezüglichen Übereinkommen vom 28. Mai 1998 übernommen[(5)]

(4) Am 3. Juli 2000 hat Frankreich eine Initiative im Hinblick auf den Erlass einer Verordnung des Rates über die gegenseitige Vollstreckung von Entscheidungen über das Umgangsrecht vorgelegt [(6)]

(5) Um die Gleichbehandlung aller Kinder sicherzustellen, gilt diese Verordnung für alle Entscheidungen über die elterliche Verantwortung, einschließlich der Maßnahmen zum Schutz des Kindes, ohne Rücksicht darauf, ob eine Verbindung zu einem Verfahren in Ehesachen besteht.

(6) Da die Vorschriften über die elterliche Verantwortung häufig in Ehesachen herangezogen werden, empfiehlt es sich, Ehesachen und die elterliche Verantwortung in einem einzigen Rechtsakt zu regeln.

(7) Diese Verordnung gilt für Zivilsachen, unabhängig von der Art der Gerichtsbarkeit.

(8) Bezüglich Entscheidungen über die Ehescheidung, die Trennung ohne Auflösung des Ehebandes oder die Ungültigerklärung einer Ehe sollte diese Verordnung nur für die Auflösung einer Ehe und

[1] ABl C 203 E vom 27. 8. 2002, S 155.
[2] Stellungnahme vom 20. 9. 2002 (noch nicht im Amtsblatt veröffentlicht).
[3] ABl C 61 vom 14. 3. 2003, S 76.
[4] ABl L 160 vom 30. 6. 2000, S 19.
[5] Bei der Annahme der Verordnung (EG) Nr 1347/2000 hatte der Rat den von Frau Professorin Alegria Borras erstellten erläuternden Bericht zu dem Übereinkommen zur Kenntnis genommen (ABl C 221 vom 16. 7. 1998, S 27).
[6] ABl C 234 vom 15. 8. 2000, S 7.

nicht für Fragen wie die Scheidungsgründe, das Ehegüterrecht oder sonstige mögliche Nebenaspekte gelten.

(9) Bezüglich des Vermögens des Kindes sollte diese Verordnung nur für Maßnahmen zum Schutz des Kindes gelten, das heißt i) für die Bestimmung und den Aufgabenbereich einer Person oder Stelle, die damit betraut ist, das Vermögen des Kindes zu verwalten, das Kind zu vertreten und ihm beizustehen, und ii) für Maßnahmen bezüglich der Verwaltung und Erhaltung des Vermögens des Kindes oder der Verfügung darüber. In diesem Zusammenhang sollte diese Verordnung beispielsweise für die Fälle gelten, in denen die Eltern über die Verwaltung des Vermögens des Kindes im Streit liegen. Das Vermögen des Kindes betreffende Maßnahmen, die nicht den Schutz des Kindes betreffen, sollten weiterhin unter die Verordnung (EG) Nr 44/2001 des Rates vom 22. Dezember 2000 über die gerichtliche Zuständigkeit und die Anerkennung und Vollstreckung von Entscheidungen in Zivil- und Handelssachen [(1)] fallen.

(10) Diese Verordnung soll weder für Bereiche wie die soziale Sicherheit oder Maßnahmen allgemeiner Art des öffentlichen Rechts in Angelegenheiten der Erziehung und Gesundheit noch für Entscheidungen über Asylrecht und Einwanderung gelten. Außerdem gilt sie weder für die Feststellung des Eltern-Kind-Verhältnisses, bei der es sich um eine von der Übertragung der elterlichen Verantwortung gesonderte Frage handelt, noch für sonstige Fragen im Zusammenhang mit dem Personenstand. Sie gilt ferner nicht für Maßnahmen, die im Anschluss an von Kindern begangenen Straftaten ergriffen werden.

(11) Unterhaltspflichten sind vom Anwendungsbereich dieser Verordnung ausgenommen, da sie bereits durch die Verordnung (EG) Nr 44/2001 geregelt werden. Die nach dieser Verordnung zuständigen Gerichte werden in Anwendung des Artikels 5 Absatz 2 der Verordnung (EG) Nr 44/2001 in der Regel für Entscheidungen in Unterhaltssachen zuständig sein.

(12) Die in dieser Verordnung für die elterliche Verantwortung festgelegten Zuständigkeitsvorschriften wurden dem Wohle des Kindes entsprechend und insbesondere nach dem Kriterium der räumlichen Nähe ausgestaltet. Die Zuständigkeit sollte vorzugsweise dem Mitgliedstaat des gewöhnlichen Aufenthalts des Kindes vorbehalten sein außer in bestimmten Fällen, in denen sich der Aufenthaltsort des Kindes geändert hat oder in denen die Träger der elterlichen Verantwortung etwas anderes vereinbart haben.

(13) Nach dieser Verordnung kann das zuständige Gericht den Fall im Interesse des Kindes ausnahmsweise und unter bestimmten Umständen an das Gericht eines anderen Mitgliedstaats verweisen, wenn dieses den Fall besser beurteilen kann. Allerdings sollte das später angerufene Gericht nicht befugt sein, die Sache an ein drittes Gericht weiterzuverweisen.

(14) Die Anwendung des Völkerrechts im Bereich diplomatischer Immunitäten sollte durch die Wirkungen dieser Verordnung nicht berührt werden. Kann das nach dieser Verordnung zuständige Gericht seine Zuständigkeit aufgrund einer diplomatischen Immunität nach dem Völkerrecht nicht wahrnehmen, so sollte die Zuständigkeit in dem Mitgliedstaat, in dem die betreffende Person keine Immunität genießt, nach den Rechtsvorschriften dieses Staates bestimmt werden.

---

[1] ABl L 12 vom 16. 1. 2001, S 1. Zuletzt geändert durch die Verordnung (EG) Nr 1496/2002 der Kommission (ABl L 225 vom 22. 8. 2002, S 13).

(15) Für die Zustellung von Schriftstücken in Verfahren, die auf der Grundlage der vorliegenden Verordnung eingeleitet wurden, gilt die Verordnung (EG) Nr 1348/2000 des Rates vom 29. Mai 2000 über die Zustellung gerichtlicher und außergerichtlicher Schriftstücke in Zivil- oder Handelssachen in den Mitgliedstaaten [(2)].

(16) Die vorliegende Verordnung hindert die Gerichte eines Mitgliedstaats nicht daran, in dringenden Fällen einstweilige Maßnahmen einschließlich Schutzmaßnahmen in Bezug auf Personen oder Vermögensgegenstände, die sich in diesem Staat befinden, anzuordnen.

(17) Bei widerrechtlichem Verbringen oder Zurückhalten eines Kindes sollte dessen Rückgabe unverzüglich erwirkt werden; zu diesem Zweck sollte das Haager Übereinkommen vom 24. Oktober 1980, das durch die Bestimmungen dieser Verordnung und insbesondere des Artikels 11 ergänzt wird, weiterhin Anwendung finden. Die Gerichte des Mitgliedstaats, in den das Kind widerrechtlich verbracht wurde oder in dem es widerrechtlich zurückgehalten wird, sollten dessen Rückgabe in besonderen, ordnungsgemäß begründeten Fällen ablehnen können. Jedoch sollte eine solche Entscheidung durch eine spätere Entscheidung des Gerichts des Mitgliedstaats ersetzt werden können, in dem das Kind vor dem widerrechtlichen Verbringen oder Zurückhalten seinen gewöhnlichen Aufenthalt hatte. Sollte in dieser Entscheidung die Rückgabe des Kindes angeordnet werden, so sollte die Rückgabe erfolgen, ohne dass es in dem Mitgliedstaat, in den das Kind widerrechtlich verbracht wurde, eines besonderen Verfahrens zur Anerkennung und Vollstreckung dieser Entscheidung bedarf.

(18) Entscheidet das Gericht gemäß Artikel 13 des Haager Übereinkommens von 1980, die Rückgabe abzulehnen, so sollte es das zuständige Gericht oder die Zentrale Behörde des Mitgliedstaats, in dem das Kind vor dem widerrechtlichen Verbringen oder Zurückhalten seinen gewöhnlichen Aufenthalt hatte, hiervon unterrichten. Wurde dieses Gericht noch nicht angerufen, so sollte dieses oder die Zentrale Behörde die Parteien entsprechend unterrichten. Diese Verpflichtung sollte die Zentrale Behörde nicht daran hindern, auch die betroffenen Behörden nach nationalem Recht zu unterrichten.

(19) Die Anhörung des Kindes spielt bei der Anwendung dieser Verordnung eine wichtige Rolle, wobei diese jedoch nicht zum Ziel hat, die diesbezüglich geltenden nationalen Verfahren zu ändern.

(20) Die Anhörung eines Kindes in einem anderen Mitgliedstaat kann nach den Modalitäten der Verordnung (EG) Nr 1206/2001 des Rates vom 28. Mai 2001 über die Zusammenarbeit zwischen den Gerichten der Mitgliedstaaten auf dem Gebiet der Beweisaufnahme in Zivil- oder Handelssachen [(3)] erfolgen.

(21) Die Anerkennung und Vollstreckung der in einem Mitgliedstaat ergangenen Entscheidungen sollten auf dem Grundsatz des gegenseitigen Vertrauens beruhen und die Gründe für die Nichtanerkennung auf das notwendige Minimum beschränkt sein.

(22) Zum Zwecke der Anwendung der Anerkennungs- und Vollstreckungsregeln sollten die in einem Mitgliedstaat vollstreckbaren öffentlichen Urkunden und Vereinbarungen zwischen den Parteien „Entscheidungen" gleichgestellt werden.

(23) Der Europäische Rat von Tampere hat in seinen Schlussfolgerungen (Nummer 34) die Ansicht vertreten, dass Entscheidungen in familienrechtlichen Verfahren „automatisch unionsweit an-

[2] ABl L 160 vom 30. 6. 2000, S 37.

[3] ABl L 174 vom 27. 6. 2001, S 1.

erkannt" werden sollten, „ohne dass es irgendwelche Zwischenverfahren oder Gründe für die Verweigerung der Vollstreckung geben" sollte. Deshalb sollten Entscheidungen über das Umgangsrecht und über die Rückgabe des Kindes, für die im Ursprungsmitgliedstaat nach Maßgabe dieser Verordnung eine Bescheinigung ausgestellt wurde, in allen anderen Mitgliedstaaten anerkannt und vollstreckt werden, ohne dass es eines weiteren Verfahrens bedarf. Die Modalitäten der Vollstreckung dieser Entscheidungen unterliegen weiterhin dem nationalen Recht.

(24) Gegen die Bescheinigung, die ausgestellt wird, um die Vollstreckung der Entscheidung zu erleichtern, sollte kein Rechtsbehelf möglich sein. Sie sollte nur Gegenstand einer Klage auf Berichtigung sein, wenn ein materieller Fehler vorliegt, d. h., wenn in der Bescheinigung der Inhalt der Entscheidung nicht korrekt wiedergegeben ist.

(25) Die Zentralen Behörden sollten sowohl allgemein als auch in besonderen Fällen, einschließlich zur Förderung der gütlichen Beilegung von die elterliche Verantwortung betreffenden Familienstreitigkeiten, zusammenarbeiten. Zu diesem Zweck beteiligen sich die Zentralen Behörden an dem Europäischen Justiziellen Netz für Zivil- und Handelssachen, das mit der Entscheidung des Rates vom 28. Mai 2001 zur Einrichtung eines Europäischen Justiziellen Netzes für Zivil- und Handelssachen [(1)] eingerichtet wurde.

(26) Die Kommission sollte die von den Mitgliedstaaten übermittelten Listen mit den zuständigen Gerichten und den Rechtsbehelfen veröffentlichen und aktualisieren.

(27) Die zur Durchführung dieser Verordnung erforderlichen Maßnahmen sollten gemäß dem Beschluss 1999/468/EG des Rates vom 28. Juni 1999 zur Festlegung der Modalitäten für die Ausübung der der Kommission übertragenen Durchführungsbefugnisse [(2)] erlassen werden.

(28) Diese Verordnung tritt an die Stelle der Verordnung (EG) Nr 1347/2000, die somit aufgehoben wird.

(29) Um eine ordnungsgemäße Anwendung dieser Verordnung sicherzustellen, sollte die Kommission deren Durchführung prüfen und gegebenenfalls die notwendigen Änderungen vorschlagen.

(30) Gemäß Artikel 3 des dem Vertrag über die Europäische Union und dem Vertrag zur Gründung der Europäischen Gemeinschaft beigefügten Protokolls über die Position des Vereinigten Königreichs und Irlands haben diese Mitgliedstaaten mitgeteilt, dass sie sich an der Annahme und Anwendung dieser Verordnung beteiligen möchten.

(31) Gemäß den Artikeln 1 und 2 des dem Vertrag über die Europäische Union und dem Vertrag zur Gründung der Europäischen Gemeinschaft beigefügten Protokolls über die Position Dänemarks beteiligt sich Dänemark nicht an der Annahme dieser Verordnung, die für Dänemark nicht bindend oder anwendbar ist.

(32) Da die Ziele dieser Verordnung auf Ebene der Mitgliedstaaten nicht ausreichend erreicht werden können und daher besser auf Gemeinschaftsebene zu erreichen sind, kann die Gemeinschaft im Einklang mit dem in Artikel 5 des Vertrags niedergelegten Subsidiaritätsprinzip tätig werden. Entsprechend dem in demselben Artikel genannten Verhältnismäßigkeitsprinzip geht diese Verordnung nicht über das für die Erreichung dieser Ziele erforderliche Maß hinaus.

[1] ABl L 174 vom 27. 6. 2001, S 25.

[2] ABl L 184 vom 17. 7. 1999, S 23.

(33) Diese Verordnung steht im Einklang mit den Grundrechten und Grundsätzen, die mit der Charta der Grundrechte der Europäischen Union anerkannt wurden. Sie zielt insbesondere darauf ab, die Wahrung der Grundrechte des Kindes im Sinne des Artikels 24 der Grundrechtscharta der Europäischen Union zu gewährleisten -

hat folgende Verordnung erlassen:

Kapitel I
Anwendungsbereich und Begriffsbestimmungen

Artikel 1
Anwendungsbereich

(1) Diese Verordnung gilt, ungeachtet der Art der Gerichtsbarkeit, für Zivilsachen mit folgendem Gegenstand:

a) die Ehescheidung, die Trennung ohne Auflösung des Ehebandes und die Ungültigerklärung einer Ehe,

b) die Zuweisung, die Ausübung, die Übertragung sowie die vollständige oder teilweise Entziehung der elterlichen Verantwortung.

(2) Die in Absatz 1 Buchstabe b) genannten Zivilsachen betreffen insbesondere:

a) das Sorgerecht und das Umgangsrecht,

b) die Vormundschaft, die Pflegschaft und entsprechende Rechtsinstitute,

c) die Bestimmung und den Aufgabenbereich jeder Person oder Stelle, die für die Person oder das Vermögen des Kindes verantwortlich ist, es vertritt oder ihm beisteht,

d) die Unterbringung des Kindes in einer Pflegefamilie oder einem Heim,

e) die Maßnahmen zum Schutz des Kindes im Zusammenhang mit der Verwaltung und Erhaltung seines Vermögens oder der Verfügung darüber.

(3) Diese Verordnung gilt nicht für

a) die Feststellung und die Anfechtung des Eltern-Kind-Verhältnisses,

b) Adoptionsentscheidungen und Maßnahmen zur Vorbereitung einer Adoption sowie die Ungültigerklärung und den Widerruf der Adoption,

c) Namen und Vornamen des Kindes,

d) die Volljährigkeitserklärung,

e) Unterhaltspflichten,

f) Trusts und Erbschaften,

g) Maßnahmen infolge von Straftaten, die von Kindern begangen wurden.

Artikel 2
Begriffsbestimmungen

Für die Zwecke dieser Verordnung bezeichnet der Ausdruck

1. „Gericht" alle Behörden der Mitgliedstaaten, die für Rechtssachen zuständig sind, die gemäß Artikel 1 in den Anwendungsbereich dieser Verordnung fallen;

2. „Richter" einen Richter oder Amtsträger, dessen Zuständigkeiten denen eines Richters in Rechtssachen entsprechen, die in den Anwendungsbereich dieser Verordnung fallen;

3. „Mitgliedstaat" jeden Mitgliedstaat mit Ausnahme Dänemarks;

4. „Entscheidung" jede von einem Gericht eines Mitgliedstaats erlassene Entscheidung über die Ehescheidung, die Trennung ohne Auflösung des Ehebandes oder die Ungültigerklärung einer Ehe sowie jede Entscheidung über die elterliche Verantwortung, ohne Rücksicht auf die Bezeichnung der jeweiligen Entscheidung, wie Urteil oder Beschluss;

5. „Ursprungsmitgliedstaat" den Mitgliedstaat, in dem die zu vollstreckende Entscheidung ergangen ist;

6. „Vollstreckungsmitgliedstaat" den Mitgliedstaat, in dem die Entscheidung vollstreckt werden soll;

7. „elterliche Verantwortung" die gesamten Rechte und Pflichten, die einer natürlichen oder juristischen Person durch Entscheidung oder kraft Gesetzes oder durch eine rechtlich verbindliche Vereinbarung betreffend die Person oder das Vermögen eines Kindes übertragen wurden. Elterliche Verantwortung umfasst insbesondere das Sorge- und das Umgangsrecht;

8. „Träger der elterlichen Verantwortung" jede Person, die die elterliche Verantwortung für ein Kind ausübt;

9. „Sorgerecht" die Rechte und Pflichten, die mit der Sorge für die Person eines Kindes verbunden sind, insbesondere das Recht auf die Bestimmung des Aufenthaltsortes des Kindes;

10. „Umgangsrecht" insbesondere auch das Recht, das Kind für eine begrenzte Zeit an einen anderen Ort als seinen gewöhnlichen Aufenthaltsort zu bringen;

11. „widerrechtliches Verbringen oder Zurückhalten eines Kindes" das Verbringen oder Zurückhalten eines Kindes, wenn

    a) dadurch das Sorgerecht verletzt wird, das aufgrund einer Entscheidung oder kraft Gesetzes oder aufgrund einer rechtlich verbindlichen Vereinbarung nach dem Recht des Mitgliedstaats besteht, in dem das Kind unmittelbar vor dem Verbringen oder Zurückhalten seinen gewöhnlichen Aufenthalt hatte, und

b) das Sorgerecht zum Zeitpunkt des Verbringens oder Zurückhaltens allein oder gemeinsam tatsächlich ausgeübt wurde oder ausgeübt worden wäre, wenn das Verbringen oder Zurückhalten nicht stattgefunden hätte. Von einer gemeinsamen Ausübung des Sorgerechts ist auszugehen, wenn einer der Träger der elterlichen Verantwortung aufgrund einer Entscheidung oder kraft Gesetzes nicht ohne die Zustimmung des anderen Trägers der elterlichen Verantwortung über den Aufenthaltsort des Kindes bestimmen kann.

Kapitel II
Zuständigkeit

Abschnitt 1
Ehescheidung, Trennung ohne Auflösung des Ehebandes und Ungültigerklärung einer Ehe

Artikel 3
Allgemeine Zuständigkeit

(1) Für Entscheidungen über die Ehescheidung, die Trennung ohne Auflösung des Ehebandes oder die Ungültigerklärung einer Ehe, sind die Gerichte des Mitgliedstaats zuständig,

a) in dessen Hoheitsgebiet

- beide Ehegatten ihren gewöhnlichen Aufenthalt haben oder
- die Ehegatten zuletzt beide ihren gewöhnlichen Aufenthalt hatten, sofern einer von ihnen dort noch seinen gewöhnlichen Aufenthalt hat, oder
- der Antragsgegner seinen gewöhnlichen Aufenthalt hat oder
- im Fall eines gemeinsamen Antrags einer der Ehegatten seinen gewöhnlichen Aufenthalt hat oder
- der Antragsteller seinen gewöhnlichen Aufenthalt hat, wenn er sich dort seit mindestens einem Jahr unmittelbar vor der Antragstellung aufgehalten hat, oder
- der Antragsteller seinen gewöhnlichen Aufenthalt hat, wenn er sich dort seit mindestens sechs Monaten unmittelbar vor der Antragstellung aufgehalten hat und entweder Staatsangehöriger des betreffenden Mitgliedstaats ist oder, im Fall des Vereinigten Königreichs und Irlands, dort sein „domicile" hat;

b) dessen Staatsangehörigkeit beide Ehegatten besitzen, oder, im Fall des Vereinigten Königreichs und Irlands, in dem sie ihr gemeinsames „domicile" haben.

(2) Der Begriff „domicile" im Sinne dieser Verordnung bestimmt sich nach dem Recht des Vereinigten Königreichs und Irlands.

Artikel 4
Gegenantrag

Das Gericht, bei dem ein Antrag gemäß Artikel 3 anhängig ist, ist auch für einen Gegenantrag zuständig, sofern dieser in den Anwendungsbereich dieser Verordnung fällt.

Artikel 5
Umwandlung einer Trennung ohne Auflösung des Ehebandes in eine Ehescheidung

Unbeschadet des Artikels 3 ist das Gericht eines Mitgliedstaats, das eine Entscheidung über eine Trennung ohne Auflösung des Ehebandes erlassen hat, auch für die Umwandlung dieser Entscheidung in eine Ehescheidung zuständig, sofern dies im Recht dieses Mitgliedstaats vorgesehen ist.

Artikel 6
Ausschließliche Zuständigkeit nach den Artikeln 3, 4 und 5

Gegen einen Ehegatten, der

a) seinen gewöhnlichen Aufenthalt im Hoheitsgebiet eines Mitgliedstaats hat oder

b) Staatsangehöriger eines Mitgliedstaats ist oder im Fall des Vereinigten Königreichs und Irlands sein „domicile" im Hoheitsgebiet eines dieser Mitgliedstaaten hat,

darf ein Verfahren vor den Gerichten eines anderen Mitgliedstaats nur nach Maßgabe der Artikel 3, 4 und 5 geführt werden.

Artikel 7
Restzuständigkeit

(1) Soweit sich aus den Artikeln 3, 4 und 5 keine Zuständigkeit eines Gerichts eines Mitgliedstaats ergibt, bestimmt sich die Zuständigkeit in jedem Mitgliedstaat nach dem Recht dieses Staates.

(2) Jeder Staatsangehörige eines Mitgliedstaats, der seinen gewöhnlichen Aufenthalt im Hoheitsgebiet eines anderen Mitgliedstaats hat, kann die in diesem Staat geltenden Zuständigkeitsvorschriften wie ein Inländer gegenüber einem Antragsgegner geltend machen, der seinen gewöhnlichen Aufenthalt nicht im Hoheitsgebiet eines Mitgliedstaats hat oder die Staatsangehörigkeit eines Mitgliedstaats besitzt oder im Fall des Vereinigten Königreichs und Irlands sein „domicile" nicht im Hoheitsgebiet eines dieser Mitgliedstaaten hat.

Abschnitt 2
Elterliche Verantwortung

Artikel 8
Allgemeine Zuständigkeit

(1) Für Entscheidungen, die die elterliche Verantwortung betreffen, sind die Gerichte des Mitgliedstaats zuständig, in dem das Kind zum Zeitpunkt der Antragstellung seinen gewöhnlichen Aufenthalt hat.

(2) Absatz 1 findet vorbehaltlich der Artikel 9, 10 und 12 Anwendung.

Artikel 9
Aufrechterhaltung der Zuständigkeit des früheren gewöhnlichen Aufenthaltsortes des Kindes

(1) Beim rechtmäßigen Umzug eines Kindes von einem Mitgliedstaat in einen anderen, durch den es dort einen neuen gewöhnlichen Aufenthalt erlangt, verbleibt abweichend von Artikel 8 die Zuständigkeit für eine Änderung einer vor dem Umzug des Kindes in diesem Mitgliedstaat ergangenen Entscheidung über das Umgangsrecht während einer Dauer von drei Monaten nach dem Umzug bei den Gerichten des früheren gewöhnlichen Aufenthalts des Kindes, wenn sich der laut der Entscheidung über das Umgangsrecht umgangsberechtigte Elternteil weiterhin gewöhnlich in dem Mitgliedstaat des früheren gewöhnlichen Aufenthalts des Kindes aufhält.

(2) Absatz 1 findet keine Anwendung, wenn der umgangsberechtigte Elternteil im Sinne des Absatzes 1 die Zuständigkeit der Gerichte des Mitgliedstaats des neuen gewöhnlichen Aufenthalts des Kindes dadurch anerkannt hat, dass er sich an Verfahren vor diesen Gerichten beteiligt, ohne ihre Zuständigkeit anzufechten.

Artikel 10
Zuständigkeit in Fällen von Kindesentführung

Bei widerrechtlichem Verbringen oder Zurückhalten eines Kindes bleiben die Gerichte des Mitgliedstaats, in dem das Kind unmittelbar vor dem widerrechtlichen Verbringen oder Zurückhalten seinen gewöhnlichen Aufenthalt hatte, so lange zuständig, bis das Kind einen gewöhnlichen Aufenthalt in einem anderen Mitgliedstaat erlangt hat und

a) jede sorgeberechtigte Person, Behörde oder sonstige Stelle dem Verbringen oder Zurückhalten zugestimmt hat

oder

b) das Kind sich in diesem anderen Mitgliedstaat mindestens ein Jahr aufgehalten hat, nachdem die sorgeberechtigte Person, Behörde oder sonstige Stelle seinen Aufenthaltsort kannte oder hätte kennen müssen und sich das Kind in seiner neuen Umgebung eingelebt hat, sofern eine der folgenden Bedingungen erfuellt ist:

   i) Innerhalb eines Jahres, nachdem der Sorgeberechtigte den Aufenthaltsort des Kindes kannte oder hätte kennen müssen, wurde kein Antrag auf Rückgabe des Kindes bei den zuständigen Behörden des Mitgliedstaats gestellt, in den das Kind verbracht wurde oder in dem es zurückgehalten wird;

   ii) ein von dem Sorgeberechtigten gestellter Antrag auf Rückgabe wurde zurückgezogen, und innerhalb der in Ziffer i) genannten Frist wurde kein neuer Antrag gestellt;

   iii) ein Verfahren vor dem Gericht des Mitgliedstaats, in dem das Kind unmittelbar vor dem widerrechtlichen Verbringen oder Zurückhalten seinen gewöhnlichen Aufenthalt hatte, wurde gemäß Artikel 11 Absatz 7 abgeschlossen;

   iv) von den Gerichten des Mitgliedstaats, in dem das Kind unmittelbar vor dem widerrechtlichen

Verbringen oder Zurückhalten seinen gewöhnlichen Aufenthalt hatte, wurde eine Sorgerechtsentscheidung erlassen, in der die Rückgabe des Kindes nicht angeordnet wird.

Artikel 11
Rückgabe des Kindes

(1) Beantragt eine sorgeberechtigte Person, Behörde oder sonstige Stelle bei den zuständigen Behörden eines Mitgliedstaats eine Entscheidung auf der Grundlage des Haager Übereinkommens vom 25. Oktober 1980 über die zivilrechtlichen Aspekte internationaler Kindesentführung (nachstehend „Haager Übereinkommen von 1980" genannt), um die Rückgabe eines Kindes zu erwirken, das widerrechtlich in einen anderen als den Mitgliedstaat verbracht wurde oder dort zurückgehalten wird, in dem das Kind unmittelbar vor dem widerrechtlichen Verbringen oder Zurückhalten seinen gewöhnlichen Aufenthalt hatte, so gelten die Absätze 2 bis 8.

(2) Bei Anwendung der Artikel 12 und 13 des Haager Übereinkommens von 1980 ist sicherzustellen, dass das Kind die Möglichkeit hat, während des Verfahrens gehört zu werden, sofern dies nicht aufgrund seines Alters oder seines Reifegrads unangebracht erscheint.

(3) Das Gericht, bei dem die Rückgabe eines Kindes nach Absatz 1 beantragt wird, befasst sich mit gebotener Eile mit dem Antrag und bedient sich dabei der zügigsten Verfahren des nationalen Rechts.

Unbeschadet des Unterabsatzes 1 erlässt das Gericht seine Anordnung spätestens sechs Wochen nach seiner Befassung mit dem Antrag, es sei denn, dass dies aufgrund außergewöhnlicher Umstände nicht möglich ist.

(4) Ein Gericht kann die Rückgabe eines Kindes aufgrund des Artikels 13 Buchstabe b) des Haager Übereinkommens von 1980 nicht verweigern, wenn nachgewiesen ist, dass angemessene Vorkehrungen getroffen wurden, um den Schutz des Kindes nach seiner Rückkehr zu gewährleisten.

(5) Ein Gericht kann die Rückgabe eines Kindes nicht verweigern, wenn der Person, die die Rückgabe des Kindes beantragt hat, nicht die Gelegenheit gegeben wurde, gehört zu werden.

(6) Hat ein Gericht entschieden, die Rückgabe des Kindes gemäß Artikel 13 des Haager Übereinkommens von 1980 abzulehnen, so muss es nach dem nationalen Recht dem zuständigen Gericht oder der Zentralen Behörde des Mitgliedstaats, in dem das Kind unmittelbar vor dem widerrechtlichen Verbringen oder Zurückhalten seinen gewöhnlichen Aufenthalt hatte, unverzüglich entweder direkt oder über seine Zentrale Behörde eine Abschrift der gerichtlichen Entscheidung, die Rückgabe abzulehnen, und die entsprechenden Unterlagen, insbesondere eine Niederschrift der Anhörung, übermitteln. Alle genannten Unterlagen müssen dem Gericht binnen einem Monat ab dem Datum der Entscheidung, die Rückgabe abzulehnen, vorgelegt werden.

(7) Sofern die Gerichte des Mitgliedstaats, in dem das Kind unmittelbar vor dem widerrechtlichen Verbringen oder Zurückhalten seinen gewöhnlichen Aufenthalt hatte, nicht bereits von einer der Parteien befasst wurden, muss das Gericht oder die Zentrale Behörde, das/die die Mitteilung gemäß Absatz 6 erhält, die Parteien hiervon unterrichten und sie einladen, binnen drei Monaten ab Zustellung der Mitteilung Anträge gemäß dem nationalen Recht beim Gericht einzureichen, damit das Gericht die Frage des Sorgerechts prüfen kann.

Unbeschadet der in dieser Verordnung festgelegten Zuständigkeitsregeln schließt das Gericht den Fall ab, wenn innerhalb dieser Frist keine Anträge bei dem Gericht eingegangen sind.

(8) Ungeachtet einer nach Artikel 13 des Haager Übereinkommens von 1980 ergangenen Entscheidung, mit der die Rückgabe des Kindes verweigert wird, ist eine spätere Entscheidung, mit der die Rückgabe des Kindes angeordnet wird und die von einem nach dieser Verordnung zuständigen Gericht erlassen wird, im Einklang mit Kapitel III Abschnitt 4 vollstreckbar, um die Rückgabe des Kindes sicherzustellen.

Artikel 12
Vereinbarung über die Zuständigkeit

(1) Die Gerichte des Mitgliedstaats, in dem nach Artikel 3 über einen Antrag auf Ehescheidung, Trennung ohne Auflösung des Ehebandes oder Ungültigerklärung einer Ehe zu entscheiden ist, sind für alle Entscheidungen zuständig, die die mit diesem Antrag verbundene elterliche Verantwortung betreffen, wenn

a) zumindest einer der Ehegatten die elterliche Verantwortung für das Kind hat

und

b) die Zuständigkeit der betreffenden Gerichte von den Ehegatten oder von den Trägern der elterlichen Verantwortung zum Zeitpunkt der Anrufung des Gerichts ausdrücklich oder auf andere eindeutige Weise anerkannt wurde und im Einklang mit dem Wohl des Kindes steht.

(2) Die Zuständigkeit gemäß Absatz 1 endet,

a) sobald die stattgebende oder abweisende Entscheidung über den Antrag auf Ehescheidung, Trennung ohne Auflösung des Ehebandes oder Ungültigerklärung einer Ehe rechtskräftig geworden ist,

b) oder in den Fällen, in denen zu dem unter Buchstabe a) genannten Zeitpunkt noch ein Verfahren betreffend die elterliche Verantwortung anhängig ist, sobald die Entscheidung in diesem Verfahren rechtskräftig geworden ist,

c) oder sobald die unter den Buchstaben a) und b) genannten Verfahren aus einem anderen Grund beendet worden sind.

(3) Die Gerichte eines Mitgliedstaats sind ebenfalls zuständig in Bezug auf die elterliche Verantwortung in anderen als den in Absatz 1 genannten Verfahren, wenn

a) eine wesentliche Bindung des Kindes zu diesem Mitgliedstaat besteht, insbesondere weil einer der Träger der elterlichen Verantwortung in diesem Mitgliedstaat seinen gewöhnlichen Aufenthalt hat oder das Kind die Staatsangehörigkeit dieses Mitgliedstaats besitzt,

und

b) alle Parteien des Verfahrens zum Zeitpunkt der Anrufung des Gerichts die Zuständigkeit ausdrücklich oder auf andere eindeutige Weise anerkannt haben und die Zuständigkeit in Einklang mit dem Wohl des Kindes steht.

(4) Hat das Kind seinen gewöhnlichen Aufenthalt in einem Drittstaat, der nicht Vertragspartei des Haager Übereinkommens vom 19. Oktober 1996 über die Zuständigkeit, das anzuwendende Recht, die Anerkennung, Vollstreckung und Zusammenarbeit auf dem Gebiet der elterlichen Verantwortung und der Maßnahmen zum Schutz von Kindern ist, so ist davon auszugehen, dass die auf diesen Artikel gestützte Zuständigkeit insbesondere dann in Einklang mit dem Wohl des Kindes steht, wenn sich ein Verfahren in dem betreffenden Drittstaat als unmöglich erweist.

Artikel 13
Zuständigkeit aufgrund der Anwesenheit des Kindes

(1) Kann der gewöhnliche Aufenthalt des Kindes nicht festgestellt werden und kann die Zuständigkeit nicht gemäß Artikel 12 bestimmt werden, so sind die Gerichte des Mitgliedstaats zuständig, in dem sich das Kind befindet.

(2) Absatz 1 gilt auch für Kinder, die Flüchtlinge oder, aufgrund von Unruhen in ihrem Land, ihres Landes Vertriebene sind.

Artikel 14
Restzuständigkeit

Soweit sich aus den Artikeln 8 bis 13 keine Zuständigkeit eines Gerichts eines Mitgliedstaats ergibt, bestimmt sich die Zuständigkeit in jedem Mitgliedstaat nach dem Recht dieses Staates.

Artikel 15
Verweisung an ein Gericht, das den Fall besser beurteilen kann

(1) In Ausnahmefällen und sofern dies dem Wohl des Kindes entspricht, kann das Gericht eines Mitgliedstaats, das für die Entscheidung in der Hauptsache zuständig ist, in dem Fall, dass seines Erachtens ein Gericht eines anderen Mitgliedstaats, zu dem das Kind eine besondere Bindung hat, den Fall oder einen bestimmten Teil des Falls besser beurteilen kann,

a) die Prüfung des Falls oder des betreffenden Teils des Falls aussetzen und die Parteien einladen, beim Gericht dieses anderen Mitgliedstaats einen Antrag gemäß Absatz 4 zu stellen, oder

b) ein Gericht eines anderen Mitgliedstaats ersuchen, sich gemäß Absatz 5 für zuständig zu erklären.

(2) Absatz 1 findet Anwendung

a) auf Antrag einer der Parteien oder

b) von Amts wegen oder

c) auf Antrag des Gerichts eines anderen Mitgliedstaats, zu dem das Kind eine besondere Bindung gemäß Absatz 3 hat.

Die Verweisung von Amts wegen oder auf Antrag des Gerichts eines anderen Mitgliedstaats erfolgt jedoch nur, wenn mindestens eine der Parteien ihr zustimmt.

(3) Es wird davon ausgegangen, dass das Kind eine besondere Bindung im Sinne des Absatzes 1 zu dem Mitgliedstaat hat, wenn

a) nach Anrufung des Gerichts im Sinne des Absatzes 1 das Kind seinen gewöhnlichen Aufenthalt in diesem Mitgliedstaat erworben hat oder

b) das Kind seinen gewöhnlichen Aufenthalt in diesem Mitgliedstaat hatte oder

c) das Kind die Staatsangehörigkeit dieses Mitgliedstaats besitzt oder

d) ein Träger der elterlichen Verantwortung seinen gewöhnlichen Aufenthalt in diesem Mitgliedstaat hat oder

e) die Streitsache Maßnahmen zum Schutz des Kindes im Zusammenhang mit der Verwaltung oder der Erhaltung des Vermögens des Kindes oder der Verfügung über dieses Vermögen betrifft und sich dieses Vermögen im Hoheitsgebiet dieses Mitgliedstaats befindet.

(4) Das Gericht des Mitgliedstaats, das für die Entscheidung in der Hauptsache zuständig ist, setzt eine Frist, innerhalb deren die Gerichte des anderen Mitgliedstaats gemäß Absatz 1 angerufen werden müssen.

Werden die Gerichte innerhalb dieser Frist nicht angerufen, so ist das befasste Gericht weiterhin nach den Artikeln 8 bis 14 zuständig.

(5) Diese Gerichte dieses anderen Mitgliedstaats können sich, wenn dies aufgrund der besonderen Umstände des Falls dem Wohl des Kindes entspricht, innerhalb von sechs Wochen nach ihrer Anrufung gemäß Absatz 1 Buchstabe a) oder b) für zuständig erklären. In diesem Fall erklärt sich das zuerst angerufene Gericht für unzuständig. Anderenfalls ist das zuerst angerufene Gericht weiterhin nach den Artikeln 8 bis 14 zuständig.

(6) Die Gerichte arbeiten für die Zwecke dieses Artikels entweder direkt oder über die nach Artikel 53 bestimmten Zentralen Behörden zusammen.

Abschnitt 3
Gemeinsame Bestimmungen

Artikel 16
Anrufung eines Gerichts

(1) Ein Gericht gilt als angerufen

a) zu dem Zeitpunkt, zu dem das verfahrenseinleitende Schriftstück oder ein gleichwertiges Schriftstück bei Gericht eingereicht wurde, vorausgesetzt, dass der Antragsteller es in der Folge nicht versäumt hat, die ihm obliegenden Maßnahmen zu treffen, um die Zustellung des Schriftstücks an den Antragsgegner zu bewirken,

oder

b) falls die Zustellung an den Antragsgegner vor Einreichung des Schriftstücks bei Gericht zu bewirken ist, zu dem Zeitpunkt, zu dem die für die Zustellung verantwortliche Stelle das Schriftstück erhalten hat, vorausgesetzt, dass der Antragsteller es in der Folge nicht versäumt hat, die ihm obliegenden Maßnahmen zu treffen, um das Schriftstück bei Gericht einzureichen.

Artikel 17
Prüfung der Zuständigkeit

Das Gericht eines Mitgliedstaats hat sich von Amts wegen für unzuständig zu erklären, wenn es in einer Sache angerufen wird, für die es nach dieser Verordnung keine Zuständigkeit hat und für die das Gericht eines anderen Mitgliedstaats aufgrund dieser Verordnung zuständig ist.

Artikel 18
Prüfung der Zulässigkeit

(1) Lässt sich ein Antragsgegner, der seinen gewöhnlichen Aufenthalt nicht in dem Mitgliedstaat hat, in dem das Verfahren eingeleitet wurde, auf das Verfahren nicht ein, so hat das zuständige Gericht das Verfahren so lange auszusetzen, bis festgestellt ist, dass es dem Antragsgegner möglich war, das verfahrenseinleitende Schriftstück oder ein gleichwertiges Schriftstück so rechtzeitig zu empfangen, dass er sich verteidigen konnte, oder dass alle hierzu erforderlichen Maßnahmen getroffen wurden.

(2) Artikel 19 der Verordnung (EG) Nr 1348/2000 findet statt Absatz 1 Anwendung, wenn das verfahrenseinleitende Schriftstück oder ein gleichwertiges Schriftstück nach Maßgabe jener Verordnung von einem Mitgliedstaat in einen anderen zu übermitteln war.

(3) Sind die Bestimmungen der Verordnung (EG) Nr 1348/2000 nicht anwendbar, so gilt Artikel 15 des Haager Übereinkommens vom 15. November 1965 über die Zustellung gerichtlicher und außergerichtlicher Schriftstücke im Ausland in Zivil- und Handelssachen, wenn das verfahrenseinleitende Schriftstück oder ein gleichwertiges Schriftstück nach Maßgabe des genannten Übereinkommens ins Ausland zu übermitteln war.

Artikel 19
Rechtshängigkeit und abhängige Verfahren

(1) Werden bei Gerichten verschiedener Mitgliedstaaten Anträge auf Ehescheidung, Trennung ohne Auflösung des Ehebandes oder Ungültigerklärung einer Ehe zwischen denselben Parteien gestellt, so setzt das später angerufene Gericht das Verfahren von Amts wegen aus, bis die Zuständigkeit des zuerst angerufenen Gerichts geklärt ist.

(2) Werden bei Gerichten verschiedener Mitgliedstaaten Verfahren bezüglich der elterlichen Verantwortung für ein Kind wegen desselben Anspruchs anhängig gemacht, so setzt das später angerufene Gericht das Verfahren von Amts wegen aus, bis die Zuständigkeit des zuerst angerufenen Gerichts geklärt ist.

(3) Sobald die Zuständigkeit des zuerst angerufenen Gerichts feststeht, erklärt sich das später angerufene Gericht zugunsten dieses Gerichts für unzuständig.

In diesem Fall kann der Antragsteller, der den Antrag bei dem später angerufenen Gericht gestellt hat, diesen Antrag dem zuerst angerufenen Gericht vorlegen.

Artikel 20
Einstweilige Maßnahmen einschließlich Schutzmaßnahmen

(1) Die Gerichte eines Mitgliedstaats können in dringenden Fällen ungeachtet der Bestimmungen dieser Verordnung die nach dem Recht dieses Mitgliedstaats vorgesehenen einstweiligen Maßnahmen einschließlich Schutzmaßnahmen in Bezug auf in diesem Staat befindliche Personen oder Vermögensgegenstände auch dann anordnen, wenn für die Entscheidung in der Hauptsache gemäß dieser Verordnung ein Gericht eines anderen Mitgliedstaats zuständig ist.

(2) Die zur Durchführung des Absatzes 1 ergriffenen Maßnahmen treten außer Kraft, wenn das Gericht des Mitgliedstaats, das gemäß dieser Verordnung für die Entscheidung in der Hauptsache zuständig ist, die Maßnahmen getroffen hat, die es für angemessen hält.

Kapitel III
Anerkennung und Vollstreckung

Abschnitt 1
Anerkennung

Artikel 21
Anerkennung einer Entscheidung

(1) Die in einem Mitgliedstaat ergangenen Entscheidungen werden in den anderen Mitgliedstaaten anerkannt, ohne dass es hierfür eines besonderen Verfahrens bedarf.

(2) Unbeschadet des Absatzes 3 bedarf es insbesondere keines besonderen Verfahrens für die Beschreibung in den Personenstandsbüchern eines Mitgliedstaats auf der Grundlage einer in einem anderen Mitgliedstaat ergangenen Entscheidung über Ehescheidung, Trennung ohne Auflösung des Ehebandes oder Ungültigerklärung einer Ehe, gegen die nach dem Recht dieses Mitgliedstaats keine weiteren Rechtsbehelfe eingelegt werden können.

(3) Unbeschadet des Abschnitts 4 kann jede Partei, die ein Interesse hat, gemäß den Verfahren des Abschnitts 2 eine Entscheidung über die Anerkennung oder Nichtanerkennung der Entscheidung beantragen.

Das örtlich zuständige Gericht, das in der Liste aufgeführt ist, die jeder Mitgliedstaat der Kommission gemäß Artikel 68 mitteilt, wird durch das nationale Recht des Mitgliedstaats bestimmt, in dem der Antrag auf Anerkennung oder Nichtanerkennung gestellt wird.

(4) Ist in einem Rechtsstreit vor einem Gericht eines Mitgliedstaats die Frage der Anerkennung einer Entscheidung als Vorfrage zu klären, so kann dieses Gericht hierüber befinden.

Artikel 22
Gründe für die Nichtanerkennung einer Entscheidung über eine Ehescheidung, Trennung ohne Auflösung des Ehebandes oder Ungültigerklärung einer Ehe

Eine Entscheidung, die die Ehescheidung, die Trennung ohne Auflösung des Ehebandes oder die Ungültigerklärung einer Ehe betrifft, wird nicht anerkannt,

a) wenn die Anerkennung der öffentlichen Ordnung des Mitgliedstaats, in dem sie beantragt wird, offensichtlich widerspricht;

b) wenn dem Antragsgegner, der sich auf das Verfahren nicht eingelassen hat, das verfahrenseinleitende Schriftstück oder ein gleichwertiges Schriftstück nicht so rechtzeitig und in einer Weise zugestellt wurde, dass er sich verteidigen konnte, es sei denn, es wird festgestellt, dass er mit der Entscheidung eindeutig einverstanden ist;

c) wenn die Entscheidung mit einer Entscheidung unvereinbar ist, die in einem Verfahren zwischen denselben Parteien in dem Mitgliedstaat, in dem die Anerkennung beantragt wird, ergangen ist; oder

d) wenn die Entscheidung mit einer früheren Entscheidung unvereinbar ist, die in einem anderen Mitgliedstaat oder in einem Drittstaat zwischen denselben Parteien ergangen ist, sofern die frühere Entscheidung die notwendigen Voraussetzungen für ihre Anerkennung in dem Mitgliedstaat erfuellt, in dem die Anerkennung beantragt wird.

Artikel 23
Gründe für die Nichtanerkennung einer Entscheidung über die elterliche Verantwortung

Eine Entscheidung über die elterliche Verantwortung wird nicht anerkannt,

a) wenn die Anerkennung der öffentlichen Ordnung des Mitgliedstaats, in dem sie beantragt wird, offensichtlich widerspricht, wobei das Wohl des Kindes zu berücksichtigen ist;

b) wenn die Entscheidung – ausgenommen in dringenden Fällen – ergangen ist, ohne dass das Kind die Möglichkeit hatte, gehört zu werden, und damit wesentliche verfahrensrechtliche Grundsätze des Mitgliedstaats, in dem die Anerkennung beantragt wird, verletzt werden;

c) wenn der betreffenden Person, die sich auf das Verfahren nicht eingelassen hat, das verfahrenseinleitende Schriftstück oder ein gleichwertiges Schriftstück nicht so rechtzeitig und in einer Weise zugestellt wurde, dass sie sich verteidigen konnte, es sei denn, es wird festgestellt, dass sie mit der Entscheidung eindeutig einverstanden ist;

d) wenn eine Person dies mit der Begründung beantragt, dass die Entscheidung in ihre elterliche Verantwortung eingreift, falls die Entscheidung ergangen ist, ohne dass diese Person die Möglichkeit hatte, gehört zu werden;

e) wenn die Entscheidung mit einer späteren Entscheidung über die elterliche Verantwortung unvereinbar ist, die in dem Mitgliedstaat, in dem die Anerkennung beantragt wird, ergangen ist;

f) wenn die Entscheidung mit einer späteren Entscheidung über die elterliche Verantwortung unvereinbar ist, die in einem anderen Mitgliedstaat oder in dem Drittstaat, in dem das Kind seinen gewöhnlichen Aufenthalt hat, ergangen ist, sofern die spätere Entscheidung die notwendigen Voraussetzungen für ihre Anerkennung in dem Mitgliedstaat erfuellt, in dem die Anerkennung beantragt wird;

oder

g) wenn das Verfahren des Artikels 56 nicht eingehalten wurde.

Artikel 24
Verbot der Nachprüfung der Zuständigkeit des Gerichts des Ursprungsmitgliedstaats

Die Zuständigkeit des Gerichts des Ursprungsmitgliedstaats darf nicht überprüft werden. Die Überprüfung der Vereinbarkeit mit der öffentlichen Ordnung gemäß Artikel 22 Buchstabe a) und Artikel 23 Buchstabe a) darf sich nicht auf die Zuständigkeitsvorschriften der Artikel 3 bis 14 erstrecken.

Artikel 25
Unterschiede beim anzuwendenden Recht

Die Anerkennung einer Entscheidung darf nicht deshalb abgelehnt werden, weil eine Ehescheidung, Trennung ohne Auflösung des Ehebandes oder Ungültigerklärung einer Ehe nach dem Recht des Mitgliedstaats, in dem die Anerkennung beantragt wird, unter Zugrundelegung desselben Sachverhalts nicht zulässig wäre.

Artikel 26
Ausschluss einer Nachprüfung in der Sache

Die Entscheidung darf keinesfalls in der Sache selbst nachgeprüft werden.

Artikel 27
Aussetzung des Verfahrens

(1) Das Gericht eines Mitgliedstaats, vor dem die Anerkennung einer in einem anderen Mitgliedstaat ergangenen Entscheidung beantragt wird, kann das Verfahren aussetzen, wenn gegen die Entscheidung ein ordentlicher Rechtsbehelf eingelegt wurde.

(2) Das Gericht eines Mitgliedstaats, bei dem die Anerkennung einer in Irland oder im Vereinigten Königreich ergangenen Entscheidung beantragt wird, kann das Verfahren aussetzen, wenn die Vollstreckung der Entscheidung im Ursprungsmitgliedstaat wegen der Einlegung eines Rechtsbehelfs einstweilen eingestellt ist.

Abschnitt 2
Antrag auf Vollstreckbarerklärung

Artikel 28
Vollstreckbare Entscheidungen

(1) Die in einem Mitgliedstaat ergangenen Entscheidungen über die elterliche Verantwortung für ein Kind, die in diesem Mitgliedstaat vollstreckbar sind und die zugestellt worden sind, werden in einem anderen Mitgliedstaat vollstreckt, wenn sie dort auf Antrag einer berechtigten Partei für vollstreckbar erklärt wurden.

(2) Im Vereinigten Königreich wird eine derartige Entscheidung jedoch in England und Wales, in Schottland oder in Nordirland erst vollstreckt, wenn sie auf Antrag einer berechtigten Partei zur Vollstreckung in dem betreffenden Teil des Vereinigten Königreichs registriert worden ist.

Artikel 29
Örtlich zuständiges Gericht

(1) Ein Antrag auf Vollstreckbarerklärung ist bei dem Gericht zu stellen, das in der Liste aufgeführt ist, die jeder Mitgliedstaat der Kommission gemäß Artikel 68 mitteilt.

(2) Das örtlich zuständige Gericht wird durch den gewöhnlichen Aufenthalt der Person, gegen die die Vollstreckung erwirkt werden soll, oder durch den gewöhnlichen Aufenthalt eines Kindes, auf das sich der Antrag bezieht, bestimmt.

Befindet sich keiner der in Unterabsatz 1 angegebenen Orte im Vollstreckungsmitgliedstaat, so wird das örtlich zuständige Gericht durch den Ort der Vollstreckung bestimmt.

Artikel 30
Verfahren

(1) Für die Stellung des Antrags ist das Recht des Vollstreckungsmitgliedstaats maßgebend.

(2) Der Antragsteller hat für die Zustellung im Bezirk des angerufenen Gerichts ein Wahldomizil zu begründen. Ist das Wahldomizil im Recht des Vollstreckungsmitgliedstaats nicht vorgesehen, so hat der Antragsteller einen Zustellungsbevollmächtigten zu benennen.

(3) Dem Antrag sind die in den Artikeln 37 und 39 aufgeführten Urkunden beizufügen.

Artikel 31
Entscheidung des Gerichts

(1) Das mit dem Antrag befasste Gericht erlässt seine Entscheidung ohne Verzug und ohne dass die Person, gegen die die Vollstreckung erwirkt werden soll, noch das Kind in diesem Abschnitt des Verfahrens Gelegenheit erhalten, eine Erklärung abzugeben.

(2) Der Antrag darf nur aus einem der in den Artikeln 22, 23 und 24 aufgeführten Gründe abgelehnt werden.

(3) Die Entscheidung darf keinesfalls in der Sache selbst nachgeprüft werden.

Artikel 32
Mitteilung der Entscheidung

Die über den Antrag ergangene Entscheidung wird dem Antragsteller vom Urkundsbeamten der Geschäftsstelle unverzüglich in der Form mitgeteilt, die das Recht des Vollstreckungsmitgliedstaats vorsieht.

Artikel 33
Rechtsbehelf

(1) Gegen die Entscheidung über den Antrag auf Vollstreckbarerklärung kann jede Partei einen Rechtsbehelf einlegen.

(2) Der Rechtsbehelf wird bei dem Gericht eingelegt, das in der Liste aufgeführt ist, die jeder Mitgliedstaat der Kommission gemäß Artikel 68 mitteilt.

(3) Über den Rechtsbehelf wird nach den Vorschriften entschieden, die für Verfahren mit beiderseitigem rechtlichen Gehör maßgebend sind.

(4) Wird der Rechtsbehelf von der Person eingelegt, die den Antrag auf Vollstreckbarerklärung gestellt hat, so wird die Partei, gegen die die Vollstreckung erwirkt werden soll, aufgefordert, sich auf das Verfahren einzulassen, das bei dem mit dem Rechtsbehelf befassten Gericht anhängig ist. Lässt sich die betreffende Person auf das Verfahren nicht ein, so gelten die Bestimmungen des Artikels 18.

(5) Der Rechtsbehelf gegen die Vollstreckbarerklärung ist innerhalb eines Monats nach ihrer Zustellung einzulegen. Hat die Partei, gegen die die Vollstreckung erwirkt werden soll, ihren gewöhnlichen Aufenthalt in einem anderen Mitgliedstaat als dem, in dem die Vollstreckbarerklärung erteilt worden ist, so beträgt die Frist für den Rechtsbehelf zwei Monate und beginnt mit dem Tag, an dem die Vollstreckbarerklärung ihr entweder persönlich oder in ihrer Wohnung zugestellt worden ist. Eine Verlängerung dieser Frist wegen weiter Entfernung ist ausgeschlossen.

Artikel 34
Für den Rechtsbehelf zuständiges Gericht und Anfechtung der Entscheidung über den Rechtsbehelf

Die Entscheidung, die über den Rechtsbehelf ergangen ist, kann nur im Wege der Verfahren angefochten werden, die in der Liste genannt sind, die jeder Mitgliedstaat der Kommission gemäß Artikel 68 mitteilt.

Artikel 35
Aussetzung des Verfahrens

(1) Das nach Artikel 33 oder Artikel 34 mit dem Rechtsbehelf befasste Gericht kann auf Antrag der Partei, gegen die die Vollstreckung erwirkt werden soll, das Verfahren aussetzen, wenn im Ursprungsmitgliedstaat ein ordentlicher Rechtsbehelf gegen die Entscheidung eingelegt wurde oder die Frist für einen solchen Rechtsbehelf noch nicht verstrichen ist. In letzterem Fall kann das Gericht eine Frist bestimmen, innerhalb deren der Rechtsbehelf einzulegen ist.

(2) Ist die Entscheidung in Irland oder im Vereinigten Königreich ergangen, so gilt jeder im Ursprungsmitgliedstaat statthafte Rechtsbehelf als ordentlicher Rechtsbehelf im Sinne des Absatzes 1.

Artikel 36
Teilvollstreckung

(1) Ist mit der Entscheidung über mehrere geltend gemachte Ansprüche entschieden worden und kann die Entscheidung nicht in vollem Umfang zur Vollstreckung zugelassen werden, so lässt das Gericht sie für einen oder mehrere Ansprüche zu.

(2) Der Antragsteller kann eine teilweise Vollstreckung beantragen.

Abschnitt 3
Gemeinsame Bestimmungen für die Abschnitte 1 und 2

Artikel 37
Urkunden

(1) Die Partei, die die Anerkennung oder Nichtanerkennung einer Entscheidung oder deren Vollstreckbarerklärung erwirken will, hat Folgendes vorzulegen:

a) eine Ausfertigung der Entscheidung, die die für ihre Beweiskraft erforderlichen Voraussetzungen erfuellt,

und

b) die Bescheinigung nach Artikel 39.

(2) Bei einer im Versäumnisverfahren ergangenen Entscheidung hat die Partei, die die Anerkennung einer Entscheidung oder deren Vollstreckbarerklärung erwirken will, ferner Folgendes vorzulegen:

a) die Urschrift oder eine beglaubigte Abschrift der Urkunde, aus der sich ergibt, dass das verfahrenseinleitende Schriftstück oder ein gleichwertiges Schriftstück der Partei, die sich nicht auf das Verfahren eingelassen hat, zugestellt wurde,

oder

b) eine Urkunde, aus der hervorgeht, dass der Antragsgegner mit der Entscheidung eindeutig einverstanden ist.

Artikel 38
Fehlen von Urkunden

(1) Werden die in Artikel 37 Absatz 1 Buchstabe b) oder Absatz 2 aufgeführten Urkunden nicht vorgelegt, so kann das Gericht eine Frist setzen, innerhalb deren die Urkunden vorzulegen sind, oder sich mit gleichwertigen Urkunden begnügen oder von der Vorlage der Urkunden befreien, wenn es eine weitere Klärung nicht für erforderlich hält.

(2) Auf Verlangen des Gerichts ist eine Übersetzung der Urkunden vorzulegen. Die Übersetzung ist von einer hierzu in einem der Mitgliedstaaten befugten Person zu beglaubigen.

Artikel 39
Bescheinigung bei Entscheidungen in Ehesachen und bei Entscheidungen über die elterliche Verantwortung

Das zuständige Gericht oder die Zuständige Behörde des Ursprungsmitgliedstaats stellt auf Antrag einer berechtigten Partei eine Bescheinigung unter Verwendung des Formblatts in Anhang I (Entscheidungen in Ehesachen) oder Anhang II (Entscheidungen über die elterliche Verantwortung) aus.

Abschnitt 4
Vollstreckbarkeit bestimmter Entscheidungen über das Umgangsrecht und bestimmter Entscheidungen, mit denen die Rückgabe des Kindes angeordnet wird

Artikel 40
Anwendungsbereich

(1) Dieser Abschnitt gilt für

a) das Umgangsrecht

und

b) die Rückgabe eines Kindes infolge einer die Rückgabe des Kindes anordnenden Entscheidung gemäß Artikel 11 Absatz 8.

(2) Der Träger der elterlichen Verantwortung kann ungeachtet der Bestimmungen dieses Abschnitts die Anerkennung und Vollstreckung nach Maßgabe der Abschnitte 1 und 2 dieses Kapitels beantragen.

Artikel 41
Umgangsrecht

(1) Eine in einem Mitgliedstaat ergangene vollstreckbare Entscheidung über das Umgangsrecht im Sinne des Artikels 40 Absatz 1 Buchstabe a), für die eine Bescheinigung nach Absatz 2 im Ursprungsmitgliedstaat ausgestellt wurde, wird in einem anderen Mitgliedstaat anerkannt und kann dort vollstreckt werden, ohne dass es einer Vollstreckbarerklärung bedarf und ohne dass die Anerkennung angefochten werden kann.

Auch wenn das nationale Recht nicht vorsieht, dass eine Entscheidung über das Umgangsrecht ungeachtet der Einlegung eines Rechtsbehelfs von Rechts wegen vollstreckbar ist, kann das Gericht des Ursprungsmitgliedstaats die Entscheidung für vollstreckbar erklären.

(2) Der Richter des Ursprungsmitgliedstaats stellt die Bescheinigung nach Absatz 1 unter Verwendung des Formblatts in Anhang III (Bescheinigung über das Umgangsrecht) nur aus, wenn

a) im Fall eines Versäumnisverfahrens das verfahrenseinleitende Schriftstück oder ein gleichwertiges Schriftstück der Partei, die sich nicht auf das Verfahren eingelassen hat, so rechtzeitig und in einer Weise zugestellt wurde, dass sie sich verteidigen konnte, oder wenn in Fällen, in denen bei der Zustellung des betreffenden Schriftstücks diese Bedingungen nicht eingehalten wurden, dennoch festgestellt wird, dass sie mit der Entscheidung eindeutig einverstanden ist;

b) alle betroffenen Parteien Gelegenheit hatten, gehört zu werden,

und

c) das Kind die Möglichkeit hatte, gehört zu werden, sofern eine Anhörung nicht aufgrund seines Alters oder seines Reifegrads unangebracht erschien.

Das Formblatt wird in der Sprache ausgefuellt, in der die Entscheidung abgefasst ist.

(3) Betrifft das Umgangsrecht einen Fall, der bei der Verkündung der Entscheidung einen grenzüberschreitenden Bezug aufweist, so wird die Bescheinigung von Amts wegen ausgestellt, sobald die Entscheidung vollstreckbar oder vorläufig vollstreckbar wird. Wird der Fall erst später zu einem Fall mit grenzüberschreitendem Bezug, so wird die Bescheinigung auf Antrag einer der Parteien ausgestellt.

Artikel 42
Rückgabe des Kindes

(1) Eine in einem Mitgliedstaat ergangene vollstreckbare Entscheidung über die Rückgabe des Kindes im Sinne des Artikels 40 Absatz 1 Buchstabe b), für die eine Bescheinigung nach Absatz 2 im Ursprungsmitgliedstaat ausgestellt wurde, wird in einem anderen Mitgliedstaat anerkannt und kann dort vollstreckt werden, ohne dass es einer Vollstreckbarerklärung bedarf und ohne dass die Anerkennung angefochten werden kann.

Auch wenn das nationale Recht nicht vorsieht, dass eine in Artikel 11 Absatz 8 genannte Entscheidung über die Rückgabe des Kindes ungeachtet der Einlegung eines Rechtsbehelfs von Rechts wegen vollstreckbar ist, kann das Gericht des Ursprungsmitgliedstaats die Entscheidung für vollstreckbar erklären.

(2) Der Richter des Ursprungsmitgliedstaats, der die Entscheidung nach Artikel 40 Absatz 1 Buchstabe b) erlassen hat, stellt die Bescheinigung nach Absatz 1 nur aus, wenn

a) das Kind die Möglichkeit hatte, gehört zu werden, sofern eine Anhörung nicht aufgrund seines Alters oder seines Reifegrads unangebracht erschien,

b) die Parteien die Gelegenheit hatten, gehört zu werden, und

c) das Gericht beim Erlass seiner Entscheidung die Gründe und Beweismittel berücksichtigt hat, die der nach Artikel 13 des Haager Übereinkommens von 1980 ergangenen Entscheidung zugrunde liegen.

Ergreift das Gericht oder eine andere Behörde Maßnahmen, um den Schutz des Kindes nach seiner Rückkehr in den Staat des gewöhnlichen Aufenthalts sicherzustellen, so sind diese Maßnahmen in der Bescheinigung anzugeben.

Der Richter des Ursprungsmitgliedstaats stellt die Bescheinigung von Amts wegen unter Verwendung des Formblatts in Anhang IV (Bescheinigung über die Rückgabe des Kindes) aus.

Das Formblatt wird in der Sprache ausgefuellt, in der die Entscheidung abgefasst ist.

Artikel 43
Klage auf Berichtigung

(1) Für Berichtigungen der Bescheinigung ist das Recht des Ursprungsmitgliedstaats maßgebend.

(2) Gegen die Ausstellung einer Bescheinigung gemäß Artikel 41 Absatz 1 oder Artikel 42 Absatz 1 sind keine Rechtsbehelfe möglich.

Artikel 44
Wirksamkeit der Bescheinigung

Die Bescheinigung ist nur im Rahmen der Vollstreckbarkeit des Urteils wirksam.

Artikel 45
Urkunden

(1) Die Partei, die die Vollstreckung einer Entscheidung erwirken will, hat Folgendes vorzulegen:

a) eine Ausfertigung der Entscheidung, die die für ihre Beweiskraft erforderlichen Voraussetzungen erfuellt,

und

b) die Bescheinigung nach Artikel 41 Absatz 1 oder Artikel 42 Absatz 1.

(2) Für die Zwecke dieses Artikels

– wird der Bescheinigung gemäß Artikel 41 Absatz 1 eine Übersetzung der Nummer 12 betreffend die Modalitäten der Ausübung des Umgangsrechts beigefügt;

– wird der Bescheinigung gemäß Artikel 42 Absatz 1 eine Übersetzung der Nummer 14 betreffend die Einzelheiten der Maßnahmen, die ergriffen wurden, um die Rückgabe des Kindes sicherzustellen, beigefügt.

Die Übersetzung erfolgt in die oder in eine der Amtssprachen des Vollstreckungsmitgliedstaats oder in eine andere von ihm ausdrücklich zugelassene Sprache. Die Übersetzung ist von einer hierzu in einem der Mitgliedstaaten befugten Person zu beglaubigen.

Abschnitt 5
Öffentliche Urkunden und Vereinbarungen

Artikel 46

Öffentliche Urkunden, die in einem Mitgliedstaat aufgenommen und vollstreckbar sind, sowie Vereinbarungen zwischen den Parteien, die in dem Ursprungsmitgliedstaat vollstreckbar sind, werden unter denselben Bedingungen wie Entscheidungen anerkannt und für vollstreckbar erklärt.

Abschnitt 6
Sonstige Bestimmungen

Artikel 47
Vollstreckungsverfahren

(1) Für das Vollstreckungsverfahren ist das Recht des Vollstreckungsmitgliedstaats maßgebend.

(2) Die Vollstreckung einer von einem Gericht eines anderen Mitgliedstaats erlassenen Entscheidung, die gemäß Abschnitt 2 für vollstreckbar erklärt wurde oder für die eine Bescheinigung nach

Artikel 41 Absatz 1 oder Artikel 42 Absatz 1 ausgestellt wurde, erfolgt im Vollstreckungsmitgliedstaat unter denselben Bedingungen, die für in diesem Mitgliedstaat ergangene Entscheidungen gelten.

Insbesondere darf eine Entscheidung, für die eine Bescheinigung nach Artikel 41 Absatz 1 oder Artikel 42 Absatz 1 ausgestellt wurde, nicht vollstreckt werden, wenn sie mit einer später ergangenen vollstreckbaren Entscheidung unvereinbar ist.

Artikel 48
Praktische Modalitäten der Ausübung des Umgangsrechts

(1) Die Gerichte des Vollstreckungsmitgliedstaats können die praktischen Modalitäten der Ausübung des Umgangsrechts regeln, wenn die notwendigen Vorkehrungen nicht oder nicht in ausreichendem Maße bereits in der Entscheidung der für die Entscheidung der in der Hauptsache zuständigen Gerichte des Mitgliedstaats getroffen wurden und sofern der Wesensgehalt der Entscheidung unberührt bleibt.

(2) Die nach Absatz 1 festgelegten praktischen Modalitäten treten außer Kraft, nachdem die für die Entscheidung in der Hauptsache zuständigen Gerichte des Mitgliedstaats eine Entscheidung erlassen haben.

Artikel 49
Kosten

Die Bestimmungen dieses Kapitels mit Ausnahme der Bestimmungen des Abschnitts 4 gelten auch für die Festsetzung der Kosten für die nach dieser Verordnung eingeleiteten Verfahren und die Vollstreckung eines Kostenfestsetzungsbeschlusses.

Artikel 50
Prozesskostenhilfe

Wurde dem Antragsteller im Ursprungsmitgliedstaat ganz oder teilweise Prozesskostenhilfe oder Kostenbefreiung gewährt, so genießt er in dem Verfahren nach den Artikeln 21, 28, 41, 42 und 48 hinsichtlich der Prozesskostenhilfe oder der Kostenbefreiung die günstigste Behandlung, die das Recht des Vollstreckungsmitgliedstaats vorsieht.

Artikel 51
Sicherheitsleistung, Hinterlegung

Der Partei, die in einem Mitgliedstaat die Vollstreckung einer in einem anderen Mitgliedstaat ergangenen Entscheidung beantragt, darf eine Sicherheitsleistung oder Hinterlegung, unter welcher Bezeichnung es auch sei, nicht aus einem der folgenden Gründe auferlegt werden:

a) weil sie in dem Mitgliedstaat, in dem die Vollstreckung erwirkt werden soll, nicht ihren gewöhnlichen Aufenthalt hat, oder

b) weil sie nicht die Staatsangehörigkeit dieses Staates besitzt oder, wenn die Vollstreckung im Vereinigten Königreich oder in Irland erwirkt werden soll, ihr „domicile" nicht in einem dieser Mitgliedstaaten hat.

Artikel 52
Legalisation oder ähnliche Förmlichkeit

Die in den Artikeln 37, 38 und 45 aufgeführten Urkunden sowie die Urkunde über die Prozessvollmacht, falls eine solche erteilt wird, bedürfen weder der Legalisation noch einer ähnlichen Förmlichkeit.

Kapitel IV
Zusammenarbeit zwischen den zentralen Behörden bei Verfahren betreffend die elterliche Verantwortung

Artikel 53
Bestimmung der Zentralen Behörden

Jeder Mitgliedstaat bestimmt eine oder mehrere Zentrale Behörden, die ihn bei der Anwendung dieser Verordnung unterstützen, und legt ihre räumliche oder sachliche Zuständigkeit fest. Hat ein Mitgliedstaat mehrere Zentrale Behörden bestimmt, so sind die Mitteilungen grundsätzlich direkt an die zuständige Zentrale Behörde zu richten. Wurde eine Mitteilung an eine nicht zuständige Zentrale Behörde gerichtet, so hat diese die Mitteilung an die zuständige Zentrale Behörde weiterzuleiten und den Absender davon in Kenntnis zu setzen.

Artikel 54
Allgemeine Aufgaben

Die Zentralen Behörden stellen Informationen über nationale Rechtsvorschriften und Verfahren zur Verfügung und ergeifen Maßnahmen, um die Durchführung dieser Verordnung zu verbessern und die Zusammenarbeit untereinander zu stärken. Hierzu wird das mit der Entscheidung 2001/470/EG eingerichtete Europäische Justizielle Netz für Zivil- und Handelssachen genutzt.

Artikel 55
Zusammenarbeit in Fällen, die speziell die elterliche Verantwortung betreffen

Die Zentralen Behörden arbeiten in bestimmten Fällen auf Antrag der Zentralen Behörde eines anderen Mitgliedstaats oder des Trägers der elterlichen Verantwortung zusammen, um die Ziele dieser Verordnung zu verwirklichen. Hierzu treffen sie folgende Maßnahmen im Einklang mit den Rechtsvorschriften dieses Mitgliedstaats, die den Schutz personenbezogener Daten regeln, direkt oder durch Einschaltung anderer Behörden oder Einrichtungen:

a) Sie holen Informationen ein und tauschen sie aus über

   i) die Situation des Kindes,

   ii) laufende Verfahren oder

   iii) das Kind betreffende Entscheidungen.

b) Sie informieren und unterstützen die Träger der elterlichen Verantwortung, die die Anerkennung und Vollstreckung einer Entscheidung, insbesondere über das Umgangsrecht und die Rückgabe des Kindes, in ihrem Gebiet erwirken wollen.

c) Sie erleichtern die Verständigung zwischen den Gerichten, insbesondere zur Anwendung des Artikels 11 Absätze 6 und 7 und des Artikels 15.

d) Sie stellen alle Informationen und Hilfen zur Verfügung, die für die Gerichte für die Anwendung des Artikels 56 von Nutzen sind.

e) Sie erleichtern eine gütliche Einigung zwischen den Trägern der elterlichen Verantwortung durch Mediation oder auf ähnlichem Wege und fördern hierzu die grenzüberschreitende Zusammenarbeit.

Artikel 56
Unterbringung des Kindes in einem anderen Mitgliedstaat

(1) Erwägt das nach den Artikeln 8 bis 15 zuständige Gericht die Unterbringung des Kindes in einem Heim oder in einer Pflegefamilie und soll das Kind in einem anderen Mitgliedstaat untergebracht werden, so zieht das Gericht vorher die Zentrale Behörde oder eine andere zuständige Behörde dieses Mitgliedstaats zurate, sofern in diesem Mitgliedstaat für die innerstaatlichen Fälle der Unterbringung von Kindern die Einschaltung einer Behörde vorgesehen ist.

(2) Die Entscheidung über die Unterbringung nach Absatz 1 kann im ersuchenden Mitgliedstaat nur getroffen werden, wenn die zuständige Behörde des ersuchten Staates dieser Unterbringung zugestimmt hat.

(3) Für die Einzelheiten der Konsultation bzw der Zustimmung nach den Absätzen 1 und 2 gelten das nationale Recht des ersuchten Staates.

(4) Beschließt das nach den Artikeln 8 bis 15 zuständige Gericht die Unterbringung des Kindes in einer Pflegefamilie und soll das Kind in einem anderen Mitgliedstaat untergebracht werden und ist in diesem Mitgliedstaat für die innerstaatlichen Fälle der Unterbringung von Kindern die Einschaltung einer Behörde nicht vorgesehen, so setzt das Gericht die Zentrale Behörde oder eine zuständige Behörde dieses Mitgliedstaats davon in Kenntnis.

Artikel 57
Arbeitsweise

(1) Jeder Träger der elterlichen Verantwortung kann bei der Zentralen Behörde des Mitgliedstaats, in dem er seinen gewöhnlichen Aufenthalt hat, oder bei der Zentralen Behörde des Mitgliedstaats, in dem das Kind seinen gewöhnlichen Aufenthalt hat oder in dem es sich befindet, einen Antrag auf Unterstützung gemäß Artikel 55 stellen. Dem Antrag werden grundsätzlich alle verfügbaren Informationen beigefügt, die die Ausführung des Antrags erleichtern können. Betrifft dieser Antrag die Anerkennung oder Vollstreckung einer Entscheidung über die elterliche Verantwortung, die in den Anwendungsbereich dieser Verordnung fällt, so muss der Träger der elterlichen Verantwortung dem Antrag die betreffenden Bescheinigungen nach Artikel 39, Artikel 41 Absatz 1 oder Artikel 42 Absatz 1 beifügen.

(2) Jeder Mitgliedstaat teilt der Kommission die Amtssprache(n) der Organe der Gemeinschaft mit, die er außer seiner/seinen eigenen Sprache(n) für Mitteilungen an die Zentralen Behörden zulässt.

(3) Die Unterstützung der Zentralen Behörden gemäß Artikel 55 erfolgt unentgeltlich.

(4) Jede Zentrale Behörde trägt ihre eigenen Kosten.

Artikel 58
Zusammenkünfte

(1) Zur leichteren Anwendung dieser Verordnung werden regelmäßig Zusammenkünfte der Zentralen Behörden einberufen.

(2) Die Einberufung dieser Zusammenkünfte erfolgt im Einklang mit der Entscheidung 2001/470/EG über die Einrichtung eines Europäischen Justiziellen Netzes für Zivil- und Handelssachen.

Kapitel V
Verhältnis zu anderen Rechtsinstrumenten

Artikel 59
Verhältnis zu anderen Rechtsinstrumenten

(1) Unbeschadet der Artikel 60, 61, 62 und des Absatzes 2 des vorliegenden Artikels ersetzt diese Verordnung die zum Zeitpunkt des Inkrafttretens dieser Verordnung bestehenden, zwischen zwei oder mehr Mitgliedstaaten geschlossenen Übereinkünfte, die in dieser Verordnung geregelte Bereiche betreffen.

(2) a) Finnland und Schweden können erklären, dass das Übereinkommen vom 6. Februar 1931 zwischen Dänemark, Finnland, Island, Norwegen und Schweden mit Bestimmungen des internationalen Verfahrensrechts über Ehe, Adoption und Vormundschaft einschließlich des Schlussprotokolls anstelle dieser Verordnung ganz oder teilweise auf ihre gegenseitigen Beziehungen anwendbar ist. Diese Erklärungen werden dieser Verordnung als Anhang beigefügt und im Amtsblatt der Europäischen Union veröffentlicht. Die betreffenden Mitgliedstaaten können ihre Erklärung jederzeit ganz oder teilweise widerrufen.

b) Der Grundsatz der Nichtdiskriminierung von Bürgern der Union aus Gründen der Staatsangehörigkeit wird eingehalten.

c) Die Zuständigkeitskriterien in künftigen Übereinkünften zwischen den in Buchstabe a) genannten Mitgliedstaaten, die in dieser Verordnung geregelte Bereiche betreffen, müssen mit den Kriterien dieser Verordnung im Einklang stehen.

d) Entscheidungen, die in einem der nordischen Staaten, der eine Erklärung nach Buchstabe a) abgegeben hat, aufgrund eines Zuständigkeitskriteriums erlassen werden, das einem der in Kapitel II vorgesehenen Zuständigkeitskriterien entspricht, werden in den anderen Mitgliedstaaten gemäß den Bestimmungen des Kapitels III anerkannt und vollstreckt.

(3) Die Mitgliedstaaten übermitteln der Kommission

a) eine Abschrift der Übereinkünfte sowie der einheitlichen Gesetze zur Durchführung dieser Übereinkünfte gemäß Absatz 2 Buchstaben a) und c),

b) jede Kündigung oder Änderung dieser Übereinkünfte oder dieser einheitlichen Gesetze.

Artikel 60
Verhältnis zu bestimmten multilateralen Übereinkommen

Im Verhältnis zwischen den Mitgliedstaaten hat diese Verordnung vor den nachstehenden Übereinkommen insoweit Vorrang, als diese Bereiche betreffen, die in dieser Verordnung geregelt sind:

a) Haager Übereinkommen vom 5. Oktober 1961 über die Zuständigkeit der Behörden und das anzuwendende Recht auf dem Gebiet des Schutzes von Minderjährigen,

b) Luxemburger Übereinkommen vom 8. September 1967 über die Anerkennung von Entscheidungen in Ehesachen,

c) Haager Übereinkommen vom 1. Juni 1970 über die Anerkennung von Ehescheidungen und der Trennung von Tisch und Bett,

d) Europäisches Übereinkommen vom 20. Mai 1980 über die Anerkennung und Vollstreckung von Entscheidungen über das Sorgerecht für Kinder und die Wiederherstellung des Sorgeverhältnisses

und

e) Haager Übereinkommen vom 25. Oktober 1980 über die zivilrechtlichen Aspekte internationaler Kindesentführung.

Artikel 61
Verhältnis zum Haager Übereinkommen vom 19. Oktober 1996 über die Zuständigkeit, das anzuwendende Recht, die Anerkennung, Vollstreckung und Zusammenarbeit auf dem Gebiet der elterlichen Verantwortung und der Maßnahmen zum Schutz von Kindern

Im Verhältnis zum Haager Übereinkommen vom 19. Oktober 1996 über die Zuständigkeit, das anzuwendende Recht, die Anerkennung, Vollstreckung und Zusammenarbeit auf dem Gebiet der elterlichen Verantwortung und der Maßnahmen zum Schutz von Kindern ist diese Verordnung anwendbar,

a) wenn das betreffende Kind seinen gewöhnlichen Aufenthalt im Hoheitsgebiet eines Mitgliedstaats hat;

b) in Fragen der Anerkennung und der Vollstreckung einer von dem zuständigen Gericht eines Mitgliedstaats ergangenen Entscheidung im Hoheitsgebiet eines anderen Mitgliedstaats, auch wenn das betreffende Kind seinen gewöhnlichen Aufenthalt im Hoheitsgebiet eines Drittstaats hat, der Vertragspartei des genannten Übereinkommens ist.

Artikel 62
Fortbestand der Wirksamkeit

(1) Die in Artikel 59 Absatz 1 und den Artikeln 60 und 61 genannten Übereinkünfte behalten ihre Wirksamkeit für die Rechtsgebiete, die durch diese Verordnung nicht geregelt werden.

(2) Die in Artikel 60 genannten Übereinkommen, insbesondere das Haager Übereinkommen von

1980, behalten vorbehaltlich des Artikels 60 ihre Wirksamkeit zwischen den ihnen angehörenden Mitgliedstaaten.

Artikel 63
Verträge mit dem Heiligen Stuhl

(1) Diese Verordnung gilt unbeschadet des am 7. Mai 1940 in der Vatikanstadt zwischen dem Heiligen Stuhl und Portugal unterzeichneten Internationalen Vertrags (Konkordat).

(2) Eine Entscheidung über die Ungültigkeit der Ehe gemäß dem in Absatz 1 genannten Vertrag wird in den Mitgliedstaaten unter den in Kapitel III Abschnitt 1 vorgesehenen Bedingungen anerkannt.

(3) Die Absätze 1 und 2 gelten auch für folgende internationalen Verträge (Konkordate) mit dem Heiligen Stuhl:

a) Lateranvertrag vom 11. Februar 1929 zwischen Italien und dem Heiligen Stuhl, geändert durch die am 18. Februar 1984 in Rom unterzeichnete Vereinbarung mit Zusatzprotokoll,

b) Vereinbarung vom 3. Januar 1979 über Rechtsangelegenheiten zwischen dem Heiligen Stuhl und Spanien.

(4) Für die Anerkennung der Entscheidungen im Sinne des Absatzes 2 können in Italien oder Spanien dieselben Verfahren und Nachprüfungen vorgegeben werden, die auch für Entscheidungen der Kirchengerichte gemäß den in Absatz 3 genannten internationalen Verträgen mit dem Heiligen Stuhl gelten.

(5) Die Mitgliedstaaten übermitteln der Kommission

a) eine Abschrift der in den Absätzen 1 und 3 genannten Verträge,

b) jede Kündigung oder Änderung dieser Verträge.

Kapitel VI
Übergangsvorschriften

Artikel 64

(1) Diese Verordnung gilt nur für gerichtliche Verfahren, öffentliche Urkunden und Vereinbarungen zwischen den Parteien, die nach Beginn der Anwendung dieser Verordnung gemäß Artikel 72 eingeleitet, aufgenommen oder getroffen wurden.

(2) Entscheidungen, die nach Beginn der Anwendung dieser Verordnung in Verfahren ergangen sind, die vor Beginn der Anwendung dieser Verordnung, aber nach Inkrafttreten der Verordnung (EG) Nr 1347/2000 eingeleitet wurden, werden nach Maßgabe des Kapitels III der vorliegenden Verordnung anerkannt und vollstreckt, sofern das Gericht aufgrund von Vorschriften zuständig war, die mit den Zuständigkeitsvorschriften des Kapitels II der vorliegenden Verordnung oder der Verordnung (EG) Nr 1347/2000 oder eines Abkommens übereinstimmen, das zum Zeitpunkt der Einleitung des Verfahrens zwischen dem Ursprungsmitgliedstaat und dem ersuchten Mitgliedstaat in Kraft war.

(3) Entscheidungen, die vor Beginn der Anwendung dieser Verordnung in Verfahren ergangen sind, die nach Inkrafttreten der Verordnung (EG) Nr 1347/2000 eingeleitet wurden, werden nach Maßgabe des Kapitels III der vorliegenden Verordnung anerkannt und vollstreckt, sofern sie eine Ehescheidung, Trennung ohne Auflösung des Ehebandes oder Ungültigerklärung einer Ehe oder eine aus Anlass eines solchen Verfahrens in Ehesachen ergangene Entscheidung über die elterliche Verantwortung für die gemeinsamen Kinder zum Gegenstand haben.

(4) Entscheidungen, die vor Beginn der Anwendung dieser Verordnung, aber nach Inkrafttreten der Verordnung (EG) Nr 1347/2000 in Verfahren ergangen sind, die vor Inkrafttreten der Verordnung (EG) Nr 1347/2000 eingeleitet wurden, werden nach Maßgabe des Kapitels III der vorliegenden Verordnung anerkannt und vollstreckt, sofern sie eine Ehescheidung, Trennung ohne Auflösung des Ehebandes oder Ungültigerklärung einer Ehe oder eine aus Anlass eines solchen Verfahrens in Ehesachen ergangene Entscheidung über die elterliche Verantwortung für die gemeinsamen Kinder zum Gegenstand haben und Zuständigkeitsvorschriften angewandt wurden, die mit denen des Kapitels II der vorliegenden Verordnung oder der Verordnung (EG) Nr 1347/2000 oder eines Abkommens übereinstimmen, das zum Zeitpunkt der Einleitung des Verfahrens zwischen dem Ursprungsmitgliedstaat und dem ersuchten Mitgliedstaat in Kraft war.

Kapitel VII
Schlussbestimmungen

Artikel 65
Überprüfung

Die Kommission unterbreitet dem Europäischen Parlament, dem Rat und dem Europäischen Wirtschafts- und Sozialausschuss spätestens am 1. Januar 2012 und anschließend alle fünf Jahre auf der Grundlage der von den Mitgliedstaaten vorgelegten Informationen einen Bericht über die Anwendung dieser Verordnung, dem sie gegebenenfalls Vorschläge zu deren Anpassung beifügt.

Artikel 66
Mitgliedstaaten mit zwei oder mehr Rechtssystemen

Für einen Mitgliedstaat, in dem die in dieser Verordnung behandelten Fragen in verschiedenen Gebietseinheiten durch zwei oder mehr Rechtssysteme oder Regelwerke geregelt werden, gilt Folgendes:

a) Jede Bezugnahme auf den gewöhnlichen Aufenthalt in diesem Mitgliedstaat betrifft den gewöhnlichen Aufenthalt in einer Gebietseinheit.

b) Jede Bezugnahme auf die Staatsangehörigkeit oder, im Fall des Vereinigten Königreichs, auf das „domicile“ betrifft die durch die Rechtsvorschriften dieses Staates bezeichnete Gebietseinheit.

c) Jede Bezugnahme auf die Behörde eines Mitgliedstaats betrifft die zuständige Behörde der Gebietseinheit innerhalb dieses Staates.

d) Jede Bezugnahme auf die Vorschriften des ersuchten Mitgliedstaats betrifft die Vorschriften der Gebietseinheit, in der die Zuständigkeit geltend gemacht oder die Anerkennung oder Vollstreckung beantragt wird.

Artikel 67
Angaben zu den Zentralen Behörden und zugelassenen Sprachen

Die Mitgliedstaaten teilen der Kommission binnen drei Monaten nach Inkrafttreten dieser Verordnung Folgendes mit:

a) die Namen und Anschriften der Zentralen Behörden gemäß Artikel 53 sowie die technischen Kommunikationsmittel,

b) die Sprachen, die gemäß Artikel 57 Absatz 2 für Mitteilungen an die Zentralen Behörden zugelassen sind,

und

c) die Sprachen, die gemäß Artikel 45 Absatz 2 für die Bescheinigung über das Umgangsrecht zugelassen sind.

Die Mitgliedstaaten teilen der Kommission jede Änderung dieser Angaben mit.

Die Angaben werden von der Kommission veröffentlicht.

Artikel 68
Angaben zu den Gerichten und den Rechtsbehelfen

Die Mitgliedstaaten teilen der Kommission die in den Artikeln 21, 29, 33 und 34 genannten Listen mit den zuständigen Gerichten und den Rechtsbehelfen sowie die Änderungen dieser Listen mit.

Die Kommission aktualisiert diese Angaben und gibt sie durch Veröffentlichung im Amtsblatt der Europäischen Union und auf andere geeignete Weise bekannt.

Artikel 69
Änderungen der Anhänge

Änderungen der in den Anhängen I bis IV wiedergegebenen Formblätter werden nach dem in Artikel 70 Absatz 2 genannten Verfahren beschlossen.

Artikel 70
Ausschuss

(1) Die Kommission wird von einem Ausschuss (nachstehend „Ausschuss“ genannt) unterstützt.

(2) Wird auf diesen Absatz Bezug genommen, so gelten die Artikel 3 und 7 des Beschlusses 1999/468/EG.

(3) Der Ausschuss gibt sich eine Geschäftsordnung.

Artikel 71
Aufhebung der Verordnung (EG) Nr 1347/2000

(1) Die Verordnung (EG) Nr 1347/2000 wird mit Beginn der Geltung dieser Verordnung aufgehoben.

(2) Jede Bezugnahme auf die Verordnung (EG) Nr 1347/2000 gilt als Bezugnahme auf diese Verordnung nach Maßgabe der Entsprechungstabelle in Anhang VI.

Artikel 72
In-Kraft-Treten

Diese Verordnung tritt am 1. August 2004 in Kraft.

Sie gilt ab 1. März 2005 mit Ausnahme der Artikel 67, 68, 69 und 70, die ab dem 1. August 2004 gelten.

Diese Verordnung ist in allen ihren Teilen verbindlich und gilt gemäß dem Vertrag zur Gründung der Europäischen Gemeinschaft unmittelbar in den Mitgliedstaaten.

Geschehen zu Brüssel am 27. November 2003.

Sachregister

Die fetten Zahlen beziehen sich auf die Paragraphen, die mageren Zahlen auf die Randnummern.

J. von Staudingers Kommentar zum Bürgerlichen Gesetzbuch mit Einführungsgesetz und Nebengesetzen

Übersicht vom 1. 2. 2023

Die Übersicht informiert über die Erscheinungsjahre der Kommentierungen in der 13. Bearbeitung und deren Neubearbeitungen (= Gesamtwerk STAUDINGER).

Die Übersicht ist für die 13. Bearbeitung und für deren Neubearbeitungen zugleich ein Vorschlag für das Aufstellen des „Gesamtwerk STAUDINGER" (insbesondere für solche Bände, die nur eine Sachbezeichnung haben). Es wird empfohlen, die Austauschbände chronologisch neben den überholten Bänden einzusortieren, um bei Querverweisungen auf diese schnell Zugriff zu haben. Bei Platzmangel sollten die ausgetauschten Bände an anderem Ort in gleicher Reihenfolge verwahrt werden.

	Neubearbeitungen				
Buch 1. Allgemeiner Teil					
Einl BGB; §§ 1–14; VerschG	2004	2013	2018		
§§ 21–79	2005	2019			
§§ 80–89	2011	2017			
§§ 90–124; 130–133		2012	2016	2021	
§§ 125–129; BeurkG			2012	2017	2022
§§ 134–138	2003	2011	2017	2021	
§§ 139–163	2003	2010	2015	2020	
§§ 164–240	2004	2009	2014	2019	
Buch 2. Recht der Schuldverhältnisse					
§§ 241–243	2005	2009	2014	2019	
§§ 244–248	2016	2021			
§§ 249–254	2005	2016	2021		
§§ 255–304	2004	2009	2014	2019	
§§ 305–310; UKlaG	2006	2013	2019	2022	
Anh zu §§ 305–310			2019	2022	
§§ 311, 311a–c	2013	2018			
§§ 312, 312a–k	2013	2019			
§§ 313, 314	*2024*				
§§ 315–326	2001	2004	2009	2015	2020
§§ 328–345			2009	2015	2020
§§ 346–354			2012	2022	
§§ 358–360				2016	2021
§§ 362–396	2000	2006	2011	2016	2022
§§ 397–432	2005	2012	2017	2022	
§§ 433–480	2004	2013			
Wiener UN-Kaufrecht (CISG)	1999	2005	2013	2017	
§§ 488–490; 607–609	2011	2015			
§§ 491–512	2004	2012			
§§ 516–534	2005	2013	2021		
§§ 535–556g (Mietrecht 1)	2011	2014	2017	2021	
§§ 557–580a; Anh AGG (Mietrecht 2)	2011	2014	2017	2021	
Leasing	2004	2014	2018		
§§ 581–606	2005	2013	2018		
§§ 607–610 (siehe §§ 488–490; 607–609)	./.				
§§ 611–613	2005	2011	2015	2020	2022
§§ 613a–619a		2011	2016	2019	2022
§§ 620–630		2012	2016	2019	2022
§§ 630a–630h				2021	
§§ 631–651	2003	2008	2013		
§§ 631–650v				2019	
§§ 651a–651m	2003	2011	2015		
§§ 652–661a			2015		
§§ 652–655; 656a–656d				2021	
§§ 655a–656; 657–661a				2020	
§§ 662–675b		2017			
§§ 675c–676c		2012	2020		
§§ 677–704		2015	2020		
§§ 741–764	2002	2008	2015	2021	
§§ 765–778	2013			2020	
§§ 779–811	2002	2009	2015		
§§ 779–782				2020	
§§ 812–822	1999	2007			
§§ 823 A–D	2016				
§§ 823 E–I, 824, 825	2009	2021			
§§ 826–829; ProdHaftG	2003	2009	2013	2018	2021
§§ 830–838	2002	2008	2012	2017	2022
§§ 839, 839a	2007	2013	2020		
§§ 840–853	2007	2015			
AGG	2017	2020			
UmweltHR	2002	2010	2017		
Buch 3. Sachenrecht					
§§ 854–882	2000	2007	2012	2018	
§§ 883–888	2002	2008	2013	2020	
§§ 889–902				2019	
§§ 903–924	2002	2009	2015	2020	
§§ 925–984; Anh §§ 929 ff	2004	2011	2016	2020	
§§ 985–1011	1999	2006	2013	2019	
ErbbauRG; §§ 1018–1112	2002	2009	2016		

§§ 1030–1112				2021	
ErbbauRG				2021	
§§ 1113–1203	2002	2009	2014	2019	
§§ 1204–1296; §§ 1–84 SchiffsRG	2002	2009	2018		
§§ 1–19 WEG	2017				
§§ 20–64 WEG	2017				

Buch 4. Familienrecht					
§§ 1297–1352	2007	2012	2015	2018	
LPartG		2010			
§§ 1353–1362	2007	2012	2018		
§§ 1363–1563	2000	2007			
§§ 1363–1407			2017		
§§ 1408–1563			2018		
§§ 1564–1568; §§ 1568 a+b	2004	2010	2018		
§§ 1569–1586b	2014				
§§ 1587–1588; VAHRG	2004				
§§ 1589–1600d	2000	2004	2011		
§§ 1601–1615n	2000	2018	2022		
§§ 1616–1625	2007	2014	2020		
§§ 1626–1633; §§ 1–11 RKEG	2007	2015	2020		
§§ 1638–1683	2004	2009	2015	2020	
§§ 1684–1717	2006	2013	2018		
§§ 1741–1772	2007	2019			
§§ 1773–1895	2004	2013	2020		
§§ 1896–1921	2006	2013	2017		

Buch 5. Erbrecht					
§§ 1922–1966	2000	2008	2016		
§§ 1967–2063	2002	2010	2016	2020	
§§ 2064–2196	2003	2013	2019		
§§ 2197–2228	2003	2012	2016	2021	
§§ 2229–2302	2022				
§§ 2303–2345		2014	2021		
§§ 2346–2385		2010	2016		
§§ 2346–2352				2022	
§§ 2353–2370				2023	

EGBGB					
Einl EGBGB; Art 1, 2, 50–218	2005	2013	2018		
Art 219–245	2003				
Art 219–232		2015			
Art 233–248		2015			

EGBGB/Internationales Privatrecht					
Einl IPR; Art 3–6	2003				
Einl IPR		2012	2018		
Art 3–6		2013			
Art 3–4			2019		
Art 7, 9–12, 47, 48	2007	2013	2018		
IntGesR	1998				
Art 13–17b	2003	2011			
Art 18; Vorbem A + B zu Art 19	2003				
Haager Unterhaltsprotokoll (HUP)		2016	2021		
Vorbem C–H zu Art 19	2009				
EU-VO u Übk z Schutz v Kindern		2018			
IntVerfREhe 1		2014			
IntVerfREhe 2		2016			
IntVerfREhe (Brüssel IIb-VO)				2023	
Art 19–24	2008	2014	2018	2022	
Art 25, 26	2000	2007			
Art 1–10 Rom I VO	2011	2016	2021		
Art 11–29 Rom I–VO; Art 46b, c; IntVertrVerfR	2011	2016	2021		
Art 38–42	2001				
IntWirtschR	2006	2010	2015	2019	
Art 43–46	2014				

Eckpfeiler des Zivilrechts	2012	2014	2018	2020	2022

Demnächst erscheinen					
§§ 327–327u				2023	
§§ 1297–1352				2023	

Otto Schmidt Verlagskontor / Walter de Gruyter Verlag OHG
Genthiner Str. 13, 10785 Berlin, Telefon (030) 2 60 05-0, Fax (030) 2 60 05-222

www.ingramcontent.com/pod-product-compliance
Lightning Source LLC
LaVergne TN
LVHW081358011026
849161LV00013BA/2845